中国养老实务手册
当代养老产业研究院
中华慈善总会大众慈善促进委员会 组织编写

机构养老实务手册

JIGOU YANGLAO SHIWU SHOUCE

刘开海 主编

中国社会出版社
国家一级出版社·全国百佳图书出版单位

图书在版编目（CIP）数据

机构养老实务手册／刘开海主编．—北京：中国社会出版社，2018.4

（中国养老实务手册）

ISBN 978－7－5087－5956－2

Ⅰ．①机…　Ⅱ．①刘…　Ⅲ．①养老－社会服务－中国－手册　Ⅳ．①D669.6－62

中国版本图书馆 CIP 数据核字（2018）第 087886 号

丛 书 名： 中国养老实务手册
书　　名： 机构养老实务手册
主　　编： 刘开海

出 版 人： 浦善新
终 审 人： 尤永弘
责任编辑： 陆　强

出版发行： 中国社会出版社　　**邮政编码：** 100032
通联方式： 北京市西城区二龙路甲 33 号
电　　话： 编辑部：（010）58124868
邮购部：（010）58124848
销售部：（010）58124845
传　真：（010）58124856
网　　址： www.shcbs.com.cn
shcbs.mca.gov.cn
经　　销： 各地新华书店

中国社会出版社天猫旗舰店

印刷装订： 中国电影出版社印刷厂
开　　本： 185mm×260mm　1/16
印　　张： 31.5
字　　数： 690 千字
版　　次： 2018 年 7 月第 1 版
印　　次： 2018 年 7 月第 1 次印刷
定　　价： 180.00 元

中国社会出版社微信公众号

《中国养老实务手册》编委会

《机构养老实务手册》编委会

主　编： 刘开海

副主编： 王华民　秦永红　司纪雷　刘　露　孙晓霞

成　员（按姓氏笔画排序）：

丁建石　王华民　付　乐　司纪雷　司明舒
吕术琼　刘开海　刘日安　刘　露　李贝贝
张　平　张志勤　陈剑青　陈淑凤　秦永红
袁　治　顾晓霞　徐　林　高环成　萧　端
傅　力　詹　柯　谭小娅　谭　俊

序言一

自20世纪末我国进入“老龄化”社会以来，我国养老产业走过将近20年的探索之路，正在沿着有序、稳健、良性、快速发展的轨道前进！一个完美的、全面的小康社会正在建成，这将非常有利于为建设一个有中国特色的养老产业提供丰富的物质基础和良好的社会基础。

我国是一个发展中的大国，也是世界上老年人口最多的国家，我们正面临着“老龄化”社会带来的重大的机遇和挑战，这对于我国当前的调结构、促增长，全面建设小康社会和完成“两个一百年”的奋斗目标具有重要的战略意义和积极的促进作用。

积极应对人口老龄化是国家一项长期的战略任务，国家和社会正在采取有效措施，建立健全保障老年人权益的各项规章制度，逐步改善保障老年人生活健康安全，以及参与社会发展的条件，实行老有所养、老有所医、老有所为、老有所学、老有所乐的理想社会目标。

依法治国是我国的基本方针，《中华人民共和国宪法》《中华人民共和国老年人权益保障法》《中华人民共和国婚姻法》《中华人民共和国民法通则》等一系列基本的法律法规为我国的广大老年人幸福养老、安度晚年提供了重要的法律保障。5000年的灿烂文明，中华民族优秀的文化传统和我国人民大众长期以来爱老、敬老、养老的社会美德源远流长，经久不息。这是我国能够建设一个有中国特色的养老新型模式的文化传承基础和历史渊源所在。

国家以建立多层次的社会保障体系，逐步提高对老年人的保障水平，实现建立以居家为基础、社区为依托、机构为支撑的社会养老服务体系的总目标。我们正在进行伟大的养老事业的发展工作，我们的发展目标是到2020年全面建成以居家为基础、社区为依托、机构为支撑的，功能完善、规模适度、覆盖城乡的养老服务体系，养老服务产品更加丰富，市场机制不断完善，养老服务的业务持续增长；建设服务体系更加健全，产业规模显著扩大，发展环境更加优化，能够基本满足养老服务的多元化需求与保障老年人权益，共享改革发展成果，拉动消费、扩大就业、保障和改善民生、促进社会和谐、推动社会经济持续发展的中国养老产业新型模式。

民政部主管的当代养老产业研究院的研究人员，邀请和组织全国20多位著名的养老产业专家、教授、学者、企业家、养老机构高级管理人员、行政管理部门领导组成顾问委员会，并且邀请全国重点大学、高等职业院校、研究机构、著名养老机构的高级管理人员等20多人组成写作团队，用一年多的时间完成的这部《中国养老实务手册》比较全面地介绍了全国各地及先进国家的居家养老、社区养老、机构养老的模式和特点，是我国第一部比较系统的、完整的、具有参考和指导价值的实务丛书，为提高我国养老服务理论水平和服务质量提供了有益的咨询和帮助，感谢他们为我国养老事业所做的工作和努力。

我们正处在一个继往开来的时代，希望有更多的人讨论我国的养老产业；希望有更多的养老专业的好作品早日问世；希望我国的老年人不断提高生活质量和生命质量；愉快地养老。

是为序！

民政部原副部长
中华慈善总会原会长 范宝俊
2018 年元月于北京

序言二

当代养老产业研究院和中华慈善总会大众慈善促进委员会邀请我为《中国养老实务手册》作序，我虽已经进入退休者行列，但考虑到曾经在民政部和老龄办长期分管过老龄工作和慈善公益事业，发展老龄事业和产业又是我国当前和今后相当长一个时期经济社会发展的重要任务，所以还是针对这本手册谈谈我的个人看法。

《中国养老实务手册》是在党的十八届三中、四中、五中、六中全会精神指导下，为了迎接伟大的中华人民共和国成立68周年庆典和党的十九大胜利召开而编写的一部中国养老机构管理实用性和操作性很强的工具书。本书的出版发行，有助于实现到2020年全面建成以居家为基础、社区为依托、机构为补充，医养相结合的功能完善、规模适度、覆盖城乡的养老服务体系，从而推动养老服务产品更加丰富，市场机制不断完善，养老服务业持续健康发展；有助于帮助各类养老服务业机构和个人，为实现国家和社会采取措施、健全保障老年人权益的各项规章制度，逐步改善保障老年人生活、健康、安全，以及参与社会发展的条件，实现老有所养、老有所医、老有所为、老有所学、老有所乐的基本目标作出更大贡献。

本书以学习宣传、贯彻落实党和国家基本养老的法律、法规和政策为己任，以我国基本国情和各地区的基本经济、社会、文化状况为出发点，积极研究和探索应对我国人口老龄化挑战和机遇的基本方法和途径，为各种级别和各种类型的养老机构提供有效的政策咨询和实践指导。

《中国养老实务手册》共分为三册。第一册是居家养老，主要介绍了中华民族传统养老的悠久文化和历史传承，介绍了其他国家的一些先进养老理念、经验和方法；也综述概括了国内居家养老的基本模式和基本方法，同时总结提炼了一些典型的成功经验和做法，有利于研究机构人员、大专院校师生、各级民政管理部门、各级老龄办的干部阅读，对基层干部和各种类型养老机构工作人员都会起到很好的启迪与指导作用。第二册是社区养老，是针对社区养老机构规模小、数量大、问题多、情况具体而特殊的状态编写的，还专门对革命老区、偏远山区、边境地区和少数民族地区的社区养老管理分别列出并进行讨论，提出了操作性较强的咨询意见，对各级政府负责养老的干部和基层养老机构的工作人员都是很有帮助的。第三册为机构养老，主要讲述国有公办养老机构管理，其中包括国有公办、公办民营、民办公助等类型的养老机构的基本管理方法和要求；还为乡（镇）、村公办和社会举办的养老机构管理提供指导和咨询服务。

本书由民政部主管的当代养老产业研究院和中华慈善总会大众慈善促进委员会组

织，聘请了民政部和国家老龄办、北京大学、清华大学、中国人民大学、北京社会管理职业学院、天津职业大学、海南职业科技学院、国家开放大学老年学院、湖南广播电视大学、西南交通大学等对养老管理专业有专门研究和有创意的领导与专家学者担任顾问委员会成员。本书是由清华大学、中国科学院微电子研究所、中国人民大学、北京社会管理职业学院、四川大学、山东大学、福建农林大学、淄博职业学院、华光职业学院的20多位高级专家、学者共同执笔编写而成的，是目前我国养老领域中一部比较系统、全面涉及居家养老、社区养老、机构养老等多种养老方式的指导丛书，希望其出版发行能对全国各级、各地、各类养老机构和设施的建设起到参考、借鉴和指导作用。

一册在手，养老无忧！

全国老龄办原副主任
中国老龄事业发展基金会常务副理事长　阎青春
2018年1月6日

目录

第一篇　公办（公办民营）乡镇敬老（福利）院管理

第二篇 乡镇（村）敬老（福利）院管理

第一篇

公办（公办民营）乡镇敬老（福利）院管理

第一章　养老机构历史沿革

在研究和探讨中国养老机构的创建、管理和发展的时候，我们必须首先明晰中国优秀的历史文明和光辉灿烂的文化传统，从而认识到根据中国特色社会主义新时代的基本国情，建设一大批能够满足老年人养老需求的养老机构体系势在必行。

第一节　中华人民共和国成立前我国养老基本状况

这是一个跨越历史长河的阶段，有几千年历史，我们需要认真地总结、考察和研究。

一、先秦时期的养老

（一）夏商周（约前1800—前221）

1. 历史简介

中华文明历史源远流长，如果从公元前20世纪之前轩辕黄帝开始算起，至今也有5000多年的历史。我们在研究中国养老机构历史的时候，主要从公元前1800年到公元前221年开始。这就是我们所讲的历史上的先秦时期。

夏朝初期，大禹的儿子夏启通过武力手段夺取了当时的国家政权，改禅让制为世袭制，奠定了世袭王权和世袭贵族的基础，并开创了国家政权的一种新型模式——家国一体。夏朝的建立，意味着中国第一个“家国合一”的宗法等级制国家的形成，而当时的夏朝统治者为了巩固宗法等级统治，更加重视以祖先崇拜为核心思想的祭祖宗祀这一礼仪形式，间接促进了养老礼制的产生。由于夏启改变了当时国家权力的继承形式，确立了王位的世袭制，使得夏启之后的国王都清醒地意识到传到他们手中的统治权力是夏启留给他们的一笔政治遗产。因此，他们念念不忘夏启的功业，不断地祀奉祖先，并逐渐演化出了具有中国特色的孝文化。

殷商时期，甲骨文和金文相继诞生，而“孝”字也随之产生。“孝”字是古代养老文化的文字载体，其最早见于商代文字之中，据考察研究，甲骨文与金文中的“老”“考”“孝”三字相通，体现了祭祀祖先时有所奉献的一种形象。而中国古代有一部专门解释词义的著作——《尔雅》，其中“释训”一篇写“善事父母为孝”，表达“孝”字的含义是认真奉养父母。另外，在东汉召陵人许慎所编撰的《说文解字》一书中也从“孝”的字形方面，对其做过具体且形象的生动诠释。

西周时期是我国古代社会大变革的一个重要阶段，用王国维的话来评价，那就是："自其表言之，不过一姓一家之兴亡与都邑之移转；自其里言之，则旧制度废而新制度兴，旧文化废而新文化兴。"

敬老向来是周人的传统，司马迁在《史记·周本纪》中的记载："西伯曰文王，遵后稷、公刘之业，则古公、公季之法，笃仁、敬老、慈少"便是这一明证。在敬老的同时，周人对血缘亲情的重视已远远超过上古时代和夏商两代。

2. 特　色

周的历史有很大的特殊性，公元前 1046—前 256 年都有周的纪年，有的历史学家又认定公元前 256—前 222 年为周灭亡至秦统一前的过渡年代。

西周时期乃至上古时代和夏商两朝的具体养老礼制在古代典籍《礼记》中都有详细记载，如《礼记·王制》中有讲："凡养老，有虞氏以燕礼，夏后氏以飨礼，殷人以食礼，周人修而兼用之。五十养于乡，六十养于国，七十养于学，达于诸侯，八十拜君命，一坐再至，瞽亦如之。"这表明有了以相对初始的养老机构来实施养老制度的规定。

在上古时期和夏商周时期，老年人按照不同的年龄和身份享受不一样的饮食待遇和礼制规格。随着年龄的不断增大，老年人所享受的饮食越来越丰富，并且其可以策杖的社会场所规格越来越高。这些礼制规定不仅体现了当时统治者对老年人的敬重和尊崇，更体现了其对养老礼制的推崇和重视。

古代的养老礼制是在当时的国家组织结构和血缘宗法体制的基础之上形成的一整套关于敬老养老的礼仪制度，它是古人"祖先崇拜"这一观念的进一步发展与深化，并且有利于当时百姓的教化、社会的进步以及国家的治理，对后世有着深远的影响。

（二）孔子（前 551—前 479）的养老之道

1. 养老历史简介

养老敬老体系的形成是一个漫长的过程。经过长期的历史考证证明，先秦时期我国养老敬老体系便已初步成型。传统孝道中包含着养老敬老以仁为原则，以礼为先的养老思想，这是我国传统养老敬老的道德准则和基本的行为规范。为使这一"孝道"被人民所接受，先秦时期的统治者大力倡导并颁布实施了许多养老敬老礼仪和养老敬老制度，形成一套以家庭养老为主线，家庭孝亲、社会尊长和国家的养老敬老制度这三种养老敬老形式并行的养老敬老体系。

我国在先秦时期，特别是在春秋战国时期，老年人所需求的养老场所已经普遍存在。这是我国历史上最早的养老机构的雏形，对我们研究今天的养老机构有参考价值。

传统孝道中养老敬老主要包括两方面内容：事生与事死。具体说来有以下几个方面：第一，"孝敬事亲"，无违父母。要求对父母既养又敬，不能违背父母的意志。这主要包括以下内容：一是"能养"，即给父母以衣食等物质方面的供养。这是"孝养"的最低限度的要求。二是子女要在内心对父母尽孝。三是在精神上要服从父母的意志。第二，"孝丧、孝祭和守孝"，尊敬祖先。第三，"孝继"，立身扬名，以显父母。第四，"孝行"，治国之本。

2. 特　色

（1）仁之原则。儒家以“仁”为人生追求的最高境界，“仁者爱人”是其根本含义。可以说，“仁”是儒家学说的核心概念和最高原则之一。实行“仁政”必须“爱人”，这也是实行仁政的重要内容。孟子认为：“五十者可以衣帛，七十者可以食肉。”这样，就能王天下。孟子强调治国必须“以人为本”，统治者不能把百姓看作被统治和被剥削的对象，必须关心百姓的物质生活，要做到“保民”。并认为，使老者可以“衣帛食肉”“使民养生丧死无憾也”，使老百姓得到起码的衣食保障是保民的重要条件。

孔子曰：“仁者，人也。”他把孝的根源看作从人人所具有的仁心中产生的，而孝是实践仁的起点和根本。孝不仅可以调谐亲子关系、君臣关系，而且“亲亲而仁民，仁民而爱物”。敬爱父母的根本含义是“仁者爱人”的具体体现，是践行民本思想的行为方式。孔子宣传“君子之道，辟如行远必自迩，辟如登高必自卑”。一个人连父母都不能敬爱，就必然不能兼爱天下。“爱人”必先爱父母，子女对父母的敬爱之情，正是“仁”的源头。

（2）养老行礼之准则。孝敬父母，既要无违又要劝谏，还要不违背礼节。“无违”，即不违背父母的意愿，全力侍奉双亲，并要使父母高兴。孔子提出“孝”即“无违”。孔子所谓的“无违”思想，是指不违背礼节。认为孝敬父母，就是在其生前，依照礼节侍奉他们；在其死后，依照礼节埋葬他们，祭祀他们。在儒家思想之中，谏绝不能争辩，更不能发生争斗，所以只能是“几谏”，只能是“下气怡色，柔声以谏”。

孔子说：“生，事之以礼；死，葬之以礼，祭之以礼。”“事之以礼”是以礼为标准的侍奉；即符合礼的事情就做，而不符合礼的行为则不干。孔子这句话明确地表明，必须严格按照礼的规定去侍奉双亲，安葬双亲，祭祀双亲。这样，礼就成了行孝必须遵守的基本社会准则。孝以礼为原则，原始儒家的思想从来都离不开礼的规范和要求。同时，礼的实施要适宜而为，切不可为孝而孝。孝的本质并不是奉养，也不是顺从，其本质应该是爱和敬；但孝之爱敬的基础必须是在一定物质条件之上的、符合礼义规范要求的、适宜的奉养。

二、秦汉至隋的养老（前221—618）

（一）秦汉时期（前221—220）

1. 历史简介

公元前221年，秦国灭亡六国，统一了中国，创建了中央集权制国家。中央集权体制的主要标志是置郡县，即全国共划分为三十六个郡，郡下置县，县以下设置乡和里。秦朝的郡县、乡里的行政区划为养老政策的施行提供了便利，也促进了具体的养老制度的形成。据《汉书·百官公卿表》记载：“乡有三老，有秩、啬夫、游徼，三老掌教化。”在《云梦睡虎地秦墓竹简·为吏之道》中也记载道：“为人父则兹（慈），为人子则孝。父兹（慈）子孝，巧之本殹（也）。”而由吕不韦组织编写的《吕氏春秋》一书中也有相关记载：“务本莫贵于孝。”另外，秦时还将“不孝”入罪，将“不孝罪”编入律法，严格依靠律法来惩治不孝行为，倡导孝道教化。因此，秦朝虽尊崇法家严刑峻法治理国家，但从流传下来的古代史料和考古资料中可以得知，秦朝是崇尚孝道并重视教化的，这也是与当时的“父家长制”的社会秩序相一致的。

两汉时期，统治者在吸取了秦朝灭亡的教训之后，非常注重孝德的教化，严格奉行“以孝治天下”的宗旨，使得国家富强、社会稳定、百姓富足。汉朝统治者对孝行的重视，从其谥号中可见一斑，如从汉惠帝开始，汉朝皇帝的谥号前都会加一个“孝”字，例如汉孝惠帝、汉孝文帝、汉孝景帝、汉孝武帝等。这是汉朝一大独特之处。

2. 特　色

秦朝是对中华民族的历史做出奠基性贡献的朝代，秦始皇统一了中国，统一了度量衡和文字；建立了以中央为核心的“郡县制”为主要特征的国家管理制度。这是秦王朝对中华历史的重大贡献。但是秦始皇及其继承者的暴政不得人心，所以，秦王朝存在的时间并不长。

到了汉朝，中华民族的发展才真正走上坦途，几千年的历史充分证明汉朝所确立的民族文化和传统是经得起任何困难的考验的。根本原因在于，汉朝统治者巩固以“孝悌文化”为核心的家庭养老传统，传承了春秋战国以来，以孔子为代表的儒文化为体统的民族文化。

相比于先秦时期，汉朝的养老制度有了很大发展。第一是赐物养老制度。例如，在《史记·孝文本纪》中曾记载道：“赐天下鳏寡孤独穷困及年八十已上孤儿九岁已下布帛米肉各有数。”由此可见，对于八十岁以上的老年人，汉朝皇帝会通过赐予布帛米肉来改善他们的生活，让他们安享晚年。

第二是尊养“三老五更”制度。“三老五更”是一种国家授予的荣誉称号，三老和五更各为一人，是由有德行和威望的老人担任。秦朝时始设乡三老，西汉时始设县三老，东汉时始设郡三老，三老的主要职责便是执掌教化，他们不用负担国家的徭役，国家还会不定期地给予赏赐。

第三是王杖授予制度。王杖制度的主要内容有：一是朝廷赐予七十岁以上老人王杖；二是王杖主人的社会地位与六百石官员相当；三是免除其家人的部分赋役；四是王杖的主人享有诸如可以出入官府，可以在驰道旁道行走，有罪从轻处罚等一些特权；五是六十岁以上的鳏寡老人，种田免租，市卖免税，可在市中开店卖酒；六是对侮辱王杖主人者严加惩处，一般是判处死刑。

第四是“举孝廉”制度。“孝廉”是汉代察举制的科目之一，即孝者、廉吏。“举孝廉”制度的实行，首次将尽孝与入仕联系起来，极大地推动了养老、敬老风气的发扬。

汉朝统治者始终坚持孝德教化和养老制度的推行，极力推崇并认真践行《孝经》中的“夫孝，德之本也，教之所由生也”和“夫孝，天之经也，地之义也，民之行也”这两种思想，并将“以孝治天下”提升为治国纲领，大大地强化了当时人们的养老意识。

（二）三国至隋时期（220—618）

1. 历史简介

三国（220—280）是中国东汉与西晋之间的一段历史时期，主要有曹魏、蜀汉、东吴三个政权。赤壁之战中曹操被孙刘联军击败后，形成三国鼎立的雏形。

189 年，汉灵帝驾崩，刘辩继位，被立为少帝。后来袁绍与董卓经过激烈的混战以后，到 196 年时，全国形成许多割据势力：袁绍占据冀、青、并三州，曹操占据兖、豫二州，韩遂、马腾占据凉州，公孙瓒占有辽东，陶谦、刘备、吕布先后占据徐州，袁术占据扬州的淮南部分，刘表占据荆州，刘璋占据益州，孙策占据扬州的江东部分，士燮占据交州。此外，张鲁以道教的组织形式保据汉中地区，置祭酒以治民。

三国时期也是道教发展的重要阶段。道家思想对中国的居家养老起了很重要的稳定作用。道教和后来引入的佛教大不一样，它虽然也有正规的教义、教规，教徒有专门服装和固定居住的道观，但那时道教大部分教职人员在家里居住，可以有家庭和子女，而不像佛教教职人员必须在寺庙居住，这对中国的传统家庭的结构稳定，文化和风俗传统中提倡的孝道有了积极的促进作用。

在这些割据者中，势力最强也最活跃的是袁绍和曹操。董卓入洛阳后，曹操逃至陈留，聚兵反抗，成为关东联军的一支。他在济北诱降黄巾军三十万众，选其精锐，编为青州兵；又陆续收纳一些豪强地主武装。建安元年，他把献帝迁到许都，取得了挟天子以令诸侯之势，屯田续资。

“屯田制”对农业生产发展起到了积极的重要的推动作用，同时对当时的家庭结构传承发展，礼仪和孝文化推广或维持做出了重要的贡献。

219 年，刘备大军从曹军手中夺得汉中，关羽也率军向曹军发起进攻，但是孙权遣军袭杀关羽，占领荆州大部，隔三峡与刘备军相持。222 年，汉军出峡与吴军相持于夷陵，猇亭一战，被吴将陆逊击败，退回蜀中。猇亭之战以后不久，蜀汉、东吴恢复结盟关系，共抗曹魏。南北之间虽然还常有战事发生，有时规模还比较大，但是总的说来，力量大体平衡，鼎足之势维持了四十余年之久。

220 年，曹操死，曹丕登位，逼汉献帝禅让，建国号魏。221 年，刘备在成都称帝，国号汉。222 年，孙权向魏称臣，曹丕封孙权为吴王，加九锡。223 年，刘备托孤于诸葛亮，不久病死于白帝城。223 年，刘禅登位，汉吴再度结盟。229 年，吴王孙权称帝，建国号为吴。

无论是南方的吴国还是北方的魏国，为了争夺天下，都必须争取和笼络民众。长期的战争，需要金钱和粮食，军队到一个地方都要实现“屯田制”，鼓励农民大力发展生产。“屯田制”的最大优势在于，让老百姓有自己的田地可以耕种，这减轻了农民的税负，让老百姓安居乐业，使传统的家庭结构变得稳定，“孝文化”得到传承和发展，居家养老得到了保障，中华民族的人口也得到了较大的增长。老年人数量增加，并健康地养老。

隋朝（581—618），由于历史太短，在历史上最有名的是开掘了大运河。关于养老机构方面的历史记载相对较少，被两汉三国时期的养老历史掩盖。为了表示历史完整，在此只是简单提及。

2. 特　色

第一，统治者采取措施，笼络民心。魏蜀吴之间的纷争，根本目标都是为了争取广大民众的拥护，取得统一天下的领导权，所以让以家庭结构为主体地位的民众得到实惠和发展，成为共同的价值取向和基本政策。使老年人能够享有幸福养老生活。

第二，当时的战争是以将帅为主的战争。当时的人口本身就很少，壮丁就更少，所以相对于后来的战争而言，大规模死亡的情况相对很少，为生产的发展保护了大量的劳动力。使部分青壮年能在家生产劳动，并照顾和赡养老人。

第三，"屯田制"普遍推广，调动了广大农民的生产积极性。因此使农业生产力水平得到了极大的提高，广大民众有了粮食吃，生命得到了很大的延长。

三、唐宋时期的养老

（一）唐朝（618—907）

1. 历史简介

唐朝的建立和兴盛，中国古代的养老制度迎来了一个大发展的时代。唐朝的养老制度主要表现在推崇《孝经》、授予土地、"补给侍丁"制度、严惩不孝和社会养老五个方面。

第一是推崇《孝经》。首先是在唐代科举考试中，《孝经》是必考科目，备受重视；其次是唐玄宗曾两次亲自注解《孝经》，然后向臣民颁布他写的《孝经注》，并将此作为钦定教材向百姓和学子传授。同时他还下诏要求臣民家藏《孝经》一本，精勤教习。

第二是授予土地。唐朝时期，政府会给老年人授予土地，其目的是为老年人的物质生活提供一定的基础和保障。在《新唐书》中便有相关的记载："授田之制，丁及男年十八以上者，人一顷，其八十亩为口分，二十亩为永业；老及笃疾、废疾者，人四十亩，寡妻妾三十亩……"

第三是"补给侍丁"制度。唐代"补给侍丁"制度给年满八十岁及以上的高龄老人，以及虽不满八十岁但罹患重病的老人配备侍丁的制度。在《唐六典三·户部尚书》中记载道："凡庶人年八十及笃疾，给侍丁一人，九十，给二人，百岁，三人。"

第四是严惩不孝行为。唐朝律法对不孝行为有着明确的定义，并且对不孝行为有着严厉惩处的规定。在《唐律疏议》中有着非常详细的规定。

第五是发展社会养老事业。唐朝时期最重要的官方养老机构是悲田养病坊，也称为悲田坊、普救病坊或养病坊，它是一个救济无依无靠的老年人的社会机构。一开始悲田坊仅在长安、洛阳两地设置，后来由于受到了政府的高度重视，遂发展到全国各地。武则天当政时期，还委派过朝廷专吏来管理悲田坊，可见当时政府对这个养老机构的重视。

2. 特　色

唐朝规定，官员七十岁退休，退休后拿一半工资，即"半禄"。官员退休需要养老，在职官员也要奉养双亲。对此，唐朝规定，一旦父母年事已高，疾病缠身，久卧在床，朝廷准许官员将父母接到身边，或申请调换到父母居住地就职，甚至可以申请待遇高的职位，以高薪孝养父母。

（二）两宋时期（960—1279）

1. 历史简介

宋朝时期，终结了五代十国时期的混乱和动荡局面，政府基本统一了中原地区。随着国家的统一，社会趋于安定，经济逐渐繁荣，百姓安居乐业。两宋政府在继承前代养老制度的基础之上，又大力发展并完善了养老制度。两宋时期的养老制度主要体现在家庭养老和社会养老两个方面。而家庭养老也可称为民间养老，社会养老也可称为官方养老，二者都是当时的政府所重视的。

宋朝时期，政府不仅着重保障民间的家庭养老，还着手设立了众多的官方养老机构，以用来收养无法获得家庭养老的鳏寡孤独的老人，实现了古代养老的全覆盖，完善了古代的养老体系，这对明清时期养老体系的建立和完善产生了积极的影响。

2. 特　色

在家庭养老方面，首先，宋朝政府着重扶持累世同居的大家庭，支持民间家庭规模的扩大。首先，宋朝政府严格要求子孙在自己祖父母、父母在世之时要无条件地与他们同居共处，侍养自己的祖父母、父母。其次，宋朝政府着重完善了唐代的“补给侍丁”制度，保障高龄老人得到较好的赡养。其具体做法是：若家中有八十岁及以上的高龄老人，政府免除其子孙的赋役，使其子孙可以专心赡养他，而获免的子孙便称为侍丁。

北宋时创办了福田院、居养院、安济坊等济贫养老机构。福田院被设置在京师，它的设置受到了唐代悲田养病坊的影响，其主要是用来收养无依无靠的老年人，以保障他们的基本生活，朝廷每月还会命开封府派遣官员进行巡视。

安济坊则是北宋时期专门收治鳏寡孤独及贫病之人的医疗救助机构，政府平时会对安济坊的运转进行监督检查。南宋时则创办了养济院，它是一个兼顾居养院和安济坊功能的综合性救助机构，具养老和救治双重功能。

四、明朝的养老（1368—1644）

（一）历史简介

1368 年，明太祖朱元璋推翻了元朝的统治，建立了明朝，定都在今天的南京，1421 年迁都至北京。

1644 年，李自成攻打北京，明朝灭亡。明朝长达 276 年的统治，正处于西方资本主义工业革命时代，受世界经济发展的影响，总体上有一定的发展。明朝统治期间，政府修筑和完善了长城、大运河。

（二）特　色

1. 明朝是总体上福利较好的时期之一

虽然老百姓仍然受到封建统治者的压迫和剥削，但由于开国皇帝朱元璋出身于农民阶层，所以他制定的政策，还是有许多是有利于农民的。

2. 明朝的重农政策得到重视

虽然，当时农民被管得很紧，那是在总体上，特别是在明朝初期，统治者为了笼络人心，农民的生活得到改善，家庭比较稳定，这有利于老人的养老。

3. 明朝养老机构较为完善

当时朝廷建设有养济院负责收养城市的孤老者，这相当于现代的福利院。朝廷还建设有漏泽园，相当于现代的公墓，免费埋葬辞世者。并且建设有惠民药局，相当于现代的免费医疗机构。

五、清朝的养老（1644—1911）

（一）康乾时期

1. 历史简介

“康乾盛世”，又称“康雍乾盛世”，是清朝前期统治下的盛世。是古代封建社会的最后一个盛世。该时期经历了康熙、雍正、乾隆三代皇帝，持续时间为 134 年，是清朝统治的最高峰。西方传统史学界亦认同这种说法，称这段时期为“High Qing”，即清朝高峰时期。在此期间社会稳定，经济快速发展，人口增长迅速，疆域辽阔。但因制度僵化，闭关锁国，使得这一局面无法维持长久。

清朝建立之初，清廷就大力崇儒，尊奉礼教，并采取了许多措施，而其中之一便是建立尊老礼制。顺治元年（1644），清廷入主中原，定都北京，在世祖的即位恩诏中就规定：军民年七十以上者，许一丁侍养，免其杂派差役；八十以上者，给予绢一匹、帛一匹、米一石、肉十斤；九十以上者倍之。有德行著闻，为乡里所敬服者，给冠带荣身。此为清朝尊老礼制建设之始。以后，每逢皇帝登基、亲政、帝后寿诞等重大礼节，朝廷都会颁发恩诏，尊老优老为其中的一项重要内容。康、雍、乾三朝，国家步入盛世，尊老礼制走向正规化、多元化，朝廷制定多项政策，在物质和精神两个层面上对老人进行奖励和优待。

2. 特　色

第一，清廷设牌坊旌表“人瑞”。据孔尚任《人瑞录》所言：“景星庆云之属，瑞之在天者也。”古人认为老人因衣食丰足而得以长寿，此乃国家康泰之象，故而将其视为最大的祥瑞。在清朝，“人瑞”指的是百岁以上的老翁。

第二，清廷着意表彰世代同堂的大家族。“尊老尚贤”文化的根基在于孝道。孝道实行于家庭，家庭又是宗族成员，崇孝道，必然重宗族。历代清帝均十分重视宗族在地方社会中的重要作用。在我国古代宗法社会中，各地宗族，尤其是累世同居的大家族，往往能起到维系地域人际关系、稳定社会秩序、辅助社会公共建设、弥补官府统治不足的作用。此外，世代同堂家族的大量出现也是国家康泰、百姓富足的一大象征。

第三，清廷推行优赏勤朴农民的政策。中国历代王朝以农业立国，在自然经济的条件下，农业耕作方式基本上沿袭数千年的传统而并无大的改进。因此，农民的年龄往往决定了他的耕作经验和生产技能。当时的社会普遍重视农业，而清廷为了农业经济稳定发展，也对老年农民优加尊崇，予以奖励。

第四，清廷推广养济孤老的社会政策。政府兴办善堂，自宋以来时有出现，民间办理亦为朝廷所鼓励。清廷规定于全国各州县设立养济院等设施，收养鳏寡孤独无依靠的老人，其资金由府库拨款和社会捐助，被救助老人由官府定期给予米、布等生活物品。对于乐善好施、资助善堂的臣民，朝廷以匾额和官爵等方式予以旌奖。

第五，清廷继承并发展了起源于周代的“乡饮酒礼”制度。自清军入关以来，朝廷便下令在京畿及各府、州、县举行乡饮酒礼，定于每年春、冬两次举行。由府库拨专款，各地方官在学宫亲自主持。仪式按年齿排序，推举德高年茂者为“宾”“介”等席位。

（二）晚清时期

1. 历史简介

清朝晚期（1840—1911）是中国近代史的开端，也是近代中国半殖民地半封建社会的形成时期。鸦片战争后，西方列强迫使清廷签订不平等条约，以武力获得在华利益。清朝在抵抗外侮与内忧的同时，也一直处于改革派与守旧派拉锯的局面之中。在列强入侵的同时，西方科学与文化亦引入中国，这让清朝发起一连串的改革与革命，如自强运动促使中国文化的成长与革新。然而甲午战争的失败使改革的努力受到沉重打击，并使列强进一步瓜分中国。而维新运动也随守旧派的抵制而告终。1911 年辛亥革命爆发，结束了清政府自 1644 年入关以来 268 年的统治。

1911 年，武昌发生起义，仅仅两个月，全国就有十几个省宣布支持革命而独立，清政府的统治迅速解体。1912 年 1 月 1 日，中华民国在南京宣告成立，孙中山被选为临时大总统。同年 2 月 12 日，清帝被迫退位。

2. 特　色

晚清时期，我国处于“中间大，两头小”的社会局势之中，即成年人口比例高，老人、儿童人口比例较低。可以说，在晚清时期华北地区的老人问题并不是十分突出，但是，这并不等于说，那个时期不存在老人问题。面临着内忧外患，中国传统的养老形式受到了极大破坏。

六、民国时期的养老

（一）孙中山时期

1. 历史简介

民国时期是中国从传统社会向现代社会转变的时期，敬老尊贤风尚在继承传统的基础上，又增加了一些现代元素。今天我们重温民国时期的敬老尊贤风尚，不仅是要继承这种优良传统，更是要借鉴和发展它，为今后的社会建设、文化建设和中华民族的伟大复兴，提供精神动力。

2. 孙中山养老思想

孙中山先生虽然曾经指出民生最大的两个问题是平均地权和节制资本，但也十分重视养老问题，他指出：社会之人，为社会劳心劳力辛苦数十年，而至衰老，筋力残弱，不能事事。社会学者谓其有功于社会，垂暮之年，社会当有供养之责。遂设公共养老院，收养老人，供给丰美，俾之愉快，而终其天年，则可补贫穷者家庭之缺憾。这里肯定了老年人是社会发展的重要贡献者，他们晚年的幸福关系到家庭和谐，以至社会稳定，养老问题是十分重要的民生发展问题。民国时期，主要重视的是生活条件等物质方面的养老问题，养老主要由家庭解决，没有成为社会问题。而当代社会发展则出现了养老模式的选择问题、物质需求和精神需求的满足问题、养老服务质量等问题，这需要社会各界共同努力解决，所以我们要认真借鉴孙中山的民生思想，做好养老服务的实践工作。

3. 特　色

第一，孙中山时期是我国历史上较特殊的时期。时间虽短，但民生问题得到了极大重视，主要养老状态还是以传统的居家养老为主。

第二，由于五四运动的爆发，新旧两种的养老观念发生了对撞，但是在广大农村地区，仍然以传统的养老方式为主。

（二）1925—1949 年

1. 历史简介

敬老尊贤是中华民族的传统美德，中国经典文献中多有论述。民国时期的思想启蒙运动中，对愚忠愚孝进行了批判，但敬老尊贤这样的优良传统不但没有废止，并且被提到更高层次。1943 年 9 月 28 日，福建省举行首届敬老会，省民政厅厅长在会上发表了一席讲话。他说：一个国家的进步与否，固然要看一般青年人强毅与活泼的精神，同时也要看老年人的道德风范，因为青年人是国家的动脉，老年人是国家的导师。一个人自出生到寿终需要经过三个阶段：幼年时期、青年时期和老年时期。在人生的三个阶段中，幼年时期是承受教育的时期，青年时期是服务社会时期，到了老年才是真正深入社会时期。在承受教育的幼年时期，主要是吸收知识、接受教育、充实本身的能力。在开始服务社会的青年时期，见识有限，经验不多，如果没有正确的目标，只凭一腔热血干事，容易误入歧途，造成损失。人生到了老年时期，他们经历过许多人生坎坷，认识了许多是非事理，获得了许多人生经验，将以其心得来服务社会，指导人类，自然比较有把握，这才是真正贡献国家时期。上述讲话道出了人生不同阶段的社会作用，强调老不仅应有所养，更应有所用。

在 20 世纪三四十年代南京国民政府推动的新生活运动中，上自中央政府、下至地方百姓，都将敬老尊贤作为一项主要内容来推动。中央设立民族健康委员会，将促进老年人的健康和倡导敬老之风作为委员会工作内容之一。

浙江省寿昌县于 1949 年 2 月 15 日在县府举行敬老尊贤大会，总计有 161 名 70 岁以上乡贤耆老莅会。在诸老入会的门口，由乐队列队吹乐欢迎，招待人员给入场寿翁红绫标志并将鲜花佩挂于老者左胸，引导他们签名后先入休息室，招待茶点。

2. 特　色

民国后期，进入了军阀混战时代，随之又受到了外国列强的侵略，广大民众生活于水深火热、战争、自然灾害的危难之中，民不聊生，养老问题被极大的忽视。在抗日战争胜利前夕，部分地区经济有恢复的景象，养老被重新提上了日程。福建、浙江、广东、安徽、四川等地的养老敬老传统又得到了恢复，地方政府开始重视养老，这为后来我国养老制度的建立起了一定的推动作用。

中华民族优良的文化传统，显示了其强大的生命力，即使在战乱的年代，中华民族的养老、爱老、敬老的传统也得以保存。

第二节 1951—2012 年我国养老新制度的建立阶段

中华人民共和国成立以后，整个社会制度和经济制度有了重大发展，新的养老制度也开始建立。

一、城镇社会保障制度的初建与发展

（一）创建阶段

1. 创 造

中华人民共和国成立以后，整个国家百废待兴。第一次鸦片战争以来，国家在长达一百多年里受到外国列强侵略和掠夺，自 1931 年“九一八”事变以来受到日本军国主义 14 年多的侵略，抗日战争胜利以后，又进行了四年的国内解放战争，整个国家到处是战争的创伤，生产力遭到了巨大破坏，通信设施和交通非常落后，城市管理十分混乱，乞丐、流浪者四处可见。政府面临着恢复和维护社会正常秩序，恢复和组织生产自救，在广大农村组织农民恢复和发展农业生产和建设边疆地区的重大任务。

在国际上，要全面打破帝国主义势力对我国的经济封锁，组织参加抗美援朝战争，巩固边疆的安全，和友好国家建立外交关系，恢复和发展国际贸易等多方面的工作。

2. 经 过

我国传统的养老保险制度创建经过有如下阶段：

第一，1951—1965 年创建阶段。主要是建立了一些全国性的基本养老保险制度、条例、规范等。

中华人民共和国成立初期，在百废待兴的情况下，中央政府只用一年多的时间就开始建立新型的职工养老制度，1951 年 2 月 26 日，政务院颁发了《中华人民共和国城镇职工退休条例》，这是一个标志性的事件。

第二，1966—1976 年特殊阶段。刚刚建立的一些基本规章制度被终止，社会保险基金全国统筹被终止，新建不久的退休制度被中断，社会保险变成企业保险，职工退休金由企业承担。

第三，1977—1992 年恢复调整阶段。恢复了正常的退休制度，调整养老保险金，部分地区实行了退休金统筹制度，开始实现 1951 年国家规定的退休保险制度的目标。

（二）发展与完善阶段

1. 简　介

具有中国特色的社会养老保险体系的完善巩固和发展阶段基本状况如下：

第一，1991—1996 年建立阶段。1991 年 6 月 26 日政府发布《国务院关于企业职工养老保险制度改革决定》并且于 1992 年 1 月 1 日起实施。这标志着我国城镇职工基本养老保险体系开始建立。但是大部分企业并没有认真遵循这一制度，因此，1993 年 10 月 15 日政府又发布了《国务院关于企业职工养老保险统筹问题的批复》，此后有部分单位开始执行。1995 年 3 月 1 日政府再次发布《国务院关于深化企业养老保险制度改革的通知》，至此表明我国社会养老保险体系基本建立。

第二，1997—2005 年全国统筹和完善阶段。1997 年 7 月 10 日政府发布了《国务院关于建立统一企业职工基本养老保险制度的决定》，有中国特色的养老保险制度开始建立，但是还有很多问题需要解决。2005 年 12 月 3 日政府又发布了《国务院关于完善企业职工基本养老保险制度的决定》，表明中国特色的养老保险制度的建立。

第三，2006—2012 年巩固健全阶段。在这一时期，各地大面积建立基本养老服务管理中心，全面实施社会养老保险金管理制度。

第四，2013 年至今为发展阶段。以 2013 年国务院发布《国务院关于加快发展养老服务业的若干意见》为标志，表明我国的养老产业发展进入了新时代。

2. 经　验

自从 1992 年我国开始实施基本养老保险制度以来，至今已经近 30 年了。主要有以下一些经验：

第一，开展试点初步推广。在发布文件之前，政府部门在部分地区调查研究并开展试点工作，文件发布后扩大试点，再在全国普遍施行。

第二，细致有效的工作。在浙江杭州等省市，率先将自由职业者、灵活从业人员、个体工商户、个体劳动者等城镇居民纳入社会保险的范围。这解决了很大的社会问题，对国家养老事业起了很好的积极作用。后来，这些省市又对一些下乡知青、街道工厂工人、临时工等的养老保险做了灵活的处理，让他们一次性补充缴满 15 年的养老保险金，到退休年龄就能享受基本社会养老保险，如此解决了大量历史遗留问题。后来在全国推广，收到了很好效果。

第三，关注全局、循序渐进。根据中国人口多、居住十分分散，未备先老、未富先老的基本国情，实事求是地开展基本养老保险制度，着眼未来，兼顾当前，统筹安排，循序发展。

二、农村社会保障制度的建立与过程

（一）农村社会保障制度的建立

1. 创　造

中国是一个人口大国，又是一个农业人口占比较大的国家，“三农”问题必须解决好。因此，2009 年国务院颁布《关于开展新型农村社会养老保险试点的指导意见》规定“建立个人缴费、集体补助、政府补贴相结合的筹资模式”，这确是一个很好的方法。同时规定，该模式在2009年全国10%的县开展试点，2020年之前农村人口全覆盖。

2. 经　验

农村的基本养老保险还在试点当中，但是已经进行八年了，由于我国有城镇养老保险成功的经验，农村的改革就顺利多了，主要经验如下：

第一，先实施试点，再推广。我国经济发展的不平衡性致使广大农村地区差别很大。因此，必须根据各地的实际情况，采取具体的方针措施，反对工作方法上“一刀切”，而应采取人性化、个性化的方法。

第二，统筹安排稳步实施。国家和省、自治区、直辖市统一安排，充分发挥地方工作积极性，各地区实行差别化的原则。

（二）农村社会保障制度的过程

1. 历史回顾

我国农村社会养老保险制度的建立经历了漫长的过程，简单分析如下：

第一，在中华人民共和国成立以前，农民过着最艰苦的生活，没有什么保障。

第二，在中华人民共和国成立以后，农民翻身得解放，生活有了改善。但是基本上还过着“靠天吃饭”的生活。在改革开放前，我国有1亿多农村人口处于贫困线以下；改革开放以后，9000多万人摆脱了贫困。现在进入全面建成小康的攻坚阶段，还有1000多万人需要脱贫。

同时，我国农民基本养老保险制度正在逐步地推广，到2020年全国农村基本养老保险制度就会建立，再经过一段时间的完善巩固，全国人民就会真正过上美好幸福的生活。

2. 启　发

通过对农村基本养老保险制度建立的分析，我们可以得到如下启发：

第一，“三农”问题十分重要。我国要长治久安、屹立于世界民族之林，就必须把我国农村建设好。解决好农业和农民问题，整个国家才会健康发展。

第二，我国农村人口多、分布区域广大，需要施行个性化的社会化的政策和方针，这样才能把事情办好。

第三，农民基本养老保险金的问题关系重大，要统筹安排、循序推进。

第三节　1992—2013年我国养老模式的探索阶段

国家养老模式的建立，必须根据基本国情、历史文化传统、民族风俗习惯、基本经济条件来选择和决定。必须要有发展目标、工作重点、模式选择、保障措施、法律法规体系的建立，社会基本养老保险体系的建立，以及商业保险体系的建立和完善才能取得好的效果。

一、有益探索

（一）1992—1999 年

这一时期，我国整体经济结构发生了重大的变化，以计划经济为主、市场经济为辅的经济管理模式向有中国特色的市场经济模式转化和发展，城镇职工养老保险体系开始探索适应社会化市场化发展的需要。但是由于我国国情存在人口多（特别是农村人口多），城市化程度低，还有大量的贫困人口的情况，探索城镇职工养老体制的改革，主要是实行城镇职工养老保险金个人账户制度，无疑是我国养老保险采取市场化手段的重要的关键的一步。

（二）2000—2012 年

这一阶段，我国的房地产市场急剧增长，广大的城镇居民踊跃购买居住商品房，这就为居家养老的模式提供了物质基础，同时，大量的城市社区和小区的建立，又为养老提供了基本的条件。但是这一阶段还存在明显短板，社会上老人的机构养老几乎还处于空白阶段，还需要进一步探索和发展。

二、大胆实践

（一）养老模式的建立

我国虽然较早地提出了居家为基础、社区为依托、机构为支撑的基本养老模式，但实际上长期不具备实践这个模式的物质基础，其中机构养老和社区养老都还存在着很大的缺陷。直到 2013 年 9 月 6 日，国务院发布《国务院关于加快发展养老服务业的若干意见》，才提出了“社会力量办养老机构”的政策意见，但是具体实施办法还是有很大的差异。直到 2015 年 2 月 3 日，民政部、发改委等十部委颁布《关于鼓励民间资本参与养老服务业发展的实施意见》以后，才真正地对民间资本机构建立养老机构开放了市场，社会上的老人才有可能进入机构养老，因为以前的国有公办养老机构的任务是接收“三无”老人、农村“五保户”和残疾人入住。

（二）养老目标的选择

我国养老的总目标是国家和社会采取措施健全保障老年人权益的各项制度，逐步改善保障老年人生活健康安全，实现“老有所养、老有所医、老有所为、老有所学、老有所教、老有所乐”。

这个养老总目标的制定是符合中国国情和基本社会生活状态的。为了实现这个总目标，必须要深化体制改革，加快转变政府职能，减少行政干预，创新服务模式，加强监督和管理，并且坚持保障基本，统筹发展，完善市场机制，营造平等参与、公平竞争的市场环境，大力发展养老产业，提供方便的价格与合理的各类养老产品和服务。

第四节 2013年我国养老产业发展新阶段

从1985年起，到2013年9月，国务院颁布《国务院关于加快发展养老服务业的若干意见》，经过了28年的时间。从此，我国养老产业的发展进入了崭新的阶段，又经过4年多的探索前进，我国养老产业开始走向社会化、市场化、正规化的发展道路。

一、养老元年的开启

（一）专家的讨论

1. “2013年论”

从国家层面来讲，我国对老龄化的应对是比较及时的，采取的政策措施也是比较得力的，但是实施过程中成效并不明显。从1985年北京大学建立第一个养老研究中心开始到2013年，整整28年的时间，我国的养老产业还始终处于传统的计划体制管理模式阶段。直到2013年9月6日，《国务院关于加快发展养老服务业的若干意见》发表以后，我国养老产业才真正受到了重视和关注。因此很多专家、学者提议把2013年作为我国养老产业发展的“元年”，这个提议引起了多数专家学者的共鸣，但是也有一些争论和保留意见。

2. “2016年论”

另一部分从事养老产业实践的专家学者则认为，在2016年党和国家才真正开始重视养老产业的发展，建议把2016年作为养老产业的“元年”，并且还有人提议将2016年5月27日习近平总书记对中国养老产业批示的日子作为中国“养老工作者日”。

（二）中国养老产业现状

有文献记载，我国的“老龄产业”这一名词在官方文件中正式被使用是2006年12月12日。当月，国务院新闻办公室发布的《中国老龄事业的发展白皮书》中明确提出：“国家颁布一系列包括老年社会保障、老年福利与服务、老年卫生、老年文化教育和体育、老年人权保障以及老龄产业等多方面的内容的法律法规和政策。”这应该是我国官方文件中第一次使用“老龄产业”这一名词，在同样的文件中往往更多地使用“老龄事业”这一名词，在以后的一些国家政策文件中才开始不同程度地提到“老龄产业”或者“养老产业”，两个名字交替使用。

二、地方政府养老服务政策纷纷出台

（一）政策期

1. 1992—1999年标准

1992年，我国实行城镇职工养老保险新政策以后，主体管理部门是各省、自治区、直辖市政府，由于我国经济发展分为东部、中部和西部三个区，在经济发达的东部地区及沿海地区执行新的养老基本保险制度。这在全国起到了示范和带头作用。

2. 2000—2013 年兴旺

在2000年以后，一方面是我国的经济结构开始调整，部分职工需要提前退休安置，同时，老年人口也逐步增加，各地都纷纷执行国家现行规定的养老保险制度，这一政策得到了广泛的宣传和贯彻。

（二）实践期

1. 2013—2016 年

在发布《国务院关于加快养老服务业发展的意见》以后，我国的养老产业开始进入实践期，人们认识到，养老不只是简单的由政府部门包干的社会福利事业，而是应按照现代化、市场化、商业化的要求，把传统的养老服务业作为养老产业来对待。经过不断努力，养老产业成为我国为“夕阳”服务的朝阳产业。

2. 2017 年至今

我国的养老产业经过了探索阶段，2017 年开始进入发展的初期，发展势头良好。有数据表明，在2016年年末，国家各个部门，包括政府、企业、非政府组织和个人对养老产业的总投入达到8000亿元，这一数据充分表明我国养老产业开始进入正常发展阶段，但是由于我国的经济发展有时候会存在“一管就紧，一放就乱”的问题，因此希望养老产业能得到各方面的关注和重视，从而循序渐进地发展。

三、我国养老产业发展的三个阶段

（一）计划经济体制阶段

1. 1949—1979 年

在1949—1979年30年间，我国的养老服务业是在传统的计划经济体制管理模式下存在的，总体上是一个社会福利事业的表现形态。

2. 1979—2000 年

由于我国改革开放事业的不断发展，1999 年这一关键的时刻我国经济总体上全力以赴，在为加入世界贸易组织而努力，不久就成功地实现了这一目标要求，开始了新的经济发展阶段。经济是基础，随着“入世”和国内经济的发展，养老机构的建立被提到了议事日程。

（二）事业管理体制阶段

1. 养老事业

我国自1951年2月26日政务院颁布《中华人民共和国劳动保险条例》以来，由民政部主管养老的部门，其方式属于行政管理体制。改革开放以后，逐步转变为事业管理体制，处于行政管理为主、事业编制为辅的基本状态。

2. 养老服务业

从传统的观念和产业划分来看，我国的养老事业长期被作为服务业来管理，所以在大多数的官方文件、著作和研究文章中使用最多的名词就是“养老服务业”，这也充分反映了我国养老制度的变化和发展。在养老产业的观念提出以后，传统的养老服务业的范围会有更大的扩展，比如，老年人生活用品的制造和加工、老年人康复用具的生产、老年人医药卫生用品的生产和加工等都属于第二产业，而老年人所消费的农产品、肉类产品等，则属于第一产业，因此政府部门和养老机构还需要更新观念、扩大视野，把养老服务业的思维转向养老产业的发展方面，在“调结构、促增长”的过程中发展养老产业，满足老年人更高的服务需求。

知识拓展

第一次老龄问题世界大会

第一次老龄问题世界大会于1982年7月26日至8月6日在奥地利维也纳举行。

本次大会通过的《老龄问题国际行动计划》(简称《行动计划》) 成为2002年以前20年来有关老龄问题的思维和行动指南。《行动计划》在诸如就业和收入保障、保健、住房、教育和社会福利等方面提出了若干倡议。

（一）大会进展

大会取得进展的数个领域有：建立关于老龄问题的国家基础设施、改善老年人的保健服务和住房供应以及收入保障、老年人对社会生活的参与。其他调查结果简列如下：

（1）大多数发达国家有处理老龄问题的相当成熟的国家协调机制。这种基础设施在发展中国家和转型期经济体均处于不同的发展水平。通过这些协调机制，关于老人境况的法律、政策、方案和项目得以制定。绝大多数做出答复的国家认为，1991年联合国大会通过的《联合国老年人原则》是制定本国计划的重要指导方针。

（2）发展中国家和经济转型国家报告说，它们改善了保健服务，并推行非正规护理和家庭护理方案。若干发达国家已建立普遍保健制度，提供更加完善的非正规护理和家庭护理，并对保健专业人员进行老人问题培训。

（3）若干国家向老年人，尤其是无家可归的老年人提供住房，并设置长期居所。其他国家则加强老年人出行和活动的便利，例如，以优惠价格提供公共交通。

（4）一些大学设立了老年学研究生课程，并开展老龄问题研究，包括出版关于老年人状况的报告。

（5）为提高人们对老龄问题的认识，各国政府将关于老龄问题的资料纳入教育方案，并利用大众媒体和非政府组织宣传老龄问题。一些国家指定了全国老人日并举行国际老人年庆祝活动，这些初步举措是提高人们对老年人状况的认识的重要步骤。

（6）一些国家设有普遍的、有限度的或自愿的养恤金计划和社会保障办法，用以保证老年人的收入。一些发展中国家已实施养恤金办法，或对全国养恤金计划进行改革，实行养恤金指数化或一次总付等措施，更好地满足老年人的需要。

（7）各国政府已推广有关政策，向老年人提供就业支助，其中包括职业培训、就业安置、改革退休政策并保护老年人在就业时不受年龄歧视。

（8）58个做出答复的国家中有19个已颁布老年妇女政策，其重点包括经济保障和两性平等。

(9) 做出答复的非政府组织对宣传、能力建设和发展援助做出了巨大的贡献。据联合国实体和政府间组织答复说，已将老龄问题纳入主要国际政策文件的主流。

（二）挑战和障碍

1982 年老龄问题国际行动计划有七个领域的行动建议：保健和营养、保护老年消费者、住房和生活环境、家庭、社会福利、收入保障和就业以及教育。下列领域看来十分难以处理：住房和生活环境、收入保障和就业以及保护老年消费者。

缺少经费是执行《老龄问题国际行动计划》建议的主要障碍。经济困难、武装冲突和自然灾害限制了用于老龄问题的经费来源。政府工作人员短缺是大多数发展中国家面临的另一个普遍问题。各机构间缺少协调、职责重叠和缺少决策专家也妨碍了该计划的执行。

（三）马德里大会提出解决方案

1982 年，在维也纳举行了第一次老龄问题世界大会。20 年后，各国已在制定和执行国家政策和方案方面取得进展，包括在老年人保健和收入保障等领域。然而，挑战和机遇依然存在。

2002 年 4 月 8 日至 12 日在西班牙马德里举行的第二次老龄问题世界大会响应国际社会的呼吁，订正《老龄问题国际行动计划》，以反映当前现实以及发展中国家、发达国家和转型经济体今后面临的挑战。同时，越来越有必要将全球老龄化纳入发展的大背景，从整个人生命这一更广的角度处理老年人境况的问题。因此，以全局、公平处理为基础的政策框架必须汲取 1982 年以来所积累的知识、研究成果和经验。21 世纪面临的挑战是，实现乐于接受老龄人口的社会，将其作为社会未来的组成部分，并将老年人视为建立不分年龄、人人共享的未来社会的重要伙伴。

案例点评

澳大利亚养老人才培养机构

简介：澳大利亚是一个人口只有 2000 万人的经济发达国家，他们的养老人才培养事业很发达，有 3000 多家注册的培训机构，涉及养老方面的专业有 1800 多个。

在国际化和市场化的今天，澳大利亚的养老人才培养机构非常看好中国的养老产业市场，先后组织六批考察团到中国来考察养老市场，而且在北京、上海、成都、广州、沈阳设有五家相关的办事机构。

点评：多年来澳大利亚养老人才培养机构没有获得一个我国的签约项目，我们认为，关键在于他们对中国的国情不太了解。

第二章　中国养老产业基本法律法规

中国已经进入法制化的社会，依法治国，依法管理社会的一切事务是我们最基本的行为准则。

第一节　我国关于养老基本法律概述

我国关于养老管理的基本法律有很多，已经形成了科学的法律体系，每一位养老事业和养老产业的工作人员必须熟悉地掌握有关的基本法律，才能正确地维护自己的合法权益，发展养老产业。

一、立法保障老年人的合法权益

（一）1951 年中华人民共和国第一部养老保险法规颁布

1.《中华人民共和国劳动保险条例》的颁布

1951 年 2 月 26 日，中华人民共和国政务院颁布《中华人民共和国劳动保险条例》，这是我国第一部涉及养老的正式法律法规。当时，中华人民共和国才刚刚成立一年零四个多月，百废待兴，南方边远山区还有国民党的残余势力在活动，还有一些土匪没有完全消灭。中华人民共和国在这个关键时候颁布关于养老的法规，可见，养老事业对国家和人民多么重要。

这部法规明确规定，在工矿、企业单位实行劳动保险制度。在试行两年以后，1953 年对该条例进行修改后规定，职工因疾病、负伤、残废、年老、死亡和生育的事项，按一定条例和标准，享受补助工资、医药费、补助金、退休金、抚恤金的待遇以及疗养、修养和其他集体福利，依法对年老和退休金制度做了规定。

2. 其他与“养老”有关的法律法规的颁布

中华人民共和国成立伊始，即颁布了一系列法律、法规保障老年人的合法权益，新的养老法律体系开始了建立健全的征程。

首先，《中华人民共和国婚姻法》的颁布。1950 年 5 月，中华人民共和国颁布了《中华人民共和国婚姻法》（以下简称《婚姻法》），其实，早在 1934 年，我国的工农民主政权就颁布过“婚姻法”。有史以来，我国就注重婚姻家庭的法律制度的建立，从根本上解决“养老”的制度问题。《中华人民共和国婚姻法》规定了“父母有抚养子女的责任”，又规定了“子女负有赡养父母的义务”，在当时状况下，从法律上确立了我国老年人的养老是“居家养老”的模式。

其次，1951 年 8 月政务院颁布的《关于城市救济福利工作报告》对我国“养老”制度的建立起了重要促进作用。救济对象主要包括孤儿、残疾人、孤寡老年人。国家设立社会福利院、敬老院、疗养院、儿童福利院等福利机构，其中，对无依无靠的老年人实行了集中收养制度。

最后，我国基本性法律《中华人民共和国宪法》(以下简称《宪法》)、《中华人民共和国刑法》(以下简称《刑法》)、《中华人民共和国刑事诉讼法》(以下简称《刑事诉讼法》）都规定了我国养老保险体系的基本法律依据。宪法是国家根本大法，是建立我国法律体系的基础法律。中华人民共和国成立初期，有一部被称为“临时宪法”的《中国人民政治协商会议共同纲领》，1954 年正式颁布了《宪法》，后经多次修订，始终明确规定了我国公民的基本权利和义务，从根本上保障了我国养老保险制度的实施。

《刑法》和《刑事诉讼法》是保障我国老年人权益不被侵害的主要法律之一。二者是相辅相成的，关系密切的。两部法律都于 1956 年开始起草，1979 年五届全国人大二次会议通过，1980 年 1 月 1 日起实施。30 多年来，国家颁布一系列重要法律、法规，以保护我国老年人的正当权益，保障我国养老保险制度的顺利实施。

（二）《中华人民共和国老年人权益保障法》的颁布实施

1. 我国法律对老年人的保护

1996 年 8 月 29 日八届全国人大二十一次会议正式通过《中华人民共和国老年人权益保障法》(以下简称《老年人保障法》)，并于当年 10 月 1 日起实施，这是即将步入“老龄化”的中国老年人的一件大喜事。《老年人保障法》的实施标志着中国养老产业进入法制化保障阶段。

其中主要内容简介如下：

第一，立法宗旨：“国家和社会应当采取措施，健全对老年人的社会保障制度，逐步改善保障老年人的生活、健康以及参与社会发展的条件，实现老有所养、老有所医、老有所学、老有所为、老有所乐。”

第二，家庭权益保障。如家庭赡养与抚养权，具体内容是“老年人养老主要依靠家庭，家庭成员应当关心和照料老年人”“对患病的老人，应当提供医疗费用和护理”。

居住权。规定“赡养人应当妥善安排老年人的住房，不得强迫老年人迁居条件低劣的房屋”。总之，子女或其他亲属不得侵占或擅自改变产权关系或租赁关系。

婚姻自由权。法律规定“老年人的婚姻自由受法律保护。子女或者其他亲属不得干涉老年人离婚、再婚及婚后的生活”。《刑法》还规定“如果暴力干涉老年人婚姻自由，构成犯罪，要依法追究其刑事责任”。特别重要的是“赡养人”的“赡养义务”不得因老年人婚姻关系变化而“消除”。

财产权。法律规定“老年人有权依法处分个人的财产，子女或其他亲属不得干涉”。农村是我国老年人口最多而居住分散的地区，农村老年人的权益亟待得到保护，因此，法律规定“赡养人有义务耕种老年人的承包田地，照管老年人的林木和牲畜等，收益归老年人所有”，这个规定非常重要。

继承权。法律规定“老年人有依法继承父母、配偶、子女或者其他亲属遗产的权利，有接受赠予的权利”。关键在于其他继承人不得以任何理由侵犯老年人的继承权。

第三，社会保障权。包括生活保障权。其内容有两大方面：一方面是家庭成员对老年人的“赡养权”；另一方面是国家和社会对老年人的养老和医疗权益。其中，农村“五保户”的养老保障十分重要，不得有遗缺。

教育保障权。即法律规定的“老有所教、老有所学、老有所乐”的三项基本权利。当前，除传统的老年大学外，这些权利还亟待加强，才能得以实现。

社会福利服务权。这是一项涉及面很广泛的权利，国家提出“大健康”系统，“全民健身体育系统”都必须包括为满足老年人需求服务，提高老年人的生活质量。

社会活动参与权。国家养老体系宗旨中“老有所为”“老有所乐”的两项目标亟待有效实现。近十几年来，“老有所为”的老年人权益基本上体现很少。一方面，我国正面临适当延长退休年龄的争论和实践。我国应与国际接轨，实行65岁的退休年龄，但是发达国家对老年人再就业的年龄限制很少且很宽，一般的外国人80岁还在工作是正常情况。老年人在工作或获得劳务费收入方面应该放宽，现在实行的标准和在职人员收取标准一样，这是不合理的。老年人再就业，大多数是“老有所为”“老有所乐”的要求，国家不能简单用限制“领导岗位公务员退休后再利用资源影响力”的办法限制老年人的“老有所为”和“老有所乐”的基本权利。何况退休老年人再就业多数为有“一技之长”，为社会作奉献之举。

2. 修订《中华人民共和国老年人权益保障法》(以下简称《老年人权益保障法》)

我国第一部《老年人权益保障法》经过16年多的法律实践以后，已有许多条文很难适应我国养老产业发展的新常态，于2012年12月28日在全国人大十一届三十次常委会通过了新修订的《老年人权益保障法》。

现对比1996年《老年人权益保障法》，研究如下：

第一，立法宗旨的变化发展。规定指出“积极应对人口老龄化是国家一项长期战略任务”“国家建立和完善以居家养老为基础，社区为依据，机构为支撑的社会养老服务体系”。

这一修订给政府部门和社会各个方面对执行《老年人权益保障法》的要求进一步提高，上升到国家层面，有利于法律的执行和实施。

第二，“老有所养”的层面更深入具体。一般而言，城镇人口的养老比较容易解决。从2009年至2011年，国务院进行了城镇居家养老保险试点和新农村社会养老保险试点，覆盖面迅速扩大。养老最大的人口在广大农村，并且我国农村山区较多，人口居住分散，首先要解决的是“吃饭问题”。

第三，“老有所依”的问题有了基本保障。医疗一直是我国重要的民生大计之一。面临着我国半失能、失能老人达到4000多万，临终时无子女老人达到5000多万，法律规定，保障生活长期不能自理、经济困难老人的医疗护理需求。

第四，社区养老的法律保证。法律规定，政府应当采取措施，发展城乡社区养老服务。提出“宜居环境”的法律概念，对过去的建筑设计多数只考虑新人要求作了新规定，如对六层、七层楼房没有电梯进行适老改造。

第五，“老有所居”新进展。法律规定“老年人以居家养老为基础”，对比过去的“老年人养老主要依靠家庭”有了明显的进步，并对赡养人和扶养人的法律义务和不当行为进行了新的规定。我国法律首次提出创设了“老年监护制度”，逐步开展“长期护理”保障工作。还对相关服务上的收费作了规定。

第六，首次将“老龄产业”列入法律文件。法律规定，“国家采取措施，发展老龄产业，产业列入国家持续行业目录。鼓励和领导企业开发、生产、经营适应老年人需要的产品”。“国家引导、支持老年宜居住宅的开发。”“各级人民政府和有关部门在财政、税费、土地、融资等方面采取措施，鼓励、扶持企业事业单位、社会组织或者个人以新建、改建、租赁等方式兴办养老服务设施。”近几年，各方面加大了“养老产业”的投入，关键在于人们的理念要转变，把“养老事业”作为“养老产业”来运作。政府和市场各司其职，中国的“养老产业”才会有迅速的发展。

第七，“老有所为”和“老有所乐”更加被重视。法律规定，“保障老年人参与经济、政治、文化和社会生活。”“老年人可以依法成立自我管理、自我服务、自我保护、自我教育的组织。根据法律法规和章程开展活动。”

总之，修改后的《老年人保障法》在内容上有许多增加，在规定上更加具体和有可操作性，有了明显的进步和发展。

（三）养老法制建设的国际比较研究

1. 外国情况介绍

国际上，许多国家重视养老法制建设。主要有以下国家：

第一，德国。1871 年，德国实现全国统一，建立了德意志帝国。当时德意志政府想要发展经济，但是社会矛盾尖锐复杂化，1873 年爆发了世界性经济危机，德意志首当其冲，乱象纷呈，俾斯麦政府为了巩固政权、缓和社会矛盾而进行社会经济改革，包括公共扶助事业、社会福利服务业和养老保险业的建设。1889 年德国颁布了《养老保险法》，这是全世界第一部此类法律的出现。1911 年德国又将这部法律修改独立为单一的《德意志帝国法典》，开创了资本主义社会保险体系的先河，确实起到了推动社会经济发展的作用。

第二，美国。继德国之后，美国罗斯福政府于 1935 年颁布《社会保险法》。这部法律内容齐全，包括老年人保险、社会保险、公共扶助、儿童和社会服务等内容，加上美国特有的国情，特别是第二次世界大战后，美国从世界获得了许多利益，以至美国后来发展成为世界上有名的“福利国家”。

第三，日本。日本的改革始于“明治维新”时代。历史的发展，让日本走了一段弯路，日本与美国相反，是第二次世界大战的战败国。但是，第二次世界大战后，日本在美国的扶持下，经济很快得到了恢复和发展，社会福利制度、保障制度也很快地建立起来。从 1954 年起，先后颁布了《厚生年金法》《国民年金法》和《老年人福利法》等法律法规，用20年时间建立了一套较为完整的养老社会福利体系。

第四，世界其他国家。继德、美养老法律体系之后，英国、法国、瑞典、丹麦等一系列国家先后颁布了相类似的关于养老的法律和法规。到今天，世界上除了少数第三世界国家外，已有近170个国家和地区颁布和实施了养老法律制度。

2. 对世界上建立养老法制体系的评议

我国是世界上最早建立养老法制的国家之一，但是，我国处于半封建半殖民地的历史时期很长，使我国的养老法制建设和美、德、英、法、瑞典、日本等资本主义发达国家有一定的差距。上述资本主义国家都比我国早进入老龄化社会，我国也于1999年进入老龄化社会。我国《老年人权益保障法》比德国颁发第一部养老保险法整整晚107年。因此，我国的养老产业还处于起步阶段，我们要办的事情还有许多，要走的路还很长。不过我们坚信，养老产业在不久的将来会迅速发展，和我国经济发展速度一样，很快进入世界先进国家行列。

二、养老服务体现政府服务理念

（一）“养老服务业”新理念

1. 从行政管理向服务转变

我国的养老事业是中华人民共和国成立之后才真正开始的。后来经过几十年的发展演变，完成了从“行政管理型”到“行政服务型”的转变过程。这一转变过程为1949年至1992年共43年的时间，可以分为三个阶段。

第一，“行政管理型”养老事业的创建阶段（1949—1965）。这一阶段，中华人民共和国刚刚成立，面对的是战争创伤和旧社会留下来的社会经济上的烂摊子，加上国际上一些国家对我国的经济封锁，苏联在中华人民共和国成立后不久也加入“反华大合唱”行列。应该说，我国养老事业的创建阶段是克服了重重困难而开始的。选择“行政管理型”是历史的抉择。

以1951年2月26日政务院颁布《中华人民共和国劳动保险条例》为标志，开始了我国养老事业的建设。

1951年8月，政务院公布了《关于城市救济福利工作报告》，第一次正式提出，政府民政部门负责实施社会救助、社会福利和社会保障工作，养老事业也正式成为民政部门“行政管理”的重要内容之一。

其实，我国最早以法律形式规定“养老制度”的法律是《婚姻法》，更早的《婚姻法》是1934年红色根据地的苏维埃政府颁布的《婚姻法》。中华人民共和国成立后，除了《临时共同纲领》外，最早的法律就是1950年颁布的《中华人民共和国婚姻法》，明确规定了“子女对父母的赡养义务”。

宪法是国家的根本大法，我国在1954年、1975年、1982年颁布的《宪法》中都规定“劳动者在年老时有获得物质帮助的权利”，“公民在年老时均有从国家和社会获得物质帮助的权利”。

1952年6月政务院公布《关于全国各级人民政府、党派、团体及所属单位的国家机关工作人员实行公费医疗预防措施指示》规定了有关人员的医疗制度。

重要的是，1956 年我国政府正式出台并开始实施城市“三无”老人和农村“五保户”由集体或国家帮助养老的政策。

到 1965 年，国家又公布了新的救助对象，包括养老新政策。一是把 1961 年至 1965 年 6 月 9 日期间被转减退职的 1957 年年底前参加工作的老弱病残职工列为救助对象。二是把“原国民党起义投诚人员、宽大释放的原国民党的党政军特人员中无家可归者、生活困难的台湾同胞、去台人员亲属、因公致残完全丧失劳动能力的下乡知青、计划生育医疗事故造成生活困难的人员、生活困难的刑事犯罪分子家属、生活困难的归国华侨等”都列入救济对象。

第二，养老保险制度严重破坏阶段（1966—1976）。众所周知的原因，这十一年内，“社会保险”成为“企业保险”，正常的退休制度被迫中断。

第三，养老保险制度恢复阶段（1977—1993）。这一阶段，国家开始恢复和建立法律体系，养老保险制度逐步走上正轨。1991 年 6 月 26 日，以国务院颁布《国务院关于企业职工养老保险制度改革的决定》为标志进入中国养老保险制度恢复阶段，接着 1993 年 10 月 15 日国务院发布《国务院关于企业职工养老保险统筹问题的批复》表明我国养老保险制度恢复阶段的完成。

2. 从规划经济的服务向市场经济服务转变

在这个转变过程中，我国进入新型养老保险制度的创立阶段（1994—2012）。从 1995 年 3 月 1 日国务院颁布《国务院关于深化企业职工养老保险制度改革的通知》起，到 1997 年 7 月 10 日，国务院颁布《国务院关于建立统一的企业职工基本养老保险制度的决定》，到 2005 年 12 月 3 日国务院发布《国务院关于完善企业职工基本养老保险制度的决定》共用了 12 年时间，通过“深化”“改革”到“建立统一”再到“完善”“三部曲”，确立了我国城镇职工养老保险制度。

到 2009 年，国务院颁布《国务院关于开展新型农村社会养老保险试点的指导意见》以及 2003 年开始到 2012 年 6 月底的“新型农村合作医疗试点，参合人口达 8.12 亿的重大成果”，标志着我国养老制度基本建立。

（二）养老产业新理念

1. 从养老服务业向养老服务产业转变

从 2013 年到 2015 年，我国从养老服务业向养老产业新理念转变。其标志是 2013 年 9 月 6 日，国务院颁布《国务院关于加快发展养老服务业的若干意见》，即有名的国发〔2013〕35 号文件，对我国养老服务业的“总体要求、主要任务、政策措施、组织领导”四个方面做了更加详细而可操作的规定，在国内外引起了重大的反响和积极的评价。

之前，2013 年 6 月 28 日民政部发布了《养老机构设立许可办法》，并于 7 月 1 日起实施。同时，民政部还发布了《养老机构管理办法》。上述三个文件配套执行，保证了我国新型养老制度的完善建立。在〔2013〕35 号文件中，“产业规模显著扩大”“培育养老产业集群”的官方语言，表明了“养老产业”正在转变进行中。

2. 养老产业理念确立

我国养老产业发展经历了从“行政管理型”到“事业服务型”再到“养老产业型”的转变过程。这并不仅仅在于“文字”上的转变，而在于人们新的“养老产业理念”的确立。

“养老产业理念”的确立，并不是减弱国家职能部门的行政管理、服务、指导、监督功能。而是改变过去那种政府“大包大揽”的状况，确立以“产业”发展为主体的社会经济发展新局面。

追溯历史，我国官方文件中，把养老服务业的提法转变到“养老产业”应该是2010 年 9 月 26 日《国务院办公厅关于发展家庭服务的指导意见》中指出，“大力推进家庭服务业市场化、产业化、社会化”，“重点发展家政服务、养老服务、社区照料服务和病患陪护服务等业态，满足家庭基本需求，加快基本养老服务体系建设”。这里的“产业化”“业态”等都是新理念的体现。

三、养老保障展现政府职能

（一）养老保障体系的建立

1. 1991 年 6 月 26 日国务院发文启动“职工养老保险制度改革”

我国在经过 1949—1990 年长达 40 余年养老制度的设立试验和实践，于 1991 年 6 月 26 日国务院发布《国务院关于企业职工养老保险制度改革的决定》为标志，开始了我国养老服务体系建设的历程，应该说，到 2016 年底，我国养老保障体系已经基本建成。当然，这个体系还是初级的，还有许多地方需要完善和发展。

第一，关于养老服务体系的定义。养老服务体系，即“社会养老服务体系”，是指国家和社会为满足全体老年人的需要而建立的法律、法规、制度和政策体系，并根据上述体系而建设包括住房、医疗、养老、文化学习所必需的物质保障设施系统。即“软件”和“硬件”有机结合的养老产业体系。

第二，养老服务体系从范围上可划分为三类：即居家养老服务体系；社区养老服务体系；机构养老服务体系。

2. 2009 年国发 32 号文件颁布

我国是世界上最大的发展中国家，也是世界上人口最多的国家，突出特点是农村人口占大部分，由于统计口径不一致，农村在城市务工的人口已有少部分获得“城镇户口”，即使以此口径计算，我国农村人口仍占总人口的 60% 以上。因此，建立中国的社会养老体系，必须把广大农村人口的养老考虑在内。所以，2009 年发布《国务院关于开展新型农村社会养老保险试点的指导意见》（国发〔2009〕32 号）是我国社会养老体系建立的标志性文件之一。

（二）政府养老保障职能确立

1. 城市职工养老保险金制度基本建立

从 1991 年启动城镇企业职工养老保险制度的改革开始，在城镇企业职工退休制度上有了重大的进步，特别是企业养老金社会统筹以后，老百姓得到了实惠。接着，全国城镇对个体经营户等灵活就业人员养老保险也进行了统筹，使城镇老人绝大部分有了“养老金”收入。后来，对部分城镇居民采取更加灵活的政策，即“可以一次性缴足15年养老保险金”达到退休年龄“按规定领取养老金”后，传统意义上的城镇居民的养老问题，从制度体系上得到了根本解决。

2. 农村居民养老保险基本发放

到2013年，我国农村60岁以上老年人每人每月可以领到55元的养老金（农民无须像城镇居民一样缴纳养老金满15年），虽然养老金数额还很小，但是这是我国养老事业的一个伟大进步。

更为重要的是，农民的“大病医疗保险”和“医疗保险”制度经过十几年的试点，已经基本“全覆盖”，再经过“精准脱贫的努力”，我国社会养老服务体系就顺利建立了。

第二节　2012年以来我国养老法律法规简述

我国1999年正式宣布进入老龄化社会以来，加强了老年人法律体系的建设，2012年以后，成为我国养老法律法规出台的密集期。

一、国务院《国务院关于加快发展养老服务业的若干意见》发布

（一）2013—2016年

1.《国务院关于加快发展养老服务业的若干意见》（以下简称《意见》）颁布的历史意义

2013年是我国养老产业创建的开局之年，也是关键的一年。在民政部于2013年6月28日公布《养老机构设立许可办法》和《养老机构管理办法》之后，国务院颁发《国务院关于加快发展养老服务业的若干意见》（以下简称《意见》）对推进我国养老产业发展具有十分重大的意义。

第一，及时性。在民政部的“许可办法”和“管理办法”出台两个多月后，国务院的《意见》出台，是对民政部“两个办法”的肯定和支持，及时地调动了全国“养老产业”和关注“养老产业”的各个方面，重视和研究养老产业。

第二，权威性。《意见》是对《老年人权益保障法》的权威解读，可以讲，是国家对《老年人权益保障法》最全面的实施方案。

第三，工作总结。是1999年我国应对进入老龄化社会15年以来，各级政府部门、各有关热心我国养老产业的人士，以不同的角度为养老产业做了大量的工作和努力，虽然我国养老服务体系已初步建立，特别是农村养老体系已经取得了重大成就。但是我国的养老产业总体上还处于起步阶段，亟须对过去几十年的养老事业发展做一个工作总结，明确下一阶段工作的目标和方向。

2. 文件解析

第一，《意见》肯定成绩，找出差距。《意见》开门见山地指出，“近年来，我们养老服务业快速发展，以居家为基础、社区为依托、机构为支撑的养老服务体系初步建立，老年消费市场初步形成，老龄事业的发展取得显著成就。”“但总体上看，养老服务和产品供给不足、市场发育不健全、城乡区域发展不平衡等问题还十分突出。”

第二，总体要求明确。在指导思想上要“从国情出发”“创新体制机制”“保障和改善民生”。基本原则是“深化体制改革，坚持保障基本，注重统筹兼顾，完善市场机制”。发展目标是“到2020年，全面建成以居家为基础、社区为依托、机构为支撑的，功能完善的，规模适度覆盖城乡的养老服务体系”。“产业规模显著扩大”“发展环境更加优化”的目标。

第三，主要任务是“统筹规划发展城市养老服务设施”具体要求“各地制定城市总体规划、控制性详细规划时、必须按照人均用地不少于0.1平方米的标准，分区分级规划设置养老服务设施。”“大力发展居家养老服务网络”和“大力加强养老机构建设”“支持社会力量举办养老机构”。“切实加强农村养老服务”“繁荣养老服务消费市场”和“养老产业集群”，“积极推进医疗卫生与养老服务相结合”。

第四，政策措施落实。《意见》要求完善投融资、土地供应、税费优惠、补贴支持、人才培养和就业政策，并鼓励公益慈善组织支持养老服务。

第五，组织领导有力。健全工作机制。将养老服务业纳入国民经济和社会发展规划，纳入政府重要议事日程，国家选择有特点和代表性区域进行养老改革试点。强化行业监督，各级政府部门要加强监督检查。

（二）一系列文件发布

1. 文件解析

在2013年9月6日《意见》发布以后，至2016年年底的三年多时间里发布了一系列大量的社区养老产业的文件，现简介和点评如下：

第一，2013年11月12日《中共中央关于全面深化改革若干重大问题的决定》（以下简称《决定》）在中共十八届三中全会通过。关于养老产业方面，《决定》指出，“建立更加公平可持续的社会保障制度。坚持社会统筹和个人账户相结合的基本养老制度，完善个人制度，健全多缴多得激励机制确保参保人权益，实现基础养老金全国统筹，坚持精算平衡原则。推进机关事业单位养老保险制度改革。整合城乡居民基本养老保险制度、基本医疗保险制度。推进城乡最低生活保障制度统筹发展。建立健全合理兼顾各类人员的社会保障待遇确定和正常调整机制。完善社会保险关系转移手续政策，扩大参保缴费覆盖面，适时适当降低社会保险费率。研究制定渐进式延迟退休年龄政策。加快健全社会保障管理体制和经办服务体系。健全符合国情的住房保障和供应体系。”

上面这一大段《决定》的表述，首先是几乎把我国涉老养老的所有事项都包括齐全了，说明党中央对养老的决策决定全面而合理、有效，这是国家最高层面的战略部署。

《决定》还指出，“积极应对人口老龄化，加快建立社会养老服务体系和发展养老服务产业”。这是党中央对全党全国人民的要求。虽然前面我们已经分析指出，“我国养老服务体系已基本建立”，但还是起步阶段，要随着“精准脱贫”目标实现后相当长一段时间，才能讲我国社会养老服务体系的完美建立。而“发展养老服务产业”的目标要求，则需要更长一段时间才能达到。

第二，2015 年 10 月 29 日中共十八届五中全会通过《中共中央关于制定国民经济和社会发展第十三个五年规划的建议》（以下简称《建议》）中指出，“十三五”期间要完成“全面建成小康社会新的目标要求，必须牢固树立创新、协调、绿色、开放、共享的发展理念”。新的目标和新理念是我国养老目标实行的基本前提和保障。

《建议》还指出：“积极开展应对人口老龄化行动，弘扬敬老、养老、助老社会风尚，建设以居家为基础、社区为依托、机构为补充的多层次养老服务体系，推动医疗卫生和养老服务相结合，探索建立长期护理保险制度。全面开放养老服务市场，通过购买服务、股权合作等方式支持各类市场主体增加养老服务和产品供给。”这一段论述有许多的亮点，如，第一次在党的文件中将“机构为支撑”更改为“机构为补充”，这说明最高决策层更加重视“居家养老”和“社区养老”的地位和作用。同时提出了“长期护理保险制度”的探索议题，“股权合作”议题都是一个创新和发展。

第三，2013 年 9 月 28 日，国务院发布《国务院关于促进健康服务业发展的若干意见》，这是在 9 月 6 日发布《国务院关于加快发展养老服务业的若干意见》之后，一个月内发布关于养老、涉老的又一个重要文件。

文件指出，“加快发展健康养老服务，推进医疗机构和养老机构加强合作。在养老服务中充分融入健康理念。”

第四，2013 年 12 月 13 日民政部发布《关于建立养老服务协作与对口支援机制的意见》，这是贯彻《国务院关于加快发展养老服务业的若干意见》的重要文件之一。文件直接回答了人们最为关心的我国中部和西部落后地区的养老问题。

文件指出，对口支援的基本原则是：坚持量力而为和主动作为相结合；政府引导与市场推动相结合；立足当前与着眼长远相结合；对口支援与共同发展相结合。主要任务是：开展人员培训；加强互相合作；分享管理经验；提供技术指导；加强设备支援。保证措施是：健全机制，加强领导；明确任务，落实责任；实行评估，加强监督。

第五，2013 年 12 月 27 日民政部办公厅、发展改革委办公厅发布《关于开展养老服务业综合改革试点工作的通知》，这是民政部在一个月内发布的第二个关于养老产业的文件。

文件指出，养老服务业改革的基本原则和主要目标是：坚持深化改革，着力解决养老服务市场体系不完善，社会力量参与不足与市场监管不到位等突出问题，破除阻碍养老护理发展的体制约束和政策障碍，使市场在养老服务资源配置中发挥决定性作用。坚持地方为主，突出重点，统筹谋划。主要目标是：通过综合改革试点，促进试点地区率先建成功能完善、规模适度、覆盖城乡的养老服务体系，创造一批典型经验和先进做法，出台一批可持续、可复制的政策措施和体制机制创新成果，形成一批竞争力强、经济效益显著的服务机构和产业集群，为全国养老服务业发展提供示范经验。

第六，2013 年 12 月 30 日全国老龄办等 24 部门发布《关于进一步加强老年人优待工作的意见》，这是国家在养老方面出台的比较具体的文件之一。提出了对老人优待的指导思想、基本原则、优待项目和范围。这个文件文风朴实、内容具体，真正开创了对老年人优待的新局面。

第七，2014 年 7 月，民政部办公厅、发改委办公厅发布《关于做好养老服务业综合改革试点工作的通知》，这是对 2013 年 12 月通知的补充和发展，文件要求：要加强领导、创新、指导和交流。并公布了北京市、内蒙古自治区、广西壮族自治区、甘肃省等 28 个省区市的改革试点名单。另有海南、西藏、宁夏三省区没有参加试点。

第八，2015 年 2 月，民政部、发改委、银监会等十部委联合发布《关于鼓励民间资本参加养老服务业发展的实施意见》，文件提出了九条意见：鼓励民间资本参加居家养老和社区养老服务；参与机构养老服务；参与养老产业发展；推进医养融合发展；完善投融资政策；落实税费优惠政策；加强人才保障；促进民间资本规范有序参与；保障用地要求。

第九，2015 年 3 月国务院办公厅发布《关于印发〈全国医疗卫生服务体系规划纲要（2015—2020 年）〉的通知》。文件中对我国医疗卫生体系的现状和形势及挑战、规划目标与原则、总体布局、各级各类卫生医疗机构、卫生人才队伍、功能整合与分工协作、实施保障与监督评价等七个方面做了规划要求。这是人们最为关心的医养结合的文件之一。

第十，2015 年 7 月国务院发布《关于积极推进“互联网 +”行动的指导意见》。文件对互联网产业的发展提出了纲领性的规划要求，并对养老产业的服务做了规定：促进智慧健康养老产业发展，支持全面强化健康生活新方式，鼓励健康服务机构利用云计算大数据建立公共信息平台，提供长期跟踪、预计预测等个性化健康管理服务，依托互联网资源和社会力量，以社区为基础，搭建养老信息服务网络平台，提供护理看护、健康管理、康复照料等居家养老服务，鼓励养老服务机构运用基于互联网的便携式体检、紧急呼叫监控等设备，提高养老服务水平。

第十一，2015 年 11 月国务院办公厅发布《关于加快发展新生活性服务业促进消费结构升级的指导意见》，提出主要任务是：发展居民和家庭服务；健康服务；养老服务；旅游服务；体育、文化、法律、批发零售、住宿餐饮、教育培训等服务。每一项服务都和养老有紧密联系。

2. 各地“头羊效应”的发挥

在中央十分重视养老产业发展的情况下，各个省区市政府、地级市及区政府、县和自治县及旗政府、乡镇政府、村（居）委会都积极行动起来参加全面应对“老龄化”挑战的进程。这些部门都制定了相应的政策和法规，促进了养老产业的迅速发展。现将几个有代表性的地方政府文件列举如下：

第一，2014 年 12 月北京市民政局、北京市老龄工作委员会办公室、北京市财政局发布《关于印发〈社会办全托型托老所床位补贴办法（暂行）〉的通知》，这对全国都起到了一定的引领作用。

第二，2014 年 1 月辽宁省人民政府发布《关于加快发展养老服务业的实施意见》，这也带了一个好头，各地人民政府也都发布了类似的文件，促进了养老产业的发展。

第三，上海市政府十分重视养老产业的发展，是发布地方文件最多的省级单位，如2008年4月上海市民政局发布《关于鼓励社区设立老年人助餐服务点的通知》，这个文件无疑起到了带头作用和引领作用。

第四，2010年2月西藏自治区人力资源和社会保障厅发布《关于印发〈新型农村社会养老保险经办规程〉（试行）的通知》，这在偏远山区、少数民族地区和边疆地区中起到了较好的引领作用。

二、医养结合成为养老服务新模式

（一）医养结合模式的提出

1. 标　志

2008年8月，民政部和国家卫生计生委提出了医养结合的新模式，后来又经过多次修改、推广和落实，以北京市人民政府发布的《关于推广医养结合养老的意见》为标志，医养结合的养老模式，在全国各地普遍兴起，从此医养结合成为我国养老机构的一个重要模式。

2. 点　评

当人们进入老年以后，由于生命和自然发展的基本规律决定，人的身体系统的免疫力和抵抗力大大减退，身体的各个部分的基本功能也逐步衰退，所以“体弱多病”成为老年人身体状况的代名词。因此，医疗服务成为老年人生活中仅次于饮食的重要需求之一，医养结合的模式正是最高度地反映了老年人养老的基本需求，所以是必然的选择，也受到广大老年人的拥护。

（二）医养结合模式的内容

1. 简　介

医养结合包含的内容很广泛，主要有以下几个方面：

第一，居家养老的老人需要有便利的就医条件，尤其是在病危时期需要有快速的抢救通道，以保证老人的生命安全。

第二，在社区养老中，老人在就医方面要获得重要的支持，比如和社区医院有较好的合作、和上一级医院有紧密的联系，总之使他们的老年病情能得到及时的医治，一旦发生危险的病情，确保能得到及时的抢救，在养老机构中防止出现意外。

第三，在养老机构中，最好建立有医疗或者老年病医院，把养老和医疗紧密结合起来，使老人得到完善的及时的医疗救助。在“互联网+”的情况下，老年人一旦出现大病或者疑难病症，可以和全国的高等级的医院和研究机构进行网上会诊医疗救治，确保老人生命安全。同时，养老机构应该和当地重要的医院建立医疗的快速通道，确保老人救治的迅速和安全。

2. 探　索

医养结合的养老模式，在我国积极的探索之中，首先是因为我国的医疗资源和条件相对短缺，老年人在生病以后需要紧急的医疗救治，医养结合的养老模式能够解决老人这些急需的重大需求。由于我国老年人口的基数太大，因此通过医养结合的模式可以满足老人医疗和养老的完美需求。

三、加快推进养老服务业“放管服”改革

（一）内　涵

1. 定　义

所谓养老服务业的“放管服”改革，主要包括三层含义。一是放开养老服务业的市场，广泛接收外国资本和社会资本积极参与我国养老服务业的发展；二是所谓“管”，就是加强监督和管理，是对养老服务行业的违法违规行为加以引导、指导和监督，达到依法规范地进行养老服务；三是所谓“服”，就是全面开展养老服务业的各种形式，包括家庭、病房、“十送”服务等，总之只要是老年人正当的合法的需求，各类养老服务机构就应该提供积极的支持和帮助。

2. 范　围

“放管服”改革的范围是十分广阔的，主要范围如下：

第一，在居家养老方面，提供适合老年人需求的各种上门服务，充分利用“互联网+”的现代技术手段，满足老年人养老服务的多种需求。

第二，在社区养老服务方面，建立各种社会化的养老服务机构，包括康复中心、老年心理咨询服务中心、文化娱乐中心、艺术休闲中心、体育锻炼中心、日间照料中心、夜间和全托养老服务中心、候鸟式旅游服务中心，使社区养老服务达到全面化、立体化、个性化的要求。

第三，在机构养老方面，要扩大服务范围，提高服务质量。在当前我国养老机构方面重点要发展两端。一是小型微型的养老服务机构，在我国广大乡村，满足广大老人的个性化需求，比如开展家庭式的接收几位老人养老的机构；另一端是加快发展养老小镇的建设，争取在一个小镇能接收5000~10000名老人的养老需求，只有这样才能满足我国老龄化人口快速增长的需要。

（二）改革要点

1. 传统分析

所谓传统的养老理念，主要是“养儿防老”和“旧式的居家养老”，这两种传统的养老形式实际上已经不是我国养老的主要潮流，养儿防老早就已经失去其基本意义，传统的旧式居家养老已经被已持续了30多年的独生子女状态，以及广大农民工进城务工所冲击，产生了新的变化。现实要求我们必须改变思维观念，探索新的养老模式。

2. 新理念点评

所谓新的养老理念，就是建立全社会的重点满足贫困老人，为全社会老人服务的养老体系，实现以居家为基础、社区为依托、机构为支撑的养老体系。在各个不同的地区和不同的城市，要根据实际情况、经济条件和社会环境，提供实事求是的符合广大民众需求的养老新模式。

知识拓展

关于中国第六届国际老博会的召开。

六年前，我国在北京国家会议中心召开第一次老博会的时候，只有两百多家机构参展，到2017年8月进行第六次老博会的时候，已有一千多家机构参展，特别令人高兴的是，有两百多家外国机构参展，说明我国养老产业的发展速度之快，规模迅速扩大。同时，在国家第六届老博会的带领下，我国各地都开展了不同类型的老年产品博览会，如山东济南等城市也举办此类博览会。总之，各主要中心城市，纷纷举行老年博览会，努力提高和发展老年产业的规模和水平。

案例点评

简介：根据国务院《关于加快推进养老服务业发展的若干意见》和《关于大力发展职业教育的决定》的精神，遵照刘延东同志“应加大建设老年开放大学的力度，以满足老年人的学习需求”的批示意见，国家开放大学决定建设老年开放大学。

老年开放大学是以现代信息技术为支撑，面向老年人和养老服务从业人员开展学历教育与非学历教育的新型老年大学。

老年开放大学在教育部成人教育与职业教育司、中共中央组织部老干部局、教育部离退休干部局指导下，由国家开放大学主办，联合全国老龄工作委员会办公室、民政部中国社会福利与养老服务协会、人力资源和社会保障部职业技能鉴定中心等单位合作共建而成。

“www. lndx. edu. cn”是老年开放大学的门户网站，是国内第一家专门服务于老年人和养老服务从业人员的学习平台。

点评：这是我国新办的档次最高，覆盖全国的老年大学，这把“老有所学、老有所为”有机地结合起来，实行专业证书课程证书体系互补互通，到2020年以后，将会为2亿老人服务，实现“老有所为”的老年人的学习梦想。

第三章　经济学和管理学基础知识

养老机构的管理是涉及人、财、物的综合管理过程，养老机构和行政管理部门的中高级管理人员，要真正搞好管理，必须认真学习一些经济学和管理学的基础理论和知识。

第一节　经济学基本理论简述

400多年来经济学理论已经发展成为庞大的科学体系，内容丰富和庞杂，需要我们掌握一些基本的东西，这样才能触类旁通。

一、经济学概述

（一）经济学简介

1. 经济学的产生

1615年法国经济学家安徒万·德·蒙克莱田出版了一本政治经济学著作，书的全名是《献给国王和王后的政治经济学概论》。在此之前，世界上也有一些经济学著作，但它们都是以研究家庭经济的管理为主。可以说，蒙克莱田的这本书是世界上第一部经济学著作。它的出版标志着经济学作为一门独立科学的创立。

真正的政治经济学完成于19世纪初叶，在英国，始于威廉·配第、亚当·斯密的创立和发展，到大卫·李嘉图完成。那时，正是资本主义生产方式确立和向上发展的时期。古典政治经济学十分强调经济的重要性，以劳动价值论为基础。

2. 经济学发展

在以后的几百年里，经济学有了重大的发展，大致经过三个发展时期，或者说经济学发展的三个高潮。

第一个高潮发生在第二次产业革命前后，正所谓经济学的“边际主义革命”。是讲根据消费者的选择决定生产什么，生产多少，代表人物是英国剑桥大学的经济学教授阿尔弗雷德·马歇尔。

第二个高潮是世界性大经济危机（1929—1933），发生的是经济学“凯恩斯主义革命”，标志是为解除经济危机提出了经济的“财政政策”和“货币政策”。

第三个高潮是反思和批判凯恩斯主义。以难以计数的宏观经济学计量和预测模型为标志的“新制度经济学”。在这一期间，经济学更具有实用的意义。管理科学和各式各样的经济学说、学派纷纷产生。

（二）中国的经济学简介

1. 中国经济学的引进

我国是有着优秀文化传统的古老文明的国家，“经济”一词，在我国古书上早已出现。《说文解字注》就有“以经邦国”“济于天下”的记载，其原意是治理国家，拯救庶民的意思。实际上，在以后的经济学和其他文献中“经济”一词的本来含义就是“经营”和“济世”的意思。

我国引进经济学的主要标志即首先采用“经济学”一词的是1908年朱宝绶翻译美国人麦克凡所著的《经济学原理》，以及后来翻译出版的大量的西方的经济学著作。摘要介绍如下：

第一，1949—1970年，我们主要引进苏联原版《政治经济学》教科书，并以《资本论》第一卷作为大学教科书；后来有了苏星、于光远主编的《政治经济学：资本主义部分》“教科书”——这实际上只是一本手册式的普及读本。

第二，1971—1980年，是经济科学缺失的年代。

第三，1981—1999年，是我国政治经济学模仿和“照抄照搬”的阶段。

第四，2000年至今，是学习美国的保罗·萨缪尔森和威廉·诺德豪森合著的《经济学》，同时在此年代，我国引进了许多专门经济学和部门经济学。我国学者也编写了一些经济学著作，如北京大学的厉以宁教授就主编了专门经济学著作《生产力经济学》和部门经济学著作《教育经济学》。

2. 中国创新经济学新局面

中国实行改革开放40年取得了经济和文化以及综合国力的巨大进步和发展，特别是经济上的成功，被称为创造了“经济腾飞的世界奇迹”，同时，经济科学也有了很大的进步和发展，主要是2006年10月林凌教授出版了《中国经济的区域发展》一书，着重阐述了中国改革开放的有益经验；吴敬琏、马国川合著了《中国改革经济二十讲》，主要阐述了中国继续改革开放的必要性；何新先生出版了《反主流经济学——主流经济学批判》，主要研究中国改革的宏观政策和战略，提倡建立中国的“主流经济学”；林毅夫教授出版了《繁荣的求索——发展中经济如何崛起》和《新结构经济学——反思经济发展与政策的理论框架》两本重要著作；高鸿业教授主编了《经济学》；刘伟教授主编了《经济学教程：中国经济分析》。上述经济学著作从不同的角度为开创中国经济学的新局面做了准备。

但是中国的基本的经济学理论体系基本上还没有摆脱西方主流经济学的框架。因此，我国的经济学正面临着创新和发展的新阶段和新时期。

二、经济学与价值论

（一）经济学为什么研究价值理论

1. 什么是价值

价值的本来含义，从汉语的语境来理解应该是一个“舶来品”，也就是说“价值”一词是从西方文明传到中国来的。《现代汉语词典》对“价”的解释是：一是价格，二是价值，三是化合价的简称。在“价值”一词的解释中说，价值是体现在商品里的社会必要劳动，所以从这个解释来看，“价值”一词从中国人的应用首先来源于政治经济学。但是，有的学者又认为“价值”一词是哲学意义上的范畴，即价值表现的是作为主体的人与客观世界之间的某种关系。应该说“价值”一词主要是比较事物之间的关系，主要还属于经济学的范畴。价值是劳动在商品中的一般表现形式。最直接的体现是商品的使用价值，其次是交换价值，起决定作用的是劳动价值。而商品之所以能交换是因为它具有使用价值，交换的数量关系是由某一商品所包含的劳动价值链所决定的，交换过程中交换价值链的外在表现形式就是价格。价值是一种抽象的概念，一定的价格形式表现相对应的价值。某些特殊商品，如钻石、珠宝、收藏品、艺术品，也包含着一定的价值和交换价值，这些商品之所以能出现高得出奇的价格（价值量）是由于它的稀缺性和不可再生性所决定的，是价值的一种特殊的社会存在形式。

2. 西方经济学中的价值理论

劳动价值理论是西方古典经济学的首创，早在马克思主义经济学产生之前，在资本主义第一次产业革命前后上升为主流的价值论，长达一个世纪之久。马克思的劳动价值论主要是在古典经济学的劳动价值论的基础上创造了剩余价值理论。在西方经济学中，劳动产品和商品的使用价值与交换价值得到了充分的研究，后来进一步发展成为主观价值论与客观价值论。这也是西方劳动价值论合理存在的主要原因。

（二）价值理论在中国

1. 马克思的价值理论

马克思的价值理论包含劳动价值理论和剩余价值理论，前者是后者的基础，后者是揭示资本与劳动对立关系的法宝。

马克思的劳动价值理论是对古典经济学的劳动价值论的批判、继承和发展。马克思严格地区分了价值和使用价值，同时还严格地区分了价值和交换价值，指出了交换价值的决定性的内容是价值的本身，这个价值的根本在于抽象劳动的成长。马克思还提出社会必要劳动时间的科学范畴，从而揭示了价值的源泉。

2. 中国特色的经济学创新理论

改革开放40年来，中国特色的经济学进行了许多积极有益的探索，对中国经济的发展起了十分重要的作用。主要表现如下：

第一，科学技术就是生产力的理论。在长期的历史发展进程中，人们都知道生产力的发展是决定社会进步的基本因素，如果不重视科学技术的发展，生产力的发展就缺乏先进性和进步性。我国经济发展的实践证明科学技术本身就是生产力的重要源泉和第一推动力。

第二，发展生产的根本目的是满足社会大众的生活需要。过去苏联经济学理论认为是满足生产和生活的需要，是犯了逻辑上的错误，生产的目的是什么？不是“为生产而生产”，而是为满足人们的需要而生产。

第三，社会经济要进步和发展就必须调动所有社会成员的劳动积极性。因此，要真正发展我国的经济文化就必须克服平均主义，打破“铁饭碗”“大锅饭”等传统的思维方式和管理方式，从而必须进行经济体制的改革特别是农村生产管理方式的改革，调动广大农民的生产劳动的积极性。

第四，物质生产和精神生产同等重要。即物质文明和精神文明是社会发展的两个主要的方面。两者是互相联系、相辅相成的，缺少任何一方面都会影响整个社会经济文化的进步。

第五，“计划”和“市场”都是经济调节的手段。市场经济也会有计划，计划经济必须和市场经济相结合，协调发展。传统的“高度集中的计划经济”在现在的生产水平和人类精神文明的状态下是不适合于经济和社会的全面发展的。

第六，坚持创新、协调、绿色、开放、共享的经济和社会发展的新理念。创新，是一个民族、一个国家、一个地区、一个企业、一个社会组织，甚至是一个家庭和一个人成功和发展的根本条件。任何一个组织和个人没有创新就不会有希望，就会停止发展和进步。协调，是管理经济和社会的基本方式和手段。绿色，是保护地球和人类生存环境可持续发展的基本条件。开放，是现代文明、现代经济发展的共同要求。共享，是指我们要和全国人民，和全世界，和人类共同享受社会发展进步带来的成果。

三、经济要素论

（一）经济要素理论简介

1. 简　介

经济要素理论是经济学研究的主要内容之一。地球只有一个，人口在飞速地增长，几百年来世界人口的增长几乎是一百年左右增长一倍，而地球上可利用的经济要素是一定的，是相对有限的，因此，经济学家们一直研究人们如何充分地利用经济要素生产满足人类需要的物质财富和精神财富。传统的经济学理论把土地资本和工资（劳动）作为主要的生产经济要素，但实质上是掩盖了统治阶级对广大劳动者的剥削，掩盖了富裕国家对贫穷国家的掠夺和奴役。

新的经济要素论提出：人、土地、资源、资本和信息为五大经济要素，特别重视人和信息的重要性。新的经济要素理论还在阐述研究和发展的过程中，随着经济科学的研究和发展会有更新的成果。

2. 评　析

西方经济学主张经济学研究的目的或任务是资源的有效配置。新的经济学理论认为经济学既要研究经济要素的充分利用和有效组织，也要考虑人类社会的持续发展，并且兼顾经济落后的国家和地区、资源贫乏的民族和落后地区的均衡发展。在新的经济要素中，要特别重视人的权利和潜力的发挥。还要重视新的经济要素的作用和地位，如信息，在“互联网+”的时代已经成为经济发展必不可少的信息资源，显得特别重要。

世界上还有许多经济要素资源没有完全开发和利用，如海洋资源、太空资源等，都是人类十分重要的经济要素。

（二）经济要素新观念

1. 关于精神生产

随着人类的发展，精神产品、精神服务和消费，越来越显得更加重要。物质生产的问题已经被人类文明以来的7000年的历史所证明和提炼，现在特别需要的是进行精神要素方面的生产。我国“十三五”规划已经把文化精神产品的开发作为一个产业来对待，因此在“十三五”期间我国的文化产业将会总投入15000亿元，这将对我国的精神产品的生产发生重要的积极的促进和影响。

2. 互联网时代的生产要素

在我国进入互联网时代以来，短短的一两年内，互联网经济正在迅速地改变人们的思想观念、生活观念和生产观念。并且让全国人民实实在在地享受了“互联网+”给人们带来的实惠和便利。无论如何，“互联网+”已成为人们在新时代、新常态下的生产要素。由于“互联网+”的广泛应用，范围无限广大，还需要我们继续增探索和研究。

四、企业产权论

（一）企业产权理论简介

1. 简　介

西方关于企业产权的主要内容包括产权思想是作为历史文明、作为进步的方式，财产权要以平等自由交易为前提；财产权是历史变化的根本原因；私有财产的增加是激发个体积极性的最有力保证，也是形成和维护社会秩序的根本动力。社会管理的权威体现在财产权利是一切权利的基础，财产权与公共工程和公用品的关系是紧密联系的。实际上，西方经济学的产权理论的基础就是保护私有财产的合法性。西方产权制度的代表人物之一是科斯，人们把他所总结的产权理论称为“科斯定理”，他还提出了三种资源配置的制度形式，即企业制度、市场制度、政府管制。

2. 发达国家产权理论研究

当代产权理论在公共财产外在性交易费用委托代理，产权与国家产权机构等方面有了迅速进展，这些理论对我国的经济体制改革起到了重大影响。虽然争论不断但还是在不断地推进之中。

（二）中国产权理论研究

1. 中国产权改革简介

中华人民共和国成立初期，进行了一系列所有制结构的改革。主要是没收官僚资本主义的经济，到1949年年底，没收官僚资本主义的工矿企业2858个，拥有职工129万人，其次是改造民族资本主义经济和个体私有制经济，完成了社会主义改造。

1984年，党的十二届三中全会提出了改革的基本趋向是发挥市场经济在资源配置中的作用，到1992年，我国建立了有中国特色的社会主义市场经济体制。

新时期以来，我国所有制结构有以下三方面变化：其中，资源配置方式发生了深刻的转变，价格信号已成为调节的主要信号，同时，在财税机制方面进行了一系列改变。现在已进入“营改增”的扩大试点阶段。

2. 研究与发展

所有制经济的改革对我国经济发展起到了重大的积极作用。

第一，GDP增长速度迅速，站在世界前列，人均GDP水平飞速增长。1978年改革开放时我国人均GDP水平为379元，大约合100美元，2016年我国人均GDP约为7500美元，38年增长了70多倍。

第二，产权结构发生巨大变化，特别是第三产业发展迅速。

第三，居民生活水平明显改善，到2010年已经达到联合国规定的小康标准。

第四，国有企业产权的缺陷明显存在。主要表现在企业所有运行的资金全部是国有，其他经济成分难以进入其中；企业发展目标、行为目标由政府指挥；企业的产品使用和价格一切由政府确定；企业的负责人由政府任命；在生产要素市场占主体地位。因此，国有企业产权结构存在许多矛盾。随着改革的进行和发展，各种因素都会发生改变，朝着好的方向转变，使中国经济正常健康发展。

第五，中国的经济，在私有制产权方面，还有许多结构性的矛盾，需要进一步的改革发展，才能够更好地发展整个经济，使整个社会协调发展。首先，中国的私有制经济，主要表现在实行市场经济初期，不合法，也不合理，因为在改革开放的初期，社会的各个方面，还需要准备；其次，私有制经济内部产权不合理，家族的特征十分明显；私有制经济，在使用人才方面，也存在很大的缺陷，也有许多需要改进的地方，特别是分配不合理，影响员工生产积极性；私有制经济在管理上，也存在需要调整和加强的地方。

五、市场机制论

（一）市场经济的含义

1. 含　义

市场经济，是社会发展的一种综合表现形式，是商品经济发展到一定历史阶段的必然产物。市场是商品交换的特定场所，到20世纪60年代，世界上出现了超市，一种大型的以顾客到货架上自由取货后再统一结算的市场。其实，在十五六世纪，世界就出现了虚拟的市场，是商品交易的新型平台。市场经济，是指商品交易到了社会的一个主要的经济形态，在市场经济条件下，人们的相互关系展现为特殊的表现形式。到21世纪的今天，市场经济仍然是社会主要承载方式和经济活动的平台，市场经济还会存在很长的历史阶段，它的行为规则是比较容易为大家所共同遵守的，市场经济的基本经济规则容易协调社会的各种关系，平衡和调节人们的利益和相互关系。

2. 市场与政府功能

市场经济是在自由资本主义发展的情况下，在战胜封建主义落后的经济体制的情况下发展起来的，市场经济的宗旨是：平等、自由、道德、法治。平等是市场经济的灵魂；法治是市场经济所产生的社会环境；自由与道德，是在批判封建主义旧道德的情况下，提倡自爱、同情、追求自由的欲望、正义感、劳动习惯、交换互利等六种动机表现的伦理基础。其中，法治是起主导作用的。法律的本质虽然是统治阶级意志的集中表现，但是，比封建专制主义进步多了，因此，有利于市场经济的正常发展。

市场经济条件下，市场参与的各方面因素是很多的，其中，最主要一方，就是政府。政府在市场经济条件下，重要的作用是调节功能，政府可以通过法律的、行政的、经济的、社会的管理手段来调节市场经济。400多年来，经历过几次大的世界范围的经济危机，产生了“市场失灵”“政府失灵”的争议，但把政府和市场对立起来显然是不对的。人们做了各种各样的分析研究，认为政府和市场都很重要，可以在不同的时间和场合发挥自己的功能，社会才会有效地进步和发展。

（二）中国的市场经济

1. 认清市场经济的本质和功能

在中国计划经济时期和改革开放的40年里，我们对市场的本质认识曾经走了一段弯路，错误地认为，市场经济就是资本主义的东西，其实市场和计划都是一种社会和经济的调节手段。

关于市场的功能，最简单地讲，市场就是商品的一个基础的交换场所，由于人们长期在市场经济条件下生产和生活，就形成了一整套市场经济的方法，不单是调节经济方面的关系，而且调节社会的各方面的关系。市场经济这种调节社会关系的作用也就是人们常说的市场机制的功能。自从有商品经济以来，市场经济的调节功能发挥了重要的作用，可以预见，在今后相当长的一段时间内，市场经济的调节功能还会继续起着重要的作用。

2. 市场经济在改革中发展

有中国特色的社会主义市场经济才刚刚建立不久，还有许多需要健全和完善的地方，因此，这就需要加大改革开放的力度，在改变经济的体制和机制上面下功夫。特别重要的是，市场经济是在资本主义制度的基础上发展起来的，还存在许多资本主义制度的痕迹和缺陷，在现代文明和经济条件下，我们必须建设一套适合中国经济和社会制度发展的新型的市场经济体系。

历史在前进，社会在发展，市场经济在新的条件下，要有新的发展，特别在发展中国家，由于长期以来受到西方殖民国家的掠夺，经济文化还相当落后，还有相当大的一部分人处于贫困状态。因此，在世界上占人口总数2/3的发展中国家，如何运用市场经济的调节功能，把自己的经济搞上去，消除贫困，是一个亟待解决的重大问题。我国改革开放40年的成功经历，为发展中国家树立了一个榜样，提供了一个有益的借鉴。

六、经济结构论

（一）产业结构研究

1. 产业结构的含义

产业是在一定的历史条件下，人们进行生产和服务的目标、种类所规定的企业、行业和部门构成的业态界面。产业结构是一定时期业态界面构成的总称。

产业结构的形成，是社会大分工的产物，历史上人们都把农业和畜牧业、工业、重工业、轻工业作为最大的产品类别来划分，在1929—1933年世界最大的经济危机发生以后，人们开始认识到服务业的重要性，经济学家费希尔在1935年出版《安全与进步的传统》一书中，对过去传统的产业划分标准进行了新的研究，提出了一、二、三次产业的划分方法。直到20世纪六七十年代，三次产业划分方法为世界所通用。

产业还有更为小型的划分方法，如汽车产业、房地产业等。

2. 区域经济结构

区域经济结构是指在预定的区域范围内经济结构的表现形式，从大的方面来讲，如亚洲、非洲、南美洲这样的经济结构形式。小型的是指在一个市、一个县或者几个乡镇所形成的区域范围的经济结构形式。

（二）中国经济结构简介

1. 中国产业结构调整

中国自改革开放以来，经济取得了飞速的发展和重大的进步，但还存在着产业结构调整的重大议题。市场经济发展几百年来，任何一个国家在经过较长的一段时间，经济高速增长以后，必然有一个调整的过程，这个调整首先是产业结构的调整。

目前，我国经济结构的调整，已经在供给侧的改革方面做了许多工作，取得了一定的成绩，2016 年的 GDP 增长率仍然保持在 6.7% 的高位运行，这是十分不容易的成就。2017 年 4 月 20 日，国际货币基金组织和世界银行都发布年度报告，对我国的改革和“一带一路”倡议给予充分肯定，对我国的产业结构调整给予充分肯定。

2. 中国区域经济结构调整

国家内部在区域经济的结构调整方面，做了许多重大的改进，东部经济发达地区对西部和中部的支援，进行了充分的调整，让东部的增长型经济向中部的区域经济推进，东部和中部及时对西部进行对口支援。在产业调整方面，给出重大的支持，西部资源的充分开发和利用，为东部提供了原材料和劳动力的保证，做到了东、中、西部协调发展，区域优势互补。

再次是局部地区经济结构调整并举，省、市、县内部的区域相互之间，也进行了产业结构的调整，各个部分区域充分发挥自己的优势，扬长补短，开发特色经济，发挥区域经济优势，注重地方特色和区域特色，在精准扶贫、脱贫方面取得了重要的突破和进步。

七、经济增长论

（一）经济理论简介

1. 经济增长指标 GDP 统计

经济增长统计标准通常用 GDP 英文字母来表示，GDP 是统计国家或地区经济发展速度的指标体系，是经济学上的一种方法。一般国际上 GDP 的统计方法有三种，即生产法、收入法和最终产品法。各个国家根据统计习惯选择某种方法，我国采用收入法，统计内容包括固定资本损耗（折旧）、雇员补偿（工资补贴）、营业利润（税前）、间接税（非所得税），以及统计部门根据某些企业特殊规定项目进行计算。

这些都是日常生产过程中的初始成本，同样也是生产和服务部门的初次分配。

随着经济管理水平的不断提高，大家在探索更为准确的统计方法和统计指标，力求准确判断经济形势，保持经济正常平稳发展。

2. 经济增长的阶段性和周期性

人类社会产生和发展以来，特别是文艺复兴以来，经济增长很快，马克思说过，资本主义100年所创造的物质财富超过了以往一切时代的总和。但是，经济的增长是呈阶段性增长的模式。20世纪以来的100多年所创造的物质财富，比文艺复兴以来，整个社会创造的物质财富还要多。经济增长的阶段性，在这100多年已充分体现，第一次世界大战之前的十几年，是一个阶段，“一战”结束后，到“二战”爆发前（1919—1941）也是一个阶段。更为重要的是“二战”以后，特别是20世纪60年代至80年代，整个世界经济增长可以说是飞速发展。1998年发生了亚洲金融危机，经过几年的调整以后，经济又飞速发展，尤其是中国经济的飞速发展。可是只有10年的时间，2008年，发生了美国房地产“次级贷”引起的世界金融危机，直到现在还处于缓慢恢复阶段。

市场经济发展到一定阶段，只要是在私有制为主体的条件下，就会发生经济危机。世界上第一次经济危机，1825年发生在英国，从此以后，资本主义世界各主要国家先后爆发过经济危机，一般特征是萧条、危机、复苏、增长4个阶段，每个阶段轮流反复会成为一个周期，有时10年左右为一个周期，有时三五年成为一个周期。由于各国和资本主义世界的经济危机发展的周期性不一样，后来有经济学家提出了经济危机大周期理论，如20年为一个周期，40年为一个周期，最长60年为一个周期，总体来讲，经济的发展呈现了周期性特征。

（二）中国经济增长与宏观调控

1. 中国经济增长简介

中华人民共和国成立以来，中国的经济发生了巨大的变化，大致分为几个阶段：（1）1950—1953年是经济恢复时期。（2）1954—1958年是经济增长时期。（3）1959—1962年是自然灾害的经济困难时期。（4）1963—1965年是经济快速增长的短暂时期。（5）1966—1978年是经济受到破坏时期。（6）1979—1992年是改革开放经济恢复和发展的初期。（7）1993—2014年是我国经济高速发展的最好时期。（8）2015年以后，我国进行“供给侧”调整经济结构的改革，已经取得了阶段性的进展。

中国经济的发展，被称为世界经济发展中的奇迹。1979年改革开放初期，中国的经济排在世界的第160多位，经过30多年的努力，已经成为世界第二大经济体，为其他发展中国家的发展，树立了一个光辉的榜样。

2. 中国宏观调控

我国从1962年就开始了经济调整，在改革开放以后，也进行了几次重大的经济调整，都分别取得了相应的效果。在市场经济条件下，市场对经济的作用是主要的，政府对市场的调节功能也非常重要，实践证明，当“市场失灵”的时候，政府必须出面进行宏观调控，才能使经济正常发展。

八、货币理论

（一）简　介

1. 货币知识

货币是国家强制发行的价值符号，货币的作用是价值尺度、流通手段、储藏手段、支付手段、世界货币五个方面。第二次世界大战以后，美国取得了世界的霸主地位，1947年在美国支持下，在印度尼西亚的布雷顿森林召开了货币会议，确定以美元为基础和黄金进行兑换。1981年，在苏联带头下大多数国家取缔了美元34年的霸主地位。但是1983年美国又乘石油危机之际，插手世界石油输出国组织，以美元结算石油交易，部分地扳回了美元的霸主地位。

2. 世界货币的状况

现在的世界货币状况基本是，黄金在许多国家仍然是硬通货，比如，前几年巴拿马地震以后，国家就规定只有黄金才能够买必要生活品，这说明黄金的货币地位仍然十分重要。在国际贸易中往往不用黄金作为计算手段，现在世界货币前五位是美元、欧元、英镑、人民币、日元，它们都是公认的世界货币，其标志是多数国家在贸易结算时使用这些货币。其他货币在各自的国家贸易结算中都在使用，大多数不具备国际货币的功能。

现在英国已开启了脱离欧盟的进程，世界货币的格局会有微妙的调整，这是在预料之中的事情。

（二）人民币简介

1. 中国经济与人民币

中国成为有独立主权的国家以后，就发行了自己的货币——人民币，经过60多年的努力，人民币成为公认的世界货币之一，也是世界上信誉最好的货币之一。这对促进国民经济的发展起了极其重要的作用。

2. 人民币国际地位大大提高

从2013年开始，人民币开始逐步成为国际贸易结算货币。到2016年人民币在世界货币的份额已经占到了8%～10%，这是非常令人喜悦的成就，现在我们可以说，中国人在经济上真正的站起来了，发展中大国的地位已真正地确立，现在世界上已经有50多个国家和地区用人民币结算，人民币在世界上的流通范围会更加广泛，标志着人民币国际地位的巨大提高。

九、世界经济论

（一）国际贸易

1. 简　介

中华人民共和国成立以后，相当长的一段时间，由于外国势力对中国的经济实行封锁，我国的国际贸易发展很慢，贸易额也很小。1978年改革开放以后，我国的外贸体制进行了一系列的改革，首先是进行了“三来一补”的国际贸易活动，取得了很好的成绩，在大量的引进外资以后，国际贸易有了更大的发展，开创了国际贸易的新时代。我国加入世界贸易组织以后，国际贸易有了很大的发展，在经济全球化的今天，我国企业采取“走出去”的策略，已经参与到世界范围的市场经济的活动，除了国有大型企业参与世界贸易和国际竞争需要进一步的改革以外，我国有不少民营企业参与了全球竞争，获得了举世瞩目的成就，如青岛海尔、深圳华为，就是其中的先进代表。

2. 中国从制造业大国向创造业大国发展

我国经过改革开放40年的努力，已经成为世界第一的制造业大国，中国第二产业所生产的产品已经被销售到世界的每个角落，这是在改革开放前看上去难以想象的成就，中国人做到了。现在我们正在以全面的措施向创造业大国发展，从中国的文化和历史发展传统来看，我国人民具有伟大的创造精神，我们是拥有世界四大发明的文明古国，但是，在最近几百年到改革开放前我们落后于世界，我们必须认真思考，我们要打破传统束缚和限制，解放思想，敢于创新，建立一个创新型的社会，创造性的国家。

（二）国际经济

1. 国际经济组织

在世界经济一体化的状态下，我国已经基本融入国际社会，我们经济的发展离不开世界，世界也需要我们，在新的条件下，我们必须提高自己的素质，思考问题必须要有国际视野，包括老龄化问题，已经是全球范围内共同应对的事情，因此我们必须要了解国际经济组织的情况。

第一，联合国。联合国虽然严格意义上不是经济组织，但是，它是世界上最为权威的国际组织，它的下面有几十个分支机构，主要是处理国际事务方面的问题，但是这些问题的处理，往往和经济紧密联系在一起。我国从1972年恢复联合国安理会常任理事国地位以后，发挥了重要的积极的作用。

第二，国际货币基金组织。这是世界上最权威的经济机构，它在世界各国经济的发展中起着重要的作用，在稳定世界经济秩序方面有非常重要的作用。

第三，世界银行。世界银行对各国的经济发展和支持贡献也不小，我国改革开放以后，也得到了世界银行多次的贷款，改革开放初期，世界银行对我国很多基础项目，都有很多重大的资金支持。

第四，世界贸易组织。我国加入世界贸易组织以后，经过长达15年的过渡时期，已经能够按世界贸易组织的基本规则办事，这对我国的国际贸易和海外投资提供了很大的方便。虽然也有一些贸易摩擦，但是会通过谈判逐步地解决，我国将会在世界贸易组织中发挥越来越重要的作用。

第五，亚洲开发银行。该行创立于1966年11月24日，总部设在菲律宾首都马尼拉。亚洲开发行虽然不是联合国的直属机构，但是，它是由联合国亚洲及太平洋经济社会委员会赞助建立起来的。由于历史原因，中国于1986年3月10日加入亚洲开发银行。在相当长时期，美国和日本并立为第一大股东，有一股否决权。现中国占股份5.45%，位列第三位。美日各占股份12.78%。

第六，亚洲投资开发银行。我国发起设立的亚洲投资开发银行，有世界上50多个国家成为会员单位，特别是在“一带一路”建设中起着重要作用，开办两年多来受到世界多数国家的好评。2017年5月12日“一带一路”北京高峰论坛开会之际，亚洲投资开发银行受到了国际货币基金组织总干事和世界银行行长的高度称赞和肯定。

2. 国际经济新常态

现在，国际经济形势出现了一些新的变化，情况更加复杂，主要表现在以下几个方面：

第一，英国“脱欧”公投成功以后，给欧洲的经济格局带来的影响；

第二，世界贸易保护主义有所抬头；

第三，中美之间的贸易摩擦开始升级；

第四，中国的“一带一路”倡议正在顺利地实施，并产生越来越大的积极的正向的影响。

十、经济学原理和诺贝尔经济学奖

（一）经济学原理（学说、理论）简介

经济学原理，主要包括经济学的学说与理论，其中重要的有20个，即劳动价值论、比较成本学说、地租理论、重商主义、边际效用价值理论、价格理论、货币理论、工资理论、重农主义、一般均衡理论、马尔萨斯人口论、新古典经济学、凯恩斯学说、货币主义、产权经济学、计量经济学、发展经济学、剩余价值理论、经济危机理论、国际贸易理论。

（二）诺贝尔经济学奖

诺贝尔经济学奖，并非诺贝尔提出的五大领域奖项之一，而是在1968年瑞典银行三百周年之际设立的，全称是“瑞典银行纪念阿尔弗雷德·诺贝尔经济学奖”，由瑞典银行提供与诺贝尔当年相同的奖金，由诺贝尔基金会统一使用。1969年开始颁奖。

1969年朗纳·弗里施（Ragnar Frisch，挪威）和简·丁伯根（Jan Tinbergen，荷兰）获奖；2016年奥利弗·哈特和本特·霍姆斯特罗姆获奖。

诺贝尔经济学奖自1969年首次颁奖以来，48年间获奖总人数为64人，其中有22届是一人独获此奖，有15届是二人分享此奖，有4届是三人共同获奖。至今，尚未出现一人多次获得诺贝尔经济学奖的情况。

第二节　管理学基础知识简述

经济学理论或学说，经过400多年的进步和发展，一个重要的分支——管理学已经建立起来，学术观点精彩纷呈，百家争鸣。

一、管理学概述

（一）简　介

1. 定　义

管理学是经济学发展几百年来的一个重要的分支科学之一，是行为科学和心理科学发展的结果，是利用行为组织理论，企业的组织要素有效地组织起来，争取最大利润的科学。

2. 范　围

经济学中的管理学涉及的范围很广，主要包括企业管理、社会管理、公共工程管

理等方面，可以说，有一个部门就有一门管理科学，如学校管理，又分为高等教育管理、普通教育管理、职业教育管理、小学教育管理等。管理无处不在，简而言之，只要有人存在，就会有管理的需要。

（二）特色和发展趋势

1. 特 色

不同的时代，管理有不同的特色要求。现代科学发展以后，使人们的生产和生存空间更为广泛，管理的范围更为广大，传统的管理能力已经不适应社会的发展和生产的需要。电脑的出现，使管理更为科学和更为细致化，现代的管理，主要有两大特色，一是系统化，二是程序化。所谓系统化，就是把整个社会作为一个系统工程来管理。所谓程序化，就是社会按照预定的程序、规则来管理，消除和克服了人们的盲目性和随意性，这种管理更加科学化、人性化。今天，大数据的运用，为我们科学的管理提供了更好的条件，使管理更加公平、合理、合法、有效。

2. MBA 管理教育的主体地位

20 世纪末 21 世纪初以来，管理科学有了重大的变化，主要体现在教育方面，以案例教育为主体的管理教育体系。这是所谓 MBA 商学院的管理教育模式，是受精英教育管理模式的严重影响，在教学过程中，大量地选取所谓成功的案例模式，进行讲解和教育，人们热衷于讲解某些成功企业家的故事，讲得天花乱坠，让受教育者沉浸在成功的喜悦当中，能否收获许多高深的不可告人的企业管理秘密未可知，这也许是对管理科学抽象理论教条教育模式的一种讽刺和改变。管理科学是以行为科学和心理科学的进步，结合企业的发展而来的，笔者认为还是需要进行适当的理论教学和案例模式的解析有机结合，因为过去的故事只能说明过去，它不能够表明未来能够照抄照搬，这是需要我们认真加以研究和考虑的。

二、管理的基本原理

（一）早期的原理

1. 1890 年马歇尔首次把企业管理作为“组织要素”融入经济学

当年马歇尔在他出版的《经济学原理》一书中应用组织要素的研究创造了管理科学。但是，人们往往把美国人德雷里克·温斯洛·泰罗（1856—1915）称为“科学管理之父”。在此期间，德国人马克斯·韦伯（1864—1920）创立了行政组织理论，英国人厄威尔是管理史学家，美国管理学家再进一步发展了组织管理理论，都对管理学的发展做出了贡献。

2. “泰罗制”的创立和《工厂管理》

泰罗出生于一个律师家庭，虽然考上了哈佛大学法学院，但因为身体的原因未能上学，18 岁就开始了他的工人生涯，他先是一名机械工人，后来参加业余技术学院学习，很快就成为工程师，28 岁就成为总工程师。

泰罗先在钢铁厂工作，后来又成为一家制造纸板公司的总经理。三年后，他回到工厂去搞管理咨询工作，1901 年他创造“顾问工程师”的职业，并致力于演讲、写作，宣传科学管理，创立了“泰罗制”。他的代表作有《工厂管理》（1903 年）、《科学管理》（1909 年）等。

（二）管理科学新进展

1. 经济科学与行为科学结合产生管理理论

第一，“人际关系说”。管理科学的发展，极大地引起了一大批社会心理学家、行为学家、企业家和经济学家的高度重视，管理科学不断发展，可谓学派林立，群雄聚集，其中，企业是一个经济人的理论，企业“以创造顾客为目标”的理论很有代表性。奥地利管理学家彼得·德鲁克认为，是追求利润最大化，还是以创造顾客为目的，会带来不同的后果，他说创造利润是企业的目标，他们都注重企业管理中的人际关系问题。

第二，“X－Y 理论”。美国麻省理工学院教授、行为学家道格拉斯·麦格雷戈（1906—1964）出版的《企业的人性方面》著作中提出了他著名的“X－Y 理论”。他认为传统的企业管理，是建立在“X 理论”的基础上，“X 理论”是“性恶论”，认为人生来就是好逸恶劳，缺乏进取心和责任心，以自我为中心，等等，对企业的员工要采取“命令与统一”的方法来管理，“X 理论”只注意人的安全需要和生理需要，把金钱作为主要的激励手段，把惩罚作为有效的管理方式是错误的。因此他提出了相反的理论，叫“Y 理论”，这个理论假设人性是“善”的，要求工作是人的本性，在适当的条件下，个人的目标能够和企业的目标统一起来，他主张对员工要信任，要采取启发和诱导的管理方式。他们进行了大量的工厂实验，并且提出了所谓的超“Y 理论”，直到今天，他们的理论仍然具有使用价值和吸引力。

2. 企业系统理论

随着基础科学的迅速发展，数学也发展很快，计算机的应用有数学模型，为管理提供了有效的可能。现在，可以说数学模型是极大普及的年代，主要有决策理论模型、资源配置模型、网络模型、库存模型、投入产出模型等。模型建立的公式是 $E=f(XI, YI)$，E 代表系统的效益，f 代表函数关系，XI 代表系统中的可控变量，YI 指数控制变量，模型要求这类变量都是可计算的，各个变量关系也是确定的。

3. 中国的企业管理探索

中华人民共和国成立以后，高度重视管理科学的发展，如我国著名数学家华罗庚就应用“优选法”参加各种管理推广活动，著名科学家钱伟长应用系统工程理论参加管理推广活动，取得了很大的成绩，但是，由于当时经济管理体制和机制的局限性，我国管理科学一直处于比较落后的状态。

改革开放以后，我国的管理科学取得了很大的进展，如海尔的管理模式就是一个成功的范式。

三、管理的基本方法

（一）精确管理方法

1. 数学模型宏观管理方法

数学模型宏观管理方法是进行宏观管理的一种选择，是计算机与数学模型的结合。

所谓宏观管理是一个相对的概念，国家是宏观，一个省相对于一个县来讲也是宏观，一个公司的总部相对于一个工作小组来讲也是宏观，具体地讲，管理一个大型养老机构，相对于管理一个部门，就是宏观管理了。关于数学模型，前面已经讲过，大家可以根据基本的方法，设计一个数学模型，在有些时候是必要的，但是一般的公司管理，只需要确定一个模式就可以了，现在电脑服务很方便，在电脑上下载一个软件，使用一段时间，在比较中选择多数人认为好用的就可以了。

2. 计算机管理方法

计算机管理方法是指计算机与应用进行全方位、全过程的管理。计算机管理的方法已经是一个非常普遍的方法。绝大部分政府部门、社会组织和企业单位已经实行计算机管理。在养老机构中的计算机管理，侧重两个方面：一是老年人的健康管理，二是老年人安全和跟踪管理。现在已经有一些比较成熟的软件可以使用，但是可供选择的形式太少。有条件的大型养老机构，可以和计算机软件公司联合进行开发，开发研究出更加适合于老年人使用的计算机软件，提高管理水平。

（二）人性化管理方法

1. 目标与目标管理

所谓目标，是指要达到的境地或者标准。在管理学上，我们开创了目标责任制的概念，这是根据我国的国情而实行的为完成管理目标与承担责任的一种管理方式。

目标管理也是现在企业通用的一种管理模式，包括目标的建立，目标有战略目标、中长期目标，以及每季度、每个月、每旬的目标。

制订完成目标的措施方案，确定目标的人，目标管理的管理措施之一就是奖惩要分明，奖惩要兑现。

2. 团队管理

现代化的生产和服务，已经不是一个人和少数人的操作形式，往往完成一件任务，需要有团队协助完成，所以团队的管理，已经成为一种时尚和受广大企业欢迎的管理模式。管理应该注意的是：一是团队的建立；二是团队核心的确认；三是团队核心要了解每一个团队成员的基本情况；四是经常训练团队的协作能力；五是提倡一种团队合作的精神。

3. 激　励

激励机制的实施是人性化管理的一个重要手段。激励的本来含义是激发人的创造性潜能，奖励在生产和服务过程中，表现积极认真负责者的一种管理方法。激励机制实施的关键是和目标责任结合进行，要公开、公平、公正，奖罚要分明。

4. 质量与质量管理

质量是企业的生命，质量管理是保证公司能够顺利发展的重要条件。我国早已实行全过程质量管理方法，确保产品质量优秀和生产安全。

5. 战略管理

企业发展战略的管理越来越被广大管理人员所重视，战略管理亦称为企业战略目标管理，战略是企业经营的宗旨，在工商注册或登记的时候，就有着重要的意义，但那往往不被人重视，实际上，企业发展战略又可以和企业宗旨在一起研究。

6. 学习型组织

现代文明高度发展，到了信息爆炸的时代，很多公司的文化理念已经得到了很高的提升。因此，有的企业家就提出了把企业办成学习型的组织，这是一个很好的管理方式。主要特点是，员工在公司里，就像在学校一样，能够愉快地学习和生活，又能高兴地从事生产和服务劳动，如此还为将来的发展创造了条件。

7. 危机管理

危机管理是相对于激励机制管理的一种管理模式。在市场竞争十分激烈的社会，在信息量爆炸式增长、科技成果不断出现、新产品和新技术大量推出的时代，有的管理者为了提高员工的紧迫感，创造了危机管理的方法，主要特点是：（1）让员工时刻有危机意识；（2）引导员工思考消除危机的方法；（3）用危机思维来激励员工创新；（4）用危机感来团结员工。

管理的方式、方法、手段还有很多，我们提倡公司和员工一起创造、创新管理模式和方法。

第三节　养老机构管理基础研究

养老机构在世界上已经存在几百年了，中华人民共和国成立后，我国养老机构的管理逐步进入正规化，现在开始市场化、社会化运作，在管理模式方面还需要进一步探索。

一、市场调研

（一）调研方法

1. 机构委托

市场调查研究对现代企业是一个非常重要的基本的工作方法。调研的方法有多种，首先要确定的是机构调研还是企业自己组织调研，委托机构调研的好处如下：一是可以利用机构的专家团队；二是可以利用机构的经验；三是可以节约人力和时间。缺陷如下：一是对机构调研报告的阅读和理解程度不同而影响决策；二是没有自己实际调研所理解和认知的深刻；三是增加费用开支。

2. 自己调研

在准备成立自己的公司之前，一定要进行市场调研，特别是公司的决策层，要参与市场调研，只有真正掌握市场的基本情况，才能有正确的决策。自己组织调研的优势在于：一是深入实际，掌握第一手资料；二是可以进一步地分析实际情况，找出市场的内在因素；三是培养市场分析团队；四是节约前期投资。

（二）人员组织

1. 合作者

要创建成功的优秀的养老机构，必须寻找好合作者。合作者大致有三类：一是志同道合者，是热心于我国养老产业的发展，敬老爱老的人士；二是战略投资者；三是一般合伙人。

2. 客源组织

顾客就是上帝，养老机构的客户来源调查是关键的一条，现有客户的数量和潜在客户的资源都是要考虑到的，有了客户资源，还要考虑到组织客户的有效渠道、成本和可行性。

二、资金的来源和使用

（一）资　金

1. 自有资金

建立养老机构，首先要有慈善家的思维和态度，养老机构的投资周期长，利润相对较低，回收资金较慢，政府补贴的资金，也要在验收合格以后才能够逐步到位，因此投资者要准备充足的资金。

2. 合作者投资

资金来源之一是合作者的投资，国际惯例是投资者的资金，可以在需要的时候才到位，但是我国一般采取的是注册到位制度，现在虽然已经做了根本性的改变，为了安全起见，要防止一部分人的惯性思维所造成的后果，制定可靠措施保证合作者投资资金到位。

（二）使　用

1. 估　算

资金使用估算一定要准确并留有充分的余地，大中型养老机构的建立必须要有正规的可行性报告，小型养老机构的建立，也要有详细的可行的资金使用计划书，保证项目进行中的资金运用。

2. 筹　划

筹划阶段的重要因素之一是选择好职业经理人，担任养老机构的总经理或养老院院长；要选好技术负责人，或者业务院长；还要选择好关键部门的经理；开业前三个月招聘员工并进入培训阶段。有人干活才是关键，并且要经过筹备的磨合期，养老机构才能够有效运行。

三、政府主管部门咨询

（一）政　府

1. 规　划

建立养老机构首先要获取政府的有关规划，再找主管部门——民政局，详细了解规划的有关要求和实施依据。养老是涉及国计民生的大事，有条件的情况下，最好能找到分管的市长或县长，得到政府领导的支持和帮助。

2. 程　序

办事要讲究程序，各级发改委是项目立项的第一道关键部门。在发改委的协调下，国土、建设、规划、消防、交通、财税、人社、民政、工商、卫生、社会保险、项目所在街道和乡镇，才会按照程序办事。

（二）部　门

1. 咨　询

在立项报告批准以后，养老机构投资者所要咨询的部门基本清楚了，下一步就是组织有关部门，到相关政府部门咨询办理证件所需要的资料和相关条件，开展相关工作。

2. 方案草稿

养老机构投资者首先要制订出投资的方案草稿，再进行市场调研，并寻求专家的指导意见，征求上级部门的有关意见，修改方案草稿，从而制订出最终的实施方案。

知识拓展

关于“经济学”相关知识

我们现在使用的“经济学”是包括内容十分广泛的一个词。在相当长的时间内，我国都使用“政治经济学”一词，这实际上讲的还是理论经济学。后来“管理学”从“经济学”中独立出来，形成一个经济学分支学科。现在西方国家把经济学分为宏观经济学和微宏经济学两大部分，前者主要讲国家宏观管理知识理论，后者主要讲市场和企业方面的经济知识、理论。

现在的经济学主要是“理论经济学”和“应用经济学”共同发展，尤其后者发展更快，如“怎样才能成为操盘高手”“股票十大短线操作法”等，还有会计资格考试教材之类。

案例点评

简介：浙江温州市有一位养老机构的投资者，在6年前投资5亿多元建立了一家中型的养老机构。但是这位投资者也许没有做市场调查，也没有养老机构管理的基本知识，更没有组织一支行之有效的经营管理团队及业务骨干。房子建立起来了，结构也不合理。现在到处找人，帮助改进经营管理。

点评：管理，既是一门科学，又是一门艺术，从投资决策开始，就应该做好市场调研，进行政府部门的咨询，寻求合作伙伴，制订实施方案和可行性报告，建立精英团队，五个方面缺一不可。这位投资者，只是凭他的信念，认为养老产业重要，国家会支持，就开始投入了，结果教训深刻。

第四章　养老机构的概念、分类、特征

养老机构涉及的范围很广，也是一个新兴的行业，因此我们要进行各方面的深入的研究，才能管理和运营好养老机构。

第一节　养老机构的概念与类型

养老机构是所有为养老产业服务的各种企业、社会组织及其相互关联部门组成部分的统称。

一、养老机构的概念

广义的养老机构包括的范围很广，可以包括整个养老产业十八个大的门类，几百个小的行业之中的公司、企业、学校、非政府组织、合伙人、个体劳动者，泛指为养老服务的生产服务管理单位，或者叫敬老涉老服务机构。

狭义的养老机构，是指直接为老人服务的养老管理公司、养老院、福利院、敬老院、社区养老和居家养老的机构、个体经营者、非政府组织，以及养老质量的管理监督单位，涉老人才培养单位和研究机构等。

二、养老机构的类型

（一）福利院

福利的本来意思是指对人们的食物、住宿、医疗上的照顾。福利院是近代社会以来，国家为“三无”老人建立的照顾机构。我国主要是由民政部门直接投入和管理的社会福利机关。入住人员是传统的城市居民。经过近几年的改革，城市的福利院也开始接收社会上的老人，但是，他们的任务首先是满足传统的城市居民中的“三无”老人入住。由于我国面临严重的老龄化问题，国有的福利院一般人比较多，基本上是一床难求。

（二）敬老院

敬老院是社会福利制度改革中的重要方面，是传统体制中专门接收农村户口的“三无”老人的养老机构。全国各地农村养老机构的名称多数叫敬老院。也有的地方叫幸福院，或者光荣院。这些机构一般由地方的乡、镇政府，或者村民委员会主办，地方财政给予经济补贴。

（三）养老院

养老院是一个更加广泛的概念，一切为老年人提供住宿、医疗、养老服务的机构都可以统称为养老院。现在社会上的传统的养老机构，除保留传统的名称外，新建立的养老机构都称为养老院，也有少数地方根据创立者的要求，使用一些时尚名称，这是经过登记机关批准使用的名称。

（四）幸福院

中华人民共和国成立初期，一些地方建立的接收老人的医疗机构名称叫幸福院，也有一些荣誉复员退伍军人在其中居住，当时还没有建立严格的“城乡户籍制度”，但实际上居住的多为传统城市户口的“三无”老人。后来一部分农村建立了“五保户”集体养老制度，也使用幸福院这个名称，故一直保留到现在。

（五）荣誉军人院

荣誉军人院，是中华人民共和国成立初期，为了接收大量从战争前线下来的伤残军人建立的医治伤病和疗养伤残的机构。中国刚刚从解放战争中走出来，还有大量解放军部队在边远山区清剿土匪，紧接着就是抗美援朝战争，因此有大量的解放军官兵需要治疗伤残，荣誉军人院大多数是由当时的军队野战医院转变而来。经过几十年的变迁，现在解放军（武警）所属的养老机构有1800多家，也都正在进行改革。

（六）养老管理公司

养老管理公司，是我国养老体制改革过程中出现的新生管理机构，国务院2013年35号文件特别提出，“鼓励建立养老管理公司”。但是，直到现在这类公司在我国还非常之少，这是我国养老机构的一个短板。养老管理公司的特点是，一般不对养老机构建立进行投资和参加工程建设过程，而是专门建立经营管理团队，去经营投资者所建立的养老机构，有条件的情况下，可以对多家养老机构进行管理。这种管理公司和现在的养老机构开连锁分支机构是有一定区别的，我国还需要大量建立此类机构。

（七）养老服务机构

养老服务机构是各个人养老产业参与单位的总称。有时候也会单独使用这个名词，例如，某某养老服务机构，特别是在社区养老和居家养老的服务过程中，会有一些合伙人和个体经营者举办的养老服务实体，还有养老产业的评估公司、非政府组织等，都为养老服务机构的名称。

（八）老年病医院

我国是世界上人口最多的国家，老龄人口有2亿多人，老年病的治疗已成为十分重大的社会需要，老年病医院比较普遍的设立，传统的大型医疗机构设立了老年病医疗专科门诊和住院部。中国人民解放军空军总医院也建立了老年病研究院，可见，老年病医院建立已经引起了社会各方面的高度重视。

（九）老年养生机构

我国独立建设的老年养生机构还相当少，老年养生机构，是老年养生堂、养生会所、养生部的总称。社会上的养生服务机构还是比较多的，但是专门为老年人服务的养生机构还比较少。中草药是我国医药宝库的瑰宝，开发这个宝贵的资源设立养生机构是一个比较好的方法。

（十）老年保健康复机构

老年保健康复机构是专门为老年人的需求而设立的保健和康复场所。在汉语里保健和康复是两个不同的概念，保健是指身体健康的人通过某种手段保持身体的健康，或者延缓衰老；康复是已经生病或受伤的人在治疗伤病之后，促进身体健康恢复的一种手段。由于过去长期处于经济落后状态，许多人还处于生活的贫困线以下，保健就是一种奢侈的享受。康复是西方文明的成果，我国康复的事业，主要是2008年举办奥运会以后逐步发展起来的。现在在一些中高档医疗机构，康复服务还是比较好的，但是，老年人的康复需求远远不能得到满足，首先是康复辅具的生产还严重不足，需要加速发展。

（十一）老年用品生产机构

老年用品生产机构，是一个极其广泛的概念，几乎所有为老年人需要而进行生产的企业都可以称为老年用品生产机构。这些机构包括国家生产部门的十几个门类，如老年生活用品生产企业、老年医疗器械用品生产企业、老年辅助用品生产企业、老年卫生用品生产企业、老年保健康复用品生产企业、文化体育用品生产企业，等等。由于传统的文化观念和消费观念的影响，还有不少人没有认识到老年用品市场的基本状况，误认为我国老年用品市场是低端的市场。其实，随着老龄化程度不断加深，我国老年用品生产市场会不断地扩大，质量和档次也会不断提高，有远见卓识的企业家，应该尽快加入老年用品生产市场。

（十二）老年大学

老年大学是进行继续教育和终身教育的机构，是为老年人服务的最好形式之一。我国老年大学的开办已经有二十几年的历史，深受广大老年人的喜爱，现在国内办得好的老年大学，已经人满为患，致使很多老年人难以加入进去。据不完全统计，我国现在已有9.5万所老年大学，其中有5000所左右是办得很好的，主要是传统大型的国企办的老年大学，省会城市和地级市办的老年大学，大部分县办老年大学也是比较成功的。老年大学为老服务的经验还需要加以总结和提高，在大型养老机构和大型养老社区，都应该去兴办老年大学。网络化的老年大学的兴办也在探索之中，也一定会有广阔的前景。

（十三）养老娱乐机构

老年娱乐机构在我国还比较少，有少部分的存在，但比较单一、粗糙，远远不能满足老年人的需要。最为普及的就是茶馆营业厅、棋牌娱乐室、麻将室，以及门球活动场所。总体上比以前有了很大的改观，但是场地有限，活动单一也是一个必须要改变的问题。如麻将活动太多和过于频繁，有损老人身体健康，有的老人一天打三场麻将，第一场，早上9点到11点半，第二场，下午2点到5点30分，第三场，晚上19点30分到23点，总体时间太长，并且天天如此，老年人在麻将桌上突发脑溢血的事情时有发生。应该建立更多有益老年人的机构和设施改善老年人的娱乐环境，寻求积极有意义的经营模式，并引导老年人健康地参与娱乐活动。

（十四）老年文化机构

老年文化机构也是一个范围广泛的概念，由于众所周知的原因，这些年文化机构已经很少，特别是适合老年人的文化机构少之又少，因此，前一段时期媒体报道过的广场舞事件，除了具体的事件有一点特殊外，主要就是老年人的活动场所太少，特别是在城市人口聚集区，老年人多数是自发地组织去广场互动，由于人数太多，音乐放的声响太大，在一定程度上影响了广场周边市民的安静生活。有关部门一定要重视这类事情。

（十五）其他养老服务机构

由于社区养老和居家养老的不断推广，各地养老机构和研究人员探索出了适应社区养老和居家养老的一套服务体系，同时也创新设立了一些养老服务机构，如为推广“五送”上门服务，就建立一些形式多样、灵活机动的养老服务机构，这些服务机构有些是在家政服务的基础上演变而来的，在我国广大地区有不同的名称和叫法，都有它的合理性和市场价值。又如，国外就有专门上门为老人读报、陪老年人聊天服务的人员和服务机构。在第三产业十分发达的国家，家政服务的体系已经比较健全，特别是服务老人的机构更是比较人性化。看来，在法治化的基础上，我们还有待加强和完善这方面机构。

（十六）养老服务个体经营者

我国地域广大，经济发展十分不平衡，特别在偏远山区，人口稀少，居家养老服务需要大量的个体劳动者参与其中，才能做到人性化的服务，就是在城市的郊区，在乡镇社区，养老服务的个体经营者也是主要服务力量。因此，国家和政府有关部门，应该对为老服务的个体经营者必要的补贴或经济支持。养老服务的个体经营者，应该以诚信为本，依法经营。应该说，在今后相当长的一段时间，养老服务的个体经营者还必须存在，他们是不可替代的养老服务群体。

（十七）“候鸟式”养老机构

“候鸟式”养老机构，也叫“旅游式”养老机构，或者叫“游走式”养老机构。这类养老机构，主要是根据我国南北距离较长，东西幅员辽阔，各地区气温差别较大的特点，满足老年人需求的养老新型模式，比如，在东北地区的老人，冬天到海南岛、广西、云南、广东、福建等气温较高的地区居住，让他们享受自然气候带来的舒适体验，有利于身体健康。反之，南方天气炎热地区的老人，可到东北地区居住一段时间，一方面，有利于他们的身体舒适，另一方面，有利于治疗一些老年慢性病，同时，可以欣赏祖国大好河山的美丽风光。这种方式可以弥补当前“夕阳红”旅游的不足之处。

（十八）医疗和养老结合联合体

2013 年，国家推广医养结合养老方式，受到人们的广泛关注和重视，一方面，老年人随着身体功能的衰退，医疗的需求特别重要；另一方面，我国医疗资源短缺的情况比较严重。据统计，我国现在已有医养结合机构 5500 多家，部分满足了老年人的需求，2017 年 4 月 26 日国务院颁发《关于建立医联体的指导意见》，这将很快地推动医养结合的养老方式的发展，“医联体”将成为养老机构的一种新形式。

（十九）养老小镇

养老小镇是指投入较大量的资金，保养、医院、学校、购物中心、娱乐设施、有机食品的开发、养老科学的研究等集聚在一起的综合大型医疗养老机构，源于人们的历史观念，称为养老小镇。它的优点是，充分合理地利用有限的养老资源，让老人充分享受到我国改革开放和现代化的成果。我国大型的房地产开发商，如万科、浙江绿城房产，都开发有这类养老小镇。在美国等经济发达国家，开发综合性的小镇已经有成功的经验可以学习借鉴。

（二十）乡村游景点结合养老机构

我国正在大规模地开辟乡村游旅游景点活动，现在全国已有上规模的乡村旅游景点近 2 万家，在管理体制上乡村游属于农业部管理，是我国农村精准脱贫和经济结构调整的又一重要方面。现在是我国应对“老龄化”问题的关键时期，把农村乡村游和应对“老龄化”结合起来，应该是一个很好的选择，原因如下：一是节约资源；二是节约资金；三是集中力量；四是便于统一规划；五是便于社会主义新农村的建设。

（二十一）老年体育特色的养老机构

我国有一些体育先进集体，如贵州的麻江县，就有一个少数民族“篮球先进集体”的村，已经有几十年的光荣历史。如果以体育特色建立相应的养老机构，既对部分有体育爱好的老年人很有吸引力，也可以办出特色来。我国类似于体育先进集体的、可以办养老机构的地方还很多，可以在这方面进行选择和探索。

第二节　养老机构根据经济投入来源进行分类

任何能独立承担社会民事行为的社会组织、企业、合伙人和个体经营者，在从事社会经济活动过程中，往往通过他们经济投入的来源区分各自所具有的基本特征。

一、公办公营养老机构

（一）国家投资

1. 财政投资

养老机构种类划分的方法很多，比如从规模来看，有特大型、大型、中型、小型养老机构。本节主要从资金投入的来源区分养老机构的类型，这是一般的传统的经济分析方法，符合官方的统计比较分析。关于财政投资的养老机构，多数国家财政直接投资比较少，而是通过财政补贴的方式和地方财政配套投入，所以民政部、人社部、国家卫计委，没有资金从财政投入建立养老机构，这是我国的管理体制所决定的。但是，现在我国的国有养老机构，资金投入主要来自国家财政，包括对养老机构的资金补贴部分。

中央财政投入，还包括通过对各省、自治区、直辖市对口部门的投入，如国家民委，农业部，林业、水利部门系统的投入，对“老少边穷”地区的投入，扶贫资金的投入等。

还有军队（武警）的养老机构也都是由国家财政通过军队后勤进行投入。

2. 国有企业投资

由于我国公有制经济占主体地位的历史很长，形成了一大批国家级企业集团，现在还有100多家，他们中的半数以上已经成为世界500强的企业，职工人数在几万到几十万人，推算退休老人的比例应相当大。在传统的体制下，他们都各自具有自己的养老机构，现在都正在改革过程之中，改革的基本思路是融入地方养老机构管理体系之中。还有近万家中央政府部门和大型企业建立的疗养院，也正在朝着社会化统一管理养老机构的体制机制方面改革。

国有企业还有相当大一部分是各省、自治区、直辖市所属的国有大型企业，他们多数投资办有养老机构，这部分也属于国家财政投资的范畴，也会采取类似国家级的大型企业的养老机构的改革思路进行改革。

（二）地方政府投资

1. 地方财政投资

地方财政投资的养老机构，包括的范围也很广，主要是省、市、县三级财政的投入，当前的情况是地方财政、省区财政的投入基本到位，绝大部分地级市的财政投入已相当到位，但是有相当一部分县级财政对养老机构的投入基本不到位，特别是西部地区经济发达中等的县是这样的情况，贫困县的财政收入很少，当然更没有投入多少。省、市、县财政投入养老机构的建设，应该提到一个相当的高度来认识，应进入年度工作检查和考核指标。

经济发达地区的乡镇的财政收入，已相当可观，因此也应该加强对养老机构的投入和建设。在中西部落后地区，乡镇的财政收入本就很少，很多被县财政统筹，应该探索鼓励乡镇财政投入养老设施的办法。

2. 地方公有资产投资

地方政府的公有资产（非财政类），或者叫固有资产数量还是十分巨大的，像上海这样的中央直辖市，深圳这样的新兴的中心城市，政府管理的国有资产数额十分巨大。地方国有资产主要是省和省会城市、副省级城市、所属国有企业的资产，有不少上市公司也投资建立有养老机构，或者疗养机构。地级市所有的国有企业相对经济实力较小，大部分没有建立养老机构。经过40年的改革开放，我国东部少数经济发达的县和县级市外，政府的公有资产已经很少，县级国有企业的资产投资养老机构的也很少。

二、公建民营养老机构

（一）公建民营机构

1. 公建和民间资本合作投资

地方国有资产投入和民间资本合作投资的方式，是当前地级市和县级民政部门合作建立养老机构的主要方式。由于历史的原因，地方民政部门早就有养老机构，一般是社会福利院，因为以前民间资本不可能进入养老机构的建设项目。2013 年国务院 35 号文件发布以后，民间资本才可以进入养老产业，全部或部分地参与，可以采取和过去建立的国有养老机构合作投资，或者部分合作投资，即老的老办法，新的新办法。

2. 公建民营资本经营管理

公建民营资本经营管理的养老机构，是指养老机构的基本建设和硬件设施都由国有资产投入，民营资本只是投资经营管理所需要的经费，承包经营的管理模式，也叫委托经营的管理模式，这是当前国家提倡的经营管理模式之一。2014 年，民政部在全国推广公建民营养老机构的管理模式，当时全国各地报上来的共有 200 多家，实际批准试点的有 160 多家，在国家公布的“十三五”养老规划中，计划到 2020 年有 50% 以上的公办养老机构要实行民营方式，到 2025 年 90% 以上的公办养老机构要实行民营管理方式。要达到这个目标，需要培养大量的中高级养老管理人才，建立几百家规范的养老管理公司。

（二）公建公营养老机构

1. 传统公建公营养老机构

根据国家养老的“十三五”规划要求，2025 年 90% 以上的公办养老机构，要实行民营化管理。但是，总还是有一部分公办的养老机构还要实行公营管理，也就是说，大致依旧运用传统的管理体制进行管理，这是十分正常的情况，因为我国是世界上的发展中大国，又是世界上老年人口最多的国家，区域发展十分不平衡，特别在偏远的山区、革命老区，允许有一段较长时间的过渡和发展。不过公建公营的养老机构，在管理机制和方法上，也要进行改革，以适应整个社会发展的需要。

2. 新建立的医养结合公营养老机构

我国医疗制度的改革正在不断地深入进行中，“医联体”制度正在发展中，就像养老机构一样，国有公办医院在我国还必须存在，以它们为主体，建立养老机构，一般应该采取公办公营的形式，这是必须承认的现实。国家控制少部分涉及国计民生的机构，如少数大型的医院必须由国家控制，由其新办的或者和国有资本联合办的养老机构，也应该是公办公营的管理模式，也可以是其他形式的管理模式。我国医疗和养老的管理模式，还在改革进行中，还需要进一步地探索和摸索。

三、民办公助养老机构

（一）民办公助养老机构

1. 民办一次性补助模式

民办养老机构，是国家鼓励的投资方向，国家为了发展涉及国计民生的养老产业，大力扶持民办养老机构的发展，凡是民办的养老机构都要在规划、土地、财税、融资、交通、税收等方面给予大力的支持，并且给民办养老机构一次性的经济补贴。经过几年的试点和探索，国家财政一般对新建的养老机构每个床位给予一次性的补贴 15000 元，在民政部门验收合格以后给予经济补偿，经费由省、市、县三级财政共同负担，各自负担的比例由省财政规定。

财政给予改建和扩建的养老机构一次性补贴 1 万元左右，在老城区，由于居民居住比较分散，成片的小区也比较少，土地使用非常紧张，为了应对我国老龄化的挑战，各地政府鼓励养老机构在老城区寻找废旧的库房或小型工厂，以及其他可以利用的房产改进成为养老机构。过去几年，各地出现了一些试点并取得了一些成功的经验，有些地方财政之类机构的一次性补贴，还有更高的标准，促进了当地养老产业的发展。

2. 民办公助投资形式

民办公助的投资形式兴办养老机构是指政府用公有财产、民营企业利用资产，共同合作设立养老机构的模式。政府所持有的公共资产，形式可以是多种多样的，如用土地投资和民营资本合作，用国有的厂房，或者其他资产与民营资本合作设立养老机构，具体的办法由投资双方协商解决，这是一种比较好的投资方式。

对于中西部地区，经济较为落后的市和县，采取这种形式实在是一种好的选择。其实政府有很多可以利用的资源，如中小型水库，用于环境保护的湿地，中小型森林公园，风景旅游景点，周围都有一些国有的优良的自然资源。在不损害原有设施的基本功能和保护环境的情况下，可以选择有利于兴办养老机构的区域，将产权和使用权经过专门机构评估，将一定数量的资产用于和民营企业新建养老机构。这不仅解决了养老的问题，还充分利用了优质资源，盘活了存量资产，造福于一方百姓。

（二）民办公助经营模式

1. 股份合作制

股份制是现代产权制度的重要形式之一，股份合作制形式多样，民营资本也可以创新现代产权制度的具体经营形式，用有限的资本创造充满生机的养老机构。在做好充分市场调查的基础上，发掘当地公有资产的潜力，联合其他资本形式，创新股份合作制产权经营模式的养老机构。

在我国中西部地区，由于经济相对落后，特别是在乡镇或较贫困的县城，联合各种经济资源，采用股份合作制形式兴办养老产业，不失为一种好的选择。民办公助的经营形式可以有多种选择，对于经济实力还相对较弱的民营企业，只要真心诚意地和政府以及其他经济实体合作是会有发展前途的。

2. 民办独立经营制

民办独立经营制模式，在养老机构中也是形式多样，所谓独立经营，这里主要是指的民间资本既是投资者又是经营管理者。国际上的养老机构，有许多成功的经验可以学习和借鉴，像美国这样经济发达的国家，也有许多家庭式的养老机构，即用自有居住的房屋，雇一两位养老护理员或者护士，户主作为主管，经过注册申请批准后就是一家民办的独立经营的养老机构，接收三到五位老人入住养老，这种养老模式也受到社会的普遍欢迎。因为这具有居家养老的氛围，又具有养老机构的某些条件，收费不高，离老人的家也很近，作为个体经营者，能得到一份收入。美国智能养老机构之所以能够顺利发展，主要有两个基本条件：一是美国的法制较为健全；二是美国的家庭医生制度很普遍。我国的养老制度正在发展和改革之中，老龄化的程度正在逐步加深，文化传统又特别提倡居家养老，美国的这种形式也是一种好的选择之一。

四、民办民营养老机构

（一）民办民营

1. 民办并自主经营

民办养老机构的形式是很多的，主要有独家民营资本投资形式、多家民营资本联合投资形式、合伙人投资形式。从投资者的角度来分析，兴办养老机构，必须要明白最基本的一点，养老产业是一个微利和低利润产业，如果要想获得高额利润甚至暴利，最好选择其他行业进行投资，养老产业是具有社会公益性质和慈善性质的产业。企业家应该具有社会责任感，成功的人士应该回馈社会，投资养老机构是最好的选择方式之一，民营企业把养老机构经营好了，会得到社会的赞许和承认，还会得到国家和政府的资金赞助，是一种积德行善的好的选择。

民营资本在经营管理其他产业的时候，积累了一定的管理经验，对市场有深刻的了解，多数能正常地经营养老机构，所以，民办并自主经营养老机构是一种常态。但是民营投资者也应该清楚地认识到养老产业是一种新兴的产业，是涉及人的身体健康和生命大事的企业，一定要认真组织好经营管理团队，特别是选择好医疗和护理人员，有条件的养老机构，要确立自己的专家团队，只有准备工作到位，才能减少不必要的麻烦，打造一流的优秀的养老机构。

2. 民办委托经营

民办资本建立的养老机构，在我国的历史还很短，只有几年的时间，我国医疗卫生资源短缺，全国老年人口每年以上千万人的总量在增长，养老的需求很大，人民的生活水平在不断地提高，民间资本兴办养老机构是非常必要的，受到政府的政策扶持和社会的欢迎。但是养老机构是服务于老人的事业，既关系到老人的身体健康，又关系到老人的生命安全，责任非常重大，专业的要求也很强。因此，民营资本兴办的养老机构，在没有充分准备和十分把握的情况下，最好不要自己经营养老机构，可以采取委托经营的方式，委托其他有专业运营经验的机构来经营管理，更为妥善。

（二）民办联合经营

1. 民办和公有管理机构联合经营

当前，混合经济所有制在各个领域占有相当的比例，就如能源行业这种涉及国计民生的部门，混合所有制的形式都已经大量存在。

养老产业在传统的基础上都是公有制的机构，从政府直接管理转向事业单位体制，再转向市场经营模式，这是一个很大的进步。最近几年民办的养老机构越来越多，今后还会有更大的发展，但是人们的传统理念和文化观念，仍然十分相信国有的养老机构，而对民办的养老机构存在一定的戒心。以北京为例，海淀区福利院是一家国有的传统的养老机构，因为人数较多，一床难求，在 2014 年，该院有 880 多张床位，政府还批准了二期工程，准备发展到 1300 张床位，就是这样，排队的老人已经排到 120 年以后。然而，北京市民办养老机构建立的床位入住率仅在 55% 左右。原因主要有三点：第一，就是老人对民办养老机构的信任度不够；第二，民营养老机构的收费要比公办的高出30%左右；第三，民营养老机构大部分处在郊区，远离市区30~60千米，不便于老人的亲友去探访。

为了消除社会上对民营养老机构的片面认识，民办的养老机构可与传统的国有的养老机构联合经营，充分利用国有养老机构的信誉和人才优势，培养自己的工作团队，学习他们先进的管理经理，培养自己的特色的优质的服务，树立自己良好的社会信誉。

2. 民办和个体联合经营

民办的养老机构，也有自己的优势和特点，比如经营方式灵活，规模小能够深入社区，特别是在老城区，能够破解土地十分奇缺的难题，解决居住十分分散的老人养老问题，设立10~20张床位的小型养老机构，方便老城区老人的养老，也可以在社区试点日间照料模式的小型养老机构，几张床位的夜托或者全托养老机构，甚至可以是个家庭式的养老病房，又有很多老人需求的养老模式可以选择，这是问题的一个方面；另一方面，社会上也有一些养老的个体经营者，他们在老城区分散居住的情况下，深入家庭为老年人服务，如“五送”服务，上门陪伴老人，读书、看报聊天服务，或者他们没有自己的房产，设立三五个床位的微小型养老所，等等。民办养老机构都可以和这些个体经营者联合经营。在西部经济相对落后的乡镇，在偏远的山区，应该推广养老机构和个体经营者合作的良好模式，政府和有关部门应该给予大量的经济支持和帮助。

五、外资养老机构

（一）外资办养老机构

1. 完全市场化投资

世界上经济发达的国家，比中国率先进入老龄化。由于文化传统不同，西方国家在工业化完成以后，经济和社会发展走向福利化的国家管理制度，20世纪五六十年代又开始制定法律，保护老年人的养老生活。在人才培养方面，他们也走在了我们的前面，英、美等国家有他们的特点，澳大利亚这样的国家也有成熟的经验，澳大利亚国土面积500多万平方千米，人口才2400万人，但该国有5000多家培训机构，大部分有培训养老护理员、康复师的“资格”，澳大利亚不但为本国培养养老护理人才，也为世界上150多个国家和地区培养养老方面的人才，1988年，该国设立了“国家养老部”，这是世界上第一个在国家层面设立专门机构管理养老的国家。

现在我国的养老市场已向世界开放，外国资本可以到中国设立各种养老机构，推广他们的养老管理模式和经验，开发中国的养老市场，为中国的老年人提供优质的全方位的服务。外国资本在中国建立养老机构已经开辟了一条道路，不只是沿海地区，就是西部地区，如成都这样的城市，已有法国等几个国家在这里开设了养老机构，取得了很好的成绩。

2. 政府土地投入模式

外国资本在中国设立养老机构，可以有多种方式，和政府合作投资是其中重要的一种方式。中国改革开放40年，已经探索了许多和外国资本合作开发的模式，外国资本可以根据自己的需求，得到中国政府的许可，就可以创新合作模式，这是毫无疑问的。

在建立养老机构方面，其中模式之一就是政府以土地投入，和外国资本合作建立养老机构的模式。政府提供一定的土地，经过公正的评估，折合成一定的资本和外国资本合作，建立中外合资的养老机构。这种模式已经被多数地区采用，其优势在于：一是我国的土地管理越来越严格，要选择一块适合于养老机构的用地十分困难，政府把某些属于自己管理的土地拿出来举办养老机构，会受到社会各方面的支持和拥护；二是我国办理土地审批手续程序相对复杂，需要的时间也相对较长，在讲究效率的外国资本看来，解决了用地问题，就解决了全部设立的重大问题。

我国的中西部广大地区经济相对落后，地方财政实力很弱，用土地投资和外国资本合作是一种很好的方式，既完成了关于国计民生的养老问题，又破解了土地使用的难题，还盘活了部分存量资产，可谓一举三得的好事。

（二）外资合作模式

1. 和政府合作

外国资本和政府合作设立养老机构，也是一种可供选择的模式。在我国东部经济发达地区，地方财政的实力很强，有能力有资本和外国资本合作建立中外合资的养老机构，这是一种比较便捷的合作形式，资本的界限比较清晰，以便于确定较好的管理模式。

政府的公信力，容易得到外资的认可。老年人以及亲友对政府参与的养老机构，认可度也较高，外国资本也希望得到这样的效果。特别是在管理和收费上，容易得到认可。如果养老机构和老人及其亲属发生某种误解和矛盾，由于有政府的参与，也比较容易调解或解决。

2. 和公有企业合作

我国是公有制企业占主体的国家，国有企业有能力也有必要参与中国应对“老龄化”的课题。国有企业投资涉及国计民生的养老产业，也是树立国有企业良好形象的重要内容之一，国有公司获得的收益或利润，应该有一部分投入民生工程，让老百姓看到国有企业带来的实惠。由于是和外资企业合作，也能让老百姓真正地体会到中国改革开放的成果，特别是让艰苦奋斗了一辈子的老年人享受到这种成果，其意义是十分重大的。这种感觉也许很多人还远远没有注意到，这也是我们长期研究养老产业发展的一个肤浅的体会之一，可以供大家讨论和参考。

3. 和民间资本合作

我国民间资本经过 40 年的发展，和改革开放前已经有了根本性的改变，经济实力和管理模式已经取得了很大的成功，像华为和海尔这样的民营企业已经成为跨国集团公司，一些公司已经进入世界 500 强的行列。完全有必要积极参与中国养老产业的发展，因为应对“老龄化”也是世界性的难题，已经成为我们国家重要的事关大局的共同课题之一。国际资本已经进入全球化状态，中国早已成为国际大家庭主要成员之一，我国民间资本已经成为国民经济的主要力量之一，因此，国际资本在应对中国老龄化方面应该发挥积极作月，应该和我国民间资本紧密合作，共同发展，共享共赢。

和民间资本合作会获得很多益处，我国民间资本经营理念灵活、决策果断、责任明确、产权明晰、工作效率高，共同努力取得更好的合作成果，这是国际资本所想得到的结果。即使在关于养老小镇的开发方面，投资几十亿元，民间资本仍然是中国养老小镇投资的主要力量。国内已经有一些成功的案例，可供国际资本参考和借鉴，这样成功的可能性会更高，获得的收益会更大。

4. 和个体合作

中国的个体经济已经获得了长足的进展，特别是在沿海经济发达地区，个体经济单一实体的经济总量已经有相当大的规模。国际资本到中国来投资养老机构，如果规模是中型和小型的，和个体经济合作是最好的选择方式，在我国广大的农村地区，山区和丘陵地区，虽然养老机构的规模不需要更大，但是也需要国际资本小规模的介入。我国的个体经济属于民间资本的重要组成部分，具有一般民间资本所共有的长处和优点，可以和国际资本取长补短，发挥各自的优势，取得更好的合作效果。

同时，国际资本可以和我国个体经济体合作，先开发中小规模的养老机构，取得一定的经验，熟悉中国的养老市场，了解和学习中国关于养老市场的政策和法规，培养相关的人才，为开办大型的养老机构，或者到其他地区去开办养老机构，做好理念、知识和人才的准备，以取得规模更大的发展和成功。

知识拓展

关于养老机构的类型，从床位数的多少来划分也是重要的一方面，我们应该根据《养老机构管理办法》的相关规定来认识和了解。关于养老机构的种类，前文虽然讲到21种，也只是不完全的概括总结，有些类型包括的范围还非常广，如和“乡村游”结合的养老机构，涉及的面就很广泛，大家可以根据实际情况，建立有特色的养老机构。

案例点评

简介：外资利用有禁止性、限制性、鼓励性三个领域，境外资本进入养老领域原来是限制类的。2013 年 8 月，国务院印发了《国务院关于加快发展养老服务业的若干意见》，明确提出“鼓励外资投资养老服务业”。2013 年 11 月 16 日，《中共中央关于全面深化改革若干重大问题的决定》重申：“放开育幼养老等服务业领域外资准入限制。”

成都市××爱心护理院院长黄××可能是将外资引入本土养老机构的第一人。2010 年，黄××就与韩国一家机构签订了在成都打造国际敬老养老医疗服务中心的协议书。2013 年，黄××又和法国两家机构签订了协议书，要在成都打造一个国际化标准养老院。不过，由于在规划用地、用水等方面的问题，两个项目目前都在搁置状态。

点评：老龄问题已经成为国际化发展的重要趋势，外国资本已经十分重视开发中国的养老市场，比如，我国西部地区的中心城市成都市已有多家外资企业进入该地养老市场。除法国以外，还有丹麦、韩国、日本等国已经纷纷进入成都市的养老市场项目开发实施阶段，澳大利亚等国也在成都设有养老市场开发和养老人才培训的办事机构。

第五章　公办养老机构人才管理

人才是决定事业成败的关键，人才的管理是管理的核心问题。

养老机构服务的对象是生活经历丰富的老年人，管理好为他们服务的人，又是关键之一。

第一节　正确理顺上级主管部门人事管理关系

公办的养老机构在人事管理上有传统的一套基本方法，我国的改革开放正在深入进行中，我们必须认真处理人事管理问题中的每一个实际问题。

一、和主管部门的关系

（一）直接主管

1. 民　政

人事管理关系是我国公办养老机构中最重要的关系之一。因为首先关系到这些人员的身份问题。身份问题，是我国人事管理体制中最主要的根本性的问题，现在我国公有管理的体制下，人们的身份主要有五种级别：干部、事业编制人员、正式职工、“借调”或“实习人员”、临时工。这些人员的分类，直接关系到他们的经济待遇，职务升迁，岗位调动，奖金福利，特别是退休以后的待遇。

在这些人员中，最为宝贵和吃香的就是所谓的“干部”，也就是“公务员”，因为只有他们才有职务提升和技术职称评定的资格。“事业编制人员”要想得到职务上的提升，必须经过考试或者其他手段成为“公务员”，但是这类人员有些也是业务骨干，在政府部门的政务大厅中的工作人员大都属于这一类。正式职工，往往是指司机、打字员、工人等。借调人员往往是从下级部门暂时调用人员，作为干部和事业编制人员，大多数会成为该部门的正式工作人员。实习人员多数为大专院校的学生，也会成为该部门的正式工作人员。

我国民政部门一直都是养老机构的正式管理机关，国有的养老机构的领导人员和主要工作人员，大部分来自民政部门，因此我们特别要注意协调和民政管理部门的工作关系、行政关系，积极地配合工作，主动地争取领导部门的重视、指导和监督。

2. 政　府

政府部门是重要的权力机关，养老机构的工作是涉及千家万户、国计民生的重要工作业务，是政府部门十分重视的工作的一部分。我国的管理常规是各级政府部门都会有一位分管的主要官员负责，如在省、自治区、直辖市还有相应的副省长、自治区副主席、副市长分管养老产业的工作。养老机构为了顺利地开展工作，就要积极争取地方政府的管理和指导，就要和上文所提到的副市长、副省长、副县长、副区长等，取得紧密的联系，及时向他们请示和汇报工作，争取得到相应的理解和支持，这是一个重要的工作方式，也是一个重要的组织管理程序。

（二）其他主管部门

养老机构的工作要能够顺利进行，除了能够得到政府主管部门和民政部门正确的领导和管理之外，还有许多政府部门的协调工作要做好，主要有以下部门：

1. 发改委

发改委是我国各级政府的综合管理部门，主要负责管理协调、规划、建设、城管、交通、消防等职能部门的关系。在一般工作部门的报告之中，向发改委报告工作是第一位的事情，因为发改委是政府工作部门当中的牵头的部门，养老机构所要进行的工作，在首先得到发改委的认可以后，就会顺利得多，这也是一个重要的工作方法和经验总结。

2. 工商行政管理部门

在我国传统的管理体制中，养老机构是在工商行政管理部门注册登记，现在把注册登记部门转变为民政部门，但是工商行政管理部门仍然是所有企业的主要的管理部门，养老机构要和工商行政部门取得密切的联系，只要是企业就要服从工商行政部门的管理，养老机构是属于民政部门和工商部门双重行政部门管理的特种企业。同时，养老机构业务交往中的上游和下游公司都是企业，比如物资采购的主要对象就是工商企业，养老机构的消费来自工商企业。

3. 卫生计生委

养老机构工作的主要任务之一是医疗和护理，都属于卫生计生部门管理的范畴，医疗和护理工作中的人员管理，业务培训，职称评定，执业资格的认定，责任事故监督和鉴定，以及调解和处理，都属于卫生计生委的职责范围。医药护理用品的采购，质量监督，假冒伪劣商品的处理，也是卫生计生委管理的范畴。因此养老机构应该积极主动地获得卫生计生委的帮助、指导和领导。

4. 公安部门

养老机构的安全和治安管理也是一个重要话题，首先是内部的管理，如果出现涉及《治安管理处罚法》的事件必须由公安机关出面管理，养老机构内部的保安人员，要严格注意自己的职责，不能超越权限管理甚至做出处罚；养老机构范围外的治安事件的处理，应该向公安部门报告，由公安部门直接依法处理。老年人的人身安全也是养老机构特别要重视的问题之一，不管是在内部还是在外面出现的问题，首先是协商协调解决，必要时应该求得公安机关的帮助进行解决，以求得公正公平的解决结果。

5. 银　行

银行是具有万能功能的特殊企业。在现代经济社会，银行是专门经营和管理货币的机构，货币是人类财富的代表，银行的特殊功能就在于把人们持有的财富以货币形式集中起来，再根据人们生产和生活的需求，用合同形式把这些货币财富分散到生产服务者、消费者手中，通过生产、服务、消费的方式获得货币财富的增值，银行自己得到一定的利润。银行这种特殊功能的产生和发展，是和货币的产生和发展相伴而来的。最初的银行是原始的钱庄，是财富的聚集效应的结果。成熟的银行体制，最初是依靠国家的强制力来形成的，银行的信用一方面是靠银行自己的经营管理，在大的经济危机的情况下，就靠国家来调节；另一方面，国家要发展生产和经济，也要应用银行的特殊功能来调节人们之间的相互的利益关系，维护社会的稳定和相对稳定的经济秩序。

养老机构也是在应对老龄化问题下的特殊产物，其建设发展需要银行的支持，平时的经营管理也需要银行的配合，如果出现极端特殊的资金链断裂的情况，就需要银行和国家相关部门共同来帮助养老机构解决问题和渡过难关。养老机构平时就应该和有关银行建立良好的合作关系，形成良好的信用记录，这是非常重要的。

二、和人事部门的关系

（一）政府部门

1. 干部管理部门

国有公办的养老机构的领导人员和中层干部，属于政府部门的人社局机关管理，他们的任命和使用都要经过相应机关批准，只有主动地获得他们的领导和支持，才能理顺相应的人事管理关系。需要任命和聘用相关干部，没有管理部门的批准是不行的。

2. 民政人事部门

民政部门的人事部门是主管人事的机构，有关人员的人事、档案、工资、行政关系都由这些部门主管，以上对公有公办养老机构的主要工作人员的考核、评比、升级、调动首先要获得这些部门的认可，才能够顺利进行。大中型国有公办养老机构的人事管理部，应该是民政人事部门的直接下属部门，业务上属于领导或被领导关系，不能特别强调机构的领导管理关系。机构的领导人也应当通过适当的方式，和民政部门的人事部门划分人员管理的权限，积极配合，搞好工作。

（二）人社局

1. 培训中心

人社局的培训中心是一个十分重要的机构，国有公办养老机构的人员培训，都需要依靠人社局进行，养老护理员的培训也需要得到人社局的同意和支持，通过人社局申请相应的经费补贴，邀请人社局参加养老护理员资质证书的考核，或者请人社局合作颁发就业资格证书。养老机构要招收新的工作人员，也应该通过人社局的有关部门批准进行。

总之，人社局培训中心，是养老机构必须重视的一个机关，应该经常和人社局取得联系，得到其指导和帮助。

2. 福利部门

人社局的福利部门也是一个重要的部门。养老机构人员的养老保险的上缴和管理都是福利部门的基本职责，特别是退休职工的养老金的计算和批准都在福利部门那里，老年大学的教学和相关费用补贴，都需要福利部门核准才能够顺利进行。还有一些人社局主管的福利项目，有关部门要经常去了解基本信息，为养老机构工作人员提高福利得到应有的帮助。

第二节　创建核心领导班子

养老机构的核心领导班子是决定机构成功和失败的关键，也就是我们平时所讲的核心决策层，这是举办养老机构成功的前提和基础之一。

一、投资合伙人

（一）志同道合者

1. 理想型合作者

成功的创业者，除了自己的努力之外，一定会得到很多人的帮助。创业投资紧密联系在一起，成立的初期投资是会很少的，也有另外一种情况，就是投资者在已经取得成功的基础上再创业，也许这种投资就非常巨大，因此需要选择投资合伙人。最好的合伙人就是志同道合者，这是最为理想的合作者。

理想型的投资合作者“可遇而不可求”。这也是人们经常讲的所谓的“机遇”，本义上是讲“机会”和“巧遇”的意思。其实人的一生会有很多次好的机会，但是往往不容易被人们抓住，如果抓住了一次很好的机会，又运作优秀，很快就会获得成功。大的机会大的成功，小的机会小的成功。热爱养老企业的人士，多为大善之人，一定会有理想型的投资者成为朋友，共同为养老产业发展奋斗。

2. 产业选择者

全世界都在应对“老龄化”社会。中国是世界上老年人最多的国家，又是发展中的大国，我们面临的问题是，“未富先老”“未备先老”，这就要求我们要有新的思维方法，以具有中国特色的方式，来化解老龄化的难题。最主要一条就是，要打破过去传统的国家“大包大揽”的社会福利形式，用福利管理的基本方法来解决“三无”老人养老问题，伤残孤独困难群体养老问题，用“产业化”的发展方法，来开发养老产业。

根据预测，到2040年前后，我国养老产业的GDP总量会达到全国GDP总量的1/3左右，这既是一个重大的挑战，又是一次绝好的机遇。有眼光的投资者，一定要抓住我国这次产业调整的重要时期，选择发展养老产业实现自己的理想和抱负，在丰富自己的同时，为社会作贡献。

（二）投资者

1. 战略投资者

所谓战略投资者，一是指投资的重点是看好所投资产业的未来发展前途，不是只看到眼前的现实利润；二是注重长远获得的更大利益，也叫“长线投资者”。

我们必须清醒地认识到，养老产业是带有慈善性、公益性的产业之一，不可能是获得暴利的行业。但是，养老产业又是一种新兴的产业，具有光明的发展前景，是人们常说的“夕阳”下的“朝阳”产业。从长期战略目标来看，至少不会是亏损的行业，可以获得社会的平均利润。

2. 利润收益者

养老产业，既然是一种产业的发展，肯定会有利润的收益。微利润和低利润，并不是没有利润，而不是“暴利”，是可以稳定地获得一定的利润的。或者说养老产业是相对风险较小的行业之一，绝不会“暴发户”式获得利润，也不可能轻易就会破产。如果有稳健的投资者，发展和开发养老产业是一种最好的选择；如果处理得好，特别是上下游产业配合得当，可能会得到更大更好的收益。因此，我们在选择投资合伙人时，也不要忌讳谈论利润，做投资做产业的主要目的之一，就是要得到的一定利润，并且能够尽量地规避风险，稳定地得到应有的合法利润。

二、职业经理人

（一）股　东

1. 投资者兼院长

投资者兼养老院、福利院的院长，是一种选择“职业经理人”的方式之一。所谓“职业经理人”，是指“现代企业制度”形成的以企业主要管理者为职业的一种特有岗位，常常被称为总裁、总经理等职务。严格意义上来讲，国有公办的养老机构，不存在真正意义上的职业经理人，但是我国大量的国有大中型企业也都套用国际上的职业经理人制度，形成具有中国特色的职业经理人管理方式。

在养老产业方面，我国的“十三五”规划明确指出，到2020年50%以上的国有公办养老机构要成为委托经营管理的民营养老机构，到2025年90%以上的国有公办养老机构要成为委托经营的民营养老机构，所以我们考虑到长远的发展趋势，从现在开始，就引入了民营养老机构的管理模式，这是要引起大家注意的特殊现象。

2. 投资者兼主要管理者

投资者就是指的出资人，主要管理者，包括职业经理人，即总裁、总经理、副总裁、副总经理；院长、副院长、总经济师、总会计师、总工程师；外资企业中的各位总监；技术负责人、业务负责人，以及股东大会、董事会认可的主要管理者。

（二）职业经理人

1. 外　聘

职业经理人制度，在我国已经成功地实践很多年了，证明是较好的现代管理制度和方法之一。总的来考察，我国职业经理人的选择聘用渠道已经建立，外聘职业经理人是很多企业选择的重要途径之一，这种方法的优势在于可以更广泛地发现和选择人才。其缺陷有二：一是外聘职业经理人，对公司的熟悉需要一个过程，特别是对中下层干部的了解，更需要一定的时间，这就是人们讲的“磨合期”；二是对企业文化的学习和了解，也需要相当长的时间，但关键在于职业经理人真正的水平之高低。

2. 自　荐

自荐也有多种形式，外聘过程中的报名者，实际上也是一种自我推荐的形式，但人们习惯上不叫这些人为自荐者，而自己公司内部的争取当职业经理人的才叫自荐者。中华民族的文化是一种含蓄的文化，“毛遂自荐”的方式往往被认为是一种外露的表现，是不被多数人采取的方式，中国人往往喜欢被别人推荐。自信是人们成功的第一因素，如果一个人对自己所从事的事业都没有成功的把握，怎么会让别人相信你会把事情做好呢？这是东方文化和西方文化的重要区别之一，在全球化的语境下，中国人只有吸取西方文化的长处，发挥中国文化的优势，才能把养老产业做得更好。

第三节　选择配备部门经理

现代管理学告诉我们，企业除了决策层要英明果断而外，执行力也显得非常重要，部门经理是展示执行力的最重要人才。

一、部门经理的重要性主体性

（一）在机构的岗位体现其重要性

1. 中间管理环节

从生产和服务的流水管理来分析，中间环节是十分重要的环节，因为它起着承上启下的作用，是事物发展的主体和身躯，无论是在生产性企业还是在服务性公司，中层管理干部，或者叫部门经理，既是管理者，又是生产者，既是管理人员，又是服务人员，他们组织指挥能力的高低，是决定产品质量和服务质量的关键。他们是工作服务团队的核心，是团队作用发挥的保证，因此显得特别的重要。

2. 技术骨干

部门经理往往是该部门的技术骨干力量，除少数情况外，绝大部分部门经理，都是该部门的技术或者工作骨干，因为作为团队的核心成员，不能掌握基本的技术或者服务的本领是难以发挥作用的。尤其是在技术含量高的部门，更应该有技术方面的优势。在养老机构这样的服务领域，医疗和护理都是技术要求很高的工作岗位，处理不好，入住老人就会有生命危险。

3. 公司高层管理人员的后备力量

公司的高级管理人员从什么地方来？道路和途径是多种多样的，但是从本公司中级管理人员和部门经理中发现和培养公司的高级管理人员是重要的方法或途径之一，这可以减少外聘高级管理人员在磨合期和文化融合期所带来的工作延迟性损失。外聘高级管理人员如果“水土不服”，不能真正地履行工作职责，对公司的损失更为明显。

因此，世界上很多公司都主要从本公司培养和提拔高级管理人员。成功的企业也是为社会培养人才的学校。

（二）主体性

1. 团队作用的主体性

中层管理者或者部门经理，是工作团队的核心，他们将带领工作团队更好地发挥作用，对于大型养老机构来说，分公司或者连锁机构的负责人，是能独当一面的公司不可或缺的重要力量，公司的团队作用发挥好了，公司的业绩和效益就有保证。对于养老机构来讲，部门经理的团队中的主体性表现更为突出，直接关系到公司的服务质量和管理水平，是公司成功的关键因素。

2. 企业主体性

公司无数的团队形成公司的整体，公司的层次性，分级管理的基本特性是各类团队的主体性，直接体现为企业的主体性特征。公司的基层组织，就是生产和服务的班组，在工厂管理中，相当长的时期“全面质量管理小组”得到了普遍的运用，取得了良好的效果。在养老机构的服务中，应该特别提倡小组的服务质量和小组的团队精神，特别是在中小型的养老机构，小组的作用更为重要。

二、部门经理的选配

（一）事先选配部门经理

1. 规划期

养老机构在规划时期，要有一些技术骨干人员，应注意培养和选择使其成为将来公司的中层管理干部。由于他们参加了公司的规划前期工作，对投资者、创建公司的指导思想，有早期的了解，对将来企业文化的形成，企业的基本建设有着较为深刻的了解，所以上岗后有利于养老机构的健康发展。

2. 筹备期

筹备期和规划期几乎没有明确的界限，也可以合起来称为筹备规划期。筹备是一个相当长的阶段，从决策者决定投资开始，养老机构的筹备工作实际上已经开始了，而规划也可以是决策者开始的设想和打算，更为具体的是政府规划部门最新的养老机构建设的规划，这也是筹备期的重要工作之一，技术上参加规划的人员成为部门经理，有利于养老机构以后基本建设的维护、改建扩建工作，可以节省大量的时间和人力物力。筹备期的工作骨干成为部门经理，对以后养老机构的行政管理和对外联络工作都非常有好处，创业者务必要注意。

（二）事中选配部门经理

1. 外　聘

外聘部门经理也是养老机构的重要的人才选拔途径，无论是老的养老机构扩大规模，还是新建的养老机构，都不可能自己准备十分充足的部门经理，外聘是不得不选择的方法之一。有些特殊的人才培养部门，如医学专业的高等院校，过多地选拔自己培养的人才，有许多优势，但是也会产生“近亲繁殖”带来的苦恼。

2. 培　养

在工作过程中培养自己的部门经理，也是重要方式之一。前面已经讲过这方面的内容，现在就不展开讨论。这时我们应该展开多元的思维，从事物发展的各个方面来观察和处理问题，这样会更加全面，以防止片面性，防止在用人上的失误给公司带来重大的损失。立体思维也好，全方位思维也好，养老机构的管理和运作，根本性的问题就在于用人不能产生失误，这是所有公司的领导者和决策者特别要注意的。

第四节　选择技术骨干人才

养老服务机构的技术骨干人才是十分重要的，“人命关天”这是一个再普通不过的基本道理，服务质量高低，涉及老年人的身体健康，甚至性命，因此必须要有技术骨干人才加以保障。

一、管理骨干

（一）财务管理人员

1. 财务总监

财务总监是养老机构重要的技术业务骨干，这是由养老机构自身的特点所决定的。经济是一切事业的发展和存在的基础。财务管理搞好了，能从总体上提高养老机构的服务质量，因为养老机构收来的养老人员的费用是这些老人的“养命钱”，如能很好地保值增值，对这些辛辛苦苦奋斗了一辈子的人，是多么的重要。同时，养老机构的最大风险之一就是资金链的断裂，如果出现这种情况，会产生难以想象的结果，财务总监的责任重大。

2. 主办会计

主办会计是养老机构重要的财务人员之一。在大中型养老机构中，主办会计是财务总监的得力助手，也是财务部的核心成员，对外有独立处理公司财务的职责和能力，主办会计一般应该具有会计师的技术职称，还有培训和指导分公司和本部门的财务人员的职责，以及根据公司工作需要参与的其他工作。在中小型养老机构，主办会计也可以替代财务部经理和副经理的职责，尤其在小型公司财务部门只需要主办会计和出纳两个人就可以了，出纳根据养老机构的安排，还可以追加其他工作。在中小型养老机构中主办会计显得特别重要。

（二）市场管理人员

1. 办公室主任

在传统的国有公办的养老机构中，办公室主任的工作，可以说是包罗万象。在有些养老院、福利院，副院长兼任办公室主任的情况也是常有的，一方面说明办公室主任岗位的重要性；另一方面表明办公室主任还可以兼任其他方面的工作，比如市场总监。市场总监，就是专门负责处理养老机构的市场开发和拓展业务的负责人。传统的国有公办养老机构是没有市场总监这一职务的，在市场经济全球化的今天，市场总监显得特别重要。

国有公办养老机构，在传统的模式下运行时间比较长久，各地的情况各有其特殊性，不设市场总监可以理解。如果近几年的机构改革和“十三五”规划的执行，国有公办的养老机构进入市场化机制以后，就应该重视市场总监岗位的设立和作用发挥。

2. 市场部经理

市场部经理就是管理市场的中层干部。现在我国许多地级市和县级行政区为了发展养老产业已经部分进入市场化阶段。它们在完成政府规定的“三无”老人的养老任务后，就拒收社会上的老人入住养老，以有利于养老机构利用已有的土地存量和民营机构合作，设立市场化的养老床位。这是一个提倡和鼓励的事情，养老机构的市场化运作，是国家和社会发展的必然趋势。因此，市场部经理的岗位，是一个十分重要的岗位，有条件的大中型养老机构，都应该尽快设立这个岗位，培养人才，适应我国养老产业的市场化发展的需要。

二、技术骨干

（一）医疗管理人员

1. 技术带头人

医疗总监，就是养老机构管理医疗业务的负责人。医疗总监也可以是技术和学术带头人，也可以是技术骨干兼任一个行政职务，国有大中型养老机构，应该有自己多专业的技术带头人，比如老年病中的高血压、心脏病、糖尿病等方面的专业技术带头人。这些学术带头人不但可以满足本院的需要，提高机构的知名度和社会影响力，发展自己的养老产品，还可以为社会其他部门提供服务，真是一举多得的好事。

部分国有的养老院、福利院，院长和副院长就是学术带头人，或者某一方面的专家，这是非常有利于开展养老服务工作的，应该坚持下去，体现传统的国有养老机构的优势。

2. 医疗部主任

医疗部主任是养老机构负责医疗的部门经理。国有大中型养老机构过去一般设立了这个部门，在国家和社会特别强调医养结合的今天，这个职能部门不应该缺少，而是应该加强。医疗部主任的岗位，在中小型养老机构必须加强，中小型养老机构也应该注意医养结合的方向，在治疗老年病方面，培养专门的人才，办成具有特色的养老机构。

（二）护理管理人员

1. 护理部主任

护理部主任，是指养老机构负责护理工作业务的负责人。在大中型养老机构护理部是人数最多、工作最为繁忙的部门之一，护理部主任这一工作岗位显得特别重要，一方面，他应该成为护理能力的佼佼者；另一方面，他又应该具有相当高超的组织能力和管理能力，协调部门内部的工作安排，和养老机构的其他部门以及社会上的相关方面保持良好的关系。

护理总监，是养老机构的高级管理人员，是负责养老机构全面护理工作的领导之一。护理总监可以兼任护理部主任，需要根据养老机构的规模和人员安排来定，部分养老机构的护理总监是在总部，分支机构也可以是护理总监，1000 个床位以上的养老机构，护理人员可以达到 300 人左右，护理总监这个岗位可以协调护理部主任的工作。

2. 康复部主任

康复部主任是管理康复工作的中级管理人员。大型养老机构设立老年病医院，康复部就是医院的一个部门。特大型的养老机构和养老小镇，可以建立康复医院。我国康复业务的开展起于2008 年，北京奥运会胜利召开后，运动康复医院的广泛建立带动了我国康复业的发展。

在养老机构中应该加强康复治疗项目，有条件的养老机构康复项目应该是中医、西医都具备。现在我国培养康复专科医生的机构也不少，康复部主任应该从专业人士中聘用，应该持有康复师的从业资格。

第五节　制订人才培养规划和人才激励制度

人才培养是一个长期的过程，制订人才培养规划和采取有效的人才激励制度是两个决定性的因素。

一、人才培训制度与实施

（一）培训制度

1. 建立培训制度

养老机构的培训工作要制度化、常规化、正规化，制定一套行之有效的培训制度是非常必要的，培训规章制度的样本，可以从人社局网站上下载，再根据养老机构的具体情况修改使用。

2. 岗位培训

岗位培训是现在国际、国内普遍采用的基本培训之一，我国在经过 30 年的推广岗位培训之后，岗位培训的理念和实践都已经基本成熟，因此最近两年国家取消了部分上岗资格证书，其实并不是说从业资格证书不重要，而是针对我国在发展当中，有关部门乱设立关卡和乱收取培训费的状况而出台的相关规定。就业前的培训工作已经成为常态化，大部分企业和养老机构自动实施就业前的培训，以保证工作质量和服务质量，相当大部分岗位资格证书已经取消，但是用人单位在录取员工时，对有上岗资格证的员工会优先录取。

3. 素质培训

素质培训是现代文明的基本要求之一。经过系统的学历教育的人才，大多数经过素质培训。素质培训是一个综合的文化修养和教养的培训，对全面提高养老机构的服务质量和档次非常重要，也是关系到养老机构的声誉和发展前途的重要方面。从经济方面来考虑，养老机构的声誉好了，收费标准也可以相对提高，可以改善养老机构的工作条件，也可以增加员工的收入，这是非常现实的问题。

（二）实　施

规章制度建立之后，关键在于实施。特别对于公办民营的养老机构应该引起高度重视，实施过程应该注意以下两个方面：

1. 严格要求

首先要按照规章制度的条款严格执行，大中型养老机构除了要遵循国家标准和行业标准，还应该建立自己的标准。2017 年，民政部办公厅征求养老机构的相关标准，希望有条件的单位申报相关的标准项目。正常情况下，2019 年养老机构的有关行业标准会出现，试行一段时间以后再颁发执行。有关人才培养的标准问题，民政部和人社部都进行过一些探索，取得了一些积极的进展，还需要大家进一步的研究，取得一些有益的经验。

2. 全员培训

全员培训制度，也是现代企业制度的重要进步之一。在我国的所有企业中，煤炭行业的全员培训工作是做得最好的，他们规定，煤矿的法人代表和董事长、矿长，必须定期下矿检查工作，各个矿井的入口，都有他们下井的纪律和记录。养老机构某些方面和煤矿也有共同之处，安全第一，人命关天，就是基本的共同点。提倡养老机构像煤矿一样，高度重视安全工作，对老人的紧急抢救和防止丢失，以及万一丢失以后的寻找工作，都应该进行全员培训，确保万无一失。

防灾减灾避险的培训、消防的培训，都应该是全员培训。

二、人员的奖励与处罚及监督

（一）奖励与处罚

奖罚分明，是执行管理制度的最好法宝之一。

1. 奖　励

奖励是弘扬先进、树立正气、催人奋进的重要措施之一。奖励有物质奖励和精神奖励两种，我们提倡加大奖励的力度，在规章制度中明确写明的一定要认真执行，奖勤罚懒，是企业管理的一条基本原则，从其种意义上说，奖励是劳动分配的一个重要补充和组成部分，处理不当会损伤员工的积极性。

2. 处　罚

处罚也是管理的一条重要原则。现代社会是法治的社会，每个人都应该自觉地遵守有关的规定，如果违背了有关的规定，就应该受到相应的处罚，这是“天经地义”的事情。处罚也是一个教育的过程，也具有警示的作用。不光是对受处分者，其他人也应引起高度重视。要对公司规章制度、法律、法规有敬畏之心，要让大家明确，违规是要受到处罚的。

（二）监 督

现代社会是文明、民主、公正、法治的社会。没有有效的监督，社会就会发生腐败，公平、公正就不会正常实现。

1. 行 政

行政监督是最普遍有效的监督方式之一，广义的行政监督，是指政府有关部门和受委托的机构进行的监督；狭义行政监督，是指政府的执法部门进行的监督，最严重的就是公安部门实施《治安管理处罚法》的监督，卫生计生委、工商行政管理局、城市执法局、环保监测部门、食品医药管理部门、卫生防疫部门、劳动执法部门等，都是养老机构经常会遇到的行政监督部门，最好的办法，就是机构进行遵纪守法自我检查，增强自我约束能力。

2. 企业自我监督

企业的自我监督约束能力，是企业管理水平的重要标志之一。在法治社会和市场经济条件下，遵纪守法是企业经营管理的最基本要求。养老机构的服务对象，是饱经风霜、长期经过历史检验的老人，这就要求养老机构的全体工作人员，特别是高级管理人员和部门经理，要严格要求自己，提高自己的文化素养和修养，这样才能适应养老产业发展的需要，取得更好的经济效益和社会效益。

三、人才激励制度

（一）人才激励制度的建立

人才激励制度，是指为了保证人才激励机制的实施所制定的规章制度。各类养老机构要根据自己情况建立人才激励制度。包括，建立人才引进制度、人才奖励制度、人才在职培训制度等。

执行力是管理学上一个比较流行的名词。一般是指在企业文化的作用下，团队精神发挥作用，员工对公司指令的执行状况的反应程度。有一家公司的企业文化口号是“执行没有如果”，即在任何情况下，都必须遵循公司的指令，服从上级的管理。

养老机构的服务对象是老年人，随着年龄的增长，老年人身体机能逐步下降，生活自理能力逐步降低，需要得到人们的帮助，处理不好就是人命关天的大事，所以需强调执行的尤为重要。

显然，养老机构必须形成一个很好的执行制度的氛围。

（二）人才激励机制的实施

1. 关于吸引力

激励机制的应用，对于发现人才、培养人才、留住人才具有积极的功能，养老机构是人才密集型的公司，社会上对养老机构的人员还存在某种偏见，要留住人才就显得特别的重要。人才激励机制是否有效主要看是否对人才具有较强的吸引力。激励机制的内容主要包括薪酬制度、奖励制度、升迁制度、休假制度、培训制度、股份奖励制度等。所谓吸引力就体现在这些方面。

2. 兑现承诺

信用是企业的生命力。如果一家企业对自己的员工都不讲信用，在生意场上怎么对待自己的合作伙伴和竞争对手？市场经济，最需要的就是信用作为保证，以上吸引力的六个规章制度，内容比较具体，需要养老机构的负责人兑现承诺。

四、节约奖励制度

（一）节约制度

节约是中华民族的传统美德。养老机构是一个新近出现的特殊机构，我国进入老龄化社会只有十几年的时间，除了传统的民政部门办的解决“三无”老人的福利院外，社会办养老院的时间还很短，还需要在建立具体制度上进行摸索。

1. 规范性

规章制度的确立第一要求就是规范性。在互联网时代，信息量爆炸式的增长，养老机构在网络上的亮相也十分频繁，有很多可供参考和借鉴的养老机构。所建立的规章制度是否规范，人们是很容易找到参照条文的，同样，也可以借鉴别人的规章制度完善和发展自己。

2. 执　行

制度无论制定得多么规范，不能得到认真的执行等于没有规章制度。因此执行是问题的关键所在，在节约的量化上，往往有一定的难度，养老机构的高级管理人员，要注意从鼓励人们养成节约的良好习惯出发思考问题，要真正奖励节约的员工。

（二）奖　励

1. 精神奖励

良好的节约风范属于精神的范畴，精神的东西固然重要，但是任何事情过了头，就会走向相反的方面，因此要提倡适度的精神奖励。

2. 物质奖励

对于物质奖励，正确的做法和理解应该是，对于先进事迹的奖励，既有精神的，也有物质的，两者不可偏废，要根据贡献大小进行奖励．奖励的方式要广泛征求员工的意见，经过讨论决定，真正达到表彰和鼓励先进的目的。

知识拓展

根据我国“十三五”养老规划，国有公办养老机构逐步都要转为国有民营的管理模式，国家现在大量提倡混合所有制，都要实行岗位聘用制和人才招聘制，从国家有关公务员的法规实施以后，公办养老机构的职工，要么是公务员系列，要么是合同制员工。我们必须明确这一点，所以对养老机构的管理，在公有制保持不变的情况下，管理的职能是相一致的。

案例点评

简介：某养老机构的培训机构，在吸引和招收生源上，存在一定的障碍。最新制定了招生的奖励制度，确定鼓励大家运用各种社会关系和影响力，帮助招到更多的学生，当时规定，每招一个学生，奖励有关人员500元。后来，养老机构所在地的政府为了鼓励教育事业的发展，对其中三个专业学生给予每人每年6800元学费的减免，培训机构的负责人根据这个情况，决定对招生人员的奖励减掉一半，结果严重地挫伤了有关招生人员的积极性，使招生指标没有完成。

点评：这就是不严格执行规章制度，不认真兑现奖励承诺导致的不良后果。

第六章　制订企业发展战略和发展规划

我国的养老机构，一开始由政府管理，是属于行政福利事业的范围，完全是社会公共开支的性质。1999 年我国进入老龄化社会以后，经过较长时间的发展，到 2013 年基本上正式放开了我国养老产业的市场。国有养老机构逐渐向市场化方向发展，社会资本和外国资本也开始进入我国养老市场，现在，我国 90% 以上的养老机构属于企业的范围。因此，本章把养老机构作为企业来研究。

第一节　制订企业发展战略

每一个企业都应该制订适合于自己的发展战略，企业无论大小都应该有自己的发展目标，长远发展目标就是企业的发展战略。

一、战略制订

（一）企业战略是什么

1. 企业创始人的创业目标

企业战略是指企业发展的长远目标，是企业的宗旨，是标明企业性质的一面旗帜，企业文化的集中体现，即创始人的创业目标。一般情况下企业的发展战略是由创始人确定的，有的是合伙人、志同道合者讨论制订的发展战略，公司的高级管理人员都应该学习了解，认知公司的发展战略，才能够正确地自觉地执行公司的发展路线，才能够获取个人的发展，同心同德，克服困难，取得最终的胜利。对于中层管理人员和技术骨干，也应该基本了解公司的发展战略。

中国的养老机构，从某种意义上说是一个特殊的公司，是带有某种慈善性质的低利润、微利润的公司，是公司制管理的社会公益组织。

2. 企业文化

企业文化是企业在为社会提供商品和服务的过程中，形成的企业的精神文明、价值观念、发展目标的综合表现。企业文化往往表现为企业家的思维和文化修养，企业文化的形成不是一朝一夕的，而是企业家带领全体员工在工作和生活中修炼而形成的。企业文化是企业的精神面貌的反映，是企业的风格和特色，是企业的工作作风和办事效率的外在表现形式。

我国的养老机构形成的时间还很短，民办的养老机构真正经营才几年的时间，除少数养老机构是从公司带来的企业文化外，养老机构企业文化的形成还需要一个过程。

3. 企业经营理念

我国的养老机构是新形势下的特殊企业，企业的经营理念也是由我国总体社会经济形势所决定的。企业经营理念，是指企业创始人和核心人物经营企业的指导思想、企业的宗旨和发展目标。现在大部分养老机构把“为天下儿女尽孝，为政府分忧”作为企业的经营理念。

企业的经营理念和企业文化是紧密相连的，是企业的精神方面的东西，企业经营理念是企业管理团队的指导思想。企业各种层次的团队都在企业的经营理念的统一指导下进行企业的经营和管理。

企业的管理模式也是由经营理念决定的，对企业之外的人员而言，企业管理的模式是可以学习和掌握的，大企业的经营理念是很难真正学习到的。所以说，在企业管理的发展过程中，企业创始人或者企业经营理念的创立者一旦离开这个企业，经营理念是很难发展和保存下来的。

乔布斯的商业理念中，首要的就是创新决定了你是领袖还是跟随者。乔布斯认为创新是无极限的，有限的是想象力。他认为，如果是一个成长型行业，创新就是要让产品使人更有效率，更容易使用，更容易用来工作。如果行业不景气，创新就是要快速地从原有模式退出来，在产品及服务变得过时、不好用之前迅速改变自己。

（二）制定企业经营理念和企业文化目标

1. 企业创始人、投资人及高级管理人员商定

首先，企业的经营理念和文化发展目标是企业的创始人在创办企业的时候就形成的企业发展的指导思想。通常企业的宗旨也是企业经营理念的主要内容。现在有些企业自己把企业经营理念用几个字或者几句话概括出来，甚至贴在墙上，让员工牢记和遵守。

有时候，企业的经营理念是企业创始人、投资人和高级管理人员讨论制定的。企业在经过一定的发展阶段，讨论出成熟的、为大家所理解的、可操作的企业经营理念以后会促使企业在几年或十几年的时间飞速成长，乔布斯就是典型的例子。

2. 委托专家设计

上面所述的企业经营理念的形成一般是大中型公司所采取的方法和步骤。对于中小型企业来说，由于创始人的文化素质、思想修养所限制，在创立企业的时候有自己的经营理念，如一家公司老板最初的经营理念是“交朋友、做实事”，后来这家公司发展越来越大，成为省市级的公司，公司的经营理念就需要调整，更加理性化，具有号召力和鼓动性，所以就委托专门的企业咨询公司为它设计企业的经营理念。

我国的养老机构设立的时间还很短，90%以上是中小型的养老机构，甚至还有只设几张床位的微型养老机构。一种方式是创始人把自己经营的目标和服务的特色归结为企业经营理念，在企业的发展过程中，再委托设计公司为自己设计企业的经营理念和基本的规章制度，使企业的管理正规化，加快发展速度。

二、战略实施

（一）学习和宣传

1. 公司高级管理层的深刻理解

对于我国的养老管理机构来说，企业发展战略、企业文化概念、经营理念、管理模式都需要宣传和学习，才能得到真正的贯彻执行。首先，公司的高级管理层要认真学习研究公司的发展战略、企业文化和经营管理理念，这些都是平时工作的指导思想、基本思维方法以及团结全体员工共同努力的精神纽带。日常经营管理中，如果高级管理层出现步调不一致、部门之间互相不配合，甚至出现互相扯皮的情况，根本原因就在于公司高级管理人员对公司的企业文化、发展战略和经营管理理念理解不深刻，学习不深入，执行不认真。

2. 公司中层宣传学习

在我国大部分的养老机构中，对于公司的发展战略决策、经营管理理念，还学习不够，特别是部门经理这个层面的干部。有人甚至认为，中层管理干部是执行层的干部，公司上层需要特别理解的问题，中间层只要执行就可以了。其实不然，有些公司的中级管理层，带领十几位、几十位，甚至几百位员工，是团队的核心，他们是遵循企业文化和经营管理理念的重要骨干和直接管理着养老机构的利润生成层，是养老机构的活力所在。

（二）实施企业发展战略

1. 实施的载体

养老机构的发展战略，和任何企业的发展战略一样需要认真贯彻实施，战略和战术是不一样的，宏观的上层的战略必须经过具体的下层实施才能得以实现，这需要一个载体，这些载体包括：

第一，公司的规章制度。首先，公司的宏观发展战略指导思想，要通过公司制定各项规章制度贯彻进去，各项规章制度总则最能体现公司的发展战略。其次，公司的管理目标是发展战略的具体化，数量的要求。再次，公司的各项财务指标考核体系，充分落实了发展战略的基本理念。最后，骨干分支机构和各部门的年度工作计划，提出实施发展战略的战术和技术问题。

第二，公司的发展重点是实施发展战略的关键。养老机构的整个工作，以及某一时期的工作，都必须有重点。抓住重点，带动全面，是公司领导必须注意的基本工作方法，集中人力、财力、物力，抓住涉及公司全局的一件或者两件事情，取得较为理想的成果，其他事情就迎刃而解了，这就是解决战略问题的重要性之所在。

2. 发展战略实施的过程

发展战略的实施过程是人们的主观思维对客观事物改造的过程。养老机构的发展战略，具有独特之处，这是由于养老机构服务于人，所面对的更是身体功能不断减退、体弱多病、饱经风霜的老人，这是人类在近100年以来，所面临的新问题，也是我国最近几年来面临的问题，需要我们认真思考和沉着应对。

三、企业发展战略评估与实施

（一）评　估

养老机构发展战略的确定是否正确可靠，需要客观公正地进行评估，如果发现与客观不相符合的地方，应该立即进行适当的调整。

1. 创始人自我思考

养老机构的发展战略，无论是通过什么方式、什么形态制定的，在经过一定时期的实施以后，都需要进行一定的评估，首先是公司创始人的自我思考。检验的第一标准，就是看养老机构发展的状况是否良好，如果成效显著，说明公司的发展战略制订是正确的，要坚持执行下去，并作适当的提高，以利于公司的更好发展；反之，就该重新制订和修订公司的发展战略。

2. 专家评估

专家咨询和评估是当今企业管理的重要途径之一。正是市场需求的不断发展，使管理咨询公司蓬勃发展起来，这也是市场化、专业化发展的一种需求。聘请专家评估的优势在于可以把公司的经营理念和管理水平提高到一个相对高的层次，同时也是公司高级管理人员和中层管理人员学习和训练的过程，这是一种较为普遍的方法。

（二）评估的实施

1. 修　订

评估后的实施，主要的方法是，把评估的结果告诉全体员工，找出过去的发展战略与现实的差距，说明公司发展战略的重要性，号召全体员工参与修订发展战略。为以后实施发展战略，做好宣传准备。

2. 在调整中实施

通过评估，修订、宣传、学习新的企业发展战略，边调整，边实施，让整个修订和实施过程，成为生动的企业文化的教育过程，团结全体职工的积极的有意义的活动，使养老机构的工作上一个新的台阶。

第二节　确定或修改企业标志形象

现代企业的发展，已经进入了十分注意自己的形象和信用的时代。企业的标志通过名称、色彩、语音、图案强烈地镌刻在消费者的头脑中，这是现代企业管理的基本要求。

一、企业形象设计

（一）企业形象设计的主要内容

1. 名　称

企业的名称是设计形象标志的第一要素，在中国一般以中文和英文表示，一旦确定并进行工商注册以后，世界上不可能再有完全相同的名称。同样，中国的养老机构，在民政部门注册以后，也是独占和专有的。企业名称用得好的很多，如“娃哈哈”的名称，基本的语音元素来源于新疆维吾尔族语，取其“孩子喜欢高兴”的意思，企业很快用这个时尚的名称征服了广大顾客，现在成为全球知名品牌。

2. 颜　色

色彩也是十分重要的企业标志。安徽建筑的黑瓦白墙，金黄色是皇权的象征，当代人们喜欢用绿色来表示环境保护！都是有力的证明。养老机构选择什么颜色，要根据企业的名称，结构的创意，企业文化，地方特色来确定。如白色表示卫生清洁，绿色表示生命常青，这些都可以供养老机构参考。

3. 图　案

名称、颜色和图案要有机地统一，图案虽然简单，但寓意深刻，让人一看就明白基本意思。可供养老机构参考的成功图案有很多，如北京大学的图案，用简单的“北大”表示育桃李满天下；又如可口可乐的“Coca-Cola”章书字样，给人以连贯、流线和飘逸之感，表达简洁而准确，现在已成为世界最贵的商标。

4. 中文和外文的选择

在中国，有关部门对企业或者机构的名称管理是十分严格的。如机构名称冠以某市、省、县、区的，大部分是官办机构，或者是改革开放前就成立的机构。举例讲，“四川省夕阳红养老院”“四川夕阳红养老院”，前者名称中包含有“省”字，应该判断为公办的养老机构，后者名称中没有“省”字，可以确定为新办的养老机构。

机构中文名称选择一般由创业者提出，登记注册核准为准。

外文名称的选择，可以咨询专业的人士，防止出现错误。

（二）企业形象设计者

1. 专业公司设计

机构的形象标志，一般由专业公司的专业人员设计，因为他们有经验，有专业知识和专业设备，他们的设计也许更能够吸引消费者，更能表现机构创立的真实意图，防止恶意竞争者盗用。

2. 公司高级管理者设计

随着整个社会文化程度的不断提高以及打印技术的不断更新和发展，许多机构的高级管理人员或者创始人，自己动手设计属于自己机构的形象标志，这也是值得提倡的事情。有些机构本身就有自己的专业创作人员，应当鼓励他们去创造设计，这样可以节约部分设计费用。

二、标志管理流程

（一）内部管理

1. 文件发布程序

养老机构形象标志设计完成以后，报经民政部门登记管理机关和工商行政管理部门去注册，这就完成了机构形象标志法定管理程序，应该得到应有的法律保护。这是一件非常严肃的事情，养老机构应该制定一个文件，上报给有关政府部门备案，同时，把此文件发到公司高级管理人员和各部门保存，还要抄送给相关合作单位和重要客户，以维护自己公司形象和声誉。

2. 宣传讲解工作

公司形象标志一旦发布，就不可随意修改和变更，特别是对内部要做好宣传解释工作，发布形象标志的重要性和必要性，形象标志所表示的企业文化，企业发展战略的内在含义，对全体员工进行宣传，引导全体员工遵循文化教养，为维护公司的形象，完成公司的发展战略目标而努力工作。

（二）外部管理

1. 图文宣传方式

养老机构的形象标志确立以后，就应该迅速展开对外宣传工作，用图文结合的方式宣传企业标志是有效的方法之一。大中型机构有大中型的宣传方法，中小型机构有自己中小型机构有效的宣传方法。“发传单”是人们普遍采用的方式之一，在我国应该每个人都有这样的体会，每当我们行走在大街上，总会有人把一些机构的宣传品发放给我们。需要提醒的是，大街上的路口，在交通十分繁忙的情况下，宣传品在利用汽车等红灯的时间发放，这是一种违反交通规则的行为，有一定的交通事故隐患，应该受到禁止。宣传机构形象，发布公司信息，方式可以有多种多样，中小型机构创立有一些困难是非常正常的情况，正所谓“万事开头难”，我们应该学习选择更有效的宣传自己机构的方法或途径。

2. 媒体宣传

通过媒体宣传企业的形象是提高社会企业管理、企业包装，树立企业品牌的最好方式之一。媒体有很多种类，现在主要分为平面媒体、立体媒体、网络平台媒体。对于大中型机构来说，由于经济实力较强，选择适合自己所从事的专业、客服对象、受众范围是必须要考虑的重要因素之一。养老机构是低利微利的企业，宣传费用是十分有限的，一定要量力而行，选择有效、节约的媒体宣传方式。可供选择的方式主要有以下几种：

第一，新闻发布会。这是现代机构比较普遍采用的媒体宣传方式之一，主要的优势在于所花费的费用较少，所邀请的媒体根据自己的需要选择，有时候采用这种方式连租用场地的费用都不需要自己掏腰包。

第二，发表文章。这是最为节约的方式，养老机构的中高级管理人员可以根据自己的专长、研究方向、社会的热点问题发表自己的论文、短小评论等各种形式的文章，既宣传企业形象，又提高了自己的相关专业水平。

第三，在平面媒体做广告。这是一个开支最大的媒体宣传方式之一，除了特别需要外，一般最好适量或少量选择。

第四，电视广播媒体。特别是电视的宣传效果比较好，影响力较大，但是费用太高。

第五，网络平台媒体。在我国“互联网＋”非常普及兴旺的今天，利用互联网宣传自己的公司和机构是十分便捷又经济实用的方法。养老机构应该发挥自己的主动性，很好地宣传自己。

三、企业标志管理规定

（一）关于管理的规定

1. 全公司统一

在公司内部或者机构内部，企业标志管理的首要条件是必须统一制定、统一宣传、统一使用，不容许分公司或分支机构未经总部同意擅自制定、印刷、颁发企业标志。公司公关部门要经常组织宣传活动，强调机构的标语意识。

2. 强化意识论

公司的标志不是员工们自然形成的，要通过公司灌输的方法强化刺激员工的思维，让他们对标志形成强烈的印象，以达到对企业文化自觉践行、忠诚企业的目的，这就是我们讲的“强化意识论”。

（二）维　护

1. 广告投入

所谓无形资产是指企业的商标及标志意识所值的货币量，这是世界几百年来商业贸易中的一个惊人的表现形态。商标的价值是指制作商标和维护商标所投入的价值之和。另外一种计算方式是商标的价值是使用商标和转让商标所带来的收入总量。一般情况下，广告的投入费用是维护商标价格的最大支出，现在我国中央电视台每年都有标王的评比，最大的标王一年的广告投入会在十几亿元。这些都不是我们养老机构所能得到的。

同时，我们要坚持广告费投入与产出和利润成一定的正向比例，反对各种形式的盲目的广告宣传活动。

2. 防止侵权

商业的发展形成了一个无形资产、获得巨大利润的特别的社会现象，世界和国家的驰名商标不是简单就能够获得的，一旦获得，会给企业和机构带来巨额的利润。因此，有些不法商人会采取非法手段侵犯著名商标的合法权益以获取非法的利润。有关企业和养老机构都应该有强烈的商标维权意识，保护自己的知识产权和商标权，防止被侵犯，一旦被侵犯，就应该通过正常的法律手段维护自己的正当权益。

第三节　制订五年发展规划和中长期发展规划

企业和机构为了持续有序地良性发展，必须要坚持制订年度计划、五年发展规划和中长期发展战略规划，这也是现代科学管理的基本要求之一。

一、制订发展规划的意义

（一）为什么制订发展规划

1. 发展战略的具体化

企业和机构的发展战略规划是宏观的、大的、长远的战略目标和要求。企业和机构在日常运作过程中必须有更加详细的、短期的目标和要求，还应该制订实现这些目标要求的具体措施和方法，以及防范风险所必须采取的步骤，只有这样，才能把企业的战略目标具体化，真正落到实处。一般说来，养老机构应该制订每月的计划、季度计划、年度计划来保证战略目标的实施和实现。

2. 目标落实

在管理科学的发展过程中，有一门相对独立的重要的管理方法，就叫目标管理法，即通过目标管理来要求全体员工为自觉地实现目标认真工作，目标是否实现和薪酬制度、奖励制度、职务升迁制度、休假制度、退休金制度、落后淘汰制度紧密联系在一起。显然，制定发展目标要有一个科学的态度，要防止不切实际地追求高目标，也要防止“鞭打快牛”的目标管理办法，特别是养老机构制定目标要考虑到实现目标的相关条件和措施，让员工经过一定的努力就能实现目标。因为为老年人服务具有人性化、偶然性的基本特征，很多东西可以量化，也有很多东西难以量化，这是管理者应该引起重视的。

3. 激励机制体现

发展规划必须要和企业和机构的激励机制紧密地配合。规划目标基本实现就应该对员工、部门、分支机构进行奖励，奖励的措施要具体落实，有层次性，真正达到奖勤罚懒的目的。

4. 责任考核依据

发展规划所制订的目标要求也是有关部门和职工个人应当完成的工作责任，因此，也有“目标责任制”的说法。从这个意义来理解，目标是责任的数量化的要求，或者说是基本的要求。管理者在管理的过程中要根据自己机构的整体职工素质、管理者水平、企业文化氛围制订每一个部门的目标责任，再由每一个部门制定每一个员工的工作职责和应该担负的责任，只有这样，才能保证企业和机构获得很好的发展。

（二）发展规划管理要求

1. 常规要求

常规要求是指机构必须制订不同时期的发展规划。机构的管理是每时每刻不能中断的，高级管理人员、中级管理者对所管辖的范围和标的通过什么手段来实现，对他们的管理，规划管理是一个重要的方法，这是一个经常性的保证工作质量和制度实施的管理的重要方式。现代的管理不是“奴隶式”的管理，“粗放式”的管理，而是人性化的管理，科学化、标准化、程序化的管理。

由于“互联网 +”的广泛运用和实践，管理更加科学和精准，监控设备的广泛运用为我们的管理提供了有效的工具。在这里需要特别提醒每一位企业和养老机构的管理者，一定要高度注意不能乱用监控设备，更不能用监控设备去恐吓员工和被管理者。有一个很好的例子可供大家参考，在“车祸猛于虎”的今天，道路上的监控设备已被普遍地、广泛地使用。但是，这些设备是对交通违规行为的人性化的管理，所以道路上就有这样的标示语“此段路全程监控”“你已进入监控区”，这说明什么问题？运用监控设备是要告诉被监控者的。养老机构的监控设备主要的功能是防止突发事件和重大安全责任事故发生时取得必要的证据。我们还要注意防止监控设备侵犯员工和老年人的个人隐私。

2. 企业文化要求

企业文化是企业员工精神状态的反映，是企业的凝聚力、吸引力的表现形式。企业文化是宏观的和精神层面的东西，在企业和机构的管理工作中，必须通过不同形式的企业发展规划和目标来体现企业文化对各部门和每一个员工的基本要求。

二、五年发展规划的制订

（一）制订的依据

1. 市场环境

我国加入世贸组织15年以后就已经成为市场经济形态的国家。市场经济在世界范围内已经发展了几百年，推动了社会巨大的进步，使物质文明和精神文明得到了前所未有的发展。特别是我国改革开放40年的时间，在市场经济条件下，从GDP总量世界排位160多位上升为全球第2位，创造了“中国经济的奇迹”。这说明市场经济对社会经济文化的发展起了十分巨大的推动作用，这是不可争辩的事实。企业是国家经济的细胞，每一位管理者和员工都要遵循市场经济的规则，扮演好自己的每一个角色，在制订规划和发展要求的时候，必须从总体上把握和了解市场经济环境的诸多因素，寻求发展自己的良策。

2. 国家法规政策

社会的任何组织和个人所制订的各项规划、措施、方案，都必须以遵守国家的法规和政策为基本前提，否则任何规定都是无效的。养老机构及其各部门和每个员工制订的各种规划、措施、方案都必须符合这个基本原则。这就需要学习，通过认真的学习提高和丰富自己，才能完成自己所担负的责任。

3. 企业自身情况

每个公司和机构都有自己的特殊性，在制订五年规划的时候必须参照以前的规划和工作安排，其中企业的年终工作总结是重要的参照文件。如果企业没有发生什么重大的变化，如企业创始人、职业经理人的变化，带来企业文化、企业发展战略、经营理念的变化，五年规划应该做出比较重大的修改和调整，否则只是对目标做适当的改变，措施做必要的补充，防范风险的能力提出新的要求就可以了。

（二）制订规划的基本方法

1. 公司总规划宣传

严格地讲，前面所论述的是公司总体规划制订的方法和注意事项，这里我们讨论的是分支机构、部门或者个人制订规划的基本方式。首先，总公司应该对公司的发展规划、目标展开宣传教育活动，有条件的情况下，公司高级管理人员要分别下到分支机构和有关部门宣讲公司的发展战略，指导和帮助他们制订自己的发展规划。其实这也具有特别大的好处，这对执行总公司的规划、修改和调整总公司的规划都具有重要的意义。

2. 分公司规划的制订

分公司和各部门负责人要制订自己所管辖范围的五年规划。这个规划的基本内容应根据总公司的规划在自己所辖范围进行落实、分解并提出相关的实施措施，找出实现规划的有利因素和不利因素，寻求防范风险的、有效的、积极的对策。

同时，分公司和部门要把这些规划的主要目标跟下面具体的部门、科室和工作小组细化目标责任，讨论相应的实施方法。

现在有些机构不懂和不重视规划的制订、任务的分解、措施的寻求，不重视职工的业务学习、专业培训，这是不科学的。中国有句古话“磨刀不误砍柴工”，讲的就是管理过程中学习的重要性。

作为管理者，对自己所管辖的范围、所属的员工，有管理、引导、告知的责任和义务。如某部门或某个人出现安全责任事故，有关部门在追究责任的时候，有很重要的一条，就是管理者是否经常提醒和告诫员工要注意安全。

3. 研究讨论

无论是总公司的发展规划还是分支机构部门的发展规划，在制订的过程中都要经过反复的研究讨论。讨论的过程就是使相关人员为完成规划所制订的目标要求达成共识的过程，也是审定和反思过去的规划目标执行情况的过程。通过讨论让信心不坚定者增强完成规划任务的信心和决心，更重要的目的是寻求实现规划的措施和方案，讨论和发现可能发生风险的节点和疑点，把风险发生的可能性降到最小的程度。退一步讲，即使出现风险，也因为早有准备而不至于手忙脚乱，无法化解，而是尽快消除风险，减少损失。

另外，通过讨论，让持有不同意见者充分发表意见，一是提高自我的认识水平，二是积极地影响他人，尽量让全公司的员工同心同德、齐心合力地完成发展规划，使公司有更好的发展前景。

三、中长期发展规划的制订

（一）规划制订的依据

1. 战略目标

企业和机构的战略发展目标是公司的总方针、总要求、总任务。市场经济发展和成功企业的案例表明，凡是成功的企业，最初制订的发展战略目标，既有宏伟计划，又有一般计划。管理科学真正成为一门科学已经有120多年的历史，在长达一个多世纪的发展过程中，最成功的企业，如美国的通用汽车公司始终处于经久不衰的发展状态，这与他们最初制订的发展战略的科学、合理是密不可分的。还有可口可乐这样的公司也是经济发展史上的奇迹，在其之前，饮料的生产是无足轻重的。什么叫成功的企业，最重要的标准就是公司的产品能引导世界消费的新潮流，并且久不衰退。

我国的养老机构任务艰巨而繁重，现在中国的老年人占全世界老年人人口的一半以上，由于基数十分巨大，而我们又处于“未富先老”“未备先老”、城市化水平低、城乡差别巨大、农村人口占大多数等不利阶段，这样一方面，极大地增加了我国应对老龄化的困难程度；另一方面，为我国的养老产业带来了极好的机遇。这就为我国的养老机构有远见的投资家、企业家制订远大的战略目标提供了可能。

2. 企业和养老机构的追求

有远见的企业家或者将成为著名企业家的投资者，现在虽然经济能力和规模相对较小，但不影响企业家的追求、目标和理想。以马云为例，他是由一位普通教师转变成企业创始人的，他当时的战略目标非常明确，即“美国人能干的事中国人也能干”，正是这个信念的指引，他成功了。

因此，做企业的人一般是有追求的，对财富的追求、对梦想实现的追求，这些都体现在他们的战略目标里面。人类发展到现在这个阶段，实体经济仍然居于世界经济的主体地位，现在将企业作为发展和谋生的手段，是多数人努力的选择。可以预见，在几百年内，企业和机构仍然是社会上起主导地位的组织群体。

3. 国家产业政策

企业的发展战略一定要符合国家的产业发展政策，企业家的行为要和国家的产业发展方向一致或十分接近才会有发展前途，否则就会遭到社会的淘汰，这是不言而喻的。最近几十年来，很多国家都会公布产业发展目录，准备创业或者投资的人应该查询和了解国家产业发展目录，选择国家产业政策支持的行业创业和发展。

我国养老产业才刚刚处于起步阶段，养老产业市场才开始对民间资本和外国资本逐步开放。而我国养老市场的份额又十分巨大，国家和政府全力支持有眼光的企业家和投资者学习新常态、了解新常态、适应新常态，在支持国家的重大产业结构调整的阶段，逐步转移到养老产业上来，其发展前景是十分广阔的。

（二）制订中长期发展规划的基本程序

1. 政府要求目标

企业的中长期发展目标要力求和政府要求的目标协调一致，才能有很好的发展的经济环境和社会环境，才不会在大方向上出现失误，才有可能取得成功。

在现实生活中，由于自然和人为的因素，政府的管理功能有时也会受到扭曲和干扰。发展经济最大的影响条件就是市场和政府两个方面。企业和机构要发展、创立者个人要发展，都不能和政府、市场“相背而行”，而应该学会调整和适应二者，这样才能取得成功。经济学家们把市场比喻为“看不见的手”，把政府比喻为“看得见的手”。这两只手都在组织、指挥、影响和干预社会和经济的发展。可见，尊重市场和政府是多么的重要。

2. 公司高层目标

首先，公司的高级管理人员从董事长到职业经理人、副总经理到技术负责人，要明确公司的中长期发展目标，只有公司的大方向、大格局、大目标确定了，公司的分支机构、部门、科室以至每个员工才能够找到自己合适的位置，制定出符合公司总体要求的中长期目标。现实情况是，很多公司制订了中长期发展目标但根本无法实现，这是世界上的一个普遍现象。据不完全统计，我国现在登记注册的公司平均存活年限还不到五年。根本原因在于科学发展的变化太快，市场也是瞬息万变的状态，很多人投资的愿望是好的，但是往往没有充分的准备，在准备不充分的情况下盲目行动，肯定会遭受失败的。比如，制订公司的中长期发展规划，就要制订公司的分期发展规划，同时还要找好志同道合者、战略投资者、利润获得者等。如果这些都没有准备好就组建或创办公司，成功的概率将会很低。

其次，我国是处在市场经济的环境下生存和发展的，因此人们应该了解市场、熟悉市场，向市场学习，而现实情况是，我国大部分创业者不会做市场调查或者不做市场调查就创业，失败当然在所难免。

3. 中长期目标

公司和机构在经过一系列的准备之后，就应该制订出适应自身的、切合实际的中长期目标。有人认为“计划没有变化快”，以此来反对制订企业和机构的中长期发展目标，这是一种偏见或者无知的表现。中国有句名言“人无远虑，必有近忧”，就充分说明制订中长期发展目标的重要性和必要性。企业和机构的管理更加需要科学化、规范化、法制化、程序化，制订中长期发展目标是一条重要的措施。

知识拓展

每个人都应该有自己的发展战略，或者长远打算，企业更是如此，三年、五年、十年、二十年，都应该有不同的目标和要求。否则，企业是做不好的。我们经常讲，“百、千、万（企业）公司”就是讲，经营者由于没有远大目标，或者经营不善，每天的营业额或者收入为一百元左右、一千元左右、一万元左右。或者说，你所经营的公司，始终会在年利润十万元左右、百万元左右、千万元左右，很难跨越这三个台阶。这就是有没有制订发展战略的主要区别之一。

案例点评

简介：以下是苹果公司创始人史蒂夫·乔布斯的一些商业理念：

1. 了解消费者需求而不掌握消费者反馈意见

乔布斯没有使用关注焦点人群的方案，相反，他告诉消费者，让消费者说出他们的需求。对此，市场研究机构 Yankee Group 的消费者研究部门负责人卡尔·霍威（Carl Howe）表示：苹果在了解用户需求方面做得很好。

2. 不招聘俗套的员工

乔布斯常春藤联盟（Ivy League）的毕业生并不是能够运营公司的唯一人选。乔布斯曾经宣称：能够让 Macintosh 成为伟大产品的部分因素就得益于从事此产品相关的工作人员都是音乐家、诗人以及艺术家等，甚至还有动物学家和历史学家，巧合的是，他们又是世界上最优秀的电脑科学家。

3. 鼓励其他人另类思考

苹果“另类思考”广告活动开始于 20 世纪 90 年代末，此活动也一直是最有效的活动之一。而且这一活动还拉动了创新与创造，而这正是苹果的一切所在。

点评：苹果在世界上的成功主要开始于乔布斯的理念，在 21 世纪初期，乔布斯的商业经营理念几乎被绝大多数年轻人接受，成千上万的经营管理者成为乔布斯的粉丝。我们在养老机构的经营管理中也应该结合实际，学习乔布斯的商业经营理念。

第七章　努力提高养老服务质量

2016年12月23日，国务院办公厅印发《关于全面放开养老服务市场提升养老服务质量的若干意见》，明确提出到2020年要明显改善养老服务质量。2017年3月23日，民政部、公安部、国家卫生计生委、国家质检总局、国家标准委、全国老龄办等六部门启动全国养老院服务质量建设专项行动。坚持“以人民为中心”的发展理念，以“让养老院每一位老年人都能生活得安心、静心、舒心，都能健康长寿、安享幸福晚年”为目标，塑造养老院“安全、诚信、优质”的服务品质。基于此，努力提高养老服务质量，将是当前和今后一个时期养老服务业发展的主题。

第一节　把不断提高养老服务质量作为根本宗旨

服务质量是服务企业的生命线，养老产业的各种类型的企业都应该把不断提高服务质量作为根本宗旨。

一、牢固树立“以人民为中心”的发展思想

“以人民为中心”的发展思想不是一个抽象、玄奥的概念，不能只停留在口头上，而是要体现在经济、社会发展的方方面面。特别是面对着日益庞大的老年人群体，养老机构更要牢固树立“以老人为中心”的发展思想，以满足老年人不断增长的养老服务需求为根本。

（一）端正办院指导思想，树立“一切为了老人”的理念

端正办院指导思想，树立“一切为了老人”的理念，是养老机构健康可持续发展的根本保证，也是坚持“以人民为中心”发展思想的具体体现。要端正办院态度，保证确立“一切为了老人，为了老人的一切，为了一切老人”的经营理念，尊重、理解、包容老年人，努力满足老人多样化、多层次的需求，提高服务质量，而非陷于短视效应或“近视眼”，以金钱、利润为本，盲目追求短期的经济利益。如果对老年人的真正需求不管不顾，便会形成收费高、服务差、质量低、口碑差的状况，进而陷入一种恶性循环，最终导致养老机构后期发展困难，难以维持而破产倒闭的局面。

（二）以满足老年人的需求为出发点与落脚点

1. 以老年人的需求为原则

以满足老年人的需求为出发点和落脚点，是养老机构开展养老服务的核心。养老机构在明确自己的服务定位、确定提供的服务内容和规范时，应充分考虑老年群体的生理需求和心理需要，本着以老人为本的原则，进行人性化设计，确保老年人入住养老机构之后有一种获得感和幸福感。

2. 真正了解和掌握老年人

每个养老机构一定要通过认真细致、长期扎实的调研分析，真正了解和掌握老年人在各方面的需求，而不是由养老机构“一厢情愿”地决定服务内容，更不是把解决吃穿住等基本生活问题作为服务的终端需求。如果不把握好老年人的真正需求，即使是再好的服务设施、再“时髦”的服务项目，也难以受到老人的欢迎，也难以取得良好的服务效果。

（三）把“一切为了老人”的理念贯穿于方方面面

把“一切为了老人”的理念贯穿于方方面面，是需要养老机构付出艰苦努力才能实现的基础工程。从办院的指导思想、服务定位、硬件设施到制度建设、人才培养、服务内容和规范标准，都要充分考虑老年人的生理和心理变化，进行系统化的设计规划。如在养老机构物理环境设计方面，就要遵循无障碍设计原则、安全性原则、最简化原则，充分满足自理老人、介助老人、介护老人的不同需求，从根本上为老年人提供安全、方便、舒适的生活环境，消除安全隐患和任何可能发生的风险因素。在软件服务方面，要人性化、个性化地为老年人提供必需、温馨的生活照料、医疗护理和精神慰藉，为每一位入住的老年人营造一个舒适、快乐、安全的家。

二、明确提高养老服务质量的目标

（一）服务的概念

1. 服务的特性

服务有三大特性：无形性、易逝性、差异性。首先是无形性，与有形产品不同的是服务在很大程度上是无形和抽象的。顾客在购买服务前面临一定的风险，因为服务是无法预先感知的，为了降低购买风险，顾客往往会通过企业的宣传、销售人员的承诺、网络评论以及亲朋好友的消费经验等来获取相关的信息，从而判断服务质量的优劣，决定是否购买。其次是易逝性，服务的生产过程与消费过程同时进行，顾客只有加入服务的生产过程中，才能最终消费到服务。服务是一次行动、一次表演，而不是顾客可以保留的一件有形产品。为顾客提供服务后，服务就立即消失，无法储存，且服务不能重来。例如，在淡季，酒店的服务能力得不到充分的利用；而在旺季，酒店却无法接待所有的顾客，从而失去一部分的营业收入，甚至会永远失去一部分顾客。最后是差异性，服务不是像有形产品那样有固定的质量标准，而是具有较大的差异性。由于服务人员所受的教育、个人性格、服务态度以及当时的身体状况、情绪等差异，导致提供的服务不可能始终如一。

2. 服务的内涵

服务的本质是文化情感的互动，价值、责任、信任的确立，服务双方是相互影响、共同受益的。员工把他的爱心和文化情感传递给顾客，而顾客把他的满意和期待传递给员工和企业。这是一个快乐互动、共享共赢的过程，同时，双方之间又建立了信任。员工承担着成就顾客、服务到位的责任。如果没有建立起信任，这个服务是不成功的。良好服务口碑的形成至关重要。

3. 服务的分类

（1）直接服务管理。直接服务管理也可以称为养老机构的业务管理，包括老年人的生活照料服务、医疗保健服务、护理服务、休闲娱乐服务、心理支持服务等内容。由于养老机构的直接服务是直接面向老年人的，其服务质量的高低决定了入住机构老年人的生活质量的高低。因此，对养老机构的直接服务管理应当是管理人员业务中非常重要的一个方面。

（2）间接服务管理。间接服务虽然不是为入住养老机构的老年人直接提供服务，但其管理绩效的高低却直接影响到为老年人提供直接服务的质量。因此，对养老机构的间接服务管理也是管理人员业务中非常重要的一个方面。间接服务管理包括行政管理、财务管理、质量管理等内容。

（二）制订养老服务质量管理目标

1. 制订服务质量管理目标的基本原则

坚持“以老人为本”，是制订服务质量管理目标的基本原则。由于养老服务的自身独特性，其服务质量管理需要政府机构、养老服务行业、养老机构管理者等相关人员的共同合作。而就养老机构而言，其在制订服务质量管理目标时，应当遵循“以老人为中心”的基本原则，坚持一切为了老人，努力满足入住老人的不同层次需求，扎扎实实地提高养老服务质量。

2. 明确服务质量管理目标的主要内容

根据老年人真正需求，明确服务质量管理目标的主要内容。养老机构制订服务质量管理目标的具体内容时，应当充分考虑老年人因年龄、性别、身体状况、经济收入、文化水平、家庭关系等差异而形成的个性化需求，不仅要满足他们日常吃住等基本生活需求，更要认真考虑老年人的身体健康和精神需求，努力提高服务层次和服务质量，真正使质量管理的最终效果体现在为老年人的服务上。

3. 建立目标实施的执行体系

建立目标实施的执行体系，是做好服务质量管理的保证路径。养老机构的服务质量管理如果仅仅停留在口头上和书面上，缺乏落实的具体措施，可能就是“一纸空文”。只有建立起抓落实的有力机制，“踏石留印，抓铁有痕”，使每一项质量管理目标都能落到实处，落到人头，才能确保服务质量管理目标的实施。为此，养老机构的管理层不仅要善于根据国家法规要求和自身实际，制订出“以老年人为中心”的质量管理目标，更应下大气力建立起强有力的执行机制，为目标的实现奠定坚实的基础。

三、抓住提高养老服务质量管理的重点

（一）根据机构实际，确定工作重点

根据民政部等部门重点开展的提升养老服务质量的专项行动要求，今后养老机构质量管理的重点，应放在医疗卫生服务、人员管理、业务管理、服务质量标准体系建设等几个方面。养老机构应当根据自身实际情况，在学习掌握相关政策文件和行业标准的基础上，找出在养老服务质量方面的不足和缺陷，并根据现有的资源和不足，制订出提升服务质量的具体工作规划，确定好工作重点和工作任务的具体分配，并且保证切实可行，操作到位。

（二）坚持问题导向，狠抓薄弱环节

查找薄弱环节、坚持问题导向，是养老机构取得进步的关键。要根据服务质量管理工作的总体要求，以问题为导向，对照影响养老机构服务质量的运营管理、生活服务、健康服务、社会工作服务、安全管理等五个方面，自觉强化养老服务质量自查自改行动，积极主动地解决服务质量管理中的重大问题和薄弱环节，不断提高自身发现问题、解决问题的能力，使养老服务质量月月有变化、年年有提升，从而推进养老机构服务质量的大提高。

（三）围绕老人需求，注重不断改进

坚持以满足老人需求为着力点，始终围绕老人的需求确定服务内容，制定服务规范，不断提升养老服务质量。可定期或不定期通过调查问卷、访谈、日常观察等途径，及时理解和掌握入住老人的需求变化，全面掌握每个老人的基本情况、兴趣爱好、社会关系等，形成个人档案，作为开展个性化服务的参考依据。对情况特殊的老人应予以特殊关注。要树立“服务无终点”的理念，从生活照料、医疗护理、文化娱乐、精神慰藉、日常需求等方面，制定相应的服务规范，明确服务质量标准，尽最大努力为老人提供周到贴心的服务。

第二节　生活照料服务

生活照料是指老人每天 24 小时的一切照料，“民以食为天”，因此，饮食照料是生活照料具体重要的一个环节。

一、生活照料服务

生活照料服务是指为老年人提供饮食、起居、清洁等服务的活动。生活照料服务主要是满足老年人的基本需要，如食物的需要、排泄的需要、舒适的需要、活动和休息的需要、安全的需要、爱和归属的需要、尊重的需要和审美的需要等。

（一）生活照料服务的内容

老年人生活照料服务的内容包括个人清洁卫生服务、穿衣服务、修饰服务、口腔清洁服务、饮食服务、排泄护理服务、皮肤清洁护理服务、压疮预防服务等。

（1）个人清洁卫生服务，包括洗脸、洗手、洗头、洗脚，协助整理个人物品，清洁床铺，更换床单等。

（2）穿衣服务，包括协助穿衣、更换衣物、整理衣物等。

（3）修饰服务，包括洗头、洗脸、理发、梳头、化妆、修剪指甲、剃须等。

（4）口腔清洁服务，包括刷牙、漱口、清洁口腔、保养和清洁假牙等。

（5）饮食服务，包括协助进食、饮水或喂饭等。

（6）排泄护理服务，包括定时提醒如厕、提供便器、协助排便或排尿，实施人工排便、清洗或更换尿布等。

（7）皮肤清洁护理服务，包括擦洗身体、清洗会阴、沐浴和使用护肤用品等。

（8）压疮预防服务，包括保持床单干燥、清洁、平整；定时翻身、更换卧位，减轻皮肤受压状况，清洁皮肤及会阴部等。

（二）生活照料服务的原则

生活照料服务应当遵循以老人为中心、尊重老人的原则。生活照料服务是针对老人的基本服务，其涉及老人生活的最基本层面，其具体服务内容更应当体现老年人的根本需求，最大化地尊重老人和理解老人，保证老人的最大自主性和真正意愿的实现。

（三）生活照料服务的基本要求

生活照料服务应满足以下要求：

（1）生活照料应由养老护理人员承担，并根据老年人的身体需要提供相应的照料服务。

（2）养老护理人员在提供生活照料服务的同时，尽可能维持和促进老年人自理能力。

（3）养老机构内应配备生活照料服务必要的设施与设备；用文字或图表说明提供个人生活照料服务的范围、内容、时间、地点、人员、服务须知等。

（4）养老机构应制定各项生活照料服务规范，能根据老年人的生理、心理特点提供优质的服务。

（5）养老机构应对老年人个人生活照料服务保留所提供服务的文件和记录，并定期根据检查程序对个人生活照料服务进行效果评估。

二、膳食服务

膳食服务是指根据老年人的实际健康状况，提供均衡营养饮食。膳食服务是养老机构最基本的服务之一，对老年人的生活有着至关重要的作用。科学合理的膳食不仅能够满足老年人对食物和营养的需求，同时有助于延缓或减轻老年人各种疾病的发生和发展。

（一）老年人膳食服务目标

老年人膳食服务目标主要包括以下几点：

（1）安全。保证老年人在就餐过程中的安全是工作人员的首要任务，应做到就餐处地面干燥，防滑；餐桌的桌边应圆滑，桌椅高度适宜，桌椅腿底部有防滑垫。

（2）整洁。环境整齐而干净可增加老年人的食欲。因此，就餐场所应定期消毒，设施布置合理有序；室内适当摆放绿色植物，既可以清新空气又可以使老年人心情愉悦；桌面干净，餐具摆放整齐；餐具符合老年人的使用习惯，并定期消毒。

（3）舒适。就餐处灯光明亮但不刺眼；椅子上配有坐垫以增加老年人的舒适度；对于卧床老人应协助其取舒适体位进餐；对于有认知障碍的老人，餐桌的布置应尽量简洁，避免使用有图案的桌布。

（二）膳食服务的原则

老年人膳食服务应当确定合理的就餐时间和安排适当的饮食种类，具体而言，应遵循以下几个原则：

（1）根据老年人身体状况、患病情况及饮食偏好等选择饮食种类、进餐次数。

（2）注意保持饮食多样性，过于单一的饮食种类会影响老年人食欲，同时不能使老年人得到丰富全面的营养。

（3）老人的就餐时间应相对固定，使老年人保持规律饮食，利于健康。

（4）鼓励老年人尽量离开床位，在欢快愉悦的氛围中进餐。

（5）就餐过程中注意倾听老人对饮食的意见，以便为老人提供最佳的饮食。

（三）膳食服务的内容及具体要求

老年人膳食服务主要是指养老机构的服务人员对老年人进行的饮食服务，包括饮食环境的准备、饮食种类的选择、就餐时间的安排和就餐时的注意事项等。具体要求如下：

（1）膳食服务应遵循专业化、个性化、科学配餐和鼓励老年人自理自立的原则。

（2）膳食服务的整体环节如食品的采购、加工、配送，食物的制作、分发等过程应安全、卫生，送餐用具应保温、密闭。

（3）养老机构应根据老年人的身体状况及需求、地域特点、民族、宗教习惯等制定菜谱，提供均衡饮食。

（4）膳食服务提供者，如食品采购员、厨师、配餐员、勤杂工等，均应由持有健康证并经过专业培训合格的人员承担。

（5）养老机构内应配备提供膳食服务必要的设施与设备。

第三节　护理服务

护理服务是指为老年人提供促进身心健康的医疗照护的活动。护理服务是养老机构服务的主要内容之一，其目的是以照顾老年人正常生活起居为基础，用护理理念和护理技术辅助老年人尽量维持现有的生活能力和健康状况，最大限度地延长老年人自理自立生活的期限，尊重老年人的基本需求、心理需求以及自我实现的需求。老年人护理服务的内容包括基础护理、健康管理、健康教育、治疗护理、感染控制等。

一、护理服务的理念与特点

（一）护理服务的理念

养老机构应当树立正确的护理理念，确保护理服务质量。护理理念应当贯彻“一切为了老人”的指导思想，以老人的真正需求为根本出发点，尊重老人，理解老人，最大化地保证老人的自主独立性，满足老人的生理需求和心理需求。

（二）护理服务的特点

1. 高风险性

护理服务具有高风险性特点。老年人伴随年龄的增大，身体器官功能下降，心理心态和情绪容易激动和不稳定，极易摔倒，且摔倒后很可能导致不能自理，因此，老年人护理服务具有很大风险性。

2. 护理技术的身心合一

老年人护理需要做到护理技术的身心合一。老年人的需求不仅仅包括身体健康需求，更包括内心的心理健康和精神需求。老年护理服务要做到以人为本，真正以老人需求为中心，则必须做到身体和心理需求同时满足。

3. 团队合作的重要性

老年护理内容的复杂性需要相关服务人员及老人的共同合作。老年护理服务内容不仅包括日常饮食护理，还包括洗浴护理、排泄护理等内容，涉及内容广泛，需要各个专业人士共同合作。另外，为真正满足老人需求，同时需要老人及其家属照顾者的积极参与。

二、护理服务的等级

（一）制定护理等级标准

实行分级护理是养老机构对在院老人进行生活护理的工作方式。首先应根据新入院老人的具体情况确定护理等级。确定等级的工作要依照分级护理标准认真进行。分级护理标准是根据老人的年龄、生活自理程度、身体状况以及特殊要求而制定的。它分为三级（自理）、二级（半护理）、一级（全护理）和专门护理四个等级。它是对入院老人确定护理等级和对在院老人调整生活护理等级的依据，也是提供相应等级生活护理的依据。

（二）制订个案护理计划

为老年人制订个人护理计划可以最大化满足老年人需求。制订个案护理计划是护理人员根据护理诊断为患者设计的个体化护理计划，计划应包括护理计划、护理措施及效果评价。通过对患者住院期间的记录来提示已解决及未解决的护理诊断问题，以及出院后仍需采取的康复护理措施。

三、护理服务的内容与流程

（一）护理内容

1. 饮食护理

饮食护理要注意时刻保护胃，改善机体功能。具体应注意以下几点：一是按时定量进食，食品种类多样，营养均衡；二是因时制宜，因人而异，饮食要考虑季节气候变化，每个老年人的体质不同，选择合适的饮食安排；三是卫生整洁，习惯良好。

2. 口腔护理

口腔护理的主要目的：一是保持老年人的口腔清洁，预防感染等并发症。二是观察老年人口腔内情况，提供病情变化的信息。口腔护理要注意以下几点：一是保证老年人舒适，向老年人解释相关情况，取得充分的理解。二是评估老年人的病情、意识状态和配合程度，观察口腔黏膜、气味及舌苔变化，观察牙龈是否红肿，牙齿是否松动，等等。三是口腔护理（如擦洗动作）要轻，避免碰伤口腔黏膜及牙龈。四是做好护理过程中的消毒工作。

3. 排泄护理

排泄护理主要包括排便和排尿护理。具体而言，一是利用失禁评估表，了解老人小便失禁的原因，按需要设计个人护理计划和提供适当的训练，以改善或控制失禁的情况，同时要保护老人的皮肤，预防压疮。二是选用粗杂的食物，但高纤食物必须有充足饮水量，保证达到顺利排便的效果。必要时可饮用西梅汁刺激大肠蠕动，以助排便。另外，适量运动可以促进肠蠕动，增加腹肌排便时的张力，有利于排便。卧床的老人可施行被动运动、关节运动、举脚、腹部按摩等。

4. 洗浴护理

洗浴护理尤其要考虑行动不便、不能自理的老年人，就浴缸设计而言，可考虑以下几点：一是设计宽而浅的日式浴缸，可以比较稳妥地固定被照护者的腿，避免身体浮起来，对于肢体瘫痪，不能保持左右平衡的人，可以防止横向摔倒，稳定身体。二是深浴缸要注入足够的水，在帮助被照护者沐浴时借助水的浮力可以省力。三是浴缸的材质最好选不锈钢的，这样既能够承受较强的水压，也便于清理。四是浴室里放入浴凳，门就打不开了，可以使用折叠门来解决这个问题，一些浴缸安装了扶手，可以更加方便。

（二）具体护理流程规范

1. 日常照护规范

老年人的日常照护要做好晨间护理和晚间护理。晨间护理是每日早晨为老人进行的护理操作，目的是使老人清洁、舒适，预防感冒、压疮的发生，保持居室清洁。需要做到以下几点：一是帮助老人排便、漱口、洗脸、洗手、梳头；二是检查皮肤受压情况；三是更换衣服和床单；四是观察老人情况；五是整理床单，酌情开窗通风。要注意应将脸盆等用物携至老人床前，向老人说明操作内容，以取得合作。

晚间护理是指晚间就寝前为老人所进行的护理，目的是使老人居室安静、空气流通、老人清洁舒适易于入睡。需要做到以下几点：一是协助老人漱口、洗脸、洗手、洗背部、用热水泡脚、女性老人清洗会阴部，并做好预防压疮的护理；二是酌情关闭门窗，放下窗帘，开地灯，关大灯，减少噪声、强光等不良刺激，为老人创造安静舒适的环境；三是为老人铺床盖被，并经常巡视居室，了解老人睡眠情况，发现异常及时与家属联系。

2. 护理质量管理

护理质量是衡量养老机构服务质量的重要标志之一，它直接影响着养老机构的临床服务质量、社会形象和经济效益等。护理质量管理是指按照护理质量形成过程和规律，对构成护理质量的各个要素进行计划、组织、协调和控制，以保证护理服务达到规定的标准和满足服务对象需要的活动过程。护理质量管理首先必须确立护理质量标准，有了标准，管理才有依据，才能协调各项护理工作，用现代科学管理方法，以最佳的技术、最低的成本和时间，提供最优良的护理服务。

四、护理服务的基本制度

（一）出入院管理制度

入院服务应包括以下几点：

（1）咨询接待。接到咨询电话或来人咨询，接待者热情耐心解答询问，并主动介绍养老院的住养环境、老人居室情况、饮食提供情况、当前收费标准、医疗等相关情况，并予以院内网上登记。

（2）入院调访。有床位时安排符合入住条件的登记对象进行入院前调访，适合者安排家属为老人进行入院体检。

（3）床位安排。经入院体检合格者，由业务科通知家属按入院流程办理相关入住手续并安排入住。

出院服务制度主要包括老人因故转院时，在老人或监护人与本院互相见证下替老人收拾物品，提醒该老人或监护人检查清楚，确保住养人所有财物已全部取离。老人离去前须交还床柜、衣柜的钥匙及相关物品，并签字确认，当班职员须把上述事宜记录于交接班记录内。老人因病去世，应及时通知委托人到机构收拾及处理已故者的所有财物。

（二）交接班管理制度

交接班管理制度是保证日常工作顺利交接的前提，加强过程管理，明确交接班双方的职责和义务，避免推诿现象，高效、安全地将各自之间的工作衔接起来，可以保证养老机构服务管理工作的稳定运行。交接班管理制度主要包括以下几点：一是交接班人员要填写《交接班日记》。二是交接班管理要明确交接班时间地点。三是交接班管理要明确请假替班要求。四是交接班人员当面说明特殊老人的病情及需注意事项，工作没完成不准交接。

（三）健康管理制度

健康管理是指针对健康需求，对健康资源进行计划、组织、指挥、协调和控制的过程，也就是对个体和群体健康进行全面监测、分析、评估，提供健康咨询和指导以及对健康危险因素进行干预的过程。健康管理首先在美国被提出，目的是遏制不断增长的医疗费用支出、平衡不断增长的医疗健康需求和有限的医疗资源间的矛盾。健康管理制度应主要包括以下几点：

（1）建立和管理老年人健康档案，详细记录老年人身体健康发展历程及病历，动态、全方位进行电子信息管理。

（2）搭建健康管理信息平台。具体可以与互联网和手机联机，健康信息可以实时共享、随时查询，功能包括：①网上进行健康体检预约登记；②网上查询健康档案；③网上生活习惯调查和评估；④网上查询保健计划；⑤网上咨询和干预指导。

（3）开展有计划、有组织的系统的社会教育活动，促使人们自愿地选择有利于健康的行为和生活方式，消除或减少影响健康的危险因素，从而达到促进健康、减少疾病、节约医疗资源、降低就医成本的目的。

健康教育的基本策略是信息传播、行为干预，核心是帮助人们树立健康意识，建立健康行为和生活方式。其内容包括：老年人合理饮食及运动方式；老年人常见损伤、意外的防护；老年人常见慢性病发病危险因素与纠正干预；老年人心理特点与精神卫生健康维护；老年人常见疾病自我管理和合理用药；根据不同年龄老年人保健需求所进行的相应健康教育等。

（四）护理培训制度

护理培训是指在对养老机构护理人员开展通用和特定的基础护理培训，主要包括护理理论、护理技术及操作各种仪器的培训。护理培训与教学管理养老机构护理人员是养老机构护理管理的重要任务之一，养老机构应根据本单位担任的任务确定具体的教育目标、任务、制度和方法。通过培训在职护理人员和实施临床教学，有利于提高护理人员的护理服务能力，巩固基础理论知识，使护理理论知识与临床实践相结合，熟悉或掌握护理技能。

（五）家院联系管理制度

家院联系管理制度应重点建立养老机构与老年人家属的信任关系，当发现老人出现了某一方面的问题后，养老机构应及时与其家长取得联系。沟通时首先要肯定老人在养老机构的一些表现，让家属相信养老机构是了解老人的。在双方建立起一种融洽信任的关系后，养老机构可以适时地说明老人目前在院内存在的某方面问题，一定要取得家属的理解和支持。

（六）护理部应急预案

护理重点环节应制订护理应急预案，设立“护理质量管理与安全委员会”与“科室护理质量控制小组”，定期对科室在“治疗用药、输血核对、执行治疗操作、标本采集、围术期、护理安全”等重点环节的应急情况进行管理，定期组织护理人员培训并考核，确保相关岗位护理人员掌握“护理重点环节应急预案”。另外，在护理工作的关键环节管理中有严格的规章制度、规范的抢救流程，在突发重点环节应急处理中实行统一领导、统一指挥、责任追究。在护理活动中发生护理安全（不良）事件时，立即按照《护理应急预案》的要求，积极采取有效的救治措施，防止损害后果扩大，及时上报。

第四节　医疗服务

年老体弱多病是老年人的一个最主要的基本特征之一，因此医疗服务显得尤为重要。

一、医疗服务的管理目标

养老机构医疗服务应当确定以下管理目标：一是维护或增进老年人健康，做好老年人的健康管理工作。二是满足老年人的基本医疗保健需求，定期为老年人体检和制订日常健康保健计划。三是杜绝医疗事故的发生。在医疗服务管理中，养老机构要时刻注意落实不能自理、行动不便等特殊老年人的个性化医疗照护计划，实时监督，同时积极和老年人的家属沟通，防止医疗纠纷和医疗事故。

二、医疗服务的原则

养老机构医疗服务应当遵循以下几个原则：

第一，依法行医。养老机构医师及护士应当严格按照医疗相关法规实施相关医疗护理服务，禁止违法行医。

第二，规范服务。养老机构服务人员应当按照国家及本机构服务规定，为老年人提供科学、合理、规范化的服务，谨防欺骗性、不尊重老人的服务行为发生。

第三，个性化管理。针对失智、失能、高龄等特殊老年群体制订个性化医疗护理服务计划，运用专业医疗评估工具，正确评估这些特殊群体的不同需求，有针对性地开展医疗服务。

第四，全天候服务。老年人的医疗风险不可预测，且相对而言风险更大，所以养老机构需要设立 24 小时的全天候服务工作中心，保证老年人享受即时的医疗服务。

三、医疗服务的内容

养老机构的医疗服务应该针对当地老年人的身体实际状况，开展针对性较强的医疗服务内容。一般而言，医疗服务内容应当包括以下几点：

（一）定期健康诊断

定期的健康诊断是早期诊断方法的一种，养老机构应当为老人每年安排一两次的健康检查，以使老人能够明了自己的健康状态，假使有疾病也能尽早发觉，从而早期治疗。例如，检测饭后的尿糖值和血糖值。

（二）慢性病管理

养老机构为老年人在制定慢性病防治的策略和选择防治措施时，要考虑在社区及家庭水平上降低最常见慢性病的共同危险因素（吸烟、不合理膳食、静坐生活方式等），进行生命全程预防。慢性病管理是一种综合的干预模式，是以疾病发展的自然过程为基础，其特点是以人群为基础，重视疾病发生发展的全过程，如高危的管理，患病后的临床诊治、保健康复，并发症的预防与治疗等强调预防、保健、医疗等多学科的合作，预防疾病恶化，提倡资源的早利用，连续监管和持续评估改进的过程。养老机构应当按照入户调查等资料，掌握老年人高血压、糖尿病、结核病等慢性病的病情，设立慢性病管理模块功能，建立慢性疾病专档管理。

（三）日常医疗支援

日常医疗支援应包括以下几点：一是门诊。在进行门诊治疗时要介绍老人经常就诊的医生、医院或者是与养老机构有良好合作关系的医疗机构或者专门医师。二是住院。在有必要住院的情况下，养老机构应协助老人到其经常就诊的医生、医院或者是与养老机构有合作协议的医院进行住院治疗。

（四）紧急情况处置

紧急情况处置时要保持沉着的心态、清醒的头脑，切勿惊慌失措，应按照本机构应急预案，在瞬间作出正确判断，采取果断措施，这是做好避险的先决条件。

四、医疗服务有关制度

（一）医生工作制度

医生工作制度主要包括以下几点：

（1）在负责老年病床医疗工作时，应密切观察所管老人的病情变化、医嘱执行情况及老年人对治疗的反应，经常了解老人的饮食、睡眠及思想动态，帮助老人增强战胜疾病的信心。

（2）每日早上对所管的老人进行巡视检查，认真了解病情及各种检查结果。

（3）认真执行各项规章制度和技术操作规程，严防差错事故，掌握老人的病情变化，遇老人发生异常反应，应及时给予诊治并汇报。

（4）随时了解老人的思想生活情况，征求他们对医疗工作的意见。

（5）加强自身的精神文明和医德医风修养，待老人如亲人，必须坚守岗位，履行职责，保证各项工作及时开展。

（二）医技科室管理制度

（1）放射科24小时开放各种拍片胸透，随到随检。造影适当预约。

（2）放射科门诊透视即刻写出结果报告，其他特殊片和造影于次日取摄片报告单。

（3）放射科的X光摄片，由放射科归入档案，病人如要调用，须经放射科医生同意，并以证件或押金抵押。

（4）放射科实行每天上班后10～15分钟的读片制度。

（5）检验科常规检验随送随检，当天报告结果，肝功能化验废除预约制度，上午9时前抽血，下午取报告。

（6）供应室实行严格消毒制度，保证供应临床所需的消毒包等器械。

（7）加强药品管理，中、西药房设专用仓库，配专人管理，对毒药和麻醉药品实行“五专”，即专册登记、专人负责、专柜管理、专用处方和专锁制度。

（三）医疗工作制度

1. 医生值班制度

值班医生应按时接班。交接班时，应巡视居室，了解重病老人情况，并做好交班。

（1）医生在下班前应将重病老人的情况和处理情况记录在交班簿上，并做好交班工作；值班医生对重病老人应做好病程记录和医疗措施记录，填写“病程记录表”，并扼要记入日志。

（2）值班医生负责各项临时性的医疗工作和老人临时情况的处理，将临时医嘱填写在“临时医嘱单”上。

（3）值班医生遇疑难问题时应及时向上级医师、主管领导汇报。

（4）值班医生夜间必须在值班室留宿，不得擅自离开，有护理人员如请诊查老人病情，应当立即前去诊查。

如有事情需要离开，应当向值班护士说明具体情况。

2. 医生查房制度

（1）医生查房每周1～2次，并对患病老人作出针对性的医嘱，并记录在“病程记录表”中。

（2）医生查房过程中要了解老人情况，重点巡视新入院、重病老人，同时巡视一般老人，检查化验报告，分析检查结果，提示进一步检查或治疗意见，将医嘱记录至“临时医嘱单”或“长期医嘱单”。

（3）检查医嘱执行情况，给予必要的临时医嘱；并开具次日晨特殊检查医嘱，记录在“临时医嘱单”上。

（4）检查患病老人的饮食情况，主动征求患病老人对康复、医疗、护理、生活等方面的意见。

3. 医生交接班工作制度

（1）值班医生必须坚守岗位，履行职责，保证值班期间医护工作的不间断。

（2）值班医生在下班前应将新入院老人和重危病人的病情和处理事项做好记录，

认真进行交班工作，交班的重要内容应记录在“交班报告”上。

（3）值班医生每日在下班前，老人有任何医护需求，应立即前往视诊。

（4）值班医生在其他医生不在班时，负责值班范围的临时医嘱。

（5）处理急诊病人和重危病人的视察，治疗并记入病程记录，对新入院老人进行初步检查和诊断，下达医嘱并记入病程记录。

（6）如遇到疑难问题，应马上向主管领导汇报。

4. 三级查房制度

（1）查住院医师对病史、诊断、治疗和辅助检查的熟悉程度；对治疗情况和相关检查结果的分析、判断；对基本技能的掌握情况。

（2）查主治医师是否起到承上启下的作用；对下级医师汇报的病史有重点的补充；进一步分析病情，对基本技能的掌握情况。

（3）查主任医师对下级医师汇报的病史、体检、分析情况的归纳、评价、指导能力；对疾病诊治和预后的判断；对相关进展的了解；对下级医师的考核。

5. 传染病管理制度

（1）养老机构要认真贯彻执行《中华人民共和国传染病防治法》《中华人民共和国传染病防治法实施办法》等，严格传染病管理，严格控制传染病传播与流行。

（2）传染病患者就诊，应建立传染病登记制度，由专人负责传染病管理工作，按国家有关规定进行消毒处置；对疑似传染病患者，应当留在观察室隔离观察。患者使用的有关物品，如餐具、水桶、热水瓶、便盆、便壶等，应专人专用，预防交叉感染。

（3）传染病患者的排泄物和使用过的物品，应按要求进行消毒处理；未经消毒处理，不得带出传染病区。

6. 医疗差错事故管理制度

（1）养老机构医疗服务中建立差错事故登记制度，对已发生的差错应及时纠正，对已发生的事故应及时讨论，总结经验教训。

（2）发生事故后，立即进行观察抢救，由医疗康复部主任填写“医疗差错事故报告”，并报告院领导，对重大事故做好善后工作。

（3）对差错事故进行讨论，积极提出改进措施，避免类似情况发生。

（4）对已发生的事故应按 2002 年 4 月 4 日国务院令第 351 号公布《医疗事故处理条例》处理。

7. 医疗文书书写制度

（1）规定完善医疗文书，处方、处置（注射、清创、换药等）格式、内容、要求等。主要包括：门诊病历、门诊登记本、登记本、输液卡等。

（2）医疗文书必须由具备执业资质的卫生技术人员按照职责范围和要求完成，并由书写者本人签名。

（3）医疗文书应使用蓝黑墨水、碳素墨水书写，记录内容必须客观、真实、及时、完整，字迹清楚，不得随意涂改，特殊情况下必须修改时，应当在修改处签名并注明修改日期。

（4）严格执行《处方管理办法》。书写处方时应当使用规范的中文和医学术语，药品名称、剂量、规格、用法、用量要准确，不得自行编写。

8. 医保信息管理制度

养老机构应当健全和完善相应的医保信息管理制度，并逐步实现信息化管理。建立一个医保信息整合数据库。在这个数据库中，将各个参保人与参保险种有效地管理起来，医保管理中心通过对用户信息的相关数据进行深入分析，就可以有效地遏制医保滥用和更好地为老年人服务，方便老年人支付结算。

9. 卫生宣传制度

（1）以科学、健康、安全的医疗防病知识，积极向老人宣传医疗保健、防病治病等方面的知识。

（2）在指导、引导老人增加自我保健意识的前提下，积极参加群体及个体康复锻炼，增强生理素质的锻炼。

（3）经常和老人开展谈心活动，解除老人心理障碍，有利于身心健康。

（4）根据不同的季节向老人宣传不同传染病的发病机理，以减少传染病的发生。

（5）定期出黑板报进行医疗知识的宣传。

（6）每月由医疗康复部向全院老人进行1次医疗知识的宣传；加强饮食卫生的宣传，防止病从口入。

10. 护士工作制度

（1）完成与夜班护士交接班后，每1~2小时巡视责任区楼面生病老人1次。

（2）执行当天静脉输液，每天巡视观察1次并记录滴速，记录在“输液记录单”上；执行当日肌内、皮下注射。

（3）转抄当天医嘱，执行当天临时医嘱；为老人排药并发口服药，做到三查七对。

（4）糖尿病老人饭前30分钟注射胰岛素，发糖尿病病人特殊口服药，做到喂药到口。

（5）每日更换体温表消毒液，周三、周四更换其他消毒液，记录在“消毒液更换记录”上。

（6）整理静脉输液用品，擦净当日治疗车，保持当日治疗室、输液室整洁。

（7）接待当日新入院老人，登记、测量体重和生命体征，了解老人一般情况，写白天交接班报告，办理出院人员的各项手续。

（8）准备消毒备用物品，登记当天工作量，每周1次进行物品高压消毒。

（9）接待老人家属送药，注意有效期，详细登记药品名称、数量，并记录在“老人家属送药记录”上。

（10）发烧老人，每天测量2次体温，并及时记录。

（11）检查全护理老人压疮，记录“预防压疮卧位处理检查表”。

11. 护士交接班制度

（1）值班人员应严格遵照医嘱和部门负责人安排，对老人进行护理工作。

（2）交班前护士组负责人应检查医嘱执行情况，巡视重病老人和新入院老人，并安排护理工作。

（3）应建立日夜交班簿和用品损坏、遗失簿，交班人必须将老人总数、出入院和重病人数、新入院老人的诊断、病情治疗护理、主要医嘱和执行情况、各种送留检验标本数目做好记录，将内容详细填写在“交班报告”上。

（4）重点报告重病老人和新入院老人病情、病情诊断及护理有关的事项。

12. 护士差错事故管理制度

养老机构的医疗服务部门应当建立护士差错督查制，认真记录并建立护士差错事故登记本及护理质量评比表。对每起护理差错调查清楚并分析发生差错的原因；让大家引以为戒，吸取教训，避免类似情况的发生，杜绝漏查现象，培养严肃认真的工作作风，平时注意互相督促，及时补救，将差错减少到最低限度，降低护士差错事故率。

13. 院感管理制度

院感管理制度：包括消毒隔离、传染病报送等制度；经查供应室房间、消毒设备、运送设施、有效期标识符合；经查病区治疗室、病房、医疗设备（器材环境定期消毒）符合要求，定期进行室内空气检测抽查符合；对存在的院感相关危险因素进行检测、分析、反馈，对院感发生状况进行统计分析，对院感发生后的处理进行指导；强化院感知识培训，严格执行洗手制度。

14. 医疗安全管理制度

医疗安全管理制度：一是各级医务人员应严格遵守养老机构的各项医疗规章制度和上级有关医疗法规。在诊治过程中，需认真执行有关诊疗规则。二是严格执行医师负责制和医疗请示报告制度。低年资医师在实施重要诊疗项目时，必须得到上级医生的准许或指导；对诊疗过程中发生的意外，应及时向上级请示报告。三是养老机构应定期组织医务人员学习有关的医疗质量标准和医疗制度，以不断强化医务人员的医疗安全意识。四是各科室应严格遵守和执行医疗事故防范措施。五是养老机构每月进行一次医疗安全自查，医院每季度组织一次医疗安全检查。

15. 医疗器械管理制度

（1）医疗器械统一由养老机构器材科统一采购、管理和维修。

（2）养老机构医疗室根据使用和储备情况编制采购计划，报器材科主任批准并采购。

（3）1 万元以上贵重器械与有关科室人员从可行性、必要性、科学性、实用性等方面进行社会效益和经济效益调研后方可确定是否申请购买。同时填写论证表，交器材科审核后统一招标采购。

（4）凡购入的器械、卫生材料等，必须履行严格的出入库手续。

（5）新购进的仪器设备和贵重器械，在使用前由器材科主任和消毒供应中心护士长共同参加验收、调试、安装，然后入库建账立卡，建立使用档案。

16. 药品采购管理制度

（1）药品采购工作必须在院药事管理委员会的监督指导下进行，必须遵循《药品管理法》《医疗机构药事管理暂行规定》《处方管理办法》等法律、法规要求。

（2）积极参加市医疗机构药品集中招标采购工作，严格执行市纠正医疗机构药品购销不正之风工作领导小组办公室下发的每份文件，严格执行医疗机构药品集中招标采购中的中标品种、中标价格，招标文件下发后，必须尽快调整中标品种，不得私自避开招标品种。

（3）麻醉药品、第一类精神药品的采购，需凭印鉴卡向定点批发企业购买或按规定采购（网络采购）。

（4）采购药品时，严格遵守“同一通用名称药品的品种、注射剂型和口服剂型各不得超过2种、处方组成类同的复方制剂1~2种”的规定。

（5）所有进药发票必须由“市药品购销办公室”审核盖章后，才能入库使用。

（6）新药采购必须严格执行医院内“新药采用审批管理制度”，经院药事管理委员会同意后，按药品招标价格采购。

（7）特殊用药，必须由申请科室主任提出书面申请，请示医疗院长同意后，才能采购。

17. 转诊工作制度

（1）院内转诊：患者转科须经接收科会诊同意。转科前，由经治医师开转科医嘱，并写好转科记录，转出科派人陪送到转入科，向值班人员交代有关情况，接收科写接收记录，并开出医嘱。

（2）院间转诊：患者转院，如估计途中可能加重病情或死亡者，应留院处置，待病情稳定或危险过后，再进行转院。病情较重患者转院时应派医护人员护送（由急救中心接送的患者例外）。

18. 风险防范制度

医疗技术风险防范制度目的是加强医疗风险管理和预警监控，防止医疗事故，确保医疗安全。养老机构应当依据《医疗事故管理条例》等相关法规进行风险防范。

19. 危急、重病人抢救制度

（1）制订危重病人抢救应急预案和常见危重病人抢救流程，人人掌握抢救技术，并对危重病人进行抢救。重大的抢救应在科主任的指导下，由护士长或护理部、医务部参加组织。

（2）各级人员必须熟练掌握相关抢救技术和抢救用药，熟悉各种抢救仪器的性能及使用方法。

（3）严格执行抢救规程和预案，确保抢救工作及时、快速、准确、无误。医务人员要密切配合，护士执行口头医嘱时必须复述一遍，并做好护理记录。

第五节　康复服务

康复护理是现代医学的一个重要分支和内容，老年人的康复服务具有特别重要的环节和要求。

一、明确康复服务对象

康复服务是指养老机构综合、协调地运用各种措施，为需要身体康复的老年人减轻身心和社会功能障碍，使患者得到整体康复而重返社会或维持基本的身体技能。养老机构需具备较强的技术力量与设备优势，为患有老年病、慢性病、伤残及由医院转诊回到养老机构疗养康复的老年人提供优质的康复服务，较好地满足老人康复服务的需求。

二、规范康复程序

养老机构应当规范老年人的康复服务程序，其主要包括康复评估、制订康复计划、实施康复计划、评估反馈。康复服务工作流程大致为：老人前来康复科室就诊，康复医师对其进行诊断和功能评定，确定近期、中期和远期康复目标，制订康复方案，康复治疗师依据治疗处方进行相应治疗。由康复医师和治疗师共同完成入住老人的功能评定和康复治疗方案的制订。在治疗过程中，康复医师及治疗师定期再次进行康复评定，以观察康复疗效，修订治疗方案，继续治疗，整个康复工作如此进行，直到老人真正康复，且要跟踪观察一段时间，以防病情反复。

三、康复内容

（一）日常生活活动能力训练

1. 饮食动作训练

日常生活活动训练一般先从饮食动作开始，饮食动作包括饮水、进餐及与其相关的动作。饮食动作训练是指饮食活动的再学习，对不能自理的老年人来说，一种是从功能恢复考虑对老年人进行相关训练，包括辅助餐具的改造和选择等；另一种是从饮食需要上所进行的训练，即当饮食动作训练使老年人的肘、腕具有一定控制能力时，就立即进行饮食动作的再学习。能不能用手把食物送入口内，主要看老人的功能恢复情况和辅助器具的选择。饮食动作训练的第一项内容应该从老人做张口训练、伸舌训练以及吸吮训练开始。注意观察老人的咀嚼功能、吞咽状态以及老人的进食量，开始时应该给老人一些容易咀嚼的食物。老人使用自制餐具时，应该有一个逐渐适应的过程。在这个过程中陪护人员应该耐心、手把手地教会老人使用，减轻老人的焦虑，使老人能够积极主动配合训练。老人进餐时间可能要长些，不要催促老人，让老人一口一口地吃，如果太急，很可能出现误咽。

2. 转移动作训练

转移动作训练是指应用轮椅的老年使用者，常需由轮椅转移至床铺、训练台、便桶、浴缸和汽车，或进行相反的方向转换，完成这类动作称为转移技术或转换技术。只有当老年使用者能熟练掌握轮椅转乘技术后，才有可能真正实现日常生活自理，从事适当工作，达到自立目标。所以，陪护人员应选择最安全而容易的转移方法，事先向老年使用者说明转移的顺序并取得信任，以便协同用力。例如，指导、帮助下肢功能障碍的老人掌握卧床、椅子或轮椅之间的转移，包括床上翻身、坐起、穿衣、梳洗、下床自己站立、床和轮椅之间的转移以及轮椅的使用等。

3. 穿脱衣训练

肢体损伤及瘫痪的老人在穿脱衣方面存在着障碍，必须给予相应的衣裤款式的选择以及过程的辅助，并保证过程的安全。通过坚持这种穿脱衣训练，即使对患肢无活动的老年患者，也可以达到穿衣自理。

4. 个人卫生活动训练

工作人员要协助入住老人进行必要的洗漱，如梳头、拧毛巾、剃胡子、剪指甲，以及上厕所、洗澡等训练。

5. 家务劳动训练

在老人愿意且符合进行相应活动的身体及心理条件的情况下，给予老人力所能及的院舍内的家务劳动，如折叠衣服、洗菜、清洁自己的房间以及共同做饭等。在此过程中必须注意对老人的保护，防止意外事故的发生。

（二）心理康复

养老机构康复护理人员应当进行相关心理康复培训。具体主要包括以下几点：认知心理康复的基本原理和主要工作内容；掌握各类老年人的心理特点、常见心理问题及其心理康复技术和具体操作技能；掌握心理障碍、人格障碍的主要类型及其心理治疗方法；掌握各种精神障碍患者的心理特点及其心理康复技术和方法；掌握失智老人的心理特点、常见心理问题及其心理康复技术。

（三）社会方面的康复

面对来自家庭以及社会的压力和打击，老年人在心理或行为上往往会发生变化，甚至出现严重的心理障碍。这就要求社会工作者与心理治疗师相互配合，根据个案情况制订出具体的治疗方案，缓解压力，使他们恢复健康心态，心理得到最大限度的康复。养老机构康复陪护人员应当根据每个老年人的实际情况，开展个性化康复照护计划，采取个案管理的方式，理解老年人社会方面面临的压力和困境，尊重老年人的自主能力，最大化地保持老人自主独立性，最大化参与社会生活。

第六节　文化娱乐服务

精神生活是老年人生活的重要内容之一，文化娱乐活动是老年人精神生活的主要表现之一。

一、服务目的

文化娱乐服务是指根据老年人的身心状况，提供学习、放松休闲等方面的活动。老年人的文化生活是否丰富，是衡量一个社会物质生活水平高低和社会文明进步程度的一个标准。老年人的文化生活一般以修身养性、寄托情感、娱乐消遣为主要目的。丰富的文化生活有助于老年人缓解不良情绪，增强体质，减少疾病，提高健康水平，对老年人的身体、心理等健康十分有益。这些文化娱乐活动可以充实老年人的生活，调动他们的积极性，让老年人自觉年轻有活力，感受到自身价值和社会价值的存在，使他们从中获得乐趣与成就感。

二、服务原则

文化娱乐服务的活动应遵循以下原则：

（1）符合老年人的身心状况，以入住老年人的需求为出发点。同时，养老机构应提供必要的安全防护措施，在安全的基础上保证娱乐活动的多样性、社会性和主动性。

（2）文化娱乐服务的活动应由养老护理员、社会工作者组织，可邀请专业人士或相关志愿者给予指导，要充分鼓励老年人积极参与。

（3）养老机构需不断完善文化娱乐服务设施和环境，为老年人提供舒适、友善的活动环境。

三、服务内容

文化娱乐服务的内容老年人因其自身的生理特点与所患疾病的影响，喜欢安静舒适的文化娱乐活动。因此，养老机构可以为老年人提供舒缓、有益身心健康的娱乐活动，所有的活动都应以保证老年人的安全为前提。

（1）散步。这是一种最简单、最适合老年人的健身方式。这种活动对体质较弱，有高血压、心脏病及肥胖症，又不宜进行大运动量锻炼的老年人最合适。老年人可以选择在小区、附近的公园等环境安全、安静的地方散步，一般可在晨起后、晚饭后进行。

（2）影视。影视观赏性比较强，内容丰富多彩，老年人可以在娱乐的同时学习新知识。养老机构内的老年人活动中心通常设有放映室，可以定期为老年人播放他们感兴趣的影片，既丰富了老年人的业余生活，也拉近了老年人之间的距离。

（3）阅览。阅读不仅可以拓宽视野，也可以陶冶人的性情，吸引老年人的注意力与专心度。养老机构可以提供多种适宜老年人阅读的书籍，老年人可以根据自己的兴趣选择性阅读。

（4）歌舞。歌舞不仅可以健脑、健身、锻炼协调能力，还能促进人际交往和沟通能力，减少孤独感。养老机构可以为感兴趣的老年人组织专门的舞蹈队或歌唱队，每日在老年人活动中心练习，丰富老年人的娱乐活动。

（5）下棋。下棋可以锻炼老年人的大脑思维和逻辑推理能力，感兴趣的老年人可以自发组织进行。养老机构也可以定期举行下棋比赛，调动老年人的积极性，丰富老年人的精神生活。

（6）拳操。包括太极拳、剑术、广播操等，既能健身，也较安全，适合高龄体弱的老年人，如高血压、冠心病患者。这些活动一般宜在晨起或晚饭后等天气凉爽时进行，活动场所可在附近的公园、广场或养老机构内，可以为感兴趣的老年人组织专门的队伍，鼓励老年人一起健身、打太极拳等，拉近彼此的距离，增加社会支持。

（7）书画。临摹或自由创作书画可以增强老年人的手指及手部的运用，增加对色彩的敏感性，培养美感，作品的展示也可以使老年人学习到欣赏美术作品的方法，从而静心养神、陶冶情操。

（8）参与社会公益。养老机构内某些身体状况良好的老年人可以组成志愿者队伍，自愿为其他有需要的老年人提供帮助，这样不仅可以发挥老年人自身的社会价值，也可以使他们从中获得乐趣与成就感。

（9）其他。包括编织、垂钓、种植花卉、养鸟等，这些活动可以充实生活，寻找乐趣。养老机构可组织相应的活动，组织感兴趣的老年人定期进行比赛，调动他们的积极性，让老年人自觉年轻有活力，感受到自身价值的存在。

第七节　心理支持服务

心理支持服务是指通过专业化手段，维护老年人心理健康，增强老年人社会适应性的活动。心理健康是衡量老年人健康的一个重要指标，入住养老机构的老年人较容易出现各种心理问题。因此，准确评估老年人的心理健康状况，及时采取相应的护理措施，有助于老年人摆脱不良心理的影响，提高生命质量。

一、老年人心理支持服务内容

老年人心理支持服务包括有效沟通、情绪疏导、心理咨询、危机干预等服务内容，其中心理咨询、危机干预应由专业心理咨询师、社会工作者承担。

1. 与老年人进行有效沟通

当养老机构护理人员发现老年人出现精神状况异常时，要立刻进行心理支援服务。专业心理支援服务主要为有轻度心理障碍的老年人提供心理咨询和心理辅导服务，服务形式可以包括咨询热线、固定咨询点、流动咨询点等，通过专业系统的咨询和辅导帮助老年人解决心理问题。养老机构护理人员需要通过观察、交谈来了解老年人的心理状况。与老年人有效沟通要做到以下几点：

（1）沟通的态度要真诚、友善、礼貌，并以老年人习惯或喜欢的方式进行，使老年人感受到真诚、关注和尊重。

（2）倾听老年人诉说要专心、耐心，倾听时不要东张西望，心不在焉；在倾听中观察老年人说话的态度、表情和措辞，用心体会老年人的感受。

（3）与老年人说话要简短、清晰、温和，措辞准确，语调平和；与老年人谈话要注意以平等方式，切忌声音过高，以免伤害老年人的自尊心；语速不要过快，以便老年人听得清楚。

（4）善于借助表情、手势、姿势或实物，帮助老年人理解；善于采取核实、重复、移情、触摸、沉默、鼓励等沟通技巧，增强沟通效果；不要在老年人看得见的地方与其亲友或工作人员窃窃私语，以免使其产生误解，同时兼顾老年人的身体状态、疾病情况、心理特点、性格特征，做到轻松、愉快交流。

2. 对老年人进行情绪疏导

当发现老年人出现焦虑、紧张、恐惧、失落、烦躁等消极情绪时，护理人员要及时对老年人进行心理疏导。有条件的养老机构，可设立“谈心室”或“聊天室”之类的单元，让有经验、有威望的高级养老护理员与老年人交谈，为老年人提供劝慰、支持和鼓励，使其在生活化的环境中得到心理疏导，消除不良情绪的影响。

3. 老年人心理咨询

心理咨询是由专业的心理咨询师利用科学的心理学理论，委婉的话语，对求助者进行安慰、劝导，并为其提供信息、同情、支持、建议或忠告等帮助，以帮助求助者走出内心的阴影，协助其自助、自治的一个过程。心理咨询的常见形式包括电话咨询、门诊咨询、书信咨询、专栏咨询、现场咨询等，为老年人进行心理咨询应遵循保密性、信赖性、艺术性和坚持性的原则，养老机构可以根据条件或创造条件为老年人提供便利的咨询途径，以利于老年人能及时寻求帮助，尽早解决心理问题。

4. 老年人危机干预

老年人常见心理问题有失落感、孤独感、焦虑、抑郁等，当上述情况比较严重时，可能会出现严重的心理危机，甚至导致自杀。因此，当发现有老年人出现精神状况异常，如独自流泪、唉声叹气、拒绝见任何人、面容紧绷、愁眉紧锁、坐立不安等，要引起高度重视，尽可能帮助解决引起心理危机的问题。除进行一般的劝说和疏导以外，应及时请心理医生进行诊疗，尽早实施危机干预，防止悲剧事件的发生。

二、心理支持服务的要求

老年人心理支持服务的要求如下：

（1）养老机构内应配备心理或精神支持服务必要的环境、设施与设备。

（2）老年人心理支持服务应由心理咨询师、社会工作者、医护人员或经过心理学相关培训的养老护理员承担。

（3）养老护理人员应适时与老年人进行交谈，及时掌握老年人心理或精神状况，及时预防老年人心理危机。

（4）心理支持服务应当充分保证老年人的隐私，尊重老年人，真正理解老年人。

（5）养老机构应当制定专门的心理支持服务流程和危机干预程序及预案，保证老年心理危机的及时、高效解决，防治危机事件的扩大，甚至悲剧的发生。

知识拓展

2016 年 12 月 21 日，习近平总书记主持召开中央财经领导小组第十四次会议，并重点提出要提高养老院服务质量。

会议提出，提高养老院服务质量，关系 2 亿多老年人口特别是 4000 多万失能半失能老年人的晚年幸福，也关系他们子女工作生活，是涉及人民生活质量的大事。要按照适应需要、质量优先、价格合理、多元供给的思路，尽快在养老院服务质量上有个明显改善，加快建立全国统一的服务质量标准和评价体系，加强养老机构服务质量监管，坚决依法依规从严惩处欺老、虐老行为。

2016 年 12 月 23 日，国务院发布《国务院办公厅关于全面放开养老服务市场提升养老服务质量的若干意见》(国办发〔2016〕91 号)，提出："到 2020 年，服务质量明显改善，群众满意度显著提高，养老服务业成为促进经济社会发展的新动能。"

2017 年 3 月 23 日，民政部、公安部、国家卫生计生委、国家质检总局、国家标准委、全国老龄办等六部门联合召开视频会议，启动为期四年的全国养老院服务质量建设专项行动。行动旨在贯彻落实习近平总书记在中央财经领导小组第十四次会议上关于提高养老院服务质量的重要讲话精神，着力解决影响养老院服务质量的突出问题，建立以质量为导向的养老院服务发展机制，塑造养老院"安全、诚信、优质"的服务品质。

案例点评

简介：北京四季青敬老院坚持"一切为老人着想，一切为老人服务"的基本原则，不断提升养老服务质量，从未落伍于时代。早在 2002 年，四季青敬老院在国内率先通过 ISO9001 质量体系认证；2007 年 9 月，被评为北京市首家四星级敬老院；2009 年 8 月，被评为"北京市服务标准化示范单位"；2011 年 8 月，荣获首个"国家级养老服务标准化示范院"称号等。2015 年，该院被评为北京市"五星级敬老院"，形成"管理有标准，岗位有职责，操作有流程，过程有监督，工作有评价，事后有考核"的科学管理体系，完成了从"经验型服务"到"标准化服务"的转变。在 2016 年底的服务满意度测评中，四季青敬老院再次得到 98.56% 的好成绩。

四季青敬老院建于 1958 年，前身是供养五保户的"幸福院"，现已经发展为拥有 756 张床位、入住率 100% 的复合型现代生态养老院。在四季青敬老院，失能、半失能老年人约占 56%，护理等级分为一到八级。与此相应，该院目前有 128 名护理员，持证上岗率为 100%。其中护理技师 2 名，中级以上养老护理员占护理人数的 24%，尤其注重护理员的专业化培训，要求有五星级的护理质量。

点评：历任院长都从未放松服务质量管理，对相互关联的标准化要素进行重新归纳调整，搭建起一套更科学、更合理、有机联系的标准化体系，坚持遵循"以老人为本，为老人服务，树行业品牌"理念，不断推陈出新，共完成 145 项标准，制定了 60 个岗位手册，200 名职工在一线严格执行，确保服务质量。例如，给老人在床上洗头，从准备到结束总共 20 个步骤，既保证老人安全健康，还兼顾了老人的舒适度问题。

第八章 加强养老服务质量标准化体系建设

标准，是以科学技术和实践经验的综合成果为基础，对重复性事物和概念所做的统一规定，是需要共同遵守的准则和依据。服务质量标准化就是在服务过程中，通过对服务标准的制定和实施，以及标准化原则和方法的运用，以达到服务质量标准化、服务方法规范化、服务过程程序化以获得优质服务的过程。

第一节 建立健全服务质量标准化工作机制

标准化工作是企业管理的基本原则之一，养老服务产业是一个新兴的产业，国家正在出台各种各样的服务质量标准。

一、设立专门工作机构或专门岗位

养老服务质量标准化工作机制的建立，首先需要设立专门的工作机构或工作岗位。养老服务质量标准化涉及领域多、覆盖面广，完善的工作机制是开展标准化工作的重要保障。养老机构要按照国家标准管理的有关法律政策要求，充分借助各有关部门、行业组织、科研机构以及社会研究力量，设立专门的工作机构或专门岗位，例如，综合质量管理部门、设备和设施质量管理部门、服务质量管理责任岗等。另外，要明确养老机构各部门在养老服务标准化管理工作中的职责与权限，做好相互沟通与协调工作，确保养老服务标准化工作各项任务的落实。

二、积极推进服务质量标准化的制定工作

养老服务质量标准化工作机制的健全，需要积极推进服务质量标准化的制定工作。养老机构管理人员应基于老年人的真正需求、从服务的程序及态度上着手，积极制定服务品质标准、服务程序、服务规范、服务方法及应符合的原则。

积极推进养老服务质量标准化的制定工作需要注意以下几点：

第一，结合实际，及时做好标准化的制定工作。养老机构应当结合机构自身资源、发展状况及当地老人的需求，及时制定和逐步完善适合自己的服务质量标准体系。

第二，注重创新，努力提高标准化的科学性、适用性和实用性，不断修正和完善运行的工作机制。“科学性、适用性及实用性”具体指设计标准应满足适用的法律、法规和强制性标准的要求；服务设计标准应满足顾客的需求、服务的功能和特性要求；

在设计标准中对重要质量特性应作出明确而适当的规定，保证服务实现得到有效的控制。另外，服务标准化工作机制不是一成不变的，其需要根据机构在实际过程中的具体运行情况，认真找寻发展中存在的问题，并积极借鉴其他养老机构的已有经验和教训，从而不断修正和完善，使之越来越好，越来越适合。

第三，服务标准化的制定要努力做到标准化的同时体现个性化。标准化的最大挑战就在于实现标准化管理的同时体现个性化的人文关怀，在追求个性化的同时必须保持标准化的一致性。养老机构在制定服务质量标准时，应该考虑标准的考核对象特点，坚持标准高低适度性要对现实有指导意义。

第四，服务标准的制定要保证透明、简单、公开和共同参与。服务标准烦琐、不透明严重影响标准的具体执行，导致其成为一纸空文，因此，具体标准的制定一定要保证养老机构管理人员、护理人员、老年人及其照顾者等社会相关利益者的共同参与，保证利益的共享和责任共担，进而保证最终标准体系的顺利实施。

第二节　建立服务质量标准化的执行机制

养老机构在制定其独具特色的服务质量标准化体系后，要建立和完善相应的具体的执行机制，具体落实到执行部门和执行责任人。

（一）实行全员培训，把标准量化为员工的工作指南

养老机构制定标准体系后，为保证标准体系的真正有效落实，要对机构所有相关员工开展一系列培训。培训类别应当包括集中培训和后期持续性培训；培训形式可以考虑理论讲课形式、实践操作形式、互动交流和小组讨论形式；等等。

（二）建立和健全奖惩机制，严格标准化的实施

养老机构要保证不相容岗位的分离及问责机制的落实，切实区分哪些岗位是不相容的，对各个岗位的职责权限应当明确化、具体化，并以岗位说明书、权限指引等呈现，使每个在岗人员清楚地意识到自身在内控体系中的位置和职责，真正做到有责必究，有功必奖。另外，养老机构可以考虑多种形式的奖惩方式，货币性与非货币性相结合。

参照如下股权激励制度：

第一，对不是前五位股东的人员出任部经理（职业经理人）每年根据业绩奖励4万股（前三年自己必须配套投入6万元）。

第二，副总经理、财务总监、护理总监、行政总监参照总经理标准70%执行。

第三，部门经理每年奖励5万股，自己配套出资2.5万元，实得股份7.5万股；部门副经理、工程师和有硕士学位以上的技术和管理骨干等，按部门经理的60%实施。

第四，主管及员工，含各类技术和管理骨干，每年奖励3万股，并配套出资1.5万元，按实得股份4.5万股分红。

以上方案经讨论并经股东大会同意后，由管理班子实施。

（三）建立严格的考核督查制度，及时掌握标准执行情况

除完善的问责制和奖惩制度，养老机构为杜绝标准执行偏差的出现，应当及时制定标准执行情况的考核督查制度，并设立专门的督查考核部门和督查考核岗位，专门人员进行不定时、不定期、不定内容的抽查，同时及时做到公开和透明，鼓励机构外社会人员，如社区人员、老年人的共同监督。

第三节　养老服务质量标准化建设内容

现代化社会管理都十分重视标准化管理，养老服务机构的标准化管理建设的准则正在进行。我们要参照服务行业的基本标准进行管理。

一、综合管理标准

（一）方针目标管理

方针目标管理，在日本叫方针管理，在美国等西方国家叫目标管理，我国在学习引进的过程中，称为方针目标管理。方针目标管理是使整个组织的人员的活动协调一致，以便使组织能够达到关键目标，并对环境作出快速反应的一种系统的管理方法，它为全员参与实现组织目标、实施全面质量管理提供了一种非常有效的路径。养老机构为建设服务质量标准体系，需做好方针目标管理，即要保证养老机构中上级和下级一起协商，根据机构“一切为了老人”的使命，确定一定时期内机构服务发展的总目标，并由此决定上下级的责任和分目标，把这些目标作为组织评估和奖励每个机构部门和机构员工贡献的标准。

方针目标管理按照 PDCA（即 Plan，计划；Do，执行；Check，检查和 Adjust，纠正。PDCA 循环就是按照这样的顺序进行质量管理，并且循环不止地进行下去的科学程序）循环开展，包括方针目标的制订、实施、检查纠正措施和方针评审四个环节。养老机构实施方针目标管理的基本过程可以考虑以下几点：

（1）养老机构所有利益相关者根据机构的外部环境，如国家政策、社区资源，及自身的经营理念和实际经营绩效制订计划，确定一系列目标。

（2）将机构的方针目标层层分解、展开，与有关部门讨论决定各层次的目标和对策。

（3）由各部门制订实施计划和预案，落实各有关人员的职责，系统地落实。

（4）通过定期评审，发现实际经营绩效与方针目标的差距，及时制定对策，以保证机构经营目标的实现。

（二）合同管理

养老机构建设服务质量标准化需要做好合同管理，规范合同的评审、签署、履约跟进、归档管理工作程序，确保养老机构利益、信誉得到保障。具体而言，需要做到

以下几点：

（1）规范合同格式，确认格式等效性。养老机构根据服务涉及的不同内容，要设计统一、标准化的合同格式，确保合同适用的相等效用，适用的普遍性。

（2）明确合同授权或委托权限。养老机构的内部合同管理制度要明确合同的授权审批和签署权限，妥善保管和使用合同专用章，严禁未经授权擅自以单位名义对外签订合同，严禁违规签订担保、投资和借贷合同。单位应当对合同实施归口管理，建立财会部门与合同归口管理部门的沟通协调机制，实现合同管理与预算管理、收支管理相结合。

（3）合同管理内容要保证合同依据的合法性。养老机构合同管理制度的制定要严格依据国家对合同的有关法律规定，保证合同依据的科学性、合法性，只有这样，才可以真正起到法律的约束和权威作用。

二、服务管理标准

服务标准应当包括三项内容，即标准的服务内容、标准的服务流程和标准的服务评价。这些服务标准的制定应当突出以下三个特点：一是非常细致，便于量化和进行操作；二是考虑老年人体验，增加老年人对养老机构服务的真心评价，从而有助于养老机构进行不断修正；三是充分体现人性化。养老机构要充分考虑老年人的人性化需求，做到标准化与个性化的统一。

（一）养老机构的服务管理标准内容

（1）制定服务规范。例如，微笑服务规范可以这样考虑：养老机构服务人员要充分尊重老年人，发自内心地微笑，必须学会分解和淡化自己的烦恼与不快，时时刻刻保持一种轻松的情绪，把欢乐传递给老年人，理解老年人的动作缓慢、情绪的偶尔激动，等等。护理服务规范应当包括：护理服务人员护理技能必须专业，护理知识必须达标，当护理老年人时，要保证老年人接受护理服务的舒适性，取得老年人对所提供服务的理解。

（2）制定服务应达到的水平和要求。养老机构应当结合服务项目的特点，规定定量和定性质量指标要求，例如，服务的功能性、经济性、安全性、舒适性、时间性和文明性。针对服务的经济性、安全性等要求，养老机构要进一步讨论，制定出具体的经济性、安全性的量化指标，具体进行概念化分解，以便于真正的有效衡量和落实。

（3）制定服务提供规范的环节要求。服务提供规范，即为提供服务过程制定的工作标准或操作标准，也就是“如何提供该项服务”的方法和步骤。养老机构员工在清楚地了解了服务规范后，进一步理解服务提供过程中的各个环节的服务要求，可以明白自身工作的职责，更好地遵守服务规范，从而提高服务质量。例如，规定养老服务提供过程所要求的各项设备、设施、器材、人员等资源的如何管理、使用、调配等；编制服务程序，确定各类服务过程中的接口，不应留有空白或空缺，保证每个服务提供环节的连续性，保证老年人享受服务的持续性，不会无缘无故地出现断层而导致老年人病情延误等。

（二）服务提供规范的基本要求

（1）清楚地规定提供服务的过程。

（2）清楚地规定必需的工作阶段和每个工作阶段中的活动。

（3）清楚地规定各个工作阶段的接口。

（4）清楚地规定各个工作阶段的责任。

（5）准确地规定各个工作阶段的各项服务提供特性。

（6）针对每一项服务提供特性规定相应的验收标准。

（7）所规定的验收标准应能够评价服务提供特性的基本特征。

（8）所规定的验收标准应可采用相应的方法做可重复的评价和记录。

（9）规定实施服务规范所需的设备、设施的类型和数量。

（10）规定对人员的技能和配置要求。

（三）制定服务质量控制规范

服务质量控制规范是指养老机构在提供服务过程中，对反映、满足老年人需求的全部特性，采用一定的手段和方法去评价、改进、完善服务的标准或要求，也就是怎样去控制服务的全过程，怎样去控制各阶段的质量。养老机构可借助服务质量环工具，该工具普遍适用于各服务行业，是对服务运作过程的高度抽象和概括，反映了服务质量管理体系运行的最基本规律，可以为养老机构服务质量管理体系的建设和运作要素的确定提供规划和指导建议。具体的服务质量控制规范应当包括如下几点：

（1）识别并分析对服务质量有重要影响的关键过程，并加以控制。

（2）规定过程的评价方法及建立控制手段。

（3）对不合格项的管理的原因分析、识别、记录、评审和处置等控制办法以及纠正措施标准。

（4）制定预防措施标准，以消除潜在的不合格的原因，防止不合格的发生。

（5）服务质量出现争议的处置方法。

（6）服务满意度的调查。

三、危机与风险控制管理标准

危机与风险控制就是通过对危机或风险的规划和对项目全过程的控制，保证危机或风险管理能达到预期的目标。风险控制是服务项目实施过程的一个重要工作，其目的是核对风险管理的策略和实施的实际效果是否与预期相同，同时获取反馈信息，改善风险计划和管理。

（一）对提供服务全过程中可能发生的问题进行管控

养老机构应当对提供服务全过程中可能发生的所有问题进行管理和控制，并以预防控制为主，事后控制为辅，根据不同的风险等级，选择最优的预防控制措施、事后控制措施及应急控制措施，建立分层次、分专业类别、持续改进的动态风险控制体系。其应当包括以下几点：

（1）加强对事故与突发事件的管理。制订养老机构危机与风险管理规划，制定安全风险重点项目的管理标准、维修规程、技术条件和管理办法等，掌控、监督养老机构各个服务系统（医疗、生活、文化娱乐等）安全风险管理规划和执行情况。例如，院内感染控制、各种事故的防范、突发事件的处理；日常服务过程监控、安全管理。

（2）加强培训。培训内容应当包括传染病的预防教育、院内感染控制培训、各类安全教育和各种技术操作培训。培训应当以提高员工安全意识和风险防范能力为目标，防控养老机构各类服务纠纷及医疗责任事故。

（3）从养老机构最高管理层到最基层进行逐层风险控制。不同的管理层次具有不同的管理内容、管理模式。养老机构各部门服务内容、管理层次不同，所承担的服务任务不同，安全责任不同，在养老机构服务安全运营中发挥的作用也不相同。因此，各个管理层次所需要控制的安全风险类型和程度也不一样，需要分别制定风险控制措施，建立完善的分级安全风险控制体系，必须坚持“逐级负责、专业负责、分工负责、岗位负责”的原则。

（二）明确检查制度，规定危机管理措施

在危机与风险管理方面，养老机构要制定明确的检查和督查制度，给出具体的危机管理措施。检查制度应当包括以下几方面内容：

（1）明确检查范围。检查范围应当包括院内感染控制环节、各种事故的防范、突发事件的处理、日常服务过程监控、安全管理、人员培训、设施设备、安全防护等方面，定期开展危机防范检查活动，对可能引发危机的因素和表象进行排查、分析，及时采取相应的预防和整改措施，将危机“扼杀”在“萌芽”中。

（2）编制各类危机与风险控制的工作预案和处理程序。当养老机构出现危机或风险时，高层管理人员应该具有快速直接调用相关专业人员的权力和能力，按照已有的危机处理程序，快速组建成一个高效的危机管理团队，高效解决危机。另外，危机现场人员也应当快速利用危机处理预案，及时解决危机，以避免风险或危机的进一步恶化。

（3）通过风险评估、服务过程控制，采取预防和纠正措施并获得改进。风险评估是指在事件发生之前或之后，但还没有结束该事件给人们的生活、生命、财产等各个方面造成的影响和损失的可能性进行评估的工作。换句话说，风险评估就是测评某一事件或事物带来的影响或损失的可能程度。该工作是一种全面的多因素的综合评估，为保证这一点，在风险辨识时要尽可能地找出所有重大危险源及可能发生的事故，尽量避免出现遗漏。同时，对单一具体的风险，养老机构要尝试采用不同的评估方法，使方法与所评估的风险相适应，尽量减少由于评估方法的不适应所造成的风险遗漏。通过科学的风险评估，对养老机构服务过程和运营过程中的风险进行及时评估和控制，不断进行修正和完善，修正改革方案再整体实施，这样先期自下而上的需求诱导性加上后期的突进式实施组合模式，可以极大地降低事先事后两类交易成本，最终减少风险。

四、职业安全管理标准

养老机构的职业安全指如何解决在为老人护理和服务的过程中，护理和服务人员

的安全与健康问题。养老机构员工在劳动过程中存在种种不安全因素，所以非常有必要进行职业安全管理。

具体来说，劳动过程中的不安全因素主要分为人的因素、生产环境因素和工作本身的管理因素等几个方面。人的因素主要是指由于人的态度因素忽视工作安全，违反工作安全条例，专业技术缺乏造成的操作失误、指挥失误，身体或生理机能障碍引起的违章犯规等构成的不安全因素。生产环境因素是指由于气象和物理原因，造成与产生环境变化的不安全因素，例如照明、作业混乱、环境的湿度和温度。工作本身的管理因素，如工作本身的行业和性质决定的危险性、劳动组织不合理、安全教育不完善。

养老机构制定的职业安全管理标准应当包括5个方面。

（一）对运动性损伤情况定期进行统计分析

针对养老机构发生的运动性损伤事件，相关负责人员要做好定期的统计工作，分析发生的频率、原因，努力改善以减少此类事件的发生。

（二）发放劳动防护用具，采取预防和纠正措施

根据国家劳动法律的规定，劳动者在从事具备危险因素的劳动时需要个人防护用品的保护。尽管养老机构从业人员不属于危险性的工种，但为更好地保护劳动者的身心健康，需要使用必要的个人防护用品。例如防护手套、一次性用具、消毒用品等。

（三）开展职业安全培训，提高员工职业安全防范技能

多数意外事故是由于员工不遵守操作规程、粗心大意、工作不专心、精神不集中而造成，为最大限度地减少此类人为事故，保证安全，养老机构应当以集中、定期的形式开展理论与实践相结合的职业安全培训，使养老机构的安全防范知识和事故急救知识烂熟于心，职业安全防范技能熟练运用。

（四）积极探求职业禁忌病的诊断、调离、治疗方法

养老机构要做好职业禁忌病的预防，及时诊断和调离、治疗。例如，在员工年度身体健康检查中，如果发现肝功能传染性疾病，必须调离餐饮制作或餐饮服务岗位；如确诊为患有精神疾病的员工应离岗，防止伤害性事件的发生。

（五）做好职业健康指导和预防

（1）医务部根据季节变化适时指导员工做好个人卫生、防暑降温、防寒保暖、疾病预防、传染病预防等，增进员工身体健康。

（2）加强心理健康知识宣传，引导员工培养健全人格。

（3）重视员工和老年人健康，发现餐饮员患有职业禁忌病应及时向院领导报告，并调整其工作岗位。职能或业务部门应以国家或主管部门公布的法律法规和安全标准为依据，制定生产与技术安全措施，杜绝员工的伤亡或中毒等事故发生。

五、环境管理标准

养老机构制定环境管理标准应当考虑以下几个方面：

（1）制定废弃物处理及污染管理措施。依据有关国家和地方标准以及行业的要求，

对可能对环境造成危害的废弃物处理以及污染，制定必要的管理措施。

（2）将环境保护纳入养老服务机构日常管理，制定环境管理相关指标，进行量化和操作化处理。

（3）提高员工环境保护的意识，发动员工积极参与环境保护工作。建立环境管理责任制和奖惩机制，充分调动员工参与机构环境保护的积极性，不断提高自身投入环境保护的意识和加强环境管理知识、能力的学习，并成立宣传小组，做到“一传十，十传百”的普及效果。

（4）建立养老机构的环境管理体系，包括为制定、实施、实现、评审和保持环境方针所需的组织机构、计划活动、职责、惯例、程序、过程和资源。

（5）推行环境评审或审核，以评定自身的环境行为。客观地获取审核证据并予以评价，以判断组织的环境管理体系是否符合所规定的环境管理体系审核准则，判断自身行为对环境的影响，并将这一过程的结果呈报管理者，及时做出修正和完善。

六、设施设备管理标准

养老机构的设施设备管理是机构做好各项服务工作的重要保障，特别是在目前养老机构意外事故频发之际，加强养老机构设施设备管理显得尤为重要。通过设施设备购置、验收、储存、保管、使用、养护、维修等各环节的质量管理，减低消耗，降低服务成本，提高设备利用率和使用寿命。

（一）设备购置管理

养老机构的设备种类应当包括：

（1）日常设施设备，例如老人居室、洗浴、娱乐活动、身体恢复锻炼设备等。

（2）护理类设施设备，例如轮椅、坐便椅、拐杖、助行器、护理床、防治压疮气垫、免蹲洗臀凳、卧式洗头盆、卧式大便器、各式接尿器等。

（3）医疗类设施设备，例如中心吸氧及供氧系统、医用数据处理设备、医用录像摄影设备等。

养老机构设施设备购置管理应当包括购置计划、购置批准。首先，养老机构的设施设备要根据需求购置，要制订购置计划。医护设备的申购计划要遵循机构急需、财力允许、人才匹配的原则。机构急需是申购医护设备的前提，申购医护设备时要充分明确疗养院选择设备的必要性、迫切性及合理性；考虑日常医疗工作的实际、科研和发展方向的需要，以及上级部门制定的标准化管理的需要。设备的使用率、先进性、可靠性和灵活性是检验设备是否需要的量化指标。其次，设施设备的购置由使用部门申请，大型贵重医务设备应提交可行性论证方案并召开专家论证会。万元以下的小型设备或低值易耗品和消耗品等，经院长审核批准后按采购要求采购；万元以上的设备采购，必须经由院长办公会集体讨论并经院长签字后，按照大额资金使用规定和招标采购程序办理。

对于水、电、暖等依靠外部供给的，也可通过签订服务外包合同，建立良好的供方关系，确保机构功能正常运作。养老机构在确定外包范围后，接着就是要进行外包商的选择，根据组织所需能力来初步确定外包商的选择范围，了解潜在合作组织的基本情况与外包合作意向，并进行能力与资源的互补性测试。外包商选定后，下一步就是签订外包合同。正规的外包合同的要点信息应包括：明确协议各方、协议期限、范围、例外、限制，定期审查与解决争端的程序，根据新思路、技术进步和业务变化变更合同。

（二）设备验收安装管理

设施设备购置以后，必须有相应的验收、安装、使用管理制度，保证设施设备能合理、安全使用。管理人员应保证严格实行责任管理制度，让员工按照基本职责认真开展工作，要熟练掌握并运用相关的技术知识，在工作中要责、权、利明确，并通过考核奖惩制度提高员工工作的积极性。

后勤设施设备科要做好设备采购、验收、日常登记、编号、标志管理等工作。

（1）后勤设施设备采购科及医疗协助人员等要做好相关设备的验收、审批工作，保证设施设备采购过程的正确性。例如，设施设备要开箱检查是否合格，相关图样是否符合要求，产品的标准是否合格，合格证的存档，等等。

（2）日常维修工等人员要做好设施设备的安装，以保证设施设备的正常使用。

（3）大型精密仪器或特殊设备使用前应组织保管使用人进行管理与操作使用的专业技术培训，并建立设备技术档案。使用者必须熟练掌握设备的构造、性能、用途、工作原理、各种参数技术、操作规程和使用维护方法。

（三）维修保养管理

养老机构设施设备维修是指设施设备的维护及修理，是对设施设备的物质磨损进行补偿，主要包括维护保养、检查和修理三方面。设施设备维修重在预防性保养，及时维护、保养可以减缓设施设备老化的速度，及时发现设备的故障，避免发生突发性故障，使设备具有最佳的运行效果，延长设施设备的使用年限。设备维修保养管理应当包括以下几点：

（1）物业管理部门对各类设施设备分类建立设备管理档案，并通过设施设备管理档案掌握各类设备的维修基本技术参数，做好相关维修记录，使其发挥最大效益。

（2）设备的保管和日常维护实行分级负责制，一般设备由使用部门明确专人负责，原则上谁使用谁负责，做好设施设备日常运行、检查、停用的管理。例如，对锅炉、压力容器、电梯等特殊设备严格实行强检；按周期定期检查计量器具；等等。

（3）设施设备使用中，操作人员要严格遵守仪器技术标准和操作规程，仪器或设备运转中不得擅自离开，发现运转异常或者发生意外故障时，应立即停止使用并立即向物业管理部和医务部报告，以便及时通知厂家查清原因和排除故障，待故障排除后方可继续使用。

（4）设施设备使用人应爱护设备，定期做好日常维护工作，使设备经常处于良好状态，每次保养、检查、维修后应做好文字记录并存档。因维护保养不到位造成早期损坏以及发生经济损失的，按规定给予使用部门或使用人相应处罚并要求赔偿。未经允许，不得自行拆卸或维修设备。

（5）设施设备都必须建立使用、操作和常规保养规程。使用部门应当结合本院的实际和设备特点，依据相关设备的说明书对所有设备编写操作规程，并将操作规程作为本院重要文件，纳入本院设施设备技术标准。设施设备还必须建立使用台账，及时记录设备使用率、运行状态、故障情况和修复情况等。

（6）设施设备使用人员应严格按照规程使用和操作，违反操作规程或人为造成设施设备损坏，物业管理部应查明设备损坏的原因并向院领导报告。在申请设备维修的同时，填写《设备损坏报告单》报送院领导，按照院赔偿规定给予处罚。

知识拓展

2017 年 3 月的全国养老院服务质量建设专项行动提出要重点“加快养老院服务质量标准化和认证建设”。养老服务标准化是什么？标准化是打扫老人房间时的 4 块彩色抹布，绿色擦桌子，粉色擦电视，蓝色擦洗漱台和镜子，紫色擦马桶；标准化是为老人清洁口腔时的 14 根棉签，双唇、牙缝、咬合面、上颌等，每清洁一处就要换一根；标准化是为老人送药时随身携带的明细表，谁发药、谁接药、谁用药，“双签字”制度保障用药安全；标准化是在早已知道多少热水兑多少凉白开水可以达到合适水温的情况下，坚持用温度计确认给老人喝的水是否符合 38 ~40 摄氏度的饮用标准。

案例点评

简介：2005 年，为了还首都一片蓝天，同时考虑到城市功能布局及企业可持续发展，首钢离开了扎根 80 多年的北京，在河北曹妃甸的处女地上，开始了创优、创业的崭新生活。到 2010 年，原有的首钢涉钢系统全部在北京西部停产。留下的，不仅仅是闲置的厂房，更是一个立足转型发展、将城市综合服务业与钢铁业并重的新首钢。

北京市石景山区老年福敬老院，便是首钢利用国有闲置资产参与城市综合服务、贯彻落实供给侧结构性改革“三去一降一补”的一次尝试。而事实也证明，经过多年实践，注重安全管理标准化、服务质量不断提升的敬老院已然成为首钢参与养老服务的样板，呈现出“星星之火可以燎原”的态势。

点评：经验主要有以下两点：

第一，面临闲置资产手续不全的问题，“一事一议”推进消防审批。老年福敬老院前身是首钢职工家属院内的一家幼儿园，20 世纪 90 年代末期随着幼儿入托率的下降，园所设施逐渐闲置。如何利用闲置资源、安置富余人员成为彼时亟待解决的问题。敬老院便顺应着职工呼声被推到了舞台的中央。

第二，利用国企资源和文化，严把安全标准，谨防风险隐患。

依靠首钢庞大而丰富的资源，老年福敬老院有着得天独厚的优势，特别是在安全管理标准化方面。“仅就食品安全而言，院内就有一整套标准化流程规范。”

第九章　安全保证和预防事故管理

安全是人类生产和生活中的必然要求，所有社会生活的参与者都必须重视安全，尤其是老年人前半生饱经风霜，在安度晚年的过程中安全是第一位的。

第一节　养老机构安全风险防范应急处置管理

老年人由于社会生活能力逐步减退，容易出现各种意外的风险，因此，应急处置老年人的风险特别重要。

一、安全风险防范是重点

养老机构是老年人长期居住的生活场所，也是服务安全问题集中多发的场所。随着高龄化趋势的不断扩大，高龄所带来的老年人失能问题，给养老机构的服务与管理带来新的更大的挑战。因此，完善安全管理机制、制定安全防范制度、保持环境和设施的安全，是养老机构安全风险防范管理工作的重点。

二、安全风险防范的基本原则

“防患于未然”，是养老机构安全风险防范的基本原则。养老机构服务对象的特殊性，给服务与管理工作提出了特殊的要求，因此，安全方案制度的制定与强有力的实施、设施设备系统的安全运行，都是养老机构正常运营的基础和保障。坚持“防患于未然”的原则，在安全问题出现之前就及时发现和加以解决，相比事故发生后赔偿修复耗费的人力、财力、物力及损失影响，有着防微杜渐、事半功倍的效果。因此要持之以恒地重视和加强日常安全风险防范。

三、安全风险防范的基础

养老机构安全风险防范的基础：一是完善的制度建设。只有建立健全各项规章制度，使所有服务与管理工作都有章可循，使所有可能出现的安全风险都有预案可防，才能从源头上消除出现的隐患。二是扎实的落实机制。再好的规章制度，如果不付诸实施，不落到实处，也可能变成一纸空文。因此，在不断完善规章制度建设的同时，必须把狠抓落实、提高执行力作为养老机构安全风险防范工作的基础，坚持“两手抓、两手硬”，落实安全管理的措施和程序，注重安全管理的效果，使养老机构的安全工作得到进一步的保障。

第二节　建立健全各项安全管理制度

在现代化社会条件下，法律和基本规章制度是人们社会行为规则的重要基础。养老机构更需要加强规章制度建设。

一、制定规章制度的基本原则

（一）服务性原则

养老机构属于老年福利事业的社会服务组织，肩负着为老年人服务的社会使命。养老机构的这种社会属性决定了它必须贯彻党和国家有关老年社会福利事业发展的方针政策，遵守政府法令、行业法规，坚持“一切以老年人为中心”的服务宗旨。因此，服务性是制定养老机构规章制度的出发点和落脚点。

（二）目的性原则

制定规章制度的目的是实现养老机构工作程序的规范化、岗位责任的制度化、管理方法的科学化。因此，规章制度的制定必须以有关法律、规章、政策为依据，为养老机构领导、员工的工作和活动提供可以遵循的依据。

（三）标准化原则

规章制度不仅包括养老机构的部门职能、岗位职责和工作制度，还包括服务标准、操作规程、工作流程，以及考核标准等。当然，制度的语言、格式也要有一定的标准。因此，规章制度对相关人员是什么、做什么、怎样做都有提示和指导，同时也明确规定相关人员违章后的处罚措施，以促进养老机构各项工作协调一致，从而全面提高服务水平。

（四）可操作性原则

规章制度必须具有可操作性，否则再好的制度也不能发挥其应有的作用。因此，规章制度的条款必须责任明确、任务具体、条例清晰、描述准确、通俗易懂，使人一目了然，易于操作；反之，若模棱两可、含糊不清、过于烦琐，就会使人无从下手，失去规章制度应有的作用。

（五）稳定性原则

规章制度是现实工作客观规律的反映。任何一项规章制度的实施都需要有认识、熟悉、适应和掌握的过程，因此应保持相对的稳定性。如果朝令夕改、频繁更动，即使非常合理的规章制度，也会变得难以实施，甚至会造成管理上的混乱。当然，规章制度也不是一成不变的，应随着客观情况的变化进行调整、增减，经过实践证明不合理和不完善的条款应按规定程序修订完善。

二、制定规章制度的方法

（一）依据有关法规和上级政策文件制定

国家政策法规和行业规范是制定规章制度的指引，制定养老机构各项规章制度时，必须首先学习领会、熟悉掌握相关领域的政策法规。比如制定员工管理制度，需要领会《中华人民共和国劳动法》等相关劳动权益保障法规的精神；制定安全管理制度，应掌握《中华人民共和国消防安全法》《中华人民共和国食品卫生法》等相关法规。只有认真学习相关法规，才能使制定出来的规章制度具有科学性、实用性和可操作性。

（二）总结以往实践经验为基础

在经营与管理工作中，我们会经常对工作成效、做法、事故等经验和教训进行总结，因为这些对制定规章制度具有很好的参考作用，制定出的规章制度能够符合实际，而且操作性也较强。

（三）认真学习，充分听取员工意见

制定规章制度必须充分进行调研，广泛听取各方意见，包括主管、专家和员工的意见，这样制定的规章制度，总体会比较完善，更容易被员工理解和接受，执行和落实也比较顺利。

（四）借鉴参考同类机构的管理经验

“他山之石，可以攻玉。”要善于结合自身机构的实际情况，利用和吸收其他同类机构的管理经验，这样可以“取其精华，弃其糟粕”，节省时间、提高效率。

三、规章制度的分类

规章制度是有权部门制定的、以书面形式表达的，并以一定方式公示的、非针对个别事务的处理的规范总称。凡是机构内可能重复出现的工作或活动，都可以形成制度文件。养老机构目前主要涉及的规章制度类型和内容有以下几种。

（一）部门职能

部门职能的主要目的是明确各部门的分工与任务、应履行的职责、承担的责任和享受的权限等，以避免各部门工作互相推诿。部门职能应根据各机构部门设置情况而定，一般可以划分为行政部门职能、后勤部门职能以及业务管理部门职能。每个部门职能一般由部门名称、上级部门、下级部门、主要职责以及主要任务等构成。

1. 行政部门职能

行政部门主要包括办公室、人事部门、财务部门等。

（1）办公室职能。包括制定发布全院相关规章制度，协助院领导督促、检查各项制度的落实情况，牵头组织各种院务会、院长办公会议等各种会议，综合协调各部门、科室的工作，负责公文收发、起草、管理，负责全院工作动态的收集、审核及发布，负责机构网站的日常管理，负责政府领导和参观来宾的接待，做好来信来访、突发事件的协调处理等工作。

（2）人事部门职能。包括组织架构的设计、岗位描述、人力规划编制、考勤管理的工作，员工的招聘、调配、教育培训，员工年度考核、评级、奖惩，员工劳动工资及待遇统计与管理，员工人事档案的管理等工作。

（3）财务部门职能。包括机构财务、资金和资产管理，财务预算、成本核算、报账，入住老人收费及欠费的催缴等工作。

2. 业务管理部门职能

业务管理部门包括出入院管理部门、护理管理部门以及医务管理部门。

（1）出入院管理部门职能。主要负责来访老人和亲属的接待，为老人办理出入院手续，协调相关部门为初次入住老人进行护理等级评估，协助处理入住老人管理档案等工作。

（2）护理管理部门职能。主要负责老人的生活护理、康复护理、心理护理，护理人员的基础培训、工作考核，意外伤害事故的处理等工作。

（3）医务管理部门职能。主要负责提供与管理老人临床医疗保健服务，医务人员的培训与考评，药品的管理，医疗事故的处理及转诊的协调等工作。

3. 后勤部门职能

后勤部门职能包括全院设施设备维修与保养、物资采购与供应、食堂管理、园林绿化与保洁、安全卫生、车辆与消防管理等工作。

（二）岗位职责

制定岗位职责的目的是明确各岗位的员工应当承担的工作任务、履行的职责和上下级的关系，使每一位员工知道该做什么、不该做什么，应当达到什么标准或要求，该对谁负责和该承担什么样的责任。岗位职责一般由岗位名称、上下级、本职工作、工作职责等部分构成。养老机构主要岗位职责，一般包括管理、技术以及工勤这三大类。

1. 管理类岗位职责

主要根据各养老机构管理岗位设置情况而定，如院长、书记、副院长、工会主席、办公室主任、护理部主任、人事部主任、后勤部主管、班组等负责人的岗位职责。

2. 专业技术类岗位职责

如医生、护士、社工、财会以及其他专业技术职称系列岗位的职责。各专业技术职务可根据职称系列进一步分为高级、中级和初级专业技术职务岗位职责。

3. 工勤类岗位职责

如养老护理员、文印员、厨师、锅炉工、水电工、维修工、洗衣工、清洁工、绿化工和门卫等工勤类岗位职责。工勤类岗位也可根据职业资格等级进一步划分为高级、中级、初级和技师级岗位职责。

（三）工作制度

主要依据养老机构实际工作需要制定出相应的工作制度、管理与服务规范，明确具体的工作目标、工作任务、工作方法、工作内容、工作程序等内容。工作制度大致包括以下五类：

（1）行政类。包括会议制度、值班制度、查房制度、人事管理制度。

（2）业务类。包括老人入院与出院管理制度、服务质量管理制度、财务管理制度。

（3）后勤服务类。包括物品采购与管理制度、维修管理制度。

（4）技术操作类。包括护理规范制度、配餐规范制度、诊疗规范制度。

（5）考核评价类。包括考核制度、奖惩制度、评价机制。

第三节　制订安全风险防范各项预案

安全工作的主要措施之一，就是预防于未然，平时就要组织员工进行防范风险的演习，要制订各种风险防范预防方案。

一、医疗护理风险处理预案

（一）用药错误处理预案

（1）立即停止用药，静脉用药者保留静脉通路，改换其他液体和输液器。

（2）报告医生并遵医嘱给药。

（3）情况严重者就地抢救，必要时施行心肺复苏，口服者清除胃内容物。

（4）记录患者生命体征、一般情况和抢救过程。

（5）及时报告科主任、护士长、护理部。

（6）保留输液器和药物送检。

（7）患者家属有异议时，立即按有关程序对药物、输液器具进行封存。

（二）群体性皮肤病处理预案

若发现老年人3人以上患有同一种皮肤病，应即刻采取以下应急措施：

（1）立即通知医生前来诊断，确定病症、病因、传染性等。在病因不能确定之前要立即将老年人的衣物、床单、被褥及其他用品进行消毒和隔离，实行单人单洗，从而控制和观察病情的发展。

（2）确定病症后，如果属于传染性皮肤病，要在医生的指导下对发病老年人实行24小时观察护理。按时对被褥及衣物进行高温消毒和阳光曝晒，实行单人单洗、按时抹药、勤换衣物、房间通风、阳光沐浴、饮食忌口等。

（3）工作人员在为老年人护理时也应严格采取防范措施。不能直接与老年人患处皮肤接触。在整理老年人床单和衣物、洗澡、抹药时应戴好口罩和手套，防止在工作中发生交叉感染，扩大病菌感染率。

（4）老年人病情治愈并停止用药后，应继续观察2～3个月时间。并遵循医生的指导，忌口的食品不能提前食用，防止复发。

（5）老年人发病期间的护理情况应实行24小时详细跟踪记录。

（三）突发疾病处置应急预案

员工发现老年人发病后，应第一时间报告值班长，先确定是否签订临终关怀协议后再分级。

1. 一级疾病（急症）

（1）白天或正常工作时间，应立即通知医生进行现场诊断，在医生的建议下或现场急救；或立即与家属取得联系，进一步征求家属的意见，确认后拨打120送往医院。

（2）夜间或非正常工作时间，与家属取得联系并确认后应立即拨打120，同时将使用备用氧气机给老年人吸氧。

（3）派专人进行一对一的观察和护理，同时做好现场准备，以便随时可以将老年人接走或采取急救措施。

（4）做好记录，包括老年人姓名、时间、基本病情、接诊医生和医院，所通知的家属姓名、电话等。

2. 二级疾病（普通病症）

（1）发现老年人病情应及时通知值班长和院长，在医生的建议下确定是否与家属取得联系，再根据家属和医生的意见确定治疗方案。

（2）值班长应根据服务区域情况，确定专人及时观察护理老年人，定时喂药喂水、测体温等。

（3）要观察老年人的饮食情况，如有无特殊需求、饭量如何等。

（4）要做好详细观察记录和交接班记录，如发现异常或病情加重应及时报告。

该项预案的责任人为应急事故安全小组组长及组员（附名单）。

二、生活护理风险防范各项预案

（一）噎食风险处理预案

造成老年人噎食大致有两种原因：一是吞咽困难，二是喂食不当。为避免造成老年人噎食，应采取恰当的喂食方法。在老年人进餐或进食时，护理人员要保证老年人处于坐姿或侧卧（头偏向一侧）姿势，让老年人小口、细嚼慢咽，不说话，不食干、散食物。在实际操作中，护理人员应注意以下方面：

（1）如果身体条件允许，尽量坐姿进餐。如身体条件不允许，可在床上半坐位自主进食。完全卧床的老年人可根据身体状况选择侧卧位或平卧位。

（2）卧床老年人在喂饭或进食时，一定要特别注意将头部和上半身抬起，在肩下垫一个枕头，以免食物误入食管，发生呛咳。

（3）在给老年人喂饭或进食时，要确认老年人将食物咽下去之后再继续喂食，如果进食中发生呛噎，要喂水或休息片刻。

（4）一旦发现老年人噎食，要立即报告科主任、通知值班医生，并采取以下应急处置措施：

第一，让老年人咳嗽。如果无效，马上用一只手撑着老年人的肩，另一只手掌不断敲打老年人的后背。

第二，当老年人处于站位或坐位时，要给老年人的腹部施压。即从后面抱住老年人，在腹部的上部紧握手腕，瞬间勒紧老年人胸部两侧。

第三，老年人仰卧位时，让老年人张开嘴，用纱布等卷住一只手的食指抠出分泌物、异物。如果仍然无效，再把两手放在老年人胸部两侧的下方，用力给胸腔施压。

第四，老年人面向下时，同样把两手放在背部下方，用力给胸腔施压。

第五，如果以上办法都未能取出异物，要马上指派专人拨打“120”急救电话，将老年人送往医院抢救。

第六，要将急救过程做好记录备案。

（二）误吸风险处理预案

1. 防范措施

（1）加强巡视，做好住院老年人的卫生宣教工作。

（2）患有脑血管病，伴有吞咽困难、饮水呛咳的老年人予以留置鼻饲管。

（3）将呕吐的老年人的头部偏向一侧，防止误吸。

2. 应急处置

（1）当发现老年人发生误吸时，立即使老年人处于俯卧位、头低脚高，叩拍背部，尽可能使吸入物排出，同时通知医生。

（2）及时清理口腔内痰液、呕吐物等。

（3）检测生命体征和血氧饱和度，如出现严重思维意识障碍及呼吸频率深度异常，在采用简易呼吸机维持呼吸的同时，要紧急插管吸引或气管镜吸引。

（4）做好记录，必要时遵医嘱开放静脉通路，备好抢救仪器和物品。

（5）通知老年人家属，向家属交代病情。

（6）出现肺部感染应及时处理。

（三）坠床风险处理预案

1. 防范措施

（1）经常巡视房间，对情绪和活动异常的老年人要多观察，并做好交接班工作。若发现老年人发生坠床摔伤情况，应及时向科区领导报告，并采取相应的护理措施。

（2）对意识不清、躁动的老年人，可征得家属同意后使用防止坠床的辅助用具，如床挡、约束带等。

（3）使用约束带时，要垫棉垫或软布，松紧要适宜。

（4）随时观察约束部位的皮肤颜色，必要时给予局部按摩，以促进血液循环。约束带只可短时间使用，并且使肢体处于功能位置。常用的固定部位有手腕、脚踝、肩部、膝部等。

2. 应急处置

（1）发现老年人坠床摔伤应制动，立即通知医生。

（2）进行病情初步判断，及时进行紧急抢救，检查摔伤部位，判断可能发生的病症（肌肉挫伤、骨折等）。

（3）搬运摔伤老年人时，要视老年人摔伤的轻重程度采用不同的搬运方法。

（4）摔伤未造成骨折者，可搀扶或用轮椅运送老年人至床上休息。

（5）骨折者，应先用夹板固定骨折部位，再用轮椅或垫有木板的平车搬运老年人。

（6）及时通知家属，将老年人送至专科中心诊治。

（7）记录老年人坠床摔伤经过及抢救过程。

（8）及时报告主管领导。

（四）摔伤风险处理预案

1. 防范措施

（1）环境的安全：保持地面的清洁干燥，及时清理地面的杂物，家具靠墙摆放以方便老年人的活动，床、椅子高度适中，室内光线适宜，安装紧急呼叫系统。

（2）行走的安全：提示老年人行走时尽量不穿拖鞋、高跟鞋，靠墙边行走；上下楼梯及乘坐电梯时要握住扶手，必要时使用辅助工具。

（3）卫生间、浴室的安全：老年人洗澡时可用洗澡椅，在地面设有防滑垫；不使用浴室时要保持地面干燥；坐便器高度适中，卫生用品取用方便。

2. 应急处置

（1）发现老年人摔倒时应立即通知医生，先进行病情初步判断，再实施紧急抢救措施。

（2）让摔伤的老年人不要活动，立即检查摔伤部位，判断可能发生的病症（肌肉挫伤、骨折等）。

（3）搬运摔伤老年人时，要视老年人摔伤的轻重程度选择搬运的方式。

（4）摔伤未造成骨折者，可搀扶或用轮椅将老年人送至床上休息。

（5）骨折者，应先用夹板固定骨折部位，再用轮椅或垫有木板的平车搬运老年人。

（6）认真记录老年人摔倒的经过及抢救过程。

（7）及时通知家属，将老年人送至专科中心诊治。

（8）及时报告主管领导。

（五）老年人烫伤处置应急预案

1. 防范措施

（1）进食热食和热汤之前，要事先告知老年人，待温热再食用。

（2）饮用水和漱口水温度不超过 43 摄氏度；倾倒热水时，避开老年人。

（3）老年人洗浴时，待水温调节合适后再协助老年人沐浴。

（4）老年人使用暖水袋时，注意温度不宜过高，一般情况下以小于 50 摄氏度为宜；热水袋外要包裹一层毛巾，避免直接接触皮肤。

（5）水房应悬挂“小心烫伤”的标志。

2. 应急处置

（1）发现老年人烫伤，应及时通知医生，并根据烫伤诊疗常规进行处置。

（2）发生轻度、小面积烫伤：应立即将烫伤部位置于冷水中，不必做特殊处理。

（3）发生中度烫伤：（伤及真皮层，皮肤表面起水泡）注意水泡不要擦破；如水泡已破，可用冷开水冲洗，并在伤口上敷少量的烫伤药膏，再用无菌敷料覆盖伤口，并加压包扎固定。

（4）发生重度大面积烫伤：首先要除去已经贴在烫伤创面上的衣服，并用无菌敷料覆盖伤口，以保护创面。

（5）及时通知家属告知病情，伤情严重应及时转外院专科中心诊治。

（6）做好各种记录，及时报告主管领导。

（六）压疮处置应急预案

1. 防范措施

（1）要做到五勤：勤翻身、勤擦洗、勤按摩、勤整理、勤更换。

（2）对长期卧床老年人应鼓励并协助经常翻身、更换卧位，避免骨突部位受压；翻身通常两小时一次，必要时一小时一次；翻身时避免拖、拉、推，以免擦伤皮肤。

（3）保护骨隆突部位，必要时在受压部位垫棉垫、气圈或使用褥疮床垫。

（4）避免潮湿、摩擦及排泄物的刺激，保持床单的清洁、干燥、平整无皱褶，及时清扫床上碎屑；保持老年人皮肤清洁、干燥；对小便失禁、出汗较多的老年人，应及时擦洗皮肤，更换清洁的被服、衣物；避免老年人直接躺卧于橡胶单上，以免刺激皮肤。

（5）每两小时巡视检查卧床老年人的皮肤，经常用温水给老年人擦洗身体，按摩受压部位，以促进循环。

（6）增进营养饮食的摄入。

2. 应急处置

（1）发现褥疮时，应加强护理，及时通知医生，必要时通知主任及护士长，再通知家属告知病情。

（2）医护根据病情遵循诊疗常规及时进行处理。

（3）发生褥疮时，应按防范措施要求认真护理。

（4）做好各种记录。

（七）走失处置应急预案

1. 防范措施

（1）加强科区安全管理，经常巡视老年人房间。

（2）老年人要外出时需家属来院请假，做好登记后在家属陪伴下方可外出。

（3）了解老年人心理变化，对情绪和活动异常的老年人要多观察；主动与老年人沟通，满足其合理的要求，尽量避免其外出。

（4）及时发现潜在的出走倾向，稳定老年人的情绪，积极采取有效的防范措施，并及时报告上级领导。

（5）严格交接班，做好记录。

2. 应急处置

（1）首先要了解发现老年人不见前后的情况，如是否有人陪同外出。

（2）发动工作人员在院内寻找。

（3）若老年人确实不在院内，要及时通知老年人家属，确认老年人是否被家属接走；或请家属协同寻找，并立即上报主管领导。

（4）必要时通知当地公安机关协助寻找。

（八）老年人出现暴力行为处置预案

1. 防范措施

（1）勤巡视房间，对情绪和活动异常的老年人要多观察，并做好交接班，发现问题及时向上级领导报告。

（2）主动与老年人沟通，了解老年人的需求，满足其合理的要求。

（3）了解老年人的病情及心理动态，及时发现潜在的暴力行为倾向；稳定老年人的情绪，积极采取有效的防范措施并及时报告上级领导，做好记录。

2. 应急处置

（1）如遇老年人发生暴力行为，在场工作人员应尽力及早制止，及时上报相关领导，追查原因及诱因，视情节采取相应的防范措施，例如单间隔离、专人看护或适当约束等。

（2）通知医生诊治，遵医嘱用药；或根据具体情况通知家属，要求转院或出院。

（3）自伤或伤及他人身体及性命、毁坏公物、攻击性行为突出、造成严重后果的，要及时向公安机关报案；注意保护现场，协助公安机关处理。

三、环境设施风险处理预案

（一）食品安全风险处置预案

餐饮部各班严格建立食品安全员报告制度，若发生疑似食物中毒症状，要及时通知部门主任、值班医生、分管院长，工作人员要在院长的统一指挥部署下，按应急预案进行处置。

（1）立即停止使用中毒食品，由医生立即给患者治疗，包括急救（如催吐、洗胃、洗肠）、对症治疗和特殊治疗。

（2）保护现场，封存造成食物中毒或者可能导致食物中毒的食品及其原料。

（3）为控制食物中毒事故扩散，责令饮食从业人员收回已售出的造成食物中毒的或者可能导致食物中毒的食品。

（4）经检验属于被污染食品，予以销毁或监督销毁，并对中毒场所采取相应的消毒处理。

（5）封存被污染的食品及用具，并进行清洗消毒。

（6）对于微生物性食品中毒，要彻底清洁、消毒接触过中毒食物的餐具、容器、用具以及储存食品的冰箱、设备，加工人员的手也要进行消毒处理。

（7）对于化学性食物中毒，要用热碱水彻底清洁接触中毒食品或可能接触的容器、餐具、用具等，并对剩余的可疑食品彻底清理，杜绝中毒隐患。

（8）一旦发生食物中毒事故或事件，由专人负责及时向疾控中心和上级有关部门报告（报告内容包括单位、地址、时间、中毒人数、可疑食物等）。

（二）消防安全风险处置预案

1. 疏散措施

（1）发现某部位起火或冒浓烟时，第一发现人要边扑救边呼叫，其他人员听到呼叫要立即报警；在向119报警的同时，要及时向院领导、值班管理员等报告。

（2）在向119报警时要讲清本院地址、起火部位、燃烧物资、报警人姓名，并派人在路口接应和引导消防车。

（3）当事人应向火灾扑救指挥组成员报告起火部位的人员和存放物资的情况，特别要讲清火场中有无易燃易爆物品。

（4）护理及工作人员应该正确引导撤离老年人奔向疏散通道，其余人员按照既定位置，统一使用灭火器灭火，并进行伤员抢救等工作。

（5）为更好地应付紧急情况，护理及工作人员必须一切听从现场指挥部的指挥。

（6）火场中燃烧的物资中如有有毒气体，进入火场人员必须采取防毒措施，如用湿布块捂住口鼻，以防中毒。

2. 疏散中的注意事项

（1）在火场疏散中首先要重视对卧床老年人的援救，部门负责人要及时清点人数，劝导火灾现场的围观人群及时离开火场。

（2）发生火灾后要及时开启消防通道，用于疏散人员和物资。通道被烟雾封阻时，疏散人员应及时给被困者传递毛巾、湿布条等物品，供给他们捂口鼻，并招呼大家匍匐退出火场。

（3）凡是有毒物品或遇撞击、受热容易引起爆炸的物品，应远离火场，并派专人看管。

（4）灭火结束后保护现场，以便查清事故原因。

（三）用电风险处置预案

1. 应急措施

（1）发现人员触电时，应迅速采取措施使触电者脱离电源并迅速切断电源，未切断电源前，可用干竹竿、干木棒、木椅（凳）等绝缘器具使触电者脱离电源，不可赤手直接与触电者的身体接触。

（2）派专人看护现场，立即拨打120急救，并及时通知院医护人员到现场进行临时急救。

（3）通知相关部门、院领导及水电组人员到场处置。

（4）疏散围观人员，保证现场空气流通，避免再次发生触电事故。

2. 临时急救方法

（1）触电者未失去知觉时，应安放在空气流通处安静休息。

（2）触电者已失去知觉，但呼吸及脉搏均未停止时，应安放在平坦通风处所，解开衣裤，使其呼吸不受阻碍，同时用毛巾摩擦全身，使之发热。

（3）触电者失去知觉、呼吸困难时，应立即进行人工呼吸，切不可向触电者注射强心剂或泼冷水。

（4）触电者呼吸及心脏跳动均已停止时，可能是假死，救护人员要坚持先救后搬的原则，应即刻进行人工呼吸或对心脏进行挤压救护，直到经医生诊断确已死亡为止。

（5）人工呼吸用口对口吹气效果较好。急救时，应尽量使触电者的头部后仰、鼻孔朝天，使舌根不阻塞气流，便于吹气急救。

3. 应急要点

（1）一旦发现有人触电，应立即拉下电源开关或拔掉电源插头，若无法及时找到电源开关或断开电源时，可用干燥的竹竿、木棒等绝缘物挑开电线，使触电者迅速脱离电源。切勿用潮湿的工具或金属物质拨电线，切勿用手触及带电者，切勿用潮湿的物件搬动触电者。

（2）将脱离电源的触电者迅速移至通风干燥处仰卧，将其上衣和裤带放松，观察触电者有无呼吸、颈动脉有无搏动。

（3）若触电者呼吸及心跳均停止时，应在做人工呼吸的同时实施心肺复苏抢救，并及时拨打120电话呼叫救护车送医院，途中绝对不能停止施救。

（四）用气风险处置预案

（1）厨房的燃气安全工作实行厨师长负责制。厨师长应每半月对燃气管道及燃气设备进行安全检查，杜绝因设施及设备的损坏、带故障运行造成的安全隐患，发现损坏、锈蚀应立即采取抢修和临时有效防护措施，并及时上报院长直至隐患消除。

（2）厨房应设立专职燃气操作人员和安全员（由厨师长兼职），操作人员上岗前应由部门对其进行燃气安全操作培训，做到“二知三会”。一知燃气安全使用规定，二知燃气具构造；一会燃气安全操作使用，二会保养维修燃气具，三会发现隐患并处理意外险情。

（3）厨房必须设有当班安全员，负责燃气的当日监管工作。

（4）燃气设备必须由专职操作人员使用，任何与燃气操作无关或与其工作无关的人员，不得操作燃气具。

（5）任何部门和个人，不得对燃气管道、阀门、开关、计量表、灶具私自拆改，如有需要，必须按程序报工程部进行改造。

（6）使用燃气设备必须严格按照操作程序进行，特别是点火程序，应按先点火后开气的顺序操作。应每日清洗燃气具，每周清洗燃气排烟道，避免因排烟道积油、积污过多而引起火灾事故。

（7）燃气操作间必须保持良好的通风，发现燃气外泄时，要采取应急措施，开窗、开排风扇、加大通风量，严禁吸烟、开灯、动火。

（8）每日班前、班后安全员要对燃气操作间进行安全检查、交接，确保每日下班前关闭燃气总阀门，并保留一月的文字交接记录。

(9) 对安全部门配置于燃气使用区域内的消防器材需妥善保管、安全检查，不得挪用。

（五）防汛安全风险处置预案

(1) 实行院长负责制，成立以院长为“第一负责人”的防汛工作领导小组，从人力、物力、财力上做好先期保障工作。

(2) 周密部署，精心安排，落实责任和措施；严格执行防汛责任追究制度，对因防汛责任未落实或玩忽职守、麻痹大意、工作不力造成重大人员伤亡和财产损失的，要追究有关人员的责任。

(3) 严格执行防汛值班制度，密切注意可能发生的各类问题；7—9 月份要做到 24 小时专人值班，确保 24 小时通信畅通。

(4) 认真做好防汛安全大检查，全面排查安全隐患；汛前要组织人力对建筑物进行认真排查，果断处置各种安全隐患；对可能出现的灾情要及早防范，随时准备启动应急预案。

(5) 开展安全教育，增强服务人员的防范意识和自护自救能力；增强对雷电等自然灾害的防范、避险能力，确保一旦出现险情，员工可有组织地迅速撤往安全地带。

(6) 与社区、街道防汛组织加强联系，并按政府要求积极做好防汛工作。

（六）安全保卫风险处置应急预案

当公寓内入住老年人的人身及财产安全受到侵害时，要想尽一切办法控制事态的发展和蔓延。要把老年人的生命及财产安全放在第一位，切实做好老年人的安全保卫工作。

(1) 平时要严格做好接待工作。对外来人员一律实行登记，严禁不明身份的无关人员进入本院；防止外人随意接近老年人或进入老年人房间、灶间等，实施 24 小时监控。

(2) 严禁人员携带火种、易燃、易爆等各类危险物品进入本院。如确因施工需要，须报院长批准，由专人在指定地点妥善保管和派人监视。

(3) 院内一旦发现有寻衅滋事人员或歹徒强行闯入进行盗窃、抢劫、伤害等事件，要立即拨打 110 报警；工作人员要首先设法保护好老年人不受伤害，同时还要机警应对，做好自我保护，等待 110 救援。

(4) 全院员工要提高安全防范意识，从日常防范做起，加强应急训练，做到万无一失，确保机构和老年人的人身及财产安全不受侵害。

（七）突发事件的防范和处置

(1) 突出重点，确保安全。当发生突发事件时，各科室部门和应急分队要保持清醒头脑，明确应急救援的重点，即“先救人后救物，先老年人再员工”，以确保老年人和员工的人身安全，以及院内要害部位、网络通信枢纽的安全。

(2) 相互配合，迅速救援。各科室部门及各应急分队接到发生突发事件的警报后，要按照各自职责迅速及时地投入救援工作，不要等待，不得贻误时机，以免造成更为严重或灾害性的后果。各应急分队在领导小组的统一指挥调遣下，应相互配合，迅速组织力量，进行扑救、抢险、救护、安置等工作。

（3）及时报告，争取支援。在遇到各类突发事件发生时，当事部门、当事人或第一发现人在及时采取应急措施的同时，应立即向总值班、院领导、公安部门、消防部门报告，以最快的速度取得相关部门的支援和帮助。同时，由领导小组向上级部门进行汇报，以便上级部门掌握事态发展和采取相应措施。

（4）调查处理，抓好整改。在突发事件处置结束后，要及时进行调查取证等善后工作，对在事故中有失职渎职、临阵脱逃行为的责任人员，依法追究责任并严肃处理。对事故的处理情况进行及时总结并将处理情况写出专题报告上报。同时注意吸取教训，提出整改意见，及时落实整改措施。

第四节　老年人人身安全保障及纠纷处理

老年人一旦选择了自己所信任的养老机构，就把生命安全托付给了养老机构。养老机构应全力以赴地担当起老年人的人身安全保障，万一出现有关事故问题，首先要进行抢救，其次要认真处理养护双方的纠纷。

一、老年人易发生的人身安全事故

（一）意外跌倒

由于老年人身体功能不断衰退，认识和感觉能力降低，反应灵敏度也大大下降，在行走途中，在卫生间和浴室，常常会发生意外跌倒，造成身体不同部位的损伤。

据不完全统计，意外跌倒后骨折占养老机构常见意外伤害事件的70% ~80%。养老机构中老年人的意外伤害与环境设施关系密切，34%发生在上下床过程中，20%发生在浴室，7%发生在坐下起立过程中；另外，换个角度看，有80%以上的跌倒发生在夜间。

（二）烫　伤

老年人知觉迟钝不灵敏，反应能力下降，在食物加热和用餐开始时，在使用频谱照射仪、热水袋、电热毯等时容易发生烫伤。患有移动障碍的老年人在泡脚时，如果热水温度过高，也容易发生烫伤。

老年人轻微烫伤初期不容易发现，往往事后才被发现。

（三）迷路或者走失

老年人的记忆随着年龄增大明显减退，迷路的情况会经常发生，如果护理人员特别小心照顾，这类事故是可以尽量减少的。在过去科学技术落后的情况下，老年人走失的事故会发生较多，但是在“互联网 +”广泛运用以后，预防措施大大加强，即使患老年痴呆症的老年人突然忘记之前所在的位置和场所，由于紧急呼叫器和定位设备的广泛应用，走失的情况发生率大大减少，但是也要引起我们的高度重视。

（四）自伤、他伤

相对其他安全问题，自伤或他伤行为比较少见。常见有痴呆老年人攻击同室老年人，或烦躁老年人在使用防护性约束带后有情绪上的抵触，用肢体撞击床栏，导致手臂皮肤瘀肿等。

二、加强安全防范措施

（一）广泛运用先进的科学设备

（1）紧急呼叫的广泛应用。

（2）“互联网+”与定位设备普遍推广。

（3）监控设备的广泛使用。

（二）建立第一责任人制度，提高服务质量

从养老机构的领导，到每一个员工要为老年人的安全承担责任。加强护理质量管理会使护理员按照标准化、规范化的程序和步骤进行护理，从而降低盲目和违规操作带来的危险性，能够提高护理员安全意识和评估能力，防患于未然。

（三）消除各种不安全设施隐患

要对存在较大危险因素的部位和有关设备、设施设置安全标志，更换掉老旧、易发故障、安全性明显下降的设施，对一些老年人会接触的危险物品要及时处理。同时对老年人的高危因素和潜在隐患进行评估和查找，检查防护措施是否落实，从而及时消除各种安全隐患。

（四）购买老年人人身意外伤害保险

为了减少养老机构和老年人的经济损失，一方面，要建立养老机构意外伤害事故赔付基金，用于赔付一定的事故责任；另一方面，要鼓励入住老年人购买意外伤害保险，从而减轻养老机构的赔付负担，有利于养护纠纷调解。

（五）落实各种意外伤害应急处理措施

养老机构需要制订诸如跌倒、烫伤、噎食、坠床、走失、自杀及火灾意外等的紧急预案，所有工作人员必须反复训练、熟练掌握，为抢救处置快速、有序、有效、科学打下良好的基础。同时应设立安全应急管理部门及安全责任人，并设置应急处理流程图示。

三、建立纠纷处置机制

意外事故发生后，如果能及时发现，妥善处理，不一定引起纠纷；如果处理不善，即使轻微的意外也有可能激化矛盾，引起纠纷。由于这些纠纷会给养老机构的正常运营、服务带来不良影响，因此在发生意外事故后，首先要采取积极的处置措施。

（一）加强与家属的沟通

事故发生后，要及时通知老年人的家属和原单位，做好家属的来访接待工作，冷静、耐心、细致地与老年人家属进行沟通，避免受害人家属过激行为的发生，避免矛盾激化。

（二）及时化解矛盾，处理纠纷

充分表达对家属的理解和安慰，一方面要尽可能满足他们的合理要求；另一方面要注意依法进行赔偿，以免矛盾产生和加深。在赔偿处理中，受害人可能会提出一些不合法或者不合情理的要求，因此处理纠纷——特别是处理赔偿纠纷时，应充分考虑机构的性质和可能带来的社会影响。

（三）注意掌握舆情，主动争取新闻媒体与社会的理解支持

事件的信息发布应当准确、客观、全面。在事故尚未确定结论之前，原则上不接受采访，以免影响正常调查。在确定事故结果后，要经过院领导同意后，派人接待新闻记者，对其介入持积极肯定的态度，做到实事求是、出言谨慎、坦诚地与新闻媒介沟通，避免不实和带来不愉快的报道。

第五节　强化责任制，提高执行力

俗话说："人命关天"，因此，必须在养老机构强化责任制，提高执行能力，确保安全无误。

一、落实目标责任制，实行无缝隙管理

养老机构必须建立一个从上到下、全员参与的安全责任目标体系，明确每一层次的安全目标、人员和相应的责任，划定安全责任人和安全管理人员的职责，使安全责任实现无缝隙管理。

（一）层层分解，落实各项制度、预案的责任主体

养老机构应建立安全管理部门，由安全责任人、安全管理人员和具体实施安全工作的专（兼）职人员组成，逐级负责本机构的安全管理工作，并将各项制度、预案落实到相应的人员身上。

（二）减少责任交叉，达到管理无缝隙

（1）安全责任人应全面负责、开展本机构的安全工作，例如建立安全管理部门和组织、审查批准安全制度、制订实施应急预案，研究督导安全问题等。

（2）安全管理人员应负责主管范围内的安全工作，例如制定安全管理制度和安全工作计划、组织实施日常安全工作、落实隐患整改工作、定期报告安全工作等。

二、加强日常管理，完善落实机制

养老服务是一个特殊的行业，医护人员的素质和能力与护理缺陷、事故的发生往往有着直接的联系。因此，必须通过强化培训、定期演练、加强督查来保证日常的安

全工作有条不紊、优良高效。

（一）强化培训，使员工熟知岗位责任，熟练基本技能

（1）安全工作的相关人员应熟悉国家和地方与安全管理相关的法律法规和技术规范，并取得相关部门认可的资格证书，持证上岗，并具备必要的应对能力。

（2）要抓好从业人员专业培训，走服务队伍专业化之路，定期学习护理理论和操作技能。

（二）定期演练，随时保持“战时状态”

管理者可以将意外事件，如骨折、烫伤、噎食、坠床等典型案例分别进行剖析，或者将各种意外事件和应对预案拍摄成情景短片，让工作人员模拟实训，熟悉预案实施流程，使真正发生这些事故时能最快、最科学地处置。

（三）加强督查，及时发现问题

管理者应经常检查制度落实情况，如工作人员是否按照安全操作流程、操作规范进行护理，把好各环节质量关，确保护理安全。无论是易发生事故的流程，还是平时看起来没问题的措施，都应有所关注，以免因为懈怠和疏忽发生事故。

三、强化监督机制，坚持奖罚分明

管理者应对护理人员进行日常监督，以便在问题发生前发现问题，从而对机构的实际运行状况做到眼见为实、心里有数。当发现护理员爱岗敬业，应给予相应表彰；发现护理员玩忽职守，应给予相应处罚。

（一）定期考核，纳入质量考核体系

为保证养老护理人员队伍的稳定，需要加强养老管理队伍建设及养老护理员的专业化培养，结合养老护理员的分级管理，提升工资待遇，提供专业发展机会；逐步建立养老机构安全管理考核机制，定期或不定期地组织相应项目的考核，并且将考核结果和日常安全管理情况纳入质量考核体系。

（二）建立奖惩制度，注重提高员工的执行力

养老机构要在建立完善考核机制的基础上，坚持奖罚分明。对安全管理工作做得好的部门和个人，应给予必要的奖励，并且与提高工资待遇、职级晋升相挂钩；对忽视安全管理或出现安全事故的，应实行“一票否决”制。通过奖惩机制的正负强化作用，使全体员工都知道该做什么、不该做什么，努力发挥员工的潜能，创造安全的环境，更好地为老年人服务，促进养老机构的健康发展。

知识拓展

与劳动相关的中国法律法规主要有以下内容：

（1）《中华人民共和国劳动合同法》（2012 年修正）。

（2）《中华人民共和国劳动法》。

(3)《〈中华人民共和国劳动合同法〉实施条例》。
(4)《中华人民共和国社会保险法》。
(5)《中华人民共和国妇女权益保障法》(2005 年修正)。
(6)《中华人民共和国未成年人保护法》(2012 年修正)。
(7)《中华人民共和国企业劳动争议处理条例》。
(8)《最高人民法院关于审理劳动争议案件适用法律若干问题的解释》。
(9)《最高人民法院关于审理劳动争议案件适用法律若干问题的解释（二)》。
(10)《最高人民法院关于审理劳动争议案件适用法律若干问题的解释（三)》。
(11)《最高人民法院关于审理劳动争议案件适用法律若干问题的解释（四)》。
(12)《最低工资规定》。

案例点评

简介：2005 年 2 月 11 日，李某将其父亲送至某市一家养老院。几个月之中，李某的父亲与同屋住的一名老人经常会因小事产生摩擦。

2005 年 11 月 9 日晚，李某的父亲把窗户打开，想换一下空气，另一名老人感到外面风大，就起床把窗户关上了。李某的父亲很不高兴，又把窗户打开，于是两人因此便发生争执，进而厮打起来，结果造成李某的父亲骨折。养老院立即将其送至医院治疗，并通知了李某。经诊断，李某的父亲伤情为“右股骨粉碎性骨折”。12 月 1 日，李某将父亲送回养老院，并要求养老院给予赔偿。养老院表示，李某父亲的伤是因和另一老人打架造成的，赔偿应该找打他的人要。双方一时之间争执不下。

点评：根据法律条款，受伤者的赔偿责任应该由直接对他实施侵害的行为人承担。两位老人均为有行为能力的人，应对个人的行为负责。李某父亲受伤，另一老人应负主要责任。

但是，因为老人是在养老院里受伤的，事故的发生是因为养老院在发现两位老人性格不合常有摩擦的时候，没有进行协调、解决，听到老人争吵时没有及时制止，而使矛盾激化等，这些都反映出养老院在服务管理上存有不足，养老院在未尽职责的范围内，也须承担补偿责任。在做处理时，养老院应通知另一位老人的监护人，共同协商赔偿方案。

养老院要妥善安置好老人的生活起居。目前，大部分老人在养老院是与一位或几位老人住在一起，由于老人性格和生活习惯不同，常会发生一些摩擦，为此，护理人员应善于发现问题，及时帮助解决。一旦发现矛盾激化，必须尽快采取措施，避免因老人之间的冲突而产生伤害事故。

第十章 财务管理

财务管理是一切社会组织成分日常管理的基础部分，财务管理水平的高低充分反映政府部门、企业、非政府组织、社会团体、军队、宗教机构、家庭、个人综合管理能力状况。养老机构的财务管理是企业管理的一种重要方式，由于它具有某种形式上的慈善性和公益性，所以，与非政府组织、社会团体的财务管理具有某些共同特征。

第一节 养老机构财务管理概述

财务能力是任何社会成员的基本经济能力之一，财务管理是维持和发展这种经济能力的基本手段和保证。养老机构的财务管理的特殊性在于：它承担着入住老人的“养命钱”保管、使用、保值、增值的重要责任，也关系到养老机构生存和发展重要基础。

一、财务管理的概念和意义

（一）基本概念

1. 财务管理

财务是一个词组，“财”即金钱和物质的总称；“务”是指勉力从事的事业、工作、事务的意思，《论语·学而》中有“君子务本”经典解释。因此，“财务”是关于金钱和物质日常性工作过程。“财务管理”是指金钱和物质的保管使用和增值过程。

2. 养老机构的财务管理

养老机构的财务管理是所有管理工作中最基础的和主要的部分，是把养老机构的金钱和物质通过簿记、保管、规划、使用而组织财务活动和协调财务关系的全过程。是养老机构财务活动的全过程管理，关系到养老机构整个管理经济过程的预算计划、账务资金往来、资产保管核实、计算协调、控制考察等工作。财务效益是养老机构财务管理的目标和基础之一。

（二）财务管理的意义

1. 关系到养老机构的生存

财务状况是一切从事生产和服务单位的经济生命力的表现形式。养老机构财务管理出现重大问题会直接影响到养老机构的生存，因此，财务部门关系到养老机构生存的重大责任，来不得半点马虎和虚伪。财务人员必须爱岗敬业、尽心尽责地工作，遵纪守法，忠于职守，这样才能确保养老机构良好的发展。

2. 保管入院老人的“养命钱”

养老机构财务管理一个极其特殊的社会责任，就是保管入住老人的“养命钱”。在养老机构生活的老年人已经丧失生产能力，不可能再有更多的新的经济收入来源，退休金的数量是相对有限的，并且商品价格不断地上涨，这也是社会经济发展的必然结果，是任何人无法抗拒的。老年人一辈子的积蓄也会因为货币贬值而减少，因此老年人是没有更多收入来源的困难群体，他们缴纳到养老机构的费用及其保证金一旦发生被诈骗、盗窃和灾害损失的情况，养老机构必须承担全部的责任，如果出现影响社会稳定的情况，养老机构或管理人员将会受到法律的处罚。

3. 决定着养老机构的发展前途

我国的商业化社会化的养老机构还处于起步和创业阶段，经济实力比较弱小，人才也很缺乏，管理经验也很少，要从小到大、由弱到强得到更好更快的发展，经济基础是决定性的因素之一，财务管理部门责任重大，不能够出现半点差错，才能保证养老机构安全生产，稳步前进，有较快发展的经济基础和条件。

养老机构要发展必须改善和增加先进的设施设备，聘请优秀的人才，增加流动资金，这一切都需要经济条件，需要财务部门的精打细算和有效的管理，否则养老机构的发展就会成为无源之水、无本之木，其后果是可以想象的。

二、财务管理的内容、目标和原则

（一）内　容

1. 决策管理

养老机构的财务总监或者分管财务的副总经理和副院长、财务部的经理要始终参加养老机构的决策管理。决策管理，是指养老机构在制订重大的发展规划，制定和修改规章制度，保证资金和财产安全，财务人员的聘用，购销合同的商谈和签订，一切涉及养老机构发展前途的重要事宜诸方便的事前管理。

另外，在发生一些重大的事件和用人方面，在做出相关的处理和安排之前也应该有财务人员参与决策，才能实施和进行。

2. 资金管理

资金管理，包括现金流、投资融资、银行卡申请和管理、工资奖金、对外合同、各种类的收费及其具体标准，债务处理、纳税、分红、采购支出等方面的管理。

3. 物资管理

养老机构类一切物质资产的管理，包括内部和外部的资产，主要不动产，包括土地和房屋及其设施设备；流动资产，交通工具及其配套设施；辅助材料，零件配件，易耗品，办公用品等。

（二）目　标

1. 日常管理目标

日常财务目标管理包括资金进出，活动使用物资采购状况，养老机构的一切经济活动的账务凭证管理。这里管理的重点在日常二字，是贯穿养老互动过程始终的具体管理工作和事务。

2. 资金运营目标

资金运营目标管理是要确保养老机构资金的运行流畅。无论在何情况下要确保资金充足、信誉良好和资金安全。

3. 利润和发展目标

养老机构一定要考虑运用优秀的盈利模式，要得到应有的适当的利润，财务管理部门是执行和实施盈利模式的主管部门，要确保利润目标的实现。同时，还要制定相应的企业利润发展目标。养老机构的利润发展目标是指在完成养老的基本任务、保证服务质量和安全的情况下，坚持微利润和低利润的原则。但是有一点不能忽视，要有利润收入和稳定的增长速度，保证养老机构发展应有的经济基础条件。

（三）原　则

1. 资金效益最大化原则

一般的市场原则要求企业以追求利润为主要目标之一，养老机构是一种特殊的企业，财务管理要坚持资金效益最大化的原则。我们要防止把养老机构是微利的和福利性的机构同资金效益最大化对立起来，而应该统一起来对待。资金是社会上最宝贵的稀缺资源，当前情况下，我国的养老机构普遍缺乏的就是资金，即使将来我们的资金十分充裕了，财务管理的职责仍然要使资金的效益最大化。

2. 收支平衡原则

养老机构的经营管理和财务管理中最危险的就是资金链断裂。一方面，我们不能追求高利润，更不能追求暴利，而要求获得的是稳定“微小利润”“微薄利润”和“低小利润”或者“平均利润”；另一方面，我们必须坚持收支平衡、“略有盈余”的方针，采取多种措施防止资金链断裂，确保财务状况良好，维持养老机构的生存和发展。

3. 节约成本效益优先原则

财务管理的重要原则之一是在保证服务质量的前提下，减少不必要的开支，尽可能地节约成本，同时在成本不变的情况下，使效益优先的原则得到实施，服务质量也最优化，不以追求利润为养老机构的唯一目标。

4. 利益协调一致

财务活动和财务管理的主要目的是使养老机构的经济运作正常进行，获得好的经济效益。财务管理要使养老机构各方的参与者利益兼顾、协调发展、公平有效，如此才能够得到长期共赢。

养老机构一方面是市场化、企业化的经营管理模式；另一方面又是社会化和具有慈善性质的特殊部门，国家相关部门、参与为老人服务的不同种类的企业、老人及其亲友、投资者、高中级管理人员、员工、供货商、媒体等所有参与者的合理利益都要得到兼顾、协调和保证。

第二节　健全财务制度

市场经济是法治化的经济体制，任何社会组织内部也应该实施制度化的管理模式。养老机构更不能例外，财务管理又涉及每个部门和每个人的具体实际经济利益，必须有整套的制度来保证其实施。

一、建立基本的财务制度

（一）基本原则

1. 财务制度的科学和合理原则

财务制度的科学性主要表现在以下几个方面：

第一，必须符合国家的法律法规和政策。我们必须明白这样一个最基本、最普遍的道理：社会上任何一个组织和部门，所制定的规章制度都必须在国家的法律法规范围管辖之下，这是基本的前提和要求，否则一切都是无效的，是徒劳无益的。《中华人民共和国公司法》《中华人民共和国会计法》《中华人民共和国税法》等，以及各类地方法规都是不能违犯的。

第二，必须符合行业的规定和规范。按照国际惯例，政府部门管理的很多程序和内容都要由行业协会管理，我国的管理正在改革和发展进程中，行业的管理功能会越来越健全有效，养老机构在制定财务制度的时候必须充分地注意到这一点。

第三，必须符合公司章程。养老机构的章程是经过国家行政管理部门审核的最主要的企业文件，有公司"宪法"之喻。养老机构的章程最能够充分地反映投资者设立公司的目标和宗旨，经营管理的基本制度，包括财务制度的基本原则和方法。

第四，必须建立财务制度的体系。各类财务制度要健全，没有漏洞、缺憾、可乘之机和空子可钻。

财务制度原则的合理性在于以下几个方面：

第一，合法和合理的统一。这是在我国改革开放前后长期没有解决的财务管理问题，很多制度合法的不合理，合理的不合法，根本的问题在于高度集权和全国"一刀切"，企业没有主动权，国家很大，经济发展的地区差异性也很大，不顾实际情况，全国执行一个具体的财务制度，肯定会有很多不足之处。

第二，原则性和灵活性的统一。财务制度和财务管理人员必须坚持原则，按照制度和规章办事，这是总体上的基本要求。但是任何事物的发展不可能"千篇一律""千人一面"，任何事物都具有其特殊性，所以需要具体问题具体对待，财务制度执行要有个性化和灵活性的原则。

2. 制度管人原则

坚持制度管人的基本原则，是指制度一旦确定，就要坚持公开、公平、公正的基本处理方法。不可能因为不同的人员执行不同的标准。主要应注意以下方面：

第一，领导要带头执行财务制度。养老机构的领导是财务制度制定的主要参与者和领导者，必须坚持带头执行财务制度，这是十分重要的一个基本要求。

第二，财务人员要坚持执行财务制度。这是对财务人员基本素质和基本能力的要求，财务人员在财务制度执行过程中要忠于职守，克己奉公。

第三，各级领导要严格要求自己的家属和亲友。首先是政府部门的领导，如果有家属和亲友在养老机构工作，必须要求他们带头遵守各项财务制度；其次是养老机构的领导、投资者或高级管理人员必须要求自己的亲友带头遵守财务制度。

（二）基本财务制度

1. 资金使用保管制度

养老机构的资金管理有其特殊性，各种类型的养老机构涉及几十、几百、几千位老人的“养命钱”安全的大事，出不得任何失误，因为会直接影响老年人的医疗和生活问题，如果发生差错，其后果不堪设想，所以责任重大。

现在我国诈骗案件太多，2016 年依法查处 22000 多起，受刑事处罚人员 28000 多人，因此，养老机构的财务人员一定要加强资金的保管，确保万无一失。

2. 财务记载制度

财务原始凭据的记载和保管是财务制度的基本工作方法和过程之一。所有经济活动的过程，账务记录都必须真实可靠，财务的基础凭证资料必须真实有效，不得弄虚作假。电子记载系统必须有备份，防止病毒污染和黑客的攻击。原始凭证和账单的保管必须符合国家规定。

3. 采购管理制度

养老机构采购的物品大部分直接用于老年人，生活用品、医疗保健用品、康复用品、食品都必须保证质量，确保老年人使用放心、舒心和开心。要严格成品入库制度，杜绝假冒伪劣产品，严禁危害人身安全和身体健康的产品进入养老机构，一旦发觉要及时报告，并严肃处理。

4. 差旅费报销制度

各类工作人员出差大多数时候是一个人外出，比较辛苦，常言道“在家千日好，出门一时难”，制定财务制度的主要目的之一是既要调动他们的工作积极性，又要保证公司的财产不受损失。

关于差旅费报销制度需要做较大程度的改革，经济发达国家在现代企业管理制度中的差旅费在管理上是比较科学的，我们的养老机构应该学习他们这种新颖的方法，在此我们不详细介绍，在本章知识拓展中加以介绍。

5. 财产保管和使用制度

财产保管和使用制度都是财务部门应该参与管理的事情。这些都是有比较成熟的可参考的依据和方案，关于保管，应注意以下几个方面：一是固定资产的保管；二是易耗品和办公用品的保管；三是药品食品的保管；四是易燃易爆危险品保管；五是现金的保管；等等，都应该有相应的规章制度。

财产的使用制度也应该健全，一是物品领取使用制度，关键要按规定审批和专人使用；二是安全使用制度，特别是重要的自动化设备、精密仪器，使用人要保证其安全和完好，防止丢失和损坏。

6. 工资奖金制度

工资奖金制度主要涉及人力资源部门和财务部门，是关系到职工切身利益的大事情；是调动职工劳动生产积极性的重要手段；是奖勤罚懒、鼓励先进的重要措施。

现代管理制度中的工资奖金制度有一些新的方式方法：比如其中有一条内容是“职工之间不要打听别人工资和奖金的具体数额”，即工资保密制度，改革开放以来，在很多中外合资企业普遍使用这一方式，总体效果是比较好的。大中型养老机构也可以采取这种方式，这对增加职工和领导之间的互相信任、提高员工的整体素质都是有好处的。

二、坚持财务预算制度

（一）财务预算的定义和作用

1. 定　义

财务预算是指某个社会组织或者养老机构在每年第四季度将下一年经费开支做出计划安排的经营管理制度。是财务管理的基本方法和工作要求；是企业发展战略和经济具体活动的程序的日程安排；是企业经济活动的实施计划。

2. 主要作用

第一，切实保证财务目标系统化、量化和具体化。财务预算把一定时间阶段，比如一年主要经营目标安排呈现序列的状态，充分表现为系统化；财务预算以报表形式加以量化；财务预算除有基本的主要报表外，还有必要的文字叙述，使财务目标具体化。

第二，协调作用。养老机构的日常管理工作，虽然有一定的规律性，可以按部就班地运行，但是，养老机构常常会发现突发事故，财务预算可以利用其本身的功能协调工作岗位之间的关系，切实保障各方面的工作顺利地进行。使工作井井有条，而不会出现临时的错乱，给工作带来不必要的麻烦和损失。

第三，有效的控制作用。财务预算制定的过程中，要体现有效控制的基本原则，预算编制就是将全年的重要的工作和日常化工作条理化、程序化，把每个月需要办的事，需要花多少钱，排列出来做好事前准备，按月检查，各部门和主要责任人都要提前做好准备，尽可能按照预算编制执行，得到有效控制的目标实现。

第四，保障性作用。资金是养老机构的健康生成的血液。财务预算能将一年内养老机构的每一个财务重大活动及其相关活动所需要的资金排列细化，让各部门主管领导或主管心中有数，各部门和谐相处，确保工作顺利进行。

特别是保证养老机构的资金链不会断裂，编制预算能起到特殊的预警作用，一旦有风险的迹象，就会早做准备，早做安排，使养老机构经济基础牢不可破。

（二）财务预算的原则和方法

1. 原　则

第一，科学性原则。基本要求是尊重科学和自然规律，以国家的法律、法规、政策，公司章程、规章制度为依据编制财务预算。养老机构的主要工作涉及老年人的生命安全和健康安全，医学、心理学、康复理疗科学、健康保健科学、生理学、护理学、免疫学等多种科学，所需要费用的数据、重要程度都要征求医生、护士和养老护理员的意见。

第二，合理性原则。要坚持“以人为本”“人性化”管理原则。要从根本上改变过去财务制度的“合法不合理”“合理不合法”“全国一个标准”的混乱现象。要从基础制度上保证合法又合理。

第三，综合性原则。财务预算要全面考虑、综合分析、防止遗漏、抓住重点、带动全局。养老机构的各个部门，都是为老年人服务的不可缺失的一部分，因此，不可倚重偏轻、顾此失彼，给工作造成损失。

第四，灵活性原则。任何制度的制定包括财务预算都是人来完成的，关键要靠人们自觉执行，有效进行监督。在养老机构的所有因素中，人的变化是最快的，人们在学习中进步，人们总会不断地提高和改变自己，面对新情况新问题新常态，进行新思维。

一切管理原理和方法的精髓在于原则性和灵活性的有机结合和统一。

2. 方　法

第一，大中型的养老机构必须制定财务预算。小型养老机构，一般指入住老人在30～300位之间的养老机构，可以不编制详细的财务预算。由于经营规模较小，有些还是家族式的管理方式，正是因为这种特殊的情况，养老机构需要制定财务预算提纲以约束和指导全年的财务工作。

第二，要加强对财务人员的管理。按照传统的会计学原理十分重视性质、原则、地位、作用、范围、分类等概念学习和基本原理的掌握。这是学习的一个重要方面，另一方面必须要特别重视实际的操作方法或运用能力。国家为了便于新人通过自学的方式进入会计岗位，已经取消了对会计上岗证的管理，但是，2015年媒体对社会热门专业的调查来看，会计仍然是我国十大热门专业之一，可见社会对会计岗位还是有较大的需求的。因此，要求养老机构的财务人员要学会编制财务预算，执行和使用财务预算。

第三，采用比较便捷的方法。最初编制财务预算的时候，可以从网上下载一个同行业的养老机构的财务预算，保留基本项目和子项目，结合本单位的实际情况，增加部分项目，根据领导的工作指导思想和基本思路安排，进行财务预算的编制。

第三节　养老机构的成本管理

成本管理是企业管理的主要内容之一。养老机构作为一个特殊的企业形式，存在时间还很短，它在本质上属于第三产业或者服务业的范围。养老机构的成本管理有其特殊的方法和原则。

一、成本管理的基本方法

（一）开发或投资的管理

1. 做好可行性研究报告

我国养老产业市场开放的时间还很短，市场化社会化的养老机构还不多。国家正在加大这方面的投资，社会资本包括外国资本也在我国养老市场开始了大量投资，在新建设养老机构项目的时候，必须认真地做好可行性研究报告和项目建议书。一般情况下，经过专业训练的、学习过技术经济学的人才是能够完成这个工作任务的。但是，往往在技术经济核算、投资成本和财务收益率计算方面缺乏真正有实际操作能力的人才，这是需要引起我们高度重视的。

要做好真正有水平的可行性研究报告和项目建议书，有以下五个方面的问题需要注意：

第一，要做好市场调研。这是非常关键的一步，在实际生活中人们在审查可行性报告的时候往往不注意市场调查研究的状况，有的工作人员在调查的时候也不认真，似乎顺便抄几个数据来应付一下就可以了，其实财务人员真正的能力之一就在于高水平的市场调研。

第二，价格水平的准确判断。关系到可行性报告几个主要因素的价格水平要有准确的判断，我们必须明白很多时候都是价格处于上涨的水平，特别是大中型项目由于建设周期较长，一般会有三年左右的时间，物价对建设成本的影响是比较大的。

第三，财务成本计算要实事求是。公办民营养老机构在筹建过程中，尤其在初期阶段，由于自有资金短缺，便会找亲戚朋友筹集一些利息较高的费用，这些财务费用要实事求是地认真计算，确保项目实施的可行性和真实性。

第四，人工费用的估算。筹集初期的很多参与者往往是做贡献，没有要工资，但是我们必须承认和尊重这个事实，在养老机构有一定收益的时候，应该给他们补充一部分经费，让他们的付出和贡献得到基本的认可。

第五，不可预见费计算。这是非常重要的一个基础性的技术工作，要尽量符合实际，才能保证项目的顺利实施，也是考虑财务人员是否真正有水平的重要标志之一。

2. 控制资金的使用

开发养老机构和其他任何新建项目一样，资金都是极其宝贵的资源，初期控制经费的使用是极其重要的首要任务和要求。资金链条不能断裂。在实际中往往有这样的情况，如在 5 天以后需要支出 600 万元，而且有 3 个合作单位或者银行会在 3 天内提供 100 万元资金，银行会准时提供 500 万元，在这个时候正好银行出了问题，要 7 天后才能提供资金，这就给资金的单位带来了麻烦，影响了养老机构的信誉。

3. 做好决算报告

做好决算报告是一件比较难办的事情，关键在于平时的财务基本票据保管，台账是否做得规范，有关监督管理部门的文件是否规范和完全。同时决算报告对于项目的合格验收会产生重大的影响作用，影响养老机构的销售和开业，如有漏洞将会产生重大的经济损失。

（二）运营成本管理

1. 成本核算管理

养老机构运营成本的核算是一个重要细致的工作。一方面，我国养老市场开放的时间太短，没有更多可以参考的案例；另一方面，成本计算关系到养老机构的商业秘密。另外，每个养老机构的经营管理水平不一样，目标也不一样，创意的理念也不一样。所以每个养老机构都应该有自己的成本核算体系。

2. 成本目标管理

由于养老机构的自身性质确定是无利、微利和低利润企业，所以成本目标管理就显得特别重要。本身就只有很少一点点利润，成本的节约是最基本的原则和方法，稍不注意就会引起老年人的反感和不满，或者直接影响老年人的生活质量，或者损伤养老机构的良好信誉。

二、成本管理基本原则

（一）公开和微利低利原则

1. 公　示

养老机构的成本管理要坚持公开、公平、公正的基本理念。经过精心计算的成本方案，要选择在公共活动场所公示。公示牌的制作要美观大方，最好找专门广告公司制作。

2. 分解说明

养老机构的成本核算要能够分解梳理、详细说明，主要方式如下：

第一，要征求养老机构内部工作人员的意见。要召开全公司的骨干会议，请他们审查成本的合理性和可解释性，这样可以从各部门的意见中寻求节约成本的更好的方法。同时，让他们知道真实情况以后向老人及其亲友解释。

第二，要征求民政主管部门的意见。按照正常的管理途径，养老机构经营成本是不会上交民政主管部门审查的，但是民政主管部门可以指导和帮助，更为重要的是，万一有人向民政主管部门反映情况，民政主管部门会做出比较合理的权威的解释。

第三，要召开老人座谈会。运营成本的公示和更换，事前都应该召开老人座谈会，在开业前召开老人座谈会也是十分必要的，这实际上是一次很好的招商动员会议，对养老机构的宣传会起到积极的作用。

第四，要召开入住老人亲友座谈会。很多入住老人的亲友对老人有很大的影响和决定作用，所以征求他们的意见十分重要。

第五，要准备一些备查资料。成本核算的公式、依据、方法、基本意见都可以准备一些资料，供有关人员查阅。也应该做好一些相应的解释。

3. 微利和低利原则

公办公营和公办民营的养老机构，必须坚持微利润和低利润的经营宗旨和理念。一般说来，在试运行期间不亏损就不错了，有经验的经营管理者一定要做好充分的思想准备，要能够经受开业初期亏损的严峻考验，并通过磨合和锻炼队伍，做好长久发展的准备。

（二）注意事项

1. 坚持诚信原则

养老机构一定要坚持诚信的原则，所有管理者必须明白，我们面对的是经久考验的饱经风霜的老人，如果有300～1000位老人的中小型养老机构，以600位老人来估算，这些老人来自四面八方，做过各行各业工作，有的还是专家、教授、学者。如果一位老人有三个亲友，就会有1800人会关注这件事情，因此来不得半点虚伪和骄傲。只有诚信能说明一切，不但可以证明过去，也可以证明现在，还可以证明未来。

2. 认真向投资者和股东说明情况

养老机构的投资经营状况、运营成本核算和经营状况，都应该认真详细地向投资者和股东说明，让他们了解真实情况，争取得到他们的理解、支持、关心和帮助。

3. 正确处理消费和节约的关系

20世纪中后期，很多国家进入了“福利型”社会。这也是历史的必然选择，得到了广大人民群众的支持和欢迎。然而养老机构在管理过程中，在保证优质服务质量的前提下，注意节约成本、反对浪费、增收节支仍然是非常必要的。我们一定要注意入住老年人的思想倾向，满足和支持他们合理的有效的消费，同时适当注意节约。

第四节　合同管理

合同是养老机构重要的财务资料之一。合同管理是财务管理的基本方式和重要内容，是养老机构防范风险保护自己的重要措施，有效的合同管理是财务部门的主要责任。

一、合同管理的重要性

（一）合同管理观念

1. 应树立的管理观念

合同就是养老机构的财产，也许是更重要的财产之一。一般情况下，养老机构保管的资金，几千元、几万元人民币是常态。合同的数目比之要大得多，几十万元、几百万元是常态，合同中所涉及的经济关系是十分复杂的，一旦出现问题就会带来重大的经济损失。首先是时间上的损失，发生合同纠纷以后，通过仲裁和法律处理的时间很长，一般会需要半年到一年的时间；其次是精神上的损失，在合同上出了问题，虽然可追溯的权利在我们方面，但这是一件十分令人不愉快的事情，需要养老机构用很大的精力去处理这件事情，会影响我们的工作进度和社会信誉；最后，会受到重大的经济损失，用半年至一年的时间去打官司，要花多少费用，如果在筹建阶段，建设期增加一年的费用是一个很大的数目。

2. 减少纠纷和法律责任

合同管理的重要内容之一在于合同的起草、审查和确定，一定要规范和严谨，准确无误，应做到没有任何漏洞，做到无懈可击。这样才可以减少很多法律纠纷和责任。

（二）合同的保管

1. 财务和相关部门保管

合同保管非常重要，相关人员应该保管一份合同，因为他们往往是合同的执行者，比如后勤部门、人力资源部门都是如此。财务管理要进行经费的管理，当然要保管一份合同，这是基本的要求之一。

2. 第三方保管

为了合同的保管更加安全可靠，为了养老机构直接的经济利益，为了防止在突然的火灾、盗窃等事故中合同丢失或损坏，为了防止腐败分子通过修改合同得到某种贪腐的目的，应该采取第三方保管合同的方式。第三方保管方法是万无一失的方法，比如办公室保管、档案室保管都是可取的。

二、合同管理种类或方法

（一）财务合同管理

1. 第一责任人制度

财务合同管理过程中实施第一责任人制度是非常重要的，主要是合同的起草、审核或签订是极其重要的程序和方法。养老机构第一责任人一般是法定代表人，也可以是养老机构的总经理，还可以是分管财务的副总经理。

2. 方　法

为了确保养老机构的合同的安全管理，主要有以下注意事项和方法：

第一，要有法律顾问对合同的审理。养老机构无论大小都应该聘请法律顾问，对于小微型的养老机构，由于合同的数量比较少，经济实力也比较弱小，在特殊的情况下还可以争取法律援助，按照《中华人民共和国老年人权益保障法》和国家有关文件的规定要求，法律工作者应该积极为养老机构及其老人提供法律援助，这也是正常的和合理的。

第二，要较多地选择标准合同。老年人入住养老机构的合同，民政部门一般提供一些经过研究和审核的标准合同，这类合同一般比较规范，万一出现纠纷也比较容易调解。人事合同也是如此。

第三，要补充合同。使用标准合同在大的方面、主要的方面、基本方面得到了规范和保证，但是，养老机构的经济活动范围也是极其广泛或有特殊性的。在标准合同不能满足基本要求的情况下，可以通过补充合同的形式加以解决，实事求是地记录双方的权利。

（二）入院老人合同管理

1. 特殊性

养老机构的合同当事人之一——老年人有着极其重要的特殊性，主要有以下方面：

第一，老年人身体健康的原因特殊性。比如老年人的神经方面有某些缺陷，处于间歇性的痴呆状态，有时可能连他自己也不知道，还有其他生理方面的原因，种类是非常繁杂的，所以在签订合同的时候，应该认真观察和考虑。

第二，老年人入住合同跨度时间很长。如果有老人 65 岁时入住养老机构，到 108 岁去世，共有 43 年的时间，社会环境和条件也会发生很多变化，老人的身体状况也会越来越差，尤其是记忆力减退更为明显，要防范这些风险是非常必要的。

第三，老年人的托管人有重要变化。其中重要一条就是他们的托管人是子女，而其托管人出现提早去世或突然离世的情况；另一方面就是，老人的托管人离婚—再婚后，托管人的配偶拒不执行合同中的某些条款；另外，老年人更换托管人，原因可能是因为托管人与老年人的意图不合。

第四，老年人突发疾病。或者突然去世；或者丧失记忆能力；以及其他林林总总的病情，造成托管人不予配合。

2. 方 法

为了应对入住老人随时可能发生的突然性和特殊性事件，在日常管理上可以采取如下方法：

第一，加强体检。老年人在入住时的体检是十分重要的，这一方面是我们做好医疗和护理的重要依据；另一方面是处理好经济关系的根本条件。特别要求老年人入住前做精神疾病方面的检查。

第二，定期增加补充合同。根据老年人的身体情况，分不同年龄段和时间段增加补充合同，比如三年再加一次，具体情况在最初签订合同的时候商定。

第三，对托管人有约束性条款。首先，老年人的所有直系亲属都应该成为托管人；其次，在托管人中要有一个主要负责者，但是其他人必须在委托书上签字；最后，在托管人可能发生临时变动的情况下，要有合同条款锁定相关责任人。

第四，对入住老人突发疾病的情况要有专门的合同条款。如遇特殊情况还应该有补充条款。

（三）员工合同的管理

1. 重要性

养老机构与员工的合同是保证养老机构永远稳定发展的重要文书形式。是非常重要的。

首先，保证了职工的正当权利和利益，有利于调动职工的劳动积极性和创造性。

其次，有利于保证养老机构的稳定发展，确定员工的稳定性和工作的连续性。也保证了养老机构的经济利益、企业形象和品牌的创造。

最后，减少不必要的矛盾和纠纷。

2. 方 法

做好职工合同管理，主要有以下方法：

第一，优先选择人社管理部门推荐的标准合同。

第二，根据职工的不同情况，签订补充合同，使双方的责任和权利更加明确和细化。

第三，平时加强遵纪守法学习和教育活动，增强法制观念，养老机构和员工个人都应该严格遵守合同的相关条款和补充合同的约定。

第五节　财务控制和监督

财务控制和监督是保证养老机构顺利发展、提高老年人养老质量和生活水平的重要保证和条件之一。有效控制和加强监督是财务管理的主要措施和方法。

一、财务控制

（一）原则和制度

1. 财务控制的原则

第一，目的明确原则。财务控制主要依据什么？是依据目标财务管理活动规范要求，按照一定的财务的目标标准进行财务管理。

第二，实事求是原则。财务活动是在企业的运行中进行的，每时每刻情况都会有新的变化，已经制定的财务规章制度又有很多，为了让财务活动管理过程中做到既合法合理又合情，做到人性化管理，必须坚持具体问题具体分析、对症下药、实施财务目标控制管理。

第三，财务预算目标实现原则。养老机构在制定每年的财务预算目标的时候，当然有很多具体的要求和方法，但财务控制是最主要的方法之一，因此要全面执行各种财务制度，在财务控制过程中发现问题、分析原因、纠正错误、实现目标。

2. 财务控制的制度

第一，原始记录管理制度。基本要求：一是规定原始记录的内容编制方法，分类管理；二是原始记录要复制保管；三是附件数量要确认；四是原始凭证不得外借；五是规定编制人事预算处理方法流程。

第二，原始记录审核制度。在审核方面，一是审核内容要齐全；二是要保持审核的真实性、合法性和完整性；三是要明确原始记录相关人员的责任。

第三，做好会计档案管理。包括会计档案保管制度；确定会计凭证保管期限；严格执行会计保管制度等方面的内容。

（二）程序和方法

1. 程　序

管理的程序化是现代化的一个重要标志之一。养老机构财务编制程序主要应注意以下两个方面：

第一，确认财务编制控制标准。这是搞好财务控制的基本要求，总体原则是由养老机构的上级主管部门批准规定，同时，养老机构的股东大会及其董事会也可以确定财务控制的基本原则。

第二，对比的标准。财务部门的实际工作计划和预算对比，查出差异、分析原因、纠正偏差以达到减少损失的目的。

2. 方　法

财务部门在工作实践中有自己的相应的工作方法，基本的方法如下：

第一，组织构架控制法。通过公司合理的组织体系，实施对财务监督控制的管理趋势的基本方法，主要是养老部门组织机构的组织部门之间的互相制约机制。

第二，授权控制法。养老机构的董事会或者法定代表人授权某些机构和个人对公司财务实施控制的方法。要求要明确；级别与授权一致；被授权人要公正、公道。

第三，措施控制方法。也包含政策控制方法。是指依据国家方针、政策、文件规定为标准进行财务控制的方法。

第四，文件记录控制法。我国养老机构由福利型转为市场型的时间较短，政府部门不断出台文件，发布优惠政策，因此，财务部门要用文件形式记录实际情况。

第五，责任控制法。是指财务人员对岗位忠诚为保障的控制方式。养老机构的员工是可信任的人。依靠基层员工是现代社会管理的基本原则之一，他们的监督控制是最有效的控制。

二、财务监督

（一）必要性

1. 有利于执行公开、公平、公正原则

养老机构的财务管理直接关系每个老人经费的安全和使用，关系养老机构对机构的财务是否能够公开、公正、公平地使用，有效的财务监督是重要的保证。

2. 保障财产安全

养老机构的财产既是每个员工的财产，又是每个老人的财产，通过财务监督才能保证养老机构财产的安全，保证入住老人“养命钱”的安全。

3. 防止贪腐发生

只要有利益关系的存在，就会有人产生贪腐的行为。为了防止这种不良行为的产生，减少养老机构财产的损失，必须实施严格的财务监管制度。

（二）主要方法

1. 坚持制度监督

现代社会是法制社会，养老机构的管理也主要靠制度管理，财务管理是直接涉及人们的基本利益的管理，因此，必须对相关的人和事进行严格的监督，但这种监督主要是通过一系列的规章制度来进行的，是系统的和有效的。

2. 员工监督

养老机构的每一位员工都是企业的主人。对养老机构的财务进行监督，既是自己的基本职责和权利，又关系到自己的切身利益，对养老机构的基本活动情况又是参与者，所以员工的监督作用是十分重要的，是财务监督的基本方面之一。

3. 社会广泛监督

养老机构是和社会接触最为广泛的机构之一。有广大的社会亲友群，供货商群体，医疗服务群体，他们都可以对养老机构的财务进行监督，防止任何侵犯养老机构利益行为和腐败行为的产生。

现代文明条件下的社会机构的管理，首先是在国家法律法规基础上的管理；其次，是各个社会机构的内部的制度管理，养老机构也不例外。任何法律、法规和制度的执行都需要强有力的监督机制，我们必须清楚地认识到，没有有效监管体系的社会一定会产生腐败和不良社会行为。

知识拓展

现代差旅费报销制度简介：中华人民共和国成立以后，直到现在绝大部分企业或社会机构都还是沿用苏联的差旅费管理制度，主要内容是，根据出差的地区范围和出差人员的级别规定相应的报销标准。由于在出差的时候往往是单独一个人，缺乏相应的监督机制，因此有些支出可能是不合理又不合法的。

案例点评

简介：1981 年 10 月，某地级市政府机关的一位科级干部到北京市出差，在报销差旅费的时候，有一张一角钱的公共汽车票，财务人员认为是不合理的报销凭据。财务人员报告领导以后，对该科长进行了批评教育，该科长也难以申明。因为那时的公共汽车票非常小，而且设计也非常简单，单位上 90% 以上的人没有到过北京，这位科长也是第一次到北京，也很难说清北京的具体的公交车站等小站的位置。他当时也简单认为：一角钱的事，没有必要过多争辩。到 1983 年 5 月，在提升这位科长为副处长的时候，一位领导提出这件事来说明这位科长对组织不忠诚，因此影响了这位科长的提升。到 1990 年，因为单位领导变化了，他才得到提拔，由于他德才兼备，1991 年就被提为正处，到 1994 年准备提他为副市级领导，但是这时他已超过 50 岁，无法得到提拔和重用，因为一角钱而无法说明白而整整耽误 7 年的时间，不但影响了一个人的前途，而且，从某种意义上讲，也耽误了一个地区的经济发展。

点评：这个问题纯属小题大做，首先是没有经过调查研究，其次是无法调查研究。这就是财务制度缺陷引起的社会的不良影响的典型案例之一。

第十一章　综合管理系统化

综合管理是养老机构内部最重要的管理之一，涉及养老机构服务领域的全局，关系到养老机构的顺利发展和风险控制，同时，还关系到养老机构的生存和老年人的生活质量与生命质量。

第一节　信息化管理

信息化、程序化、网络化、规范化，是当前管理工作现代化的重要标志之一。现代社会发展迅速，老年人往往处于生命的后期，体弱多病，风险较大，养老机构只有进行高度的信息化管理，才能满足老年人的需求。

一、信息化管理系统简介

养老院综合业务管理系统通过计算机网络技术、电子通信技术等现代信息技术手段将预防医学、临床医学相结合，以先进的管理思想及模式将养老机构的各职能部门、服务单元以及外部市场有机地连成整体，从而实现快速、高效的信息收集和处理；辅助咨询、医疗、康复、护理、供给、消耗、办公、劳资及财务等多项业务的精细化管理；为养老机构的管理和服务提供适时、准确、可靠的决策依据，提高其经营管理效能，增强养老机构的核心竞争力。养老院综合业务管理系统核心模块分四个部分：养老院日常业务管理、老人健康管理、居住环境监测管理和呼叫中心。

（一）养老院日常业务管理

表 11－1　养老院日常业务管理的功能

序号	功能名称	功能描述
1	咨询入住模块	提供来访登记，床位、老人、员工资料查询、试住登记等功能
2	老人管理模块	实现对老人基本信息、健康档案、亲属信息的管理，包含老人请假外出及特殊服务的记录功能
3	日常护理模块	根据护理流程填写白班、夜班交班记录、护理记录以及事故记录
4	报表统计模块	老人信息统计、事故统计、交费统计等，出库、入库、库存、出纳报表，为业务运营、管理及分析提供完善的统计分析报表，均可及时打印和导出

续表

序号	功能名称	功能描述
5	资料管理模块	月收费标准、楼宇资料、房间资料、床位资料等基础信息的设定
6	系统设置模块	实现角色权限管理、操作员管理、系统日志查看、系统参数维护、数据库备份功能

（二）老人健康管理

老人健康管理包括健康档案的建立、健康数据采集、健康咨询服务及健康提醒服务。健康档案，是根据老人的各项检测结果，所形成的可全面准确地记录老人身心健康过程的符合国家电子病历档案标准规范的档案，系统中可随时根据需要进行打印输出，包括纸质或者电子版本，如老人确需到医院进行临床诊疗时可提供一定程度上的参考。健康数据采集主要是通过健康测量设备方便地采集入住老人的各项身体指标，并发送到数据服务中心进行处理及存储。老人、授权亲属或者医护人员可随时了解和查询其健康数据，以便及时采取预防和治疗措施。

表 11－2　老人健康管理的功能

序号	功能名称	功能描述
1	基础框架	注册、登录、权限、基础数据
2	健康档案	老人数据采集、数据查询、数据统计、档案输出（电子病历）
3	健康干预及评估	老人健康干预计划、健康评估报告、重点对象跟踪监测
4	健康数据统计分析	老人多维度、多方式数据分析及展示
5	安全管理	老人主动或被动定位服务（GPS），紧急呼救服务跟踪（SOS），电子栏杆等
6	管理员中心	养老院医护管理中心界面，可管理所有老人健康信息，包括查询、预警、重点监护对象管理、亲情通知等，供养老院管理人员使用

（三）居住环境监测管理

实时监控老人居住环境各项指标，包括温度、湿度、紫外线、噪声、一氧化碳、室内空气质量指数（甲醛、氨气、硫化物等）、可燃气含量等。

彩信接收和短信接收功能。当室内环境参数超过《室内空气质量标准》所规定的标准时，会语音报警或者灯光警示，同时对于危险性气体（一氧化碳、可燃气）会发送短信或彩信到指定的手机号码。

通过按键或遥控可以对该产品进行设置，当空气质量相关参数超过国家标准时可以声、光、语音报警。

（四）呼叫中心

提供一键通知及报警功能，用户可以自主设置一键接通号码，方便入住老人在紧急情况下进行求助服务。实现统一的服务热线接入、座席服务及相关的管理功能（号码采集、弹屏、监听、录音、多方通话及调度等）。

二、管理系统的作用

（一）提高服务质量，降低风险

1. 提高工作效率

通过管理系统的运用，可以节约许多书写上的烦琐事务，可以连接其他电脑，统一充分调用其他资料和图表，防止简单的重复，还可以复制有关资料，提供领导部门参考，也可以备份作为档案备查。在“互联网+”的时代，通过微信和邮箱等方式，远程传输给领导审阅，节约时间和相关费用，因此，总体上可以极大地提高工作效率。

2. 减少耗材

运用网络系统，全面实现了无纸化的办公程序，可以极大地节约纸张和其他办公材料，节约成本。

3. 记录护理信息，便于核查

应用管理网络程序，可以在多份电脑存档，防止财务等重要信息丢失，因此有利于领导和政府有关部门的核查。

（二）提高管理水平，提升企业形象

在现代化办公条件下，一个企业甚至个人能够使用系统化的办公室进行管理是一个企业的形象和档次的重要标志。网络管理系统有利于异地办公、远程交流信息，使信息符号能够得到快捷准确的产品，因此体现了企业的现代化办公形象。

1. 提高企业形象和档次

现在还有一些传统的中小企业，特别是微型和小型的养老机构，管理人员和工作人员多数在40岁或50岁以上，文化水平和操作电脑的水平相对较低，所以很难高效率地服务老人，这就从整体上降低了养老机构的档次。

2. 让网络成为社会和企业沟通的纽带管理

网络信息管理系统普遍使用以后，可以利用“互联网+”的公共信息通道，在网络上宣传自己企业的品牌和形象，让社会关注自己的企业，生活、工作和服务质量提高的状态，对提高养老机构的社会吸引力有很大的好处，也可以接受社会公众对养老机构的批评和建议，有利于养老机构改进工作，为入住老人提供更加优质的服务。

第二节　行政管理

公司行政管理是有效治理手段的基本方式，行政管理应该制度化和规范化。本节主要介绍办公自动化模块的设置。

一、领导层决策通过自动办公系统迅速传达到各部门

（一）院内网站

互联网局域网站的普遍广泛使用，使养老机构互联网内部能够成为一个独立的互联网信息管理系统，让董事长和总经理在自己的办公室就可以了解养老机构每一个工

作岗位的基本状态，也可以了解老人在每一个生活层面的基本状况，使养老机构的领导人能及时发现问题，迅速处理和解决问题，防止意外风险事故的发生，可以极大地保证老人和养老机构的安全。

（二）个人办公平台

信息网络系统的广泛使用使养老机构内部的工作人员都拥有个人的办公平台，既可以记录自己工作的基本轨迹，又可以策划今后工作的改进方案，还可以和其他部门或个人进行信息交流。这可以极大地节省时间，缩短人与人之间的距离，有利于提高效率和改进服务质量。

二、部门信息提出汇报总筛选

（一）重要事项逐级提出和报告

养老机构的各个部门是工作环节的中间部分，起着承上启下、上传下达、坚决执行公司的决策的重要作用。养老机构的部门是处理各类工作的关键岗位，如有重大的问题需要报告，通过网络管理系统，几秒钟就可以按有关程序汇报到养老机构的有关领导人员，让上级了解总的情况，便于决策指挥。

（二）新闻事件报道

在大中型的养老机构，每天都有好人好事和重要的新闻发生，特别是富有正能量的新闻可以鼓舞人心，增强员工的凝聚力，提振员工的奋发精神，有利于克服工作中的各种困难和矛盾。

养老机构的重要新闻，通过网络信息管理系统，也可以及时向社会发布，特别是让老人的亲戚和朋友及时了解老人在养老机构的生活和状况，让他们工作放心，对社会也是一个很大的贡献。

中小型的养老机构，每天也会有很多好人好事，通过信息网络管理系统即时发布，对养老机构内部和外部都是一件极好的事情。

三、对外交流接待

（一）外出学习培训提高

养老机构员工外出学习培训是一件经常性的事情，由于远离了养老机构，到其他培训机构，离开了领导和同事，培训、学习的情况也可以通过网络系统得到传递，既让领导和同事们放心，又使养老机构的团队精神得到了远距离的发扬。

（二）办公室统一协调来访参观接待

大型和特大型的品牌养老机构、有先进品牌的养老机构，每天都会接待一批或多批参观访问者、上级领导部门来检查工作的人员，通过办公系统来管理，可以使接待工作有条不紊、忙而不乱，更好地宣传自己养老机构的品牌和形象。

第三节　工会等群体管理

在当代社会，人们的文明程度有了极大的提高，在公司当中，个性化得到尊重和群团发挥积极作用密切相关、同等重要。

一、工会信息管理

（一）工会信息交流

1. 上级工会的指示和工作动态

我国有一个全国性的工会系统——中华全国总工会。养老机构所在的省市县也都有总工会，他们会有完全的有效的领导管理系统，会经常发布一些文件和相关信息。养老机构的工会应该从大局方面来了解这个情况，提高自己工会的工作效率和服务质量。

2. 兄弟机构工会的交流

大中型养老机构的工会会经常和其他养老机构的工会进行交流和合作，了解其他养老机构的先进的工作经验和方法对提高自己是很有好处的。在“互联网＋”的今天，“秀才不出门，全知天下事”已经是一种新常态。

（二）养老机构工会的文件交流

1. 工会重要活动的通知和文件发布

大中型的养老机构，由于员工较多，工会的活动也相对比较频繁，同时工会是涉及员工直接经济利益的群众团体，因此有很多必要的文件会发布，也有一些日常活动的通知会告诉大家，因此，信息网络系统是员工可以利用的一个有效工具。

2. 工会会员情况反馈

工会组织是养老机构领导和员工的纽带，在“大众创新”的今天，养老机构的员工对养老机构有什么工作建议和意见都可以通过这个平台发表。平台有助于养老机构的内部团结，有助于领导改进工作作风，也有助于职工充分发扬民主，提高工作积极性和主动性。

二、共青团信息管理和社会工作者信息管理

（一）共青团信息管理

1. 共青团的组织管理

大中型养老机构也有很多青年人，共青团组织在其中发挥了重要的积极的作用。但是在一般情况下，共青团成员都是养老机构的正式职工，日常生活中都主要忙于工作，除了国家重要的节假日和五四青年节之外，共青团一般没有专门的时间组织活动，因此共青团组织的管理通过信息网络平台是最好的方式，是团结共青团员重要的组织纽带。

2. 共青团的信息交流

青年人绝大部分是共青团员，是思想最活跃的群体，在完成正常工作任务之外的更多业余时间，会需要更多的信息交流，包括互相之间的联谊活动。以上活动都可以通过这个网络平台进行。这个网络平台为年轻人节约时间、丰富业余生活提供了极大的方便。

（二）社会工作者信息管理

1. 社会工作者信息管理的重要途径

社会工作者组织在我国还是一个新生事物，才发展几年的时间，组织机构和管理方式还比较单一，有了信息管理系统以后，对于养老机构内部的社会工作者的相互联系起到重要的作用，也便于社会工作者与其他单位部门的社会工作者相联系。

2. 社会工作者学习的重要平台

现在我国社会工作者的考试还只有初级和中级两个层次，拥有初级社会工作者资格的人员会向中级的社会工作者进取，因此需要进行学习，获得更多的知识和技能，提高自己的社会工作者级别。同时，我国需要大量的社会工作者，据初步估计，在现有的社会工作者的基本状态下，再过十年的时间，社会工作者的需求量至少会增加5倍，会有许多养老机构的年轻人参加社会工作者的学习。因此，有条件的员工尽可能参加这种学习，成为合格的社会工作者。

第四节　公共关系管理

公司的公共关系是指公司对社会上的政府机构、企业、社会团体和个人一切的关系。在改革开放的时代，公司也有在法律规定范围内，对外部组织和个人的关系。

一、与政府部门关系管理

（一）与政府主管部门的关系

1. 加强与地方政府主要领导的联系

养老机构涉及老年人的生活质量和生命质量，是地方政府主要领导关系民生的主要内容之一。各级各类养老机构最主要的工作之一就是加强和当地相关政府领导部门的联系，积极地向他们汇报重要的工作，取得他们的帮助和支持。

2. 加强和民政管理部门的联系

按照《养老机构管理办法》规定，县级政府的民政局是养老机构管理者的最基层的主管部门。大中型的养老机构还应该向地级市甚至省民政厅局汇报工作，得到上级部门的指导、监督和帮助，确保各项工作能够顺利地开展。要特别提醒大家的是，如果平时不加强工作联系，万一出现风险和故障，是难以得到有关部门的支持和帮助的。

（二）与其他政府部门的关系

1. 加强与人社部门的联系

各级政府的人社部门是养老机构的主要管理部门之一，这涉及最基础的经费开支的问题。一方面，老年人的生活和其他经费补贴都必须由人社部门审核颁发；另一方面，养老机构的养老护理员的培训经济补贴、护理员的日常经费补贴都是由人社局管理的，还有其他方面的人事调动和招聘都必须服从人社局的领导，因此必须和人社局加强联系和沟通。

2. 加强与其他部门的联系

养老机构主要是为老年人服务的，涉及面是很广泛的，整个业务工作会涉及地方政府的财政局、税务局、工商管理局等部门，必须和这些机关经常联系，在出现困难的时候，得到这些机关的理解、支持、指导和帮助。

二、与社会管理机构的联系

（一）加强和行业协会的联系

1. 加强信息交流

行业协会的管理是世界上发达国家一百多年来的管理发展趋势。我国在改革开放过程中学习了国际的先进经验，普遍地采用了行业协会的管理方式，但是一些人还没有改变旧的思维观念，错误地认为只有政府部门的管理就可以了，忽视行业协会的管理，这种认识不正确。因此，养老机构的领导者和管理人员必须转变思维观念，尊重和服从行业协会的管理。

2. 取得业务指导

行业协会会制定各种各类的业务规章，对服务的标准也有很多具体的要求，他们和全国甚至世界上的行业协会也保持比较密切的联系，取得他们的业务指导是非常重要的，对提高我们的服务质量会有很大的帮助。

（二）和社会组织的联系

1. 和工青妇组织的联系

按照国际惯例，在职工八人以上的企业和机构就应该建立工会，因此养老机构和工会组织的联系是十分重要的，同时和共青团、妇联的联系也必不可少，这也是提高养老机构品牌的重要途径之一，还会获得实际的经济效益。

2. 和新闻媒体的联系

大中型的养老机构，往往会引起很多机构和个人的关注。古人言“好事不出门，坏事传千里”，养老机构要注意树立和保护自己的形象，和地方媒体保持良好的关系，万一出现责任事故以及其他风险，能够寻得媒体正常的报道而不至于产生对社会上的负面影响。同时，媒体对养老机构的正面积极报道也会提高养老机构品牌的含金量，不但可以节约广告费，还可以产生良好的社会影响，这是两全其美的事情。

知识拓展

智能办公室系统

近几年，随着市场上智能化楼宇的不断升温，智能化办公室亦得到空前的发展，应用日渐增多，特别是在专业的写字楼。智能化办公室已经逐步渗透到人们的工作方式中去了，利用高科技不但可以给企业带来财产上的保障，而且可以给员工带来工作上的方便。

智能化办公室主要包括门禁控制系统、防盗控制系统、办公室智能化控制系统、办公室智能化管理系统四大系统。

案例点评

简介：浙江绿康医院投资管理有限公司，成立于2006年8月，是一家从事养老机构、残疾人养护机构、老年康复护理医疗机构的投资建设、直营托管、连锁经营和管理的专业化公司。绿康以“杭州绿康老年康复医院”为龙头实行跨区域连锁发展，公司旗下有：杭州绿康老年康复医院、杭州绿康杭州市第二社会福利院院区、杭州绿康杭州市残疾人托管中心院区、杭州西湖绿康老年康复医院、宁波余姚舜辰绿康护理院、杭州余杭绿康护理院、嘉兴平湖绿康老年康复护理院、台州椒江绿康老年康复护理院、绍兴绿康老年康复护理院、湖州绿康老年康复护理院、南昌绿康老年康复医院、杭州滨江绿康老年康复医院等15家康复护理医疗机构，有江干区丁桥皋亭山养老院、江干区残疾人康复托养中心、余杭区绿康养老助残服务中心、杭州滨江绿康养老服务中心、南昌绿康养老服务中心等8家养老助残服务机构，还有江干区绿康介护职业培训学校、江干区绿康老年科学技术研究所、江干区绿康老年服务评估中心和杭州绿轩老年用品贸易有限公司。已形成医、养、护、教、研、贸六位一体健康养老产业链。

公司下属医疗康复护理机构均被列入医保定点单位。公司拥有一支由资深医养院管理专家组成的管理团队和老中青医护梯队，致力于医养院管理、技术创新和人才培养等核心竞争力的塑造。截至目前，绿康公司旗下员工1052人，提供养护服务总床位6449张（其中自营养老床位1649张，提供服务床位4800张），开放医疗康复住院床位3583张。

经过十多年的探索和实践，绿康得到了各级党委政府的高度重视，并获得多项荣誉：2008年绿康被民政部、中国老龄事业发展基金会列入首批“全国爱心护理工程示范基地”；2009年被国家老龄委评为“全国养老服务放心机构十佳单位”；2010年被中国残疾人联合会列入首批“全国阳光家园”示范机构；2011年荣获卫生部“医改创新奖”，为全国民营医院十佳之一；并被杭州市民政局评为AAAA级诚信服务单位；2013年11月绿康被浙江省质量技术监督局列入“省老年医养服务标准化项目”试点单位。2014年5月绿康被民政部列入“民政部第二批标准化项目”试点单位。2015年11月绿康被民政部、教育部授予“全国养老服务专业实习实训基地”，同月，被人民日报社《健康时报》授予“全国医养融合示范基地”。

点评：绿康医养集团是全国医养结合的第一品牌，其办公系统连接浙江省内十多个分支机构，还连接江西、北京、上海、贵州等地，他们还会有一些机构发展都应用智能化系统加以统一连接。

第十二章　学习政策法规，注重市场调研

学习政策法规是所有养老机构必须进行的基本工作，国有公办公营的养老机构更应该加强学习，因为这是国家投资的养老机构的主体部分，要为各类养老机构做出示范。同时，国有公办的养老机构在计划经济条件下生活惯了，要进入社会化市场化的管理，必须加强市场调研，形成市场化的理念。

第一节　认真学习和掌握国家相关政策法规

国家关于养老机构的法律法规和政策已经形成庞大的法律体系，只有认真地学习和掌握以后才能够提高养老机构的服务水平，发展养老产业，满足老人需求。

一、政策法规是办好养老机构的指引

有关养老服务的政策法规，是各级人大、政府及主管部门依据国家的法律法规，结合养老服务业发展的实际所制定的法律、政府规章、部门文件等。对于养老机构来说，相关的政策法规明确地规定了养老机构该做什么、能做什么、不能做什么，对于养老机构的建设和发展，自始至终起着引导、指导和规范的重要作用。因此，学好政策法规，并在实践中认真遵守，是养老机构坚持法制化、规范化发展的基本保证。

（一）政策法规的基本概念与分类

1. 什么是政策

政策是国家政权机关、政党组织和其他社会政治集团为了实现自己所代表的阶级、阶层的利益与意志，以权威形式标准化地规定在一定的历史时期内，应该达到的奋斗目标、遵循的行动原则、完成的明确任务、实行的工作方式等。其类型一般有基本政策、元政策、具体政策等。简单来说，政策是一种统治意志，代表一种发展方向，多以原则性的规定为主，不具有强制性，不是法律。

2. 什么是法规

法规是法令、条例、规则、章程等法定文件的总称，是指国家机关制定的规范性文件。如我国国务院制定和颁布的行政法规，省、自治区、直辖市人大及其常委会制定和公布的地方性法规。设区的市、自治州，也可以制定地方性法规。法规代表国家意志，它是次于宪法、法律的法定文件，内容较为具体，具有强制性和普遍约束力。

（二）国家有关养老服务的政策法规的框架体系

1. 近期国家养老服务政策法规发布的主要特点

改革开放以来特别是近些年来的养老服务政策，是我国养老服务实践的行动指南。了解这些政策法规的演变及特点，对于做好当前的工作、把握未来养老服务的发展方向具有明显的意义。从政策科学的角度分析近期的养老服务政策法规，发现其呈现以下特点：

（1）改革开放后，养老服务对象逐步扩大。例如，民政部在1984年全国民政社会福利工作会议上提出，中国社会福利服务对象要从过去的“三无”老人、“五保”老人向特殊老人群体转变，包括失能、失智老人和社区内其他具有福利服务需要的老年人群。1994年的《中国老龄工作七年发展纲要（1994—2000）》中把养老服务发展的总体原则确立为“保基本、广覆盖、可持续”。2009年的《基本养老服务体系建设试点方案》规定向所有老年人群体提供基本养老服务。2012年和2013年出台的《老龄事业发展“十二五”规划》《国务院关于促进健康服务业发展的若干意见》，提出要发展适度普惠型的老年社会福利事业，健全覆盖城乡居民的社会养老保障体系，确保全国老年人人人享有基本养老保障。从以上可以看出，我国养老服务政策的目标群体，经历了由过去重点保障优抚对象和城乡“三无”老人、“五保”老人到中低收入失能、半失能老年人等群体，再到一般老年人群体转化的过程，政策客体逐渐扩大。

（2）改革开放以来，养老服务的内容逐渐拓宽、日趋丰富。1984年全国民政社会福利工作会议上提出，养老服务的保障形态要由基本生活保障向饮食起居、医疗保健、精神生活等全方位服务保障转变。在这一政策的引导下，我国的养老服务项目逐渐由单一的生活保障发展为医疗服务、康复、娱乐等，同时，地方各级人民政府对经济困难的老年人逐步给予养老服务补贴。1994年《中国老龄工作七年发展纲要（1994—2000）》提出，在努力为老年人提供衣食住行用等物质保障的同时，还要注重老年人心理健康，多方面提高老年人的生活质量。2000年《关于加快实现社会福利社会化的意见》和《关于加强老龄工作的决定》，表示要以服务方式多样化的方针促进社会福利的社会化，把体育健身、文化教育和法律服务纳为养老服务的重要内容。2006年《关于加快发展养老服务业的意见》提出要发展老年护理、临终关怀服务业务。2008年《关于全面推进居家养老服务工作的意见》，把康复护理、文体娱乐、信息咨询、老年教育等纳入养老服务的范围。次年出台的《基本养老服务体系建设试点方案》，又把紧急救援和社会服务纳入养老服务的内容。2012年《老年人权益保障法（修正案）》强调要全方位发展养老服务体系，努力实现“五有”目标，对经济困难的老年人，地方各级政府要逐步给予养老服务补贴。由上可见，我国养老服务的项目、内容越来越丰富，从基本生活照料逐渐扩展到医疗保健、情感关怀、护理康复、精神娱乐、体育健身、文化教育、法律服务、紧急救援和社会参与等多方面，不仅包括实物和资金等物质帮助，更包括各类无形的服务。

（3）1999年我国正式步入老龄化社会。2000年《关于加强老龄工作的决定》明确指出，中国老年服务业发展重点是社区养老服务或居家养老服务，建立以家庭养老为基础、社区服务为依托、社会养老为补充的养老机制。2006年，发布了《关于加强基层老龄工作的意见》，继续倡导居家养老的理念，鼓励发展居家老人服务业务。2008年以后，陆续出台的《关于全面推进居家养老服务工作的意见》（2008）、《老龄事业发展“十二五”规划》（2011）和《关于加快发展养老服务业的若干意见》（2013），提出要建立以居家为基础、社区为依托、机构为补充的养老服务体系，重点发展居家养老服务，建立健全县（市、区）、乡镇（街道）和社区（村）三级服务网络，大力发展社区照料服务，把日间照料中心、托老所、星光老年之家、互助式社区养老服务中心等社区养老设施纳入小区配套建设规划。养老服务政策日益凸显社区居家养老服务的作用，符合我国老年人数量众多的基本国情，也符合大多数老年人居家养老的精神需求。

（4）自2000年以来，养老服务政策越来越多运用市场型政策工具。《关于支持社会力量兴办社会福利机构的意见》《民政事业发展第十一个五年规划》《关于加快发展养老服务业的意见》《关于开展公办养老机构改革试点工作的通知》和《关于开展养老服务业综合改革试点工作的通知》等，均提出要以“政策引导、政府扶持、社会兴办、市场运作”的模式，保证社会办福利机构在规划、建设、税费减免、用地、用水、用电等方面与政府办社会福利机构享受同等待遇，并不断扩大社会互助范围，通过“民办公助”“公办民营”“政府购买服务”等方式，引导和鼓励社会力量参与养老服务。2014年《关于做好政府购买养老服务工作的通知》《关于民政部门利用福利彩票公益金向社会力量购买服务的指导意见》《关于鼓励外国投资者在华设立营利性养老机构从事养老服务的公告》等，进一步规范政府购买养老服务工作，鼓励社会资本从事养老服务。税收优惠、“民办公助”“公办民营”“政府购买服务”等都是市场型政策工具的具体体现。在运用市场型政策工具的同时，养老服务政策还注重运用志愿型政策工具。2000年和2007年出台的《关于加快实现社会福利社会化的意见》《“十一五”社区服务体系发展规划》，提出要大力倡导志愿者服务，培育社区志愿服务意识，大力开发社区志愿服务项目，逐步建立社区志愿服务的注册制度、培训制度和激励机制。《关于全面推进居家养老服务工作的意见》则进一步指出，要发挥社区居家养老服务志愿者组织的作用，尽可能地把居家养老服务中能够与政府剥离的服务职能交给社会组织或非营利机构去做。修订后的《中华人民共和国老年人权益保障法》，则以法律条文正式提出要发挥家庭、邻里互助组织、慈善组织和志愿组织的作用，并倡导老年人互助服务。养老服务政策更多运用市场性和志愿性政策工具，有利于鼓励促进养老服务供给主体、养老服务筹资渠道的多元化。

（5）20世纪90年代后，民政部等部委相继制定发布了一系列管理社会福利机构的办法，加强养老机构规范化建设。与此同时还制定了养老服务设施建设、养老服务质量和养老服务职业等标准，建立健全养老机构分类管理和养老服务评估制度。2000年后陆续发布的《老年人社会福利机构基本规范》（2016）和《关于加快发展养老服务业的意见》（2013），界定了养老相关术语和社会机构的服务内容，表示要组织或促进制定建筑设施、卫生条件、质量标准、服务规范等养老服务行业标准，开展服务质量评估和服务行为监督，促进养老服务业向规范化、标准化发展。2013年《民政部关于推进养老服务评估工作的指导意见》进一步提出，要加快制定养老服务设施建设、养老服务质量、养老服务职业标准、养老机构分类管理办法，探索建立有效的养老服务评估制度等。2014 年 1 月，民政部等五部门发布了《关于加强养老服务标准化工作的指导意见》，表示要加紧完善包括养老服务基础通用标准、服务技能标准、服务机构管理标准、居家养老服务标准、社区养老服务标准、老年产品用品标准等在内的养老服务标准体系。2014 年 7 月又发布了《关于推进城镇养老服务设施建设工作的通知》和《关于加强老年人家庭及居住区公共设施无障碍改造工作的通知》，指导和规范养老服务设施建设工作。2016 年，国务院办公厅发布了《关于全面放开养老服务市场 提升养老服务质量的若干意见》，提出了为期四年的放开、整顿养老服务市场的发展目标，集中开展养老服务质量提升专项活动，对扩大养老服务有效供给提出了更高要求。从以上养老服务政策文本可以看出，我国养老服务政策逐渐凸显养老服务质量的重要性。

2. 需要掌握的主要养老服务政策法规

（1）国家层面的政策法规，多以全国人大、国务院通过，作用范围是全国，内容较为宏观、全面，影响深远。下面举例并介绍 3 个主要的全国性养老服务政策法规。

①《中华人民共和国老年人权益保障法》于 1996 年 8 月 29 日八届全国人大常委会第二十一次会议通过。现行版本是2015 年 4 月 24 日第十二届全国人民代表大会常务委员会第十四次会议修正。该法是为保障老年人合法权益，发展老龄事业，弘扬中华民族敬老、养老、助老的美德而制定的法律，包括以下主要内容：总则、家庭赡养与扶养、社会保障、社会服务、社会优待、宜居环境、参与社会发展、法律责任、附则等。

② 2013 年 9 月 16 日，国务院发布《关于加快发展养老服务业的若干意见》（国发〔2013〕35 号）。《意见》要求各省、自治区、直辖市人民政府，国务院各部委、各直属机构完善市场机制，充分发挥市场在资源配置中的基础性作用，逐步使社会力量成为发展养老服务业的主体，营造平等参与、公平竞争的市场环境，大力发展养老服务业，提供方便可及、价格合理的各类养老服务和产品，满足养老服务多样化、多层次需求。

③《国务院关于印发〈“十三五”国家老龄事业发展和养老体系建设规划〉的通知》于2017 年2 月28 日颁布。老龄事业规划是指综合运用各种理论分析工具，从中国以及各个地区实际状况出发，充分考虑国际国内及区域老龄事业发展态势，对老龄事业发展的基础、目标、原则、主要任务、重大项目、保障措施等做出一年以上的科学计划。中国已站在新的更高的起点上，“十三五”时期要确保全面建成小康社会的宏伟目标胜利实现，确保全面深化改革在重要领域和关键环节取得决定性成果，确保转变经济发展方式取得实质性进展。因此，老龄事业“十三五”规划从社会进步的高度，提出了老龄事业与经济发展相适应的战略部署，意义重大而深远。

（2）地方政府层面的政策法规，多以地方人大、人民政府制定，作用范围是所在地方。它比起全国层面的政策法规较为具体，依据中央相关政策法规、地方经济社会发展状况，提出具有地方特色的实施措施。

（3）养老机构的业务主管部门一般指民政部、厅、局等政府机构，还有与养老服务业发展有关的部门，如各级卫计委、人社部门、财政部门等。与国家、地方层面的政策法规相比，业务主管部门的政策法规更为具体直接，通常是一些规范、标准，对养老机构的具体工作进行指导，具有更实际的操作性，养老机构管理人员及工作人员应及时掌握、认真学习。

（三）办好养老机构必须依靠政策法规的支持与指引

1. 政策法规是养老机构健康发展的支撑

正如前文所讲，政策是党和国家为实现一定历史时期的路线或某一重大任务而制定的行动准则。对于养老机构来说，有关养老服务业发展的政策法规，是保障其自身生存与发展的一大政治支撑。之所以如此，是因为在我国目前的经济发展阶段，一些新兴行业特别是新兴服务业的发展，很大程度上取决于政策法规的指引、规范、扶植和带动作用。综观养老服务业发展的历程，如果没有强有力的政策法规支持，就没有养老服务业的发展壮大和健康发展。

2. 政策法规为养老机构运营管理提供规范

政策法规具有很强的指导性。在养老服务领域，相关政策法规对养老机构的开办、运营、管理、评估等方方面面，有着全面而具体的指导和规定，使养老机构在各方面的作为有章可循、有标准可参照，从而增强了机构发展的科学性、规范性，减少了盲目性。政策法规不仅对养老机构本身起到规范作用，而且对整个养老服务行业都有着规范指导功能和约束性，能够有力地促进养老服务业依法办事、依规发展，实现健康有序和可持续发展的目标。

二、学习和掌握政策法规的基本方法

（一）全面学习，熟知政策法规的基本要求

学习、研究政策法规有助于把握养老服务工作的正确方向，可以增强工作的预见性、主动性和创造性，跟上时代发展的步伐。学习政策法规，重在真学、真懂、真信、真用：真学是努力做到求真求实，真懂是努力做到求懂求新，真信是努力做到求信求用，真用是努力做到求用求效。在正确运用政策之前，首先对达成的政策目标有充分的理解，全面深刻地而不是断章取义地学习把握政策的实质，切忌“取其一点，不及全面”。要准确理解所运用政策的价值、功能、作用，特别是那些事关养老机构长远利益的政策法规，一定要掌握政策意图，领会政策要求，通过对政策法规的全面学习和认真思考，真正明确政策法规的核心内涵。

（二）深入钻研，了解政策法规的要点

要研究运用好政策的内容，就需要对相关政策所提出的原则和措施进行深入研究，并严格把握政策执行界限。其中政策任务是针对政策问题而设定的，政策措施是实现目标的手段，政策原则是对政策措施的指导，而政策界限则是对措施范围的约束。此外，通过联系相关政策，正确地认知所运用的政策在政策体系中的地位及其与其他相

关政策的关系，正确处理好该项政策与相关政策之间的关系，才能厘清政策法规之间的相互关系和不同要点。

（三）结合实际，掌握贯彻政策法规的重点

纸上得来终觉浅。再好的政策法规，如果不能得到有效的执行或落实，就可能变成一纸空文，不能发挥其应有的作用。养老机构在贯彻政策法规时，要根据政策法规确定内容的不同层面，根据自身实际，采取相应的实施办法。一是在宏观上要把握政策法规的重点，知道政策法规的要求是什么，标准是哪些；二是对需要养老机构自身应该落实的政策，自觉地而不是被动地认真组织实施。如已发布的关于养老机构建设、管理、运营的具体政策法规条文，就一定要严格遵循，积极落实；而对于一些需要有关部门实施的区域性、行业性政策，则可以通过积极反映情况等途径，配合监督有关部门及早落实。

三、提高学习运用政策法规的能力

（一）带头增强运用政策法规的自觉性

政策法规在一个养老机构的实施程度，取决于该机构领导者的运用能力。领导者对政策的理解直接影响着政策运用能力的“向度”，领导者的能力直接影响着政策运用能力的“强度”，领导者的责任意识直接影响着政策运用能力的“力度”，领导者的品格直接影响着政策运用能力的“刚度”。因此，领导者的价值观、执行能力、责任意识、品格作风等素质，对政策的自觉运用都有着不同的影响。一个好的养老机构领导者，一定要有讲政治、顾大局的社会责任，一定要有学习和接纳新鲜事物的强烈意识，一定要有开明开放、尊重员工首创精神的宽大胸怀。

（二）提高全员学习贯彻政策法规的意识

政策法规的贯彻实施，只靠领导者的一己之力是远远不够的，必须要组织全员参与、全体动手。领导者要善于调动方方面面的积极性，整合力量，着力打造团队执行力。一项政策的贯彻在一个组织中主要靠四种因素：一是压力，二是激励，三是制度，四是文化。要正确运用和驾驭好四种因素，打造高效贯彻的组织。具体来讲，一要创造共同愿景，统一机构员工的思想意识；二要明确机构员工的职位责任，建立和完善落实政策的责任机制；三要培养机构员工的执行力，建立和完善贯彻政策的监督检查机制；四要激励机构员工的工作热忱，建立和完善贯彻政策的激励机制。做好这些，才能提高全员学习贯彻政策法规的意识与能力。

第二节 深入进行市场调研

在我国进行“调结构，促增长”的情况下，供给侧的调整是特别重要的。因此，养老机构必须深入进行市场调研，掌握第一手资料，才能有调整的有效依据。

一、市场调研的重要性

市场调研，是指为了提高产品的销售决策质量、解决存在于产品销售中的问题或组织根据特定的决策问题，运用科学的方法有目的地收集、统计资料及报告调研结果的工作过程。对于养老机构来讲，市场调研就是指运用科学的方法，有目的地、系统地搜集、记录、整理有关养老服务市场的信息和资料，分析市场情况，了解市场的现状及其发展趋势，为市场预测和营销决策提供客观的、正确的资料。科学的市场调研，也是养老机构把握老年人的服务需求、搞好养老服务定位、实现养老机构健康发展的“必修课”。

（一）充分的市场调研是前提

市场调研的首要功能，就是收集并陈述事实，这是养老机构开展服务业务的前提。通过调研获得市场的信息反馈，可以向决策者或投资者准确提供关于当前养老服务的市场信息。而通过了解和分析这些市场信息，可以避免在制定发展策略时出现误判或发生错误，也可以帮助决策者了解当前养老服务整体发展的得失。只有在全面、实际地了解老年人的养老服务需求的情况下，才能有针对性地制定好养老机构的经营发展策略。因此，在养老机构兴办、扩大、转型的重大事项决策之前，都必须通过充分而具体的市场调研，为决策提供可靠的前提和依据。

（二）科学的调研分析是基础

市场调研主要是为了解释信息或活动，即了解当前养老服务市场状况形成的原因和主要的影响因素，这是适应市场变化的基础。目前我国的老年群体不仅具有基数大的特点，还有收入水平、消费意识、地区差异，以及思想观念等诸方面的具体情况。这些都能称为直接影响机构养老的重要因素。如果没有对这种基本情况的调查分析，就难以正确地把握养老机构的功能定位，难以适应市场竞争的发展变化，难以取得良好的社会效益和经济效益。随着我国人口老龄化的持续发展，一方面，老年人的养老服务需求会越来越大，由此带来的养老服务的发展机遇也会越来越多；另一方面，市场竞争也必然会日趋激烈。一个机构要实行预期的发展目标并可持续地发展下去，就离不开科学的市场调研分析，并且养老机构能够把这种调研分析贯穿于机构发展的全过程。

（三）注重市场调研是可持续发展的必要条件

一方面，市场调研能起到预测的作用，即通过对养老服务市场信息的分析，推测未来的市场发展变化。通过调研取得可靠的市场信息，可以了解市场可能的变化趋势以及消费者潜在的购买动机和需求，有助于决策者识别最有利的发展机会，为养老机构可持续发展提供新的契机。另一方面，随着科技的迅速发展，涉老领域的新发明、新创造、新技术和新产品层出不穷，如“智慧养老”“互联网＋”等新技术的大量应用。这种技术进步将会不同程度地颠覆传统的养老服务模式，引发新的市场竞争。养老机构通过市场调研，有助于及时地把握养老服务科学技术的发展动态，因地制宜地实现服务形式、服务环境、服务质量的“升级换代”，主动适应未来发展的需要。

二、市场调研的主要方法

市场调研有很多方法，最常用的有问卷调查、同行访问、实地考察和大数据分析等。在具体实践中，将多个方法结合使用，效果会更佳。

（一）问卷调查

问卷调查，也称问卷询问，就是将所要调查的事项以当面、书面或电话的方式，向被调查者提出询问，以获得所需要的资料，它是市场调查中最常见的一种方法。问卷调查可分为面谈调查、邮寄调查、电话调查、留置询问表调查四种，它们有各自的优缺点：面谈调查能直接听取对方意见，富有灵活性，但成本较高，结果容易受调查人员技术水平的影响；邮寄调查速度快，成本低，但回收率低；电话调查速度快，成本最低，但只限于在有电话的用户中调查，整体性不高。留置询问表可以弥补以上缺点，由调查人员当面交给被调查人员问卷，说明填写方式，由之自行填写，再由调查人员定期收回。

（二）行业内走访调查

“知己知彼，百战不殆”，一句古老的中国成语勾画出了研究竞争的重要性。在养老服务市场竞争日趋白热化的今天，不了解竞争市场情况，不认识竞争对手，就意味着没有胜算的机会。业内走访的根本目的，就是通过一切可获得的信息，来了解同行业的有关状况，包括：养老服务产品及价格、营销渠道和策略、人员队伍建设情况、财务状况及管理状况等。通过行业内走访，既要努力发现同行的优势与弱点，又要重视对这些优势与弱点的分析，从中汲取经验与教训，帮助自己量身定制符合实际的发展策略，逐步打造自己的服务品牌，扩大在养老服务市场上的份额。

（三）实地考察

实地考察通常被视作观察法的一种，它是调查人员在调研现场，直接或通过仪器观察、记录被调查者行为和表情，以获取信息的一种调研方法。具体来讲，指调查者在调查现场有目的、有计划、有系统地对调查场所、调查对象的规格、特征进行观察记录，以取得第一手资料，它最大的特点是在自然条件下进行，所得材料真实生动，但也会因为所观察的对象的特殊性，或观察者的片面性而使观察结果失真。在对其他养老机构进行实地考察时，一定要以虚心好学的态度，认真地了解他人所长，尽力分析和掌握别人成功的经验所在，力求获得有助于促进自身发展的“真经”。

（四）利用互联网等进行大数据分析

大数据分析是指对规模巨大的数据进行分析。大数据作为时下火热的 IT 行业的词语，随之而来的数据仓库、数据安全、数据分析、数据挖掘等围绕大数据的商业价值的利用，逐渐成为各行业人士争相追捧的利润焦点。养老服务业应利用好互联网这一数据平台，从各个信息门户搜索市场信息，譬如从微博、贴吧、微信等互联网应用中发掘各种行业内相关的信息和数据。有条件的养老机构可设专人对相关网络渠道获取的养老服务业信息、行业新闻、政策文献进行数据量化分析，从中找出有价值的分析数据，用于机构自身发展。

三、正确运用市场调研的结果

市场调研的结果，或者说其内容，一般涉及市场营销活动的整个过程，凡是直接或间接影响养老机构营销状况的因素，都可能被列入调查和预测的范围。主要包括机构定位、发展路径、开发创新、优化服务等，都需要正确地运用市场调研结果，这样才能使市场调研发挥实际作用。

（一）运用调研结果做好机构定位

通过市场调研，形成真实可靠的调研成果，是养老机构搞好服务定位至关重要的依据。一个养老机构要获得生存发展的契机，其能够向市场提供的服务项目必须符合市场需求，也就是老年人的服务需求。如果把握不住这种需求，所提供的服务产品不受老年人欢迎，就会出现供给与需求脱节的现象，不仅容易造成资源的巨大浪费，而且机构也难以生存。目前部分养老机构出现的床位空置率过高的现象，就从一个侧面反映出市场调研不足、功能定位不准、供给与需求不匹配的问题。要解决好这个问题，必须认认真真地对养老服务市场进行调研分析，在此基础上确定发展模式和功能定位，把“课前准备”做足，摒弃“一哄而上”的做法，从而在进入养老服务市场之初，就有一个比较清晰的方向和比较牢固的根基。

（二）运用调研结果拓宽发展路径

养老机构由小到大的发展路径，一般是通过对市场调研结果，也就是对市场环境、市场需求、市场供给和市场竞争等因素进行调查分析和综合考量而不断选择的。一个机构从兴办之初到不断发展完善，必须时刻注重养老服务市场环境的调查，分析经济社会发展形势、政策法规导向、老年群体现状，以及所在区域的社情民意等多种因素，特别是注重分析周边老年人的消费需求、收入状况、消费结构、消费者行为等调查。这种市场调查，能够帮助养老机构有针对性地拓展服务业务，不断提供新的服务产品。如有的养老机构根据所在区域老年人集中、医疗护理需求较高的实际情况，采取多种措施，开展了医养结合的服务项目，为老年人就近享受医疗护理服务提供了方便，深受老年人欢迎，提供了机构的入住率。

（三）运用调研结果开发养老服务产品

养老机构生存发展的根基是服务，服务的核心在于质量，而任何服务的质量都需要一定的形式来体现。具体讲，就涉及提供什么服务产品，以及产品是否“适销对路”的问题。如果养老机构所提供的服务产品得到了老年人的认可，就是一种好的产品，有了这种好产品养老机构才有可能形成高质量的服务。但是，养老服务新产品的开发，不是由管理者“拍拍脑袋”就可以完成的，它必须坚持“以老年人为中心”的理念，以广泛认真的市场调查、切实掌握老年人的具体需求为基础形成的。因此，若想使养老机构的服务贴近老年人需求，形成具有特色的服务产品和服务品牌，就必须持续不断地开展调研分析，积极适应老年人不断增长的养老服务需求。

（四）运用调研结果提升服务水平

运用调研结果，及时评估、反馈服务质量情况，是养老机构不断提升服务水平的重要途径。要特别关注以下方面的情况调研。一是及时了解老年人的意见。养老机构所提供的所有服务，归根结底是为了满足老年人的需求。老年人作为养老服务产品的消费者，对每一项产品的质量最有评判资格。因此，要建立征求老年人意见的制度，把这项制度作为市场调研的基础制度之一，使每一个老年人不仅可以随时随地表达自己的意见和诉求，而且还要有一种使这些意见与诉求中的合理部分尽快转化为改进举措的机制。二是注重口碑的作用。“金杯银杯，不如老百姓的口碑”。一个养老机构在服务对象及其亲属、社会各界中的口碑，具有极其重要的宣传作用。要注意通过各种途径，了解本机构的口碑情况，特别是要注重收集那些批评性、建设性意见，并且以闻过则喜的态度，及时地加以改进，而不是自我陶醉于表扬或“自我表扬”中。只有这样，才能不断提高养老服务质量，以质量赢得赞誉，以赞誉培植口碑，形成一种无形的价值资产。

知识拓展

市场调研的常见步骤有以下几点：

（1）确定市场调研目标，市场调研的目的在于帮助企业准确地做出经营战略和营销决策。

（2）确定所需信息资料。市场信息浩若烟海，企业进行市场调研必须根据已确定目标和范围收集与之密切相关的资料，而没有必要面面俱到。

（3）确定资料搜集方式。企业在进行市场调研时，收集资料必不可少。

（4）搜集现成资料。为有效地利用企业内外现有资料和信息。

（5）设计调查方案。在尽可能充分地占有现成资料和信息的基础上，再根据既定目标的要求，采用实地调查方法，以获取有针对性的市场情报。

（6）组织实地调查。实地调查需要调研人员直接参与，调研人员的素质影响着调查结果的正确性，因而首先必须对调研人员进行适当的技术和理论训练，其次还应该加强对调查活动的规划和监控，针对调查中出现的问题及时调整和补救。

（7）进行观察试验。在调查结果不足以揭示既定目标要求和信息广度和深度时，还要采用实地观察和试验方法，组织有经验的市场调研人员对调查对象进行公开和秘密的跟踪观察，或是进行对比试验，以获得更具有针对性的信息。

（8）统计分析结果。对获得的信息和资料进行进一步统计分析，提出相应的建议和对策是市场调研的根本目的。

（9）准备研究报告。市场调研的最后阶段是根据比较、分析和预测结果写出书面调研报告，一般分专题报告和全面报告。

案例点评

简介：70 多岁李姓老人年老体弱，女儿将他寄托在某街道养老院。端午节当天，因护工护理不当，让老人躺着吃粽子，还让老人喝水，导致老人窒息死亡。

点评：粽子是糯米制作的，吃粽子时本应细嚼慢咽才不至于吃时噎住。老人年岁大又躺着吃，必然造成吞咽困难，吃时又喝水，窒息死亡成为极易发生的事。机构系未能恰当履行义务，并已经产生致老人死亡的损害结果，因此，应承担全部责任。

本案之所以会发生，是因护理人员缺乏相应护理知识而造成的。

第十三章　构建养老机构发展的外部环境

养老机构的健康可持续发展，不仅要有良好的“内因”，构建良好的外部环境也是必不可缺的，只有“内因”与“外因”的相互结合、相互作用，才能真正产生养老机构健康发展的根据和条件。就目前的发展环境而言，积极争取政府部门和社会各界的支持，是营造良好环境的重点。

第一节　养老机构外部环境基本概念

养老机构是社会的重要组成部分之一，服务的对象是老年人，因此外部环境非常复杂，养老机构的管理者要认真加以研究，摸清情况，理顺关系，有效应对。

一、养老机构的外部环境

（一）养老机构外部环境的概念

所谓养老机构的外部环境，是指养老机构所处区域的政治社会经济条件、文化传统，以及自然环境、气候条件等复杂因素。

（二）养老机构外部环境的作用

每个养老机构都是社会服务领域的一个组成部分，都处于具体的社会环境之下，都与一定区域经济社会文化背景下的相关外部环境共生发展，都不是孤立存在的。由于社会、市场及其外部环境永远处于不断变化之中，其对养老机构发展的影响，也是在不断持续发挥作用的。

养老机构与外部环境的关系主要表现为两个方面：其一，是外部环境对养老机构的作用；其二，是养老机构对外部环境的适应。社会外部环境对养老机构的作用，至少有三种：第一，社会环境对养老机构的决定性作用；第二，社会环境对养老机构的制约作用；第三，社会环境对养老机构的促进作用。

二、养老机构外部环境的内容

（一）基本内容

具体而言，养老机构的外部环境包括政策支持环境、经济发展环境、社会人文环境、行业竞争环境等。

1. 政策环境是首要因素

政策支持环境主要体现在政府主管部门对养老服务业发展的政策支持力度上，如扶持养老机构发展的相关政策的制定及发布、各项配套的优惠政策等。

2. 市场化机制是重要因素

经济发展环境则主要是养老机构发展的市场化程度，是否有相对成熟的市场机制可供养老机构自主发展，市场竞争环境的客观性、公平性等。

3. 人文环境是辅助因素

社会人文环境则主要指大的社会环境和文化环境，例如我国传统的“孝”文化对养老服务工作的影响，老年人的养老消费观念等。

（二）行业竞争

1. 行业竞争环境

行业竞争环境主要指同行业的养老机构之间合作和竞争的状况，是否具有纠正不正常竞争现象的机制等。这些环境因素，都可以不同程度地影响养老机构的发展。

2. 人际关系起重要作用

古人言：“天时不如地利，地利不如人和。”在养老机构的外部环境的诸种因素中，“人和”是最基本的因素。首先要和领导部门和气，取得他们的关怀帮助；同时要和社会各方面的群众搞好关系，得到他们的理解和支持。

第二节　理顺与政府相关部门的关系

在我国养老服务业发展的初期阶段，政府的主导作用至关重要。因为一个成熟的养老服务市场是不会自发形成的，需要政府的积极引导与推动。

一、理顺和政府部门关系的重要性

（一）有利于养老机构自身的发展

1. 养老机构管理者的必修课

养老机构在发展过程中，正确地处理与政府及相关部门之间的关系，是管理者必须做好的“必修课”。事实证明，养老机构与政府相关部门建立起良好的合作关系，实际上会形成一个“双赢”的结果。

2. 提高养老机构的稳定性

养老机构通过与政府相关部门的密切合作，可以享受到政府所提供的政策、信息以及其他方面的支持，有助于养老机构按照相关政策法规加强自身的运作和管理，不断提升服务质量，满足老年人的养老服务需求，获得快速、稳定的外部发展助力。

（二）搞好养老机构外部环境的注意事项

随着政府职能的转变，养老机构作为一个独立的法人实体（不包括公办养老机构)，与政府部门虽然不是上下级隶属关系，但完全可以成为良好的合作伙伴。养老机构与政府部门要建立起这种关系，具体而言，需做到如下三点：

1. 遵纪守法

严格遵守各项政策法规，依法开展养老服务业务，既是每一个养老机构生存发展的前提，也是养老机构与政府部门合作发展的基石。政府的各业务主管部门，实际上也是行使政府某一方面管理职能的代表，是相关政策法规的实施者。

2. 要形成与政府部门的良好合作关系

在正常情况下，政府部门是法律的执行者和贯彻者，也是监督者，因此养老机构必须明白，遵纪守法是基础。为此，要自觉树立遵纪守法意识、坚持有法必依、依法办事的理念，确保养老机构在政策法规规定的范围内开展活动。

3. 主动沟通

养老机构管理者的沟通能力，是营造良好发展环境的重要能力之一，与政府部门的合作，也需要主动加强沟通。养老机构管理者通过与政府部门的沟通，可以进一步熟悉发展养老服务业的大政方针，准确把握政府宏观调控和微观指导的要求，了解本地区阶段性发展的重点与方向，以便主动及时调整本机构的发展策略，避免盲目开发，确保发展的科学性、可持续性；同时，养老机构与政府部门的沟通，有助于政府有关部门及时了解本机构的运营情况和发展现状，为争取政府部门的具体指导提供方便。

二、养老机构在和政府交往中应坚持的原则

（一）养老机构坚持公益性原则

养老机构的整个生存和发展过程必须在政府有关部门的领导下进行，但是我们必须坚持，养老机构是慈善性公益性的社会组织，保持自己的基本职业操守，响应政府部门的号召，大力配合支持政府部门组织的公益性、行业性活动。

（二）养老机构坚持回报社会的基本原则

养老机构可根据自身实际，积极开展和举办相关的公益事业和社会服务活动，增强回报社会的主动性，在参与活动中提高养老机构的影响力，树立良好的社会形象。

第三节　正确处理与有关单位的关系

养老机构是服务于老人的专门的社会服务机关，和社会有关单位涉及面特别广泛，一位老人，就会涉及多个单位，几百位老人，涉及的单位是不计其数的，因此要特别重视处理好与有关单位的关系。

一、加强与新闻媒体的联系

（一）自觉接受新闻媒体的监督

在信息化时代，各类新闻媒体是“千里眼、顺风耳”，是能极大地影响受众的专业组织。通过新闻媒体的宣传，可以构建养老机构联系社会的桥梁和纽带。凡是善于与新闻媒体合作的养老机构，往往能获得“借船出海”的良好效果。养老机构不仅要学会正确认识新闻媒体的作用、敢于面对新闻媒体，善于和新闻媒体合作，还要学会积极运用新闻媒体，增强抓宣传、谋发展的本领，借助新闻媒体的力量促进本机构的发展与进步。要主动向新闻媒体求教，通过新闻媒体获取养老服务业发展的新理念、新经验、好办法，丰富自己。要敢于主动争取新闻媒体的监督，通过新闻媒体的触角发现本机构的问题，做到早发现、早纠正，防微杜渐，使舆论监督成为督促养老机构不断改进的推动力。

（二）加强与新闻媒体的互动

要加强与新闻媒体的互动与合作，充分尊重媒体，坦诚对待记者，以对媒体和记者的尊重赢得理解和支持。即使出现了问题，也要做到在记者面前不失语、不作秀，能说的如实说、充分说；可以有选择地说，但绝对不能说谎言、讲假话，遮遮掩掩，也不能“客客气气地说废话”。遇到媒体批评的事情，不要一触即跳，而是认真寻找差距、改进工作，使媒体与社会能够感觉到养老机构敢于正视自身问题的真诚。

（三）积极争取新闻媒体的参与

要重视积极开展新闻宣传，以鲜明的主题和生动的活动，吸引新闻媒体的参与。养老机构不要“关门办院”，不要把新闻媒体仅仅当成“广告栏”，而要学会争取新闻媒体对养老机构工作的深度参与。通过这种深度参与，既可以为新闻媒体提供一些养老服务领域里的鲜活事例，弘扬尊老爱老的良好社会风尚，又可以通过新闻媒体的宣传塑造养老机构外部形象，提高向社会宣传养老服务的能力。例如，与新闻媒体合作开展一些社会关注度比较高的养老服务主题活动、利用“老年节”等重大节庆活动合作策划专题活动等，都可以收到良好的社会效果。养老机构要做好这项工作，积极主动的参与意识是前提，贴近实际的科学策划是关键。

二、加强与属地居（村）委会的合作

（一）主动争取居（村）委会的支持和参与

养老机构所在地的外部环境非常重要。目前出现的养老机构因遭所在地居民的反对而无法开办的情况虽属个别现象，但充分说明所在地外部环境对养老机构发展的重要性。在优化外部环境的过程中，居（村）委会的理解、支持、配合至关重要。居（村）委会作为城乡居（村）民自我管理、自我教育、自我服务的基层群众性自治组织，在宣传群众、组织群众方面有其独特的优势。养老机构要积极争取所在地居（村）委会的支持，使其了解养老机构所肩负的社会责任，明确养老服务业发展的重要意义，努力协助养老机构解决面临的困难与问题，共同为老年人营造良好的养老生活环境。养老机构的建设和发展，如果能得到居（村）委会的参与支持，往往会取得事半功倍的效果。因为居（村）委会的参与，可以在居民群众中产生影响，从而使更多的群众居民认识和了解养老机构，支持养老服务事业。可以采取定期走访、邀请居（村）委会干部或居（村）民到院里参观、聘请居（村）委会代表担任社会监督员等方式，形成比较紧密的互动关系，进一步营造“机构照顾老人，老人影响家庭，家庭带动社会”的互动局面，为所在地的养老事业作出贡献。

（二）协助居（村）委会提供养老服务

养老机构作为专业性服务组织，在管理、人才等方面具有一定的专业优势，可以为社区居家养老服务提供必要的支持。目前阶段，许多居（村）委会也承担着提供社区居家养老服务的任务，因此，在居（村）委会提供服务的时候，养老机构应该积极提供必要的帮助和支持。如提供护理技能培训、建立老年人养老需求信息互通渠道等，使一定区域内的居家养老、社区养老与机构养老形成优势互补。这样有利于提高机构提供养老服务的社会效益，扩大养老服务业务发展空间。

三、加强与社会各界的联系

（一）发挥机构功能作用，为社区居家养老服务提供方便

随着养老服务业的融合发展，养老机构在做好入院老人照料护理服务的基础上，本着“为更多的老人解愁”的宗旨，借助自身在管理经营、人才队伍以及服务设施的优势，可以根据当地老年人的生活服务需求，拓展服务业务，发挥辐射作用，延伸服务范围，因地制宜地开展助餐、助浴、助医、心理疏导等社区养老服务项目，为有实际需求但未进机构养老的老年人提供具体服务，缓解老年人居家养老的困难。从目前各地的成功案例看，对于有条件的养老机构来说，以机构养老为主业，因地制宜地扩大服务项目，涉足社区居家养老服务，是一个既有社会效益也有经济效益的好选择。在未来我国养老服务业的发展格局中，社区居家养老服务将是重点，而养老机构通过发挥辐射作用，积极参与到社区居家养老服务中来，有利于加快发展养老服务业，满足老年人多层次、多样化的服务需求，形成融合发展的服务链，其意义非同小可，其发展空间也非常广阔。

（二）坚持开门办院，吸引居民群众参与

坚持开门办院，采取“请进来”“走出去”的方式，主动吸引居民群众参与。机构在床位有空余的前提下，可以针对居家老年人推出短期照料服务，可为长期居家照顾者提供“喘息服务”。也可组织社区老人和家属进入养老机构参观，让他们得以感受机构养老的生活氛围，为他们未来入住养老机构提前做准备。同时，也可组织入住机构的老人适当参加社区活动，为他们提供与居家老人、儿童、学生接触的机会，增强他们回归社会的意识。事实上，一个养老机构能够实现开门办院，是养老机构管理服务达到一定水平的标志。这种办院模式，客观上对养老机构提出了高标准的要求。如果达到了这个要求，养老机构一定会不断地有所发展、有所提高、有所前进。

（三）积极吸纳社会资源，增强资源整合能力

伴随着我国社会的不断进步和慈善事业的蓬勃发展，越来越多的爱心人士、志愿者、单位和企业关注养老事业，他们通过各种途径纷纷走进养老机构，为老人们提供物质、资金和精神方面的支持。这也为养老机构运营发展提供了重要的社会资源。但是，就某一个具体机构来说，这种社会资源不可能总是“从天而降”，如果具有“守株待兔”式的被动心态，再多再好的社会资源也会逐步枯竭。为此，养老机构要主动与各方面的社会资源进行对接，通过日常的联系沟通，以及必要的宣传推介活动，建立答谢回访制度等，让社会各界知晓养老机构的责任使命，了解机构的运行情况，逐步形成比较稳定的联系渠道，使这些社会资源发挥出积极作用。有条件的养老机构，可以尝试开展“养老服务时间储蓄制度”，在有关部门的支持下，可组织年轻老人进入养老机构开展助老服务，并且把他们的服务时间汇集“储蓄”起来，以备这些提供过服务的老人能在未来需要照护的日子里，可以换取到相应的免费服务。

知识拓展

2016 年 12 月 7 日，国务院发布《国务院办公厅关于全面放开养老服务市场提升养老服务质量的若干意见》（国办发〔2016〕91 号），提出“到 2020 年，养老服务市场全面放开”。

第一，进一步放宽准入条件。

降低准入门槛。设立营利性养老机构，应按“先照后证”的简化程序执行，在工商行政管理部门办理登记后，在辖区县级以上人民政府民政部门申请设立许可。

放宽外资准入。在鼓励境外投资者在华举办营利性养老机构的基础上，进一步放开市场，鼓励境外投资者设立非营利性养老机构，其设立的非营利性养老机构与境内投资者设立的非营利性养老机构享受同等优惠政策。

精简行政审批环节。全面清理、取消申办养老机构的不合理前置审批事项，优化审批程序，简化审批流程。

第二，优化市场环境。

进一步改进政府服务。举办养老机构审批过程中涉及的各有关部门，都要主动公开审批程序和审批时限，推进行政审批标准化，加强对筹建养老机构的指导服务。加快推行养老机构申办一站式服务，建立“一门受理、一并办理”的网上并联审批平台，进一步提高审批效率。根据消防法和有关规定，制定既保障安全、又方便合理的养老机构设立和管理配套办法。

完善价格形成机制。加快建立以市场形成价格为主的养老机构服务收费管理机制。对于民办营利性养老机构，服务收费项目和标准由经营者自主确定。

加快公办养老机构改革。各地要因地制宜地设置改革过渡期，加快推进具备向社会提供养老服务条件的公办养老机构转制成为企业或开展公建民营，到 2020 年政府运营的养老床位数占当地养老床位总数的比例应不超过 50%。鼓励社会力量通过独资、合资、合作、联营、参股、租赁等方式，参与公办养老机构改革。

加强行业信用建设。建立覆盖养老服务行业法人、从业人员和服务对象的行业信用体系。

案例点评

简介：老人住在某养老院内，一日突发哮喘。院方遂通知家属，家属赶到后认为应该送医院，但老人的医保卡被养老院的医护人员带去医院给老人配药了，家属提出等医保卡拿回后再去就医，院方提出直接用现金就医，并说院方已将现金准备好。但家属坚持要等拿到医保卡才肯去医院。院方见时间紧迫，打 120 请求派出救护车，等救护人员赶到后，给老人做了急救治疗，但因急救无效在养老院内去世。家属认为养老院应当承担延误救治的责任，应负担丧葬费等费用。但养老院认为其已经尽到护理之责，老人发病后，及时通知家属，家属没有及时送老人去医院是老人耽误救治时机的主要原因，养老院不应承担责任。

点评：老人突发哮喘，院方应立即救治老人，如养老院医疗条件有限，应立即呼叫 120 急救中心送医院救治，同时通知其家属。此次事故老人家属要承担主要责任，家属应在养老院的配合下先将老人送医院救治，不应为医保卡而延误老人的救治。无论家属是否同意送医院治疗，养老院均应通过专业人员的判断作出决定。如因此耽误，养老院也将承担救治不及时的部分责任。

同时，养老院有关人员应熟悉医保政策，并告知老人家属，根据《医疗保险条例》，急诊可先用现金支付，事后可持收据与病人医保卡到所在地医保中心报销，医保卡不在不会影响老人看病后的医保问题。

第十四章　人才整合和管理决定性因素

在社会发展的诸种因素中有很多是重要的因素，但人才是决定性的因素，同时对人才也要进行整合管理，“一盘散沙”式的人才也是不能起作用的。

第一节　选择合作者和投资人

养老机构是具有慈善性的低利和微利的公益企业，在创建初期就应该选择好合作者和投资人，否则在经营中一旦遇到困难和挫折，就会有很大的风险。

一、合作者的选择

（一）合作者的重要性

1. 告别单兵作战

一个人可以一枝独秀，但是不能独霸天下，只有懂得真诚合作的人，才能生生不息地发展。许多人遇事喜欢单打独斗，具有个人主义特色的英雄情结。毕竟单枪匹马的英雄时代已经过去了，在当今这个分工越来越精细的时代，单兵作战已经站不住脚，合作变得越来越重要，合作共赢才是硬道理，企业必须告别单兵作战，学会合作取胜，这也是当代企业的共识。企业合作本身不是目的，借助别人的力量才是取胜的关键。

越来越多的企业因为单打独斗而败下阵来，一个人的力量终究无法与大家合作的力量相提并论。

2. 团队制胜

人与人之间需要合作。团结就是力量。现代企业需要团队意识、合作精神。在商业社会，只有与合作伙伴团结一心、精诚合作，才能在日益激烈的竞争中脱颖而出。

一个人的智慧是有限的，因而要参考他人的意见。一个企业的技术也是有限的，因而要借助并吸收其他企业的先进技术和成果。企业之间的取长补短，共同发展，就是企业通过协作获取外部资源的能力。

（二）选择合作者的要素

第一，有德有才，人品过关。优秀的道德品质是互相信任的基础。刚开始创业，没有很多的制度和流程约束，更多的是激情和自发。

第二，能够沟通，志同道合。企业是利益共同体，合作双方都有责任主动沟通。

第三，能共同承担责任的人。创业是一个不断犯错、不断学习改进的过程。在合作的过程中应尊重对方，摆正自己的位置，互相坦诚且共同承担责任。

二、合作者组成团队的初期建立及初期创业

（一）合作团队的初期建立

合作团队初期建立的前提条件有以下几点：

第一，理念上要正确。要坚信合作能够健康地发展下去，而且遇到事情可以共渡难关。

第二，持续不断的沟通。开始要沟通，遇到问题要沟通，解决问题要沟通，有矛盾时要沟通，不要把矛盾对人不对事情本身。

第三，丑话说在前面。合作者初建时候需要把最基本的责任、权利说明白透彻，尤其股权、利益分配，包括增资、扩股、融资、撤资、人事安排、解散等。

第四，向前看。合作者初建过程中，遇到问题矛盾应向前看，向前的利益是一致的，因为成功会给大家带来丰厚的收获。

找到合作者，需要取长补短。合作者之间肯定有优势和劣势。只有认识到这些，取长补短，互相尊重，优势互补，才能充分发挥个人和集体的优势，在竞争中获胜。

合作者初建时合作人的选择标准有以下几个参考条件：①合作者之间的商业信任；合作者之间不能够把所有问题都用道德和情谊解决，要建立在商业的基础上，用商业的解决方法解决合作纠纷。②有共同的目标；商业合作中有共同的目标是找到合适的合作者的关键。

（二）合作者的初期创业

作为初期创业的创业者，可以没有人力、物力、财力，因为只要你拥有“合伙的智慧”，就可以通过合作来借用别人的物质力量，达到成全自己成就别人的目的。

越来越多的现代型企业，在创业之初就选择了股份制的合作模式，股份合作也是目前市场上最适合市场经济的创业合作形式。

合作者初期创业应注意以下几点：

第一，有效解决矛盾。当矛盾不能解决的时候，应立刻停止争论，停止人事波动，对事不对人地分析问题，还应主动寻求外方的力量，尤其是双方都信得过的好朋友来解决问题。

第二，不要计较小事。很多合作中的小事小的利益点不要过于计较，对企业的长远发展不利。

第三，及时协调。任何事情都不可能在最初的规划和设计中周全，事情是随时有变化的。合作中，遇到新问题及新矛盾一定要先说清楚，立下字据再行动，千万不要先干再说。

第四，不要轻易考验对方。团队创业前期本不是易事，特意去考察考验合作伙伴会得不偿失。合作一定是建立在信任的基础上的。

三、投资人的选择

（一）选择投资人的先决条件

1. 选择投资人的时机

人人都知道，想要成功创业就需要找到合适的项目，很多投资人的想法都是“好项目是成功的一半”，这样看来当你手里有好的养老项目抑或有好的养老运营思路或产品的时候便是选择投资人的时机。

在选择投资人之前有必要弄清楚公司的商品或者服务、经营的方式和营收的来源，包括自己的竞争环境、面对的挑战和机会，以及企业的优势和弱点。

2. 如何选择投资人

在选择投资人时，合作性是很重要的，能否合作成功也决定了企业的成败。企业的发展通常是充满挑战的，尤其是养老产业处于发展的前期。

选择投资人前面已经提到过必须是自己有好的项目、产品或者思路的时候才是时机，当然最好是自己的项目有好的运营思路及相对成熟的时候，除此之外最重要的就是人才及团队，投资人一般看好的都是一个精良的团队。当这些都准备好的时候才有资格去选择投资人，在选择投资人的时候需要特别注意的是投资人的要求，需要确认投资人投资的回报形式、是否介入管理、介入管理的程度等。所以投资人的选择最好是不干涉日常的经营活动，能够给团队充足的时间进行拓展，并能够支持团队的创新等方面。

（二）投资人的入驻

1. 投资人入驻对养老企业的影响

投资人入驻后，首先肯定对养老企业的拓展是利好的，企业可以有资金进行拓展产品、服务和项目，在品牌建设上能够有的放矢。其次对团队的信心方面，在入驻前团队资金相对匮乏，在各方面会滞后些，在各方面强大起来后，团队的自信心也会增强。当然也会有压力，前面说到过最好是找到对回报形式最优的进行选择，但是现实是任何投资人肯定是要取得回报的，所以对于养老企业的压力会增大，特别是经营团队。在经营策略上要不断地更新，在保证产品及服务的基础上以获得利润点。

2. 投资人入驻后养老企业的发展

投资人入驻后会考量公司经营中的表现会不会和同行业的其他企业一样好，公司的获利率是不是能够和同行业相提并论。

基于以上考量，投资人入驻后，养老企业不论是产品、服务抑或是项目肯定需要进行开发、拓展、创新。在发展中养老企业在短时间人员会增长，给团队的经营会带来一轮机会及冲击。在机会上团队在扩大，组织扩大才能有机会变大变好；冲击便是人多了后的管理难度也会增加，并伴随着压力，容易造成团队老员工的流失。当然任何事情都有利有弊，因此需要养老企业在发展中求稳，在发展中创新。

第二节　选择一位优秀职业经理人

管理科学发展到20世纪中期，出现了所有权和管理权分离的现象，这种专门为企业管理的职业经理人制度，经过历史的检验，是一个很好的制度。

一、职业经理人具备的基本素质

（一）职业经理人的含义

职业经理人，是指在一个所有权、法人财产权和经营权分离的企业中承担法人财产的保值增值责任，全面负责企业经营管理，对法人财产拥有绝对经营权和管理权，由企业在职业经理人市场（包括社会职业经理人市场和企业内部职业经理人市场）中聘任，而其自身以受薪、股票期权等为获得报酬主要方式的职业化企业经营管理专家。

职业经理人这个词语来自英文中的“professional manager”一词，它的责任是帮助企业完成它的使命，因此，一个称职的职业经理人一定要了解企业的使命，知道自己需要做什么来帮助企业完成使命，将自己的团队带好。

（二）职业经理人所具备的能力

职业经理人要求专业性要强，有一定的策略能力和高度。更重要的是为人的包容性。一个职业经理人最重要的职责是带领团队完成任务，最重要的职责是如何协调好团队成员的关系。好的包容性是好的管理的前提。

职业经理人需要有一定的能力；“能力 = 心态 + 沟通 + 知识”；心态第一，摆正自己的心态，对处理事情具备积极的态度；沟通第二，必要的沟通能力及沟通技巧需要具备；第三是知识，要有终身学习的态度。

职业经理人要具备现代化的多元视角，诚实是情商的基础，是管理人员的基础，更是充分发展企业的重要基础。

二、如何选择养老机构职业经理人

（一）养老机构职业经理人的特殊性

养老机构职业经理人不同于一般职业经理人，主要体现为：不仅需要具备一般职业经理人的素质，还得保留初心，这里的初心主要体现是对老年人的那份爱心、耐心和细心；在日常的管理中必须处处为客户满意度去衡量解决问题，在遇到问题时必须要耐心地解决，必须在日常的管理中观察细节；总体来讲养老机构的职业经理人格局必须大。只有这样，才算得上一名合格的养老机构职业经理人。

（二）选择养老机构职业经理人

1. 养老机构职业经理人的职能

养老机构职业经理人是整个机构的领头人，必须引导养老机构向着正确的方向发展。方向主要体现在养老政策及市场的判断，响应政府的为老服务政策是基准，在市场上取得竞争优势是亘点，然后抓住机构内部管理，这便是养老机构职业经理的职能。

2. 养老机构职业经理人应具备的素质

（1）商务礼仪。简要概括为举止得体、仪表大方、谈吐文雅。

（2）时间观念。遵守上班时间、会议时间、同外公司的人约定的时间。上班应比公司所规定的时间早到五分钟左右，利用这短短的几分钟，使自己的心情稳定下来，准备迎接一天工作的挑战。下班前注意整理桌面、重要文件归档、确认第二天工作。

（3）角色认知。对上司的决策不应盲从。如有不同意见，应坦诚申明自己的观点、见解。

（4）懂得复命。完成上级布置的工作任务后应向上级反馈工作结果，而不应被动地等待上司的过问。

（5）有效沟通。懂得面对不同的沟通对象，选择合适的沟通方式，并懂得沟通的基本要素：表述、倾听、反馈。

（6）情绪控制。运用对事不对人的原则处理工作中的冲突，并善于将工作与生活分开，不将生活中的负面情绪带到工作中。同时，也不要因为工作压力影响了生活质量。

（7）成本意识。为了公司利益，做事考虑工作效率和降低成本。

（8）同事交往，简化关系，避免是非。将同事关系定位为工作伙伴，不以私人感情影响工作关系。

（9）职业道德，注重职业形象、行业声誉，“规规矩矩做事，堂堂正正做人”。

在选择养老机构职业经理人的过程中，必须把握以上几个条件，另外，养老机构职业经理人必须是喜欢这个行业和人品必须过关，最后是要有相当的能力。

第三节　医务和护理总监的选择

在养老机构中，医务工作和护理工作是最基础的两个方面，因此选择好这两个总监是机构服务质量提高的关键。

一、医务总监

（一）医务总监的岗位职责与工作制度

1. 医务总监的工作岗位职责

（1）负责全院医务服务的管理工作；

（2）负责本部门的医务服务质量的自控管理。

2. 医务总监的工作制度

（1）根据国家颁发的有关条例、制度、标准，结合养老机构实际情况，组织全院医护人员认真贯彻执行。

（2）对医务纠纷进行调查沟通解决，按照《医务事故处理条例》要求组织医务事故技术鉴定及法律诉讼。

（二）医务管理的重要性

在养老机构中医务管理的重要性应该处于很重要的位置，在机构中的老人多半患有慢性病，慢性病管理是养老机构医务管理很重要的部分，再就是突发性疾病在机构中的发生比率也不小，所以对于养老机构来说医务管理的重要性显而易见。

二、护理总监

（一）护理总监基本岗位职责

第一，在院长的领导下，负责全院入住老人的照护工作，安排每周的护理工作。

第二，负责制订护理计划，组织实施，并定期进行检查，按时总结汇报。

第三，负责护理区日常护理质量管理，经常监督护理人员严格执行各项规章制度和技术操作，加强医护结合，严防差错事故。

第四，负责护理人员的培训、考核、院内调配

第五，接待老人家属的来访，做好家属访谈记录和探访情况。

（二）护理总监管理的重要性

护理总监在日常的机构管理中处于一个非常重要的位置。护理总监的管理一般为业务性的管理，在管理中重点为入住老人的查房询问，配合质检相关部门的质控，提升客户服务满意度，安排好日常的护理部门运作。

护理总监在机构中处于中枢位置，在这个角色上的历练是相当大的，通常能够保持良好的管理能力及同事关系处理能力的情况下会很快将整个机构的大局把握住，并向院长负责。

第四节　部门经理的选配及管理

养老机构中的各个部门是中坚的力量，特别是大中型的养老机构，一个部门会管理几百名员工，因此选择好部门经理十分重要。

一、部门经理具备的要素及选配

（一）部门经理的基本要求

1. 专业能力

作为一名部门经理，掌握一定的专业知识与技能是从事管理工作的基本要求。它是发挥部门经理各种能力素质作用的基础，是制定正确的部门工作目标的保证，也是部门经理在下属和团队中树立影响与权威的关键。专业能力的来源无非两个方面：一是从书本中来，二是从实际工作中来。而实际工作中需要向自己的领导、同事甚至下属学习。

部门经理应认真学习财务知识、行业知识、产品知识、经营管理知识和相关法律、

法规等知识，以不断提高自身的文化底蕴，提高言谈的广度与深度，从而确立自己在客人面前、在员工面前沟通交流的分量与可信度。

2. 执行能力

中层管理者，尤其是部门经理，作为地方区域的决策者、领导者，承上启下，作用非常重要。

部门经理不仅要带头去不折不扣地执行上级下达的任务，还需要有主观能动性，能见机行事，承担责任，有主见，有谋划地进行。

或许，我们每天的工作并不复杂，但是，什么是不简单？能够把简单的事千百遍做对，就是不简单；什么是不容易？把大家公认的非常容易的事情认真地做好，就是不容易。锁定目标，将能量和精力聚集在一点上，目标一旦确定，一切归于简单。专注重复，每一天，每一月，每一年，简单的事情重复做。在重复中完成使命，在重复中积累经验，在重复中不断提升。

3. 沟通协调能力

所谓沟通，是指沟通彼此的意见。这种沟通包括两个方面，跨部门间的沟通，本部门内的沟通（包括与自己的下属、自己的同事等）。养老院是一个整体，每个部门都是整体中的一分子，必然会与其他部门发生联系，沟通也就必不可少。沟通的目的不是谁输谁赢的问题，而是为了解决问题，解决问题的出发点是企业利益，部门利益服从企业利益。部门内的沟通也很重要，下属工作中的问题，下属的思想动态，甚至下属生活上的问题，作为部门经理，我们需要了解和掌握，去指导，去协助，去关心。反之，对于自己的上级也要主动去汇报，汇报也是一种沟通。

（二）部门经理的选择

1. 部门经理的面试重点

在部门经理面试的过程中，往往会注重其相关管理经验，在相关领域所获得的荣誉抑或是证书。当然更重要的是面试者在面试中的沟通能力。

2. 各个部门经理间的配合

部门经理之间的配合是决定养老机构能否高效率运转的重点，部门经理间因为领域的不同往往会发生争执，这会阻碍正常工作的推进。但是良好的沟通会大大减少在类似事项上的时间浪费。部门间经理的良好配合会成为润滑剂，使得院长及部门内部的人员获得高效率快节奏，使院内的相关工作顺利推进。

二、部门经理的管理关注重点

（一）团队组建

要有明确的团队目标，并使其深入每个员工的内心。目标是一面旗帜、一盏明灯，它可以带领大家朝着共同的方向去努力、拼搏，直至达到预期的结果。做任何事情，如果没有明确的目标，就好比散兵游勇，在茫茫的大海中永远找不到停靠的岸。目标可以是管理目标、生产目标，也可以是安全目标、品质目标、效率目标，只要经过深思熟虑制订出了符合自身发展要求的目标，就必须让每位员工牢记在心，在班前会上进行多次宣导，让大家统一思想、达成共识，明确努力的方向，这样才能有目的、有计划地去工作和生产。

一个优秀的企业，强调的是团队的精诚团结。团队成员之间如何沟通是一门大学问。因为，成员之间如果沟通不好，往往会产生矛盾，形成内耗，影响企业的正常运转。管理者要相信下属，发挥大家的智慧和力量为企业献计献策。要为管理者与员工之间、员工之间、管理者之间的相互沟通和交流，积极创造条件。在团队中形成上下之间、员工之间诚挚沟通、相互信任、相互合作的良好氛围。

团队的组建主要分为几个方面，首先是进行专业招聘，配合公司的人力资源部招聘所有部门的新人，进行基本培训后上岗。再就是利用本机构的人员进行内部竞聘，对本部门感兴趣的可进行调配。

（二）部门运行中的管理重点

在部门运行的过程中，应注重部门人员的职业规划访谈，形成机制；在运行过程中时刻关注员工的动向，在必要的时刻注重企业文化及员工关怀。

部门运行当中必须注意团队中个人的一己之利问题，当发现个人利益大于组织利益时，当断则断，谨防小团体主义。

第五节　人才招聘和激励机制

奖励是最好的管理措施，因此养老机构必须做好人才招聘与激励规章制度，并给予员工更多的奖励，提高他们的工作积极性。

一、养老机构的用人选择

（一）社会招聘

1. 养老机构社会招聘的优缺点

传统的养老机构通用的方式为社会招聘，在招聘会、家政公司、招聘网站中进行招聘。优点是方式灵活，招聘面广，能够快速招聘到面试的人员。缺点是渠道分散，面试的人员水平参差不齐，有时候很难面试到优质的护理人员。

2. 养老机构社会招聘的注意事项

在社会招聘的形式中需要注意把控人员的面试关，在大量的面试人员中能够快捷及准确录用合适的养老机构专业人才，主要把控面试人员的养老机构相关经验、基本文化水平等方面。

（二）专业学校专业人才

1. 专业学校招聘的优缺点

专业学校招聘的优点为面试者专业性强，可培育及可塑性强，入职者可以迅速掌握相关专业知识及技能，发展成为养老机构的管理人才。缺点也比较明显，人员的输出量少，获得人员的机会小，薪资的支付往往过高。

2. 专业学校专业人才招聘的注意事项

专业学校专业人才的招聘中需要注意学校的选择、企业文化的培养及与学校的沟通。在招聘中实事求是，留住人才，可持续发展。

二、养老机构专业人才的素质要求

（一）养老机构专业人才的思想素质

1. 养老服务业人才的职业道德

养老机构的服务人员需要具备一定的文化、道德素养，需要更多的爱心、关心和耐心。

养老服务业人才的职业道德就是规范养老护理员运用公共的行为标准，处理与老人之间和老人亲属之间、与同事和社会之间相互关系的准则。

2. 养老服务业人才的职业信念

（1）养老护理人员在工作中无论老人的条件如何均需要同等地对待。

（2）必须具有正确的劳动态度。

（3）养老护理工作是一项繁杂的体力劳动又需要花费相当的脑力。

（4）需要具有优秀的团队守则。

3. 养老服务业人才的职业守则

养老服务人员需要尊老爱老、以人为本；服务第一、爱岗敬业；遵章守法、自律奉献。

在为老服务的过程中必须遵守老年护理工作的相关规章、制度和流程。绝不能够带着情绪工作，任何事情均需要按章办事。还要注意和家属沟通的程序，处理好关系。

在新时代的养老护理工作中，我们应树立长远的目标，保持良好的心态，在护理服务工作中要具备爱心、细心、耐心、热心、诚心。

（二）养老机构专业人才的业务素质

1. 养老服务业人才的专业素质

良好的业务素质是养老服务人才顺利开展工作的根本保证。养老机构管理者首先要熟悉与养老护理相关的法律法规及行业规范，运用相关的专业知识、技能组织和指导本单位的业务工作。应具备的专业素质主要有四点：

（1）先进的护老思想和观念。

（2）贴近老人的专业化眼光。办任何事项都要结合老人的特点，一切以老人的满意度为服务标准。

（3）全面的专业知识和技能。养老服务人才需要懂得社会学、伦理学、心理学、护理学、老年学等学科的基础知识，了解老人的生理特点，熟悉掌握各种护理操作，掌握老年人生活照料的各种方法。

（4）较强的心理护理能力。养老服务人才需要培养好心理状态和行为。学会语言性沟通和非语言沟通，要采取有效的沟通方法，面对不同的老人采取不同的沟通方式，包括询问式交谈、鼓励式交谈、问谈法等。

2. 养老服务业人才的组织管理素质

组织管理能力和水平是养老机构管理人员的必备条件之一，组织管理素质最起码需要具备四点：

（1）驾驭全局的能力。养老机构中的事情处理往往细杂及紧急，这时候特别需要驾驭全局的能力，稳住全场，使风险性降到最低。

（2）观察能力。在日常的巡查中发现问题，解决问题。

（3）协调能力。协调能力主要体现在对内及对外两个方面。对内能够对各个部门配合，工作有条不紊地推进。对外主要体现在对政府、物业、社团组织等各个方面的配合及合作。

（4）组织计划能力。善于在繁忙的工作中抓住重点，分清紧急重要、重要不紧急、紧急不重要、不紧急不重要的事务处理。带动组织全体员工心往一处想，劲往一处使。

3. 养老机构专业人才的法律意识

养老机构专业人才在法律方面需要做到懂法、知法、用法；在日常为老服务及管理中应切实贯彻《中华人民共和国老年人权益保障法》；增强法制观念。

4. 养老机构专业人才的创新意识

在日常的老年服务及管理的过程中应不断地与时俱进，在思路上创新，在工作方法上创新，不断提高工作效率和质量，培养创新精神。

三、养老机构人才的培养途径

（一）养老机构的校企合作

1. 校企合作的选择

在校企合作的选择上可以选择一般的学校直聘和“订单班”合约式两种方式。学校直聘是指参加相关校园的招聘会的形式，“订单班”合约式则指的是与学校长期的合作取得互相信任后签订的人才直接输出的形式。

2. 校企合作的可持续性

可持续性是指一种可以长久维持的过程或状态。要想保持可持续性必须做到生源的源源不断，如何做到持续性必须要关注的就是企业能否留住人才，并且与学校的沟通是否畅通，这需要付出很多努力。如果任何一方面失误，都将对可持续性造成影响。

（二）人才职业技能培训

1. 机构内职业技能培训

在机构内的培训主要通过理论及实操的形式进行培训。往往分为入职培训及阶段性培训。入职培训主要培训的方面为企业文化及在机构中工作的基本常识；阶段性培训多会进行分节培训，主要针对护理实操进行培训及考核。

2. 专业培训机构职业技能培训

专业化培训一般是在机构内培训完成后，进行护理人才的升华培训。主要体现在三个方面：

（1）因地制宜组织培训。结合养老机构的实际情况及经营情况，聘请学院学者、教授，或者行业内的一线精英从业者，帮助护理人员弥补相对理论及实操的不足之处。

（2）获取高资格职业证书。通过国家认证的养老服务执业证书，通过国家初级护理员、中级护理员、高级护理员、技师护理员等执业资格认证。

（3）外出考察培训。单位或者个人到相关机构或者国外的机构进行学习及实训。这样能够更好地吸取经验以用到自己的日常工作中。

四、养老机构人员的激励机制

（一）绩效管理

1. 企业人员绩效管理制度

绩效管理制度是企业人力资源管理的核心职能之一。绩效管理制度是为了实现科学、公正、务实的绩效管理的规范，使之成为有效地提高员工积极性和公司生产效率的手段。为提高公司竞争力，保证公司目标的顺利达成，在公司形成奖优罚劣、管理标准、公平人性的氛围。因此绩效管理制度是公司管理体系中重要的组成部分，也是人力资源管理的核心保障。

2. 养老机构人员绩效管理制度

养老机构核心部门护理部的绩效管理要稍不同于办公室人员，不同之处主要体现在考核的分数主要取决于护理知识及客户评价等方面。护理知识主要体现在日常理论及护理操作的考试。客户评价方面主要体现在得到家属及老人表扬抑或是受到了家属及老人的投诉，最后结合一起搭班的同事的员工互评，共同形成绩效评价，尽量使得评价机制有效、公平。

（二）企业文化激励

1. 企业文化激励对机构人员的影响

企业文化激励可以说也是一项可持续发展的事项，在养老机构的工作中，良好的企业文化可以使员工的离职率大大降低，并且在圈内的口碑也会频频上升，最终形成竞争力。

2. 企业文化激励的深远意义

企业文化是指企业在社会主义市场经济的实践中，逐步形成的为全体员工所认同、遵守、带有本企业特色的价值观念。经营准则、经营作风、企业精神、道德规范、发展目标的总和。

企业文化是企业中形成的文化观念、历史传统、共同价值观念、道德规范、行为准则等企业的意识形态，企业领导者把文化的变化人的功能应用于企业，以解决现代企业管理中的问题，就有了企业文化。企业管理理论和企业文化管理理论都追求效益。但前者为追求效益而把人当作客体，后者为追求效益把文化概念自觉应用于企业，把具有丰富创造性的人作为管理理论的中心。这种指导思想反映到企业管理中去，就有了被称为企业文化的种种观念。

企业文化的内涵具体包括如下一些因素：价值观、行为准则、企业经营管理哲学、经营理念、企业精神等构成企业文化的核心内容。是企业为生产经营管理而形成的观念的总和。是一种以人为中心的企业管理理论，它强调管理中的软要素，其核心含义是企业价值观。

构成企业文化的要素有五个方面：企业环境、价值观、英雄人物、典礼仪式、文化网络。

其三大结构要素，即企业物质文化要素、企业制度文化要素、企业精神文化要素。

企业文化的激励影响的不仅仅是在职的员工，甚至会影响到员工的家庭，在员工的家庭中形成效应。促使员工对企业的信任更加牢固。企业文化的激励往往体现在人性关怀上，真正使员工快乐地工作，快乐地生活。

知识拓展

休假式培训

现代企业管理制度中，很多知名的大公司对中高级管理人员的培训往往采取出国培训与休假相结合的方式，比如，在国外用两个月的时间，一个月参加专门的培训，一个月用于休假和考察观光。

案例点评

简介：某民营企业在学习现代化企业管理制度中，也在推行企业文化培养制度，一天一个员工问董事长什么叫企业文化，董事长说“企业又没有上过学，哪有什么文化”。

点评：上述企业老板确实是没有文化，不知道现代企业管理制度能培养人们的团队精神和忠于企业的精神，不只是靠奖金和制度管理，更应该靠企业的文化氛围、老板的个人魅力和修养以及对社会的奉献精神，才能使企业获得成功。

第十五章 筹备养老机构的前期准备

古人云："万事开头难"，因此在筹备养老机构的时候，必须把开始的几件事情做好，有了充分的准备才能够得到较好的效果。

第一节 市场调研

经济学上有一个重要的理论，"市场是看不见的手"，对社会的发展和养老机构的发展起着重要的作用。正因如此，我们要开展深入的市场调查，尽量掌握这只"看不见的手"的基本状况，这样才能完成我们应有的工作任务。

一、市场概况

（一）宏观市场

1. 国际市场

在现在世界上230多个经济实体中，已经有30多个经济实体进入老龄化社会，其中欧美、日本在20世纪80年代就已经进入老龄化社会，上述国家和地区对养老问题的实践和研究对我们有很好的参考作用，因此掌握世界基本的养老状况也是很必要的。

2. 养老机构国际化趋势明显

我们在进行宏观市场调查和分析的时候，必须以国际化的视野和高度来思考问题。2017年8月2日至5日，中国北京举行了第六届国际老年产品博览会，参展机构有1000多家，其中外国的参展机构就有200多家，占参展机构总数的1/5以上，说明养老机构的国际化程度已经十分明显，特别是大中型的养老机构，必须认真地熟悉和了解国际市场状况，才能发展自己，达到同国际接轨的重要目标。

（二）国内市场

1. 掌握国内市场的宏观情况

我国进入老龄化社会已经20年了，但在前17年都是以计划经济为传统对以计划经济为主的养老机构管理体制，最近两年国内养老机构的市场化力度开放很大，对外国资本和民营资本都取消了准入限制，整个养老市场呈现出一片繁荣的景象。因此，养老机构的管理者应该熟悉地把握和了解国内的养老市场。

2. 掌握细分的市场情况

本次调研主要从老年人的年龄、经济状况、文化背景、居住模式四个方面调研，得出民营养老院是面向中等收入老人的普通养老院，辅助提供面向高收入小群体的定制化养老服务。企业创办养老院，以满足老年人的文化、健康和娱乐需求为目的，完善养老服务，营造良好的养老环境。同时也要打破传统的居家式的养老模式。

通过对周边需求市场的调研，对老年市场进行细分，明确老年人的养老需求，从而为本项目进行市场定位。通过背景问题对老年市场进行细分，针对不同年龄、不同经济状况、不同文化背景以及不同居住模式的老人进行调查，分析老年人倾向的养老模式以及养老院的选址、服务类型和具体服务项目等问题，从而为本项目做出市场定位。

二、市场需求

（一）入户需求调查

1. 设计入户调查需求方案

本次调研从老年人年龄、经济情况、文化背景、居住模式四个角度深层探索老年人市场的需求。

（1）按年龄细分为年龄结构、养老模式的选择、整体服务的需求、具体服务的需求，民办养老机构可以根据不同需求创建不同的养老环境。

（2）按经济状况细分为可支配收入、愿意为进养老机构支付的费用这两部分，养老机构面向市场的费用是根据这两方面的因素所决定的，民办养老机构只有考虑消费群体对养老机构的消费水平才能盈利。

（3）按文化背景细分为按退休前职业细分、按文化程度细分，发现不同文化背景的老年人所需要的养老环境和设施是不同的，所以养老机构应该根据周边的消费市场建立能够满足大部分老年人所需环境的养老机构。

（4）按居住模式分为婚姻状况和家庭成员情况分析，根据老年人现处的家庭环境来决定养老机构内部设施，使老年人在养老院居住时更舒适。

本次调研依据现实数据，从不同的角度分析不同条件的老年人对养老机构的不同需求，企业应该从老年人的具体需求进行完善性建设，可以在普通养老院中设置个性养老服务来满足特殊需求的老年人。在养老机构设立地点的选择上也应接近社区，使老年人有居家的感觉。在价位上，应将价位定为中等价位来迎合广大老年人的消费意愿。

2. 确定入户调查社区

根据上述调查内容的基本要求，我们应该选定入户调查的社区，应该注意以下几个方面：

（1）要选好不同的城市。大体上选好六个城市，一是东、中、西部各选一个，二是大、中、小城市各选一个，这样的选择才有代表性和普遍意义。

（2）选好城市中具体的社区，至少要选择两个有代表性的社区。从时间上来看，一个是老的社区，一个是新的社区；从规模结构上看，一个是特大型小区，一个是中小型社区。

3. 分析调查结果

在取得一定的调查样本以后，下一步的工作就是分析调查结果，应该注意以下事项：

（1）调查表格做出之前就应该做出相应的指标样本分析，这样便于统计和分类，节约人力、物力。

（2）调查表要具有普遍性。上述讲的六个城市的调查表中，一个城市一千份调查表是必需的要求，否则调查的数据就会缺乏普遍性和代表性。

（3）运用现代化的信息管理系统。前面已经讲过现代办公系统具有很多优越性，如果我们设计的表格能够进入现代办公系统执行，这是最好的方法和途径。

（4）通过分析找出有启发性的结论。我们搞市场调查的基本目的，一方面是让大家深入实际，了解基本情况；另一方面是通过调查，找出具有规律性启发性的结论，以利于指导我们的工作。

（二）筛选有效需求

马尔萨斯最早提出了“有效需求”的概念，即商品的有效需求就是一种能满足商品供给的自然和必要条件的需求。凯恩斯则对“有效需求”给出了更明确的定义：有效需求是指市场上有支付能力的总需求。

从消费经济学的角度看，商品或服务的消费需求可以分为潜在需求与有效需求。消费者具有购买欲望而无支付能力时的需求为潜在需求，而既具有购买欲望又具有支付能力的需求则为有效需求。近年来，我们在讨论养老服务的需求时，没有区分需求、潜在需求和有效需求，而且在大多数情况下，有效需求被忽略，因此造成了我国养老服务领域的这个怪圈：一方面，潜在的养老服务需求使民政部门不断增加养老机构的床位；另一方面，有效需求不足则使养老机构的床位难以得到充分利用。

非营利经营，本质上就是成本核算，收支相抵，略有盈余。要让老年服务机构可持续地发展，收取的服务费用就必须略高于成本支出。在有服务照护需要的失能老人凭借自己的退休金收入不能支付服务费用时，政府就不得不给予补贴，这已然成为国际惯例。政府补贴起到了两个作用：一是失能老人的服务照护需要得到了满足；二是老年服务机构能够可持续地成长和发展。

现在的老年服务也许是一盘死棋，有服务照护需要的老人没有支付能力进不了老年服务机构，老年服务机构的床位空闲经营亏损缺乏可持续的后劲，老年服务机构不发展，拉社会福利事业的后腿，社会福利事业发展迟缓造成很多社会问题……从这个意义上讲，有了政府补贴，就切断了这个恶性循环，可谓满盘棋皆活，并且还将影响到整个社会福利事业连同社会工作、社会组织、社区服务的推进，进而推动到整个民政事业的发展。

在现实生活中，人们的意愿需求是比较广泛的，但是要真正转化为有效的需求，还要受到很多社会条件的限制，一是自然条件的限制；二是必要条件的限制，只有二者达到统一，意愿需求才能转化成有效需求。举例来说，现在人们普遍对食品的卫生情况感到担忧，都想使用绿色产品，但是现在我们的自然条件是长期施用农药和化肥以后造成的相应的土壤破坏，要改变需要较长的时间。同时，有机的农产品价格也很贵，大多数老人的收入又比较低，所以这个意愿需求需要一定的时间过程才能转化为有效需求，所以要通过不断的努力来尽可能地满足老人的意愿需求。

（三）老年人养老购买力分析

1. 购买力

购买力是以收入做保证的，老年人的经济收入状况是决定老年市场规模和容量的关键因素。老年人经济收入的主要来源是子女或亲属供养、老年人离退休金和劳动收入以及社会保险和救济。以城市老年人为例。

（1）领取退休金的人数占有相当的比例，1999 年我国离退休人员退休金总额达2068 亿元。2000 年我国离退休人员约为6000 万人，离退休金再加上老年人再就业收入和子女赡养费，可用于购买老年用品和服务的支出可达到4000 亿元。到2010 年，仅退休金一项就增加到 8383 亿元，2020 年将增加到 28145 亿元，2030 年将增加到 73219 亿元。

（2）有相当一部分老年人退休后又重新找到工作，我国城市 60 ~ 65 岁的老年人口中约有 45% 的人还在工作，他们除有退休金之外，还有另外的收入。

（3）一部分老年人或多或少从子女那里得到一部分赡养费。

（4）一部分老年人拥有一定的储蓄，据中国老龄科学研究中心的一项调查，城市老年人中有 42. 8% 的人拥有储蓄存款。并且随着我国经济的发展，老年人的收入将呈不断增长之势。老年人收入的不断提高，为老龄产业的发展开辟了广阔的空间。

2. 购买欲望

（1）随着社会进步和经济收入的提高，老年人正在逐步抛弃“重积蓄，轻消费”“重子女，轻自己”的传统观念，花钱买健康、花钱买潇洒正成为现代老人的时尚追求。

（2）现在的老年人多数是在物质和精神生活相对匮乏的 20 世纪五六十年代度过他们的青春年华，一直没有机会满足各种人皆有之的生活追求。因此，当他们从繁忙的工作和家庭负担中解脱出来后，就会迸发出强烈的补偿要求，希望自己的晚年生活能过得幸福、充实、绚丽多姿。从这一意义上讲，老年人有比青年人更强烈的购买欲望。

（3）和中青年相比，大多数老年人已上无赡养父母的责任、下无抚养子女的义务。因而可倾其所有来满足自己的需求，使老年人相对有限的经济收入，最大限度地转化为现实购买力，其边际消费倾向明显高于中青年消费者。

由上可见，由于我国老年人人口基数大，老年人的经济收入逐年在增加，具有强烈购买欲望，我国老年市场具有不可估量的开发潜力。

三、消费观念

（一）政府引导

1. 养老政策宣传

在实现我国养老的基本目标的过程中，对养老政策的广泛宣传是十分重要的。从当前的情况来看，整个主流媒体对于养老的宣传还是十分不够的，需要有关部门加强领导，找到新的突破口，加强宣传。比如，到现在为止，还没有一部像样的宣传养老的电影和电视剧，这是需要及时改变和加强的。

2. 孝子养老典型评选

中华民族是孝悌文化传统最优秀的国家，现在社会的发展特别需要继承这一文化传统。在 100 年前，我们在批评封建文化的时候，某种程度上不恰当地把孝子养老文化加以批判，现在需要给予及时的纠正，我们提倡在全国或者地区范围内开展“孝子养老”典型人物的评选，以推广养老文化，促进我国养老产业的发展。

（二）媒体引导

1. 引导社会重视养老

要让全社会都高度重视养老问题，全国的媒体都应该展开联合行动，特别是主流媒体要加强这方面的宣传报道。总体来看，主流媒体的养老项目还非常之少，播放的时间也极其短，养老工作者迫切盼望国家主流媒体加强对养老政策的宣传，对先进事例的报道和表扬，对虐老欺老的行为加以谴责，以形成良好社会风尚。

2. 引导老人养老消费

由于老年人多数生活在物质比较匮乏的年代，因此他们的消费观念需要引导，消费习惯也需要改变，只有媒体的广泛报道，正能量的宣传，才能起到积极的作用。

在现在全国的主流媒体中，以北京电视台的《养生堂》栏目比较有名，引导老人养生保健，起到了很好的积极作用，但是还有很多电视台缺乏这样的节目，这是需要改进的。

3. 养老孝子典型宣传

前面我们已经讲过提倡孝子养老的典型评选，但是评选结果出来以后，应该加强宣传报道，不要一次颁奖会以后就结束了宣传，希望我们的文学家、艺术家、电影电视工作者把这些养老孝子的典型事例，创作成文艺节目，加以广泛的宣传。

（三）社区教育

1. 充分发挥居委会作用

在我国管理体制的改革过程中，很多城市的居民委员会还普遍存在，我们要充分利用这一传统的结构，加强对养老、敬老、爱老的精神和先进事迹的宣传，对于虐待老人的违法行为，要加强教育，情节严重的进行法律惩处。

2. 在社区内树立尊老、敬老、爱老新风尚

我国引进国外的先进经验，在管理中实行社区化改造，特别在新建立的大型社区，有条件的必须展开宣传尊老、敬老、爱老的教育活动。争取通过较长一段时间的努力，树立全社会的尊老、敬老、爱老新风尚。

（四）子女教育

1. 对重点人群老年人子女进行敬老教育

由于国家的高度重视，2017 年在全国范围内对中小学和大学课本进行改编工作，这些课本应该引入中华民族的光荣的养老、敬老传统，让学生们得到相应的教育，再配合家庭对子女的教育，以收到较好的效果。

2. 定期召开社区重点人群子女座谈会

社区对子女的教育也是一个重要的区域，在社区内一方面要树立养老、敬老、爱

老的社区典型，另一方面对于在养老、敬老方面表现较差的社区成员加强教育。这之中采取定期召开重点人群子女座谈会是一种很好的方式。

（五）老人观念转变

1. 改变养老靠子女的观念

随着我国全面实行养老保险制度、全面实现小康的梦想，城镇的老人和农村的老人都有了基本的养老金，为自己的养老提供了有力的经济保证。因此老年人也要改变自己的观念，不要把养老完全寄托在子女的身上。

2. 养老靠社会，让子女放下包袱去工作

随着我国经济的发展，社会力量的投入对养老事业发展已经起到越来越重要的作用，因此我们可以初步提出养老靠社会的基本理念。实际上，城市由于子女外出工作的概率很大，农村老人的子女大量进城务工，他们也没有能力完全承担养老的责任，社会养老成为一种必然的需求。

3. 养老社区是老年人安度晚年的乐园

2015 年，我国新型社区建设标准出台以后，对养老设施有了极其严格的要求，国家也会逐步对老旧的社区进行养老设施设备的改造，因此社区成为老人安度晚年的家园，已经不是梦想，而是现实。

第二节　政府咨询

政府和市场对经济发展、养老机构建设都具有十分重要的作用。

一、向规划、民政部门咨询

（一）当地养老服务设施规划

1. 取得当地的五年规划和中长期规划

我们在筹备养老机构之前，应该取得当地政府的五年规划，现在正是“‘十三五’规划”出台期间，这给我们提供了一个很好的契机。另外，很多政府部门都会有中长期发展规划，这对养老机构的筹备是很重要的。

2. 到规划部门取得规划地图

在实际工作中，真正的准备是要拿到当地政府部门的规划图。现在由于卫星设备的广泛应用，规划图的指标是相当准确的，也是非常有用的。

（二）当地民政部门的支持力度

1. 得到当地民政部门的帮助

当地民政部门是养老机构的直接管理部门，也是业务指导、引导和监督部门，养老机构一旦有违规行为，民政部门是实施处罚的第一部门。因此对养老机构而言，在筹备期间就要和民政局协调好关系。

2. 得到当地行业协会的帮助

行业协会的功能是对行业内部进行标准化、规范化的业务指导，也具有相应的服务功能。因此，养老机构在筹备之初，能取得他们的支持和帮助是十分重要的。

二、养老环境评价

（一）当地养老服务优惠政策

1. 政府的优惠政策

改革开放40年来，社会化市场化的经济环境已经得到了普遍的优化，大多数地方政府已经不再像改革开放初期有那样多的优惠政策。所谓优惠政策主要体现在市场进入的主体是否有平等的地位，当前养老机构需要得到的优惠政策在于民办的和外国资本兴办的养老机构应当和国有资产投资的养老机构享受几乎同等的待遇，这就是最大的优惠了。

2. 行业的优惠政策

我国的市场环境基本和国际接轨，主要通过产业导向来指引市场的投入，一般说来政府会公布相应的产业投资目录，据不完全统计，现在全国的产业投资目录已有5000多项，一般上这个目录的产业都会得到优惠。从当前总体的趋势来看，养老产业已经成为国家的支柱产业之一，又是涉及国计民生的产业，总体上都会得到优惠。

（二）当地养老环境评价

1. 地方政策环境

地方政策环境是投资的主要环境因素。从养老产业方面来看，总体上来讲，地方政策环境最好的主要有浙江省、山东省、江苏省、四川省、广东省等省，以及北京、上海、天津等市，主要表现在两个方面：第一，这些省市对养老护理员的人才的优惠处于全国领先行列；第二，政府主要领导重视养老产业的发展。

2. 市场资源环境

养老产业要获得较好的发展，市场资源环境是决定性因素之一。市场环境主要表现在以下几个方面：

第一，中高端老年人人群的数量相对较多。首先是他们的收入较高，所以当地有相对的较为高档的养老机构，最高端的月消费在两万多元，这就为中端养老机构和普通养老机构腾出了收费的空间。

第二，中端养老机构人群占老年人的20%左右，这部分人是养老机构主要的消费者，他们的数量是养老机构市场的最优质的资源，他们的消费倾向决定着当地养老市场的发展。

第三，城市退休职工较多。从当前我国的基本情况来看，城市人口中老年人的消费水平一般是农村人口中老年人的三倍以上，所以他们的消费倾向也决定着养老机构的发展程度。

第四，国家整体水平的高低决定养老市场的发展。在我国进一步采取以房养老之后，房地产价格较高的城市，养老机构会有更大的发展空间。

第三节　投资与筹备

按照通常的经济学理论，投资是拉动 GDP 增长的重要方面，养老机构的投资会促进我国 GDP 的增长，因此现在各地区也在暗中进行一场比赛，希望对养老机构的投资能带来经济的发展。所以，养老机构在筹备过程中，应该选择好投资的地点和方向。

一、养老设施土地的取得

（一）获得增量用地

1. 利用非常有限的增量土地

根据我国的国情，从现在到 2050 年前后，人口仍然处于净增长阶段。实施二孩政策以后，全国每年净增长人口会在一千万左右，所以到 2050 年前后人口的高峰期，中国的总人口至少会在 15 亿以上。另外，我国 18 亿亩耕地的底线必须保住，所以要新增增量土地搞建筑是十分困难的。

2. 增量土地是通过复耕改造来获得的

按照国际惯例，宝贵的土地资源都应该通过整理改造，把过去用于工业和其他的土地改造成为可以用于农业的土地，社会土地的数量才能够保持平衡状态。

（二）利用存量用地

1. 改变土地用途

在大量的存量土地当中，多数是作为工业开发的土地存在，由于国家实行“调结构，促增长”的战略方针，过去的一些工业项目已经没有开发的必要，如果适合于养老机构使用，可以向政府部门申请改变土地用途，作为养老用地存在。

2. 调整存量土地的位置

大部分存量土地的位置都不适合于养老机构建设，应该通过调整地理位置的办法用于养老机构建设。

（三）其他用途的土地

1. 全方位寻找土地用途的改变

在存量土地当中，除上面讲的工业用地以外，还有各种各样用途的存量土地，养老机构的投资者要通过多种土地，寻找各种可以利用的存量土地，比如有些教学用地，现在也可以改变为养老用地。

2. 充分利用政策变化寻找养老用地

随着时代的发展和前进，国家的政策也要发生变化，对有些不适合于社会要求的项目必然进行改造，也可以用于养老机构的建设。比如，23 部委就联合发文，对大型国有企业和政府机关、传统的疗养院休养所，要进行改造作为养老机构的用地，在讨论实施的过程之中。养老机构投资者应该积极取得政府的支持和帮助，充分利用这个政策的变化获得土地资源。

（四）利用集体土地

1. 较大面积的租赁农村集体土地

养老机构建设中需要很多环境美化的用地，主要用于种植园林和草坪，这些土地都可以采用租赁的形式，从农民生产组织中取得，没有必要改变土地的用途。

2. 购买农村宅基地，用于养老机构建设

国家已经明确宣布，农民的宅基地可以有偿转让，特别是随着我国城市化进程的加快，养老机构可以向农民购买宅基地，采取调整恢复耕地的办法，相对集中使用于养老机构建设。

二、养老机构的设立许可

（一）养老机构的设立登记

1. 按国家办事程序进行

自《养老机构设立许可办法》公布以后，养老机构登记的程序非常明确，在每个县民政部门的办事大厅，或者是政府的综合办事大厅，都可以依法按程序办理。

2. 根据政府需要补充相关材料

在养老机构设立的过程中还需要补充许多相关的文件和材料，不是我们平时所想象的那么简单，到办事大厅按程序办理就可以了，在办理过程中会遇到各种各样的要求和条件，养老机构的办事人员可以根据他们的要求补充相关材料，符合要求，申请设立才能成功。

（二）养老机构设立验收审批内容

1. 建设单位的工程竣工验收合格证明

在改革开放40年以后的今天，建筑工程已经实行终身负责制，因此竣工验收是非常严肃而复杂的事情。在筹办养老机构之前，必须严格按程序办理，从决定建筑机构的土地红线开始就要做好严格的原始记录，根据记录的要求，需要相关的人签字，这是关键一点，有的工程建筑期长达三年以上，有些部门的领导早已调离岗位或者退休，再去找他们签字是非常困难的。

2. 规划部门的审批文件

规划部门审批文件是比较容易找到的，根本问题在于建设的过程中部分修改了规划，修改之前的审批文件要认真保管，否则就是违规建筑。

3. 卫生、餐饮、医疗、药品等部门的行政审批文件

养老机构的建设过程中还会涉及卫生计生委、卫生保健站、医疗药品等部门，请这些机关审批的文件也要准备齐全。

4. 环评许可批复文件

“绿水青山，就是金山银山”，当前，国家对环保的要求十分严格，特别要引起养老机构工作人员的高度重视，验收一旦出现问题，会极大地损害养老机构的形象。

5. 消防验收报告

消防验收是养老机构验收中的最主要环节之一，现在都有比较精密的仪器检测，一旦不合格，上级会要求返工，将造成重大的经济损失。

6. 民政部门设立许可证

这个证件比较简单，一开始就必须有这个文件，否则项目是难以进行的。

7. 民非设立许可证

同样的情况，民非设立许可证也是由民政部门颁发的，多数情况容易解决。

8. 税务登记

根据中华人民共和国民政部令第48号《养老机构设立许可办法》第二章第十二条要求，申请设立养老机构，应当向许可机关提交下列文件、资料：

（一）设立申请书；

（二）申请人、拟任法定代表人或者主要负责人的资格证明文件；

（三）符合登记规定的机构名称、章程和管理制度；

（四）建设单位的竣工验收合格证明，卫生防疫、环境保护部门的验收报告或者审查意见，以及公安消防部门出具的建设工程消防设计审核、消防验收合格意见，或者消防备案凭证；

（五）服务场所的自有产权证明或者房屋租赁合同；

（六）管理人员、专业技术人员、服务人员的名单、身份证明文件和健康状况证明；

（七）资金来源证明文件、验资证明和资产评估报告；

（八）依照法律、法规、规章规定，需要提供的其他材料。

（三）融资和政府补贴

1. 养老消费信托

到目前为止，大部分养老机构的融资还是十分困难的，国家有关部门（如中国人民银行、银监会、保监会）的有关政策很难落实，所以大部分养老机构难以得到合法的融资。当前我国的信托机构力量也在逐渐减弱，地方性的商业银行倒是可以选择的，一般只要有符合要求的抵押物，是可以少量融资的。

2. 资产证券化

所谓资产证券化，是西方产权制度改革中结合中国实际产生的一个新的金融衍生工具。其主要特征是把一家企业或者机构的资产评估为一定的数额，以证券的形式表现出来。

3. 优惠待遇

（1）土地使用权和规划。在当前的总体趋势下，很多项目难以取得合法的土地使用权，养老机构是最能受到优惠的项目之一，在土地使用权和规划上得到地方政府的优惠条件。

（2）税收优惠。税收问题是一件既复杂又简单的问题，所谓复杂，就是要通过相当的程序才能获得优惠，所谓简单，就是按程序办理就可以了。

（3）其他补贴或财政奖励。各地政府对养老机构的认识和重视程度不一样，大部分地区比较重视，所以能获得比较优惠的补贴和奖励。

（四）定价和收费监管

1. 床位费和护理费

收费问题是一个十分敏感的问题，从床位费和护理费开始，养老机构应该进行详细的可靠的成本测算，测算结果一是征求专家意见，二是征求民政部门的意见才可以实施。

床位费的基本收费依据主要是总投资的具体分担，可以用以下公式计算：床位费＝总投资÷床位×12个月×（8～10年）（投资回收期）。

护理费是人工成本，应该根据当地的工资收入水平来确定，一般情况下，公式如下：护理费＝护理员工资×140%。护理员工资相当于当地护士工资的1.1～1.2倍。

2. 特需服务费

对于患有传染性疾病的老人，或者根据老人和家属需要进行特别护理的老人，需要收取特别护理费，其公式是：护理费＝成本×120%。成本主要包括人工成本和物资损耗。

3. 膳食费

膳食费主要根据当地的基本消费标准确定，对于养老机构的食堂外包部分要加以严格管理，养老机构的管理人员要经常督促检查，确保安全和质量。

4. 代办服务费

代办服务费比较简单，其公式如下：代办服务费＝成本×110%。

5. 会员费、入门费

关于会员费和入门费，各地养老机构的标准都不一样，收费的高低主要是根据养老机构的档次来决定，分为高档、中档和普通档。在我国特大城市，超一流的养老机构会员费和入门费高达每人200万元，中档的养老机构一般为30万～50万元，普通型的养老机构一般会在10万元左右。收取会员费的主要目的是为入住老人提供各种形式的优惠，收取入门费的主要目的是养老机构根据自己的需要对入住老人设置的门槛。

6. 保证金、押金

保证金和押金的收取要通过合同的形式确定。收取保证金的目的在于保护养老机构的权益，防止老人突然死亡，委托人和亲友撒手不管，保证金可以用于处理后事。押金主要是用于小型设备使用的费用，以防万一损坏或丢失，能够得到必要的补偿。

第四节　地址选择

养老机构的地址选择是一件十分重要的工作，涉及法律、规划、交通、医院、购物，还有重要的人文环境、建筑技术要求。

一、人文环境

（一）生活设施完善

1. 自然环境

养老机构应该在风景优美、环境良好、空气新鲜、山清水秀的城郊接合部建设，以有利于创造一个有利于老年人休养的良好场所。

2. 购物和探视

老年人最大的优势在于有充足的时间，这些老年人以前长期生活在物资匮乏的年代，改革开放以后生活条件好了，相当部分人有一种满足购物的欲望，因此养老机构应该选择在有利于购物的地方。

同样养老机构应该交通方便，便于老年人的亲戚和朋友经常性地探望，这个条件很重要，因为他们在选择养老机构的时候，亲友有很大的决定权，实践证明，交通不便、偏远的养老机构，入住率一般较低。

（二）方便就医

1. 疾病抢救

老年人往往患有多种心血管疾病和脑血管疾病，再加上容易摔倒，所以会出现经常性的突然的危险病情，养老机构选址要特别注意，选在交通顺畅，离大中型医院较近的地方，老人一旦发现危险病情，便于及时的救治。

2. 日常就医

老年人体弱多病，经常会到医院就医，有的老年人长期喜欢中医，因此有较好的就医条件是养老机构良好品牌和入住率高的重要因素。

二、选址原则

（一）符合当地发展总体规划

养老机构的选址如果不符合当地的规划，根本就无法建设。

由于我国养老机构建设的时间非常之短，大部分规划部门落后于国家的要求，因此现在需要根据国家新的政策调整规划，建设更符合需要的养老机构。

（二）符合避灾等安全要求

1. 避免地质灾害

养老机构选址应该尽可能地避免地质灾害，尤其防止泥石流等灾害的发生，在地震高发区也不适合建立养老机构，多数应该采取异地建设的方法。

2. 综合安全要求

养老机构的安全因素是多方面的，首先是防止洪灾，应该根据当地的水文资料，建设在50年一遇洪水安全的范围内。其次是台风灾害，对于沿海台风高发区，特别要注意避免台风袭击。再次，冰雪霜冻灾害也要防止，在北方寒冷地区尤其特别要注意。最后，防止水库坍塌，从20世纪60年代起，“土法上马”建有许多中小型水库，多数已经50多年了，虽然平时加强了维护，但是充满很大的风险，一旦出现决堤就会造成难以想象的损害。

三、借利施建

（一）充分利用公共设施

1. 共享周边公共设施

养老机构应该选择建立在公共设施条件完善、安全可靠的地方，比如，既要交通方便，离高速公路较近，又要防止高速公路的噪声污染，按照国际要求，远离高速公路300米为安全地带。

2. 巧借公园，绿化设施

养老机构，非常需要休息和安全的环境、文化娱乐设施，除大中型养老机构外，中小型养老机构一般不会建设更多的公园和绿化设施，可以选址在离城市公园和绿化带较近的地方，让老年人得到充分的享用。

3. 与幼儿园、小学比邻

老年人最痛苦的地方在于孤独和寂寞，如果养老机构选择在幼儿园和中小学旁边，让老年人每天都可以听到孩子们的歌声、笑声和吵闹声是一种极大的安慰，可以很好地调整老年人的心情。

（二）充分利用传统建筑

1. 依托机构做居家

机构养老和居家养老不是截然分离的，养老机构可以利用传统的古老的建筑，比如北京的四合院，这也是一个协调环境的重要方面，非常有利于老人养老。

2. 家园结合的优势

养老机构可以创新一些新的模式，也可以利用旧的传统的居家养老场所，比如清朝时期遗留下来的古旧建筑，充分加以改造，安排十几位到二十几位老人在里面养老，紧邻养老机构，又便于管理，这也是一个好办法。

第五节　设计规范

一、科学定位

（一）执行国家标准

1. 根据养老机构用途来设计

不同特色的养老机构在建筑设计的时候应该有特殊的要求，同样是医疗用房，高档和中档、普通档的机构设计要求也有很大的区别。设计的个性化、人性化的要求更应该具有养老机构自身的特色。

2. 严格按国家设计标准或设计规范施建

城乡住房建设部在2010年以后，分别颁布了养老机构建设的许多标准，但是经过六年多的使用，还有许多需要调整的地方，在国家新的规范没有出来之前，先可以按照旧的标准做适当的调整后执行。

（二）容积率和舒适度

1. 容积率与建筑密度

（1）容积率。容积率的标准按国家建设规划实施，但是中高档的养老机构，容积率还应该更小一些。

（2）建筑密度。土地是十分稀缺的资源，建筑密度由城市规模来决定，在获得当地建筑部门批准后实施。

（3）两者关系。两者的关系是互相联系互相制约的，中高档的养老机构为了考虑容积率的要求，可以通过建设两栋高层来解决，把行政办公、医疗、教育等机构放在高层里面，将更多的空间留给老人使用。

2. 舒适度

舒适度是一个弹性指标，主要根据养老机构建筑的文化理念、建筑风格和建筑特色来决定，内部的装修也是十分重要的。

二、平面布局紧凑、流线通畅

（一）总体布局合理

养老机构的布局是根据建筑规划的要求进行的，主要是满足基本功能的需要，其次再考虑美观大方。

养老机构的流线设计的要求应以节约时间和距离为最高标准，主要在于两个方面，老年人特别是高龄老人体弱多病，生活设施之间的距离要尽可能地缩短，同时也要有利于老人发生病危时及时抢救。

（二）功能布局合理

1. 全面细致

（1）按老人需求设计。老人的需求是多方面的，要根据养老机构的基本特色和功能布局，满足大部分老人的需求。

（2）关注细节。有一句俗语："细节决定成败"，养老机构在众多设计当中应该尽可能考虑周全，注意细节方面的要求。

2. 动静分离

（1）建筑物内的动静分离。大部分老人喜欢清静，但是也有部分老人长期以来受"生命在于运动"观念的影响，喜欢活动，在设计的时候，活动区和静养区之间应该有一个缓冲区。

（2）建筑物应闹中取静。养老机构的细致方面的要求，首先决定于养老机构的规模和档次，大中型和中高端的养老机构是比较好处理的，普通型和小型养老机构应该费更多的心思，巧妙地设计。

3. 布局合理

（1）按老人能力分区。老人的能力主要分为三类，自理型、半失能型和失能型，三个区位应该加以适当区分。

（2）按功能分区，兼顾便利性。为老人服务的功能是多方面的，在设计的时候要统筹考虑，多汲取一些成功养老机构的经验，突出重点。

（三）道路标志清晰

1. 人车分流

人车分流是养老机构的最基本要求，无论是什么类型的机构，都要坚持这个标准。

2. 方向标志醒目

在养老机构内设置方向标志应该用图形加文字的方式，南方和北方还要有一些区别，总之，以便于老人识别为最佳。

3. 设立交通标志

养老机构交通标志的设立不只是在道路上，在楼梯通道，有人行走的地方，都应该设立指导性警示性的标志，防止老人跌倒。

4. 夜间照明设施

夜间照明设施对老人来说十分重要，老人常去的地方都应该有比较优良的照明设备安装。

5. 方便应急救护

这是最重要的交通设施之一，对于老人的生命安全非常重要，要引起养老机构的高度重视，既要按标准建设，又要方便使用。

三、做好适老化设计

（一）适老化的含义

所谓适老化，是一个广泛的概念，意思是指适合老人需求和全面地为老人服务。有时候适老化也是一种模糊的概念，不同的人有不同的理解，老年人的需求也是个性化和多方面的，所以要满足适老化的要求是很高的。

养老机构的适老化要求包括两个方面：一个是基本的方面，指在养老的功能方面满足老人的基本需求；二是适老化为养老机构追求的最高目标，一切都是为了适应老人的养老需求。

（二）适老化设计

1. 居室空间适度

关于居室的适老化，首先是根据养老机构的档次来决定，其次是有一个基本的规范要求。

2. 浴室和卫生间

浴室和卫生间的适老化要求，住房和城乡建设部有相应的规范标准，必须严格执行。

3. 过道通道

对于养老机构的过道和通道，住房和城乡建设部的规范非常明确，只要严格按照要求实施就可以了。

4. 扶　手

老人居室的扶手有几个形式，如床头的扶手、卫生间的扶手、浴室的扶手，还有其他需要安置扶手的地方都要安置扶手，比如残疾人使用的橱柜的扶手，养老机构应该根据具体情况按标准实施。

5. 家　具

养老机构的家具设施，国家也有相应的标准，应该根据养老机构的档次来具体选择安装。

6. 灯　具

灯具要求是比较简单的，按规范标准执行就可以了。

7. 窗帘床帘

这种选择具有多样性，以舒适度为主要标准。

8. 地砖墙砖

地砖墙砖的基本要求是防滑、预防细菌污染、便于打扫、美观大方。

9. 色彩运用

养老机构色彩的运用也要照顾到建筑的统一风格，有利于老人身体健康，便于识别等方面的要求。

10. 采　光

采光是养老机构最普通最基础的要求之一。

知识拓展

养老机构的前期准备和选址工作，是一个综合性较强的历史文化知识、风俗民情、医药卫生、养老知识、服务功能、建筑规划知识等方面都需要有所了解的人才能掌握的。一般需要三方面结合：一是养老机构的投资人；二是要聘请相关专家、建筑专家、养老专家、环境保护专家等人士；三是还要有民政管理部门的专业人士。经各方面人士进行多方面的研究才能达到理想的效果。

案例点评

简介：2009 年 11 月 9 日，中国金融行业第一个养老社区投资试点资格由泰康人寿获得。

2010 年 3 月 26 日，泰康之家投资有限公司养老社区投资实体正式宣告成立。

2012 年，上海松江佘山边开始建设泰康养老社区，上海崇明岛也正在规划之中。

把家搬到养老社区去，养老社区集生活起居、文化娱乐、健康管理、精神现实、社会交流等功能于一体，这里有生活区（居住社区、绿地、中央公园、快乐农庄）、休闲区（商业街、电影院、活力广场、温泉酒店）、功能区（学校、康复医院），让入住老人拥有便利的生活。

在养老社区里，提供 24 小时管家服务，设立专属医院、健身会所，更有冬夏“候鸟式”养老旅行……还可以到国外的连锁养老社区居住，保证老年生活品质不会下降。

点评：上海地处长江中下游冲积平原，在上海市范围内唯一的少量山地——佘山，建立养老机构是比较好的选择，现在这里已是上海高档养老机构聚集地。佘山养老社区是代表作之一。

第十六章　养老机构的基本建设和装修

养老机构在经过初期筹备和选址以后，就进入基本建设和装修阶段，该阶段还有许多细致的工作要做，因为建筑项目是“百年大计”，需要认真对待。

第一节　项目的合理规划

前面已经讲过项目选址的内容，主要是从总体和大的方面来考虑问题的，现在我们是落实到具体的相对的地点，进入项目的实施阶段，因此，在思维方式和要求上应该更为严格。

一、项目选址

（一）如何确定合适的项目位置

1. 项目区位选择

判断一个养老机构的位置是否合适，先看我们选择建设养老机构的目的是什么。无论新建还是改造养老机构，从入住老人及家属的角度，都是为了保证能够有安全舒适的生活环境；从机构管理方的角度，能够更方便地为老人服务，降低运营风险，同时机构整体有盈利的可能。基于这些考虑，我们总结从区位角度选址的两种方式。

（1）市区选址。养老设施位于城市经济繁荣、文化活动较为丰富、活力性较强的地带。目前多为建设年代较早的机构养老设施选择的模式，以改造为主。此种模式有优点也有缺点。

优点：城市中心区的机构养老设施周围的交通发达、便捷，老人可以乘坐公共交通到达市区内的超市、公园、健身场所、医院等地，可以更好地融入周围的环境。

缺点：城市中心区的土地价格昂贵，设施建设成本将会提高。一方面给入住老人带来费用上的负担，将中低收入有入住需求的老人拒之门外；另一方面建设单位在开发上有时会选择床位高密度的模式，使老年人居住的设施外部环境相对减少，老人的室外交往和逗留的场所不能得到充分保障，从而严重制约着养老设施的规模和服务质量。

应对方案：针对费用较高这个问题，要依靠政府对老年人入住养老设施提供政策上的支援，也要依赖于社会福利、养老保险力度的进一步加大。针对床位高密度的建设模式这一问题，我们认为并非机构养老设施不适合高密度的这一场地建设类型，相反，紧凑式的场地建设对于城市来说是成熟和有效的建设模式。高密度的建设要注重建筑内部的活动空间的设计，加强室内空间和室外空间设计的联系性，可以利用屋顶花园、露台、阳台等形式创造出多种室外空间。

（2）郊区选址。具有相对市区中心较好的生态环境，多位于自然风景区附近。加之市区的养老机构已处于高度饱和状态，可供开发利用的空间有限，近年来越来越多的机构养老设施选址在郊区。同样，此种选址方法也是优缺点兼备。

优点：建设模式灵活，既可以选择低层高密度的建设模式，又可以选择高层低密度的建设模式。老年人的服务配套设施用地充足，可为老年人提供多种室外活动空间、健身空间、交往空间。设施周围已经形成了一定的建设规模，因此地块大都接近城市快速路、城市干道、城市环路等，交通时间上虽然耗费较市区长，但也比较通达，易于到达城市中心和其他地方。郊区养老院最大的优势是空气质量好，自然环境好，物价水平相对较低，瓜果蔬菜新鲜。

缺点：郊区的养老机构医疗、交通、配套设施等条件没有市区优越，人们不愿意到郊区的养老院养老，在我国的一些地区出现了中心城区养老床位“一床难求”，而郊区养老院入住率平均较低。

应对方案：针对区位上的先天劣势，要靠后天来补足。一方面，可以利用增值服务来补足，如每月设置“探亲日”，由专车将家属集体接过来探望老人；另一方面，要提高管理水平。针对医疗问题，机构在选址时，尽可能地靠近医疗设施好的医院，最好是医保定点医院；机构可委托医院做定时定点上门服务，为老年人体检，做到早发现早治疗；机构可根据规模的大小，考虑设置机构内的小型医院。针对交通问题，在选址时，机构应选择接近城市干道或城市主要道路的地方。

2. 自然和生活环境选择

对于养老机构的自然环境选择，通常认为，城市中心区的养老机构尽量选择离公园、休闲广场地带等较近的地方；城市郊区可选择风景区附近，可组织老年人旅游，呼吸新鲜空气。总之，选址要充分利用自然景观，若自然景观不理想，在规划建设过程中要突出环境规划和设计。

3. 周边配套设施

城市中心区的配套设施相对齐全。郊区的配套设施建议同步建设，消除老年人被孤立的感觉。

4. 交通条件

城市中心区交通网络比较发达，选址尽量避免拥堵地段。郊区模式应选址于与城市主干道、城市快速路或城市环路相近的地方。同时也要考虑要方便到达医院。

（二）项目选址对未来项目经营的作用

1. 制定经营目标的重要依据

一个养老机构制定经营目标的时候，成本投入及收入核算都会涉及项目选址的问题。有关成本投入的方面，选址会被土地价格影响，进而影响项目租赁使用费用；有关收入方面，选址影响机构规模，直接影响床位数量，同时床位及服务定价也会受机构周边消费水平影响。

2. 对市场定位的选择

机构选址和项目定位的先后关系不完全确定。如机构选址在前，项目定位需要根据项目位置、周边配套及竞争品牌等确定定位，如在市区成熟区位、周边医疗资源等基本配套多，机构定位可选择服务收费较高的护理型及阿尔茨海默病专护等。如机构选址在后，需要及时根据确定的位置及时调整定位。定位和选址没有能够完全契合的，方法就是对于项目位置的优势，充分发挥；对于劣势，巧妙规避。

3. 对长期投资的选择

机构前期投资建设集中在地价（租金）、装修、设备采购几方面。其中，地价（租金）直接取决于项目区位，装修和设备采购也会因为周边区域的材料、人工价格和运输费的不同有较大差异。未来进行机构核算时，前期投资会按照年限进行分摊，决定财务核算年度的盈利情况以及整体投资回收期。

二、项目建设条件及要求

（一）确定项目建设条件

1. 项目建设指标

通俗来说，项目建设指标就是将我们可使用的面积量化，包括可以使用的室内面积，可以使用的室外道路、绿化景观、地下车位等面积。确定的面积给方案设计做了外框架，然后在框架内部制订方案，功能区位置、大小、服务流线等。

2. 项目方案条件的确定

项目方案的确定，首先要明确项目定位，从服务对象角度，分为护理型、健康活跃型、综合型等，从建设档次区分，分为高档、中档、保障型。其次，需要明确现场建设条件，初步判断硬件加入条件。再次，明确项目可利用的总投资额是多少，根据投资额合理分配制订项目方案。综合三方面条件进行初步方案的制订。

（二）确定项目投资条件

1. 根据项目定位制订项目经营计划

确定项目定位后，根据项目总投资额、建设周期和可经营周期，制订项目经营计划，对项目的营收情况进行分析。

2. 分解确定投资条件

项目经营计划涉及的数据繁多，这里讲的投资条件仅针对核心指标总结，如对项目经营计划中的现金流、盈亏平衡点、投资回收期及回报率数据单等进行综合考量，判定投资条件。

（三）关注项目运营要求

1. 明确项目使用要求

项目的建设筹备只有一个目的，就是开业经营使用，因此，明确项目使用要求是方案建设要求的重中之重。明确项目使用要求要注重以下几点：关注可服务总量、提升居住舒适度和便利性、控制项目投入。

（1）量化指标要求。所有使用要求要量化到具体指标进行约定，比如，床位数量，机构床位数量视功能区域大小、建筑硬性规范而有所不同，但按照一般建设经验，床位数量与整体室内建筑面积以1/25～1/35之间设计为佳。

（2）实际使用要求。除量化指标外，实际的使用要求还涉及公共用房功能、餐饮、洗浴、如厕等基本使用要求等。

2. 功能为先，注重流线

平面功能规划确定的要点以居住和使用习惯为主，经济性同步考虑，同时综合考虑流线问题。

3. 要有成本意识

机构建设投资是前期投入最大的工作内容，制订经营计划后，严格控制，合理排期。

4. 环境保护问题

养老机构的设立是为了解决社会难题，不能在建设期制造另一个难题，环保问题是建设期必须重视的，机构设立许可的前置手续环评手续，也正说明了环保的重要性。

5. 法律注意事项

养老机构开业前后，会涉及很多法律问题，需要与外部专业法律机构达成合作，分阶段处理。建设阶段，需要设计报告及施工手续合法合规，同时各类受委托的施工总包、分包单位合约也要避免执行风险，开业后，老人的收住条件、入住协议、服务管理流程规范等，都要以法律为依据。

三、项目规划设计的管理要素

（一）启动项目规划设计的准备工作

1. 设计任务书的编拟

设计任务书是确定工程项目和建设方案的基本文件，是设计工作的指令性文件，也是编制设计文件的主要依据。制定设计任务书是将使用要求、建筑装修规范、风格、设计限额等要点综合在一起，对设计院进行任务下达。

2. 建设指标确定

设计任务书下达后，设计院会按照设计任务，拟订设计方案，明确落实所有建设指标。在该阶段，原使用要求所涉及的床位等指标，即可落实。

3. 项目的审批工作

养老机构项目的审批主要经过以下流程：发改委立项，在民政局获得许可，规划局批文，建设局立项，委托设计机构进行初步设计，向建设局报批设计方案，获得开工许可。

（二）项目规划设计的过程管理

1. 概念方案设计管理

概念方案是在项目的方案设计开始之前，提供给业主的初步的方向性设计草图、示意图、规划图、项目问题分析、风格趋向等内容。项目的概念设计方案通常是签订合同的前提，展示设计水平和服务项目的机会，也是和业主探讨方案的基础。在概念方案阶段，机构管理者的管理内容是效果的比较和方案设计方向的确认。

2. 施工图设计管理

施工图设计是工程设计的一个阶段，在初步设计、技术设计两阶段之后。这一阶段主要通过图纸，把设计者的意图和全部设计结果表达出来，作为施工制作的依据，它是设计和施工工作的桥梁。对于工业项目来说，包括建设项目各分部工程的详图和零部件、结构件明细表以及验收标准方法等。民用工程施工图设计应形成所有专业的设计图纸：含图纸目录，说明和必要的设备、材料表，并按照要求编制工程预算书。施工图设计文件，应满足设备材料采购，非标准设备制作和施工的需要。机构管理者在该阶段，需要严格控制图纸制作时间，以避免耽误后续建设时间，同时参与阶段性审图工作，把控图纸与方案保持一致。

（三）项目规划设计的成果管理

1. 关注图纸审核

图纸审核会由专业审图机构负责，机构管理方对设计任务书及方案阶段中涉及使用要求、量化指标性要求部分进行管理。

2. 落实设计交底

设计交底，即由建设单位组织施工总承包单位、监理单位参加，由勘察、设计单位对施工图纸内容进行交底的一项技术活动，或由施工总承包单位组织分包单位、劳务班组，由总承包单位对施工图纸施工内容进行交底的一项技术活动。机构管理者作为建设单位，要承担建设单位的组织职能，将技术对接落实清楚，包括工作界面、图纸疑问澄清、现场情况描述等，同时多方签字确认。

第二节　项目施工及材料供应

项目建筑的勘探过程是保证质量的关键，涉及工程的基础部分是否牢固安全，材料供应也是极其重要的内容，要把好质量检查关，以保证养老机构的建筑质量。

一、项目施工保障

（一）注重项目建筑勘察

1. 确保施工勘察彻底完整

在项目施工前，项目勘察涉及几个角度：建筑外观、结构、项目建设与原始图纸的吻合度、水电燃气等接入点位、管线老化情况等。将勘察情况如实反馈建设单位及设计单位，如有必要，及时进行方案调整。

2. 与设计交底条件充分结合

设计交底条件中有很大一部分是涉及项目现状情况的，项目现状如确实有不符合的部分，交底时要准确表达、如实记录、及时反馈。

（二）规范项目管理标准化流程

1. 建立管理流程框架

建设期就是项目管理的执行期，将知识、技能、工具与技术应用于项目活动中，以满足项目建设的要求，通过合理运用与整合各项目管理过程来实现。可以根据逻辑关系进行归类：启动—规划—执行—监控—收尾。整个过程中同时要注意平衡项目制约条件，包括但不限于：范围、质量、进度、预算、资源、风险，将以上逻辑关系及制约条件进行罗列，每条要求进行规范化的工作流程描述，即制定出管理流程。

2. 编拟管理标准流程

根据管理流程框架，详细描述流程环节、工作周期等要求、责任人、审批人等，流程编拟后，以循环的形式验证是否符合实际情况。

3. 试用验证

文字稿件做完后，通过一段时期的试用进行修订，最后成型文件审批下达。

（三）严格遵守项目施工标准

现场实施执行阶段，要严格遵守施工各项实施标准，从施工安全管理、作业流程规范管理、专业分工科学合理、质量要求等方面出发。

（四）竣工验收的参与部门及验收标准

1. 竣工验收的参与部门

养老机构的验收与一般项目不同，除硬性规范外，还要特别注重机构管理人员的竣工要求，参与部门为项目工程部、机构负责人、施工单位总包及各分包、设计单位、监理单位。

2. 竣工验收的标准要点

竣工验收需要按区域分专业详细验收，具体方法及标准工具示意详见表 16－1。

表 16－1　竣工验收区域和专业标准

项目		查验标准	检验方法	验收结果
天然气	天然气管道及附属设施	1. 天然气表、控制阀、减压阀、报警器、铜嘴、支架安装齐全，立管套管应高出地面 5 厘米 2. 应无渗漏气，并经点火试验合格	1. 目测，必要时尺量 2. 查验天然气公司提供点火记录及合格报告	

续表

项目		查验标准	检验方法	验收结果
采暖系统	散热器	1. 无划痕、凹痕、碰伤、大面积掉漆、安装牢固 2. 安装方向正确，跑风及管道阀门齐全 3. 冷调、热调不渗漏，散热良好	1. 观察、手试 2. 观察 3. 通水调试时试验（通水前查施工方打压记录、冲洗记录）	
采暖系统	管道	1. 管道无扭曲、歪斜 2. 地埋与标示对应 3. 压力试验应为工作压力的5倍 4. 冷调、热调不渗漏	1. 观察 2. 观察 3. 查验施工方打压记录 4. 通水调试时试验（通水前查施工方打压记录、冲洗记录）	
给水系统	配水管道及配水点	1. 配水点有堵头或水嘴，支架牢靠 2. 高度应高出地面20厘米以上	观察、目测，必要时尺量	
给水系统	通水测试	1. 水压试验应满足工作压力的5倍（施工方提供试验记录、冲洗记录） 2. 通水后测试渗漏，应无渗漏	1. 查验施工方记录 2. 通水后试验	
排水系统	厨房、卫生间排水管	1. 水平管无倒坡，DN50为12‰，DN110为6‰（最小） 2. 承插或法兰连接可靠，无裂痕，检查口预留距地1～5毫米（无检查口除外） 3. 灌水试验无渗漏	1. 目测，必要时尺量 2. 通水后试验（查验施工方记录）	
排水系统	地漏	1. 地漏应高于毛地面3厘米（装修高度） 2. 灌水试验无渗漏后封堵	1. 目测，必要时尺量 2. 通水后试验（查验施工方记录）	

二、材料及产品供应保障

（一）制定适用的材料及产品供应管理制度

1. 搭建管理制度框架

材料及产品供应在项目实施中对施工成本和质量起着决定作用，这部分工作的管理制度要单独制定，制度框架把握该阶段工作需要达到的效果，及成本和供应周期两个方面，以效果反推，从产品分类开始，确定专业分类—限定供应界面—明确付款比例。

2. 明确管理制度要点

按搭建管理制度框架所描述的内容，供应阶段工作以成本控制和工作周期两个点进行展开制度制定的要点。

（二）建立供应商库

1. 建立供应商库的目的

完善的供应商管理是未来企业追求项目运营效率、品牌市场形象以及产品品质的重要保障。而供应商库的建立无疑能够全面提升企业对供应商的管理能力。

2. 设置供应商库的条件

（1）正确选择供应商。最合适的供应商应具备很多条件，但能提供合适的品质、充分的数量及准时交货，合理的价格以及热情的服务，应该是共同的要求。

（2）科学地考评供应商的业绩。建立科学的指标体系，企业可依据自身的需要合理运用这些指标，进行科学评审。

（3）保持供应商之间适度竞争。

3. 建立供应商库的基本流程

（1）供应商考察。成立供应商评估小组，小组成员包含机构运营、项目工程、设计等多个部门，安排供应商考察工作，从企业规模、项目经验、团队成员、企业诚信、供货能力等多方面进行考察。

（2）资格审查。收集企业递交的各类资质文件，并结合项目考察情况，从一般经营状况、制造能力、技术能力、管理能力之绩效、品质能力等方面加权打分评级，确定资格是否符合要求。

（3）供应商入库。资格审查通过的供应商，确定进入企业供应商管理库，根据实际履约情况更新管理库。

（三）供应渠道的管理

1. 供应渠道的分类

按照一般机构所需要的供应商类别，渠道分为厂家直接供货、代理商供货、线上/线下零售供货等几个渠道。

2. 供应渠道的拓展

如果从长期考虑，供应渠道按传统方法是远远不够的，产品要创新，渠道同样需要拓展，这样才能保持长久的稳定供货。以管理角度，渠道拓展需要设定专业的岗位，长期考察追踪，以保证供应商库活跃。

3. 供应渠道的管理办法

供应渠道的管理贡献并不仅仅是采购中价格方面的节省，更重要的是它还可以使企业与供应商建立联盟，以缩减新产品的开发成本与时间。由于企业竞争已从企业之间的竞争发展到企业供应链的竞争，这就要求企业实施有效的供应商管理，同供应商建立长期良好的伙伴关系，实施一定程度的纵向整合，形成“虚拟式”的企业联盟，使企业得到长期稳定的物资供应和及时回馈的市场信息。

4. 材料及产品的质量保障

供应渠道的活跃度，其中一个进入与淘汰的重要条件，就是质量是否得到了保障。因此，无论战略合作还是直接采购，都要以质量作为最基础的履约条件，同时设置最严格的违约罚则。

第三节　设备的采购及安装

养老机构的设备采购和安装要占总投资的1/3以上，一定要按照国家的规定，按照政府采购和集团采购的程序进行，确保设备的质量完好。

一、设备方案制订

（一）方案制订依据

1. 使用依据

设备方案的核心制订依据即使用依据，从客户使用、机构运营及行政使用、机构应急几个方面制订设备清单。

2. 管理依据

设备方案的采购要按供应商整体采购管理制度执行。

3. 预算依据

按项目资金计划进行分解，分类到设备设施的预算作为整体预算制作清单。

（二）设备方案的构成

1. 使用需求

从使用要求着手，按照电器、康复保健设备、厨具设备、办公设备、洗浴设备等使用功能分类，收集需求。使用需求要详细明确，从功能描述、性能描述、尺寸规格、外观要求等多方面罗列。

2. 实施计划

比照供应商管理库，按照使用需求清单，制订设备采购计划，起始时间以设备需求的验收时间倒推。

（三）设备方案的调整

1. 与定位、预算及使用需求的核对

养老机构建筑的档次定位是十分重要的，要针对客户消费群体的要求，决定设备方案的档次。

设备采购的预算是十分重要的，是控制费用的重要手段。

2. 实际使用调整

如果发生设备功能与实际使用要求不符的情况，要重新核实新产品的供货周期，调整供货方案。

二、设备采购

（一）严格遵守供应管理制度

1. 严格按采购程序办事

在整个采购流程环节，同样总体依据为供应商管理制度，对内对外控制工作时间、合约成本、质量保修等问题。

2. 采购价格的确定

在采购过程中参照市场价格，依据材料及设备选型比对选购设备。前文所说，使用需求的收集要明确到产品功能、性能、外观等，市场价格的比对只有严格按照使用需求，方可作为同类产品比较，否则价格没有横向比较作用。

关于渠道比对，除性能等产品限定条件外，不同供货渠道的厂商，提供的市场价格会不一致，这就需要综合考量，尽可能选取直接供货渠道来采购，例如电器，如厂家可供货，就放弃一般代理渠道。

设备清单的制定要依据预算，实际采购价格更要依据预算执行，以从管理上控制该部分成本。如果预算设定有不足，要及时反馈调整，以免耽误后期经营计划的执行。

（二）商务风险的规避

1. 法律约定

设备采购是机构采购常年发生的采购工作，为提高工作效率，设备采购部分的法律约定，包括商务沟通函、谈判纪要、中标通知书、合同、质量保修函等应制定模版，每次采购执行后按模版操作，节省时间。如有违约的情况，提醒供应商改正，提醒后仍未达到效果，按合同罚款或提起法律诉讼。

2. 管理约束

设备采购是机构筹备的后期工作，要从计划、资金、质量、风险四个角度约束管理行为，做好项目整体验收的最后一个工作阶段。

三、设备安装

（一）设备安装的要求和注意事项

1. 安装要求

安装要求要严格按照设计院的图纸设计和生产厂家说明书的规定严格进行，有些设备厂家要到现场安装，这是最好的事情。安装时从成品保护、安装规范、安装周期几方面严格要求。

2. 安装注意事项

设备进场后应及时会同监理、厂家进行开箱检验，对设备型号、规格、数量及外观有无缺陷等进行认真的检查记录。根据合同约定和设备厂家提供的装箱清单，仔细清点和检查设备零部件的数量和质量，检查清点随机所带专用工具以及易丢、易损件数量，并妥善保管，检查完毕后认真填写“设备开箱检查记录”。设备就位前应对基础进行验收。

（二）设备安装的验收

1. 验收方法及工具

设备安装前由设备管理部门组织设备基础施工单位和安装单位进行基础移交，移交的基础必须要与图纸的技术要求相符，要附有基础施工验收记录。设备安装应严格按照国家相关标准、设备安装合同、技术协议、安装图纸、经双方签字的有效变更文件进行。

设备安装后的验收工作由设备使用部门、工程管理部门会同设备供货商，在安装、检查、安全、使用等各方面有关人员共同参与下进行验收，作出鉴定，填写验收报告和移交单由参加验收的各方人员签字。

验收合格后办理移交手续：设备开箱验收单、设备联调测试记录单由参加验收的各方人员签字，然后与随设备带来的技术文件一起交给设备管理部门纳入设备档案管理；设备移交须使用单位（或部门）签字确认，作为存档、固定资产管理凭证、考核工程计划的依据。

2. 设备验收使用培训

设备验收后，由设备厂家向使用部门移交产品使用说明书，同时安排专人跟踪培训，使用部门使用顺畅，设备调试完毕无问题后，培训人员撤场。

第四节　老旧机构的评估与改造

由于我国老年人口基数太大，土地使用指标又十分宝贵，所以利用老旧机构改造养老机构是一个重要的选择。

一、老旧机构的评估

（一）评估目的

1. 经营目的

全面了解机构历史材料和现状，为将来经营目标的制订提供依据。

2. 实施目的

为方案设计及实施提供技术依据。

（二）评估工具

1. 评估工具的制作

（1）以评估目的为依据。从经营目的和实施目的两个角度，以表格的形式，按照企业或机构需求，制定机构综合评估表。

（2）注重使用的便利性。工具制定是为了评估实操人员实际使用的，不能只有理论依据没有实操的便利性，因此，工具的制定要经过实际操作人员的验收、使用后方可使用，尽可能简化填写难度，使之直观有效。

2. 评估工具的使用

评估工具使用流程：评估员信息入户评估—信息登记录入—方案设计员结果汇总—方案深化依据—采购依据—实施依据。评估表格工具的使用范围从入户开始到验收整个流程。

（三）评估结果

1. 评估结果的整理

由于评估结果的利用是从方案设计到竣工验收，因此结果的整理需要设计的方面有：现场条件、改造需求、产品需求、使用习惯、时间要求、预算要求等。按类别整理分别在设计、采购、实施、验收几个环节提供意见指导。

2. 评估结果的发布和使用

经评估员确定的评估结果，发布单位有设计院（或部）、商务部（负责采购渠道）、工程部、机构管理人员，各阶段人员分别按结果安排工作。

二、老旧机构的改造

（一）改造方案的制订

1. 方案制订的依据

设计方案一方面的制订依据为评估工具导出的评估结果，另一方面为不同产品的使用功能和效果。从了解需求到了解产品，两个方向缺一不可，才能准确制订改造方案。

2. 方案制订的流程

评估信息汇总—产品清单筛选—方案制订—图纸深化。

（二）改造过程的实施管理

1. 进度管理

改造实施：联系供应商确定供货时间，确定供货周期，协商改造时间，安排优化团队进行优化服务。过程服务承诺：实施过程中做到礼貌待人、不高声，做到文明服务、优质安装。保证在实施时不破坏项目中原有设备设施，如有需要，墙体开洞等情况须在需求方同意的情况下实施。

2. 质量管理

质量把控：优化过程中对实施进度把控；优化过程中对质量、安装标准监督。

3. 验收管理

实施完成，委派工作人员上门对完成实施的项目进行验收。完工验收后将需求方信息归档，对后续需求同步跟踪服务。

（三）改造验收的注意事项

1. 管理责任明确

在验收的阶段，与机构建设验收流程及责任部门类似，要多部门共同参与，以保证各方面都符合要求。

2. 关注验收交付

验收不仅是管理工作，同样作为机构运营的开始，验收的交付是使用的起点，因此，在机构的验收过程中，交付使用的每一点都应得到使用方的确定，同时，保证交付使用后的维修维保。

知识拓展

养老机构的基本建设工程是一个安全要求高、质量要求高的工程，需要建立专门的工作班子，实行现代化管理的项目经理制度，不仅要有懂得建筑技术方面的工程师，还要有懂得项目核算、现场管理的工程师参与才行，所需要的知识是非常多的，只有聘请专业人士管理，才能保证质量。

案例点评

简介：河南省鲁山县康乐园老年公寓是一间民办养老院，经鲁山县民政局批准于2010年成立，占地面积30亩，建筑面积600平方米，可容纳130位老人入住养老。该公寓共分4个区：2个“自理区”、1个“半自理区”、1个“不能自理区”。2015年5月25日，公寓中一幢宿舍发生火灾。事故造成38人死亡、6人受伤，过火面积745.8平方米，直接经济损失2064.5万元。

2016年4月21日，鲁山县“5·25”特别重大火灾事故案开庭，6名直接责任人当庭被判刑。

点评：本案中，康乐园老年公寓建立时间较早，在设备和安全方面，存在严重的隐患，因此大家要汲取这个沉痛的教训。

第十七章　养老机构商业模式和盈利模式

我国养老管理机构在2014年进入市场化以后，公有、公办、公营的养老机构都必须适应社会市场化和商业化发展的基本要求，采取基本的商业运营模式和盈利模式，充分利用市场机制和市场规律调节和管理养老机构各方面的相互关系，维护其基本利益，调动其各方面的积极性、劳动热情和高度的责任心与使命感。

第一节　目标客户和营销推广

在市场经济条件下，每一个市场的参与者需要找到属于自己明确的目标客户。只有找准自己的市场定位且定位准确，才能够有合适的有效的营销推广策略和方法。

一、多维度分析客群来源

（一）从需求类型角度分析

在买方市场起重要和决定作用的条件下，需求决定供给，只有根据社会的消费需求进行生产和服务才是正确的选择。养老产业是产品非常繁多、服务内容非常贴近老人生活、个性化需求度非常高的产业。养老产业中的机构养老主要可以分为四种类型。

1. 医疗养老结合类型

这是由老年人的生命和身体特征决定的，这是不以人们的主观意志为转移的不可抗拒的客观规律。老年人的基本身体功能和机能已经衰老，抵抗力和免疫力逐步降低，体弱多病是老年人的基本特征之一，所以老年人对医疗条件是特别需要的。在创立和设计养老机构初期要特别注意，医疗和养老结合的养老机构是最受老年人欢迎的。

养老机构自己建立医院是一个选择，同时还有许多很好的方法：一是邀请医院到养老机构设立医疗点，尤其是一些新建立的民营医疗机构，在建立的初期需要有稳定的客户资源，也需要扩大自己的市场影响和提高自己的品牌效应，到养老机构设立分支机构是比较重要的选择方式；二是和医疗机构紧密合作，由其每天定时派医务人员到养老机构巡回医疗，养老机构可以为其提供必要的条件，如免费提供场地、提供必要的交通工具支持等都是比较好的办法；三是养老机构建立绿色通道，确保老年人在发生疾病危险时能得到及时的抢救，在新建和改建养老机构的时候，要特别注意，与医院距离比较近的地方，有利于老年人得到比较方便的医疗服务。

2. 健康养老结合类型

所谓健康养老类型，是指人们希望选择空气新鲜，风景优美，青山绿水的地方养老。针对老人身体条件较好，身体健康程度较佳，也有某些慢性病需要到环境较好的地方疗养。在这类地方新建或者改建的养老机构，我们把它称为健康养老型机构。这种养老机构的类型可以简称为"康养型"。

由于人们生活质量的不断提高，退休老人的文化水平和思维档次都有很大的改善，又加上人们对养生保健的更深层次认识，"康养型"的养老机构会有更多的发展空间。

3."游走"养老类型

所谓"游走"是旅游和行走的意思，也有人称为"候鸟式"养老类型。主要特点是老年人充分利用我国南北气候温差大的特点，冬天到南方居住一段时间，夏天到北方居住一段时间，一部分时间在当地养老机构居住，我国现在已经有不少这样的机构，满足这类老年人养老的需求。

"游走"型的养老机构会得到更大的发展，主要集中在以下几个地区：

第一，北方地区。我国北方地区气候寒冷，这对于部分老人的身体健康很不利，也会因为气候的原因，老人患有一些地方病、慢性病。这样，老年人到南方气温比较温和的地区居住有利于健康和提高养老质量。

第二，南方地区。南方地区的气候温度偏高，空气较为潮湿，老年人也容易产生一些地方慢性病。南方的老年人夏天到北方居住一段时间是非常好的选择，十分有利于疾病的治疗，也能够观赏北方的风光，提高生活质量。

第三，中部地区。这里指的是长江流域地区、黄河流域以南地区。这些地区是我国典型的温带气候，老年人退休以后有充裕时间，夏天可以到北方地区居住一段时间，冬天可以到南方地区居住一段时间，这对于调剂生活，改善自己的健康状况都是非常好的。

4. 生活养老型

生活养老型是指保持基本生活状态的养老类型，绝大部分低端和中端的养老机构是这种类型。该类型养老机构收费较低，硬件设施和软件设施一般能满足老人的基本养老需求，也是我国养老机构应该大量推广和建设的主要目标体系。

我国的基本国情是人口基数太大，又处于"未富先老"和"未备先老"的基本状态。到2020年末，我国才能够实现全国的小康社会，少数偏远地区才刚刚脱贫，还需要用几年的时间加以巩固发展。所以这类基本的生活型养老机构是我们的最大需求，建立生活型养老机构是我国养老机构建立的主要发展方向和基本目标。

（二）从消费层次角度分析

在消费层次方面我们把养老机构主要分成三类。

1. 高端的养老机构

这主要是针对我国高收入水平的人群和中产阶级养老需求而设置的。在我国一线城市北京、上海、深圳、广州，以及二线城市杭州、成都、重庆、青岛、宁波等有这样的养老机构。这些养老机构的主要特点是：所处地理环境优美，建筑设施和硬件一流，软件和服务水平、质量一流，收费比较高。用通常的说法就是相当于住五星级宾馆的标准。

根据我国改革开放以后的经济发展水平和在世界所处的地位，适当地建设一些高档的养老机构也是十分必要的。但是我们还必须充分地认识到我国还是发展中国家，在我国广大农村、偏远山区、革命老区和少数民族地区可能才刚刚脱离贫困，所以我们要适当地控制高端养老机构的建设比例。我们认为，高端养老机构所占整个养老机构床位总量应该控制在10%左右，应根据市场需求进行适当的开发。

2. 中端的养老机构

中端养老机构应有特色，比如是医疗和养老结合的，健康和养生结合的，定居和游走相结合的。这些养老机构一般建设在风景美好的地区，基本建筑和设施条件中等，服务水平和质量也是中等，收费标准也是中等。由于中端养老机构分布的范围很广，各个地区的物价水平相差也很大，所以只能经过预测和估计提出这样一个指标，收费标准高于普通养老机构的20%、低于高端养老机构的最低收费标准20%左右比较合适，现在我们还没有完全的评比指标来测算养老机构高、中、低端状况，所以只能在通常的用语中使用中高端，或者中低端这样的词语。经研究和估算，在相当长的时间内中端的养老机构，控制在占整个养老机构总数的30%左右较为合适。

3. 普通型的养老机构

这是我国养老机构的主体，在基础建筑设施方面符合国家的基本要求，硬件设施和服务质量应符合国家最低要求的状态，床位也比较少，收费标准属于当地的最低水平，能满足最广大普通的老年人养老的需求。这是我们要大力提倡和鼓励发展建设的养老机构，应该占全国养老机构总数的60%以上。

从现在养老机构建设的发展情况来分析，普通型的养老机构的建设仍是养老机构建设的主流方向，特别是在广大的县城和乡镇地区，民办的普通型的养老机构如雨后春笋般地涌现。根本的原因有以下两点：

第一，大量城市、县城、乡镇退休老人，基本养老保险为他们提供了基本的经济基础。改革开放引来大量的城市和乡镇居民的子女考入大学，在大城市和沿海地区工作，大多数人没办法把父母带到身边养老，但是他们每月补助父母3000元左右是比较容易的事。这些经济条件为这些老人进入普通的养老机构提供了极大的方便。

第二，大量的农民工进城以后，也为其父母入住普通型的养老机构提供了经济保证。现在我国有2.77亿农民工在城市工作，对于父母的养老问题大致处于以下这样两种情况：

一是一小部分农民工在城里购有住房，但是住房条件也不是很宽裕，也许他们主要的任务要解决子女的上学和自己的工作问题，所以大部分在城市。但是大部分农民工没有办法把父母接进城养老，可以乐观地估计，能将父母接进城市养老的不会超过农民工总数的5%。

二是约有20%的农民工虽然不能把父母接到城市养老，但是每月要支持父母2500元左右是不成问题的。对这部分“空巢老人”来说，到普通型的养老机构养老是非常现实的选择，这将是一个巨大的数据，大约7000万人，大约需要4000万个房间。当然由于我国传统的居家养老的文化传统根深蒂固，大部分农村老人不到高龄阶段和半失能状态是不会进入养老机构的。当然随着人们观念的逐步改变，将有部分老人会接受机构养老的选择。

（三）从地域覆盖角度分析

养老机构建设在不同的地理位置，适应的客户人群是多方面的。

第一，一线城市的高端人群。主要是指北京、上海、广州、深圳等四大中心城市，有一部分消费需求较高的客户，需要高档次养老机构为其服务。这虽然是少数，但也是必须建设的，数据证明这些中心城市的中高端养老机构市场大有前景。

第二，二线城市的中高端人群。二线城市中有一部分中端的和少部分高端客户需求，我们必须经过充分的市场调查以区别对待，提供适合他们需求的服务。这些城市是我国养老机构发展的主要地区，无论是从文化传统观念还是经济条件而言，都会有很大的发展空间。

第三，三线城市的中端人群。三四线城市是我国中端养老人的主要集中地，大量中端养老机构都集中在这些地方。这是我们养老产业工作者必须十分重视的重要地区，需要加大投入和关注。

第四，普通人群。我国广大城乡存在大量有条件进入养老机构的老人，他们主要居住在大城市的老城区和郊区、三线城市和广大乡镇。这是我国养老产业需要服务的基础的基本人群，占现在我国养老机构入住人员的70%左右，其中有一半以上属于国家供给的“三无”老人和农村“五保户”，还有部分军队和武警退休的老人。

只有从以上几个方面认真地分清了我国养老人群的结构和需求，才会搞好养老机构的市场定位。

二、营销宣传

（一）传统媒体广告投放

第一，电视广告。这是传统媒体中受众比较广泛的媒体之一，它的最大优点是受众面广、即时和图文声像精彩，但其费用高昂。养老机构是微利、低利、无利的具有慈善性质的组织之一，选用电视媒体应该十分注意费用开支，除特别大型养老机构外，在创立初期不适合在电视台打广告。但是有许多可以选择的更好的方式：一是通过新闻报道形式获得广告的效应；二是参加一些公益活动受到媒体的关注；三是根据养老机构运营的需要选择广告投入。

当然各地方的电视台的收费是比较低的，也可以根据实际情况适当地运用。

第二，纸质媒体广告。主要是指报纸杂志等传统媒体广告，这类广告的优势在于受众广，可保存，收费较低，老年人容易接受。但是近年来人们对这类广告的关注总体上在降低。

（二）网络媒体广告投放

在“互联网+”非常发达的时代，新媒体非常广泛地流行起来，网络媒体是主要的形式之一，对于年轻人和中老年人来说受众极其广泛，有句口号是，“一机在手，什么都有”，还有一种说法，“现在出门什么都可以不带，就是手机必须带”，可见互联网已经深入人们生活的每一个角落里，充分利用这一广告效应是十分重要的，主要注意以下三个方面：

第一，向全国的大型网络媒体投放广告。360网络平台、百度、腾讯、淘宝网等都是国内外著名的网络平台，用这些平台投放广告，一是要注意养老机构主要入住老人的地区和范围，如果范围不是跨区域性的，还是先在区域性广告媒体为好。二是要考虑经费开支和广告成本，中小型的养老机构最好是应用区域性媒体。

第二，区域性网络媒体广告。在省、市、县都有众多的网络媒体，传统的电视台、广播电台、报纸、杂志都有网络媒体。选择适合的受众，用较为节省的经济开支，能得到同样的广告效益。

第三，变相广告效应。对于中小型养老机构来说，资金投资相对有限的可以采取一些更加有效的方式：一是在网络媒体上打招聘人才广告，其优势在于收费较少，比较能够吸引人们的眼球；二是在当地报纸上发布招聘人才广告，这是一个更省钱、更能多次登载的广告。

（三）体验式营销推广

养老机构基本建设好以后，可以拿出5%～10%的房间，提供给老人试住一周，也可以用5天，也可以更长一点时间，如10天，不收取费用，或者半价收取费用，老人感觉良好再签订入住协议。这是一个最好的推销方式，需要主办者有很大的自信心，能取得很好的效果。

（四）口碑宣传

有一句著名的俗语：“金杯银杯，不如群众的口碑。”这说明口碑式广告效应是何等的重要，主要应该注意以下三点：

第一，地方党政领导口头宣传效应，他们在某些场合讲话或者报告中，举例提到某某所举办的养老机构好，其广告效应是很大的。

第二，体验式广告的口碑效应。那些在养老院入住的老人及其家属口口相传，宣传养老机构的好处，那比金杯还重要。

第三，做一些公益活动。这是一种非常有意义的广告。

第二节　设计产品和服务

任何一个企业或者对社会服务的组织都必须根据自己的宗旨设计主要的产品和服务的方式。这是使自己得到生存和发展的基本条件和物质基础。

一、养老服务产品的层次

（一）核心层

养老产品服务的核心层就是指养老机构的主要业务，比如医养结合养老机构的医疗优势；“康养型”养老机构的美丽的风景和优良的环境，新鲜的空气，素雅的设施；“生活养老型”养老机构的交通条件，购物环境，生活设施，服务质量；“旅游走动养老型”特别是我们通常说的候鸟式养老类型的对应养老机构的优势，服务团队、可靠的保险、应急抢救措施等都是各类型养老机构核心的服务内容。

或者说养老机构有什么特色和优势可以供老人选择，也称为养老机构的主导产品。

（二）外围层

养老机构服务的外围层，是指围绕核心服务产生的辅助服务。比如，养老机构的餐饮设施很好；文艺体育活动办得很有特色；老年大学办得很好；等等。

（三）外延层

外延层的服务，是指在核心层、外围层之外的延伸服务。比如有的养老机构有生产绿色食品的基地，可以供应老年人食用绿色食品；有的养老机构有广大的中草药种植基地，既可以供老年人观赏休闲，又可以供老年人购买治病；总之，利用各种方法满足老年人的多种需求。

二、设计产品和服务考虑的关键因素

（一）居住条件

居住条件内容广泛，主要有以下三个方面：

第一，居住环境。养老机构应该选择在环境优美，风景美丽，空气清新，水质优良地区建址。

第二，交通环境。养老机构周围应该交通条件优良，进出方便，有利于老年人购物、就医、老年人的亲友探望。

第三，建筑设施好。房屋建筑质量好，采光、通风、取暖设施优良。室内装修和家具也达到了基本要求。

（二）医疗和护理能力

老年人普遍体弱多病，养老机构应该有较好的医疗能力，以满足老人就医的需求，最佳选择是养老机构自己建有医疗单位；其次是和医疗机构要有紧密的合作关系，确保老人就医的质量和要求。

有较强的护理能力、有高水平的养老护理员和高素质的管理团队是养老机构应具备的最基本条件之一，也是养老机构核心的服务内容。

（三）其他增值服务和设施

养老机构要适应市场化发展的需要，要有较强的吸引力和竞争力，必须要有一定的增值服务和设施。要做到“他无我有，他有我优”，不断地提高服务质量，不断开辟新的服务项目和内容，满足老人的需要。

第三节 商业模式和盈利模式选择

养老机构在世界范围内都是一个特殊的经济组织。主要因为其商业模式和盈利模式具有最大的特殊性，表现为它是无利、微利、低利社会组织和商业企业。我们在设计商业模式和盈利模式的时候，必须遵循这一重要的原则。

一、商业模式

（一）商业模式的概念

所谓商业模式，是进行商业运作的基本理念、途径、方法和目标。商业是一个极其广泛的行业概念，传统的称呼方式是商业服务业，在历史上中介服务非常少，一般的服务都是和商业联系在一起的，显著标志就是有商品交易。

养老机构的服务是一种综合型的服务，主要是人们应用智力和体力为老人进行服务，商品的交换处于次要地位，所以大部分处于服务业的范围，这是我们在设计运营模式的时候必须高度重视的。

（二）商业模式的构建

没有经过正规的训练，包括现在流行的大量的营销模式、销售技巧一类的书籍大部分没有讲授商业模式的构建，或者说没有讲清楚这个问题，主要应该注意以下几方面的事项：

第一，要明白所举办的企业的宗旨。这个宗旨我们在申请营业执照的时候虽然写得明明白白，但是往往被很多人所忽略，或者说很多人没有参加机构和企业的创业过程，后来进入这个机构以后，也没有认真了解和学习。这是需要养老机构的高级管理者特别应该重视和注意的。

第二，机构或者企业所属行业，在营业执照上也明显地标明了，要根据主要营业范围来设计商业模式，兼营范围只是作为一种参考，或者说在今后的运营中逐步展开的服务项目。

第三，养老机构的高级管理人员必须熟悉所在机构的商业运营模式，否则就是一位不合格的管理者。这里有两个技巧：一是机构创业或者在机构工作时间较长的高级管理人员，应该把商业运营模式通过培训告诉中高阶管理者；二是新来的中高级管理人员应该通过观察学习了解养老机构商业运营模式。这样才能发挥团队精神，才能防范经营风险。

二、盈利模式

（一）盈利对象

所谓盈利对象就是所服务的对象。对于养老机构来说服务的对象就是老年人及其家属或朋友，他们是我们的“衣食父母”，他们就是我们的“上帝”，我们必须明白：无论创业多么艰难；工作多么辛苦，没有他们，我们将没有利润，徒劳无功。在设计盈利模式之前，要做好市场调研，为养老机构营利对象做出市场定位，要点如下：

第一，养老机构服务对象类型。即我们常常讲的，是为高端人群服务还是为中端人群服务，或者为普通人群服务。定位准确是取得成功的第一要务。

第二，服务对象跨类型操作。比如，高中档次结合，以高档为主；中低档次结合，以中档为主；普通生活型和少量中高档型结合。

（二）盈利点

所谓盈利点，也叫盈利平衡点，是指养老机构的经营达到某一目标时就有盈余的点位。比如，一般民办养老机构入住率达到40%以上，就达到了盈利平衡点。这关系到两个问题：一是达到盈利平衡点的时间长短，越短越好。养老机构在开业一年以后还达不到盈利平衡点，就会产生亏损；二是要看经营管理。管理好的中高档养老机构入住率达到35%左右就会达到盈利平衡点。

（三）盈利源

所谓盈利源，首先是客户资源，以及由特色服务项目带来的较高收益的盈利资源。获得盈利资源的方法很多，如稳定的客户群体，优质广告效应，优秀的运营团队都可以带来广泛的盈利机会。

（四）盈利屏障

所谓盈利屏障，是指达到平衡点的关键性的难题。我们在进行营销策划的时候，就应该进行深入细致的分析，找到盈利屏障，研究跨出这个屏障的对策方针、措施和方法。

（五）盈利模式分析

1. 寻求有效盈利模式的基本方法

养老机构要能找到适合的优秀的盈利模式，主要取决于以下几点：

第一，市场调查是否准确深入。由此而产生的市场定位是否精准，这是鉴定优秀盈利模式的“基本功”和基础条件。

第二，盈利资源的掌握和判断是否准确。这是非常重要的，甚至是具有决定意义的基本要素。

第三，养老机构的主要管理人员对盈利模式的把握程度。这个条件也非常重要，一是要精心准备，旗开得胜。万事开头难，开始准备工作做好了，人气旺了就成功了一半。二是要通过“试营业”找到缓冲期，调整经营策略与方式，确保万无一失。

2. 养老机构盈利模式选择

养老机构的盈利模式可以有多种选择，主要是根据我们资金的投资来源和机构设立的宗旨来决定。基本有如下状况：

第一，非盈利模式。也可以叫“无利”盈利模式。现在已经大量存在的国有的公办的养老机构就是这种模式。从投资来源来看，主要是国家财政和地方财政投资，这些养老机构建设的基本宗旨是为了完成社会和国家对于城镇“三无”老人和农村“五保户”养老的基本功能。是国家养老体系的主要部分，是社会文明和进步的基本要求。

第二，微利盈利模式。在养老机构进入社会化市场化的今天，微利的盈利模式应该是主要的发展方向。一方面，国有公办的养老机构都要进入市场化的运作，获得一定的利润也是必需的。首先，可以运用于养老机构的维修和发展，不要一切都等国家财政和民政部门的资金；其次，是有利于调动广大职工的劳动积极性。传统的国有经营模式，发放很少一点奖金都要靠民政部门的资金来源，这是很不正常的现象。另一方面，国有公办的养老机构绝大部分都会实行“委托经营”或者“承包经营”的管理模式。在完成对城镇“三无老人”和农村“五保户”基本养老任务之后，应该尽可能地接收社会老人养老，对这部分老人应该是实行基本盈利的模式，以满足投资者希望带来的回报和收益，以增进养老机构的快速发展和设施设备条件的改善，满足老人不断增长的养老需求。

第三，低利的盈利模式。也叫“平均利润”盈利模式。一方面，我们强调举办养老机构是具有社会公益性质的慈善性事业，这是必须要坚持的基本原则和道德底线，让投资者与合伙经营管理者充分认识到养老机构不会获得“暴利”，基本要求是能够获得行业的平均利润，或者获得社会的平均利润就可以了；另一方面，养老机构的投资者，也不是完全的慈善家，还是要获得一点点利润，也有一部分基本回报，还有一部分主要用于新建和扩大养老机构，改善养老机构的设施和设备，提高养老机构的服务质量和水平。

知识拓展

商业模式和盈利模式，是养老机构的高级管理者和中级管理者必须认真学习的课题，对于准备创建养老机构的投资者来说特别重要。养老产业是一个新兴的、很多人不太熟悉的产业，投资者可以选择一家咨询机构，帮助解决这个问题。

案例点评

简介：邳州是江苏北部欠发达地区的一个县级市，人口103万，60岁以上的老人有32万人，该市进入城市的农民工很多，“空巢”老人也较多，整个社会养老的压力很大，为了社会的稳定，政府必须想办法解决养老的问题。邳州政府坚持以需求为导向，推进养老服务体系建设向更深入更实在的方向迈进，走出了一条具有地方特色的养老服务路径。

在政府领导和有关部门的大力支持下，引入国家知名的养老产业集团康乐年华，新建邳州项目获得成功。邳州市社会福利中心，采取公建民营医养结合的运营模式，创造了老人“白天接受照顾和参与活动，晚上回家享受家庭生活”的养老模式，现在该项目已经能够接收一千多名老人，获得社会的一致好评。该中心于2016年1月被列入中国社会福利与养老服务协会组织，全国第二批养老组织机构标准化试点单位。市政府有关部门邀请部分高校专家进行《养老机构建设质量评估标准》《国家养老标准化站点建设标准》等9项标准体系评估。得到了一致的好评，并出台了运营补贴和护理补贴标准，使养老机构向着良性化的方向发展。

点评：上述案例给予我们几点重要的启示：

第一，只要政府重视，养老产业就会朝正确和良好的方向发展，邳州市政府给我们做了一个好的榜样。

第二，我们要改变一个观念，不要错误地认为在欠发达地区的机构养老没有发展前景。邳州的成功经验就是一个很好的证明。

第三，运用养老品牌机构，提高养老服务质量。康乐年华养老集团是我国养老机构中一个有名的品牌，该集团的介入为这件事情的成功创造了基础的条件。

第十八章　养老机构开业前的准备

任何商业、服务业开业前的准备都是一件复杂细致的工作，只有准备充分了，才能保证养老机构的成功。

第一节　选择部门经理

部门经理在养老机构的内部是关键岗位，发挥着承上启下的重要作用。大型和特大型养老机构一个部门经理可以管理几百名员工，其工作水平和服务态度是极其重要的。

一、养老机构的组织架构和部门设置

养老机构的工作内容相对其他行业来说比较单一，因此组织架构设置的原则还是以简洁高效为原则。部门设置数量不宜过多，部门职能划分清楚即可。

（一）养老机构的组织架构

所谓养老机构的组织架构，也就是划分各部门组织的具体工作职责、工作内容，明确部门内部职员的相互关系，使每位成员明确自己所处的位置，承担什么样的责任，拥有什么权力，应发挥什么作用，促使机构能够完成计划、目标以及能够实现经营服务的目的。

1. 建立组织架构的意义

建立组织架构，一方面是为了达成组织的目标而去设计的，另一方面则是通过这种关系的界定使组织成员能够从个人意志行为上转化为目标实现的努力上来，激励组织成员自主地为组织目标的达成而不断付出、不断努力，从而实现每位成员自己希望在这个组织中所作的贡献。

2. 组织架构设计的基本原则

组织架构不存在普遍适用的、绝对正确的形式，不同的计划、不同的时间、不同的环境需要配合不同的组织架构，其基本原则如下：

（1）目标原则。养老机构设置组织架构，是为实现养老机构的计划和目标服务的。这是一条最基本的原则，当养老机构的计划、目标发生重大变化时，例如，开展的业务有所改变，从单一的服务模式，向全方位一体化的服务模式转变时，组织架构也必须做出相应的调整和变革，以适应计划和目标变化的需求。

（2）专业分工和协作的原则。养老机构的工作专业性强，风险性高，因此需要设

计不同的专业部门，例如，护理部、综合办公室等，以便提高工作的质量与效率。须知，只有根据专业性质合理分工，加强协作与配合，才能保证各项业务的顺利发展，从而完成组织的目标。

（二）养老机构的部门设置

1. 养老机构部门设置的基本原则

第一，设立分公司的养老机构部门，有两种层次：一种是总公司的部门机构，主要进行宏观的管理和监督工作，在层次上，总公司的部门经理和分公司总经理具有相同的岗位要求；另一种是，分公司的部门经理，就是我们日常讲的工程经理。

第二，部门经理要求能独当一面，负责全面的工作，有较高的组织能力和协调能力。

第三，部门经理对下面员工的使用有较大的主动权，对他们的提升和奖励也有重要的发言权。

2. 部门经理设置的一般方案

部门经理的设置主要是根据部门的规模来决定，小型微型养老机构的部门很少，大型养老机构的部门较多，需要研究的问题很多，我们以一家中型机构为例来研究，如图 18－1 所示。

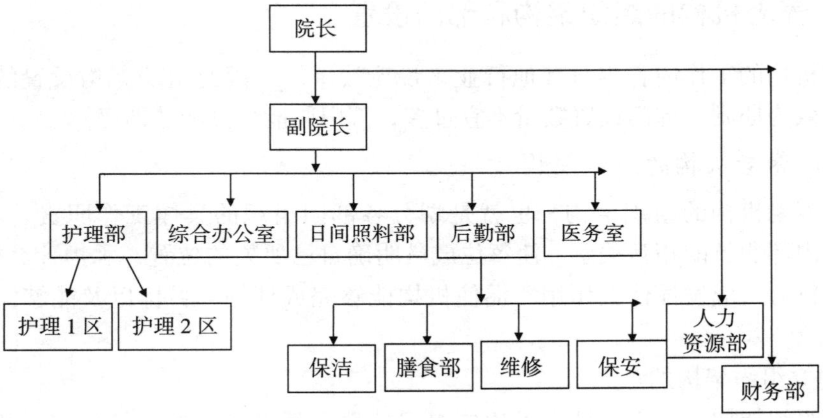

图 18－1　养老机构组织架构示意图

养老机构组织架构的形成与其他组织一样，都是实行分级管理，其部门设置没有统一规定，应以部门的专业性质为划分依据并进行命名，现养老机构部门设置常见的部门有护理部、综合办公室、医学康复部、后勤部、膳食营养部、人力资源部、财务部、培训部、外联部、文体部、总务部等，同时许多养老照料中心内部已设置日间照料中心（日托部门）。

二、部门经理的基本素质与业务素质

（一）部门经理的基本素质要求

1. 个人魅力

部门经理要想让自己部门的员工“誓死跟随”，其个人魅力是很重要的，俗话说

“水能载舟，亦能覆舟”，部门经理要有号召力，要有感染力，这样大家就能更好地配合其工作，否则就会产生相反的效果。

2. 心理调节能力

部门经理是部门的领航者，是部门的灵魂，有什么样的部门经理，就会有什么样的员工，部门经理的情绪会直接影响到部门员工的情绪及工作效率，所以，作为部门经理要时刻调整以及管理好自己的情绪，要有很好的自我心理调节能力，让员工时刻看到部门经理的激情与信心。

3. 爱　心

对于养老行业的每一位工作人员来说，“爱心”都是很有必要的。对于部门经理来说也是最基本的素质要求，要时时刻刻为老人及家属着想，更重要的是时时刻刻为员工着想，行业的特殊性，注定部门经理比其他行业部门经理付出的爱心要多得多，职员在需要部门经理帮助的时候，部门经理要能做到挺身而出。

4. 压力的承担

部门经理是整个部门的最高管理者，是部门的顶梁柱。在遇到问题时，部门经理要敢于承担部门的一切责任，为大家撑起保护伞，这样员工也会更加信服、拥护部门经理，使其工作效率更高，更快。

5. 公　正

对于部门经理来说，对待所有工作人员应做到公平、公正。私下关系再好，工作就是工作，需要每位员工遵守公司制度，履行工作职责，不得有特殊化。

6. 责任心

对于养老行业的部门经理，要有很强的责任心，要注意把握好每一个细节，否则，哪个环节出错，对于老人及家属来说都是不小的打击。

（二）部门经理的业务素质

1. 管理能力

作为部门经理，管理好自己的团队一定是一个最大的目标，也是部门经理的主要职责，把自己部门的员工团结起来，调节工作氛围，让各位成员从“要我做”变成“我要做”，然后大家向着统一的目标一起努力，完成制订的计划，甚至超额完成计划。

2. 沟通能力

对于部门经理来说，要起到承上启下的作用，沟通是必不可少的，沟通可以是工作上的事情，但不仅限于此，也可以是生活上的问题，了解每位员工的所思所想，发现问题，最重要的是解决问题，尽最大的可能给员工创造一个舒心的工作环境。

3. 监督与控制能力

所有的工作都不是直线的，既然有发出指令，就要有收回成果的过程。作为部门经理，在发出指令之后，要有中途的监督工作，更要有对结果的分析与控制。

三、部门经理的技能

（一）一般部门经理的技能要求

1. 技术技能

部门经理要熟悉掌握与运用本专业领域内的知识、技术和方法。

2. 人际技能

部门经理要善于处理人际关系，懂得观察人、理解人、掌握人的心理规律。在人际交往中，能够与人相处融洽、沟通顺畅，善于团结他人，增强向心力、凝聚力。

3. 决断能力

能够处理复杂关系，对全局性的、战略性的、长远性的重大问题有处理与决断的能力。

（二）养老机构部门经理的技能要求

养老行业是一个高风险的行业，在机构运营管理中，存在着各种风险和意外事故。对于部门经理来说，必须具备强烈的风险意识。避免风险和意外事故的发生。另外，面对突发事件，作为部门经理，还应有清晰的头脑，能够处理意外事件及纠纷，做到临阵不惊。

1. 管　理

部门经理，应精通老年社会工作、老年人的健康评估、老年人日常生活起居照料，老年人常见病护理、康复保健、膳食营养搭配等业务技术，并且具备管理能力。

2. 交　际

交际能力对于养老机构的部门经理来说是必不可少的。如果能妥善处理各项关系，得到领导和社会各界人士对养老事业的支持，从中调动全体员工的积极性，就能更好地为老人服务。

3. 领　导

由于所处位置、作用和职能不同，部门经理的决断技能需要程度则明显不同，所处的层级越高，对于决断技能的要求越高。例如，战略管理能力、市场经营能力等，领导能力的高低成为衡量一个部门经理素质的最重要的尺度。

（三）部门经理的素质核心——创新

1. 理念创新是第一要素

有句名言，“思路决定出路”，可见思维创新对一个机构的前途、对一个人的成长是具有决定性作用的。思维方法对了，又能够具体地实践，就能够获得很大的成功。

2. 部门经理创新的基本要求

新一代养老机构的部门经理，最重要的素质就是创新，应具备创新意识。当今养老行业，需要养老机构工作者通过理论和实际的操作不断地发挥创新精神，满足不同层次老人的生活需求、心理需求。只有在思路上创新，在工作方法上创新，才能不断提高工作效率和质量。

第二节　员工招聘和培训

职工的招聘和培训是养老机构必须重视的基础工作之一，也是决定养老机构成败的关键因素。

一、养老机构人力资源招聘背景和现状

（一）养老机构人力资源招聘背景

1. 传统背景

在当前社会背景下，一些养老行业观念陈旧的状态，缺乏发展的眼光，没有认识到招聘人员的重要性，并且缺乏整体招聘程序和规划，缺乏科学的招聘标准，另外，很多招聘渠道忽略了养老行业这个领域，在招聘系统中并未设置养老招聘信息栏，这对于用人单位及求职者都是极大的阻碍。

2. 发展前景

由于我国养老机构所处的地位还没有得到高度的重视，目前养老护理员的政治声誉和经济待遇相对较低。随着国家和政府的高度重视、全社会的高度关心，养老产业的工作人员今后的政治荣誉和经济待遇都会有较大程度的提高。这将从根本上改变养老产业人才使用的基本状况。

（二）养老机构人力资源招聘的现状

1. 服务对象多样性

养老机构提供服务的对象大多数是长期照料、短期照料和康复护理等方面有需求的长者，在服务过程中会用到专业知识、专业的技巧。因此需要专业的护理人员为老人提供专业的、全方位的服务。

但是，我国养老机构服务团队的专业建设却与失能老人的专业化养老需求存在着巨大的反差。养老机构的专业服务人员严重短缺，现有的专业人员数量远远不能满足老人的养老需求，并且专业照护人员与老人需求比例的矛盾日益凸显。

2. 人才招聘的困难性

面对这样的形势，养老机构人力资源招聘的情况更是不容乐观，特别是管理人才，包括院长及各部门经理，缺口极大。养老人才缺乏导致养老机构招聘的管理人才，只有专业知识，却认识不到养老行业存在的风险，导致养老事故与纠纷频发。

二、养老机构员工招聘来源

（一）农村剩余劳动力和城镇下岗待业人员

1. 当前员工的基本特点

现在一般的中小型养老机构都是以四五十岁年龄的员工为主要力量，表现为文化

低、服务技能差，必须通过一段时间的过渡才能达到理想的目标。

随着经济的发展，农村剩余劳动力越来越多，进城务工人员也随之增加，而部分养老机构的招聘门槛很低，对员工能力、学历的要求也不高。这就使得部分农村剩余劳动力涌向了养老机构。

2. 发展前景

随着国家对养老产业的高度重视，大量社会的培训机构对养老护理员展开了培训，新型的具有专业知识的青年养老人才会不断地进入社会，参与养老机构的服务工作，特别是在中心城市的大中型养老机构，有文化的年轻的养老护理员已经占了一半以上，这是十分可喜的现象。

（二）本科和大专、高职毕业生

1. 本科和大专、高职院校的学历教育

当前，很多大专院校已开启“老年服务与管理”专业，培养专业的养老人才，这些学生毕业后被养老公司聘任，将成为养老机构的领航者。同时，近年来越来越多的人已看到中国养老行业发展的前景，想在此行业崭露头角，并决定去国外深造，吸取国外养老行业发展的经验，回国后，在养老行业大展身手。

2. 部分相近专业转移到养老服务产业

传统的医学护理专业、商业服务专业，相当一部分的人才，经过短期培训转业到养老产业，弥补了养老产业专门人才不足的短板。

3. 其他来源

通过人才市场的招聘，或有些优秀员工选择跳槽，这一类型的人才具有丰富的养老机构管理和服务经验，能够很快地投入工作中去。

三、养老机构员工招聘渠道和注意事项

（一）养老机构员工招聘渠道

1. 正规招工渠道

大量的本科、专科、高职院校以及中专的毕业生，每年毕业以后经过正常的用人渠道进入养老机构。

2. 多种招聘渠道

养老机构在进行招聘时，主要有广告招聘、熟人推荐、校园招聘、网络招聘、专门机构推荐等形式。

（二）养老机构员工招聘注意事项

第一，应明确区分各岗位的职责和权限，完善职务招聘说明，并根据职务说明的要求拟定招聘条件，实施招聘。

第二，注意新员工的岗前培训，现在大多数养老机构招聘职员入职后，直接上岗，这样会存在较大的风险，需要对入职的员工进行岗前培训，包括企业文化、实操技术、流程等方面，如有条件可以安排“一对一带教”。

四、员工培训管理

（一）员工培训的目的和方向

1. 员工培训的目的

培训的最终目的是通过提升员工的能力实现员工与机构的同步成长。特别是养老行业，基于行业的特殊性、专业性，员工培训的目的会更加明确——降低风险，提升服务质量。

2. 员工培训的方向

（1）介绍企业文化、经营历史、宗旨、规模和发展前景，以激励员工的积极性。

（2）培训公司的规章制度、工作流程和岗位职责，使员工在工作中自觉遵守公司的规章、制度。

（3）培训实操，使员工在工作中掌握技术操作要领，降低事故风险。

（二）员工培训分类

1. 员工的岗前培训

养老机构的员工培训中，第一关就要把握岗前培训，主要让新员工了解养老机构建立的宗旨、企业文化氛围、基本规章制度要求。

2. 实际工作中的“一对一带教”培训

此类培训主要解决以老带新的问题，国家在推行新型“师徒制”，已经取得了较好的效果，特别是高级人才对徒弟的带领效果明显。

3. 专业知识和岗位操作技能培训

养老机构的每一个工作岗位都是实操性很强的工作岗位，技能培训特别重要，在某些细小问题上操作不当，会直接危害老人的生命安全。

4. 转岗培训

根据优秀养老护理员的基本要求，一位养老护理员至少应该适应三个工作岗位的工作，因此必须有一个转岗培训的要求，通过培训适应新的岗位工作。

（三）员工培训方式

1. 讲授法

属于传统的培训方式，其长处是操作起来方便、快捷，培训师容易控制场面。其短处是讲授法属于单向的信息传递，反馈较差，常常是一些理论知识的培训，受训者接受的内容难以消化理解。

2. 视听技术法

通过一些影像工具进行培训讲解。优点是视觉感和听觉感较直观、鲜明。但通过对受训学员培训的结果调查来看，理论与实践很难结合，反馈较差，并且制作成本和购买成本较高，且容易过时。

3. 讨论法

讨论法可以先以专题演讲为主，根据具体情况进行分组，进行演讲后的专题讨论。

优点是信息可以多向传播，学员参与性较高，与讲授相比反馈效果较好，但花费时间较长。

（四）员工培训内容与课程设计

1. 员工培训内容

培训内容应从管理和服务两个角度开展，以满足培训对象不同的知识需求。从管理角度来看，培训对象应了解全球化的社会背景及老年政策和相关法律法规、老年事业发展方向、养老产业的经营与管理，以提高培训对象的管理和决策能力，改进服务意识和服务理念，提升服务质量和水平。护理人员则以基本的护理知识、老年人常见病护理以及日常生活照料的培训为主，使培训对象在基本护理理论知识的指导下为老年人提供规范、合理的生活照料。

2. 员工培训课程的设计

培训课程的设计要有针对性，要遵循要细不要粗、要小不要大的原则。

（五）员工培训流程

1. 培训需求分析

目的是确认培训的必要性、了解培训的具体内容，排定培训需求的主次缓急。培训需求分析需要从组织分析，根据养老机构的目标、资源、绩效差距等问题，确定整体的培训计划，然后是服务质量方面和员工个人方面的培训。

2. 培训计划制订

培训计划包括确定培训目标、规划培训内容、做好培训预算。培训目标是培训效果评估中培训目标达成度的标杆，因此这个目标必须具体并具有可操作性。

3. 培训方案确认

培训计划制订好以后，还要有详细的实施方案或者说是可提供可行性操作的细节方案。包括培训时间、地点和人员、培训师的来源、培训实施方法，以及负责培训人员的分工，具体的工作做得越详细，培训过程中出现差错的可能性就越小。

4. 培训项目实施

项目实施首要任务是发出培训通知，通知受训人员时间、地点、要求。其次，要落实培训场地的准备情况，特别是设施设备的调试工作。

5. 培训效果总结

所有工作都是一个圆圈形的，有开始就有结尾，培训之后要对培训效果进行总结，包括是否达到受培训者既定的目标，培训课程是否充实、紧凑，是否容易理解，培训师水平和能力能否达到要求，培训方式和方法能否适应受训者等。检查每一个环节，总结经验和教训，不断提高培训的质量和水平。

6. 培训效果评估、跟踪

培训效果总结之后，并不代表工作结束，培训的目的是帮助职员改善工作中的不足，但结果是否有所改变，需要后期跟踪调研。通常是在培训三个月、半年、一年各做一次回顾和评估、跟踪，以便了解受训者是否达到培训后应有效果。

7. 培训结果分析、改善

对培训的结果进行分析，成功和经验固然必须继续保持和发扬，更重要的是改善不足之处，在以后的培训中吸取教训。

第三节　形象宣传和广告

在现代社会条件下，企业的形象宣传和广告宣传是必不可少的，它对于创造良好的品牌、取得市场竞争力有很大的作用。

一、形象宣传的目的和原则

（一）形象宣传的目的

1. 品牌形象的概念

所谓“品牌形象”是一种无形资产，“品牌形象”就是知名度，有了知名度就具有凝聚力和扩散力，就会成为发展的动力，形象宣传让服务机构明显区别于其他竞争对手。

2. 形象宣传的作用

做好企业形象宣传有如下几个作用：

第一，创造市场价值。当企业形象、服务的品牌被市场认可并接受后，其创造的市场价值是巨大的。

第二，增加企业的知名度。养老机构的知名度十分重要，特别是民营企业的养老机构，由于成立的时间还较短，社会信誉度还不高，通过形象宣传以后，提高了知名度，增加了信誉度。

第三，增加市场竞争力。通过企业品牌宣传会吸引更多的老人入住养老机构，使养老机构尽快达到利润平衡点是十分重要的。

（二）形象宣传的原则

1. 需求创造原则

老年人客户要求具有多样性、发展性和层次性的特点，它会随着年龄以及身体健康状况发展而变化。就中国现有的养老行业发展的状况来讲，就连老人自己也不知道自己需要哪些服务、有什么需求，因此在做形象宣传时要去挖掘、创造需求，提供老年人认为最有价值的服务，真正解决老年人的问题和满足生活的需求。

2. 目标诉求原则

在做品牌推广、形象宣传过程中，首先要找准客户目标，找准诉求对象，开拓最能接近目标人群的渠道，采用普通人都能接受的宣传方式。

3. 非价格竞争原则

运用价格以外的宣传方式，例如，提供服务的种类、提供体现服务质量的项目、赚取客户的口碑等价格以外的宣传方式，更能让老人接受。

4. 创新原则

随着养老行业的不断发展，机构经营所处阶段不同，要求不断地开发新的服务种类，来满足老人的需求。

5. 机构利益导向原则

形象宣传的主要目的是创造机构利益，要以机构利益为重，避免目光短浅、损害机构利益的短期行为。

二、宣传媒介种类及分类

（一）传统营销方式

1. 电视媒体

电视广告是传统广告中的经典模式，也是一种十分有效的传播途径。优势是信息传播及时，传播画面直接易懂，形象生动，覆盖面广，不受文化层次的限制，但电视媒体的不足之处是线性传播，转瞬即逝，保存性差，价格高。

2. 广播媒体

广播媒体是老年人群最易接触的传播媒体，虽然由于科技的发展，新媒体不断出现，广播媒介面临着越来越多的挑战和冲击，但针对老年人的子女，可以通过交通广播在上下班的高峰期进行机构广告、养老感人故事的滚动播放，让老年人的子女在上下班收听广播时能够了解养老服务机构，接受听觉刺激，达到宣传效果。

3. 报纸广告

传统四大媒体中，报纸无疑是受众最多、普及性最广和影响力最大的媒体。覆盖面广、传播信息迅速，除了一些专业性很强的报纸外，一般公开发行的报纸都可以不同程度地渗透到社会各领域。报纸是当日发行，出版频率高，对于时效性要求高的产品宣传，不会造成延误的情况。而且，读者广泛而稳定，留存时间长，不受时间限制。缺点是有效时间短，出版频率高，而且广告关注率低，通常不会占据报纸的最优版面。

4. 杂志广告

杂志也是一种平面的印刷广告媒体，尽管与报纸广告相比，它明显地缺乏时效性，而且覆盖有限，但由于它印刷精美，具有视觉的冲击效果，故深受特定受众的喜爱。随着老年人口的不断增多，老年产业的高速发展，面对老年消费人群的杂志也越来越多，机构可以利用杂志，反复传递重要广告词语来介绍机构的最新消息、服务项目等，但与前三种宣传媒介相比，耗费的时间较长。

5. 户外媒体

媒体可以在露天或者公共场合通过广告表现形式进行宣传。常见的户外广告有：路牌广告、招贴广告、壁墙广告、海报、条幅、霓虹灯、广告柱以及广告塔、灯箱广告等。户外广告的信息传播面广而费用较低，持续时间长。这些广告一般列上公司的名称、地址、电话服务项目以及前往方式。它可吸引目标客户的眼球，其广告效果相当显著。

（二）线下推广活动

1. 公共活动区域

在社区可以做一些公益性的宣传活动，具体安排可以包括以下几种：公益养生讲堂，现场组织免费体检义诊活动，组织志愿者演出，开办小型老年广场舞比赛或书画等的培训班，组织短途旅游，组织社区捐赠活动，为社会空巢老年人、失独老年人献爱心等。也可以在目标群体聚集地发放宣传单页。单页发放的主要区域包括：军区家属院、大型企事业家属院及高档社区、公园以及一些老年人自发聚集的地方。总之以上营销渠道能有效地寻找客户资源，吸引更多人到养老服务机构参观体验。

2. 公益活动

可以在机构或者其他场地，组织大学或企业合作做公益事业、爱心活动。利用机构的平台，设计公益活动方案，与医院、学校等机构合作，在机构内组织举办修脚、理发等宣传活动，也可到老年人聚集的地方进行品牌宣传活动，发放礼品，宣传优质服务与优惠措施等。

3. 与政府合作

利用与政府及民政系统合作举办老年人的活动，为孤寡老人赠送礼品，为困难老人进行居室适老化改造等，并进行媒体报道，提高养老服务机构的知名度与美誉度。优势是覆盖广泛，冲击力、感染力强，可信度高，劣势是组织难度较大。

第四节　申请主管部门检测、检查、验收

当养老机构的基本建设、设备安装、人员招聘等基本准备完成以后，才能正式向政府主管部门申请设立养老机构。

一、养老机构设立的验收申报

（一）验收申报的程序

1. 申报所需要的基本文件材料

建设一所养老机构需要跟进一系列的筹建申报、审批和注册登记等程序，完成这些程序后，养老院才能正式开工建设、开张营业。

依法成立的组织或具有完全民事行为能力的个人凡具备相应的条件，可以依照《养老机构设立许可办法》的规定，向养老机构所在地的县级以上人民政府民政部门提出举办养老机构的筹办申请。需要准备以下文件：

（1）设立养老机构申请书；

（2）养老机构设置申请表；

（3）申请人、拟任法定代表人或者主要负责人的资格证明文件；

（4）符合登记规定的机构名称、章程和管理制度；

（5）相关部门的批准文件；

（6）服务场所的自有产权证明或者房屋租赁合同；

（7）管理人员、专业技术人员、服务人员的名单、身份证明文件和健康状况证明；

（8）资金来源证明文件、验资证明和资产评估报告。

民政部门自受理申请之日起20日之内，根据当地社会福利机构设置规划和社会福利机构设置的基本标准进行审查，作出同意筹办或者不予同意筹办的决定，并将审批结果以书面形式通知申办人。

2. 养老机构获得资质的审批材料

经所属部门同意筹办的社会福利机构具备开业条件时，应当向民政部门申请领取《养老机构设置批准证书》。

申请领取《养老机构设立许可证书》的机构，应当符合养老机构设置的下列基本标准：

（1）有名称、住所、机构章程和管理制度；

（2）有符合养老机构相关规范和技术标准，符合国家环境保护、消防安全、卫生防疫等要求的基本生活用房、设施设备和活动场地；

（3）有与开展服务相适应的管理人员、专业技术人员和服务人员；

（4）有与服务内容和规模相适应的资金；

（5）床位数在10张以上；

（6）法律、法规规定的其他条件。

（二）养老机构最终设立的文件准备

1. 基本文件材料

申请领取《养老机构设立许可证书》时，应当提交下列文件：

（1）设立养老机构申请书；

（2）社会福利机构设置申请表；

（3）申请人、拟任法定代表人或者主要负责人的资格证明文件；

（4）符合登记规定的机构名称、章程和管理制度；

（5）建设单位的竣工验收合格证明，卫生防疫、环境保护部门的验收报告或者审查意见，以及公安消防部门出具的建设工程消防设计审核、消防验收合格意见，或者消防备案凭证；

（6）服务场所的自有产权证明或者房屋租赁合同；

（7）管理人员、管理技术人员、服务人员的名单、身份证明文件和健康状况证明；

（8）资金来源证明文件、验资证明和资产评估报告；

（9）依照法律、法规、章程规定，需要提供的其他材料。

2. 注意事项

第一，在上述诸种准备材料中，一般会有缺漏，工作人员要想尽办法尽快补齐相关材料。

第二，关键文件的认可。一般情况下，主要是土地出让金的补交、消防合格许可证的认可是比较关键的文件。

第三，工作人员资质的材料要准备齐全。比如，大中型养老机构需要副主任医师、高级营养师、养老护理员、社会工作者、会计师、康复师等方面的资质及其数量的要求材料，都要及早做好准备。

二、养老机构注册登记

（一）完成养老机构登记的过程

1. 准备好文件和资料

在养老机构的登记过程中，不是人们想象的那么简单，因为养老机构是涉及老年人生命安全的服务机关，国家行政部门必须实行监督和管理的职责，要符合条件以后才能够正式运营。

2. 基本流程

养老机构的正式设立不是一件简单的事情，需要一个团队做好充分的准备，具体程序可以参照图 18－2。申办人取得《养老机构设立许可证书》后，应当到登记机关办理登记手续。

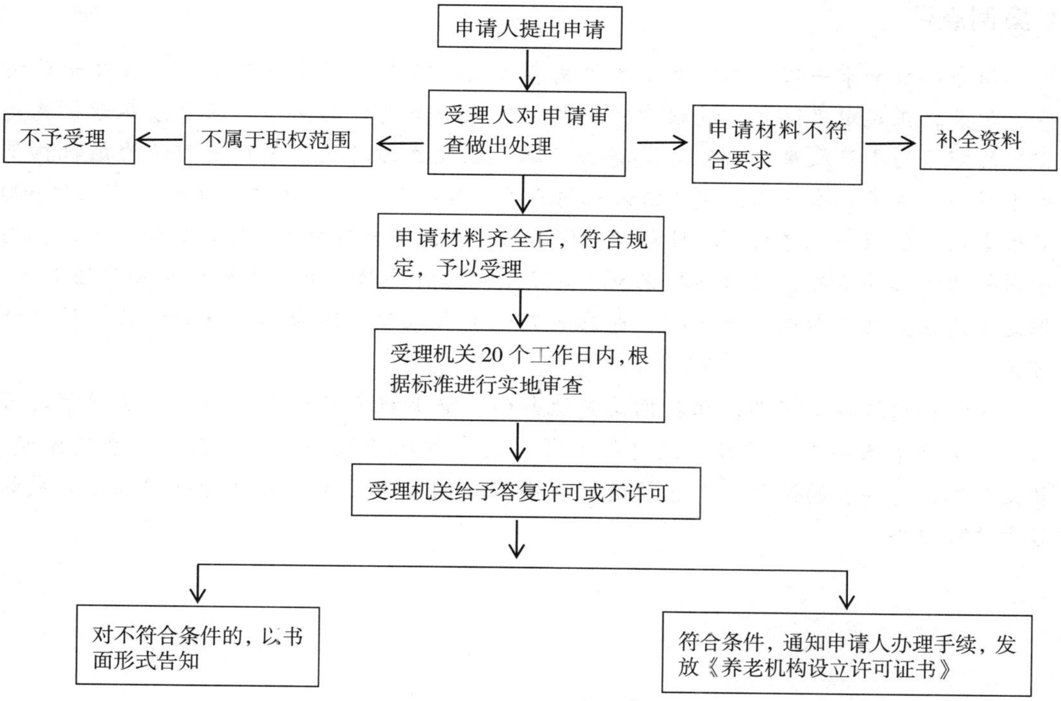

图 18－2　养老机构设立许可证申请流程图

（二）养老机构正式设立应该注意的问题

1. 设立养老机构试运行期

无论是大型、中型、小型的养老机构，还是高端、中端和普通的养老机构，涉及老年人生活质量和生命质量服务的事，关系非常重大，绝对不能忽视。为了谨慎起见，要求一般的养老机构都要设立试运行期，一般试运行期在三个月到半年。

2. 正式向社会宣布运营情况

养老机构的试运行期结束以后，可以通过多种方式向社会宣布养老机构试运行期结束，正式进入运转状态，这其中关键的项目在于老人入住率达到多少，一般情况下，大型特大型养老机构，入住率达到30%～40%就可以了，中型的养老机构应该达到40%～50%，小型的养老机构应该达到50%左右。

知识拓展

养老机构申报的相关知识

由于现在养老产业的人才十分奇缺，特别是医护人才和中高级的养老护理员、社会工作者、心理咨询师都奇缺，中小型的养老机构更难以聘用到此类人才，因此应该采取变通的方式，聘请兼职人员担当，但是要获得当地主管部门的认可，离退休人员也是重要的人力资源，可以聘请他们担任相关的技术工作职务。

案例点评

简介：××市一家民办中型养老机构各方面准备都已经十分齐备，已经开始试运营，但是在正式申报设立的过程中，出现了这样一个具体的问题。由于该养老机构是租赁的郊区的小产权房，出租方没有房产证，在设立的时候，民政部门认为该机构证件不齐全，不予批准设立，这就给该机构造成了经济上的重大困难。该机构已入住300多位老人，按照一位老人一次性补贴15000元计算，将会有500多万元的现金收入，由于该机构的证件不齐，难以领取这500多万元的政府补助。虽然该机构经营管理有方，但是还是在盈利平衡点附近徘徊，也影响其他老人入住，因为其没有最终获得设立许可证。

点评：通过以上案例，让我们清楚地知道，养老机构的设立必须是依法规范的进行，来不得半点马虎。同时，政府有关部门也应该端正服务态度，在基本事实清楚、其他基本证件齐全的情况下，应该进行实事求是的处理，为这类养老机构颁发正式的设立许可证书。

第十九章　养老机构的类型及服务内容

养老机构服务的类型可以从投资方面和规模方面来划分，服务内容是基本一致的，应根据养老机构的层次来加以区别。

第一节　养老机构的分类

由于养老市场开放的时间很短，因此，我国养老机构的分类情况比较复杂，但是也可以清晰地进行分类。

一、按养老机构的投资主体和运营主体来划分

（一）公办养老机构

1. 国家财政投入的公办养老机构

自从1951年2月26日以后，中华人民共和国就开始有财政投入兴办国有的养老机构，首先是接收“三无”人员和农村“五保户”，体现了国家对困难群众的救助；其次是解决伤残荣誉军人的养老问题；最后是收养社会孤寡老人。2013年以后，大量国有公办的养老机构接收社会老人入住，但是床位十分紧缺，能入住的人少之又少。

2. 大中型国有企业兴办的养老机构

我国现在还有100多家国家级的国有大中型企业，每个省市政府还有一些大中型的国有企业，也都投资兴办了一定数量的养老机构。

解放军和武警部队兴办的养老机构也属于国有公办的养老机构。

（二）公建民营养老机构

1. 公建民营的养老机构

2013年，国务院《关于加快发展养老服务业的若干意见》发布以后，我国开始了公建民营养老机构的新时代。按照国家老龄委和民政部的“十三五”规划，到2020年，应该有50%的公建养老机构进入民营管理模式状态；到2030年，90%以上的公建养老机构应该是公建民营的经营管理模式。

2. 公民合建的养老机构

为了应对我国老龄化的巨大机遇和挑战，国家鼓励地方政府和民营企业合作建立养老机构。国家还同时鼓励在经济相对落后、财政收入较少的地区，政府部门以土地

所有权等方式出资和民营资本合作建立养老机构，这类养老机构现在还不太多，需要进一步扩大发展规模。

（三）民办和外资兴办的养老机构

1. 民办养老机构

自从2013年以来，特别是2015年国家对养老市场全面放开以来，大量民办养老机构如雨后春笋般地涌现。

2. 外资兴办的养老机构

国家在开放民办养老机构的同时，对外国资本进行的市场开放，引起了外国资本的注意和兴趣。现在经济发达国家几乎都在我国境内筹办和新建养老机构，以西部地区中心城市成都为例，就有法国、韩国、芬兰、澳大利亚、日本等国在当地设有筹建机构或者培训机构。

二、按养老机构、老年人身体状况及为老年人提供的服务来划分

（一）健康活力养老机构

1. 健康老人型

在65岁以上进入养老机构的老人当中，大部分是健康充满生机活力的，进入养老机构的这类老人主要是因为三个方面的原因。一是其子女在外国或者外地，经济条件很好，把老人送到养老机构感到放心；二是这些老人表面上看起来身体很健康，但因为患有某种心血管病、脑血管病、糖尿病等慢性疾病，一旦突然发作，会构成生命危险，进入养老机构可以避免此类现象发生；三是部分老人由于几十年的工作经历和特殊情况，需要进入养老机构养老。

2. 基本生活自理老人型

这类老人虽然基本生活能自理，但往往处于高龄状态，身体状况也有某些缺陷，进入养老机构养老是比较安全和放心的，可能在不长的时间之内会进入半失能状态。

（二）失能、半失能老人护理机构

1. 失能老人“介护”养老机构

由于我国老人的基数太大，整个医疗资源又十分缺乏，失能老人需要进入介护养老机构，得到良好的护理，提高其生命质量和生活质量。

“介护”一词源于日本，意思是参与对老人护理过程。“介护”与“介助”是量的区别。

2. 半失能老人“介助”机构护理

半失能老人的日常照顾是非常浪费精力的，现在我国的家庭结构状态，子女或者亲人既要上班工作，又要担负照顾下一代的责任，因此将半失能老人送入养老机构是最经济、又安全、又保险的办法。

“介助”一词来源于日本，意思是指护理人员参与半失能老人的养老过程，有协助之意。

（三）持续照料养老社区

1. 日间照料中心

由于我国改革开放30多年的发展，新型的社区和小区大量建设，根据国家的指导和引导，小区日间照料中心正在广泛兴起，对于居家养老和社区的老人具有很好的帮助作用。

2. 夜间或全托照料中心

在社区居家养老的老人，或者子女在外地工作，或者进入半失能或失能状态，进入社区的夜间或全托照料中心是十分安全、又经济又方便的，并且可以享受到某种居家养老的氛围。

第二节　养老机构的服务内容

通常情况下，内容决定形式，这是正常的，但形式也可以反过来决定内容，不同养老机构的形式会有不同的服务内容。

一、餐饮服务

（一）主要内容

1. 用餐者评估

对养老机构的服务对象进行用餐者评估是餐饮服务的基础工作之一，为了满足老人个性化的要求，每个老人都应该有一张评估报告，三个月以后要进行重新评估。

2. 营养膳食方案制订

大中型的养老机构应该有专门的营养师，在和医务人员、养老护理员的配合下为老年人制订个性化的营养膳食方案，有利于提高老年人的生活质量和生命质量。

3. 用餐选择

老年人使用哪种进餐体位主要是根据医务人员的规定进行，对于身体健康的老人，主要是根据营养师的安排进行。

4. 备餐与送餐

养老机构的备餐工作间应该符合规范建设标准，首先要卫生、采光和安全达标，送餐服务根据医务人员和养老护理员商量决定。

5. 用餐场所

养老机构的用餐场所是根据老人的身体健康状况来决定的，多数健康的老人会在餐厅用餐，失能、半失能的老人在卧室用餐。

6. 餐费标准与调整

养老机构首先要制定合理的比较准确的餐费标准，同时要根据市场价格的变化作出适当的调整，在调高的时候要做好解释和宣传工作。

（二）餐饮服务人员

1. 餐饮团队构成

养老机构的餐饮团队的成员主要由营养师、医务人员、养老护理员、采购人员、厨师、管理人员和服务人员组成。

2. 岗位职责及任职要求

餐饮岗位职责要求要由餐饮营养部和人事部、医务服务部共同商量制定，根据养老机构的档次和规模进行岗位设置。

3. 人员配置

养老机构餐饮人员的配置主要根据养老机构入住人员的身体状况决定。生活自理者占50%以上的养老机构，餐饮人员配置一般是15～20个老年人配置一个工作人员，还可以根据实际情况适当地增加或减少。大中型的养老机构一般应配有营养师、高级别的厨师。

4. 任职资格

养老机构餐饮人员的任职资格主要由两个因素决定：一是必须具有卫生健康许可证，二是具有相应任职资格的专业技术证书。

5. 人力成本分析

大中型养老机构餐饮人员的人力成本份额是比较高的，主要是必须要高级职称的营养师和厨师，他们的工资待遇都相对较高。同时还要求各级养老机构特别注意，对于对外承包的餐饮部门必须作出严格的要求，人员配备必须达到相应的国家配备标准。

二、生活照料管理

（一）生活照料管理的主要内容

1. 日程工作管理

失能老人生活照料日程表详见表19－1。

表19－1　失能老人生活照料日程表

时间	工作内容
7:00—8:00	床旁交接班
8:00—8:15	晨会
8:15—9:30	喂口服药、晨间护理、清洁大小便；组织老人集中进行康复训练
9:30—10:30	喂水果、喂水
10:30—11:00	喂饭（被动就餐老人）
11:00—11:20	协助老人餐前洗手，取合适进餐体位
11:20—11:40	午餐（主动进餐老人）并检查老人进餐情况
11:40—13:00	协助老人上床休息，巡视房间，收拾餐具，清洁床头桌，清洁房间。完成治疗性工作

续表

时间	工作内容
13:00—13:30	喂口服药，做晚护前的准备工作
13:30—14:30	做晚间护理
14:30—15:00	喂加餐、喂水果、喂水
15:00—15:30	落实周程护理工作
15:30—16:00	视老人身体状况进行康复训练
16:00—16:30	喂饭（被动进餐老人）
16:30—17:00	协助老人餐前洗手，喂饭（主动就餐老人）、口服药
17:00—20:00	巡视老人进餐情况，收拾餐具、清洁床头桌，清扫房间。巡视房间、观察老人状况，管理好探视家属，保持环境安静
20:00—20:30	喂加餐（被动就餐老人）、喂水、喂口服药，为老人做睡前准备
20:30—21:30	协助老人上床休息，请家属离院
21:30—05:00	巡视房间，观察老人身体状况，随时保持居室整洁
05:00—07:00	协助老人起床、穿衣、洗手、洗脸、漱口、整理床单
07:00—07:30	分发早餐、喂饭
07:30—07:50	做交班前准备

2. 周程记录管理

周程主要内容详见表 19－2。

表 19－2　周程记录内容表

周一	彻底清洁地面，擦门窗
周二	刷洗大小便器、刷脸盆，整理衣柜
周三	洗头、消毒毛巾
周四	消毒水杯、刷洗暖水瓶、饭盒，整理卫生间物品
周五	整理清洁床头桌、茶几、沙发或沙发椅
周六	刮胡须、剪指（趾）甲、刷鞋、洗枕巾
周日	刷洗轮椅、大便椅、轮椅打气

3. 护理巡查管理

护理巡查管理是指养老机构的各护理科室护理人员，在连班和夜班护理工作中为老人所做服务的检查管理工作。护理巡查时间为：12:00 到 13:30，20:00 到次日上午 8:00，巡查周期为每两小时一次。登记内容包括：巡查时间、巡视记录、巡查人员。

4. 老人物品管理

老人在院期间，家属可能留下一些资金以备老人在院使用，因此需要各护理科室进行留用金的登记管理。

物品管理是各护理科室对科室物品、老人物品的管理，科室物品主要包括：老人物品备份、护理用品等。老人财物包括老人留用金、收入及老人自身物品的登记管理。

科室物品包括各科室自总务科领用的物品，其管理涉及物品领用的登记管理。

5. 老人请销假管理

各护理科室要加强对老人外出请假管理，严格遵守相关外出请销假制度，请假情况需要汇入统计表报送业务科。请假信息主要包括：时间、请假老人、护理科室、请假原因、登记人员、陪同人员、销假时间等，要将请假信息汇总到交接班表中。

（二）生活照料服务人员安排

1. 人员配置

生活照料服务人员的人员配置主要有三个方面：一是养老护理员；二是清洁工；三是辅助人员。总体上按照老人与服务人员 4：1 配置，在介护老人和介助老人超过 50% 以上的养老机构，可以按老人与服务人员 3：1 配置。

2. 人员资质

主要是养老护理员要求具有上岗证书和培训合格证书，医护人员也要求具有护士资格证和医师资格证，清洁工和辅助工进行单位岗位培训就可以。

3. 人员管理

生活照料服务人员总体上由人力资源部管理，部分养老机构的清洁工和辅助工也可以由护理部管理。

（三）生活照料服务费用

1. 月服务费

现在我国的养老机构收费标准中，一般把服务费单独列出，普通型的养老机构和中端养老机构多数应该是如下比例：房租费、生活费、服务费、杂费、管理费（2：3：3：1：1），根据养老机构的档次可以作出适当的调整，高端养老机构的房租费是比较高的，服务费也是比较高的。

2. 整体费用打包

现在我国的养老机构收费标准中，采取整体费用打包的已经比较少，主要是传统的国有的公办的养老机构长期不进行成本核算，所以采取打包的方式。

3. 增值服务

所谓增值服务，主要是根据老人个性化的需要进行的服务。

三、养与医康护结合

（一）加强和周边市、区（县）医疗机构合作

1. 与市级医院建立绿色通道

在大中型城市设立的养老机构，为了保证老人能及时抢救，防止出现生命危险，应该和市级医院建立绿色通道，确保老人优先进行抢救和医治。

2. 与区级医院建立绿色通道

由于市级医院的医疗资源十分短缺，因此养老机构要在与市级医院建立绿色通道的同时，重点和区级医院建立绿色通道，一方面养老机构所在的区级医院距离较近；另一方面，区级医院的医务水平和医疗设备也相当高，完全可以承担抢救老人和为老人治疗疾病的重任。

3. 与社区卫生服务中心建立绿色通道

中小型的养老机构、社区日间照料中心、夜间或全托照料中心应该与社区卫生服务中心和医院建立绿色通道，保证老人的医疗需求和病危抢救的需要。

（二）筹备社区医院或老年病医院

1. 在大型养老机构中设立老年病医院

在大型特大型养老机构设立老年病医院是最好的选择，能够更好地服务于老年人，也能提升老年病医院的业务量和经济收益。

2. 在中型养老机构中设立医疗机构

在中型养老机构设立社区医院的医疗点是我们对养老机构的基本要求之一，养老机构的创办者和管理人员应该想尽办法在机构内设立医疗点，这有利于提高养老机构的品牌，也可以保证老人的安全。

（三）创办合格的医务室和护理站

1. 有能力的养老机构可设立医务室

小型养老机构建立医务室也是一个基本要求，对于个别养老机构确实因为条件差，可以和医疗机构联系设立医生巡回诊治点，保证每天有医生到养老机构开展治疗业务。

2. 设立护理站

个别小型养老机构可以设立护理站，由合格的护士进行医疗护理工作。

（四）创办康复医院或中医院

1. 在中型以上养老机构中设立康复医院

康复医疗在我国正在逐步推广和兴起，有条件的中型养老机构、大型养老机构都可以设立康复医院，小型养老机构应该设立康复部。

2. 在中型以上养老机构中设立中医院

我国是世界上中草药和中医应用最为成功的国家，现在入住养老机构的老年人，对中医有更多的了解和需求，有条件的中型养老机构和大型养老机构都可以设立中医院，聘请中医师到养老机构为老人服务。

（五）和三甲医院建立远程诊疗系统

1. 与三甲医院合作设立远程诊疗系统

在我国三甲医院数量相对较少，医务水平和设备配备都十分先进，在“互联网 +”运用十分广泛的今天，有条件的养老机构都应该和医院建立远程诊疗系统，让老年人享受到现代科学和现代医学发展的成果。

2. 远程诊疗系统的管理和运营

现在绝大多数大中型的养老机构正在准备设立远程医疗系统。对这一系统的管理和运营是一个新问题，可以聘请专家团队和专门的技术支持机构进行运作。

五、健康管理

（一）健康管理的内容

1. 建立健康档案及综合评价

在我国大数据广泛运用的情况下，现在最为成功的就是为大部分老人建立健康档案，对老人身体各个部位的技术指标进行综合评价，养老机构要主动和卫生部门联系，建立老人的健康档案和评价体系。

2. 健康促进

在2012年，我国就已经提出了大健康的概念，通过全社会大健康理念的建立，全面促进我国民众健康水平的提高。老年人进入养老机构以后，要通过医护人员、护理人员、营养师、康复师对老人实施健康促进方案。

3. 健康管理方案的制订

养老机构应当为入住的每一位老人制订健康管理方案，确保老人得到高质量的健康服务。

4. 健康干预

现在入住养老机构的老年人，大部分文化水平和卫生习惯都较低，因此我们必须通过积极健康的干预措施，逐步地纠正老人不健康的生活习惯。

（二）健康管理的途径和方式

1. 健康管理人才及团队建设

大中型的养老机构应该招聘和培养自己的健康管理人才和团队，创造出具有自己特色的健康服务项目，一方面提高养老机构的品牌，另一方面可以增强市场吸引力和竞争力，有利于公司的持久发展。

2. 健康管理公司

中小型养老机构可以采用委托专门的健康管理公司进行管理。

六、文化娱乐

（一）养老机构文化娱乐的管理

大中型养老机构已经建立有文化娱乐组织，应该对这些组织加强管理，提供场地，聘请辅导教师，给予必要的经费支持，条件好的文化组织还可以进行国际交流，提高养老机构的品牌和含金量，以获得一定的经济收益。

（二）养老机构文化娱乐的组织

还没有组织文化娱乐队伍的大中型养老机构应该通过培训的方式发现入住老人中的文化艺术人才，把他们组织起来，这样既能丰富老人自己的文化娱乐生活，又能活跃养老机构内部的文化氛围，是一种积极有效的方法。

七、心理慰藉和临终关怀服务

（一）心理慰藉和评估体系

1. 广泛开展心理慰藉项目

总体而言，我国心理咨询人才已经得到了充分培养。但是，对老年人的心理慰藉项目开展还少之甚少，大中型的养老机构、医疗机构都应该积极广泛地开展此项业务，也从某种方面体现中华民族的素质。

2. 建立老人心理评估体系

养老机构应该为入住的每位老人建立一个评估体系表，了解老人的心理状况，有针对性地服务。

（二）心理慰藉解决方案

1. 广泛建立心理咨询室

有条件的养老机构都应该建立心理咨询室，经常为老人开展心理咨询服务，中小型的养老机构应该从社会上聘请心理咨询师，并且为老人进行心理咨询服务。

2. 通过组织各种活动

大中型养老机构可以经常性地开展老年人文化娱乐活动、游戏和手工活动等，让老年人在参与中快乐地度过每一天。

3. 与家属联盟共同关心老人

经常性地组织老人和亲友进行联谊活动，比如组织老年人参加亲友的生日活动、婚庆活动、同学会等形式，丰富老年人的活动内容。

4. 音乐疗法

音乐疗法是20世纪后期的一种新的发明和创造，我国开展此类活动还很少，大中型的养老机构为了提高自己的品牌和档次，可以积极地开展此类活动，总结经验，逐步推广。

5. 陪　聊

养老机构内部的陪聊主要由养老护理员承担，也可以请社会上的志愿者、中小学生和大学生参与养老机构的陪聊活动，这样会使老年人的生活更加丰富多彩。

知识拓展

大健康

大健康是根据时代发展、社会需求与疾病谱的改变，提出的一种全局的理念。它围绕着人的衣食住行以及人的生老病死，关注各类影响健康的危险因素和误区，提倡自我健康管理，是在对生命全过程全面呵护的理念指导下提出来的。它追求的不仅是个体身体健康，还包含精神、心理、生理、社会、环境、道德等方面的完全健康。提倡的不仅有科学的健康生活，更有正确的健康消费等。它的范畴涉及各类与健康相关的信息、产品和服务，也涉及各类组织为了满足社会的健康需求所采取的行动。

案例点评

简介：北京某信息技术有限公司成立于2005年，坐落在中关村科技园区辉煌国际大厦，毗邻中关村国际软件出口基地、联想全球总部、百度总部等知名企业，是专业从事智慧养老产业信息技术研发及市场推广的高新技术企业。公司定位于智慧养老平台的开发，目前公司占据国内80%的智慧养老平台市场。产品在居家养老、社区养老、机构养老、地产养老和医养结合方面得到广泛应用，用户遍布中国大陆30个省、自治区、直辖市（除西藏）几千家养老服务机构。

公司拥有一批养老经验丰富、锐意创新、精通云计算、物联网和大数据分析的高精尖科技人才，与清华大学研究生部和北京大学有着广泛而深入的合作，长期保持一支实力雄厚的专业化研发团队，经过多年的产品开发和完善，现已形成具有自主知识产权的智慧养老软件系列产品。公司具有国内资深的养老专家，将当今计算机及云计算、人工智能、物联网和大数据分析等领域最先进的技术和养老需求相结合，利用其12年的智慧养老平台开发实施经验，为客户提供性价比最高的产品。

点评：我国是世界上互联网最发达的国家之一，老年人口基数又很大，为老年人服务的网络公司也很多，养老机构应该和网络公司加强合作，提高服务质量。

第二十章　养老机构的运营管理

养老机构的运营管理是经常性的工作程序，是养老机构得以生存和发展的主要方式和手段保证。

第一节　运营管理概述

运营和管理是管理学上的两个基本内容，运营是宏观方面的内容，管理是制度方面的要求。

一、建立“客户至上”的价值观

（一）客户需求至上

1. 客户需求至上原因

客户需求至上产生的根本原因是，由于生产力的进步和社会的发展，从市场短缺到物质内容极其丰富的阶段，呈现“买方市场”的结果。客户是机构可以长久运营的根本，服务是机构的核心竞争力。提供定制化、适合客户的服务，是现今的潮流。如此才能达到双赢局面。

2. 培养客户需求至上的思考模式

尽力满足客户需求是目标。客户至上也需控制在正常程度，如果需要满足客户一切要求，会给自身增加压力；如满足不了客户需求，会为双方带来负面影响。

（二）以客户为中心

1. 培养以客户为中心的意识

当前我国养老机构的情况是，国有公办的养老机构是一床难求，几乎所有的城市社会老人都很难进入，像北京，老人入住排队排在100年以后。但是，民办养老机构床位的空置率还在50%左右，这说明老人的入住需求决定养老机构的生存和发展。所以我们必须以客户为中心，在低利的情况下，尽量为老人提供高质量的服务，这是最基础的服务意识观念。

2. 客户为中心的行为

养老机构的所有工作人员，一切行动都应该以为满足老人的需求出发点，一切工作的重心都是从为客户思考的角度出发。

二、建立以服务为核心的理念

（一）助老自立

1. 助老自立意义

在机构内对照护对象的看护不可能达到24小时一对一的服务，老人不可避免地有独处时段。增强老人的自立能力，既可以减少机构的风险及工作压力，也可以增强老人的自信及安全系数。

2. 助老自立方式、方法

助老自立方式方法很多，首先，要从心理疏导入手，让老人树立自立的信心。其次，要为老人建立自立的榜样。养老机构内部老人很多，有些老人对自立的理解和运用比较好，会获得一定的成功，他们的榜样具有一定的示范作用。最后，鼓励老人在自立锻炼中迈开第一步，以找到哪怕是微小成功的喜悦。比如组织健康讲座、心理讲座，学习健身体操，建立互助小组等形式就是最好的方法。

（二）关注老人身心健康

1. 老年人身心健康的影响因素

影响老人身心健康的因素非常多，主要是身体机能的退化和功能的减退。具体而言，主要有衰老和疾病、精神创伤、环境变化、亲人状态等因素。

2. 调节老人身心健康

养老机构的工作人员多数是中青年人，和老年人有一定的代沟，西方有的专家认为，年龄相差十年就有代沟。但是作为专门的养老工作者，在工作中应该注意及时调整自己的角色，一踏入养老机构就应该马上进入情境，面带微笑，友好地招呼每一位老人。调节老人身心健康的主要方式是和他们交朋友，同时还有如下一些方法：培养其兴趣爱好；鼓励多结交新的朋友；举办正能量的讲座等。

（三）提供个性化照护

1. 个性化照护的概念

根据老人以往的生活背景、习惯、个人喜好、健康状况等制订符合其自身的照护计划。养老机构应该为每位老人制订个性的照护计划，一般在三个月以后还要根据老人的状况进行调整。

2. 实行个性化照护的因素

对于大中型的养老机构，由于有较多的人才储备，完全可以实行较高水平的个性化照顾。实行这些个性化的照顾必须具备以下三个因素：准确的评估、信息采集、完美的团队配合。

（四）创造熟悉的养老环境，建立归属感

1. 营造熟悉养老环境的作用

第一，通过良好的环境影响老人的心理健康。所处环境是和老人身心健康有关的重要因素，环境的变化不可避免地会对老人产生消极的影响，因此，应营造其熟悉的

环境。

第二，有助于其缓解紧张情绪。老年人由于生理的逐渐衰老，孤独感和危机意识比较强烈，一旦遇到紧张和危险的环境，就会产生严重的不适应感，乃至影响身体健康。因此我们要通过人工的努力和服务，使其尽早融入机构环境。

2. 如何营造熟悉的环境

第一，营造物理环境。主要是通过改善养老机构的室外空间环境，增加绿化和养老体育设施，同时要改变养老机构内部的装饰环境，营造一个清洁、安静、舒适的环境。

第二，改造人文环境。首先要调整养老机构的宣传形象标志，布置一些适合老人欣赏的图案标语等，营造出养老机构内部优良的文化氛围。

第三，引导和改变老人的生活习惯。由于老人所处的历史阶段不同，在青少年时期普遍生活条件较差，卫生设施也比较落后，科学技术也不发达，所以容易养成不好的生活习惯。在现在的条件下，养老机构的工作人员要通过循循善诱、心理疏导的方式，逐步改变老人形成的生活习惯、喜好、语言等。

三、全方位一站式照护服务是根本

（一）科学助老

福祉器具是为了帮助机能障碍者的生活、学习、就职和劳动或者高龄者、残障人士生活而使用的器具，也可以把它叫作福祉机器。

福祉器具的主要分类：轮椅（手动、电动）；松叶杖（腋窝拐杖）；鞋；护理用品（尿不湿、衣服、口腔护理、饮食看护用品等）；厕所用具；洗澡用品；电动控制；升降机；软垫（诸如垫子等）；视觉设备（盲文打字机、盲文显示器、盲文图书、录音图书）；听觉设备（字幕播放调谐器、助听器）；福祉车辆；生活辅助设备等。

（二）艺术助老

1. 兴办老年大学

通过设立各种活动项目，带动老人共同活动，防止老人机能退化，提高生活质量。

兴办老年大学是一个国际化的潮流，在经济发达国家已经有比较长的历史，有许多成功的经验值得我们借鉴。在我国养老总目标体系下面，老有所学、老有所为、老有所乐是重要的内容，老年大学的兴办正好能承担重大的责任，大中型养老机构可以独立兴办老年大学，中小型养老机构可以设立老年大学的教学点。

2. 活动带动的实施

活动带动是一个有助于老年人身心健康的重要方式，主要通过如下四步实施：评估—制订计划—实施—评估。现分别介绍如下：

第一，评估。了解老人过去、现在的身体精神状况、自身愿望、兴趣，并且为每一位老人制作一张评估表，一式三份，老人、养老护理员和部门经理各持一份，有利于全面协调工作。

第二，制订计划。根据评估结果，应该为每个老人制订一个相应的活动计划，也可以用一张表格表示，计划的主要内容有：年计划—月计划—周计划—日计划。

第三，实施。根据制订的计划，让老人也应该明白自己所需要做的内容，养老护理员要按计划进行协调和辅导，部门经理要随时监督检查计划的实施状况。

第四，评估。老年人身体状况特别是心理状况的改进是一个缓慢的循序渐进的过程，在计划实施一周以后，就要进行简单的评估，主要发现老年人在实施过程中有无不良反应，一旦发现有不适行为应该停止实施计划。1 月以后，可以进行初步的评估，根据评估情况调整计划，年计划是对实施情况的总结和评估。

（三）三维度照护服务

1. 医养结合的实际应用

所谓三维度照料服务是指立体照料服务，是指对老人 24 小时进行照料，在不同的空间确保照料的完全安全，不留任何死角。在医养结合方面，尤其要重视老年人的身体健康、疾病的治疗和预防。

2. 多部门联合的照护服务

养老机构的照料部门主要是三个方面，护理部门的生活照料、医务部门的医疗部门照料、康复部门的康复活动，还有其他辅助部门，如文化中心、体育中心在活动中也离不开照料的范围，这是养老机构必须充分认识到的。特别是对于半失能老人的文艺体育活动、手工艺术活动，照料服务更应该加强，防止出现意外事故。

（四）一站式服务，提高核心竞争力

1. 养老平台的建立

整合项目周边所有可用资源，如理发店、蛋糕房等。使老人在生活中所有需求都可来养老机构实现。即便项目自身满足不了也可发挥其平台枢纽作用，联系其他资源满足老人需求。

2. 平台资源管理

所谓一站式服务平台，包括养老机构内部和外部两个方面，内部的一站式服务平台也需要注意协调和管理，相对来说是比较容易的，外部的一站式平台需要加强管理，通过友好合作的方式互相协调，首先择优选取合作伙伴，为双方共赢提供服务；其次要经常性检查服务内容的实施，不断调整服务方法方式。

四、坚持跨专业团队协同照护的原则

（一）住户、家属及专业照护人员组成项目团队

1. 多方合作的意义

第一，有利于克服局限性。由于老年人的生活经历和生活环境复杂多样，所以养老需求也是个性化、多样化交织存在的，我们必须通过多方合作，克服单一部门对老人的了解具有局限性，弥补精力有限的不足，扩大对老人在各方面的了解。

第二，有利于充分发挥合作方各自的长处，只要大家彼此配合，就能取长补短，实现对老人的个性化照护。

2. 具体的职责分工

在实际工作中，一站式服务平台涉及的部门和单位较多，因此必须认真地分析和研究，根据团队成员的擅长领域进行分组，并充分调动大家的积极性，协同合作，为老人做好服务。

（二）目标一致才能得胜利

1. 明确各方义务，达到思想统一

由于一站式服务参与单位较多，各自都有各自的业务专长和特点，因此需要由养老机构负责统筹，进行责任分配，让整个团队明确共同目标及自身责任，互相配合。

2. 团队成员相互尊重是基础

知晓各方状况，理解对方状态。己方成员需开诚布公地讲述自身的状况，避免彼此误会，配合出现差错。同时，工作中及时沟通，彼此互补，努力实现最终目标。

3. 细节决定成败

做好规划，明确工作细节，确认分工，在工作过程及时沟通，完善细节，做好总结，避免疏漏。

五、实行“以员工为本”扁平化管理模式

（一）寻找与公司有共同价值观的员工

1. 明确自身价值观

明确公司的企业文化，不断在实际工作中体现。

2. 找寻方法

从入职培训开始向员工灌输企业文化，在日常的各种公司行为中体现企业文化，对员工进行综合测评等形式了解其是否认同公司价值观。

（二）员工和公司共创品牌

1. 品牌的价值与作用

品牌概念从广义上讲，是具有经济价值的无形资产，用抽象化的、特有的、能识别的心智概念来表现其差异性，从而在人们的意识当中占据一定位置的综合反映。从狭义上讲，是一种拥有对内对外两面性的“标准”或“规则”，是通过对理念、行为、视觉、听觉四方面进行标准化、规则化，使之具备特有性、价值性、长期性、认知性的一种识别系统总称，也称为 CIS（corporate identity system）体系。

（1）品牌价值。品牌价值可从宏观与微观了解。

宏观：品牌价值是企业除了有形资产（如产品、厂房、设备等）之外，所具有的一切正面信息（如知名度、美誉度、普及度、行业地位、公共关系等）的总和。

微观：品牌价值是促进消费者购买企业产品的一种附加值。

（2）品牌作用。品牌是给拥有者带来溢价、产生增值的一种无形的资产。

品牌的载体是用于和其他竞争者的产品或劳务相区分的名称、术语、象征、记号或者设计及其组合，增值的源泉来自消费者心智中形成的关于其载体的印象。

品牌承载更多的是一部分人对其产品以及服务的认可，是一种品牌商与顾客购买行为间相互磨合衍生出的产物。

2. 创造品牌

（1）定位品牌。包括品牌名称、品牌标识、品牌宣言、品牌宣传。

（2）传播品牌。包括营销、活动、媒介、公关、广告、跨界、内外、对内感召、对外口碑。

（3）运营品牌。品牌运营长期、持续，且不断创新，以客户终身价值与预计新增客户数量为衡量指标，以为企业贡献较高投资回报率为目标。

品牌打造具有长期性，是一个企业需要投入无限精力和持续创新性的工作。

（三）信任员工，重视对一线员工的培训

1. 一线员工是最宝贵的财富

一线员工是直接服务老人的群体，他们的服务水平直接关系老人对机构的满意度，涉及机构能否长久发展。一线工作科室是最重要的部门，直接反映公司的硬实力及核心竞争力。

机构其他部门都应为一线团队服务，确保其状态、服务水准及可持续提供高水平服务，应将一线员工视为最宝贵的财富。

2. 培训方式、方法

结合机构的发展要求及员工的个人需求，只有制订具有针对性的培训计划，才能达到最好的培训效果。培训方法也需有案例教学、实景操作等多种方式，确保培训的吸引力，才能达到预期目标。

第二节　运营管理相关事项

运营管理在管理学中是一个概念十分广泛又非常具体的用词。从大的方面来说，整个管理过程都可以叫作运营管理；从具体上来分析，每一个具体工作的细节都属于运营管理的范围。

一、流程管理

（一）流程管理的意义

1. 管理的含义

所谓管理是实施运营目标的生产服务过程，管理的本质就是服务，人性化管理是最基本的要求，以制度管人是基本的方法。管理是一个系统化程序化的过程，在互联网广泛应用的时代，为信息化系统的管理提供了很好的帮助和支持。

管理的意义，主要在于：

第一，实现企业的宗旨和目标；

第二，让生产和服务顺利进行，为社会提供物质财富和精神财富。

2. 管理的特点

管理是一种以规范化的构造端到终端的卓越业务流程为中心，以持续地提高组织业务绩效为目的的系统化方法。

（二）流程管理实际应用

1. 流程管理的应用

流程管理是管理学上一种传统的模式，无论是生产厂商还是服务机构，从开始的一端到终端的整个过程的全面管理。在生产上实现流水线管理以后，极大地提高劳动生产率；在服务上实现流程管理以后，极大地节省了劳动力耗费，因此从整个观念和方法上都有很重要的积极意义。

2. 注意事项

进行流程管理在现在条件下应主要注意以下几点：

第一，签约流程。在一站式服务的众多机构中，要通过合同的方式确定双方的权利和义务，要完成签约流程程序，同样在其他商务活动中也应该有规范的要求。

第二，应急预案。任何管理的过程，虽然在制度设计上都是考虑周全的，但是事物变化也是随时存在的，因此我们必须准备充分的应急预案，以应对突然事件的发生。

第三，局部性管理流程，比如发药流程等。

二、目标管理

（一）目标管理的概念

目标管理亦称“成果管理”，俗称责任制。是指在企业个体职工的积极参与下，自上而下地确定工作目标，并在工作中实行“自我控制”，自下而上地保证目标实现的一种管理办法。

目标管理的主要方法在于通过数字化的表示让员工明白自己应该完成的基本任务和应该承担的责任，这是它的优势所在，主要方法有以下几种：

第一，制订目标发展规划。养老机构和各部门、工作小组和员工个人，每年都应该制订目标计划，并为之努力奋斗。

第二，制定实现目标的措施。各个部门、小组和个人为了完成目标，应该研究实现目标的具体方法和途径。

第三，奖惩分明。对实现目标者应该给予奖励，反之应该给予适当的处罚，主要是经济处罚。

（二）目标管理意义

1. 有利于团队合作

企业必须具备统一的企业目标。只有具备了明确的目标，并且在组织内部形成紧密合作的团队才能取得成功。但在实践过程中，不同的因素妨碍了团队合作。比如，不同部门之间常常缺乏协调。营销部门制作的物料，运营部门却发现实际应用中不是符合需要。设计人员可能根本不考虑运营部门的难处或实际工作环境，而设计了不同的物料。

组织内部的等级制造成员和管理层之间的摩擦和误解。下属抱怨上级根本不能理解他们的问题，而管理层对下属的无动于衷也颇有微词。

2. 有利于高层管理者有效的决策

高层管理者有时制订了不恰当的工作流程，误导下级管理人员的行为。企业要成功，首先要制订统一和具有指导性的目标，这样可以协调所有的活动，并保证最后的实施效果。

3. 有利于确定主要目标

主要目标一般来说也许只有一个。它可以按照机构的目的来定义，一旦主要目标明确后，企业其他领域的目标也就易于确定了。

4. 有利于子目标的协调发展

企业能否发展取决于目标是否明确。只有对目标作出精心选择后，企业才能生存、发展和繁荣。一个发展中的企业要尽可能满足不同方面的需求，这些需求和员工、管理层及顾客相联系。高层管理者负责制定企业主要的总体目标，然后将其转变为不同部门和活动的具体目标。

（三）目标管理的特点

目标管理的具体形式各种各样，但其基本内容是一样的。所谓目标管理乃是一种程序或过程，它使组织中的上级和下级一起协商，根据组织的使命确定一定时期内组织的总目标，由此决定上、下级的责任和分目标，并把这些目标作为组织经营、评估和奖励每个单位、个人贡献的标准。目标管理指导思想上是以 Y 理论为基础的，即认为在目标明确的条件下，人们能够对自己负责。具体方法上是泰罗科学管理的进一步发展。它与传统管理方式相比有鲜明的特点，可概括为以下几点：

1. 重视人的因素

目标管理是一种参与的、民主的、自我控制的管理制度，也是一种把个人需求与组织目标结合起来的管理制度。在这一制度下，上级与下级的关系是平等、尊重、依赖、支持的，下级在承诺目标和被授权之后是自觉、自主和自治的。

2. 建立目标链与目标体系

目标管理通过专门设计的过程，将组织的整体目标逐级分解，转换为各单位、各员工的分目标。从组织目标到经营单位目标，再到部门目标，最后到个人目标。在目标分解过程中，权、责、利三者已经明确，而且相互对称。这些目标方向一致，环环相扣，相互配合，形成协调统一的目标体系。只有每个员工完成了自己的分目标，整个企业的总目标才有可能完成。

3. 重视成果

目标管理以制定目标为起点，以目标完成情况的考核为终结。工作成果是评定目标完成程度的标准，也是人事考核和奖评的依据，成为评价管理工作绩效的唯一标志。至于完成目标的具体过程、途径和方法，上级并不过多干预。所以，在目标管理制度下，监督的成分很少，而控制目标实现的能力却很强。

三、目标管理的实施原则

目标管理是现代企业管理模式中比较流行、比较实用的管理方式之一。它的最大特征就是方向明确，非常有利于把整个团队的思想、行动统一到同一个目标、同一个理想上来，是企业提高工作效率、实现快速发展的有效手段之一。搞好目标管理并非一般人想象的那么简单，必须遵循四个原则：

（一）目标制订科学合理原则

目标管理能不能产生理想的效果、取得预期的成效，首先就取决于目标的制定。科学合理的目标是目标管理的前提和基础，脱离了实际的工作目标，轻则影响工作进程和成效，重则使目标管理失去实际意义，影响企业发展大局。目标的制订一般应该注意以下几个方面：

（1）难易适中的原则（要有难度但不能让人产生畏难情绪）；

（2）时间紧凑的原则；

（3）大小统一的原则（年度目标与月度目标、整体目标与局部目标）；

（4）方向一致的原则（使所有人都朝一个方向努力）。

（二）督促检查贯穿始终原则

目标管理，关键在管理。在目标管理的过程中，丝毫的懈怠和放任自流都可能贻害巨大。作为管理者，必须随时跟踪每一个目标的进展，发现问题及时协商、及时处理、及时采取正确的补救措施，确保目标运行方向正确、进展顺利。

（三）成本控制原则

目标管理以目标的达成为最终目的，考核评估也是重结果轻过程。这很容易让目标责任人重视目标的实现，轻视成本的核算，特别是当目标运行遇到困难可能影响目标的适时实现时，责任人往往会采取一些应急的手段或方法，这必然导致实现目标的成本不断上升。作为管理者，在督促检查的过程当中，必须对运行成本作严格控制，既要保证目标的顺利实现，又要把成本控制在合理的范围内。因为，任何目标的实现都不是不计成本的。

（四）考核评估奖惩分明原则

任何一个目标的达成和项目的完成，都必须有一个严格的考核评估。考核、评估、验收工作必须选择执行力很强的人员进行，必须严格按照目标管理方案或项目管理目标，逐项进行考核并做出结论，对目标完成度高、成效显著、成绩突出的团队或个人按章奖励，对失误多、成本高、影响整体工作的团队或个人按章处罚，真正达到表彰先进、鞭策落后的目的。

因此，质检部门制定的监督、考评体系尤为重要。

四、目标管理的作用和程序

（一）目标管理的作用

1. 克服传统管理的弊端

传统管理主要有两大弊端：一是工作缺乏预见和计划，没事的时候，尽可悠然自得，一旦意外事件发生，就忙成一团，成天在事务中兜圈子；二是不少组织中的领导信奉传统官僚学的理论，认为权力集中控制才能使力量集中、指挥统一和效率提高。

2. 提高工作成效

目标管理不同于以往的那种只重视按照规定的工作范围、工作程序和方法进行工作的做法，而是在各自目标明晰、成员工作目标和组织总目标直接关联的基础上，鼓励组织成员完成目标。同时，目标同客观的评价基准和奖励相配套。这有利于全面提高管理的绩效。

3. 使个体的能力得到激励和提高

在管理目标建立的过程中，成员可以各抒己见，各显其能，有表现其才能、发挥其潜能的权利和机会；工作成员为了更好地完成其职责和个人目标，必然加强自我训练和学习，不断充电，提高能力；目标管理的确定，既根据个人的能力，又具有某种挑战性，要达到目标，必须努力才有可能。

4. 改善人际关系

根据目标进行管理，组织的上下级沟通会有很大的改善，原因在于：第一，目标制定时，上级为了让员工真正了解组织希望达到的目标，必须和成员商量，必须先有良好的上下沟通和取得一致的意见，这就容易形成团体意识；第二，目标管理理念是每个组织成员的目标，是为组织整体完成并且根据整体目标而制订的。

（二）目标管理的程序

1. 目标的设置

一般情况下，设立切实可行的目标是目标管理最重要的阶段，这一阶段可以细分为以下四个步骤：

第一，高层管理预定目标。这是一个暂时的、可以改变的目标预案。既可以由上级提出，再同下级讨论，也可以由下级提出，上级批准。无论哪种方式，必须共同商量决定。其次，领导必须根据企业的使命和长远战略，估计客观环境带来的机会和挑战，对本企业的优劣有清醒的认识。对组织应该和能够完成的目标心中有数。

第二，重新审议组织结构和职责分工。目标管理要求每一个分目标都有确定的责任主体。因此预定目标之后，需要重新审查现有组织结构，根据新的目标分解要求进行调整，明确目标责任者和协调关系。

第三，确立下级的目标。首先，让下级明确组织的规划和目标，然后再商定下级的分目标。在讨论中上级要尊重下级，平等待人，耐心倾听下级意见，帮助下级发展一致性和支持性目标。分目标要具体量化，便于考核；分清轻重缓急，以免顾此失彼；既要有挑战性，又要有实现的可能。每个员工和部门的分目标要和其他的分目标协调一致，支持本单位和组织目标的实现。

第四，上级和下级就实现各项目标所需的条件以及实现目标后的奖惩事宜达成协议。分目标制定后，要授予下级相应的资源配置的权力，实现权、责、利的统一。由下级写成书面协议，编制目标记录卡片，整个组织汇总所有资料后，绘制出目标图。

2. 目标过程的管理

在管理过程中，要分时段分部门分别做出总结汇报，并且根据情况调整目标方向。目标管理重视结果，强调自主、自治和自觉，这并不是说领导可以放手不管；相反，由于形成了目标体系，一环失误，就会牵动全局。因此领导在目标实施过程中的管理是不可缺少的。主要步骤是：

首先进行定期检查，利用上下级经常接触的机会和信息反馈渠道自然地进行；其次要向下级通报进度，便于互相协调；最后要帮助下级解决工作中出现的困难问题，当出现意外、不可预测事件严重影响组织目标实现时，也可以通过一定的手续，修改原定的目标。

3. 总结和评估

通过总结实现目标中获得的经验，达到预定的期限后，下级首先进行自我评估，提交书面报告；然后上下级一起考核目标完成情况，决定奖惩；同时讨论下一阶段目标，开始新循环。如果目标没有完成，应分析原因总结教训，切忌相互指责，以保持相互信任的气氛。

五、目标管理实施技巧

（一）制定目标

1. 制定依据

养老机构在制定经营管理目标的时候，主要有两个基础的依据：一是养老机构的年终总结和下一年度的工作计划安排；二是根据上一年度的财务预算报告进行。

2. 目标分类

一方面，目标分类的方法和出发点不一样，比如，财务目标、经济利润目标、社会发展目标、品牌创始创新目标、技术产品开发目标，主要是根据发展目标的事物类型进行。另一方面，主要是经济技术指标，比如，总收入、税收、利润、工资奖金等。

3. 制定方法：符合 SMART 原则

SMART（S 即 Specific、M 即 Measurable、A 即 Attainable、R 即 Relevant、T 即 Time-bound）原则即目标管理。目标管理是使经理的工作变被动为主动的一个很好的手段，实施目标管理不但有利于员工更加明确高效地工作，更是为未来的绩效考核制订了目标和考核标准，使考核更加科学化、规范化，更能保证考核的公开、公平与公正，没有目标是无法对员工进行考核的。

4. 沟通一致

由于制定目标的方法和类型不一样，在养老机构也涉及每一个部门，因此在制定目标的过程及以后实施过程中要注意沟通一致，这样才能够共同完成总的目标。

（二）分解目标

公司整体目标分解为部门目标，部门目标分解为个人目标，并量化为经济指标和管理指标。设立体系图。

1. 分析目前实力及目标时限

由于总体目标是根据各部门的分解目标综合而来的，经过归纳总结提高以后，还要通过分解回到各部门去，这就使各个部门对目标的理解更加深入，有利于目标的实现。

2. 综合考虑，分解目标

从养老机构的全局综合平衡分析实现目标的可能性，特别需要各部门的互相配合，这样，再进行分解目标才是切实可行的。

（三）实施目标

1. 根据分解目标制订时间节点

养老机构一旦进入运营以后，在时间上是不可以中断的，我们从管理方面来分析，是有一些程序化的事务要做，但在实现目标的过程中，要经常检查和监控目标的执行和完成情况。如果出现偏差，要及时从资源配置、团队能力和管理系统等方面分析原因，及时补充或强化，确定在有必要前提下可以调整目标。

2. 做好相关准备开始实施

养老机构管理目标的实施过程是系统化和程序化的紧密结合过程，目标的实践和管理过程是不能中断的，一个阶段性目标的实施要做好充分的准备才能够进行。

（四）信息反馈处理

1. 定期反馈目标完成进度

在目标最终完成之前，还有一个很重要的问题，就是在进行目标实施控制的过程中，会出现一些不可预测的问题，因此我们要经常进行目标完成的情况反馈，比如一周、一个月、一季度、半年要检查目标实施情况，必须根据新的情况做出重要的改进措施。

2. 根据目标反馈情况调整后续工作

各部门和各工作岗位要根据上述时间节点的反馈，提出改进措施和方案，再考虑研究具体落实的方法方式，要贯彻到每个部门和工作岗位，调整后续工作，在最终评定时加以考虑。

（五）检查实施结果及奖惩

1. 进行阶段性奖惩

到时间节点时，要根据完成情况对比目标，进行相关奖励及处罚。要改变管理中出现的通病，奖励和惩罚要等到年终算总账，这会给职工带来两个误解：一是让员工担心奖励到年终不能如实兑现；二是担心某些处罚到年终因为讲关系而不严格执行。所以，对员工每月的奖金必须首先兑现。

2. 注重综合奖励

按照指定的目标、标准进行考核，依据目标完成结果和质量与部门、个人的奖惩挂钩。养老机构内部要设置季度奖、半年奖和年终全面综合奖，无论奖金多少，都要认真地兑现。

第三节　运营管理的内容和分析方法

本节介绍运营管理的具体内容和盈亏分析的有效方法。

一、运营计划

（一）测　算

1. 明确目的

运营计划，首先是年度计划，其次是财务预算，都会通过一系列的数字目标来表现，因此进行测算估算是基本手段，通过测算确定计划要最终实现的目标。

2. 调研项目运营所涉及因素

在养老机构的运营过程中会出现一些单向的运营项目，比如，技改工程、康复部装修、道路改造工程等，这些都是一个独立的项目，要进行运营管理，主要涉及如下因素：租金、装修费用、工作器具、人员成本、消耗品、当地人员背景、经济能力等。

3. 测算各项成本，评估运行可行性

养老机构的运营管理，主要是综合性的、日常性的运作过程。养老机构内部是一个生命综合体，就相当于老人身体的各个部位。要有机地协调各方面的功能，必须对各个项目进行实实在在的成本测算，再通过市场调研评估运行的可行性，评估的目的是改进工作方法，提高服务质量，达到运营管理目标。

（二）制订计划

1. 根据测算结果制订运营计划

根据测算结果计算人员安排、运营工作时间节点图、所需准备工作器具物品等。

2. 制订计划的注意事项

第一，充分理解总的年度计划。根据各个部门在总年度计划中所需完成的目标和任务，明确自己计划的地位和作用。

第二，制订详细的工作计划。包括月计划、季度计划、半年计划。

第三，要提出实现计划的方法。方法要具体，要落实到每一步工作岗位，并且要提出相对的防范风险的措施。

二、运营测算

（一）成本构成

（1）基础成本：硬件购买、房租水电、取暖费等。

（2）餐饮成本：老人膳食及员工伙食等。

（3）人工成本：员工成本一般机构控制在40%～50%之间。

（4）消耗品成本：清洁用具、劳保用品等。

（5）维护、修缮成本：餐厅厨房油烟机、开水器、空调清洗、消防器具的更换等。

（二）人员成本

1. 人员构成

养老机构的人员主要由厨房人员、固定维修人员、一线护理人员、行政人员、护士、机构管理人员、保安人员、保洁人员等组成。

2. 成本分配

（1）固定成本分配：包括人员工资、绩效奖金和人员保险及其他保障。

（2）动态成本分配：人员储备成本。与院校合作，储备几十名实习生，对其提供食宿、发放工资等。

3. 成本控制

成本控制是运营管理的关键，有句名言："节约等于创收"，成本控制好了盈利就会增加，在管理方法上，我们必须充分注意到盈利率；计算好护理比例；排班安排等多种因素的协调配合，统筹安排，才能达到控制成本的目的。

三、盈亏分析

（一）收支情况统计

1. 收入情况数据统计

进行收入情况统计是养老机构运营管理的最基本最简单的方法，每个机构都应该经常性地进行财务检查，做好相关统计，按时查账。主要的目的在两个方面：一是防止资金链断裂，出现收不抵支的情况，万一发现此类现象，必须查找原因，及时组织研究分析，找出应对措施和方法；二是防止贪腐现象的产生，通过查账防止工作人员产生贪腐行为，如果发现此类现象，便于及时地纠正和处理。

2. 支出情况数据统计

按财务制度做好相关支出项目统计。统计的目的主要在于：一是控制现金流，保持资金平衡点，防止不必要的支出，以节约和控制成本；二是防止被诈骗行为的产生。当前我国的诈骗行为普遍存在，每一笔现金的支出，都必须做到百分百的把握，一旦出现差错，对养老机构的影响更大。管理人员必须注意，即使通过法律程序能追回损失，耗费时间也太长，至少需要几个月的时间才能达到案件的终结，同时执行也有一定的难度，所以在资金支出上必须严格控制，不能出现任何失误。

（二）综合情况分析

1. 明确收支情况后，结合成本进行数据分析

定期与财务对账，了解机构盈亏点，根据结果做相应调整，并将相关成果及时报告主要领导，并向领导提出相应的工作建议，使目标能够综合地、全面地、顺利地进行。

2. 提出有效应对措施

在统计和分析结果出来以后，必然出现以下两种情况：

第一，达到了预想的效果和目标。面对这种情况，我们还应该注意三点：一是总结经验教训，为下一步的目标调整做好准备；二是进一步找出巩固和发展的措施，保持机构发展的良好势头；三是对广大员工进行奖励，必须兑现奖惩的承诺，以激励和调动广大员工的工作积极性。

第二，另一种情况是，结果很不理想，与目标相差太大，我们应该注意以下几点。一是及时分析出现问题的原因，找出问题的关键所在；二是召开领导人员分析研讨会，讨论基本的对策和方法；三是召集部门经理工作会议，从各个部门工作上找到差距，并提出各部门的应对方法；四是做好财务和资金准备，防止资金链断裂，确保养老机构的运营顺利进行；五是注意企业的形象，保守商业秘密，鼓舞员工士气，通过提高质量扩大入住率，增加收入，控制成本，迅速改变养老机构的经营管理面貌。

第四节　老人入院与出院管理

养老机构的出入院管理是十分重要的工作程序，既有利于突出医疗机构的基本特色，也有利于养老机构的品牌效应，是一件非常重要的事情。

一、老年人能力评估

（一）建立专业的评估队伍

1. 配备专业人员

评估对于老人及机构都异常重要，它可以使双方彼此了解对方的状况，确认老人自理等级，为是否进一步提供服务及如何提供服务提供依据。关系双方利益，需由专业人员做出严谨评判。一般由具备医疗背景人员担任评估员。

2. 进行专业培训，获取评估资格

为了使评估人员做出准确评估，需在其取得评估员资格前进行专业培训。评估员对评估流程、评估技巧等做出系统学习，经考核达标后方可上岗。中小型的养老机构可以聘请专门的评估部门进行评估，但一般情况下还是由本养老机构评估为主。

（二）制定科学严格的评估标准、评估方法和评估程序

1. 制定评估标准

统一评估工具对于大中型养老机构是十分重要的，因为统一评估工具才能反映相对准确的评估标准。拥有多项目的养老公司为确保工作顺利进行、避免纠纷，需统一评估工具。如 adl 量表、长谷川智能评价等级量表等都是可以充分利用的评估工具。

2. 统一评判标准

针对评估表中的某些评定选项，由于具有部分主观评定性，需由公司质控部门为各项目排除异议，统一评判标准。

3. 确定评估方法

通过基础评定量表了解老人基本情况后，评估员可能仍对某些情况存有疑虑。

本着为双方负责的原则，此时需再选取适合量表针对不确认部分进行培训，确保评估结果的准确。如对老人的认知功能存有疑虑，需使用长谷川智能评价等级量表进行评定。

项目的正常运营需要对老人的评估统一化、标准化，需不断规范工作流程，严格培训。

老人的身体状况是处于动态变化的，不同的评定结果与为老人提供的护理服务级别及所收取费用息息相关。为确保服务质量及对客户负责的原则，需确认合理的定期评估及特殊情况随时评估程序。

养老机构制定的评估相关程序是否严格执行，等级鉴定是否符合标准。既需要靠员工发扬慎独精神，也需要质检部门进行督导，确保机构的服务达到标准。

二、建立评估结果的使用制度

（一）评估结果的确认

1. 评估结果的确认方法

不同评估量表有不同的计分标准，评估人员需严格按照标准执行，反复确认计分结果。确认无误后，依据最终得分确认老人的护理等级、护理标准。

2. 评估结果管理

得出评估结果后，评估人员需将评估结果上报部门主管，由主管与老人及家属进行最终确认，安排入住、服务方案等后续工作。

（二）与家属的沟通

1. 与家属沟通的必要性

评估前需与家属做好沟通，如老人可与评估人员进行沟通，需将家属请离评估场所，避免家属代答、或提示老人回答问题，影响评估结果。提前说明评估的方式及如何认定护理等级等情况，取得家属的理解，可减少今后工作的纠纷，方便工作开展。

2. 与家属沟通的方式、方法

针对不同家属，考虑其年龄、文化水平等背景，需采用不同的沟通技巧，这是评估员开展工作的内容、目的。工作人员需保持耐心，将需注意事项向服务对象解释清楚，避免纠纷。

（三）根据评估结果确定护理等级并依此制订个性化护理方案

1. 个性化护理方案因素

机构内的老人有着不同经历，人生观等已很难改变，为确保服务质量需针对其个人的情况提供相应的定制化服务。这需要了解老人的生理状况、个人喜好、家庭支持等因素。

2. 制订流程

在初期的综合评估后，根据评估结果制订老人的个性化服务档案。个性化档案是动态的，工作人员在服务中需根据观察到老人有变化、新增的情况，随时变更档案，使所有工作人员共享信息，确保可持续地提供老人满意的服务。

评估—制订方案—评估、观察—制订方案—评估……动态循环的流程。

三、老年人健康管理

（一）健康档案的建立

1. 建立档案流程

老人入住后，根据评估结果制订护理计划，测量生命体征、药品登记等，建立初期健康档案。

2. 信息收集

老人的信息收集来自多个方面，包括其本人、家属、工作人员直接观察及同事观察等。

（二）健康维护

1. 对入住老人的定期回访

入住老人随着年龄的增长，身体机能退化，相应的护理等级也需处于动态监察中。机构需安排定期回访进行老人护理等级的鉴定。

2. 联合多部门对入住老人进行健康管理

入住养老机构的老人，生活环境的变化、周围人群的变化等因素会导致其有心理、生理多方变化，单一部门无法提供符合情况的完整服务，需多部门联合作业，确保服务质量。

四、入住协议和服务合同

（一）入住协议分类

1. 试住期协议

重点说明期限及双方互相选择的条款。

2. 正式入住协议

养老机构和老人签订正式的入住协议，一般采用民政部规定的标准协议文本，有特殊的事项通过补充协议解决，在正式协议中加上补充协议具有同等法律效力的条款就可以了。

（二）服务协议管理

1. 签订流程及注意事项

第一，按规定程序确定签字事项。

第二，设置老人的备用托管人进行签字。由于老人入院居住的时间相当长，如 65 岁到 98 岁，会有 33 年的时间，当时老人的委托人也许已经去世，所以托管人会产生缺失，因此应该设置备用托管人。

第三，邀请老人所住社区或者村委会负责人签字。老人确认入住后，要将条款逐条给老人及家属解释清晰，并签字确认。

2. 协议归档

协议签订完毕后要及时做好收纳工作，定期进行协议整理归档，做好编号，方便查阅。

五、新入住老人适应期过渡

（一）入住管理

1. 试入住流程

收到老人意向—评估—确认护理等级—老人提供体检报告—机构审核完毕—确认入住日期—试入住。

试入住期一般为 7 ~ 10 天，并且要特别注意老人安全的条款，在老人试入住期间，养老机构没有明显的过失，老人万一发生危险，养老机构不承担主要责任。

2. 跟进服务

试入住期间的重点在于：一是展示养老机构的服务特色；二是营造良好的服务氛围，老人试入住期间，多关注其感受，收集信息。

（二）关注重点

1. 注意事项

老人是否适应机构环境，整体情况和评估结果是否相符合，有无表现出和评估前截然不同的反应等。

2. 特殊情况应对措施

试入住结束后，如双方并未达成共识，工作人员需及时报告上级领导，万一发生极其特殊的情况，老人出现意外或重大事故，要严格按照试入住协议中的安全条款进行，必要时进行司法介入。

（三）正式签约

1. 签约流程

收到老人意向—评估—确认护理等级—老人提供体检报告—机构审核完毕—确认入住日期—试入住—双方满意结束试入住—准备材料—签订正式入住协议。

2. 注意事项

第一，正式入住协议签订的时候，特别应该注意将入住协议的条款逐条对老人及家属解释清晰。

第二，要明确正式入住以后的最低期限、保证金和入门费用的处理办法及其标准。

六、老人出院

（一）退住流程

客户提出申请—院内对申请进行审核—审核通过确认退住日期—办理退住手续。

1. 退住原因及相关处理措施

相关工作人员需了解老人退住原因，填写相关表格。事后组织相关会议就老人退住事件进行探讨，吸取经验。

2. 手续办理

对于费用结算、退费等事项需与老人及家属解释清晰，做好纸质文件的签署。

（二）后期客户跟进

1. 跟进客户意义

保持与客户的黏性，服务虽然结束，关系并未结束。体现机构以人为本服务理念。客户也会作为机构口碑相传的重要因素，有可能产生新的服务关系。

2. 跟进方式

院长或护理主管应在重大节日期间（如元旦、春节、端午节、重阳节等）对老人进行电话回访或登门回访，以了解老人的情况（已去世老人除外），同时分析是否有跟进的可能，并适时向老人家属推荐适合的服务。

知识拓展

现代管理如今越来越注重团队这一概念，管理专家建议重新构建组织，以便利团队工作，领导者也向组织阐述团队工作方法的好处和重要性。20 世纪八九十年代，经营管理方面的流行术语是组织文化（organizational culture），现在团队工作（teamworking）则成了管理界推崇的理念。有趋势表明，过去统治整个世界几百年的科层制将在不远的将来消失，代之而行的是以团队为基础的工作模式。

案例点评

简介：××养老机构在老人试住期间，因为工作人员的偶然失误，老人发生跌倒，造成中风后半身瘫痪，给养老机构带来极坏的影响。

点评：养老机构实行试住的推广方式是一个好办法，可以普遍采用，但是要全力以赴地防止发生安全事故，如案例所警示的，试住就起了反面的作用。

第二十一章 基本养老任务和社会养老关系

国有公办的养老机构和民办养老机构，主要是完成“三无”老人和“五保户”收养入住任务，在基本满足的情况下尽可能收养社会老人。

第一节 确保接收基本养老人员入住

国有公办的养老机构和民营的养老机构，必须首先完成接收“三无”老人和“五保户”的主要任务。

一、需求养老人员概述

（一）老年人的含义

按照国际规定，65周岁以上的公民为老年人；在中国，60周岁以上的公民被定义为老年人。

根据我国退休体制改革方案，到2020年以后，逐步地把退休年龄男女同等，提高到65岁，到2039年完成这个提高退休年龄的过程，和国际接轨。实际上我国现在在概念上已经把65岁以上认定为老年人。

（二）老年人选择养老院的动机分类

1. 根据老年人一般需求分类

随着老人年龄的不断增长，独立生活较困难甚至生活不能自理时，希望可以得到有效的护理和突发状况的及时救治。

（1）身体照护需求。老人身体机能下降，需要机构提供系列护理服务以保障老年人的正常生活，包括助浴、喂饭、晨晚间护理、居室清洁、床铺清洁、便溺护理等。

（2）医疗照护需求。机构老人限于医疗资质限制可提供的服务内容有限，但在老人日常护理中又是重要的一部分，包括生命体征测量、胰岛素注射、褥疮护理、药品管理和分发、常见疾病的护理指导和简单处理、建立完善健康档案等。

（3）用餐需求。机构每日为老人提供营养配餐，根据老人身体状况提供流质、半流质食物。有条件的情况下提供糖尿病、高血压餐等老年常见病用餐。

2. 独居老人心理需求状况

独居老人的孤独感强烈，仍然希望有社交和娱乐生活。

（1）老年活动需求。机构设置老年活动表，每天由专业人员进行活动带动，根据老人身体需求和心理需求研发精品课程，时间安排充足合理，强度适中，娱乐身心。

（2）老年社交需求。机构引入社会团体和义工组织入院，定期与老人聊天，让老人除了机构内的工作人员外尽可能多地接触社会讯息；每季度组织老人外出游玩，接触了解外部社会和环境，不要脱离社会。

3. 失能、半失能老人需求状况

失能老人家庭照护压力大，应以社会服务代替家庭照护，减轻子女压力。

设置日托和短期照料及居家服务，一能解决家属长期照护的疲惫感和无力感；二能满足老人的服务需求，解决实际困难；三能为家属及其照料者提供护理培训，学习护理技巧，在减轻护理强度和难度的情况下尽量提升老人舒适程度。机构关怀给予失能老人身体照护、心理照护、精神照护、营养用餐、医疗照护等，要以秉承维持甚至提升老人的身体机能为理念和服务目标。把保护老人隐私作为服务基础，把提升老人尊严养老作为服务标准，延缓老人衰老速度，尽可能地让老人生活舒适、美满。

（三）根据老年人刚性需求分类

1. “五保户”

常见于农村地区，这种制度的设立体现了法律保护老人和儿童的一贯原则，是人道主义的具体体现。

（1）无法定扶养义务人，或者虽有法定扶养义务人，但是扶养义务人无扶养能力的；

（2）无劳动能力的；

（3）无生活来源的（不包括捡垃圾者，法律没有明文规定，即捡垃圾者为有生活来源）；

（4）残疾老人。政府给予该类老人保吃、保穿、保医、保住、保葬，是人道主义的体现。

机构根据本项目的具体情况决定是否接纳该类型老人。此类老人的养老问题需要社会的支持，养老机构应以保证老人安全为前提，以尽可能提升老人的生活质量为目标。

2. “空巢”老人

“空巢”老人是指没有子女照顾、单居或夫妻双居的老人，分为三种情况：一是无儿无女无老伴的孤寡老人；二是有子女但与其分开单住的老人；三是儿女远在外地，不得已寂守“空巢”的老人。

该类老人的机构照护更多地应该给予精神和心理照料，鼓励有子女老人的子女陪伴和看望老人，从机构的本身角度讲，培养老人兴趣爱好，建立新的人际关系，调整生活方式，参与各种娱乐活动和日常交友当中。

3. 失独老人

因为家中唯一的子女不幸离世，这样的家庭被称为“失独家庭”。家中的老人即被称为“失独老人”。

对于该类老人，政府应帮助解决担保人问题，机构在提供日常身体照护外，更加应该注重专业心理治疗和支持，建立长期照护方案，提供优质的晚年生活。

二、满足刚需老人的服务需求

（一）身体照护需求

1. 老年人常见的疾病类型

（1）慢性支气管炎是一种常见老年病，通常是由于感冒、吸烟、机体过敏、气候变化、大气污染等原因，老人支气管和细支气管反复受到感染和刺激所致。

（2）高血压是中老年人的常见病，高血压也是危害人类健康的主要疾病。

（3）冠心病是中老年人最常见的一种心血管病，主要是由于冠状动脉血管病变引起的，病变的根源在于患者平常饮食不合理，体内脂质代谢紊乱，使得血脂胆固醇沉积在血管壁上，从而导致冠状动脉血管的硬化、血栓、堵塞，其主要临床表现有心肌缺血、缺氧而导致的心绞痛、心律失常，严重者可发生心肌梗死，使心肌大面积坏死，危及生命。

（4）糖尿病属于内分泌代谢系统疾病，也是一种常见的老年病，其诱发因素有：感染、肥胖、体力活动少、妊娠和环境因素等，临床上有烦渴、多尿、多饮、多食、疲乏、消瘦、尿糖等表现，并可在动脉硬化及微血管病变基础上产生多种慢性并发症，如糖尿病性心脏病、糖尿病性肢端坏疽、糖尿病性脑血管病、糖尿病性肾病、糖尿病性视网膜病变及神经病变等。

（5）阿尔茨海默病是一种由于大脑器质性损害而引起的脑功能障碍，可使记忆、理解、判断、自我控制等能力发生进行性退化和持续性智能损害。

2. 机构老年人疾病护理措施

（1）机构应每天进行空气及其物品消毒，提醒老年人在气候变化大的季节注意预防感冒，如患感冒应及时就医；

（2）为老人提供营养套餐，并定时带老人外出散步，减少或避免对呼吸道的刺激；

（3）每天为老人房间开窗，保持空气流通，定期更换老人床单、被褥，护理型老人随脏随洗，减少变应原；

（4）活动带动师每天带老人做保健操，以利改善老人呼吸系统的机能，增强对寒冷和疾病的抵抗力；

（5）护士每天监控老人生命体征，如有问题提前发现及时处理；

（6）定期为老人做心理疏导，保持健康的心理状态，注意心理平衡及情绪的调整，减少精神压力；

（7）机构引入康复技能，定期进行认知症训练和康复，减缓大脑衰退。

（二）心理照护需求

1. 老年人常见心理问题

老年人常见心理问题主要包括如下病症：害怕孤独、抑郁心理、幻想心理、偏激心理、多疑心理、怕死心理。

2. 老年人心理护理措施

（1）鼓励老年人积极参加集体活动，融入人群，互相交流，放松心情；

（2）工作人员多与老人沟通交流，及时发现老人心理问题并提早干预；
（3）定期组织心理卫生讲座，预防心理问题发生；
（4）从机构的角度要求家属定期探望，满足老人家庭关爱需求；
（5）通过多种方式进行宣教，帮助老人建立积极的人生观。

（三）医疗服务需求

1. 机构老年人的医疗问题

机构老年人的医疗问题，主要包括日常开药、取药的问题；老年人常见疾病的处理；紧急突发状况的处理；意外伤害的处理。

2. 机构医疗护理

机构实行医养结合的模式，方便老人拿取日常药物；设定医生岗位，对老人常见疾病进行日常健康宣传，从饮食起居等方面进行日常保健；机构做好巡房制度，对员工进行应急预案的培训，对其考核在遇到突发状况下做到冷静处理、及时上报和快速送医；机构在硬件设施方面尽量做到适老化，避免因为环境造成意外发生，按计划进行员工日常培训，做到早发现、早整改，在发生意外情况后处理得当。

（四）尊严养老需求

1. 保护老人隐私的重要性

随着我国政治、经济、社会的迅速发展，不仅要解决老年人的衣食住行医等基本问题，还要考虑老年人的精神慰藉、精神赡养。老年人不仅要求生活的幸福，还要求有尊严地生活，更加注重自己养老生活的品质和心情愉悦。虽然老人入住养老院，尤其是自理能力较差的老年人方方面面需要护理人员的照料，但是作为一个人来说随着身体情况每况愈下，心理已经遭受打击。因此更要做好保护老年人隐私，维护老年人尊严，使其在享受服务的同时保持心理健康，尽可能让老人保持良好的生活状态。

2. 老人隐私护理

进行洗浴、更换纸尿裤、清洗会阴等暴露老人隐私部位的操作时进行遮挡或拉上床帘，避免其他人看到；进行护理操作时首先告知老人相关操作并取得同意，尊重老人；老年人健康档案等存放合理，避免无关人员翻阅查看。

三、合理安排机构配套设施与加强服务能力

（一）设施配套要合理

1. 硬件设施配比

设置供暖、纳凉系统；设置老人娱乐、休闲等电视、适老健身设施；家具采用圆角等适老化处理；配备应急呼叫系统；对于护理型老人配备护理床、助浴床等；电梯可供担架、轮椅的使用。

2. 房间床位要求

房间床位分配按照国家规定进行合理分布，保证轮椅及其担架的随时出入；每位老人至少享受6平方米的空间安排；不允许将地下室作为老人房间。

（二）加强照护人员的工作能力培训

1. 护理员工作要求

具备国家相关护理员资格证书持证上岗；着工装、工牌、头花、工鞋等统一服装上岗；熟练掌握各项护理操作流程和注意事项；严格遵守养老院相关规定和纪律；按时参加养老院组织的相关培训并考核合格；具备与家属、老人沟通的素质和能力；善于发现工作中存在的问题并提出解决方案；可按机构要求进行护理文案书写。

2. 护理员培训内容分类

护理操作类；应急预案处理类；提案能力培训类；沟通能力培训类；文案书写能力培训；简单医学知识；简单心理护理培训；认知功能障碍老人的培训。

第二节　发挥优势，扩大接收老人入住

国有公营和国有民营的养老机构，在完成接收“三无”老人和“五保户”的情况下，应当尽量接收社会上的老人入住，以分解养老的压力。

一、养老服务业发展的宏观环境

我国老龄化程度不断加深，老龄化人口至2050年将达到4.87亿的峰值，老龄化持续的时间有40多年时间甚至更长，因此发挥优势以老年消费客户不断提高的生活质量服务诉求为导向，养老服务产品的研发创新、价值创新、个性化专业服务是养老机构努力的方向。宏观环境是指一定时间内各种组织所共同面对的总体环境。

（一）政治和法律环境分析

1. 相关法律制度不完善

养老服务包含生活照料、心理照料、医疗护理等护理服务；其中涉及多项养老服务市场规范和法律制度，但目前仅有一部《老年人权益保障法》为国家法律，其他多为政策性或指导性文件。因此，可以说我国养老服务法律制度是不完善的。

2. 政策性支撑与监管落后

养老产业不断发展，企业在养老产业中作用不断扩大，政府转而发挥政策导向作用，引导和扶持养老服务业的发展。养老服务业具有福利性和微利性特点，希望政府给予政策上的扶持，帮助盈利，促进养老服务业的繁荣。但目前，在养老服务业工作上还存在盲点，很多地方政府在养老服务业的发展上无规划，在政策和资金方面管理较弱，造成养老服务业在发展中不仅缺乏综合性、系统性的发展政策，而且仅有的政策也未得到较好的落实。

3. 行业标准缺乏

我国由于养老服务业发展的时间短，大多数养老机构和服务人员没有经过系统或专业的技术培训，缺乏统一的市场规范、行业标准、评估体系和行业监管机构，产品

和服务质量无法进行测评和监督。

（二）经济因素分析

1. 我国老年人消费能力低

我国是发展中国家，“未富先老”，总体经济发展水平与发达国家相比有很大差距，老年人的生活保障水平还不高。老年人的消费能力和实现较高的生活质量的需求还不能真正相适应，消费能力有待提高。

2. 城镇居民收入明显高于农村居民收入

我国城镇居民收入要远远高于农村居民。农村老年人由于缺乏稳定的收入来源，积蓄较少，并且我国目前的养老保障体系并不完善，因此生活较拮据。城市老年人的购买力和消费水平也超越农村老年人。

3. 老年人消费能力有较大增长空间

随着老年人口数量的不断增多和可支配收入的持续增加，老年人的购买力有很大的增长空间。国家对养老问题也日益重视，在退休金和社会福利方面的财政支出逐年增长。这对于提高老年人的生活水平有很大帮助。

（三）社会和文化因素

1. 我国老年人数不断增加，老龄化日趋严峻

我国老年人口数量不断增长，人口老龄化的程度日益加深，社会养老负担更加沉重；但另一方面老年群体的总体数量不断增加，意味着老年产业规模巨大。

2. 我国老年人消费观念日新月异

随着我国经济发展，收入水平和生活质量的提高，老年人消费观念不断更新，消费观念的转变有利于激发消费欲望，增加老年人对老年产品和服务的消费能力，促进养老服务业的发展壮大。

3. 我国有尊老爱老的传统美德

在尊老爱老的传统影响下，家属和朋友也会成为间接的购买养老产品的消费者，老年人的实际消费能力也会超过自己的实际支付能力。

二、民营养老机构的优势

（一）具有市场竞争意识

1. 提高运营效率，节省成本，提高收益

养老机构的运营成本主要包括如下内容：房租或土地建设费、日常生活费开销、人工成本。

养老机构要想实现盈利主要应注意以下几个方面：

第一，选址。进行详细周边调研，寻求目标客户群体较多、服务配套设施优质的地方，包括周边老旧小区的数量及其客户消费需求；老年人重点关注的配套设施，包括医院、家属的距离等。

第二，日常运营成本的合理控制。

第三，合理分配护理比例，保证安全的前提下节约人员成本。

2. 提高服务质量，在竞争中获取有利地位

（1）提高软件配备的水平；

（2）筛选优质护理人员，即具有基本学习能力；

（3）建立完善的培训制度，不断提高服务人员的技能和素质；

（4）建立优质的管理制度，规范服务人员的工作行为；

（5）管理人员学习发现其他养老机构的问题，在实际工作当中规避相关风险。

（二）不断寻求养老服务盲点

1. 补充福利性和非营利性养老机构不足

公办养老机构存在机制不灵活、人才缺乏和管理经验落后、入住一床难求的劣势。而民营养老院不断引进先进的管理经验和服务模式，并且更加注重服务质量和老人需求，在政府的政策激励下开拓养老模式，开发养老资源，解决养老难题。

2. 满足不同需求老人的服务开发

调研老人需求：老人入住前清楚了解老人的需求和困难；开拓创新养老服务方式：根据老人需求和困难提供个性化的解决方式；完善院内评估体系：根据日常生活能力、社会生活能力、认知能力、精神状况等评估划分合理护理等级，并且制订个性化护理方案；跟踪老人入住后的情况：在老人入住后观察、分析老人的身体及其心理状况，与家属、老人勤沟通，开发客户需求；不断完善服务内容和服务体系。

（三）设立灵活管理方法

1. 根据实际情况使用多样管理手段

根据养老院不同的侧重模式建立个性化的管理方案。

（1）根据收住老人的情况：是偏重于自理型老人还是护理型老人、临终老人等，进行偏于医疗照护或日常生活照护还是文化娱乐照护，进而建立可操作性的管理方式；

（2）根据护理人员情况，随着养老行业的发展，目前很多中高端养老机构均启用大中专院校养老护理相关专业毕业生团队，但大部分养老院依旧使用年纪较大、文化水平较低的护工团队。因此，针对不同的文化素质和年龄层次的人员，选择不同的管理方式。

2. 启用多元化管理人才

养老服务行业管理人才其实涵盖的知识和技术能力也是比较综合的，包括医疗卫生、护理、财务、人力、运营等综合管理素质，因此这方面的培养和学习也是至关重要的。

3. 服务勇于创新

任何行业只要肯学习和钻研，所创造出来的价值是无限的，即使是看起来一成不变、枯燥乏味的护理服务工作。因此鼓励一线护理人员在工作中善于发现问题、解决问题和敢于创新。要在护理工作中找到安全简易的方式方法，安排合理的护理人员，节约用人成本，制定相应激励政策，促进、鼓励护理人员创新和工作积极性。

4. 建立实用机构养老体系

每个养老机构的运营方式、针对人群、模式都不同，都应当建立符合自身发展的养老运营体系。通过养老服务体系简化工作流程，节约运营成本，充分发挥作用。

（1）行政后勤类：建立相关管理制度，完善厨房、保安保洁、维修等后勤服务流程，建立供应商管理库，择优选择。

（2）护理服务类：完善护理操作流程，建立护理服务监管、评价制度，同时设立培训、服务流程。

第三节　坚持微利原则

国有公办养老机构在接收社会老人入住以后，要坚持微利的原则，保证国有养老机构的传统特色不变。

一、我国老年经济市场发展现状

（一）“未富先老”，老年人消费能力有待提高

1. 分析、总结老年人机构消费需求

老人一般以物美价廉作为选择的标准，而不是过分在意养老院的工艺设计、外观造型、色彩、装潢、整体风格、品牌及消费时尚，不喜欢过分奢华、高档昂贵、无实用价值的养老机构。主要如下：

（1）在意养老机构的实用性；

（2）在意机构提供服务的可靠性；

（3）在意价格的合理性。

2. 根据老年人消费需求开发相应服务内容

根据老年人消费能力的分析我们应从以下几方面考虑来建设、规划养老机构：

（1）根据刚需老人的服务需求来进行软硬件设施的配置和合理规划，包括养老机构地点的选择、适老化的装修、呼叫设备的选取、服务人员合理的护理配比、老人营养餐的制定等。

（2）组建专业的服务团队，前期系统的培训、中期服务的监管、后期问题的总结和整改。

（3）立项前期进行详细的市场调研，总结分析老年人的收入水平和消费理念以及消费需求，根据调研和养老院的建设资金设定合理的、符合大部分人消费能力的价格。

（二）老年人收入水平较低

1. 城镇老年人退休金总体水平较低

我国不同地区老年人退休金水平差异大。城镇居民和农村居民的人均收入差异显著，城镇居民的收入远远高于农村居民。城市老年人还有退休金和国家发放的生活保障金。

2. 农村人口养老保险金制度还未全面实施

我国农村老人数额巨大，由于历史的原因，农村老人基本养老保险制度还在试点过程中，虽然有一半以上的地区已经基本实施，但要到2020年才能在全国基本推行。虽然那时候农民的基本养老保险金水平会大大提高，但是总体上还是偏低，城市老年人比农村老年人更加富裕，养老服务业在发展过程中对于城市和农村的老年人应该区别对待，制订不同的发展战略，在不同的地区也应有所侧重。

（三）子女帮助老年人的经济力量有限

1. 我国家庭结构特点

近30年来，家庭规模的小型化是我国城乡家庭结构变化的重要特征之一。自实行计划生育政策以来，中国的人口老龄化速度急剧加快。随着家庭结构的改变和核心家庭的大量出现，空巢家庭和老龄鳏寡孤独家庭也随之增加。随着家庭结构的变动，年青一代的赡养观念发生了变化，他们对赡养父母的方式有了不同的理解。城市人中已婚子女更喜欢以探访的方式回馈父母，未婚青年更喜欢以金钱代替劳动力的方式孝敬父母。此外，随着中青年群体的生存竞争压力加剧，跨地域的流动频繁，生活方式改变和独生子女政策的推行，城市家庭中的代际关系模式势必受到深刻影响，传统的家庭养老模式需要更新，单纯依赖家庭养老的时代已不复存在。

2. 传统代际财产观念较深

中国传统的家庭代际关系是“反馈模式”，即上一代抚育下一代，下一代反过来也要赡养上一代。在中国人根深蒂固的传统家庭观念中，“抚育儿女”是父母的职责，“赡养老人”是儿女的义务。

二、在提供优质服务的前提下控制成本

（一）加强财务监管，实行成本核算，为增加利润提供保障

机构成本支出包括人力成本支出和运营成本支出。

1. 人力成本支出

在养老机构运营过程中，由于养老机构是劳动密集型服务业，人力成本往往是运营成本支出当中的主要成本支出，也是影响机构盈亏的关键点，因此控制人力成本是养老机构的重中之重。养老机构在前期设计中，有一个需要考虑的关键因素就是环境和服务效能的关系：从运营的角度去考虑，如何营造合理的设施环境，从而使服务人员能够高效、高质量地完成服务。而高效的“效率”，直接影响着养老机构运营中的人力成本高低。基本由三方面决定：一是对服务流程的规划，会影响所耗费人员的服务工时；二是服务人员服务能力的高低；三是服务人员的服务条件如何，主要包括服务环境、设施设备、服务工具、信息化手段。

这三方面，在设计阶段都应该考虑进来，从而能够真正达成为后期运营服务做好准备的目标。

2. 运营成本支出

前期投入的装修改造成本摊销、固定资产设施设备折旧、场地租赁费、承包费或

管理费，是养老机构成本的第一个主要部分。评估项目是否可行时，租金（包括装修改造、固定资产投入）是最重要的评估指标之一，应动态测算，设置底线。租金成本高于底线的项目，后期怎么运营，都是亏损。

物业费用，包括水电暖等。根据定额数据和行业通用消耗量数据合理估算。节能降耗。

其他支出，包括办公费用、营销费用、差旅费、招待费、杂费等。

餐费。老人和员工的用餐成本也是运营成本中比例较大的部分。这部分成本应该从两方面控制，一部分寻找优质供应商，在原材料质量优质的情况下控制用餐成本；另一部分是有老人休假、退住等情况及时告知后勤部门，避免浪费。

（二）合理分配工作人员，降低人工成本

1. 护理比例合理分配

根据老人护理等级合理进行人员安排，人工少，影响服务质量、增大员工负荷等坏处，一般容易理解。“人工越多、服务越好”，也是个误区。有时，人工多，反而造成人浮于事、效率低下、降低员工收入、破坏机构文化等负面影响。当然，更增加了机构成本，造成亏损。

2. 人力资源最大利用化

制定机构的组织架构、岗位设置、根据收住老人的类型（自理、半自理、非自理）和排班的班次等，来制定服务人员配比，与收入预算中的老人入住率指标一一对应，计算出人员数量。计算员工成本时，往往容易疏漏的关键点包括：员工社保费用、加班费（考虑综合工时等计算）、年终奖、宿舍支出、福利费、劳保费、培训费、每年员工工资涨幅，不要漏掉这些计算，否则会低估员工成本。

（三）加强设施设备日常维护，降低维护成本

1. 设施设备日常检查

监察后勤维修人员定期检查水、电、燃气及其他设施设备，定期维护，减少损坏。

2. 合理宣导

除了日常维修人员的维护和修理，其他工作人员的日常使用也是非常重要的，各项设施设备使用要设定正确的操作流程和方法，延长使用寿命。

（四）日常加强质量控制及其风险控制，尽量减少事故发生

1. 建立质量检查制度，严格执行

养老机构属于投资大、回报期长、高风险且微利的行业，发生一起事故或纠纷往往光是赔偿就让养老院白白辛苦工作。因此对于养老机构的风险管控尤为重要，除了建立完善的各项护理制度外，建立质控部门进行日常巡检也是规避风险的有效方式。

2. 健康宣讲

日常定期为老人和员工组织关于意外伤害的规避和处理的相关讲座，提高忧患意识，尽量避免此类事件的发生。

3. 与老人、家属沟通及时

与老人、家属建立良好的关系是危机事件发生时处理结果的重要基础，尽量将事件的危害降到最低限度。

三、在满足日常运营支出的基础上，实现微盈利

（一）根据市场调研，设定大部分老人可接受的合理价格

1. 市场调研重要性

市场调研的直接作用，就是针对养老机构来说的，因为通过各个形式的问卷回答，养老机构会针对自己最关心的问题来进行总结，这样就会为养老机构带来更多的有用的建议，以及利于机构发展的重要信息，从而提升养老机构的服务质量。老人也会寻求到适合自己的养老机构以及护理服务，这些也都是开展市场调研工作的重要意义。

2. 分析、整理调研结果

根据调查问卷整理问卷内容，进行深入研究和分析，通过科学的方法整理出客户情况、市场需求、关心重点等数据，为养老院设置盈利方式打下坚实基础。

3. 根据消费水平、房间类型、护理等级制定合理价格

制定合理价格是养老机构盈利的标准。如果只从房间类型和投入资本来计算价格，有可能造成费用过高，老人支付不起，导致床位长期空置，造成亏损；如只从客户消费水平来定价又可能会造成成本支出过高，从而导致资金回流出现盈亏平衡甚至负盈利状态，因此，我们应根据多方面来考虑制定合理的价格，既满足市场需求，又可以达到微盈利的状态。

（二）创新养老院经营方式，鼓励吸收社会资本投入

1. 根据老人需求开发服务项目

经营养老机构除了传统的养老服务内容外，开发拓展新服务项目对于老人和本机构都有重大的意义。随着生活水平的提高和老年人消费观念的改变，创新养老服务项目是必不可少的一项工作。例如，健康活力型老人入住养老机构一方面是为了解决日常生活不便的问题，另一方面也是减少孤独感，因此从这方面开发老年旅游以及解决老人需求也是为养老院创收的途径之一；目前认知功能障碍的老人越来越多，而这部分群体的照护也是家属和机构最头疼的问题，因此设立专区，开展针对性康复服务也是可以做出特色的一部分。

2. 开源节流，整合资本

节约成本，拓展服务类型，可将养老机构与居家上门、日间照料等养老模式相结合，从服务有限人数到服务大规模人数。以老年消费客户不断提高的生活质量服务诉求为导向，养老服务产品的研发创新、价值创新、个性化专业化服务为目标。

3. 市场化运作，集合社会资本

长期以来，政府作为养老服务事业性投资主体，国家制订的各项规划既没有真正市场化的老龄产业，在老龄事业规划中也没有单独建立起操作性强的资金投入机制，以政府出资和银行贷款及私募资金为主，资金来源渠道单一，无法获得长期、稳定和

足够的产业发展资金支持，导致养老服务业发展投入严重短缺，社会养老服务有效供给不足。因此养老机构的市场化运作需要政府和社会的支持，以达到真正的微盈利。应引进健康产业基金作为养老机构的运营主体，主导机构的总体规划及产业布局，战略合作伙伴辅助基地管理运营，并适时引入其他条件合适的医疗健康服务机构。除此之外，政府支持下的融资模式也为有效途径。融资主体为具有养老社区及基础设施开发建设的房地产企业和专业能力较强的民办养老服务机构。政府划拨土地给企业，约定日后回购建成的养老基础设施项目。企业初期只需缴纳少量费用即可获得土地进行项目开发，并在未来建成后有相应资金流入，既节省开发资金，又增加信用能力。

知识拓展

中投顾问发布的《2016—2020 年中国老年经济投资分析及前景预测报告》指出，我国发展老年经济，一方面需要改善我国现有的老龄人口资产结构，通过建立保障能力突出、层次多样化的养老金储备账户体系，以提高社会购买力；另一方面，需要增加养老服务的供给，在产品总量、产品种类、服务层次各方面满足老年人的养老需求。

随着人口老龄化程度的不断加深，老年群体也造就了潜在的巨大市场。据民政部测算，由于老年人口发展速度过快，到 2050 年我国的老年市场需求所形成的 GDP 将约为全国 GDP 总量的 1/3。因此，老年服务产业将是一个极大的增长和发展趋势。

案例点评

简介：近年来，各大房地产企业将小镇开发作为转型的重点，有旅游小镇，有养老地产类型，也有农业休闲为主的，产业小镇的打造成为众多房地产企业转型的出路之一。

据了解，2011 年，全国城镇化率超过 50%，社会结构发生历史性变化，从“乡村中国”进入“城市中国”。同期，贵州省城镇化率低于全国 15 个百分点，仍是“城市中国”的“乡村贵州”。对一个没有平原支撑的山区省份来说，加快城镇化，专家建言，必须走一条差异化、非均衡发展道路，发展特色小城镇是重要着力点之一。

2012 年年底，贵州省出台《关于加快推进小城镇建设的意见》，初步确定到 2015 年建成 100 个各具特色的示范小城镇，带动小城镇经济实力、人口规模、城镇面貌不断增强，并通过示范小城镇带动。2016 年 5 月，发改委提出将选择 1000 个左右条件较好的小城镇，积极引导扶持发展为专业特色镇。2016 年 7 月 19 日，住房和城乡建设部、国家发展改革委、财政部联合发布《关于开展特色小镇培育工作的通知》。

各地也纷纷出台推荐当地小镇发展的各种规划，有拟建小镇的特色，有政府对于这部分小镇建设的具体支持措施，有拟投资金额等。

点评：我国老年人口众多，开发养老小镇是最好的选择之一。

第二十二章　安全保障是养老机构生存之本

安全，是整个社会运行发展的基本要求。养老机构的服务对象是老年人，安全保障显得特别重要。

第一节　制定有效可行的规章制度并落实责任人

制定有效的规章制度是现代管理的基本形式，但制度是靠人去执行的，因此必须落实相关制度执行的第一责任人，再分别落实到各个就业岗位，这样才能保证制度的有效执行。

一、建立安全管理体系

（一）安全管理部门职责

1. 跟踪安全管理全过程

高度重视安全工作，把安全工作摆到重要议事日程，认真规划部署，使安全工作贯穿于生活、管理的全过程。

2. 加强组织管理

认真组织工作人员和院内老人学习治安法规、安全常识，增强工作人员和院内老人的安全防范意识，做到知法、守法、善于用法，提高依法管理养老院的能力。加强与本街道派出所的联系。

3. 建立岗位责任制

建立健全消防安全管理工作责任制，明确责任，落实到人，法人代表负总责。

4. 建立有效的应急措施

按规定设置应急照明、电器设备和疏散通道，保持通道安全门和安全疏散楼梯畅通。

5. 保证安全设施的完好

按照国家规定配置消防器材、设施并定期检测，平时加强保管，确保完好。

6. 严格管理好火源

严禁在宿舍点明火，严禁在院内吸烟，严禁使用炭炉，严禁个人私拉乱接电线及用电设备，防止失火、触电等安全隐患的发生。

7. 加强外来人员的安全管理

入住客户一律不得携带易燃易爆物品，入住客户所带现金或其他贵重物品可交由工作人员代管，但手续要齐全。

8. 严格防范中毒事件产生

严格执行食堂有关操作规范，切实做好消毒工作。厨房内刀具由专人保管、存放，严禁炊事员以外的院民进入厨房。严禁采购和加工腐烂、变质的食品原料，防范疾病传染、食物中毒。

9. 执行经常性的安全检查制度

建立安全工作检查制度，开展经常性的安全检查，重点预防火灾事故、触电和雷击事故、食物中毒事故、煤气中毒事故、夏季中暑事故、冬季冻伤事故等，发现问题及时整改。

（二）安全管理制度

1. 膳食安全管理制度

厨房需确保采购物品无腐烂、变质、过期等现象；清理菜品要确保菜品干净卫生；烹调过程中遵循烹调原则，保证菜品熟透，以免引起食物中毒；老人所食用物品需进行菜品留样三天，避免意外事故的发生；厨师需填写入住老人所食用食品的饮食记录，确保有据可查；餐具使用后需进行清洗、消毒处理，确保使用器具的安全卫生。

2. 消防安全管理制度

每日进行防火巡查，巡查内容包括：用火、用电有无违章情况；安全出口、疏散通道是否畅通，安全疏散指示标志，应急照明是否完好；消防设施、器材是否保持正常工作状态，消防安全标志是否在位、完整。

每月进行一次防火检查，检查内容包括：火灾隐患整改及纠正、预防措施落实情况；安全疏散通道、疏散指示标志、应急照明和安全出口情况。消防设施正常工作情况，灭火器材、消防安全标志设置和功能情况。重点工种人员及其他员工消防知识掌握情况。

防火巡查人员应当及时纠正违章行为，妥善处理火灾危险，无法当场处置的，应当立即报告。发现初期火灾应当立即报警并及时扑救。

用火、用电管理：严禁使用大功率电器，定期对电器进行安全检查，发现安全隐患及时处理；养老院内严禁使用明火。

认真贯彻“预防为主、防消结合”的消防工作方针，对全体职工开展消防安全教育以及培训工作，牢固树立消防安全第一的思想，坚持逐级消防宣传教育工作。对新上岗和进入新岗位的职工应进行上岗前消防安全培训。能够达到“四懂”“五会”的要求。“四懂”即懂火灾的危险性、懂预防火灾措施、懂火灾的扑救方法、懂火场逃生方法。“五会”即会报火警、会使用灭火器材、会扑救初起火灾、会组织人员疏散、会开展消防宣传。

3. 护理安全管理制度

认真落实护理人员的岗位责任制，工作明确分工，团结协作，根据机构内实际情况，制定切实可行的防范措施。

护理主管每月组织科内人员进行安全护理分析，发现事故隐患要及时处理。

严格执行交接班制度、差错事故登记报告制度，按时巡视客户房间，及时发现、解决客户问题。

严格做好机构内消毒隔离工作，预防院内交叉感染。

对需要介护客户应加强护理，必要时加床档、约束带，以防坠床，定时为介护客户翻身，预防褥疮的发生。

客户药品应由专人保管，内服药和外用药标签清楚，分类放置并加锁防护。

(三) 安全教育培训及要求

1. 开展经常性的安全培训

每年通过多种形式经常性地开展安全教育，每年对每名员工至少进行两次安全培训。

2. 宣传教育培训内容

培训内容应包括有关安全教育法规、安全教育制度和安全的操作规程；养老机构的安全隐患及补救措施；有关消防设施性能的知识普及，灭火器的使用方法；安全隐患初期的预防以及事故发生时自救逃生的知识和技能；组织、引导在场群众疏散的知识和技能；提高安全教育培训能力。

二、突发事件应急安全管理

(一) 突发事件应急管理

1. 应急工作原则

各相关养老服务机构要成立相应的应急处置工作小组，明确工作责任。养老服务机构内突发事件发生后，立即启动应急预案。养老服务机构要及时向街道报告情况，并向公安、交警、卫生、消防等相关部门报案请求援助，积极做好维稳工作。街道接到突发安全事故报告后，第一时间向区民政局、区安全监督管理局及相关上级部门应急处置小组作简要汇报，并在最短时间内到达事故现场，组织抢救和善后处置工作。

如发生人身意外伤害时，应及时送受伤者到医院诊治，并通知其家属。养老服务机构要及时成立事件调查小组，确定专人组织调查，保留第一手资料（原始记录），保护现场或保留物样，不擅自为事故定性，并写出事故报告，报送街道。养老服务机构要召开老年人以及相关人员会议，通报事件经过，并进行安全再教育，稳定老年人及其家人情绪，做好事故后稳定和秩序维护工作。

养老服务机构工作人员必须坚守各自岗位，未经允许，不得擅自发布误导信息，共同做好维护稳定工作。养老服务机构应认真分析事故发生的原因、责任以及所产生的后果，对照目前养老服务机构的基本情况，进行必要的整改，避免类似事件的再次发生。对缓报、瞒报、延误有效抢救时间的，将予以纪律处分，造成严重后果的，将移交司法机关追究其刑事责任。

2. 领导重视，全员参与

养老机构的安全是决定其生存发展的大事，养老机构的主要领导必须高度重视，应该做到天天讲安全、时时讲安全，并且以身作则，带头抓好安全工作。

养老机构的安全是涉及每一位员工切身利益的大事，任何一点微小的错误都可能酿成难以估计的灾难性后果，因此每位员工都必须时刻注重安全工作。

（二）常见突发事件应急预案

1. 火灾事故应急预案

发生火灾事故时，应采取如下措施：迅速切断有关电源。迅速疏散人员，撤离到安全区域。立即向119消防指挥中心报警，并报街道、业务主管民政部门。积极配合消防人员灭火。在进行灭火的同时，应采取有效的隔离措施，防止火势蔓延。

2. 食物中毒事故应急预案

一旦发现食物中毒现象，立即采取如下措施：发现有类似食物中毒症状时，应迅速送医院诊治。迅速向街道及辖区食药监局、主管民政部门报告。

做好所食用食物取样工作，以备食药监部门检验。如是食用养老服务机构外食物所致，应积极配合有关部门取样。迅速排查食用致毒食物者的名称，并检查中毒者的身体状况。做好家属的思想工作。积极配合上级有关部门做好诊治、调查、事故处理等工作。

3. 触电事故应急预案

如发生触电事故，应立即采取如下措施：应马上赶到现场并切断电源。在未切断电源之前，切不可用人体接触伤者，应用绝缘的物体挑开线头。立即进行人工急救，并通知医务人员马上进行抢救或送医院急救。查明事故原因并做好记录。

4. 治安案件应急预案

发现老年人之间或者老年人与养老服务机构以外的人员发生争吵、斗殴等现象时，要及时制止。如有养老服务机构以外的人员介入，应先将外来人员劝离养老服务机构。如事态严重及时报110处理。

制止原则：保护老年人的生命和身体安全；劝阻双方住手、住口；将争吵或斗殴的双方或一方劝离现场；有伤员，则先送伤员去医院救治。迅速报告所在街道和主管民政部门，由所在地街道派相关人员协助调解。工作人员在制止争吵、斗殴时，切记不能动粗，不允许恶言相劝。养老服务机构负责查清事件原因并做好记录，必要时通知家属协助处理。

5. 外来暴力侵害应急预案

养老服务机构要加强门卫值班制度，严禁陌生人员入内，人员进出必须进行登记，未经允许不得入内。如有未经允许强行闯入者，应及时联系辖区派出所将闯入者驱逐出住处。发现不良分子袭击、行凶等暴力侵害时，应及时向110、120报警请求援助，并积极组织老人、职工到相对安全的地方躲避。对受伤老人、职工及时进行救治。

6. 老人意外事故应急预案

用最短时间赶到病人所在现场，判断老年人的实时状态，做第一时间的救护和保护，避免老人受到二次伤害。立即通知街道社区卫生服务中心、站的医务人员赶赴现场，视情况紧急处理。尽快通知老人家属。若情况危急，速打急救电话120。及时对此事件进行分析，如有养老机构自身原因，应及时进行整改，避免类似事件的再次发生。

7. 防台防洪应急预案

当发生强台风和洪涝灾害时应立即采取下列应急措施：接到强台风警报通知后，由养老服务机构负责人带领相关人员，对全院进行细致的安全检查，及时对安全隐患进行整改。

强台风引发暴雨导致楼内进水时，所在楼层工作人员要立即切断本楼的电源，防止触电意外事故发生。

因暴雨导致单位积水内涝时，应及时组织相关人员进行排水抗涝，并做好老人转移和院内用电、用水等各项保障工作。

值班人员要坚守岗位，发现情况及时报告。

第二节　确保安全设备设施完好可用

养老机构的安全设施设备是安全保障的硬件设施，只有每时每刻保持完好状态，才能确保万无一失地发挥作用。

一、养老机构安全设备设施配置要求

（一）老人居室

首先，根据老人实际需要，配备护理床，所有老人的床头应安装呼叫铃。其次，老人室内家具、各种设备应无尖角凸出部分。最后，洗手间及浴室应配备安装扶手、防滑浴垫等。

（二）洗衣设备

有必备的洗衣设备，如洗衣机、晾晒场地等。

（三）健身设备

有配置了适合老人使用的健身、康复器械和设备的康复室和健身场所。

（四）医疗保健设备

根据老人健康情况，必须准备足够的医疗设备和物资，应有急救药箱和轮椅车等。不设医务室的养老机构应与专业医院签订合同。合同医院必须具备处理老年人各种突发性疾病和其他紧急情况的能力，并能够承担老年人常见病、多发病的日常诊疗任务。

（五）消防保暖降温排污设备

及时解决消防、照明、报警、取暖、通信、降温、排污等设施和生活设备出现的问题，严格执行相关规定，保证其时时处于正常状态。

（六）水电设备

保证水、电供应，冬季室温不低于16摄氏度，夏季不超过28摄氏度。

二、建立安全设备设施管理制度

（一）安全设备设施使用前管理

安全设备设施选购要求：必须坚持“安全高于一切”的设备设施选购原则，要求做到设备运行中，在保证自身安全的同时，确保操作工的安全。

设备管理人员应根据机构需求广泛搜集信息（包括国际、国内本行业的生产技术水平，设备安全可靠程度及价格、售后服务等）；经过论证提出初步意见上报领导批准实施。

（二）安全设备设施使用中的管理工作

首先，严格执行《设备安全管理制度》，由公司主管领导和设备管理人员共同落实。

其次，设备操作工人须每天对自己所使用机器做好保养工作，生产过程中设备发生故障应及时给予排除。

再次，为了便于操作工日常维护保养，由设备管理人员、工程技术人员共同按照技术要求，由部门经理和设备管理人员负责检查实施。

最后，预检预修是确保设备正常运转、避免发生事故的有效措施。设备管理人员根据设备状况和使用寿命，预先制定出安全检修周期和检修内容，落实专人负责实施，将设备质量保持在最好状态，确保设备从本质上的安全性。

（三）安全设备设施维护保养制度

操作人员要做好以下工作：

第一，自觉爱护设备，严格遵守操作规程，不得违规操作；

第二，做好设备班前、班中、班后按照要求经常性地加注润滑油，防止过度磨损；

第三，设备要定期更换、强制保养、保持技术状况良好；

第四，建立设备保养卡片，做好设备的运行、维护、养护记录；

第五，保持设备设施清洁。

（四）安全设备设施检查制度

第一，机构内设专门维修人员，定期对机构内所有安全设施设备进行一次检查。

第二，对特种设备进行经常性日常维修保养，定期自检，有记录。

第三，指定（有资质）机构对特种设备进行定期检验，有检查报告并备案。

（五）安全设备设施事故上报制度

第一，一般设备安全事故发生后，操作使用人员应立即向所在单位负责人报告，查清事故原因，查明事故责任。

第二，重大、特大设备事故发生后，操作人员应立即采取保护现场并报告负责人及有关职能部门，负责人立即组织有关人员对事故进行检查，分析事故原因，查清事故责任。

第三，对各类设备安全事故，坚持“四不放过”的原则，认真调查及时报告，严肃处理。

第四，玩忽职守，违章指挥，违反设备安全管理规定造成设备安全事故的领导、管理人员和直接责任者，根据情节轻重，承担相应责任。

（六）养老院消防安全设备管理流程

第一，机构负责人应按照国家或当地消防部门的要求保存一份所有消防安全设备的检查、测试和认证清单。

第二，关于适用法规的问题和要求的说明应该询问消防队长。与当地消防队长或消防部门的其他代表建立良好的工作关系是非常重要的。

第三，在预防性维护记录上记载所有如下要求的检查、测试和认证烟雾探测器/消防警报系统：一是确保烟雾和一氧化碳警报器是否安装正确并每月按计划进行测试。二是确保消防警报系统测试每年进行一次，也可视机构实际情况增加次数。三是当一个具备资质的公司进行所需的系统测试时，公司应该向相应机构提交所有必要的文件。在行政管理文档里保存一份检查文书副本。该服务应载入预防性维修记录。四是在检查中发现消防警报系统和烟雾探测器的任何问题应立即修复。进行系统检查的签约公司亦可负责必要的维修。或者找专业的个人或公司及时进行维修。

消防洒水系统：一是确保消防洒水系统由专业的公司或个人至少一年检查一次。将检查文件副本保存在行政管理文档中，并在预防性维修记录上记载检查情况。二是消防洒水系统出现任何问题，立即进行必要的修理。

灭火器：维修人员应确保将充满干粉的灭火器放置在所有指定位置并按照当地消防法规在灭火器上贴上标签。所有灭火器必须每年由专业公司进行测试和认证，或按照当地消防部门的要求进行。进行检查的公司需向有关部门提交所有必要的文件。在预防性维修记录上记载所有灭火器检查情况。如果发现有坏掉的灭火器，应尽快修理或更换。

安全出口标志：必须定时对安全出口标志进行检查以确保照明灯箱得到妥善的修理且没有坏掉的灯泡。

第三节 抓好防灾和突发事件演习培训

对于防灾和突发事故的演习，必须经常进行，要让每一位员工都会掌握基本的技能。“养兵千日，用兵一时”就是讲的这个基本道理。

一、加强组织领导

（一）成立应急安全小组

1. 大中型养老机构成立安全应急小组

大中型养老机构成立安全小组，分为以下两个档次：

第一，总公司的安全应急领导小组。一般应该由董事长或总裁任安全领导小组组长，因为各部门负责人和各分公司领导成为安全小组成员。大型和特大型的养老机构，安全领导小组下面应该建立常设办公室，24 小时有人专门负责。为了节约人力成本，可以将办公室主任副主任、人力资源部负责人、安全保障部负责人作为办公室的主要工作成员，实行24小时轮流值班制度。

第二，大型和特大型养老机构分支机构设立安全应急领导小组，由主要负责人和部门经理组成，办公室人事和保卫部门联合成立办事机构，实行24小时值班制度。

2. 小型和微型养老机构实行安全第一责任人制度

小型、微型养老机构由于职工人数相对较少，安全应急领导小组实行第一负责人管理制度，由第一负责人和主要工作人员分别轮流承担24小时值班任务，所有人员要保持电话畅通。养老机构的第一负责人和第二负责人应该使用两个手机，其中一个手机主要用于安全防范工作，随时保持畅通，使突发事件能够得到及时的处理。

（二）职责分工明确

1. 领导职责分工明确

在大中型的养老机构及其分支机构，领导人员较多，董事长、总裁、副总裁，医务总监、护理总监、财务总监、行政总监，党委书记副书记，工会主席。在处置突发事故方面，每人都应该承担相应的责任，并且要制定书面的规章制度，在领导班子成员学习时，认真加以分解讨论，让每个人都明确自己的职责，以防出现突然事故以后，发生岗位缺失的现象，甚至在追究责任时，产生互相推诿的现象，只有明确了每个领导成员的职责，才能确保安全系统的正常运转。

大中型养老机构的总公司和分支机构、部门经理和副经理也是安全事故和突发事件处理的第一责任人，一旦发生突发事件，必须临危不惧，果断处置，以抢救老人的生命为第一需要，及时排除任何形式的安全事故，确保养老机构的安全。

2. 基层岗位员工职责分工明确

预防安全事故和应对突发事件是每个员工应尽的基本责任，部门经理应该加强本部门职工的培训，对每个部门的安全工作做出明确的规定，以防突发事件发生时出现慌乱现象，造成不必要的损失。

二、加强应急预案体系建设

（一）完善应急预案，建立突发事件预警机制及处置

1. 加强日常安全管理

安全事故隐患无时无刻不存在，特别是对于外来人员的管理十分重要，养老机构的领导和工作人员必须养成严谨的工作作风，树立强烈的安全意识，保证各项安全防范措施落实到位，确保安全状态。

2. 加强风险排查工作

养老机构的各个职能部门应该按制度规定及时进行安全设施设备的检查，确保任何时候运行都处于良好状态，对设备中的化学试剂和药品要加强检查，防止变质和失效，确保万一发生突然事故时能够有效地发挥其特有功能。

（二）加强培训及应急预案演练

1. 加强全员培训

预防安全事故、应对突发事件是关系到每一个人的大事，没有任何一个人会成为“局外人”，每一件重大灾害事故的发生都会涉及每个人的生命和财产安全。所以必须加强全员培训。防火防灾全年最少培训两次。安全保卫部门的工作人员，要取得政府主管部门的培训合格证书，每年参加政府主管部门的培训和考核。

2. 应急预案演练

我国是地质灾害多发的国家之一，地震、台风、洪灾以及其他次生灾害会经常发生，因此必须加强应对自然灾害的演练，提高每个员工的抗灾能力。

在预防灾害演练的问题上，我国整体上还处于落后水平，养老机构承担着老年人生命安全的重要责任，领导人员必须有清醒的头脑，只有通过加强演练，才能应对任何突发灾害事故，保证机构工作人员和老人的安全。

第四节　预防食物中毒事件发生

现在我国高度重视食品安全，养老机构更应该特别重视，防止食物中毒事件发生是养老机构基本工作职责之一。

一、食品安全管理要求

（一）把好食品采购关

1. 不采购腐败变质的食品

采购人员在工作中应该增强责任心，提高业务水平，拒绝采购已酸败的油脂，霉变、生虫、污秽等不洁的食品；严禁未经兽医卫生检验或检验不合格的肉类及其制品进入养老机构。

2. 弄清食品原料产地和来源

不采购来源不明、食品标签不清、超过保质期限等不符合食品卫生标准和要求的食品。

3. 严格执行采购管理制度

落实食品原料采购索证和进货验收制度，建立台账。

（二）把好食品储存关

在食品储藏储存过程中，严格把住以下关口：

首先，注意食品的储藏卫生，防止尘土、昆虫、鼠类等动物及其他不洁物污染食品。

其次，食品储存场所严禁存放有毒、有害物品及个人生活物品。鼠药、农药等有毒化学物要标签明显，存放在专门场所并上锁。加强对亚硝酸盐的保管，避免误作食盐或碱面食用。

再次，建立严格的食堂安全保卫措施。严禁非食堂工作人员随意进入食堂的食品加工操作间及食品原料存放间。厨房、食品加工间和仓库要注意上锁，防止有人恶意投毒。

最后，储存食品要在5摄氏度以下，生、熟食品分开诸存。

（三）把好食品加工关

在食品加工过程中，严格把住以下关口：

首先，加工食品必须做到烧熟、煮透，需要熟制加工的大块食品，其中心温度不低于70摄氏度。

其次，食品在烹饪后至食用一般不超过2个小时，若超过2个小时存放的，应当在高于60摄氏度或低于10摄氏度的条件下存放。

最后，加工食品的工具、容器等要做到生熟分开。加工后的熟制品应当与食品原料或半成品分开存放，半成品应当与食品原料分开存放。剩余食品必须冷藏，冷藏时间不得超过24小时，在确认没有变质的情况下，经高温彻底加热后，方可食用。

（四）养老机构内客户食品卫生安全管理工作

首先，定期检查养老机构食品冰箱，及时清理过期变质食物；其次，对家属探视所携带食品进行登记，协助客户分类放置，并提醒客户及时食用；最后，定期对客户进行食品卫生安全知识宣讲。

二、厨房管理制度

（一）厨房环境卫生制度

厨房环境卫生标准：厨房室内有“三防”措施，即无苍蝇、无蟑螂、无鼠迹。厨房室内外卫生要责任到人，明确任务。每周大扫除厨房一次。

要求做到：墙壁、屋顶清扫后无黑垢、油污、蛛网；地面、瓷砖清洁，见本色；门窗干净明亮，纱窗完好，无灰尘油垢；设备、抽油烟机、用具、餐梯等要清洁明亮。

厨房炊具设备卫生标准：盛放或加工生、熟、荤、素食品的用具（器皿、菜墩、刀具等）要有明确标志，严格分开，摆放整齐，不得直接落地；每餐后进行用具清洗及消毒，保持用具整洁、干净。

操作台、货物架、辅料车、水池等保持清洁，无灰尘、无油污、无脏垢、无异味；冰箱、冰柜按类存放、生熟分开，有明确标志，摆放整齐有序，保持清洁无异味，过期、变质食品及时处理。

（二）厨房工作人员管理制度

1. 厨房工作人员个人卫生标准

着装要求：操作时穿戴洁净的工作服、帽子、袖套、围裙，接触直接入口食品时应戴口罩。

操作人员应做到“五勤”：勤洗手、勤剪指甲、勤换工作服、勤洗澡、勤理发。

操作人员应做到：不得用手直接抓取各类熟食品，不得穿戴工作衣帽进入厕所及与食品加工无关的场所，不得在操作过程中佩戴饰物及与生产无关的个人物品，不得在食品处理区吸烟和随地吐痰，不得随意进出食品处理间。

2. 厨房工作人员有下列情形时应洗手

开始工作前或上厕所后，处理食物前或处理生食物后，处理用过的设备或食用具后，处理动物或废物后，咳嗽、打喷嚏或擤鼻子后，触摸耳朵、鼻子、头发或身体其他部位后，从事任何可能会污染双手活动后。

（三）食品留样和消毒管理制度

1. 食品留样管理制度

对每餐所有出品食品均进行留样保存48小时。留样前必须对容器进行高温消毒或药物消毒，确保容器的安全卫生。每种食品留样分量为100～150克。

留样品种必须与当日供应菜单相符合。食品留样必须在菜肴制作完成后及出品前操作，确保食品留样检测的准确性。食品留样后均须用保鲜膜封紧并在留样箱冷藏保存，并标明留样时间、食品名称和留样人，不同时间段留样食品应进行隔离存放。

留样冰箱为专用设备，严禁存放与留样食品无关的其他食品；留样时间满48小时后可作废弃处理，时间不到或有特殊情况需保留或延长存放时间时，应遵守规定，不得私自处理。

2. 餐具消毒制度

餐饮具使用前必须清洗、消毒，符合国家有关卫生标准。未经消毒的餐饮具不得使用，禁止重复使用一次性餐饮具。

所有餐饮具应安排专人负责清洗和消毒；餐具、用具在清洗消毒过程中必须做到“一清、二洗、三消毒、四保洁”，不得减少任何环节。配备蒸饭消毒车用于蒸汽消毒，每次必须保证20分钟以上，用消毒液消毒必须做到“一洗、二消、三冲”，确保消毒彻底。

洗刷餐饮具必须有洗涤、消毒专用水池，不得与清洗蔬菜、肉类等其他的水池混用。洗涤、消毒餐饮具所用的洗涤剂、消毒剂必须符合食品用洗涤剂、消毒剂的卫生标准和要求。

消毒后的餐饮具必须储存在餐具专用保洁柜内备用，已消毒和未消毒的餐饮具应分开存放，并在餐饮储存柜上有明显标记。餐具保洁柜应当定期清洗、保持洁净，严禁存放私人碗筷。

洗碗间及消毒间必须保持整洁、卫生、明亮，不得存放有毒物品、有毒气体、污物、易爆物品等。

餐厅的菜墩、菜刀、和面机、绞肉机等用品，使用后必须立即冲洗擦净，并按指定地点存放。建立消毒记录制度。每餐消毒完毕后，认真填写《消毒记录表》，并妥善保管，以备检查之用。

第五节　预防老人走失和发生意外

养老机构的重要工作之一就是预防老人走失和意外发生，必须做到严格管理，确保老人的安全。

一、预防措施

（一）老人前期入住管理

1. 入住前进行全面评估

详细了解老人身体状况及疾病史，有无走失史，严格签订入住协议。准确、动态地评估老人的认知能力，对老人进行详细体检，并认真记录。

对老人做全面详细跟踪观察，有异常情况及时通报院内领导，并与家属联系，必要时，签订补充协议。详细登记担保人姓名、住址、电话，以备紧急情况时可随时保持联系；对于情况相对严重的认知障碍的老人，建议老人寻找专业针对性的养老机构。

2. 制订护理计划及个性档案

根据老人自身状况及详细病史制订相应护理计划，护理人员必须按照护理计划执行，以免老人发生意外；制订新入住老人适应计划，使老人全面了解养老机构环境及人员分布、入院须知等，减少意外及纠纷发生；护理人员应从老人的衣食住行、对环境的适应能力及沟通交流等方面详细全面了解老人状况，制订其个性化档案，并全员共享。

（二）护理管理

1. 护理管理要求

加强巡视，密切观察老人异常变化，做到及时发现，及时预防。营造良好、舒适、温馨、安全的居住环境，组织老人感兴趣的活动，使老人安心休养。

经常与家属沟通，通报老人生活及精神状况等信息；易走失老人不能单独外出。

加强老人间的沟通与交流。给老人安排适当的活动、治疗作业、智力康复和自理能力等训练，循序渐进，持之以恒。

在老人房间门口做特殊、容易记忆的标志，利于老人的辨认。带着老人反复熟悉周围的环境，强化记忆。易走失老人可佩戴联系卡片或爱心手环，注明老人姓名、居住地、联系方式等，便于走失时接受他人的救助，安全返回。

2. 完善相应制度

主要有以下管理制度：老人外出请假登记制度；门卫管理制度；定时查房制度（按时查房，严格执行交接班制度，责任到个人）。

二、意外事件发生处理程序

（一）意外事故处理程序

1. 立即报告

事件发现者及现场责任人应第一时间报告应急领导小组成员，根据情况，立即拨打急救电话及通知家属。接到报告的领导应立即赶赴现场，迅速根据事件类型组织抢救，并保护好现场，稳定院内的正常秩序，迅速通知相关人员到位。

2. 组织救援

接到通知后，相关人员迅速到达现场，投入紧急救援。除必要的紧急处理外，一般要由工作人员将伤病者送医院救治，同时通知伤病者家属，等到伤病者家属到场后方可离开。

3. 现场保护

保护好现场，做好事件基本情况的调查。

4. 稳定情绪

应急领导小组要及时设法稳定伤病者、家属、责任者和其他老人的情绪，确保院内工作正常进行，维护当事人的合法权益。

5. 情况通报

事件结果及事发过程基本清楚后，经领导同意，将全部情况向上级有关部门报告。

6. 善后处理

协同有关部门做好善后处理工作。

7. 总结教训

回顾事件发生和处理的全过程，总结经验，吸取教训，保存好资料，写好调查报告，报送上级部门。

（二）意外事件发生原因分析及对策

1. 心理因素

其一是不服老，其二是不愿麻烦别人。在老年人想象中，上个厕所、拿个热水瓶、爬个高、吃个果冻应该没问题，但是常常事不如愿。如一个人走到了厕所间就无力走回来了，提起了热水瓶却没力倒出水，一脚踏上凳子另一脚却无论如何也上不去。因此老年人应在心理上客观对待自己的功能老化状况。

2. 生理因素

感觉器官结构与功能的改变使老年人的视力下降、视野变窄、光感的阈值增加，对声音感应的扭曲，前庭功能的退行性变化，导致了感知及反应的能力下降，如站立不稳等。

骨骼韧带等的结构改变和功能受限，降低了人体的稳定性，易摔跤。肌肉弹性改变、关节老损等导致下肢无力、肌张力平衡失调、关节僵硬。因食管蠕动缓慢，易噎。

神经传导功能下降，导致反应速度减退。

3. 意外事件处理对策

第一，促使老年人正确接受老化的改变。通过向老年人讲解老年期的生理功能的改变，让老年人正确认识自己的躯体功能状态，改变不服老、不麻烦人的心理，主动关心自己，防止意外的发生。

第二，评估老年人的用药史。查阅老年人的病史记录，了解疾病与用药史。重点了解曾经引起过敏与不良反应的药，及其对药的了解程度。

第三，评估老年人服药的能力。老年人服药的能力包括视力、听力、理解力、阅读处理能力、打开瓶子的能力以及准时准量服取的能力、停药原则的掌握度、及时发现不良反应的能力、吞咽能力。

第四，详细评估老年人各脏器的功能，如肾功能、肝功能的指标等。

第五，通过观察老年人的面容、表情、姿势、步态、行为、情绪与情感、精神与睡眠，以及与心理活动有关的能力检查，制定相应的预防措施，防患于未然。

知识拓展

养老院饮食管理制度

1. 根据老人的饮食种类配餐，特殊老人由医生根据病情决定饮食种类，及时通知膳食科，并告知老人和家属有关事项。

2. 食物多样化，烹饪符合老人需求，食物细软，避免带刺、带骨类食物，避免煎、炸的烹饪方法。了解老人进食习惯，开展饮食健康教育。

3. 创造整洁、温馨的进食环境，空气清新无异味，餐桌、餐具清洁卫生。

4. 老人根据规定的就餐时间统一到餐厅就餐。不能到餐厅就餐的，老人根据自己的口味预订，送餐员统一送到房间。

5. 餐前协助老人洗手，发放食物要正确，安静进食，注意进餐姿势，观察老人的进食量和饮食情况。

6. 对不能自行进食的老人，协助老人洗手、漱口，帮助老人取合适体位，按实际情况喂食或协助进食。

7. 用餐后及时撤去餐具，清理食物残渣，协助老人饭后洗手、漱口，清洁环境，做好记录。

8. 对于因各种原因不能正常从口进食的老人，按操作规范进行管饲。管饲饮食按要求制作，保证老人摄入足够的营养素。

案例点评

简介：2015 年 9 月 21 日，常州市一家养老机构出现疑似集体食物中毒，老人们食用了厨师烹制的素鸡后出现身体不适，随后 20 名老人被送往医院救治。初步判断是亚硝酸盐中毒。

据事后调查，9 月 21 日晚上，厨师在做菜时误将一小瓶亚硝酸盐当成白糖放进了素鸡里，晚饭期间有老人突然出现身体不适，这才发现错将亚硝酸盐加进了菜里面。

点评：这个案例再次告诫人们，养老机构预防食物中毒极其重要。而工作人员的责任心是关键。

第二十三章 养老机构的人力资源管理

人力资源管理是现代政府机构、社会组织、企业和非政府组织都必须要进行的最基本的管理之一，人力资源是世界上最宝贵的财富之一。养老机构的人力资源管理显得尤为重要。我国现在的养老产业中人才是比较缺乏的，因此要引起经营管理者的高度重视。

第一节 尊重人才和人力资源管理

尊重人才是现代文明的重要标志之一，只有尊重人才，才能够很好地使用人才，让人才的作用得到充分的发挥，同时，人力资源又需要进行合理的管理，为他们作用的发挥创造各种条件，这样才能使养老机构的工作得以正常的运行和发展。

一、人力资源管理的概念

（一）概　念

1. 人力资源

所谓人力资源，是指某一社会组织和企业全体员工的智慧、技能和劳动积极性的总称。

养老机构是一个新生的服务管理机构，人才的培养和需求量很大。因此，只有充分利用已有的人力资源，才能把养老产业发展得更好。

2. 人力资源管理

人力资源管理是一个很广泛的概念，是指对人的脑力和体力的总量的管理，不同的部门企业和社会组织人力资源的构成不同，管理的基本方法也不同，人力资源的管理主要包括人才的选择、企业和社会组织的组织机构的构成、人才的组织安排、人员的培训、人员的工资结构、经营制度、惩罚机制、员工福利以及人身安全方面的相关事宜。

（二）树立尊重人才的理念

1. 人才的含义

人才是指人的才干和能力的总称。人才标准是一个相对的概念，不同的部门、企业和社会组织的对人才的标准和需求不同。人才的标准一般是以专业来划分的，一般分为高级人才、中级人才和初级人才。在日常生活中，有某一专长的人就应该是人才，通常人们爱使用专家学者这一名称，往往把他们称为人才，其实任何一个有一定技术专长的人都是人才。按照国际惯例，所谓的“专家”就是有助理工程师以上职称的专业技术人员。在欧洲某些国家，有技术员职称的人也可以称为专家，这是我们在工程技术行业中最低的技术职称。因此，我们要改变某种传统的观念，通常概念上的人才并不是人们想象中的科学家、教授、高级工程师等。

2. 要有尊重人才的意识

中国有句古语“行行出状元”，这也是我国文化传统中对人才最好的诠释，如果要从人才的等级和范围来讲，有国家级的高级人才，也有省区市级的人才，县级的高级人才，各行各业、各个组织部门和企业内部也有自己的人才，因此，每一个企业的管理者、组织者要有尊重人才的意识，特别是机构的负责人和部门的负责人要克服传统的“武大郎开店”式的对人才的错误认识，不能以为在自己的管辖范围之内只有自己的水平最高，除自己外，别人都不是人才。

二、养老机构筹备阶段的人才管理

（一）选择投资者或合伙人的标准

1. 志同道合

由于我国养老机构的市场放开时间不长，因此我们在研究人才管理的时候没有更好的可参考的案例和经验借鉴，在今后一段时间内还会有大量的新的养老机构出现，因此这里特别强调养老机构筹备阶段的人才管理。

所有人才管理当中的难点是对于投资者和合伙人及其他高级管理人员的管理，无论是企业还是养老机构，取得成功的首要因素之一就是在创办的初期要选择适合的投资者或者合伙人，这是养老机构和企业成功的关键。在日常企业管理中，几位投资者是否能把企业共同管理好，第一要求在于股东和投资者是不是志同道合者，这是人才管理的第一标准。

2. 行业选择

养老机构的管理者在选择投资者或合伙人的时候，有一条重要的标准就是主要股东投资人和高级管理人员对养老行业要热爱，要有敬老、爱老、养老的修养和品德，或者他是与养老行业相关的行业技术骨干或者人才，这也是高级人才管理的一条重要标准。

3. 投资者

筹办养老机构和筹办任何一个企业有一个共同点，需要有原始的资本来源，而世界上绝大部分创业者最初经济实力都是相对较弱的，所以在创办养老机构的时候，第一，要选择志同道合者；第二，要选择行业的人才和专家，包括技术专家和管理专家。然而这只是办好养老机构的一个方面，选择好投资者也是具有决定作用的。在选择投资者的时候，要注意向他们介绍养老产业的行业状况，要让这些投资者明确地了解养老行业是微利低利的行业，但也是最有发展前途的行业之一，如果不出大的风险和挫折，投资收益比许多行业还要稳定。另一方面，我们在选择投资者的时候也不能给他们有过多的要求，养老行业既然是作为一个重要的经济行业，养老机构也是社会的一种重要企业，因此在投资收益经营管理上、人才的选择和使用上也有普遍性的特征。

（二）选择好骨干

1. 职业经理人

养老机构的人力资源管理在世界范围内也属于一个新的课题，最早进入老龄化的国家至今也只有30多年的历史，我国进入老龄化还不到20年，对社会资本和外国资本开放养老市场时间也很短。因此我们现在创办养老机构的投资人大部分不熟悉养老机构的管理，所以，我们要采取通用的办法，选择好一位称职的职业经理人，由他来主持和管理养老机构的日常工作，这是管理好养老机构的重要措施之一。虽然，我国养老机构的职业经理人还十分缺乏，但是可以从相关的行业选择比较适合的职业经理人，在医疗行业、旅馆服务业、康复理疗业、养生保健业、旅游业等方面都可以选择到相关的适合养老机构的职业经理人。

2. 技术骨干

养老机构的技术骨干包括三个层次：第一层次是属于机构的总监一级的人才，包括行政总监、医疗总监、护理总监等方面；第二层次的人才是部门经理，由于养老机构人才十分缺乏，在日常管理中，我们部门经理分为三种层次，一是经理，二是副经理，三是经理助理或者业务主管，我们要根据不同的情况加以使用，在使用的过程中培养提高，力求培养出养老机构自己的业务骨干、管理人才；第三层次是某一方面的操作能手，在医疗、护理、康复、营养食品等方面都有一些操作能力强的技术骨干，在人力资源的管理上，要形成互相配合，形成一定服务特色的技术骨干队伍，这样才能保证养老机构服务质量的不断提高。

第二节　组织结构设计

养老机构的组织结构的设计是人力资源管理的重要方面，有效的组织结构的设置是把分散的人力资源通过协同和程序结合起来，只有把分散的单个的力量形成团队的力量，才能完成养老机构的基本的工作任务，创造出新的更大的成果。

一、养老机构组织结构框架图

（一）公司构架

1. 公司机构设计的主要任务

我们不能笼统地来讨论公司结构的设置，还必须回到公司的规模和类型上来。养老机构从规模方面来分主要有五种类型，一是微型养老机构，一般是入住老人30人以下的机构；二是小型养老机构，一般入住老人为31～299人；三是中型养老机构，一般入住老人为300～999人；四是大型养老机构，一般入住老人为1000～2999人；五是特大型养老机构，一般是指入住老人在3000人以上的机构。

养老机构的人力资源的管理者在设置组织机构的时候，首先考虑的依据在于公司的规模大小，现在我们分别对机构设置的主要任务介绍如下：

第一，微型养老机构。一般设置三个部门、院长及其办公室；二是医疗护理部；三是后勤部。

第二，小型养老机构。在机构设置的时候，要考虑多方面的因素，首先，考虑入住老人200人左右来设计机构，按照民政部的规定，一位养老护理员负责6位老人。根据我们的研究，如果半失能、失能老人占入住老人30%左右的情况下，老人与养老护理员的比例一般为4∶1，即4个老人需要一个养老护理员照护，因为失能老人需要三班有人护理，还要考虑轮换休息、节假日安排，员工因病或外出等方面的原因，所以一个入住200位老人的养老院，养老护理员就需要50人左右，再加上医务人员、餐饮人员、保安和其他行政管理人员，这类养老机构的员工总数应该在70人左右，因此可以设计如下部门——院长办公室、医疗护理部、财务部、保安及后勤部，也可以把财务部合并在办公室，餐饮方面单独承包经营。养老机构的内部机构设置要本着有效使用的原则进行。

第三，中型养老机构。中型养老机构的组织机构设置是最有代表性的，因为按照入住老人规模来看，300~1000人。我们以入住600位老人来估算，则需要养老护理员150人左右，行政、财务、安保、医疗康复、营养伙食、清洁卫生、设备维护等方面的人员会在80人左右，因此，这类中型的养老机构经常性会有员工200多人，各种机构的设置可以比较齐全，办公室、医疗部、护理部、康复部、财务部、保安部，食堂清洁人员也可以归办公室直接管理，必要时也可以把财务部直接划归办公室管理。除公办养老机构外，民办养老机构或者公办民营的养老机构都应该设立市场开发部，具体部门的设立主要应由院长和人事部经理商量决定。

第四，大型养老机构。大型养老机构组织机构设置状况和中型养老机构没有多大区别，只是一部分养老机构如果是以医养结合为主的，医院会单独成为一个机构，营养伙食部门也可以单独成立一个机构。

第五，特大型养老机构。特大型养老机构组织机构的基本部门和中型大型养老机构区别不大，只是医疗部门、康复部门、营养伙食部门、清洁卫生部门都可以成立独立的机构，独立经济核算或者承包经营管理。

2. 组织机构框架图

以下提供一家中型养老机构的组织机构图，供大家选择参考，主要应注意以下几点：

第一，机构的名称可以根据当地的习惯决定。

第二，机构的合并余地较大，比如办公室可以把财务、保安、清洁、营养伙食、维修部等都归于其中，但是为了便于老人亲友、外来人员联系工作，应标示清楚，可以把这些部门的牌子分别挂出来，甚至还有比较小的分支部门，如仓库、维修部、信息控制中心等，都可以设置单独的部门。但是为了避免机构臃肿庞大，都可以由办公室统一管理。

第三，对于中型养老机构，护理人员较多，应设护理一部、二部、三部。

总之，部门设置要根据实际情况，便于入院老人及外来人员容易找到需要找的部门。

（二）部门经理选择

1. 技术骨干

部门经理是养老机构中的执行层的领导者，任何一个养老机构都应该有几个工作部门，每个部门执行高级管理层下达的计划任务、工作指标。小的养老机构每个部门的人很少，骨干就是部门经理，但对于中型大型的养老机构来说，部门是极其重要的工作单位，有些部门的人数很多，比如护理部，一个入住600人的养老机构，一般会有150～170个护理人员，因此护理部经理的责任很大；又如医疗部在为老人医治疾病方面责任也很重大，但除大型养老机构外，一般医疗部人数不会很多，因为多数大型养老机构会建立独立的医院。

在选择部门经理的时候，技术骨干是十分重要的，特别是中小型养老机构，部门经理一般可以选择由技术骨干担当，如果在管理能力方面稍微强一些则是最佳选择。

2. 管理骨干

养老机构是为人服务的，尤其服务对象是老年人，还有很多致残、智障甚至患有神经疾病的老年人，大部分老年人记忆衰退，体弱多病，是很难管理的。因此，养老机构的部门经理一般应有养老方面的管理素质和专长，前面讲过的大中型的护理部一般可设一位部门经理、两位副经理、一位经理助理，一个150～170人的护理部，需要进行“三班倒”，又要安排员工外出，也会有病假事假，平时的日常值班中一般应有一位经理助理以上的人在工作岗位上，每天三个班次都应该这样安排。在传统的医护机构中，还有所谓“更班”，也就是某一位部门经理要全天24小时值班，以便掌握整体的情况，防止因为交接班发生错漏而造成工作上的损失，甚至发生生命事故。所以，在选择部门经理的时候，一定要注意不但选择有较强的管理能力，还应该有较为全面的主持工作的能力的人。

二、团队精神的组织培养

（一）团队精神

1. 含　义

所谓团队精神是一个很广泛的概念，我们在本书中专门介绍过管理的历史、基本观点和主要内容，现在我国已出版上百种管理学的著作，一般会提到团队精神，现在我们把它的基本含义解释如下：团就是很多人在一起，队就是很多人排成队形，因此，团队精神的基本含义是集体的力量和作用，也可以叫作很多人齐心合力发挥作用的一种精神，称之为团队精神。

团队精神是一种不确定的概念，从规模上来讲，有两个人在一块工作和活动就形成了最基础的团队，按照中国人的理解，“三人为众”，最小的团队就是两三个人，它的精髓在于：在工作和活动中，要尊重他人，团结他人，包容别人的短处和弱点，共同完成工作和活动。在前面一些涉及发挥集体作用的章节中，也有从不同的角度、不同的方向、不同的侧重点涉及团队精神，我们把团队精神的基本含义讲明确以后，要让大家在管理中理解团队精神的精髓，就是在任何时候，工作和社会活动中，有两人以上共同参与，就要体现团队的互相理解、共同协作、敢于担当，完成活动和工作任务的基本精神。

2. 重要性

我们正确理解团队精神含义的重要性在于：

第一，团队精神是现代社会中每个人，特别是领导者要十分重视的个人的道德情操。由于科学技术的高度发达，社会环境的大众化倾向越来越明显，传统历史上的单打独斗、个人英雄主义的行为都是不符合现代社会基本要求的。

第二，每个人都要重视养成发挥团队精神的习惯，团队精神的精髓在于两个不同部门的人共同完成一件工作或活动的时候，有互相配合互相协作的良好的工作习惯。

第三，团队精神无处不在。整个养老机构、一个部门、一个班组、一个临时由两个人组合的工作单位都是一个团队，团队精神得到了充分体现，就会减少养老机构内部工作部门之间、班组之间、人与人之间的矛盾和互相之间的不支持不理解，就会形成养老机构内部良好的工作责任和工作作风。

第四，团队精神是一种无形的力量。在养老机构内部，领导成员、部门经理、技术骨干和工作骨干无时无刻不表现出对团队精神的重视、理解和执行。

团队精神在养老机构内部得到充分的发挥，部门之间、成员之间、人与人之间互相尊重和配合，就能形成和谐的工作氛围，每个人都快乐地工作和生活着，对自己的服务对象——老人，形成一种良好的积极的影响氛围，整个养老机构的工作就会有声有色，可以克服和战胜各种困难。

（二）组织和培养

1. 组　织

关于团队精神的组织工作主要应注意以下几个方面：

第一，人力资源管理部门在构建部门和工作班组的时候，要注意选择好第一负责人和带头人。首先，他们要有团队精神的素养，还能够不断实践和严格要求自己，这是在工作中形成团队精神的重要方面之一。

第二，人力资源部门在搭建部门和工作班组的时候，要十分注意人才结构的取长补短，对于部分技术骨干，由于他们的专长是专业技术，有些人确实在某些技术方面、在行业内都很有专长，因此相对来说，人们对技术骨干往往容易形成一些偏见，所以部门带头人要特别注意尊重技术骨干，发挥其长处，运用团队精神的力量，使技术骨干的作用在团队中得到更好的发挥。在实际工作中特别要注意的是，不要因为尊重技术骨干而影响团队精神的发挥。

第三，要十分注意工作中临时组建的团队的协调工作。在日常管理中往往会出现这样的普遍现象，某些员工在自己的部门和班组内团队精神发挥较好，如果和其他部门的同志配合和协作，团队精神发挥就差一些。因此，部门领导和管理者应该经常关注临时的多个部门组建的团队的协作和团结，确保工作任务的顺利完成。

2. 培　养

关于团队精神的培养，这是一个长期的复杂的细致的过程，应该注意以下几个方面：

第一，领导起到带头作用。养老机构的主要领导的表率作用是十分重要的，他们的一举一动都会对每个成员形成很大的影响，比如，养老机构的“一把手”对其他副手的尊重是十分重要的。同时，“一把手”要善于团结领导班子的全部成员，充分调动他们的工作积极性，让他们有权有责，独立担当自己所分管的工作。再次，养老机构的“一把手”要严格防止在下级成员面前议论领导班子成员的弱点缺点。

第二，要尊重技术骨干的作用。养老班子的成员有不少人是某一方面的技术骨干，但是对于其他技术骨干，包括没有担负行政职务的骨干人员也要十分尊重，注意发挥他们技术工作上的特长、专长。

第三，领导班子成员要尊重部门经理及其管理级员工。除了他们犯有按规定应该批评和处罚的错误外，不要在公众场合指出他们的缺点，应该在适当的场合和他们交换意见。

第四，通过现代化的方式培训团队精神。按照国际上先进的做法，养老机构应该组织员工进行团建训练，让员工在愉快的生活中通过集体活动克服困难、排除障碍，培养团队精神。

第五，通过节假日的各种联谊活动，培养团队精神。一方面是消除平时上下级沟通方面的障碍，另一方面是通过座谈和游戏活动消除同事间平时的隔阂和误会，以培养团队精神。

第六，通过激励机制培养团队精神。养老机构在发季度奖、年终奖的时候，对于团队精神发挥较好的部门和班组要给予较大的经济奖励，让职工认识到注意发挥团队精神是会得到精神和物质上的奖励的。

第七，对严重破坏团队精神的职工进行必要的教育和处罚。要让职工养成以破坏团队精神发挥为耻的认识，每个人都严格地要求自己，每时每刻都要注意发挥团队精神，要让他们认识到影响团队精神发挥是会受到处罚的。

第三节　人力资源管理

国有公办公营的养老机构和公办民营的养老机构，在人力资源管理上还有很多特殊的地方，大部分国有公营的养老机构，还保持着传统的民政事业单位管理的传统方法，而且开始引进一些市场化的管理方法。大部分国有民办民营的养老机构基本上采取了市场化的现代化的人力资源管理模式，这是应该支持和肯定的，符合现代发展的方式。

一、人才的选择

（一）基本方式

1. 招　聘

所谓招聘是招收和聘用的意思，在我们传统的人力资源管理和文书语言中，相当长时间内只有"招收"一词在常用，往往用于大量招收工人，招收一些干部之类的说法。改革开放以后我们大量采用了招聘用语，其中一个重要区别在于，由于实行市场经济以后打破了在用人制度上传统的"铁饭碗""终身制"管理制度，普遍采用了"合同制""聘用制"灵活就业制度。简单的基本用语的改变反映了我国在现代管理制度中的重大变化，主要表现在以下几个方面：

第一，率先改变了国有企业职工终身制管理模式。改革开放后的相当长一段时间内，国有企业员工一旦进入某个单位，除了因为刑事犯罪判处有期徒刑外，无论其表现好坏，是否爱岗敬业、努力去学习专业技术，都可以工作到退休。这种用人制度是一种保护懒人的制度，为了一个好的工作"拉关系""走后门""官官相护"等腐败现象大量存在。整个国有企业职工处于天天混饭吃的状态，不少思想品德不好的人有句口号是："只要我大错误不犯，小错误不断，照样上班吃饭"，因此，劳动者没有劳动积极性和创造性，劳动效率很低。

第二，让企业有招聘工人和干部的权力。为什么在改革开放前和改革开放后相当长一段时期内企业缺乏活力，重要一条就是企业没有使用人的权力，包括当时的集体所有制企业，工人和干部使用都是靠上级政府主管部门决定，职工"干多干少一个样，干好干坏一个样"，企业没权招收新的职工，也无法解聘表现不好的职工。

第三，打破了国有企业有行政级别的规定。通过职工招聘制度的普遍实行改革了国有企业有行政级别的种种规定。按照传统的管理体制一切都和行政级别挂钩，主要通过厂长和党委书记的级别来区别，如股级，一般是县政府管辖的国有企业；县级，行署专员（后来的地级市、少数民族自治州、盟）管辖的国有企业；地（地区行署）、师（解放军部队的师长）（司局）级，是指由省政府、自治区政府、中央直辖市、国务院各部、委、办、局、新疆建设兵团等省部级单位管辖的国有企业；省、部级，是指由国务院和中央机关管辖的国有企业。这些企业党政"一把手"，即党委书记、厂长、总经理都分别享有与股长（县局级）、县长、市长、省长基本相同的政治待遇和经济待遇。后来虽然中央再三宣布取消企业的行政级别，在全国范围内基本上都按中央的规定办了，但是据不完全统计，全国还有极少数国有企业是这样的状态，在国有资产管理委员会直接管理的100多家企业中有几十家在招聘和任命高级管理人员的时候还做这样的表述"××公司总经理（正部级）"，这也许是极个别的现象。

第四，在管理上和国际接轨。企业是社会最基础的生产和服务、管理组织，所有成员应该通称为员工或者职工，沿用过去干部和工人的区分，应该分为资产方代表、管理者和工人。在国际上普遍分为资方代表、白领、蓝领、黄（工）领四类。

第五，按照工作岗位招聘人员。企业和养老机构根据分工的工作岗位来招聘所需要的人员，实行以岗位决定工作人员的基本办法，这是比较科学和合理的。

由上可知，我国的人力资源管理制度是经过较长的改革才到今天这种状况的，了解这些基本的历史经过对我们深刻地理解中国特色的人力资源管理是非常重要的。尤其是我国的养老机构一直是属于政府部门管理的，可以说市场开放的时间比军工企业的开放还要晚些，所有的国有公办公营和国有民营的养老机构的领导者和管理者都应该知道和明白这段历史，在人力资源管理上实行双重的管理办法，即“老人老办法、新人新办法”，在工作安排和使用上一视同仁，充分调动各类职工的工作热情和积极性。

2. 定向培养

定向培养是根据工作岗位人员的需要派遣员工到大专院校和培训机构学习培训后，再回到工作岗位上来。定向培养还有另外一种主要的方式方法，就是养老机构到有关大专院校去选择需要的学生，毕业以后让这些学生到指定的工作岗位去就业，这类定向培养是指学校和培训机构定向为养老机构培养人才。随着时代的发展和管理水平的提高，在人才招聘上有一些新的方法和方式，定向培养就是其中之一。定向培养其本含义是双向的关系，教育改革以后，大专院校和培训机构要主动寻找需求人才的企业和机构定向培养输送人才。从另一方面来看，养老机构要主动找到大专院校，根据他们的专业设置培养自己所需要的人才。现在的情况是养老机构对大专院校还很少能够提出定向培养的专业改变和设置，正常情况下，养老机构应该向大专院校提出适合自己特色的专业和要求，通过合同的形式确立下来。

一般的情况下，养老机构应该向大专院校提供某些方面的帮助和支持。

第一，为大专院校提供设施和设备的捐助。

第二，为大专院校提供教学实习基地，支持大专院校的教育教学改革工作。

第三，派专家和领导到大专院校任兼职教授，一方面是有利于培养自己的人才，另一方面是支持学校密切联系实际培养学生动手能力。

第四，在大专院校设立“励志奖学金”。奖学金的数额不一定要很多，主要是要学生热爱养老事业。奖学金可以多设几个种类，比如，“支援西部奖学金”，“支援革命老区奖学金”，“支援贫困地区奖学金”，技术能手奖学金，优秀毕业生奖学金，等等。

第五，养老机构聘请大专院校的专家和学者作为技术和管理顾问，长期培养职工和指导养老机构的工作，提高养老机构的服务质量。

（二）注意事项

1. 诚信地介绍养老机构

养老机构在选择人才和招聘时，首先要注意一些原则。在介绍养老机构的时候，既要按照招聘宣传的内容介绍，但同时又要特别注意，当被招聘对象提出疑问和问题时，要实事求是，尽可能地介绍养老机构的真实情况。这就是要讲清楚自己的优势和特色、长处和发展前景，注意客观实际地分析养老机构面临的困难，让应聘者对养老机构有良好的全面的了解。

2. 兑现承诺

在招聘人才和员工时，应聘者最为关心的就是工资和福利待遇。养老机构在制定宣传资料的时候就应该认真注意表述的方式方法，尽量给应用者相对准确的概念，尽可能不让应聘者产生误解。要杜绝招聘时对应聘者工资待遇的误导行为，比如这样的表述：月工资5000～12000元；底薪加提成；具体数字双方协商决定。这两种表述都存在严重的误导行为，比如前面一个表述幅度太大，正确的表述应该是：5000～7000元，另有一定的年终奖金和单项奖励；第二种正确的表述应该是：底薪3000元，外加销售收入的5%～7%提成。

在招聘人才和员工的时候，不要向他们许愿。如果有明确的待遇和职位方面的承诺，当应聘者到单位上班以后一定要兑现承诺。

在设定试用期的时候，一方面要注意的是，如果是从同类机构挖掘的人才一般不要设置试用期，养老机构可以通过其他途径了解应聘者的道德修养、专业技术水平和总体表现情况。另一方面单位对某些岗位要设置试用期也应该要有明确的规定，并且严格遵守规定。

3. 平等待人有礼貌

在招聘人才和员工的时候，养老机构参加招聘的工作人员特别是中高级管理人员对于应聘者要有平等待人的态度。要非常注意尊重应聘者的人格和个性特征，这也是塑造自身形象的重要方面之一。

二、人力资源管理

（一）守纪律和法律

1. 遵守《劳动法》

养老机构人力资源管理方面最重要的法律是《劳动法》，这是市场经济和现代管理对养老机构的基本要求之一。公司的高级管理人员一定要有起码的法制观念，在人力资源管理上如果违背《劳动法》是会受到严格的处理。既会受到经济损失，又会影响养老机构的声誉和品牌。

《劳动法》的许多法律条文对应聘者也有相关的法律和要求，也应该养成遵守《劳动法》的自觉性。

在遵守《劳动法》方面，养老机构管理者是领导者，应聘者或员工是服务者，所以养老机构应该带头遵守《劳动法》。

2. 遵守纪律规章

养老机构对于各工作部门和岗位都应该制定相应的规章制度、工作生活纪律，用制度来管理员工。首先要认真组织职工学习和理解公司规定的规章制度和工作生活纪律，并且通过培训、日常检查和指导，监督和管理，使职工养成遵纪守法的良好习惯，使之成为优秀员工。

（二）工资管理

1. 明确规章制度

工资管理是人力资源管理的重要内容之一。对员工来说，工资的高低不但是直接的经济利益问题，也是一个人的人生价值、社会地位、家庭地位的体现，因此人力资源管理者必须从尊重人性的高度来看待工资管理。首先要建立合理的规章制度。对非人力资源管理者来讲，工资只是一个简单的数字概念，但实际上它是有一套科学的拟定方式。它是由社会发展水平、经济环境、环境条件、企业或机构的经济效益、企业家或所有者的素质等五个因素决定的。养老机构在市场化和社会化的条件下是一个新型的企业或社会组织，人力资源管理者应该根据上面所举到的五个方面合理地设置工资基本制度，这样才能够体现社会和企业的公平，才能够奖勤罚懒，合理地评价员工的基本技能和社会贡献。在企业管理制度发展的一百多年的过程中，员工的工资制度也经过长久的发展，有各种成功的经验和教训。对于现代企业和养老机构而言，我们提倡执行结构工资制度。在养老机构中根据组织构架设立如下岗位工资：

董事长（院长）；副董事长（副院长）；总经理（院长，不设董事长的单位）；副总经理（副院长，不设董事会的单位）；总监（行政，医务，护理，财务）；部门经理；部门副经理；业务主管级员工；普通员工；辅助工（包括临时聘用人员）以上共分为十个级别。

每个级别的级差由人事部提出具体方案，根据现在国内外的经验，特别聘请的职业经理人即总经理和院长的工资由董事会专门讨论决定。国际上的惯例是企业的最高工资是普通员工的10倍左右。我国的基本情况是最高工资是最低工资的15倍左右。

第一，结构工资。其基本原则是以普通员工为基础逐级往上递升，普通员工的工资要按照国家的相关规定，不能低于当地人社部门规定的最低工资标准，养老机构是一个新型的低利或微利的服务类的企业，基本工资标准应高出当地最低工资标准20%～30%为宜，比如，某地最低工资标准是每人每月900元，养老机构普通员工的最低工资每人每月1100元为宜，因为这里考虑的是结构工资，应该占工资总额的70%左右。

第二，工龄工资。主要为了鼓励员工热爱本单位本部门成为终身员工。一般的情况是1～5年的员工每人每月年工工资是20元；6～10年的员工每人每月年工工资是30～40元；11～20年的员工每人每月年工工资是50～60元；20年以上的员工每人每月年工工资是90～100元。

第三，学历工资津贴。中专（高中）每人每月50元；大专每人每月100～120元；本科每人每月200元；硕士每人每月500元；博士每人每月1000元。

第四，技术职称工资。养老护理员（护士资格证书持有者），初级每月50元；中级每人每月100元；高级每人每月200元，技师级每人每月300元；医师、工程师、会计师、经济师、政工师、助理医师及相关职称每人每月400元；主治医师、工程师等每人每月800元，副主任医师、工程师、高级工程师每月1200元；主任医师、教授级高级工程师等1800元。

上述数据结构工资中岗位工资是最基础的，年工工资是为了鼓励员工坚守工作岗位，学历工资是为了鼓励员工在职坚持学习提高自己和整个单位员工素质，技术职称工资是为了鼓励员工具备专业技术，攻克技术难关，保证工作质量，提高个人和养老机构的整体业务水平，创造优质品牌。

2. 目标设置合理

在养老机构工资设置过程中要十分重视目标设置，主要参照以下几个因素：一是行业工资水平标准；二是树立企业的形象，对人才和普通员工要有吸引力；三是老板或投资者要树立让利于员工，促进养老事业良好发展的理念。

3. 按时发放工资

养老机构的投资者、高级管理员工和人力资源部门的负责人在工资管理中的基本要求是一定按时发放工资。即使养老机构在运营中遇到困难，机构负责人通过贷款的方式也要保证按时发放职工的工资，确保养老机构的经营稳健进行，想办法度过困难时期后再寻求新的发展。

（三）建立激励机制

1. 单项奖励制度

养老机构对工作出色服务质量好和在工作中有创新的员工要设立单项奖励，以鼓励全体员工有创新精神，提高工作质量。

鼓励员工在紧密结合工作任务的情况下积极参加当地政府包括县市省乃至全国性的技能比赛、技术比赛，凡是在比赛中获得名次和奖励的员工，养老机构等部门都应该给予重奖。如政府部门给予员工 1 万元的奖金，养老机构至少要给予同等的奖励以表彰鼓励员工的创新精神和创造性的工作。

要鼓励员工参加科技研发项目，并且提供相关支持和帮助，给予相应的经费补贴和奖励。

鼓励员工在有关报纸杂志上发表文章，并且给予经济上的奖励。一般的，人力资源部要制定奖励制度，对于有突出贡献者，要给予重奖。

2. 工资提升机制

除了上述执行结构工资，实际中还应该辅以工资提升机制。主要有以下三种情况：

第一，职务工资升级机制。对有突出贡献者，可以一次性提高职务工资一级到两级。比如普通员工虽然文化水平不高和工作的技术性不强，但是由于他工作态度特别好，勤勤恳恳、任劳任怨，被评为省级先进工作者和劳动模范，结果提高一级或两级职务工资，即从普通员工的岗位工资提升为副经理级的岗位工资。

第二，对在某个岗位工作年限超过六年者没有提升职务职称，而工作表现又良好，没有出现过责任事故，没有受过纪律处分，可以提高一级岗位工资。如普通员工可以提升为主管级岗位工资，以表扬那些埋头苦干、忠于职守的任劳任怨的员工。

第三，设立特别奖励工资。对有突出贡献和科技发明者给予特别贡献工资奖。

3. 综合奖励制度

综合奖励制度主要是指年终综合奖励，人力资源部门应该制定相关年终考核奖励制度，主要的参考指标是：一是目标责任制度；二是每月的考核评分制度；三是事故和违纪考核。

（四）惩罚制度

1. 公开、公平、公正的原则

人力资源部要制定职工违反法律法规和纪律的惩罚制度。对所有员工实行“三公”

原则，关键是在平时加强学习宣传，严格管理互相监督，形成一种所有员工遵守法律法规和纪律的良好氛围。

2.“治病救人”的方针

对于确实违反法律法规和纪律的员工，要采取治病救人的方针，一方面是严格按照有关规定办事，另一方面需要帮助和引导他们改正错误，使之重新成为合格的职工。

(五) 合同管理

1. 订立标准合同

在人力资源管理过程中，养老机构对职工的管理主要是根据人社部门的标准合同和员工签订聘用合同，需要特殊说明的用补充合同条款解决。

2. 按照合同办事

人力资源管理部门是做人的工作的主要部门，一定要有较高的素质素养和职业道德水平，模范地遵守法律法纪。因此，在管理人力资源的过程中必须严格遵守合同的有关规定。

第四节　人才培训

养老机构的人才培养和职工培训是人力资源管理的重要环节，是提高养老服务质量、创造工作效益和优秀品牌的重要保证。

一、培训制度

(一) 培训的重要性

1. 学习先进的技术

现代社会的迅速发展使得各种先进技术“爆炸式”地增长，各种行业的信息瞬息万变。养老机构是涉及人的生命和身体健康的服务部门，对生命科学和医学技术、医疗方法及新的药物品种，都应该及时地掌握和学会应用，因此必须对全体员工进行学习和培训。

2. 了解新的信息

养老机构的管理者和各个部门的员工都应该了解同行业的先进水平、新科学新技术新方法的推广应用状况，使自己所处工作部门和工作岗位一直处于领先水平，不至于成为落后状态。

3. 学习新的方法

医疗卫生技术、养老护理方法每时每刻都在进步和发展，养老机构要通过培训使自己的技术骨干和其他员工学习和掌握新的方法，提高服务质量。

(二) 培训制度的建立

1. 内部培训制度

养老机构的培训必须坚持的日常工作任务之一，就是建立内部培训制度，主要包括每日班前会的技术培训、每周的业务学习、内部技术骨干和专家的培训，以及聘请大专院校的专家举办讲座等方面。

2. 入职培训制度

养老机构要坚持入职培训制度，主要包括以下几个方面：

第一，新员工对养老机构的基本了解，包括企业文化和企业的基本情况要学习和掌握；

第二，学习养老机构的主要规章制度，了解基本内容，并且努力自觉遵守；

第三，了解养老机构的创业过程、突出的特色和长处，在本行业和本地区所处的地位。

3. 岗位培训制度

养老机构对新的员工要坚持岗位培训制度，主要有以下几方面：

第一，熟练掌握岗位职责，确保能迅速进入岗位角色保证完成基本工作。

第二，明确岗位师徒关系。新员工入职以后所在部门经理应该确定带领新员工工作的师傅人员，完成一定期限的师徒工作关系。

第三，学习所在岗位的操作规程，严防质量事故的产生。

二、培训方式

（一）培训方式的选择

1. 内部培训

在全面培训制度中已经讲了内部培训方式，在此不再重复。

2. 外出短期培训

选择相关专业的大专院校和培训机构进行短期培训。现在的通行方式是，大专院校和培训机构根据养老机构的需求举办培训班和研究讨论班，养老机构派人参加。其实我们应该选择另外一种形式，即由养老机构自己组织邀请其他养老机构参加、请专家学者前来培训的方式，这样针对性更强一些。也可以宣传自己的养老机构，寻求专家学者在临床方面的帮助和指导，也可以提倡提高养老机构的品牌效应。大中型的养老机构完全有条件采取这类培训方式。

3. 专利技术培训

养老机构的中高级技术人员，技师级以上的操作能手，都有条件和机会参加养老机构方面的专利技术培训，通过培训和自身专长及技术相结合，形成养老机构的特色，创造自己优秀的品牌，取得更好的工作效益、经济效益和社会效益。

4. 学历培训

养老机构的工作人员、技术和业务人员，都应该进行相应的学历培训，这是根据我国的基本国情出发和要求的。由于我国进入老龄化社会以后，养老机构的人才严重不足，学历基础和国外比起来相差甚远，因此从我们的现实情况出发，必须加强对员工的学历培训，从专业素质素养上提高我国养老产业的服务水平。

（二）培训考核、补贴及奖励制度

1. 培训记载

养老机构应该对本单位部门派出的培训人员做历史档案记载。对内部培训人员应该严格考勤记载，并与这些人员的岗位和职务提升、技术职称考核、年终奖金奖励挂钩。确保全院人员参加培训，从根本上提高工作质量。

2. 经济补贴

养老机构要对参加培训的员工进行适当的经济补贴，主要注意以下两个方面：

第一，要严格按照国家的规定对员工进行培训的补贴，对于国家补贴部分应该一分不留地发给员工，本机构还可以相应地补助和补贴。

第二，通过补贴鼓励职工积极参加培训。尤其是职工参加外出的培训，往往会减少岗位补贴和奖金，同时外出培训，还要增大自己的消费支出，所以养老机构应该对外出培训的职工给予经济补贴。

3. 奖励制度

根据员工培训的成绩状况，应该给予相应的奖励，形成制度坚持下去一定会收到很好的效果。关于奖励，应该注意以下几个方面：

第一，对获得省市养老行业比赛的优秀成绩者给予奖励。

第二，对获得上级部门培训奖励者，本单位应该给予奖励。

知识拓展

当前世界范围内职工工资制度的基本趋势主要在以下三个方面：

第一，实行职工工资协商制度。在世界大多数国家实行职工和老板每年对工资的状况进行对话和讨论，以商定下一年职工工资发放标准。

第二，工资高低差距缩小。21 世纪以来，大多数国家的职工工资出现差距缩小的趋势，即最低工资之间的差距由过去的20 倍左右缩小到10 倍左右，甚至还有8 倍左右的国家和地区。

第三，工资福利有增加的趋势。总体上看由于世界普遍经济状况决定，物价水平和生产成本呈上涨趋势，职工的工资福利也呈上升趋势。

案例点评

简介：关于企业老板贷款增加职工工资福利的案例。在20 世纪六七十年代有一个老板经营的企业遇到了困难和危机，生产很不景气，技术骨干和员工纷纷流失。在这个关键的时刻，企业老板获得银行的一笔贷款，他决定用这一笔宝贵的资金为职工修建宿舍，让1000 多名员工很快住上了条件较好的宿舍，使全体员工十分感动，纷纷表示要为老板卖力。在后来的一段时间这个企业的生产和技术获得了高速的发展，这家企业也获得了巨大的成功。

点评：这个案例说明老板或投资者一定要真心地关爱自己的员工，员工也会回馈老板的关爱，齐心合力创造光辉的前程。

第二十四章　养老机构综合管理

由于养老机构类型复杂多样，对其进行综合管理十分重要。大型特大型养老机构也需要综合管理，小型微型养老机构，虽然职工人数较少，所设部门也较少，但也要通过综合管理来实现管理的目的。

第一节　行政管理

所谓行政事务管理是区别于医疗技术管理、护理服务管理、康复护理管理之外的一切管理程序，包括内容十分广泛。

一、行政事务管理

（一）接待管理

1. 接待礼仪形象

养老机构的接待礼仪形象是品牌的外在表现形式，是养老机构声誉的重要组成部分。无论中国还是外国，都有“第一印象”的说法，任何外来的人员，首先接触的是养老机构的接待人员。因此，所有的养老机构都必须重视接待的礼仪形象的工作。我们要克服一种错误的倾向，认为礼仪形象就是接待小姐外表要漂亮。其实整个世界都是由外在和内在的统一构成的，接待人员除了有靓丽的外表外，更应该注意培养自己的良好素质和修养，将内在的良好形象表现给客人。

2. 接待服务规范

接待服务工作是一件非常复杂的事情，特别是大中型养老机构，接待的人员来自四面八方，甚至世界各地，有不同的层次和人群，所以必须规范接待标准，以树立养老机构的良好形象。基本要求如下：

第一，文明礼貌，美观大方，举止端庄，语言文明；

第二，着装规范，标识统一，讲究礼貌，尊重风俗习惯；

第三，注意接待规范层次。首先要了解来访人员的基本状况，根据对方的职务职称，派出相应级别的负责人员主持接待。同时，主要负责人如果在养老机构内部，应尽量抽时间对客人进行礼节性的拜访。

第四，商业谈判接待要规范，讲究风格，注重实效。

小型和微型的养老机构在接待中也要特别注意，讲究礼节礼貌，讲究规格标准，一般情况下由主要负责人主持接待工作，并且要做好接待的相应准备。

（二）工作组织协调

1. 协调工作的范围

行政管理协调的范围包括养老机构整个工作范围，内部事务、外部事务、日常管理、长远规划都应该协调。医疗康复护理、工程维修等方面的事务虽然属于技术工作部门，但也需要行政部门协调配合，因为关于人事、财务、后勤服务方面都应该由行政部门统一协调。

特别是中小型养老机构，部门设置比较少，行政部可以说是总管整个养老机构的一切工作。

2. 协调工作的内容

第一，大中型养老机构的行政部门主要是协调各部门之间的关系，让各部门之间的工作有效地对接。

第二，大中型养老机构主要协调公共关系，协调公关部与市场部和主要领导之间的工作，负责安排主要领导参加接待活动、商务谈判活动等重要的活动。

第三，大中型养老机构行政部门主要协调和政府的关系，安排主要领导向政府主管部门汇报工作，接受政府有关部门的检查和监督。

第四，大中型养老机构行政部门主要协调和合作单位主要领导的联系和工作。

第五，大中型养老机构行政部门主要负责协调外事工作，主要负责对外国来宾的接待。

第六，中小型养老机构行政部门要承担上述大中型养老机构行政部门所承担的所有工作。

3. 协调工作的原则

第一，按规章制度办事。行政部门主要负责人应该熟悉养老机构内部的各种规章制度，带头严格执行，指导和引导其他部门严格执行。

第二，有较强的法制观念。对内对外的协调工作一定要依法办事，要处理好养老机构内部规章制度和法律法规的关系，要带头遵纪守法，协调其他部门同样遵纪守法。

第三，要努力维护养老机构自己的形象和品牌，凡是对养老机构不利的事情，要加以制止和监督。

第四，积极协调各部门配合医疗、护理、康复、工程、信息等技术部门的工作。

第五，养老机构领导交办的一切协调工作。

4. 协调工作的形式与方法

第一，方式。行政部门协调工作的方式主要有：召开部门负责人联席会议，召开现场会议，在工作现场具体指导工作，邀请相关部门的人士和领导汇报工作，礼尚往来的外事工作。

第二，方法。主要方法有：现场动员法、交流探寻法、安民告示法、善后处理法等有效方法。同时行政机构的负责人可以根据养老机构的实际情况创新工作方法。

（三）工作督查督办

1. 督查的内容

规章制度执行情况；所办事项时间进展状况；公共关系中礼节礼貌状况；办事效果基本状况；遗留问题处理状况；汇报总结状况；文件合同入档状况等方面的内容。

2. 督查的要求

是否有违法乱纪行为；是否严格执行了规章制度；按照领导的要求办事；是否有损害养老机构利益和形象的事情发生；是否发挥了团队作用；是否有遗留问题需要处理等方面的要求。

3. 督查的程序和方法

第一，程序。包括例行程序和临时工作程序。例行程序是按规章制度制定的程序进行，让被监督的部门和成员也能有序地配合。临时程序是对于突发事件和个别情况根据临时情况制定的监督程序。

第二，方法。主要是按照上述第二款第四条的基本内容进行。同时，行政部门的主要负责人可以根据养老机构的实际情况和主要领导的工作风格创新工作方法。

（四）文书档案管理

1. 常用文书写作规范

主要有以下两个方面：

第一，通过大专文秘专业培训的人员已经有专业基础知识，再根据养老机构的基本情况，参照过去的文书写作标准进行规范性写作。

第二，对于没有大专文秘专业学历的人员，应该通过自学或者短期培训学会常用文书的写作规范，并根据养老机构的实际情况进行操作。

2. 文件处理程序

第一，经过文秘专业学习的人士，再参照档案专业的相关基本知识，做出文件处理、程序规范。

第二，根据养老机构的实际情况，制定不同部门的文件处理程序，制定工作由行政部门的主要负责人主持进行。

3. 文印审核审查

第一，注意保守商业秘密和文印的规范，由行政部门指定人员对文件进行专门审查。

第二，由行政部门主持制定文印审查审核规章制度，要求各有关部门按规定执行。

4. 档案资料管理

第一，根据养老机构的规模档次，制定档案资料保管制度。

第二，我国的整体档案制度已经十分规范，每个县级部门都有专门的档案管理机关，也可以求得他们的支持和帮助，建立完整合规的档案管理制度。

二、行政管理制度、流程、预案

（一）行政管理制度

1. 办文办会管理制度

第一，关于文件管理办法，要注意两个方面。一方面，养老机构主管领导和分管领导签订的文件要讲规模上档次，明确规定文件的签发程序和发放范围；另一方面，对于上级来文要及时处理。

第二，关于会议的管理。要制定一个会议管理的基本制度，主要是要制定一个召开会议的规划，防止盲目召开会议，会议经费开支要严格控制。

2. 档案管理制度

前面我们已经专门讲过文书档案的管理，现在我们专门讨论业务档案的管理，主要有以下几个方面：

第一，医务档案的管理，这项管理工作十分重要。因为涉及老人的健康和安全，万一出现医疗事故，是说清问题、分清责任的主要依据。

第二，工程技术档案管理制度，这一方面涉及养老机构的不动产手续的完整，便于以后进行资金和资本运作。同时，便于维修管理人员参照，检查维修。万一出现责任事故，是分清责任的主要依据。

第三，入院老人合同管理，这也特别重要。假如一个老人 65 岁入院，到 98 岁去世，跨越时间达 33 年之久，养老机构内部和老人亲友变化都十分大，这样，档案就具有决定性的作用。

第四，财务档案，这个管理也十分重要。对于防止法律纠纷和反腐败都有重要作用。

3. 行政总值班制度

第一，养老机构必须建立行政总值班制度。从董事长、总裁、总经理，院长、副院长都应该进入总值班人员名单。为了调节人员安排，有些中型养老机构可以把医务总监、护理总监、行政总监、财务总监都纳入行政总值班名单参加总值班。

第二，中小型养老机构行政总值班为机构主要负责人，也可以将部门经理排入总值班名单。

4. 院长巡查制度

大、中、小型的养老机构都必须实施院长巡查制度，在院长没有参加夜间值班的情况下，一般都是白天进行巡查。有副院长的单位更好一些，院长、副院长可以轮流巡查。

5. 印章及证照管理制度

每个养老机构都可以规定自己的印章及证照管理制度，主要在于专人保管，使用印章要签字登记，有人批准。

印章及证照都应该放入规范的保险柜保管，特殊情况需要外出使用，须有两人以上参与。

6. 行政部应急预案制度

主要注意两个方面：一是要建立紧急预案的规章制度；二是要有灵活的处置机制。

7. 出差管理制度

主要要注意三个方面：一是部门经理、分管领导都要严格执行管理制度；二是出差的目标任务要明确，职责要分清；三是财务部门要紧密配合。由于我国养老机构成立的时间不长，财务制度的建立也有其特殊性，在管理上应该做到既严格执行规章制度，又有人性化的管理，严格防止和反对财务部门在出差报销中的“霸王行为”和看人报销的现象发生，防止挫伤职工的工作热情和积极性。

8. 车辆使用管理制度

主要有以下两个方面：

第一，救护车的管理。首先是坚持优先满足老人治病使用的原则，其次也要注意参加社会服务和为合作单位服务，因为合作单位救护车的互相支援和使用是一种很好的方式。最后是中小型养老机构的救护车在优先满足老人使用的情况下也可以充分利用承担其他载客任务。

第二，单位公车的管理。根据养老机构的规模和档次，制定具体的管理办法，除大型机构用于接待和市场营销的公车以外，提倡采用私车公用加经济补贴的办法。

9. 保密工作管理制度

主要注意两点：一是在档案信息财务部门建立保密制度；二是要严格执行保密制度。

（二）行政工作流程

1. 日常接待管理流程

养老机构要根据规模和档次制定一张适合自己的日常接待工作流程图，并加以文字说明，通过培训让大家按规章执行。

2. 印章证照管理流程

行政管理制度中已有规定。

3. 文书资料管理流程

养老机构根据自己的规模建立不同层次的文件资料时，同时制定一份管理规则，在明显处公示并严格执行。

4. 会议、提案、办公与法务管理流程

主要有以下几个方面：

第一，关于会议。一是商务会议，主要是养老机构参加会展部门组织的商务会议，要求是准备充分，注重形象，加强人员培训。二是年终年末的职工大会，要注意文件材料的充分准备，会议流程安排紧凑。三是例行工作会议，每周每月召开的会议，关键要准备充分，主题突出，控制时间。四是其他特殊需要召开的会议，由行政负责人员和领导商议决定。

第二，提案。大中小型养老机构每年都应该举行一次职工大会和职工代表大会。对于会议提案要注意三点：一是鼓励动员职工书写提案；二是重视提案；三是对提案要有回应和落实。

第三，办公会议流程。一是每周举行一次例行办公会议；二是有机构主要领导和部门经理参加；三是控制时间，讨论重点问题。

第四，法务会议。注意以下三点：一是养老机构无论规模大小，都要聘请专职和兼职的法律顾问；二是大型特大型养老机构要建立自己的法律事务部，开展日常性的工作和法制宣传教育工作；三是法务会议根据需要进行，根据需要派人出席。

5. 突发事件处置流程

注意以下两点：

第一，要制定突发事件流程处理图表，坚持快捷时效的原则；

第二，通过演习和培训让每个员工都有应对突发事件的技能。

第二节　后勤管理

后勤管理部门是养老机构的重要管理部门之一，保证日常的物资供应和满足老人需求。

一、养老机构后勤管理工作概述

（一）养老机构后勤管理组织架构建设

1. 后勤管理组织构架

后勤管理部门的组织构架根据养老机构服务的特色和规模来决定。

2. 积极协调关系

不同养老机构的后勤管理部门可以根据各自的需要设立一些分支机构，一方面需要其各司其职；另一方面总部要在后勤管理部门进行协调管理，确保后勤保证充足良好。

（二）养老机构后勤工作职能划分

1. 物资采购管理

物资采购部门的管理应该注意以下几方面：

第一，严格按照团队采购规程进行，要认真控制价格。

第二，保证采购物品的质量，做到不采购无产品来源地的物品，不采购无合格证和生产日期的物品，不采购霉变及腐烂的物品。

第三，严格入库检验制度。采购物品入库管理制度要详细具体并坚决执行。

第四，建立合格的仓储，妥善保管采购物品。

2. 固定资产管理

第一，按国家的固定资产管理办法执行。

第二，建立本单位的固定资产管理规章制度，并严格执行。

3. 设备维修管理

第一，坚持安全使用的基本原则。

第二，提前更换和及时维修原则，确保设备正常运转，满足老人和员工的需要。

4. 膳食服务管理

第一，防止食物中毒和保证服务质量。

第二，对外包的餐厅和小超市要严格管理和监督，一是质量，二是价格，三是服务态度，都应该符合养老机构的总体要求。

5. 保洁绿化管理

第一，保证环境卫生清洁、美观大方，利于老年人生活和养老。

第二，绿化管理应该做到有自己的特色，对于大中型养老机构，绿化管理应该做到自给有余、重点突出、特色鲜明。

二、养老机构后勤管理制度建设

（一）养老机构后勤管理制度建设的意义与要求

1. 养老机构后勤管理制度建设的意义

第一，有利于满足老人生活、医疗、康复、文化娱乐的需要。

第二，有利于保证养老机构的基本工作顺利进行，特别是有利于保证老人生命健康和安全的需要。

第三，有利于应对突发事件和抢救危重老人。

第四，有利于提高养老机构的品牌，增加市场竞争力。

2. 养老机构后勤管理制度建设的基本要求

第一，保证物资供应充足，满足老人的普遍需求。

第二，重点保障老人医疗物资和设备的需要。

第三，保证在突发事件中万无一失的设备安全，做到关键时刻用得上，能充分发挥作用。

第四，满足清洁环境和绿化的要求。

第五，满足老人个性化的要求。

（二）养老机构后勤管理制度建设内容

养老机构后勤管理制度内容范围很广，在前面的行政管理、安全管理、档案管理、餐饮食品管理中都分别涉及过，在此为了给大家一个系统化的认识，把这些制度分别列出来，提醒大家要建立养老机构的后勤保障体系，使后勤部门产生适用有效的功能，需要建立的基本制度有如下八项：物资采购管理制度；固定资产管理制度；设备维护管理制度；保洁绿化管理制度；膳食服务管理制度；消防安全管理制度；门卫安保管理制度；应急处置管理制度。

上述基本规章制度的样本模式在网络中都可以搜集到，本书还配有音像资料，都会提供给大家，请大家根据所在养老机构的基本情况，进行必要的修改，经过讨论和领导批准后颁布实施。

三、养老机构后勤管理制度执行监督

（一）落实执行监督的必要性

1. 能够让管理制度更好地服务于养老机构

养老机构制定的规章制度细分起来共有 150 多项，后勤管理制度是重要的内容之一，其根本目的在于更好地服务养老机构。

2. 能够了解工作人员的工作状态

监督不是规章制度制定的根本目的，目标是调动员工的工作积极性，起到奖勤罚懒的作用。

3. 能够及时发现制度本身存在的问题和不足

通过监督发现制度制定中存在的不足和缺陷，便于今后修改和更好地执行。

4. 有助于明确工作责任，提高工作效率

由于人性的共性和基本要求所在，所有人在执行规章制度中都可能有不良的表现，有脱岗的现象，有失职的可能，所以必须通过监督来实现管理的目标，才能真正提高工作效率。

（二）落实执行监督的主要方法

1. 了解制度执行情况

深入实际了解基本情况是后勤管理实现监督的主要方法。

2. 听取各参与方意见反馈

后勤管理部的主要负责人员由于工作繁重而时间有限，不可能时时刻刻盯在后勤的工作面上，通过开座谈会、个别交流等形式，听取各方面的意见反馈非常重要，也是一个有效的监督方法。

3. 目标反馈法

后勤工作是具体而细致的工作，有一句管理学的名言“不看过程，只看结果”，后勤的目标是否能实现是监督的最重要依据。

4. 制度修订完善

后勤的保障制度在经过一段时期的实施以后，通过工作检查和监督机制会发现原有制度的不足，应该及时加以修订完善。

四、养老机构后勤管理工作开展

（一）物资采购管理

前面我们已经介绍过物资采购管理的基本原则和方法，现在具体介绍物资采购管理的基本方法，对养老机构是非常有用的。

1. 物资申请

大、中、小型养老机构都应该设置一个物资采购申请单，并根据申请单的设置由相关领导和参与人员签字，申请单应为四联形式，分别由相关部门和经办人员保管。

2. 物资审批

严格物资采购的审批程序，防止采购一些实用性不强的产品以防止浪费现象的产生。

3. 物资采购

严格跟踪管理采购的过程，既要对采购人员放心，又要有制度的约束管理能力，防止腐败产生。

4. 物资发放

严格物资的发放程序，特别要注意在紧急抢救老人和应对突发事件的情况下，由当时在场的最高负责人签字，就可以发放急需用的物品，事后再补办相关手续。

5. 仓库管理

前面在行政管理中已经讲过此项内容，在餐饮管理中也涉及这个方面的具体细节，采购部的物资管理应该制定自己特有的规章制度，进行严格管理。

6. 账册管理

第一，采购部的账册管理和财务的账册管理，应该统一格式，统一保管。

第二，财务部的账册管理要在行政部门备案，确保账册管理的规范完整。

（二）固定资产管理

1. 固定资产“身份证”管理

所谓固定资产“身份证”，是指养老机构内部的固定资产通过计算机软件，把购买日期、价格、报废年限等指标像人的身份证一样确定下来的管理制度。在办公系统信息化管理的情况下，固定资产的身份证管理是比较好的办法，易于规范。

2. 固定资产折旧报废

第一，确定合理的固定资产报废制度，并严格执行。

第二，防止固定资产超期服役，使某些功能丧失，特别是医疗设备和器件，到了报废期，一定要经过严格的检验，定时报废，否则会影响到老人的身体检验标准和医疗安全。

（三）设备维护管理

前面我们已经讲过设备维护管理的基本原则、规章制度，现在我们具体介绍设备维护管理的基本方法。在大中型养老机构专门设立设备维护部，隶属于后勤管理总部；有些中型养老机构，又把设备维护管理部归于行政部，这两种方法都是可以采用的，主要根据养老机构的规模和管理特色决定，下面简单介绍管理的基本方法。

1. 账目管理

第一，设备维修部必须有明确的独立的账目管理、标准的管理账册、配件领取账册。

第二，设备维修部的账目管理要和财务部行政部的项目管理统一起来，确保管理的适用有效。

2. 保养管理

第一，明确保养的时间和保养部分、保养责任人，确保设备正常运行、万无一失。

第二，要落实设备保养责任人制度，确保设备运行良好。

3. 维修管理

第一，设备保养人员要随时提出设备维修报告单，维修部负责人签字后送采购部对维修零配件进行采购，确保维修的需要。

第二，落实维修责任，在设备保修期间，坚持由厂家负责的原则，保修期过后，由维修部的维修人员进行维修，在维修部技术能力有限的情况下，要聘请专门维修部门进行维修，确保关键设备运行正常。

4. 安全运行管理

第一，养老机构的消防安全是极其重要的，要确保每件设施设备处于合格状态，保证在突发事件产生时，用得上靠得住。

第二，养老机构的医疗康复设备也是极其重要的，关系到老人的生命安全，必须每时每刻处于良好状态，关键的设备要有备份，确保使用时万无一失。

（四）保洁绿化管理

1. 保洁分类

保洁主要分为三类：一是室内保洁；二是室外保洁；三是特殊保洁。比如，医疗系统的放射室的保洁、传染病房的保洁、救护车的保洁等都属于特殊的保洁。

2. 保洁标准的制定

根据上述三类的保洁要求，可以制定多种保洁标准，如室内保洁主要是指老人住房和走道的保洁，餐饮部门的室内保洁又要制定专门的标准，传染病房的保洁是需要制定特殊标准的。

3. 保洁范围的划分

保洁范围的划分，主要是一个区域界限，在一定的范围内根据房屋使用的功能，再划分保洁范围，室外的保洁范围是比较便于划分的，机械设备内部的保洁又是另外一个划分范围。

4. 保洁工作注意事项

第一，根据保洁的范围和区划，制定保洁工作注意事项。

第二，特殊的保洁有特殊的工作标准和要求，也应该有特殊的注意事项。

5. 绿化工作要求

第一，根据园林道路绿化设计的要求进行管理。

第二，要创造养老机构自己的绿化特色。

第三，绿化环境中的水域面的管理要特别注意防范安全，确保老人不会发生危险。

（五）膳食服务管理

1. 食堂管理

在前面行政管理的论述的过程中，我们从餐饮管理的角度做过总的原则性的交代，现在就分别的技术性问题介绍如下：

第一，膳食成本管理。这属于经济管理的范畴，只有通过严格的成本管理，才能从根本上提高膳食的服务质量，有句俗语“好的不等于就是贵的”，因此，通过成本管理应该做到又好又价格合理，这是我们追求的主要目标。

第二，食材采购管理和食堂仓库管理。食堂的采购管理主要是重视价格合理和质量保证，确保不采购变质的食品、没有生产日期和合格证的食品。食堂仓库的保管也应有特殊的要求，基本要求是保证食品不会发霉变质。

第三，食堂人员管理。食堂人员管理在前面行政管理中已经有过介绍，关键在于两点：一是食堂人员必须有健康合格证和切实保证健康；二是要培养服务人员的敬业精神。

第四，功能区域管理和现场流程管理。在膳食管理中有一些特殊的功能区域，比如食品加工区、冷库等关键的部门，要严防外人进入，确保食品安全。膳食管理中的现场流程管理也十分重要，要确保设备安全完好，流程配置合理有效，服务人员认真负责，一旦出现问题发生烫伤事故等，造成人身危害和不好的影响。

第五，食品卫生管理。对于食品卫生管理国家都有专门的要求，养老机构应该请当地卫生防疫部门进行指导和监督，将他们的卫生管理办法和养老机构实际情况结合并形成食品卫生管理制度。

2. 综合管理

第一，健康饮食管理。大中型养老机构都应该配备专门的营养师，应该有专门的健康饮食制作工作室，应该有一套专门的管理制度。

第二，水电气锅炉的安全管理。养老机构要做好严格的水源管理，防止不法分子破坏，严防水中毒事件产生；用电安全问题是最为普遍的问题之一，需要特别重视，在膳食过程中应有专人进行管理；煤气和暖气的管理也十分重要，防止煤气中毒是每时每刻应该注意的事情；北方地区冬天暖气的管理也十分重要，要严防一氧化碳中毒事件发生，部分地区燃煤锅炉和餐饮煤灶也要加强管理，做到安全清洁，严防火灾发生。

第三，废弃油脂管理。有条件的大中型养老机构，废弃油脂应该送到城市专门的垃圾清理场处理，严防排入雨水管道，防止污染环境。

第四，餐饮服务“6T”管理建设。“6T”管理即做到天天处理、天天整合、天天清扫、天天规范、天天检查、天天改进。

（六）消防管理

1. 消防管理台账建设

消防部门有此类专门的台账样本出售，养老机构购买并认真填写，关键要求相关参与人员要认真严格地签字。

2. 专职消防人员配置

消防管理已经是一个标准化程序化的规定，养老机构根据消防部门的要求做出人员配置。

3. 消防安全教育

在前面防灾抗灾演习中，我们已经研究过此项内容，不但要加强教育，还要求进行全员培训。

4. 消防控制室管理

消防控制室的管理也有很多强制性的控制规范要求，只要严格执行就可以。

5. 消防工作计划制订

消防工作计划每年修订一次，关键在于各个工作部门和工作岗位要了解实施工作计划。

（七）门卫安保管理

1. 门卫室管理

大部分大中型的养老机构都有专门的保安部门管理，一般隶属于行政部，少部分机构隶属于后勤部，中小型养老机构也是少部分隶属于后勤部，门卫管理制度是通常的应用制度，比较易于制定。

2. 出入登记管理

出入登记制度属于门卫安保之中的一个环节，比较简单易于执行。

3. 监控室管理

在互联网十分普及的今天，大中型、小型养老机构都会使用监控室，小型养老机构可以由门卫同时管理，中大型养老机构单独设立管理。

4. 车辆管理

在前面行政管理中，已经有专门的介绍，请参考执行。

5. 保安管理

大中型养老机构一般设有专门的保安部门，是保安部管理门卫，不是门卫管理保安。小型养老机构的门卫和保安一般由行政部管理，少数由后勤部管理。

第三节 公共关系管理

虽然我们在前面讲到了公共关系管理的基本原则，对于一般的养老机构，都可以严格参照执行，但是，公共关系管理已经成为管理科学当中一门重要的分支科学，所以本节还需要进行专门的介绍，特别对于大中型养老机构的公关部很有参考价值。

一、养老机构公共关系规则

（一）企业公共关系目标、范围和职责

1. 养老机构公共关系管理的目标

养老机构公共关系管理的目标是通过有效综合的公共关系协调管理，达到树立自己企业的品牌形象，提高市场竞争力和经济效益，为老人优质服务的要求。

2. 养老机构公共关系的适用范围

养老机构的公共关系，总体上包括机构和外部一切政府部门、企业和社会组织的关系，具体的范围适用于养老机构对外重要公共关系维护方面的指导、执行，含对象分类分级、档案建立及更新、维护执行及评估等内容。

3. 养老机构公共关系的职责

第一，养老机构办公室是公共关系活动的职能管理部门，是公共关系行为的指挥、统筹、组织、协调部门。

第二，养老机构各业务部门是涉及自身业务范畴的对外公共行为的主要执行者和落实者，服从办公室的统一指挥、统筹、调度、协调。

第三，养老机构各部门和全体员工有责任和义务维护机构公众形象。

（二）管理内容和检查考核

1. 管理内容

第一，养老机构办公室组织建立公共关系网络，通过多种渠道掌握相关单位重要

人士的信息和动向，如联系方式、爱好习惯等，并建档备查。

第二，养老机构从事对外公关活动遵循“分级、分层管理”模式，涉及政府重要职能部门、机构重要贵宾的公关活动，由机构办公室牵头组织、策划。

第三，涉及相关业务部门职责范围内的公关活动，由各部门制订详细公关策划方案报机构相关领导批准后执行。

第四，机构高管层从事对外公关活动，由机构办公室负责组织或领导指定人员组成。

第五，凡从事对外公关活动前，须编制详细的策划方案、达成的目标、公关对象（联系人、负责人、决策人）、公关实施计划和步骤、费用预算等，方案经批准后，要有步骤地实施，同时要提高公关活动中突发情况的应变能力及临时补位能力。

第六，重要公关活动后，要有详细的书面总结，分析亮点、成功之处及值得借鉴的经验或教训，不断提高公关水平和成效。

2. 检查与考核

第一，机构管理层代表机构对外进行公关活动，机构办公室有责任和义务做好相关服务和后勤工作，全年机构领导满意度低于85%的记不良记录一次。

第二，各相关职能及业务部门代表机构从事对外公关活动，事前没有策划到位，事后没有总结汇报，记责任人及责任部门不良记录一次。

第三，在机构对外公关活动中，不重视、不作为，不按策划方案执行、落实不到位，记部门负责人和部门不良记录一次，给机构形象造成影响的给部门负责人警告一次，部门记不良记录一次。

第四，在公共关系行为中给机构造成不良影响的，相关责任人记警告一次，情节严重的按机构相关制度执行。

二、养老机构公共关系策划

（一）公关调查

1. 一般性公关调查的内容

养老机构为了做好公共关系，必须对公共关系的有关资源、环境条件进行调查，调查的内容有以下三项：

第一，当地社会公共关系的资源状况，主要是指自然资源和社会资源。

第二，公共关系载体的情况，主要是指公共关系传播的媒体的基本情况。

第三，与养老产业相关的可供开发的资源情况。

2. 特殊性公关调查的内容

对于这个项目的调查难度比较高，比如与养老机构业务相关的养老养生专家、医疗专家等人脉关系的调查，由于操作技巧要求较高，弄得不好就会适得其反。

3. 确定受众目标

这个项目的调查是比较容易开发的，应该和市场营销部的基本工作紧密配合，主要是调查可入住老人对媒体的接受方法和程度。

（二）公关策划的程序

1. 确定目标

关于公关目标的确定，一方面是根据调查的结果加以确定，另一方面是根据养老机构的市场定位和发展目标来确定。

2. 设计策划方案

在有了调查资料且目标确定以后，就要设计策划公关方案，策划时应该注意以下几点：

第一，设计的主题要十分明确。

第二，要有较高的创意策划能力，经过反复研究，创造有新意、有吸引力的广告语。

第三，为今后的公关方案留有发展空间。

3. 实施公关策划的具体内容

主要有以下几点：

第一，寻求适合的发布平台。

第二，接受媒体的公关策划创意的优秀之处，以补充自己策划方案的不足。

第三，在经费开支上注意实效性、针对性，防止乱打广告。

第四，根据策划方案和安排日程，循序渐进地工作。

（三）公关信息传播

1. 初创期

在养老机构创办初期，有两种选择：一是广告优先，达到抢占市场的某种效果；二是稳健型，适当控制公关广告信息的传播，首先是节约经费的原则，对中小型的养老机构特别适合。

2. 发展期

所谓发展期是一个较长的概念，一是从开业达到盈亏平衡点的时期，二是高速发展期，这个时期的广告要根据市场状况发展前景进行认真分析，采取公关广告传播强劲的方式展开公关活动，并且争取尽快获得市场效益。

3. 风险时期

养老机构在运行过程中的风险期主要是两个方面：一是开业以后入住率增长较慢，较长时间达不到盈亏平衡点；二是出现医疗责任事故、自然灾害事故、人为事故。在这个时期公关传播的方法应该注意以下三点：

第一，加强和政府主管部门的汇报和沟通，求得他们的支持和帮助。

第二，和媒体协调关系，求得他们的如实报道和低调报道。

第三，选择一个公关报道休息期，在经过修正以后加强正面的公关报道。

4. 事业顶峰期

养老机构在经过一段顺利的经营和发展以后，顺风顺水，经济效益较好，社会声誉也很好，可以说达到了经营运作的顶峰时期。如果出现这种情况，有些领导成员往往会被胜利冲昏了头脑，对风险的存在估计不足。这个时期的公关广告应该特别注意，一是降低基调，二是表达善意意思，其目的是防止在企业运行的高峰时期突然出现自然灾害和人为事故，给养老机构带来沉重的打击和极坏的影响。

（四）公关效果评估

1. 公关策划效果的评价方法

公关广告效果的评价是十分困难的，特别是在短时期之内难以做出准确的评价，基本的方法有以下几点：

第一，经济效益评估法。主要指标是在一段时间的新媒体投放以后，客户资源数量与以往做对比，对于大型养老机构来说，这是最重要的评估方法之一。

第二，品牌价值评估法。对于已经有知名度的养老机构，可以聘请专门的商标评估机构进行评估，对公关广告投入以后获得的品牌效益进行评估。

第三，市场折现法。可以通过产权交易市场，将养老机构的知名品牌进行转让来评估公关广告的具体效益成果。

第四，品牌收益法。主要是通过发展连锁店收取加盟费来检验养老机构攻关的成果效应。

2. 公关策划效果评估的阶段

第一，短期效果评估。评估依据来自两个方面：一是客户量的迅速增加，二是加盟费收入的迅速增加。

第二，中期效益评估。主要也是两个方面：一是经济利益的迅速增长，二是社会影响的良好反应。

第三，长期效益评估。主要是指品牌价值的提升，另一方面是产业的迅速扩大，分支机构的迅速增长。

三、养老机构公共关系维护

（一）政府关系维护

1. 驻地老龄委关系维护

老龄委是养老机构的直接领导部门之一，涉及面广，影响大，应该重视和他们搞好关系。

2. 驻地民政部门关系维护

民政部门是养老机构的行政主管部门，负责对养老机构的管理监督责任，要经常性地保持良好关系。

3. 驻地乡镇、街道居委会、社区管理组织关系维护

乡镇、街道居委会和社区管理机构是我国最基层的行政管理及自治单位，要注意加强和他们的关系，这有利于应付突发事故，抗拒自然灾害。

（二）媒体关系维护

1. 平面媒体关系维护

所谓平面媒体就是指当地的报纸和杂志，对现在的老年人来说是比较熟悉的平面

媒体，和他们保持良好的关系，有利于养老机构的形象和市场竞争力的提高。

2. 电台、电视台关系维护

电台、电视台是受众最广的媒体之一，自然应该和他们保持良好关系。

3. 新媒体关系维护

新媒体是“互联网+”广泛运用的产物，对于老年人的亲友和家属影响很大，传播速度快，影响面广，要学会和新媒体搞好公共关系。

（三）合作伙伴关系维护

1. 医、护、康机构关系维护

医、护、康机构是养老机构的主要业务合作单位，对提高服务质量有着重大的关键性的作用，这是养老机构公共关系的主要和基础方面。

2. 康复辅具供应商关系维护

康复辅具在我国养老机构中正在逐步推广和使用，大有快速发展的趋势，和他们加强公共关系可以节约成本，提高为老人服务的质量。

3. 一般物品供应商关系维护

养老机构每天都会消费各种各样的物品，和供应商保持良好的关系可以保证物品的及时供应、质量良好。

4. 食材供应商关系维护

日常供应关系到老年人的食品安全和身体健康，也是正常的公共关系合作范围。

（四）老人家属关系维护

1. 与老人老伴关系维护

一般情况下，入住老人都会和老伴同时入住，不会和他们发生公共关系行为，只有极少数老人的老伴暂时未入住养老机构，和他们保持良好关系，一是获得老伴对入住老人的关心和照顾，二是可以吸引老伴入住养老机构。

2. 与老人子女关系维护

入住老人的子女往往是他的委托人、部分经济供给者，他们对老人的入住与否起着重要的决定作用，和他们搞好关系也是公共关系的重要内容之一，对于养老机构形象的维护和服务质量的提高都很重要。

3. 与老人其他亲戚、朋友关系维护

一般情况下一位老人联系着十位甚至更多的亲戚朋友，和他们搞好关系是对养老机构很好的形象宣传，同时，万一发生住护纠纷或不测事件，可以取得他们的谅解和支持帮助，可以化解矛盾，维护养老机构的良好形象。

知识拓展

后勤管理常用表格，主要有以下内容：物资采购类管理表格；固定资产类管理表格；设备维护类管理表格；保洁绿化类管理表格；膳食服务类管理表格；消防安全类管理表格；门卫安保类管理表格；应急处置类管理表格。

在常规的文具商店和会计用品商店都可以购买，有少数表格不能购买，后勤管理部门可以自己制作，委托印刷部门加工印刷后使用。

案例点评

简介：×××养老服务（北京）有限公司是一家提供老年生活规划及多种模式养老服务的连锁型企业。公司拥有国际化养老服务运营团队及全链条与养老相关的行业资源，业务覆盖养老项目的前期咨询、服务运营、管理培训等多个环节。

现已成功运营×××西城区金融街街道养老照料中心、×××丰台新村街道养老照料中心、×××西城牛街西里二区社区养老服务驿站、×××新街口街道高井养老服务驿站、×××秦皇岛适老生活体验馆等多个为老服务项目。

点评：这是一家全国知名的养老管理集团公司，在北京也有多家分支机构，全国有几家分支机构，管理水平和理念在全国属于领先水平。

第二十五章 养老机构信息化管理

信息化管理是现代管理的重要手段和途径，在“互联网 +”条件下，养老机构的信息化管理显得非常重要。

第一节 养老机构信息化管理概述

养老机构信息化管理，是社会主义新时代发展的基本需要，也是保证老人安全和提高服务质量的重要手段。

一、信息化管理的重要性

（一）信息交流的重要手段

如今信息化技术已逐渐应用到养老机构，越是大中型养老机构，信息化程度越高，中小型养老机构也在尝试引入信息化技术，毫无疑问，养老机构内各部门之间可通过信息化系统，为老年人提供服务。

（二）方便管理

对养老机构各层级管理者来说，信息化可以使管理更加透明，随时掌握工作动态，管理更加便捷，信息传达更加及时，减少管理层次，管理更加扁平化。

（三）便于机构领导决策

养老机构的人事、行政、财务、后勤、医护、康复、销售数据统一，使管理者得以在真实数据的基础上进行决策分析，避免盲目决策带来的风险和损失。

（四）形成机构大数据后便于政府决策

如果把分散在各养老机构、各级政府掌握的养老数据、医疗健康数据、养老保险等数据整合起来，形成大数据，通过对大数据的分析，将为政府正确决策提供依据。

二、管理系统的作用

（一）可提高服务质量，降低风险

1. 提高培训新员工效率

新员工入职后，通过信息系统，可以快速培养新的护理人员，对新员工进行规范化、正规化的培训，让新入职的护理员在最短的时间内熟悉老年人的饮食、医疗、疾病、护理等各方面的数据，从而能够在最短的时间内为老年人提供高质量的护理。

2. 减少耗材

可以节省纸张等办公日用耗材，节省护理老人的其他消耗品，避免不必要的浪费。

3. 记录护理信息，便于核查

老年人子女可在线即时了解父母在养老机构每天的饮食、服药、护理、参与的活动等详细信息，让老人子女放心。在老人出现不良反应时系统能便捷地查询老年人的饮食、用药、护理等方面的信息，及时查找原因。如出现机构和老人之间的纠纷，可做到有据可查。

（二）提高管理水平，提升企业形象

1. 提高企业形象和档次

养老机构实现信息化管理可极大地提升企业形象和经营档次。可通过图文、视频的方式向社会展示养老机构的环境、服务、价格，让老人家属一目了然，而且可以接受预订服务。

2. 让网络成为社会和企业沟通的纽带

网络信息管理系统可提供在线咨询、床位预订和多项服务，是企业和外界沟通的窗口和纽带。

3. 养老机构和老人亲友沟通是重要途径

老人入住养老机构以后，老人家庭成员和亲友随时可以了解老人的情况，和老人沟通和交流，特别是可以让在外地，甚至国外的亲友，了解老人的基本生活状况，让老人享受到现代化带来的好处和家庭生活温暖。

第二节　机构管理信息系统的设计

养老机构信息化系统的实际需要非常全面，要针对实际情况，具有特殊性，才能起到十分好的作用。

一、信息系统品牌多元化

（一）不同品牌管理软件逐鹿中原，竞争激烈

目前国内养老机构信息管理系统市场发展时间不长，呈现出市场混乱和碎片化的特点，可以说是群雄逐鹿，如惠州颐讯、安康通、佳程、广西金中软件有限公司、南京索酷信息科技有限公司等在全国养老机构中都占有一定份额，全国各地政府也在开发推广各自系统，竞争激烈。行业亟须有序整合，统一行业标准势在必行。

（二）养老管理软件应具备的特点

1. 实用性强，易操作

系统建设要贯彻实用、操作简单的方针，坚持以客户需求为导向，关注信息流的开发和加工；采取图像化用户界面，方便用户操作，设计简洁、直观，易操作。

2. 先进性明显，技术成熟

先进性和成熟性：使用先进的系统设计理念、技术和方法，兼顾结构、设备、工具的相对成熟性。

3. 开放性好，标准化

为满足系统所选用的技术和设备的协同运行能力，系统尽最大可能采用标准化设备，开发上注意层次的切割和封装，兼容其他应用程序和其他厂商标准化设备，系统应具开放性。

4. 可扩展，易维护

养老机构管理信息系统的应用是一个延续、分步实施的过程。通过对软件的层次性开发和封装处理，实现整个系统的模块化切割，使系统扩展性和再开发能力上得到强有力的保障，无论是用户增减还是修改某些功能模块，皆可快速定制。

5. 可靠稳定

从系统结构、技术措施、设备性能、系统管理、厂商技术支持及维修能力等方面着手，确保系统运行的可靠性和稳定性，达到无故障运行。

6. 功能全，支持连锁化管理模式

在设计时，要考虑到养老企业集团连锁处理功能，分散与集中的数据分析能力。系统部署后，可依客户要求进行功能客户化定制，或有关功能的产品统一升级，升级的方式是连续的，保证系统原来的数据不受影响，也不必重新部署，只需按步骤升级相关功能就行。

第三节　信息管理系统的主要功能介绍

互联网是现代化的先进技术管理系统，软件选择是关键。

一、不同养老机构管理软件的解决方案

（一）集团版（连锁）

1. 适用范围

适用于全国连锁型的集团管理机构，实现集团多机构的数据报表统一管理，且机构间数据相对独立。系统可通过管控部门的权限控制、管理流程设计之间掌握下属分院的营销、财务、业务流程运营等方面的内容。包括企业文化等方面的内容，全方位实现数据管理信息化。

2. 主要模块

机构管理、基础管理、收费配置、人事管理、接待管理、会员管理、档案管理、评估管理、居住管理、库存管理、护理管理、收费管理、分院报表、总院报表、日托管理、居家管理、捐赠管理、志愿者管理、医疗管理、药政管理、餐饮管理、短信管理、固定资产管理、黑名单管理、投诉管理、家属子系统等。

（二）标准版

1. 适用范围

适用于各类养老机构，可规范养老机构的业务流程，实现从接待、评估、入住、收费、退住的基本流程管理，允许机构操作人员通过快捷方式进行搜索、查询、添加、修改、删除、打印老年人记录。

2. 主要模块

机构管理、基础管理、收费配置、人事管理、接待管理、档案管理、评估管理、居住管理、库存管理、护理管理、医疗管理、收费管理、分院报表等。

（三）医护版

1. 适用范围

适用于配备医务室、护理站或小型医院的养老机构。

2. 主要模块

机构管理、基础管理、收费配置、人事管理、接待管理、档案管理、评估管理、居住管理、库存管理、护理管理、收费管理、分院报表、药政管理、短信管理、家属子系统等。

（四）居家社区养老版

1. 适用范围

适用于社区老年人日间照料中心、居家养老服务中心、社区养老服务驿站、为老服务中心等。通过整合社区养老服务设施、专业服务队伍和社会资源，重点打造“系统+服务+老人+终端”智能居家养老服务网络，充分发挥平台对养老服务的技术支撑作用。

2. 主要模块

呼叫救助、居家照料、健康服务、档案管理、家政管理、心理慰藉、法律维权等。

二、信息管理系统的使用

（一）硬件配置

第一，数据库服务器及操作系统：Windos Server 或 Linnx。

第二，应用服务器：Tomcat 或 JBoss 等应用服务器中间件。

第三，数据库系统：MySQL 或 SQL Server。

（二）网络环境

1. 采用云服务器的网络环境

机构安装光缆网络宽带，借助浏览器如 IE、360、搜狐、火狐等，输入网址及登录信息即可正常操作。

2. 采用自购服务器网络环境

构建机构内部局域网，需要一台服务器、若干台客户端。

（三）系统安装

1. 云服务器

只需安装操作系统，即可借助浏览器，登录操作或借助下载安装制定的客户端。

2. 自购服务器

在服务器上安装相应的数据库软件及相应的服务器中间件，售后远程或上门安装。

（四）系统操作

1. 系统操作主按钮

每个功能下都有下拉菜单，每个菜单都可进行添加、修改、读取和删除的操作，并设置相应按钮。设置管理员分级权限，根据授权具有不同的管理权限。

使用各按钮的操作步骤：

第一，添加。“添加”按钮可用来添加信息，如在“人事管理”菜单页面中，用户可添加员工信息，用户只需点击“添加”按钮，填写相关信息（带 * 为必填项目），填写完毕后点击下面的“添加”即可。

第二，导入。用户使用此按钮将数据通过导入模板，再导入系统。

第三，导出。用户通过此按钮将页面的信息以 Excel 表格的方式导出。

第四，查询、修改与删除的操作步骤同上，仿照操作即可。

2. 养老机构数据初始化

养老机构根据操作系统的使用操作要求，先把养老机构的楼区房间信息、收费项目及标准、员工档案、护理项目、评估模板、后勤仓库物品资料、药品资料等信息批量导入系统，然后管理员再给养老机构操作员工分配权限及登录账号信息，通过权限格控制员工操作菜单。这些工作完成后，方可启动机构业务流程。具体初始化操作关联模块如下：

（1）机构管理模块。管理机构分用户组管理、数据导入、数据字典管理、提醒设置、公告与新闻等若干个菜单。

（2）收费管理模块。主要用来设置楼区、房间、床位与护理级别，将实际的楼区情况整合到系统实现信息化管理，用户在给老人办理居住时可直接选择空闲床位。机构的楼区、房间、床位均可通过批量添加完成操作。

（3）人事管理模块。用于管理员工档案、工作岗位、工作部门，员工和机构的关系，按照工作需要，对工作人员进行考核、调配、奖惩、安置等。

（4）评估管理模块。用于管理机构各部门对老年人身体健康状况等各方面进行评估，用户可自行添加上传机构个性化的表格模板，设置通过累加积分或不积分的方式进行统计。

（5）护理管理模块。用于管理机构所有跟护理部门护理项目相关的项目名称等信息，允许用户通过 Excel 批量导入、添加护理项目。护理项目可单独设置收费单价、单位、执行、观察结果的快速勾选，设置完成后，一线护理人员给老年人添加护理记录时，可直接通过全勾选的方式添加护理记录，方便高效。

（6）药事管理模块。用于管理机构所有药房药品的基本信息，用户可通过模板批量添加药品信息，如药品名称、编号、条码、售价、进价、药品分类、内用、外用等，还可通过“调价”按钮，调整单个药品的价格，通过“批量调价”按钮，调整全部药品的价格，亦可按照不同的项目类型调价。

（7）后勤库存管理模块。用于管理机构所有后勤仓库物品的基本信息，用户可通过导入模板批量添加货品信息和库存上下线信息。

3. 养老机构业务管理

（1）接待管理。用于管理接待、来访和登记预约床位，允许用户接待预约老人直接转入住操作。可记录、分析日常接待和预约情况，可快速查询老人信息。通过房态图可直观查看各楼区、楼层老年人的入住率。

（2）档案管理。系统提供老年人档案管理功能，支持通过摄像头直接给老年人拍照，可统一管理老年人相册、病例、评估结果、合同附件等重要资料。系统允许用户按姓名、编号进行一键搜索，找到目标后可在同一界面随意切换菜单进行相关的生活、护理记录，收费和查询等。

（3）评估管理。评估是为了解老年人的身心健康状况，使机构和家属之间对老年人身心状况认同达成共识，并为家属提供入住和护理康复等信息。系统内包含多个评估标准，如国际通用的 InterRAI 评估表等。用户亦可自定义评估项目及其分类，可通过累积积分方式设置评估份数和统计结果，对自定义模板而言，均可自动从档案中提取老年人信息，系统评估功能的实现，极大方便养老机构对老年人入住前的评估信息化管理。

（4）会员管理。该模块允许机构进行会员制管理，添加不同的会员级别，让客户享受不同级别带来的各种功能，例如转让权、继承权等，满足客户的不同需求；客户入会后，关联到老年人档案可轻松享受全套系统的各项管理操作，亦可在会员房产图菜单中查看绑定床位的情况。

（5）居住管理。可提供从入住前的评估到退住的居住管理，用户直接选择收费标准和空床办理入住，且入住和退住资料分开记录，还可实现预订房间、收取押金、居住调整、请销假管理等操作。

（6）护理管理。可提供入住前老年人评估和入院后院内的护理、服务及个案管理等方面。从护理计划的制订到护理的具体执行、护理负责人与服务对象的安排、护理人员的班次交接、日常护理、老年人生命体征管理等都在此管理模块里。该管理模块还会全面记录跟踪每一位护理对象的情况，子女与老人之间的关联情况。

（7）药事管理。该模块是根据国家有关法律法规为养老机构提供药事管理，直接管理医嘱的执行、自动发药结存，用户可通过入库/出库确定机构药品供给量。还可实现摆药单管理、自带药品管理等。

（8）医疗管理。该模块为医养结合机构的医疗机构提供医疗服务管理功能。用户可以规范、有效管理医疗、护理、康复服务，为老年人建立电子病历、健康档案等。

（9）库存管理。该模块为养老机构的后勤/仓库部门提供库存管理功能。该机构库存还增添部门权限、多仓库等功能。允许机构设置权限，某些物品可允许部门来管理。通过入库/出库等操作，能清晰知道物品的流向。

(10) 收费管理。该模块可实现为养老机构提供从费用配置、费用标准设置到收费计算、打单一体化的功能。模块可根据养老机构要求设置好收费标准和参数、实现每月费用自动结算、自动出账、预付款、抄表，还可套打发票和收据。

(11) 短信管理。基于短信端口与互联网连接实现与客户指定号码进行批量发送或自定义发送短信。发布时间、数量、内容等都允许用户自由控制。如在节假日发送自定义祝福短信、提醒老人及家属缴费金额和缴费时间。批量发送时还可以实现个性化服务，如称呼/对象/金额会自动替换成对应老人的信息，使管理更便捷、更人性化。

(12) 电子围栏管理。对养老机构里边的自理老人的管理，该模块可通过老人手机、智能腕表等形式实时定位老人位置，形成活动轨迹，将自理老人活动范围局限在一定区域，如超出电子围栏区域，会自动报警，既可警示老人已到活动边界，也可提示相关养老护理员及时收拢老人回到安全区域。

4. 数据总报表查询

(1) 分院报表。包含老人信息统计、缴费统计、员工考勤统计、老人流动情况、欠费报表、入住率详细统计、业务负责人缴费统计等功能。

(2) 总院报表。系统为养老机构管理层设置分析决策功能，通过醒目的图表分析，对机构整体情况一目了然，便于管理层作出各种决策。

5. 家属子系统

家属子系统模块可使家属在家里就可以了解老年人的在院情况，根据授权老人家属可登录查阅老人信息、相册、评估记录、老人事件、护理记录、个案记录、医嘱记录、老人费用等诸多信息。使老人家属及时了解老人的情况，透明管理有利于养老机构和老人家属之间的沟通，增加了互信。

知识拓展

在“互联网+”比较发达的时代，养老机构要选择好的网络系统，需要注意以下步骤：(1) 参观几家养老机构，考察互联网使用的状态；(2) 在网上搜寻有关互联网公司；(3) 发出商务邀请函；(4) 进入商务谈判；(5) 进行招标评估；(6) 选择供应商。

案例点评

简介：某家中型养老机构，为了提高服务质量，推广“互联网+”的信息化管理方案。靠组织贷款150万元和自有资金50万元购置了一套自动化程度较高的信息化管理系统，由于技术不成熟，操作中经常出现故障，不但没有提高服务质量，反而影响了服务质量。还重新购置配置实用的系统。

点评：提高服务质量的途径很多，单单靠设备不能完全解决问题。

第二十六章　大型、特大型养老机构管理

当前，我国的经济实力和经济规模不断地扩大和发展，与此同时，我国的养老规模又是世界最大的。根据美国开发大型特大型养老机构的经验和我国三年来的开发状况，我们认为要应对我国“老龄化”的巨大挑战，开发一些大型、特大型的养老机构是必要的。

第一节　行政管理

根据国际和国内大型、特大型养老机构开发的经验，综合性的行政管理是此类机构管理的首要因素之一。

一、大型、特大型养老机构行政管理

（一）养老机构分类

1. 微型和超小型养老机构

按我国修改前《养老机构管理办法》规定，养老机构床位数一般应在30张以上。部分地区和省份调整为20张以上。修订后的规定统一为“10张以上，即可登记注册养老机构”，这就告诉我们微型和超小型的养老机构的床位数在10～29张之间。根据美国、日本、法国、瑞典等养老产业发达国家的经验，微型和超小型养老机构是比较受老人欢迎的。一般个体养老产业的经营者用自己家庭的房屋开辟3～4个房间供五六个老人居住，成为我们说的微型养老机构。其优势是收费合理；使老人有居家养老的氛围。

2. 小型养老机构

按我国“管理办法”规定，小型养老机构是指30～300个床位的设施及其相关人员配备要求。现在我国广大乡镇和县城的养老机构多数属于这个范畴。

3. 中型养老机构

按我国“管理办法”规定，300～1000个床位属于中型养老机构。现在我国经济发达地区的县城和地级市所兴办的养老机构多数属于这个范围。

4. 大型养老机构

大型养老机构是指床位数在1000～3000个的养老机构。现在我国经济发达的地级市、省会城市、副省级城市所属的区兴办的养老机构有一半左右属于这种规模。

5. 特大型养老机构

特大型养老机构是指床位数在3000个以上，甚至到10000个以上。这类养老机构还不是很多，沿海经济发达的中心城市正在建设此类机构。据我们调查，西部地区的成都市和广西壮族自治区都已有和正在建设我们所说的万张床位以上的特大型养老机构。

（二）大型养老机构行政管理

1. 办公室

办公室是一个综合管理部门，1000～3000人的大型养老机构如果老人入住70%，会有2000人左右。按民政部规定，养老护理员与老人的比例为1∶5，至少就有400名养老护理人员。按24小时“三班倒”会有1000多名养老护理员，再加上食堂工作人员50人，保洁人员20人，保安20人，行政人员20人，整个养老机构管理人员和服务人员会有1500人左右。因此，办公室的管理体系按照我国的管理传统，应该是有相当的规模。具体设置办公室是总体行政事务协调机关，有关部门人事、保安、司机、信息档案、对外联络都属于办公室管理。虽然上述部门应该单独设立，但是应有办公室统一协调管理。

办公室还有另外一个重要的功能就是为养老机构的董事长、总经理、副总经理等安排会议事务、对外谈判事务，这也是十分重要的一部分工作。

同时，办公室还承担着养老机构内部各部门工作和关系协调的任务，对外代表养老机构出席会议和重要的活动。

2. 行政部

大型养老机构行政方面的管理也是很复杂的工作。按传统的观念这类机构一般设有后勤管理部门，那是在计划经济时代的产物。现在新设立的公司包括养老机构一般是行政部，主要的工作职责实际上是后勤管理的工作。显然，在小型、中型养老机构中，办公室和行政部可以是同一个部门。但是，大型养老机构可以把职能分开，这样可以相互补充、相互监督，把工作搞得更好。

另外，党群（工会、妇联、共青团）、社会工作部、志愿者工作站等的工作都可以划归行政部管理。

从另外一个思路来考虑，办公室主要是从主要业务、人事、财务、对外联络方面实施自己的职责；而行政部主要是日常的后勤管理工作。

（三）特大型养老机构行政管理

1. 办公室

特大型养老机构，尤其是床位在8000～10000张的养老机构，在医养结合的条件下多数会有医院、商场、老年大学等附属设施，办公室的工作和大型养老机构比会更加宏观一些。一般情况下，办公室下设的人事、公共关系、信息等方面的部门都相对独立开展工作。

特大型养老机构实际上是一个小型的社会综合活动场所，一般应该是开放式的和半开放式的，其管理的功能相当于社区的管理功能。因此，大家要根据实际情况设立必需的、高效的管理部门，实行一段时间再进行调整。

2. 行政部

特大型养老机构在开放的情况下就是一家10000多人的社区，行政管理中治安管理极为重要，基本建设维修、维护也是一项很重要的工作，水电气、网络宽带的维护和检修也十分重要，交通安全、车辆管理、小区绿化也会是一项不可缺少的工作。

特大型养老机构的管理模式和大型养老机构应该有较大的区别。简单地讲，大型养老机构的管理还是以一个单位内的管理为基本模式，即“围墙内”的管理，相对来说，要容易一些。

但是，特大型养老机构的管理是社会化管理的模式，即“没有围墙”的管理模式。另外，在特大型养老机构的范围内，许多单位和部门是相对独立的，如医院、购物中心等。员工人数较多，同时也承担着对社会服务的功能。所以，是社会化的管理模式。

在特大型养老机构还有通信、银行、交通等方面的管理，都应该制定一套规章制度和管理办法。

二、养老小镇行政管理

（一）养老小镇的概念和特色

1. 养老小镇的概念

所谓养老小镇，是21世纪初由美国率先开发的以服务于老人养老为主要目标的综合性的社区式的大型和特大型养老机构。所谓“镇”，是吸取传统的乡镇的概念而来的。养老小镇一般选择在风景优美、空气新鲜、清静的地区设立。

在我国，上海市郊县和杭州市郊都建有具有领先水平的养老小镇，受到了住房和城乡建设部、财政部、民政部、国家老龄委等部门的肯定和帮助。现在，一些有条件的省份也在学习养老小镇的开发模式，建设当地有特色的养老小镇。

2. 养老小镇的特点

养老小镇的特点是十分明显的，主要有以下几个方面：

第一，规模大。养老小镇是养老机构中超特大型的一种类型，一般养老小镇居住老人会在10000人以上，加上各类商业、通信、银行、交通、医疗、教学等部门，总人口会在20000人左右。

第二，是综合性的以养老为特色的社区，主要特点是各种养老的设施、生活、功能齐全。

第三，地址选择都是在风景名胜附近，离中心城市有一点距离，但又不遥远，方便老人对外交流。

第四，特色明显。如有的养老小镇特色是“风情”养老小镇，主要就是风景美丽，是疗养胜地，也是旅游胜地。也有以医疗为特色的养老小镇，主要在小镇建有高档次医疗服务水平、设备先进的大型医院。还有以“教学研养”结合为一体的，也叫“学习特色小镇”。

（二）管理模式研究

1. 关于事业部制——日本管理模式

养老机构的管理模式有自身的特点，在我国现在的情况下和今后相当长一段时间，我们都可以探索出具有中国特色的养老机构管理模式。

现在我们先简单介绍日本的公司管理模式，即所谓的“事业部制”。这是日本公司管理的一种特有模式，也是现代社会公司管理的两大基本模式之一。其特点是公司下设机构不是分公司，而是事业部，事业部有很大的权限，比如对外投资决策权。在事业部下面也可以设分厂，分厂里面还有事业部。事业部制最主要的特征是一个大的公司只有一个法人，事业部直接为总公司负责，有人事权、财产管理权和对外投资权。

关于商社。日本的公司治理结构模式中，有商社这一重要的公司存在形式。过去，商社主要是商业服务机构所采用的公司结构模式。后来，商业和工业甚至农业、交通运输业等互相融合，商社很多也成为综合性的公司。

2. 我国的公司治理结构模式与日本模式的相关研究

改革开放初期，日本也是我国的外资引进的主要国家之一。有一段时间，日本在我国大陆开办公司，包括中外合资和独资的企业，采取过事业部制的管理模式。20 世纪 90 年代，我国的《公司法》正式颁发和实行以后，选择了非事业部的管理模式，从此，日本除少数在我国大陆的独资公司外，都没有采取事业部制的管理模式。但是，在沿海开放地区和特区，还有一些日本商社的分支机构采用的是日本的事业部制管理模式。

事业部制管理模式的突出特点之一是公司的高度集权的管理模式，事业部不是一级独立的法人，而是总公司的代理者，这种管理模式基本不适合我国改革开放的总体形势和发展潮流，自然不会被我国选择。实际上，在世界范围内，绝大部分国家和地区不采用日本的事业部制。

（三）公司制

1. 公司制的基本概念和特点

所谓公司制，是企业以欧美国家的公司结构治理模式运营，欧洲是最早实行公司制的地区，英国是世界上第一个颁布公司法的国家。英国的法律体系和法国、德国等欧洲国家的体系还有很大的区别。英国是岛国，是海上的国家，而法、德是欧洲大陆的国家，所以又称为“大陆法”体系。在这些法律的规范下，公司的基本概念是出资者检验生产和服务的机构获取利润的经济组织形式。公司也叫“股份公司”，经过几百年的演变，有了很大的进步和发展。

股份公司又分为两类：一是有限责任公司；二是无限责任公司。当前世界上无限责任公司数量已经很少，所谓无限责任公司是指公司对它的经济行为承担无限的连带责任，比如，公司的负债必须逐个偿还，本人无法偿还应由其直系亲属继续偿还，直到还完为止。无限责任公司的优势是信誉极其良好，有利于公司业务的发展。

所谓有限责任公司，是指投资人以所投资的股份为有限承担民事责任。有限责任公司又分为股份有限公司和有限责任公司。所谓股份有限责任公司是指出资人把所出的资金分为等额的股份而设立的公司。其最大优势是可以成为公众上市公司，各国对股份有限责任公司都有相应的规定，如我国就规定股份有限责任公司最低股本为1000万元人民币。所谓有限责任公司，股东的股份通过协议规定。各个国家大部分公司是有限责任公司，股份公司是少数，我国也同样。

公司制的最基本特点是股东代表大会。股东大会是公司的最高权力机关，日常工作期间是公司的董事会实施管理公司的权力，公司章程是公司的基本法律法规，公司的运作按章程办事，这就符合现代的法治社会和市场经济的管理程序。

2. 公司制的管理模式

公司制的管理模式是由《公司法》所规定的，基本的特点是投资者和经营管理者分离的模式，即出资人大多数不参加公司的经营管理，而是由股东大会聘请的职业经理人管理公司，这体现了专业化、市场化、现代化的基本要求。

我国的养老机构除了小型和超小型而外，一般采取公司制的管理模式，这也是现代企业制度的基本要求。

第二节　市场开发管理

现代的市场经济是消费者决定市场供求关系的经济模式。开发大型和特大型的养老机构必须牢固地树立市场化观念，用开放的市场思维才能搞好大型和特大型养老机构的管理。

一、大型、特大型养老机构市场开发

1. 坚持完成国有任务

国有公办的养老机构必须首先坚持以完成公有养老机构所承担的接收城镇“三无”老人入住的基本任务。当前的情况下，此类养老机构处于供不应求的状态，从某种意义讲根本谈不上市场开发的任务。一般意义上的市场开发还属于比较模糊的状态，因为其基本的任务都很难完成，某种意义上不需要市场开发。

2. 适当市场开发

国有的养老机构也可以利用现有的资源适当开发市场，以满足社会养老的需求。比如，现在的土地资源极其宝贵，国有养老机构可以利用已有的土地资源和社会资本合作，兴办养老分支机构，接收社会老人入住养老，还可以充分发挥已有人力资源的作用。

另外，国有养老机构可以扩大老年病治疗方面的设施，为社会老年病人服务。

国有养老机构还可以利用自己的人力资源开展培训业务，为市场服务。

（二）国有民营模式市场开发

1. 确保完成国有任务

国有民营养老机构在实现民营企业的管理模式或者由民营企业的养老机构管理公司承包以后，仍然必须坚持首先要完成国有养老机构基本的接收城镇“三无”老人养老的任务，这是不能动摇的。承包公有养老机构的经营管理者不能以不正当的手段，如提高收费标准等，变相拒绝完成国有养老机构应该完成的任务。

2. 加快市场开发力度

民营养老机构在经营管理国有养老机构以后，要充分发挥自己固有的决策灵活、果断的优势，加快开发市场的养老机构。也可以在原有的基础上迅速扩大床位和服务范围，还可以通过收购兼并的形式把一些小型的民营的养老机构接收过来，加以扩建和改造，增加老人的入住数量，获得更大的市场收益。

同时还可以采取新建的形式设立养老机构的分支机构进行市场化入住，达到投资的最佳效果。

（三）坚持市场开发观念

1. 养成市场思维模式

我国的养老市场规模宏大，处于起步阶段，传统的民政部门为主管理的养老机构还处于主导地位。今后，中国的养老产业市场主要是市场化的经营管理模式。一方面，传统的国有养老机构绝大部分要转向市场化的管理模式；另一方面，新设立的养老机构都必须是市场化的运作和管理。所有这一切都要求我们养老产业的参与者，包括政府部门，都应该改变过去传统的“计划经济”条件下的思维模式，养成市场经济的思维模式和思维方法。

2. 市场法则观念

市场经济是法治经济，特别是现代的市场经济，都必须以法律为基础，以法治为保证，有序地发展，接受政府和社会的监督。现代文明告诉我们，市场经济已经不是几百年前资本主义自由竞争时期钩心斗角、尔虞我诈的市场运作状态，而是讲究提高服务质量、遵守法律、遵守信誉保证、遵守市场规则的新常态下的市场经济。特别在我国，实行市场经济的时间还很短，我们实行的是有中国特色的市场经济，更应该法制化、规范化运作。

3. 市场公平观念

市场的基本规则就是公平交易的原则，“顾客至上、服务至上”已经是现代市场的基本要求，信誉和质量是市场参与者的生命线和生存保证。同时我们要清醒地认识到，在我国，唯利是图意识还在一定程度上、一定范围内存在。所以，我们打击市场欺诈行为、制假造假的任务还十分艰巨。

对于养老机构管理者而言，面临的就是医疗保健用品的质量问题、食品安全问题、老年生活用品的安全和质量问题，养老机构管理者必须增强责任心和事业心，确保老人养老质量和生活质量的提高。

二、养老小镇市场开发

（一）全面市场开发观念

1. 市场功能定位

在世界范围内，养老小镇的开发虽然已有一些成功的案例，如美国、瑞士等成功开发的养老小镇可供我们借鉴。但是，养老小镇开发的历史只有短短十几年的时间，经营管理模式还在探索之中，实践经验不多。在我国，上海、浙江有少量养老小镇开发成功的案例，但是开发的时间实在太短，总共只有三年左右的时间，投入运行的时间更短，可供大家学习的经验还无从谈起。因此，我们必须进一步探索和研究市场养老小镇的开发途径和管理模式。

据调查，我国在养老小镇的市场定位上存在一些错误认识。如认为养老小镇的开发要走“高端市场定位”的路线。事实上，我国的养老保险、医疗保险还处于低层次发展的状态，如果大家都定位开发高端的养老小镇，必须考虑市场的需求问题。根据国内外养老小镇开发的状况分析，综合性的养老小镇开发应该是主流发展方向，即养老小镇中，高中低端的模式要互相兼容、协调发展，才能取得真正的成功，抗拒市场的风险。

2. 深入市场调查研究

市场调查研究是市场经济参与者的基本功和根本要求。根据我国养老模式基本定位为“九七三”模式，即居家养老占老人总数的 90%，社区养老占老人总数的 7%，机构养老占老人总数的 3%。这个养老模式是根据 20 年前的情况确定的，近两年国家又把以居家养老为基础、社区养老为依托、机构养老为支撑中的“机构养老为支撑”修订为“机构养老为补充”，这个改变从宏观层面来讲，机构养老的地位在减弱。这些都是需要我们高度重视和研究。

（二）创新养老小镇模式

1. 医疗养老结合模式

医养结合的养老小镇模式是当前最受社会、政府和老人推崇的养老模式。这是由于老年人客观的、不可抗拒的身体功能和机能的减弱决定的，也是老年人体弱多病的客观条件决定的。加上在我国“看病难”的问题还基本上没有解决，所以老人对医疗条件的选择成了养老选择的首要条件。

养老小镇的开发为什么受到人们的推崇，根本的原因在于它的综合性的服务功能，它开发的规模大，可以容纳多种养老服务设施，特别是医疗机构的建立是最受老人喜爱的。因此，开发医养结合特色的养老小镇应该成为我们当前的首选。

2. 医、养、住、商、学、为、体、研、产一体

养老小镇的综合服务功能、聚集功能、规模功能显著，最具养老产业的发展需求。现在有人提出开发“医、养、住、商、学、为、体、研、产一体”的养老小镇，受到人们的高度重视，现在简单地分解以下九大功能所包含的内容：

“医”：即医疗治病功能，高档次的三甲医院的建立是养老小镇最有吸引力之处。

"养"：包含的内容还要广泛一些。首先，养老小镇所设立的养老机构的规模、档次的特色；其次，养生、疗养、康复、保健都属于养的范畴，也可以单独成立机构甚至是多家机构。

"住"：养老小镇里面的居家养老集中表现为住的功能，养老地产的开发如果人性化、规模适度，是会成为一大亮点的。

"商"：购物超市、商场、电信、银行、餐饮等，满足老人商业的需求。

"学"：现在我国已经办有的老年大学约75000家，但是在城市还是供不应求，随着有文化老人比例的提高，学的问题日益突出。

"为"：老有所为是世界发展的新趋势、新潮流和新时尚。特别是2016年末和2017年初，老人竞选总统成功以后，人们对老年的观念有了新的理解、新的变化、新的发展。可以说"老而无用"的时代一去不复返，更令人深思的是美国总统选择了一位79岁的人出任商务部部长，让他担任这一工作繁忙的职务更说明问题。

"体"：是指老年体育、老年运动项目在养老小镇的广泛开展。

"研"：也有多重理解。一是对老年科学、养老设施和管理体制的研究；二是把学有所成的老教授、老科学家相对集中在一起养老，激发他们的科研热情；三是研发生产老年食品和用品，提高和保证老人的生命质量和生活质量。

"产"：是指在研发的基础上生产老年用品和老年食品。比如老年人所喜好的花卉、蔬菜、中草药、有机食品，包括鸡肉、猪肉、蛋、鱼等。

（三）功能齐全，分别开发

1. 统一设计

养老小镇的开发规模相对很大，功能要求也比较齐全。因此，必须总体规划、统一设计，使小镇的主要功能突出，配套功能齐备，能发挥综合的效应。统一设计的要求要有前瞻性，要考虑到十年、二十年发展的需要，才不至于造成浪费或功能性缺陷。

2. 逐步开发

大型开发项目操作的方法是抓住基础设施建设，突出重点工程，逐步分期、分片开发。首先是主体工程和重点工程开发到位，首先投入使用，以后再按照功能的需要逐步开发，配套到位。

第三节　后勤保障管理

常言道，"兵马未动，粮草先行"，这足以说明后勤保障及其管理的重要性。

一、大型、特大型养老机构后勤管理

（一）大型养老机构后勤管理

1. 公司制管理

现代公司管理制度是适应经济、文化、社会发展要求的有效管理制度。医疗养老

小镇的管理模式主要是根据土地的使用和流转形式来决定的，最好是养老小镇成立一个基础的开发公司，负责总体的规划管理和政府有关部门协调。养老机构作为大股东相对控股的管理模式更能符合当前我国养老产业的实际情况。开发的准备阶段要把资金准备充足，防止后续开发资金缺乏，造成“烂尾工程”“胡子工程”等开发弊病的产生。

在养老小镇内部可以成立多家公司，让他们各自发挥自己的资金优势、技术优势和人才优势。

总之，养老小镇采取公司制的管理模式为最佳选择，也是节约资金、抓紧建设进度、早日投入运行使用的好的方法和途径。养老小镇的主要开发机构一定要在工作准备充分的基础上才开始开发，这是一个庞大的系统工程。

2. 部门管理模式

所谓部门管理模式，是指总公司在资金、人才、技术、政府关系等方面都准备充分的情况下采取的统一集中管理模式。各个部门只是总公司的一个职能部门，开发的全过程由总公司统一指挥管理。

但是，部门制管理模式并不是日本式的事业部制管理模式，而是公司制管理模式下的部门管理模式。

特别要提醒，养老小镇主要采用的是部门管理模式情况下也有公司制的管理模式，因为这样才能引入市场竞争机制，更能充分地发挥和调动各方面的积极性。

（二）特大型养老机构后勤管理

1. 公司制管理模式

特大型养老机构主要是指养老机构的床位在3000张以上。这和养老小镇还是有区别的，最简单的区别就是特大型养老机构也可以是小镇的重要组成部分。后勤管理系统相对于小镇的管理还是比较单一的。一般情况下，特大型养老机构可以自己设立一家和几家公司来运作，医疗部门、餐饮部门、交通部门、物业管理都可以设立独立的有限责任公司进行运作。

2. 层次管理模式

在特大型养老机构内部，管理必须是高效的、节约的，安全和服务质量都有保证的。管理模式的设计一定要注意统一的协调，搞不好就会产生“条块分割”的弊病。因此，我们提倡分层次的管理模式，即在总公司的层面统一指挥，在分公司的层面独立运行，各个部门负责具体设施、后勤保证。这里条块界限模糊，在工作层面上是一个有机的整体，确保后勤保证功能的顺利实现。

二、养老小镇后勤管理

（一）后勤管理模式的选择

1. 系统管理模式

养老小镇的管理总的体现在综合性功能的发挥和独立的公司运行相结合。小镇内的各部分之间是商业运作关系，通过合同的形式绑定各独立的公司之间的上下游的工作纽带关系，“系统工程 + 程序设计”确保管理神经的正常运行。

2. “互联网+”管理模式

严格意义上来讲，“互联网+”是一个商业概念。一切有关现代的商业运作和公司管理都离不开互联网，或者说，互联网已经深入社会生活的所有领域，包括私人生活空间，互联网都有极其广泛的运用。在全社会都已普及互联网的情况下，养老小镇的后勤管理系统的“互联网+”管理模式只是一个平常的情况。

（二）集团公司管理模式

1. 集团公司

所谓集团公司，是以产权投入为纽带的股份有限公司或者有限责任公司的联合体。集团公司对各成员公司之间主要是股份投入关系。其次，集团公司也可以用产业合作的形式把一些非产权投入的公司纳入自己集团公司的子公司的管理范围。这必须通过合同的形式来确定母公司和子公司之间的关系。

2. 分层次管理

养老小镇的管理最佳选择就是建立一家养老小镇管理集团公司来统一组织开发和管理养老小镇。养老小镇不是传统意义上的行政区划和行政特色乡镇政权管理模式，“养老小镇”本质上是经济实体，是承载着社区管理功能的大中型的经济实体。有条件的养老小镇可以申请当地的地方政府部门以养老小镇为主建立一个“养老小镇社区”，把当地政府的行政管理功能引入“养老小镇”，或者说把养老小镇的社会管理功能分流给社区，这也是一种比较好的选择模式。

所谓分层次管理也是具体的灵活多样的，因为世界上没有所谓绝对的层次划分，层次管理的模式的探索和实践也需要在养老小镇的开发过程中、运营过程中，寻求部门之间、公司之间、人群之间、人与人之间的关系的协调，达到融洽和谐的境界。

3. 建立样品示范基地

“产学研”为特色的养老小镇的管理应该注意产品生产基地和养老小镇之间的距离的选择，太远不好，太近也不好。因为远了不便于管理，近了又难以保证某些产品，特别是农业、畜牧业产品的“生态品质”。例如，黑龙江的五常大米对养老小镇的供应，一般说来距离太远很难保证商品的品质，实际上，养老小镇食用黑龙江的五常大米是一般的商业贸易模式。

同样，养老小镇所消费的家禽和蛋的产品，如果离养老小镇太近肯定会对养老小镇有污染，也是不适合的。

4. 远程供应体系

养老小镇所处的区域位置决定它所获得的大量的绿色食品，需要由距离较远的地方供应，因此需要建立养老小镇的绿色食品供应体系。绿色食品主要是五个方面：第一，粮食，第二，肉类，第三，蔬菜，第四，家禽和蛋，第五，油料。这五类食品中有相当部分不是养老小镇自己和就近可以生产采购的，因此，只有运用远程供应体系的办法来解决。

第四节　公共关系管理

大型、特大型养老机构人员众多，公共关系十分广泛，尤其需要加强公共关系管理。

一、大型、特大型养老机构公共关系管理

（一）大型养老机构的公共关系管理

1. 办公室管理

大型养老机构的公共关系管理事务是根据公司的特色来决定的。首先，在公司创立初期，办公室的管理体系主要是行政管理功能和人事管理功能，对外管理只是相对次要的，有些功能会有专门的独立部门去执行。其次，在大型养老机构的日常运营期间，办公室的管理功能也主要是内部的管理功能。

2. 公共关系部管理

大型养老机构在建立过程中和建立的初期，专门设立公共关系部是非常必要的，因为养老机构要和政府的主管部门以及十几个职能部门协调关系，还有形象宣传的需要和新闻媒体广告实际制作单位的关系都可以由公共关系部专门负责。据我们的初步统计和考察，现在已经设立的民营的大型养老机构还比较少，中型和小型养老机构比较多，在公共关系方面还缺乏新的观念和开创性的工作。很多情况下，社会，特别是老年人及其家属对民办养老机构不太了解，甚至还有一些偏见。由于现有的中小型养老机构功能的限制，总体上床位的空置率接近50%，其原因是多方面的。公共关系宣传确实也是重要的一方面。

3. 市场开发部及其连锁管理

市场开发部的主要职能在于展开市场调查，发掘市场客户资源，组织客户入住养老机构。大型养老机构由于床位较多，又是社会资本开发的模式，市场部的功能特别重要。公司高级管理人员一定要更新思想观念，学习和掌握新的市场开发模式，改变“好酒不怕巷子深”“等待客户上门”的落后的经营理念。大型养老机构在筹办的时候虽然进行了一定程度的市场调研和评估，但是到决策运营一般会有3年左右的时间。市场是瞬息万变的，大型养老机构一旦投入运营，必须加大市场营销部的工作，在较短的时间之内宣传客户、吸引客户、服务客户，尽快地让已建成床位的入住率达到50%以上，这是项目开发成功的重要标志之一。反之，市场宣传力度不够，甚至挫伤了客户初期入住的积极性，得不到的相应的客户入住率，经营的风险是很大的。

（二）特大型养老机构公共关系管理

1. 外联部和市场开发部的管理

特大型养老机构床位数更多，投资额巨大，公共关系和市场部的开发是决定项目成败的第一因素。因此，特大型养老机构应该组建专业化的、市场化的市场开发部来

开发和占领市场，使已建设床位的入住率在一年左右的时间达到40%左右，这是这类项目开发成功的基本条件。

对外联络部和公共关系部实际上的工作职责和功能是基本一致的，只是不同的公司在不同的地区和不同城市称呼的名称不一样罢了。基本的职责就是协调与特大型养老机构相关的十几个政府部门、十几个社会团体、非政府组织和广大客户的关系。

特大型养老机构的投资者、决策者和高级管理人员必须清楚地认识到机构的公共关系和市场开发是决定项目成败的第一要务，必须精心地策划、认真地运作，确保项目成功。

2. 聘请专业化公司承担公共关系和市场开发

特大型养老机构、公共关系和市场开发的决定性的作用是毋庸置疑的。在人才不是十分到位的情况下，机构的决策者们最好采用市场化的方式对外招聘专业化的公共关系公司和市场开发公司来运作特大型养老机构的公共关系和市场开发工作，确保项目运作的初期取得良好的开端，并且稳步发展，迅速得到开发的预期目的。在市场化运作的过程中，也有灵活多样的方式，如委托经营管理、合作投资、知识产权投资等方式都可以采用。

基本的方法是特大型养老机构的投资者初期要让出一部分利润为战略合作伙伴、专业化的公司所分享，在这个指导思想和经营理念的前提下把项目运作成功。

二、养老小镇公共关系管理

（一）集团公司管理模式

1. 办公室管理模式下的对外联络部管理

养老小镇的集团公司管理通常的做法是公司下设对外联络部负责管理公司的外联工作。由于集团公司下属多家独立的公司，这些公司也有相应的对外联络部的功能，通过协调和相互支持形成一个养老小镇的对外联络管理体系，为养老小镇形象的树立、品牌建设、政府关系、媒体关系、客户关系做出有效的管理和服务。

养老小镇部分担负社区管理的功能，应该和集团公司的办公室管理模式有效地配合，确保对外宣传口径一致，树立整体的、良好的小镇形象。

2. 专业公司管理模式

养老小镇的集团公司管理模式下可以成立公共关系专业公司，主要职责是对外宣传养老小镇的重大活动和业务特色，统一协调政府部门、社会团体、客户之间的关系，统一广告策划和宣传，统一小镇的标识管理。

集团公司所属的专业的公共关系公司还可以开展社会化的、市场化的业务，增强自己的经济实力，为养老小镇的发展服务。

（二）公共管理模式选择

1. 公共关系部模式

养老小镇设立公共关系部是通常的公共关系管理模式的选择，公共关系部的职责和功能及其所发挥的作用由养老小镇、集团公司和下属的专业子公司协调负责。

2. 办公厅模式

所谓“办公厅”和前面讲的办公室没有本质的区别，最近几年由于外国模式的影响，很多大的集团公司把“董事会”改称为“董事局”，为此，“董事局”下面多数就称为“办公厅”。办公厅管理公共关系模式和公共关系部模式区别也不大，只是公共关系部一般是中小型机构和公司公共关系的管理部门，董事局下面的办公厅管理模式主要是指大型和特大型公司所采用的管理形式。养老小镇的公共关系的管理的机构实质是由董事会决定的，基本的原则是工作效率优先、社会效益优先兼顾的原则。

3. 创新模式

养老小镇本身就是一个创新模式，它的公共关系管理也需要创造新的模式。不同特色的养老小镇可以创新自己特色公共关系管理模式，比如“风情小镇”的养老特色的小镇模式，这应汲取旅游公司和旅游景点优秀的、成功的对外管理模式；而医养结合为特色的小镇其公共关系管理模式应该汲取医疗机构的成功经验和方法。

（三）正确认识公共关系管理

1. 正确处理企业与政府关系

养老机构虽然有公益性、慈善性的特征，但是，除极少数外，其本质是养老产业的企业。因此，可以借鉴现在社会条件下正确处理企业和政府关系的基本原则。最重要的就是养老机构要正确认识和处理好与政府的关系，要积极主动地服从政府的领导，接受政府主管部门的管理和监督，得到政府职能部门的指导和帮助。

2. 正确处理和行业协会等非政府组织的关系

行业协会是世界上管理相关产业及其相关行业的公认的有效组织。现在我国养老产业的行业协会还处于初创阶段，全国民政部门和省市民政部门行政管理的功能还占主导地位。行业协会和非政府组织的协调和管理功能正在形成之中，大型特大型养老机构和养老小镇应该积极主动地和有关行业协会取得联系，积极地参与工作，了解行业的发展情况，争取成为行业的龙头和领先企业。

由于我国养老产业的行业协会还不成熟，行业的标准还正在广泛征集和制定之中。再过几年，养老产业的全国性的行业协会就会有十几个，大型和特大型养老机构、养老小镇都应该重视和他们协调工作。

3. 新常态下的国际关系

我国的对外国际关系已经取得了积极的、重大的成绩，以共享共荣共同发展为旗帜的中国特色的国际关系模式正在形成。

养老产业在国际上也是一种新兴的产业。世界上经济发达的国家绝大部分进入了老龄化社会，都面临着应对老龄化的问题。我国的养老产业必须和国际化接轨，与国际上养老产业同步发展。

现在，国际上养老产业比较成熟和发达的国家主要有美国、英国、法国、德国、瑞典、澳大利亚、加拿大、日本、中国台湾、中国香港等国家和地区。他们都有一些可供我们借鉴的经验和养老管理模式，有条件的大型特大型养老机构要与英国养老小镇尽可能地发展国际交流关系，学习外国的先进经验，发展我国的养老产业。

上述国家通过国际组织和我国建立了比较成熟的养老产业的合作关系和合作模式。主要在养老人才的培养上开展了广泛的合作，养老机构之间的国际交流和互访已成为正常的普遍形式。

可以预见，在不久的将来，我国养老产业迅速地发展，大型特大型养老机构和养老小镇会取得更多的成功的经验，我国的居家养老、社区养老、机构养老的协调发展模式也会取得更大的成功，并将为国际养老产业的发展做出自己应有的贡献。

知识拓展

美国太阳城中心：新型养老社区典范

美国太阳城是全美最大的老年社区之一，它位于佛罗里达州坦帕市郊。从1961年开始建设，占地10平方千米，太阳城中心历经40年的开发建设，目前有来自全美及世界各地的老人约17000名，而且一直处于持续增长的态势，平均年龄为75岁。

太阳城中心坐落在美国佛罗里达西海岸，距佛罗里达风景最好的墨西哥海湾海滩只有几分钟的路程。作为“老人城”，太阳城明文规定：所有居民必须55岁以上，这个年龄以下的，即便是亲属子女也没有居住权。子女想护理生病的老人，也只能住在该城之外的地方，18岁以下的陪同人士一年居住时间不能超过30天。

这里的建筑完全按照老年人的需求设计，小区内实现无障碍设计。太阳城中有许多种住宅类型，以独栋和双拼为主，还有多层公寓、独立居住中心、生活照料社区、复合公寓住宅等。

在太阳城中心每人每年享用综合会所的费用为140美元。享受的康乐设施包括室内和室外游泳池、网球场、草地保龄球场、健身和娱乐中心、会议室和一个1万平方英尺的剧场。这里大约1/3的居民是活跃的高尔夫球爱好者。无论是初学者还是高手，都可以享受到打高尔夫球的乐趣。在缴纳入会费后，每年每人费用大约为1500美元。在这样的社区内，有各种各样的俱乐部，开设的课程和组织的活动超过80种以上。例如，您曾经是一个外科大夫，但年轻时您可能一直喜欢做木匠活，今天生活在太阳城里，您可以到木工坊去做您喜欢的事情，可以做缝纫等。根据美国一项调查表明，生活在这样环境的老年社区中，老年人的平均寿命要延长10岁。

案例点评

简介：浙江嘉兴市乌镇雅园养老小镇依托1500亩国际健康休闲产业园区、颐园学院、雅达国际康复医院、国际养老中心、养生居住区、商业区和养生度假酒店，形成“学院式”养老特色小镇。受到了城乡建设部、民政部、国家老龄办公室、国家卫生计生委等部门的赞扬和肯定。同时受到国内外专业人士的赞扬，现在每天有大量国内外朋友前往参观。

点评：这是我国第一个高端的养老小镇，是理想主义和现实主义统一的养老小镇。

第二篇

乡镇（村）敬老（福利）院管理

第二十七章　中国农村养老产业

中国是世界上人口最多的发展中国家，并且农村人口占绝大多数。按传统的口径统计，习惯上的城镇户口占全国人口的40%左右；按现在农民工进城取得居住权的统计，新的城镇户口也不过50%。因此，中国农村的养老是最大的基础部分，农村老年人口占全国老年人口的65%以上。因此，加强我国农村的敬老院、福利院的建设和管理是一个艰巨的任务。

第一节　1911—1949年我国农村养老基本状况

我国是有五千年历史文明的养老敬老传统的国家，研究怎样继承中华民族的优秀的传统文明，面对现在“老龄化”的挑战，是我们应该重视的重要任务之一。历史是一面镜子，可以检视过去和借鉴未来。

一、半封建半殖民地条件下农村广大农民的生命健康

自1840年鸦片战争以来，我国就进入了半殖民地半封建社会，在“三座大山”的压榨剥削下，中国的社会、经济失去了过去的辉煌，广大老百姓生活处于困苦状态，缺医少药的现象十分严重。特别是和15世纪西方文艺复兴以后发达的资本主义工业国家相比，我国更显得贫穷落后。

虽然1911年辛亥革命推翻了封建王朝，但是外国列强的侵入和压迫使中国人民陷入了深重的灾难之中。直到1949年中华人民共和国成立以前，基本状况是战争连绵不断，自然灾害接踵而来，政府的腐败使得老百姓的生活十分困苦，可以说，这一段时期是中国人民生活最为艰难困苦的历史阶段。

在1911—1949年这段时期，由于军阀混战、封建割据，我国全国性的统计数据很少，关于人口统计也不完全。据地方性的统计资料，这一期间中国人的平均寿命在30岁左右。

二、外敌入侵和长期战争状态下农村无处养老

（一）敌人占领地区农村人口少，民不聊生

在旧中国，八国联军入侵中国以后，敌占区就成为殖民地半殖民地状态。1931年日本帝国主义侵略我国东北三省以后，直到1945年日本投降，敌占区的农村人口大量

逃荒、流浪，躲避战乱，农村人口稀少，剩下的是老弱病残，也无法进行正常的农耕生产，广大敌占区居民处于民不聊生状态，生活极其痛苦，人口寿命严重缩短，养老几乎无从谈起。

（二）卫生条件差，瘟疫流行，民众无法养老

在我国敌占区的城市，卫生条件也很差，贫民窟普遍存在，时常暴发瘟疫、霍乱、天花、疟疾等流行病，城乡各地还有大量的地方病蔓延，落后的生育条件使新生儿和幼儿大量的死亡，中国人当时的平均寿命大大缩短。城乡老人生活来源缺少，青壮年男子被拉壮丁或者早死，绝大部分老人无法养老。

三、区域发展十分不平衡条件下的养老

（一）偏远地区有极少数农村有养老

旧中国的实际情况是，中国广大的偏远地区由于自然条件没有遭到破坏，过着传统的农耕生活，确实还存在着老年人长寿的情况，养老也成为一种现实和可能，但这相对于广大的中国来说也是相当的少数。由于交通不便，这些地区的农民一旦发生疾病，难以得到有效的医治，所以长寿的老人还是十分少见的。

（二）有极少数“富裕农民”有长寿条件

同样，在我国偏远的山区也有少数自然条件比较优越的农村或者乡镇，确实有少部分“富裕农民”过着自给自足的农耕生活，也有极少部分人得以长寿，享受了中医为主的医疗条件。

第二节　1949—1979年我国农村养老状况

中华人民共和国成立后到改革开放前的30年里，我国农村养老基本是居家养老为主，也有短时间的机构养老过程。

一、中华人民共和国成立初期百废待兴

（一）“三年过渡时期”的农村的养老

1. 1949—1953年中心工作是恢复生产

中华人民共和国成立以后，中国人民欢欣鼓舞庆祝中华人民共和国的成立，中华人民共和国成立以后，政府对城市经济的管理面临着许多困难和问题，农村的土地改革也在逐步展开，农村的养老还没有提上议事日程。但是，在农村党和政府开展了收养孤寡老人的工作，这也是农村养老的一个重要组成部分。

2.《城市职工退休金工作条例》的颁布

中华人民共和国成立时期的养老首先是从城市开始的，城市大量的工作是收救孤寡老人、残疾人、孤儿。同时，政府还对旧社会遗留下来的乞丐、流浪者、懒汉等进

行集中教育改造，可谓任务艰巨。

但是，养老仍然是社会和政府十分重视而又必须要进行的重要工作之一。这既是中国人的优秀传统，也是国际社会对中华人民共和国的希望和要求。1951 年 2 月 16 日，我国政务院颁发了《城市职工退休金工作条例》，开始了中华人民共和国城市养老的新纪元。

在广大农村，由于中国几千年的传统家庭养老模式存在，广大农民分到了田地，生活得到了很大的改善，养老问题也有所改善。

（二）1954—1965 年我国农村养老的状况

1. 1954—1959 年的农村养老

在我国广大农村，1954 年开始了农村合作社的管理制度推广工作，当时刚分到田地的农民在生活上和 1949 年以前有了很大的改善和提高，养老的问题还不是突出的问题。从 1956 年起，中国农村从初级农业合作社开始向高级农业合作社过渡，到 1958 年全面实行了人民公社制度，农村主要都实行“公共食堂”，农民“吃饭不要钱”，衣食得到保证。在这种情况下，我国农村养老制度开始普遍实施，广大地区分别建立了农村“敬老院”“幸福院”。这是我国农村养老制度基本建立的重要标志之一。

2. “三年困难时期”的农村养老

1960—1962 年是我国历史上著名的“三年困难时期”。由于自然灾害和国内外敌对势力的影响，我国进入了三年自然灾害困难时期。广大农村刚刚建立的敬老院、幸福院因无法维持纷纷解散，使我国农村“三无”老人的养老陷入了困境。但政府也尽可能地采取了一些救助措施，使老人顺利地度过了“三年困难时期”。

农村家庭的养老以传统的养老习惯继续进行着。由于中华人民共和国成立不久，几千年以来传统的农村居家养老的体制还非常稳固，广大农村居家养老的传统，还具有十分明显的优越性。因此，农村的养老并没有遇到根本性的难题，总体状况发展较好。广大农民在克服了三年自然灾害的困难时期以后，很快就进入了恢复和发展生产阶段，迎来了中华人民共和国成立以来较好的一段时光，就是得到几乎所有的人承认的历史。

3. 1963—1965 年的农村养老

1963—1965 年，我国农村经济得到了很大的恢复和发展，“大锅饭式”的人民公社管理制度做了调整，形成了以“生产队”为基础的农村生产集体管理模式，农村的敬老院、福利院开始逐步的恢复。

（三）1966—1978 年我国农村养老状况

1. “文化大革命”时期的农村养老

在这一阶段，整个国家的政治、经济、社会、文化、法律秩序遭到了严重的破坏，社会生产无法正常进行，农村集体经济也受到了很大的破坏。因此，农村的敬老院、幸福院也受到了严重的冲击。这个时期的农村养老是最困难的时期。

2. 改革开放头两年的农村养老

改革开放初期，我国面临着恢复经济的重要任务，农村重新开始了“联产承包责任制”的改革试点。每年的“农村一号文件”都成为当年改革开放的重要的指导性文件。在这两年，以“一个中心，两个基本点”的探索过程中，农村的养老开始了逐步恢复的阶段并开始了解决农村“三无”老人的问题。

3. 传统养老模式的延续

在这一历史时期，整个世界都还没有进入“老龄化社会”。但是，在欧美等工业化发达的国家已经开始感觉到老龄化社会的来临，有些国家在1980年前后就进入了老龄化社会。但是，它们在很早的时期就预测到了老龄化社会的来临，最为可贵的是这些国家都抓住了养老产业人才得到培养这个关键，所以，他们应对老龄化叫“有备而老”“富裕养老”。如加拿大在1898年就开始了大学本科养老专业人才的培养，以后一段时间他们不断地培养养老产业的人才，所以，他们应对老龄化的措施要早得多。

1950—1965年，中华人民共和国人口迅速增长。此阶段的中青年是我国人口的主要部分之一，农村老龄化问题还没有显得十分迫切和重要，因此，政府应对还比较自如。此时，中国传统的家庭式养老模式进一步延续，为我国养老发挥了应有的作用。

第三节　1979—2013年我国农村养老状况

改革开放以后，我国的经济很快得到恢复和发展，以农村改革为开端的中国经济体制改革首先让农民得到了实惠，在改革开放以来的30多年里，农村的养老事业得到了巨大的发展，可以说，获得了很大的成就，为世人所瞩目。

一、开始恢复传统

（一）在百废俱兴中农村正常状态养老

改革开放初期，我国从“中国式的社会主义”到“中国特色社会主义”一整套理论、思想、方针、政策、法规的建立，确保了我们中国特色的思想体系、文化制度以及中华民族传统的继承和发扬，为国家的全面发展做了准备，奠定了基础。

在农村养老方面，正确的中国特色农村养老模式。

农村经济体制的改革获得了巨大的成功，农村的养老体制正常发展，“三无”老人得到了统一妥善的安排。

首先，“三无”老人大部分进入了乡镇（村）的敬老院，得到了妥善的安置，享受了专业化的、社会化的、市场化的机构养老带来的优质的服务。

其次，在部分农村还有部分“三无”老人由于某种原因没有进入养老机构养老，而是投亲靠友，选择了居家养老的模式，但是，得到了国家和民政部门的经济补贴。据我们的调查，现在我国农村“三无”老人和“五保户”选择投亲靠友养老的每月最低补贴为380元。绝大部分老人感到满意，表示感谢政府和人民的关怀和帮助。

最后，国家和集体（村）在过年过节和冬季都会对农村老人进行慰问、调查，对困难者给予适当的物质和资金上的帮助。

（二）经济发展为养老提供物质基础

1. 农村改革开放为养老带来生机

改革开放以来，农村集体经济得到了很大的发展，农村的广大老人在居家养老方面有了经济保证。经济是农村养老的基础。广大农民每家每户经济都发展了，生活改善了，特别是交通条件改善了。我国基本上做到了村村通公路，东部、中部和西部大部分地区村的公路路面都进行了硬化处理，这为农村居家老人及时得到医疗救助提供了极大的方便，120 救护车在农村的广泛使用为农村老人“治病难”提供了极大的方便。现在，我国的广大农村的医疗条件得到极大改善，这是我国农村养老好的基本方面。

2. 农民工现象的养老模式

和中国农村养老紧密联系最突出的是农民工的大量涌现。大量的农民工进城是件好事情，但同时带来农村“空巢老人”的问题。据不完全统计，现在农村有“空巢老人”4000 万人左右，这给我国农村的养老带来了巨大的压力。农民工进城以后，90%以上工资收入并不高，还有相当大部分农民工要解决子女进城入学的重大问题。就是说广大农民工首先要解决子女的入学问题，其次才是解决老人的养老问题。相关机构应该努力从理论上、政策上、社会实践上寻求更好的解决办法，只有解决这个问题以后，才可以说解决了我国农村的养老问题。

农民工养老问题还涉及“隔代养老”问题，这就使中国农村养老模式的选择更加复杂化，如一位 35 岁左右的农民工上有 60 岁左右的父母，还有 80 多岁的祖父祖母或外祖父外祖母，他们的养老是非常需要关注的问题。这需要引起我们政府部门、社会组织、养老机构认真研究和高度重视。

二、我国农村养老形势有了重大发展

（一）农村基层组织健全保证我国养老传统继承

1. 法制工作在农村养老方面充分发挥作用

我国农村的家庭结构非常复杂且多层次，传统的家庭养老模式已经受到了很大的冲击。高龄老人多子女和第三代独生子女的状况普遍存在，传统的家庭观念十分淡薄。现在 75～85 岁老人的养老在很大程度上面临着困难，因为他们的子女大部分已成为老人，也存在养老的困惑。据我们的调查考察得到的资料证明，“双代”老人养老的现象普遍存在，虽然社会给了基本的养老补助金，但是现在农村养老补助金的最低标准是每人每月 56 元人民币。虽然比以前有了很大的进步，但对大多数老人来说，养老还是存在经济上的困难。如果遇上老人生病，就会更加困难，因为现在我国农村的医保还是在处于起步阶段。

这类高龄老人从某种意义讲还不如“三无”老人、“五保户”，特别是老龄老人，经济上得不到支持和帮助，这个问题需要解决。

因此，现在有很多农村老人的养老矛盾和纠纷不断，法律案件频发，农村基层的法律调解机构仍然缺乏，难以承担繁重的家庭养老方面的调解工作。所以，各级地方政府、社会组织需要大力加强农村养老法治方面的基本建设工作。

2. 党群组织协调

在我国农村，有党政、妇联、共青团等群众工作的光荣传统，在调解和处理农村养老问题上已经发挥了积极的应对作用。但是，由于当前农村养老的任务繁重，各机构需要调解的工作量很大。

因此，我们建议地方政府在有条件的情况下试行“养老调解专员制度”，具体办法是在农村培育一名或两名专职的养老专员和“养老调解专员”，从组织上得到保证，改善和提高农村的养老质量。

（二）特别重大发展

1. 农村低保普遍实施

由于我国经济的不断发展，农村已经普遍实行了老人“最低生活保障制度”，对于没有劳动能力的农民进行养老最低生活保险，这在很大程度上解决了农民的经济困难问题。同时，又在最近两年普遍实行了农村养老金发放制度。部分地解决了农村老人养老的基本问题。但是，离真正的解决农民养老问题还很远，还需要进一步地改进和提高。

2. 农村养老保险制度普遍实施

我国农村养老保险制度试点工作已经全面展开，绝大部分经济发达地区或大部分中西部地区开始进行农村养老保险制度的试点和实施。现在农村养老保险金的发放完全是国家财政开支，所以，发放金额比较低，中西部地区最低每人每月56元。而东部发达地区情况就不一样，最好的地区农民养老金每月可以领到3000多元。这些全国性的差距需要逐步地缩小和改变。

我国的养老保险制度根本性的改革在于，除特别贫困户外，每个农民都应该缴纳养老保险金，参照城市养老保险制度改革的成功经验，每位18~65岁的农民在有经济收入的情况下都应该每月按相应的比例缴纳养老保险金，到一定的年限，现在是15年，以后才能领取养老保险金。这样农村养老保险金才能有较快的增长和改善。

据试点的规定，到2020年以后，每个法定的农民都必须缴纳养老保险金。现在的方案最低缴纳数是一年为1080元，即每年每月最低缴纳90元基本养老保险金，并采取经济措施加以补贴和鼓励，多缴多得。根据我们的研究，如果国家财政在个人缴纳的基础上增加一倍的补贴，即农民每月最低缴90元，国家再补贴90元划入个人养老金账户，到退休时个人领取。在东部经济发达地区，可以采取集体同比例补贴和国家补贴并进的办法鼓励农村多缴保险金，以备将来养老时领取更多的保险金。在不同的地区还可以实行多缴多补的政策，如最低缴费每人每月90元，实行1:1的补贴政策；个人每月缴费300元，实行1:1.5的补贴政策；缴费600元，实行1:2的补贴政策；缴费1000元，实行1:2.5的补贴政策，最高补贴2500元。

预计到2025年，我国农村养老保险金的发放可以接近和达到传统城镇人口养老保险金领取的相应比例，甚至达到比城市养老金领取者更多的幸福获得感。

3. 农村医疗制度改革

农村医疗制度改革试点也正式展开，农村广大农民的医疗的大病保险和基本医疗保险的实施已经基本进行，但是，进展还不是很快，老年人的医疗保险金现在全国发放的最低标准是每人每年 80 元人民币，这也是非常可喜的进步。虽然不能从根本上解决农民的医疗保证问题，但是广大农民还是比较满足，因为这个政策完全是由国家财政无偿的补贴。

同样，农村养老保险制度的改革和基本养老保险的改革具有十分相似之处，具体的规定有两个特点：一是参照城市的医疗保险制度的改革进行；二是和农村基本养老保险制度的改革同步。

知识拓展

国务院关于开展新型农村社会养老保险试点的指导意见

国发〔2009〕32 号

各省、自治区、直辖市人民政府，国务院各部委、各直属机构：

根据党的十七大和十七届三中全会精神，国务院决定，从 2009 年起开展新型农村社会养老保险（以下简称新农保）试点。现就试点工作提出以下指导意见：

一、基本原则

新农保工作要高举中国特色社会主义伟大旗帜，以邓小平理论和“三个代表”重要思想为指导，深入贯彻落实科学发展观，按照加快建立覆盖城乡居民的社会保障体系的要求，逐步解决农村居民老有所养问题。新农保试点的基本原则是“保基本、广覆盖、有弹性、可持续”。一是从农村实际出发，低水平起步，筹资标准和待遇标准要与经济发展及各方面承受能力相适应；二是个人（家庭）、集体、政府合理分担责任，权利与义务相对应；三是政府主导和农民自愿相结合，引导农村居民普遍参保；四是中央确定基本原则和主要政策，地方制订具体办法，对参保居民实行属地管理。

二、任务目标

探索建立个人缴费、集体补助、政府补贴相结合的新农保制度，实行社会统筹与个人账户相结合，与家庭养老、土地保障、社会救助等其他社会保障政策措施相配套，保障农村居民老年基本生活。2009 年试点覆盖面为全国 10% 的县（市、区、旗），以后逐步扩大试点，在全国普遍实施，2020 年之前基本实现对农村适龄居民的全覆盖。

三、参保范围

年满 16 周岁（不含在校学生）、未参加城镇职工基本养老保险的农村居民，可以在户籍地自愿参加新农保。

四、基金筹集

新农保基金由个人缴费、集体补助、政府补贴构成。

（一）个人缴费。参加新农保的农村居民应当按规定缴纳养老保险费。缴费标准目前设为每年 100 元、200 元、300 元、400 元、500 元 5 个档次，地方可以根据实际情况增设缴费档次。参保人自主选择档次缴费，多缴多得。国家依据农村居民人均纯收入增长等情况适时调整缴费档次。

（二）集体补助。有条件的村集体应当对参保人缴费给予补助，补助标准由村民委员会召开村民会议民主确定。鼓励其他经济组织、社会公益组织、个人为参保人缴费提供资助。

（三）政府补贴。政府对符合领取条件的参保人全额支付新农保基础养老金，其中中央财政对中西部地区按中央确定的基础养老金标准给予全额补助，对东部地区给予50%的补助。

地方政府应当对参保人缴费给予补贴，补贴标准不低于每人每年30元；对选择较高档次标准缴费的，可给予适当鼓励，具体标准和办法由省（区、市）人民政府确定。对农村重度残疾人等缴费困难群体，地方政府为其代缴部分或全部最低标准的养老保险费。

五、建立个人账户

国家为每个新农保参保人建立终身记录的养老保险个人账户。个人缴费，集体补助及其他经济组织、社会公益组织、个人对参保人缴费的资助，地方政府对参保人的缴费补贴，全部记入个人账户。个人账户储存额目前每年参考中国人民银行公布的金融机构人民币一年期存款利率计息。

六、养老金待遇

养老金待遇由基础养老金和个人账户养老金组成，支付终身。

中央确定的基础养老金标准为每人每月55元。地方政府可以根据实际情况提高基础养老金标准，对于长期缴费的农村居民，可适当加发基础养老金，提高和加发部分的资金由地方政府支出。

个人账户养老金的月计发标准为个人账户全部储存额除以139（与现行城镇职工基本养老保险个人账户养老金计发系数相同）。参保人死亡，个人账户中的资金余额，除政府补贴外，可以依法继承；政府补贴余额用于继续支付其他参保人的养老金。

七、养老金待遇领取条件

年满60周岁、未享受城镇职工基本养老保险待遇的农村有户籍的老年人，可以按月领取养老金。

新农保制度实施时，已年满60周岁、未享受城镇职工基本养老保险待遇的，不用缴费，可以按月领取基础养老金，但其符合参保条件的子女应当参保缴费；距领取年龄不足15年的，应按年缴费，也允许补缴，累计缴费不超过15年；距领取年龄超过15年的，应按年缴费，累计缴费不少于15年。

要引导中青年农民积极参保、长期缴费，长缴多得。具体办法由省（区、市）人民政府规定。

八、待遇调整

国家根据经济发展和物价变动等情况，适时调整全国新农保基础养老金的最低标准。

九、基金管理

建立健全新农保基金财务会计制度。新农保基金纳入社会保障基金财政专户，实行收支两条线管理，单独记账、核算，按有关规定实现保值增值。试点阶段，新农保基金暂实行县级管理，随着试点扩大和推开，逐步提高管理层次；有条件的地方也可直接实行省级管理。

十、基金监督

各级人力资源社会保障部门要切实履行新农保基金的监管职责，制定完善新农保各项业务管理规章制度，规范业务程序，建立健全内控制度和基金稽核制度，对基金的筹集、上解、划拨、发放进行监控和定期检查，并定期披露新农保基金筹集和支付信息，做到公开透明，加强社会监督。财政、监察、审计部门按各自职责实施监督，严禁挤占挪用，确保基金安全。试点地区新农保经办机构和村民委员会每年在行政村范围内对村内参保人缴费和待遇领取资格进行公示，接受群众监督。

十一、经办管理服务

开展新农保试点的地区，要认真记录农村居民参保缴费和领取待遇情况，建立参保档案，长期妥善保存；建立全国统一的新农保信息管理系统，纳入社会保障信息管理系统（“金保工程”）建设，并与其他公民信息管理系统实现信息资源共享；要大力推行社会保障卡，方便参保人持卡缴费、领取待遇和查询本人参保信息。试点地区要按照精简效能原则，整合现有农村社会服务资源，加强新农保经办能力建设，运用现代管理方式和政府购买服务方式，降低行政成本，提高二作效率。新农保工作经费纳入同级财政预算，不得从新农保基金中开支。

十二、相关制度衔接

原来已开展以个人缴费为主、完全个人账户农村社会养老保险（以下称老农保）的地区，要在妥善处理老农保基金债权问题的基础上，做好与新农保制度衔接。在新农保试点地区，凡已参加了老农保、年满60周岁且已领取老农保养老金的参保人，可直接享受新农保基础养老金；对已参加老农保、未满60周岁且没有领取养老金的参保人，应将老农保个人账户资金并入新农保个人账户，按新农保的缴费标准继续缴费，待符合规定条件时享受相应待遇。

新农保与城镇职工基本养老保险等其他养老保险制度的衔接办法，由人力资源社会保障部会同财政部制定。要妥善做好新农保制度与被征地农民社会保障、水库移民后期扶持政策、农村计划生育家庭奖励扶助政策、农村五保供养、社会优抚、农村最低生活保障制度等政策制度的配套衔接工作，具体办法由人力资源社会保障部、财政部会同有关部门研究制定。

十三、加强组织领导

国务院成立新农保试点工作领导小组，研究制定相关政策并督促检查政策的落实情况，总结评估试点工作，协调解决试点工作中出现的问题。

地方各级人民政府要充分认识开展新农保试点工作的重大意义，将其列入当地经济社会发展规划和年度目标管理考核体系，切实加强组织领导。各级人力资源社会保障部门要切实履行新农保工作行政主管部门的职责，会同有关部门做好新农保的统筹规划、政策制定、统一管理、综合协调等工作。试点地区也要成立试点工作领导小组，负责本地区试点工作。

十四、制定具体办法和试点实施方案

省（区、市）人民政府要根据本指导意见，结合本地区实际情况，制定试点具体办法，并报国务院新农保试点工作领导小组备案；要在充分调研、多方论证、周密测算的基础上，提出切实可行的试点实施方案，按要求选择试点地区，报国务院新农保试点工作领导小组审定。试点县（市、区、旗）的试点实施方案由各省（区、市）人民政府批准后实施，并报国务院新农保试点工作领导小组备案。

十五、做好舆论宣传工作

建立新农保制度是深入贯彻落实科学发展观、加快建设覆盖城乡居民社会保障体系的重大决策，是应对国际金融危机、扩大国内消费需求的重大举措，是逐步缩小城乡差距、改变城乡二元结构、推进基本公共服务均等化的重要基础性工程，是实现广大农村居民老有所养、促进家庭和谐、增加农民收入的重大惠民政策。

各地区和有关部门要坚持正确的舆论导向，运用通俗易懂的宣传方式，加强对试点工作重要意义、基本原则和各项政策的宣传，使这项惠民政策深入人心，引导适龄农民积极参保。

各地要注意研究试点过程中出现的新情况、新问题，积极探索和总结解决新问题的办法和经验，妥善处理改革、发展和稳定的关系，把好事办好。重要情况要及时向国务院新农保试点工作领导小组报告。

国务院

二〇〇九年九月一日

案例点评

简介：深圳市郊区农民养老保险金领取方案：2017 年 12 月，深圳市郊区农民养老保险金领取每月最高 129 元，但这只是政府财政补贴部分。

点评：在深圳市的城中村，村委会可支配财产是比较高的，每个农民每月可分到万元以上，包括老年人。

第二十八章　全面小康社会乡镇（村）敬老（福利）院建设

从养老机构管理的角度来分析研究问题，我国乡镇（村）的敬老（福利）院的管理应该怎样进行，或者我们要进行新的投资，建立一家乡镇（村）的养老福利院，应该进行哪些基本工作？这是本章研究的课题。

第一节　协助行政主管部门搞好规划

在现代文明发展进程的今天，要建设新的项目或者要参与管理已有的项目，必须了解当地政府部门的规划，规划已经成为区域建设的强制性的法律文件。按照规划办事既是遵守法律的行为，又可以减少不必要的麻烦和损失。

一、县级养老规划

（一）中长远规划

所谓中长远规划，是指年限在五年以上，十年、十五年、二十年甚至更长时间的规划。我国于1998年进入老龄化社会，到2013年养老产业才开始受到人们的重视，所以，很多部门没有养老产业的中长远规划。

县级行政机构是我国政权组织中重要的行政管理机构，是最有代表性的基层政权机关，县政府都应该制订本县主导产业和相关产业的中长远发展规划。2016年，是我国“十三五”规划的开局之年，有相当一部分政府和部门在制订“十三五”规划的同时也制订了中长期发展规划，这是一个比较好的举措。可以说由于我国的养老产业从2016年才开始起步，各地也应该制订中长远发展规划。县政府是我国行政机构中最重要的机关之一，在应对老龄化问题上应该从长计议，制订出十年、二十年的中长期发展规划，以指导今后的工作。

（二）“五年规划”

关于“五年规划”的制订，已经是现代文明的一个重要标志之一，五年在人类的发展生活中是一个比较长远又很适宜的时间概念。因此，国际上大多数国家把一届政府任期确定为五年，这告诉我们一个基本的含义，意味着五年的时间也可以做成一些相当规模大项目，也可以办成一些相当有意义的事情。所以，五年“不长也不短”，这大概是五年计划或五年规划，人们喜欢选择五年为一个时间段的意思。养老产业的五年规划和国民经济的五年规划协调的建立和进行是非常必要的。

二、各部门协调工作

（一）民政部门

乡镇养老院的直接主管部门是县民政局，村养老院的直接主管部门是乡镇民政主管官员。所以，乡镇（村）的养老院、敬老院、福利院都要主动地向县民政部门进行注册设立登记，按照县民政局办事大厅的办事指南和要求履行有关的手续，取得合法的营业执照。

（二）发改委

乡镇、村养老机构的设立、变更都应该到县发改委去申请报告取得立项批准。养老机构再根据立项批准提出的要求去设立改建、扩建乡镇（村）的养老机构，所需要报告的部门发改委的立项报告一般会明确地提出，在办事过程中再根据有关部门的指导意见进行工作。

（三）国土部门

乡镇（村）养老院的建立包括改建和扩建，需要土地的情况下就要报告有关国土部门。一般的乡镇设有县国土局的派出机构、国土事务所和专职工作人员，要寻求他们的帮助、支持，得到土地使用的正式批文。

（四）规划建设部门

新建和改建/扩建乡镇（村）的养老院首先要根据县级规划部门的规划进行。但是，我国现实的情况是绝大部分省市县对养老产业认识不足，对我国应对“老龄化”严重挑战认识不足，对我国养老问题是涉及国计民生的大事认识不足。所以，县级规划部门往往缺乏对养老产业的规划，近一两年虽然有一些改变，但是总的情况不太乐观。

因此，养老产业的投资者、经营管理者要积极主动地和县级规划部门汇报，协调、协助县级规划部门做出规划的相应调整、修改，报上级政府批准，使养老产业在规划中占有一席之地。

（五）财政部门

我国的养老产业是一个新兴的产业，养老是国家和各级政府部门的主要责任之一。因此，各级财政要按国家的相关规定支付养老的相关费用。

国家对兴办养老机构尤其是乡镇（村）的基层养老机构会是积极的扶持的态度，财政上会有明确的补贴的规定。乡镇（村）的医疗机构的管理人员要和县、乡镇财政主动沟通，争取获得按规定的经济补贴和支持。

（六）人事部门

乡镇（村）的养老机构的人事管理绝大部分属于民营企业的管理方式，县人事局对这些养老机构的人事管理不像正式的国家编制的、国有的人事管理那么严格。但是有两个方面要求得到县人事局的领导、指导、监督和帮助。第一，养老人才的培训资格证和上岗证的发放由县人事局和上级部门管理，乡镇（村）的养老机构要主动请示汇报，相关人才特别是养老护理员资格证书得到县人事局及时颁发和备案。第二，养老护理员等养老产业人才的培训国家都有专门的补贴经费，乡镇（村）的养老机构的养老护理员都应该持证上岗，努力争取参加各种形式的培训。培训之前要向县人事局培训中心申请备案，培训结束以后，要求申请相关的培训费用的补贴。同时，有关劳动纠纷，即乡镇（村）的养老机构和所聘请的工作人员的工作等劳动纠纷都需要人事局管理和仲裁。

（七）各类行政部门

乡镇（村）的养老机构是关系老人的生活质量、生命质量和安全的大事，除了上面列举的六个政府部门是经常性的管理机构外，还有许多相关的政府部门和行业协会在管理、监督和指导乡镇（村）的养老机构的日常业务工作。现分别简单介绍如下：

第一，消防部门。古人语“水火不留情”“火灾猛于虎”，这说明消防的重要性。因此，养老机构一定要把消防安全作为头等大事来抓。养老机构服务对象的特殊性告诉我们，在这些场所容易发生火灾，更可怕的是火灾发生以后老年人反应迟钝，行动缓慢，容易拖延抢救时间，造成难以想象的损失。因此，要引起养老机构的全体人员高度重视。第一，在消防设施的配置上一定要按消防部门的要求进行，不经过消防部门的验收不得开业，不得接收老人入住；第二，要对养老机构全员进行消防培训，获得消防部门的指导和帮助。

第二，工商管理部门。按我国的企业登记制度，过去养老机构是由工商管理部门注册登记，2013 年以后改为由民政机关注册登记、工商管理机关备案制度，这是比较科学合理的。乡镇（村）的养老机构管理人员必须明白我们的客户单位、商品采购和消费都必须获得工商管理部门的支持和帮助，所以，努力协调和处理与工商部门的关系十分重要。

第三，交通。交通安全也是乡镇（村）的养老机构必须高度重视的工作之一。尤其首先是车辆的使用，养老机构道路的规划和建设必须获得交通管理部门的支持和帮助。特别是新建、改建和扩建乡镇（村）的养老机构的道路、门禁需要交通管理部门的协调。

第四，社区。乡镇（村）的养老机构相当部分属于一定的社区。社区是我国最基层的行政管理机关，乡镇（村）的养老机构的建立、经营管理、日常工作都必须得到社区的领导、帮助和支持。

显然，我国乡镇（村）的养老机构，由于涉及面太广，涉及农村老人的生命质量和生活质量的提高问题，由于我国的行政管理体制还在改革和完善之中，在养老机构的管理上，还有许多需要改进的方面，需要在工作中加以协调解决。

第二节 集中财力物力建设标准化乡镇（村）敬老（养老）院

在我国除东部地区和中心城市郊区乡镇，财政比较充裕外，大部分地区乡镇（村）的财力相对较弱，需要集中各方力量，发展养老事业。

一、乡镇敬老（养老）院标准

（一）基本建设标准

由于我国养老产业处于起步阶段，过去国家建设的养老机构少之又少，所以，现在还没有独立的我国乡镇和村的养老机构的建设标准。但是，以下标准可供我们参考。

1. 中华人民共和国建设部颁布老年人居住建筑实际标准

2008 年 6 月 1 日，建设部颁布《城镇老年人设施规划规范》；2010 年 11 月 17 日，建设部和发改委颁布《老年人养护院建设标准》。这些相关标准既照顾了全国的基本的统一规定和要求，又照顾了全国不同区域的特殊要求，这些规定对于建筑的指导思想标准规范作了相应规定，主要是在建设规模上区别为 500 床、400 床、300 床、200 床、100 床五类，对房屋建筑基本项目包括老人用房（入住服务、卫生保健、康复、娱乐、社会工作用房）、行政办公用房和附属用房，都作了相关规定。这些规定涉及大量的建筑技术用语，在此不可能大部分抄录。各有关乡镇（村）敬老（养老）院的投资者和建设者在需求新建和扩建的时候可以进行专门的咨询，在民政部的批准下设有“当代养老产业研究院”“养老建筑规划设计院”在进行养老机构建筑的咨询、设计工作。清华大学等高等院校也有相关的咨询设计机构，在需要的时候可以和这些机构进行联系，以得到有效的指导。

2. 关于乡镇的敬老（养老）院的建设标准的探讨

自从 2013 年《国务院关于加快发展养老服务业的若干的意见》发布以后，各地的养老机构建设按照新的思维和方法进行了许多创新，现在有关的标准民政部办公厅正在收集和征订中。但据我们了解，乡镇的敬老（养老）院的建设标准还需很长的时间才能够出台。

（二）创建相关标准

1. 创建乡镇敬老（养老）院标准的重要性

首先，我国农村的乡镇（村）的养老机构数量很多，规模较小，而且分散，由于各地经济条件差别很大，所以我们建议由各省、自治区、直辖市组织制定和编写乡镇（村）敬老（养老）院的建设标准。

其次，乡镇敬老（养老）院的投资者、建设者和经营管理者相对于大中城市而言，专业水平、人才素质不是很高，这就更需要各省市县相关部门加强领导和指导，把乡镇的敬老（养老）院建设好。

最后，希望有关研究机构、大专院校尽快组织力量关注和支持乡镇（村）敬老

（养老）院的建设，制定标准，积极咨询，帮助工作。

2. 关于创建标准的建议

乡镇敬老（养老）院是我国养老机构的基础和数量最大部分。2017 年，民政部办公厅开始征集养老机构的相关标准，估计至少还有两三年的时间，才能出台相关的标准。因此，大、中型养老机构，特别是有条件的地方，应该摸索和编制养老机构的相关标准。一方面，是提高自己的养老服务质量；另一方面，是为自己创造品牌做出应有的努力；同时也是为我国养老产业的发展做出应有的贡献。

由于中国地域广大，东、中、西部地区发展十分不平衡，偏远山区的乡镇和中心城市郊区的乡镇比较，社会经济文化条件相差很大。因此，可以根据自己的实际情况，制定相应的标准，经过评估认证和行政管理部门批准以后，再扩大试行。

统一标准的设施，是现代社会管理的基本要求。但是，乡镇养老院和敬老院，办出自己的特色是非常重要的，有特色的养老机构是最具有吸引力和生命力的。特色就是品牌，就是效益和核心竞争力。

二、农村敬老（养老）院标准

（一）经济条件在农村敬老（养老）院建设中起着基础作用

1. 关于经济发达地区村敬老（养老）院的建设

在我国经济发达地区，由于人们生活水平较高，老年人的养老需求也较高，除了县建有大型养老机构外，乡镇敬老（养老）院也比较普及和有相当的规模和水平。但是，还有可能达不到老人就近养老、个性化养老的要求，因此，有些规模较大、经济条件较好的农村运用集体的资金投资，或者集体和个体联合，或者民间资本独立投资，建立能满足村里老人需求的养老福利院，也接收其他村甚至外地的老人入住养老，这是需要提倡和支持的。

经济发达地区的农村也可以利用当地优美的自然资源，如小型风景区、水库、湿地、乡村旅游点等建立养老机构，以吸引城市和外地的老人入住为主，这对发展村的经济也是很有好处的。

2. 中部和西部经济中等先进地区

中国区域经济发展十分不平衡，如西部城市成都、重庆、西安的郊区农村经济就十分发达，乡镇养老院已比较健全，基本可以满足老人机构养老的需要。但是，这些地区包括中部地区的郑州、武汉、南昌等中心城市的村也有一些民营资本建立的养老机构，主要是服务于社会，有些已经取得了很大的成功，如成都市新津县龙旺老年服务中心，在县民政部门的大力支持下成立，中心内养老居室多样，包括单间和双间，还配有独立的卫生间，公共设施也很齐全，包括多功能餐厅、阅报室、休息小院等，此外还配有 8000 平方米土地种植蔬菜和养殖家禽，为老人提供了一个休闲娱乐安度晚年的场所。

3. 经济文化相对落后和偏远地区的村级养老机构建设

现在我国大部分相对偏远和经济落后地区养老机构处于空白状态，而在经济较发达的地级市和县城郊区，乡镇养老机构建设条件较好、服务功能比较完善。但是，大部分地区由几个乡镇联合建立养老福利院，收养农村五保户。虽说我国养老产业的发展使得精准脱贫完成并巩固，这些偏远山区村离县城和乡镇距离较远，有条件的地方也应该建立村的养老福利院，床位在 20 张左右，也便于管理，这是值得提倡和鼓励的。

应提倡和鼓励慈善机构、社会公益基金到我国相对偏远落后的村和乡镇建立养老福利院，满足山区和偏远地区老人养老的需求。

（二）创建我国农村敬老院、养老院的相关标准

1. 经济发达地区的农村敬老院、养老院的相关标准

经济发达地区由于基础较好，交通便利，养老机构设立相对较多，应该进行总结提高，创建相关标准，如房屋建筑标准、医疗设施标准、护理标准、康护设置标准、文化娱乐标准等，可以为其他地区起到示范作用。

2. 中部和西部经济中等先进地区敬老院、养老院的相关标准

这些地区农村的敬老院、养老院层次也是多样的，但是，还远远不能满足这些地区养老的需求。因此，现有的村级养老机构应该加快发展进度，提高服务质量，包括创建村级养老机构的相关标准，以供新建的养老机构学习和参考，同时提高自己的知名度和品牌效应，有利于自己业务的扩大和发展。

在中等发达地区，部分有条件的农村应该发挥集体经济的力量，联合民间资本创建适合本地老人养老的村级敬老院、养老院，搞得好的也可以吸引城市和外地的老人入住养老，增加自己的经济效益和社会效益。

3. 经济文化相对落后偏远地区敬老院、养老院的相关标准

西部地区城市和农村的差别很大，很先进的城郊经济水平、文化氛围已接近或达到东部发达地区的水平，村级养老机构有些已经建设较好，起到了一定的示范作用，也可以摸索相关的标准，总结提高发展自我。

第三节 确保国家养老基金充分发挥作用

我国的养老面临重大挑战和机遇，老年人大部分是农村人口，进城打工的人员大部分也会回农村养老，因此，农村养老基金必须发挥重要作用。

一、国家农村养老基金的使用

（一）国家基本养老基金投资管理办法解读

1. 基本养老基金投资管理办法状况

基本养老保险基金（以下简称养老基金）是广大群众的“养命钱”，也是重要的公共资金。2015 年国务院颁布了《基本养老保险基金投资管理办法》，农村养老基金的管理办法可以此为根据。为了提高基本养老保险基金收益水平，实现基金保值增值，

促进养老保险制度健康持续发展，2015年8月23日，国务院发布《基本养老保险基金投资管理办法》。

2. 解　读

到2030年，我国的老年人口预计会达到3.5亿，而大部分生活在农村。预估“脱贫减困”完成的时间是2020年，在经过10年的巩固发展，全国人民包括经济落后的偏远地区、山区都达到了小康水平，老年人的养老需求会迅速提高，已经不是现在所能想象的状况，这是我们必须充分估计到的。因此，农村的养老机构建设会有一个较大的需求和发展。

到2021年，按照目标要求，每个达到法定年龄的有收入的农民都必须缴纳按规定的一定的养老保险金，再加上国家和集体的补贴部分，农村基本养老保险金会成倍增长，农村所得到的基本养老保险金也会成倍的增加。

可以预见，到2025年前后，我国养老体系会有较大的改变，居家养老、社区养老、机构养老各自所占的比例会有重大的变化。在主要满足城市“三无”老人、农村“五保户”、残疾人的养老和基本生活保障以后，普通老人的养老质量会有一个很大的提高。

同时，由于独生子女政策的实施，我国“双独家庭”的老人将来选择机构养老的比例会极大地提高，我们的研究认为，居家养老占老龄人口的70%～75%，社区养老占20%～15%，机构养老可能会占老年人口10%的比例，应该说，这是一种比较理想的状态。再进一步预测可知，到2050—2060年以后，也许中国也会像现在西方经济发达国家一样，开始向居家养老逐步回归。

（二）管理和监督

1. 管　理

我们必须十分明确，管理的本质就是服务，这是经济学或管理学的最基本的要求，改革开放40年以来，中国的管理体制管理方法、管理途径都有了很大的改变，这是非常令人可喜的进步。但是在养老机构和养老管理上，还有很大的缺陷。传统的计划经济的高度集中统一的管理方式和理念还严重存在。从巡诊管理部门，到养老机构内部的管理，还没有明确地确立服务的观点。

在很多情况下，人们往往把有关部门的监督、引导、管理的职能和服务的职能对立起来，割裂开来。然而，必须牢固地树立管理就是服务，“顾客至上”“顾客就是上帝”“顾客总是对的”等，崇尚先进的理念。

2. 监　督

养老金是老年人的“养命钱”。乡镇居民和农民的养老金本身就很少，各地区有关行政职能部门和养老机构，要有高度的事业心和社会责任感，管理使用好养老金，确保万无一失地发放到每个人手中。监督是多方面的，主要有以下内容：

第一，国家纪检部门的监督，这是最高的绝对形式，一旦发现有对养老金的侵占和违法行为，要及时检举和报告，以使之受到合理的处理。

第二，媒体舆论部门的监督，是很好且有效的方式，大家应该广泛地运用。

第三，员工的监督。在养老机构内部发动全体员工的督促作用是十分重要的。

第四，社会的监督。老人们的亲友家属，是一个广泛的社会监督基础。关心养老机构的社会人士也是一个重要的监督方面。

二、各地区自筹资金的使用

（一）各地区养老政策和惠民措施简介与剖析

1. 各地区养老政策和惠民措施简介

我国区域广大，由于历史的原因，自然环境的优劣不同，生产力发展水平的差别很大，各地政府的地方财政收支差别也很大，因此，可以用于补贴老年人养老的经费相差也大，全国不可能“一刀切”，而应当鼓励各级政府建立各种积极的养老政策和惠民措施。

第一，关于新建和改建、扩建养老机构的财政补贴政策。各地区各级政府财政收入不一样，补贴标准也不一样。在沿海经济发达地区，如宁波、山东、南京、深圳、天津、苏州、上海、杭州等地都在遵循国家补贴的标准基础上，再给予地方补贴，一个床位补贴0.5万~2万元。新建或改建/扩建补贴的标准又不一样。

在我国中部和西部经济相对落后地区，也都实行相关的补贴，如属于西部地区的成都市锦江区在2012年就出台政策对改建/扩建养老机构的一个床位验收合格补贴1.2万元，这还是比较领先的水平。同样，在甘肃省兰州市也都设立了相应的补贴标准。

第二，关于已入院老人的经济补贴，各地也不一样，北京市丰台区区政府补贴是每人每月250元，并且对使用做了相应的划分，200元是生活补贴，50元是养老机构的管理费补贴，在福建泉州靖江市，每人每月补贴200元。据不完全统计，到2017年初，全国各地对入住养老机构的老人除极少数经济特别落后地区外，都给予了相应补贴。

第三，各地政府对养老产业人才的补贴。由于人们对养老产业的认识还有偏见，同时，在有关的政策措施方面也不太完善，养老产业的人才流失非常严重。据统计，从1999年开始培养的养老产业的职业教育专科人才80%离开了这个岗位。为此，各地政府部门对养老产业的人才特别是养老护理员实施了就业补贴的政策。在深圳、广州、宁波、青岛、苏州、南京、北京、天津、成都、兰州等地，都较早地采用了鼓励养老护理员坚持留在就业岗位的经济补贴政策。到2016年年末，全国对养老人才特别是养老护理员经济补贴的地区是天津市，养老护理员入职一年以上一次性补贴38000元，其次是南京市，养老护理员入职一年以上，一次性补贴26000元，对入职三年以上的还有高达50000元的一次性补贴。

2. 各地区政府养老政策解析

自从2013年国务院《关于加快发展养老服务业的若干意见》之后，各地政府积极响应国家的号召，对养老产业进行了各种补贴和扶持，使养老产业的发展有了一定的起色。2016年，习近平总书记连续三次主持召开中央政治局会议研究养老问题，为各地地方政府的工作指明了方向，各地地方政府根据自己的实际情况先后出台了一些扶持养老机构建设、培养养老产业人才的措施和办法，收到了积极的效果。从现在初步统计的情况来看，天津市是出台补贴养老护理员资金相对较晚的城市和地区，但是，该市的补贴金额是最高的。这告诉我们，还有一些没有出台相关补贴政策的地方政府也应该出台切合实际的积极有效的促进养老产业发展的政策。

还有一些地方政府的做法也是值得推广和借鉴的，如前面介绍的南京市政府曾经较早地出台对养老产业和养老产业人才的经济补贴政策，后来，进行了完善、补充和修改。如果加上市、区两级的补贴，在全国来说当前应该是最高的。

我们还必须要注意的是，在西部地区，在经济相对落后的偏远山区、革命老区、少数民族地区、边防地区的地方政府财政虽然有一些困难，但是，养老、敬老、爱老是中华民族的光荣传统，有一句口号叫“老人的今天，就是我们的明天”，人人皆老之，经济落后地区也要想办法保证老人的养老，发展养老产业和推动养老人才的培养。

3. 差别化政策有利于调动地方积极性

国内区域经济的发展不平衡是正常的，历史发展的经验告诉我们，整个社会经济文化的发展都是在不断地克服不平衡的过程中前进的。因此，国家各地区各部门之间必须根据历史和现实的条件实行差别化的政策。在养老的问题上也必须是这样。经济发达地区对经济落后的地区有支援和帮助的义务和责任，但是不可能采取包办的办法，正常的办法是人们常说的采用“造血机制”，帮助落后地区发展。也提倡先进地区支援落后地区建设养老服务设施和养老机构，满足边远和落后地区部分老人的养老需求。

（二）管理和监督

1. 地方自筹养老金的管理

据我们调查研究，各地地方政府对养老产业补贴的资金还缺乏统一管理，一般是从当年财政预算中列支，这是需要研究的。按照现代管理制度和有利于养老产业长期发展的需求，各地政府应该单独成立一个或几个养老产业基金，有独立的管理机构，根据基金制定的办法实施管理。这样做的好处是使地方养老产业基金法规化，能得到持续的发展，防止某一级政府由于财政收支上的困难而中断和克扣对养老产业的经济资助和补贴。

我国已有对各种产业基金、慈善基金、事业发展基金的管理办法，各地政府和相关机构应当参照这些办法制定出符合养老产业发展状况和条件的管理措施。

2. 地方自筹养老金的监督

地方政府的养老基金使用的监督包括以下几点：

第一，根据地方养老产业基金管理办法的规定进行监督，每年必须进行例行的会计审计，做出相关的年度财务报告，并且应当向社会公布。

第二，国家纪委监察部门的监督，这是公信力最强的监督机构。地方养老产业基金应该主动接受纪检审计部门的监督。

第三，接受媒体和群众的监督，这是最为广泛的监督。

第四，接受人民代表大会的监督。地方养老产业发展基金大部分来源于地方财政开支，政府的预算报告自然会接受地方人民代表大会的监督。

第五，接受上级行政主管部门的监督以及其他必要的监督。

知识拓展

在我国，有文字记载的年寿最高者当数清朝百岁老人李庆远，他活了256岁（1677—1933），他是清末民初的中医药学者，他的长寿秘诀：保持一种平静的心态，坐如龟，形如雀，睡如狗。

浙江苍南县张香梅为浙江省最长寿的老人，享年116岁。老人长寿的秘诀是睡眠充足而且从不挑食。

据意大利安莎社报道，世界最长寿老人艾玛·莫拉诺于2017年在意大利逝世，享年117岁。生前她把自己长寿归功于基因以及每天吃三个鸡蛋，而且其中两个还是生的。

案例点评

简介：四川省乐山市安谷镇泊滩养老院，是一家村级的养老院，现有养老者55名，其中有十多名是重症老人。养老院过去几年在另外的村租房开设，近年投资扩建。

这家养老院的最大特点是，护理人员虽然没有经过培训，但是都比较年轻，有文化，这是一家具有一定特色的民办养老机构。这家养老院正积极地申请参加培训，服务质量不断提高，入住老人也不断增加，受到了社会和老人好评。养老院对医疗采取的办法是，和安谷镇医院签订合同，每天定时派医生到养老院巡诊，采取医疗救治，并且和市中区人民医院、乐山市人民医院、四川医科大学附属医院签订老人急救抢救合作协议，确保老人生病时得到及时的抢救和治疗。

点评：养老机构在过去几年不规范的都应该尽快规范，只有规范，才能更好地发展。

第二十九章　乡镇（村）养老（敬老）院管理班子建设

在我国有编制的乡镇中，建设和管理好这些乡镇养老院、敬老院，是所有养老产业的行政管理人员、产业投资者和机构开发者和研究工作者的重要责任。从养老机构的数量来看，这也是全国的大多数，从承担的老人养老总量来看，占全国的70%以上。我国全面进入小康社会以后，乡镇（村）的老年人养老，会成为很重要的方面，必须引起全社会的高度重视。

第一节　第一责任人的带头作用

中国的社会、经济、行政管理的发展形成了新常态，凡事都要讲究承担和责任，因此，第一责任人的选择非常重要，乡镇（村）的养老院、敬老院事关重大，必须认真挑选。

一、乡镇（村）的养老院第一责任人的多种选择

（一）乡镇“一把手”兼任

1. 关于“一把手”之说

所谓“一把手”是一个形象通俗的称呼，是指一个机构核心领导层，一个部门和团队的第一负责人。在乡镇，“一把手”是指党委书记，乡长和镇长，在村是指村党支部书记，或者村主任。这些地方的党委政府任命负责人担任养老（敬老）院的第一责任人主要是便于集中统一的领导，使养老（敬老）院的管理得到很好的、充分的、有效的落实。表明地方政府党委重视养老产业，有利于净化社会风气，形成全社会养老、敬老、爱老的风尚。

2. 乡镇（村）的其他干部担任第一责任人

乡镇（村）的领导，尤其是主要领导干部为第一责任人是一种选择，但是，由于他们统管全局工作很忙，难以真正照顾到养老院、敬老院的日常实际工作，可以选择乡政府和村的其他干部担任，乡镇分管民政工作的副镇长和民政助理员都是最好的选择之一。热爱养老产业的其他乡镇干部，如妇女主任、团委书记，均可以承担此重要责任。

农村的养老（敬老）院，村主任、村副主任等村干部都可以担任第一责任人。

（二）县民政局工作人员下派兼任乡镇养老院的第一责任人

1. 局长、副局长

民政局是县政府管理养老产业的主要机关部门。按照《中华人民共和国组织管理条例》（以下简称《管理条例》）规定，公务员特别是领导干部，不准到其他机构担任职务，但是，按照《管理条例》的规定，经过上级领导部门批准也可以的。在一些经济发达地区的重要乡镇的养老院，在一些偏远地区的重要乡镇的养老院，在需要的情况下，民政局局长、副局长都可以兼任第一责任人，关键在于承担责任，推动工作，深入实际，搞好养老产业。

2. 其他干部

县民政局负责全县的养老产业的管理和发展工作，乡镇养老院、敬老院的管理，是县民政局的主要工作和基础的工作。机关干部深入工作第一线，分别承担责任，直接担任乡镇养老院的第一责任人是非常必要的，也是切实可行的。这对改变工作作风、密切联系群众、改变领导方式，都是十分可取的。

（三）慈善人士

1. 慈善人士

在我国东部经济发达地区，慈善人士相对较多，但是，在我国中部、西部经济相对落后地区，慈善人士就相对较少。有条件的地方可以邀请慈善人士出任乡镇养老院、敬老院的第一责任人。根据具体情况慈善人士可以作为顾问出现，也可以聘请为名誉院长。如果慈善人士对乡镇养老院、敬老院有捐赠和赞助，还可以设立经过协商的荣誉职务，以充分发挥慈善人士的重要作用。

2. 企业老板

成功的企业老板，就是所谓的企业家。一般会回馈社会，报恩报德，所以很多企业家就会成为慈善家，或者称为慈善人士。邀请他们成为乡镇、村的养老院、敬老院的第一责任人也是一种好的方法，充分运用企业老板的社会影响，帮助乡镇（村）基层养老院、敬老院开展一些积极有意义的活动，丰富老人的社会文化生活，提高老人的生命质量都是很有帮助的。

（四）知名人士

知名人士是一个比较广泛的概念，一个人知名与否也是有一定范围的，在一个乡、一个镇、一个县、一个市、一个省都可能有相对的知名人士。乡镇和村的养老院、敬老院，可以邀请一些知名人士作为第一责任人负责相应的工作，这是一条成功的经验。在乡镇可以考虑的知名人士主要有以下一些：

1. 退休领导干部

一些领导干部退休以后，往往喜欢回到家乡居住养老。各地的情况有所不同、有所区别，一般情况下，如果能请到在县委、县政府、县人大、县政协担任过相应领导职务的老同志是最好选择，还有一些退休的乡镇党委书记，镇长副镇长，也是比较好的人选。有可能还能选择到担任过地级市的相应领导的老同志，出任乡镇（村）的养老院、敬老院的顾问、名誉院长、终身院长等职务。在这些老领导身体条件允许的情况下，让他们参与养老院、敬老院的重大活动，协调一些重要事务，会取得事半功倍的效果。

2. 退休人大代表、政协委员

曾经担任过地级市、县、乡、镇的人大代表或政协委员退休以后还是社会的宝贵财富。一方面，他们也会安度晚年，另一方面，还有相当一部分人身体条件很好，还可以担任一部分社会工作，所以请他们出任乡镇（或者村）的养老院、敬老院、福利院的相关荣誉职务参加一些社会工作，多数人是会乐意担当的。这些老同志也是社会的知名人士，也是很热心社会工作的。

3. 退休中学、小学校长

在县城，乡镇（村）都有一些退休的中学、小学校长，他们长期从事教育工作，也有一些社会资源，他们桃李满天下，部分学生已经成为相应的领导干部、企业老板或者其他知名人士。他们可以动员社会力量关心热爱养老产业，继续支持养老产业的发展，关心和帮助乡镇村养老院的工作，克服一些困难，协调各方关系，化解许多矛盾，宣传党和政府相关的养老政策、法律和法规，成为老年人参加老年大学学习的领导和老师。

总之，乡镇（村）敬老院、养老院的投资者和管理者，要开动脑筋，注意工作方法，调动你所在地区范围的退休的中学、小学校长的工作积极性，一般会取得良好的效果。

4. 劳动模范和先进工作者

劳动模范和先进工作者，都是社会发展过程中的积极分子和英雄人物，他们在各自的工作岗位上辛勤地劳动，为社会做出了突出的贡献。他们的先进事迹在不同的地方、不同的范围都鼓舞人们努力工作，奋发向上，是时代的楷模。对于还在岗位上的劳动模范和先进人物，乡镇（村）的养老院、敬老院、福利院，也可以聘请他们担任荣誉职务，请他们出席重大的活动，会取得较好的效果。

对于退休的劳动模范和先进工作者，如果工作和专业相应地接近养老院的专业和工作，就可以聘请他担任相关的职务，同工同酬，还可以在工作上起到带头作用，这是一件非常有意义的事情。

二、带头作用解析

（一）明确带头人的职责所在

1. 乡镇负责人

乡镇的党委行政负责人本身就担负着领导所在范围的养老产业发展的责任，乡镇（村）养老院、敬老院、福利院，是养老产业的主要机构部分，领导和管理他们的工作本身就属于自己的职责范围，和自己的日常工作是统一的，不矛盾的。

由于我国养老产业的空间还十分巨大，有条件的乡镇还可以领导相关产业人员，在我国调结构的大形势下选择开发养老产业，这是一个极好的机遇。

2. 民政干部

乡镇的民政干部工作的基本职责就是管理乡镇养老产业的工作，乡镇（村）的养老院、敬老院、福利院，搞得好坏、是否安全，并得到老人及其家属的称赞，是对我国民政工作最主要的检验。

(二) 使命所在

1. 慈善人士

慈善人士参与乡镇养老院、敬老院、福利院的管理工作，本身就属于慈善工作的一个重要组成部分，这是慈善人士的使命所在。养老机构的投资者和管理者应该用新思维去看待慈善事业，争取得到慈善人士更多的帮助，提高自己的服务质量和管理水平。

2. 企业老板

县和乡镇所在地各类企业的老板，对地方的慈善事业帮助和赞助是企业家的责任，相关企业要根据自己的实际情况，尽可能对当地的养老院、敬老院和福利院做物质上和经济上的帮助，这也是人们对企业家回馈社会的基本要求之一。

3. 知名人士

县和乡镇所在地的各类知名人士在日常的工作中为社会做出了积极的贡献，受到人们的赞扬和嘉奖。现在我国的养老产业面临着巨大的挑战，还在起步阶段，需要得到各方面的关心、支持和帮助。乡镇（村）养老机构的投资者和负责人要用相当重要的精力去争取得到社会知名人士的理解、支持和帮助，以克服工作中所遇到的困难，把养老机构办得更好。

第二节　领导人员都要热心养老产业

养老产业是我国21世纪出现的新业态，需要用新思维新方法来思考中国的老龄化问题，才能把养老产业发展得更好，这之中，首先是领导人员，要热爱养老产业。

一、养老产业领导人员的职业要求

(一) 政治素养要求

1. 国家重视

乡镇（村）养老院的第一责任人、高级管理人应该有相当的政治素养，要经常学习国家的相关政策和法律，了解和学习国家的产业发展方向。现在我国正面临着老龄化问题的重大挑战，党和国家领导人非常重视养老产业，在最近几十年内，党和国家的重要任务之一就是要发展养老产业。乡镇养老院的领导要努力执行国家关于养老产业发展的相关法规政策，一定要把乡镇（村）的养老院、敬老院办好。

2. 民生工程

在乡镇（村）内办好养老院、敬老院、福利院是一项十分重大的民生工程，党政部门要把它提到是否和党中央保持一致的高度来认识养老事业的发展。同时，搞好养老事业也是社会稳定的重要条件之一。

（二）文化素养要求

1. 中华民族传统

乡镇党政干部以及养老院、敬老院、福利院的领导人员应该抽出一定时间学习中华民族的优良传统，提高自己的文化素养，特别是中国人养老敬老爱老的传统需要继承和发扬。对于孔子、孟子、老子的中国古代的思想，包括二十四孝一类的中国养老文明，养老机构的领导人都应该学习和了解一些，以服务于养老事业。

2. 世界文化发展要求

进入21世纪以后，世界主要发达国家都面临着应对老龄化的严峻挑战，发展养老产业，办好养老机构，已经是世界范围内的事。养老文化正在兴起，西方经济发达国家在人才培养、机构建设、法制规定、养老保险和医疗保险方面都为我们提供了借鉴。由于我国是发展中的大国，老年人口数特别巨大，要应对老龄化问题，在人才培养和管理方面，要向世界先进国家学习，在创造世界共同体、利益共同体的过程中融入世界文化。

（三）职业属性要求

1. 岗位职责要求

乡镇养老机构的负责人包括中层管理人员所担负的岗位职责要求，首先要热爱养老产业、敬老爱老，热心服务工作，这样才能成为称职的养老机构负责者。“热爱是成功的第一要素”，相关管理人员要培养自己热爱养老产业的素质，自觉地为老人服务。

2. 养老产业发展需要

我国的养老产业处于起步阶段，还需要大量的人才、大量的经济投入，乡镇养老机构是我国养老产业数量最大的部分，是最基层最基础的工作，直接涉及“三农”问题、解决空巢老人精准脱贫的重要问题。养老产业需要一大批热心的工作者，才能得到更好的发展。

二、领导骨干的作用发挥

（一）权力影响力

权力影响力，是指某一实权部门工作者利用自己的权力对自己某一工作范围的影响力量。平时我们所讲的实权部门、职能部门，都是指的有一定权力影响力的政府部门和相关机构，包括非政府组织。

1. 有权力作用力

有权力作用力，是指某个实权岗位因为权力所产生的作用力量，这对于一级政府的领导者和部门负责人是非常具体的。因此，在社会经济发展过程中，人们都非常重视某一个国家、某一个地区、某一级政府、某一个部门领导者的人格魅力，尤其是他们应用权力的公信力形象是非常重要的。

乡镇养老机构在建立和发展过程中会遇到不同的困难，因此要争取有关领导部门，特别是“一把手”“二把手”的重视支持和帮助，才能把事业办好。

2. 岗位效应

岗位效应，是指一定的人所担负的一定岗位所产生的对外影响力。一方面，乡镇（村）养老机构的高级管理人员，要十分重视所谓的岗位效应，得到相应岗位领导者的支持和帮助。另一方面，也要以自己所处的单位产生的效应严格要求自己，尽职尽责，以身作则，为下级做出表率作用。

（二）实力作用力

实力作用力，这是一个管理学上新的名词，在社会发展和经济发展的进程中，人们实际上是非常重视某一单位或某个人的经济实力，由经济实力所产生的对周围的作用和影响就叫实力作用力。

1. 经济投入实力

实力作用力是客观存在的。要发展养老产业，就必须想办法争取有经济实力的人士对养老产业进行经济投入，这种投入的具体力量就叫经济投入实力。乡镇的领导和养老产业的参与者，要用极大的热情，宣传自己所在乡镇的优势和发展潜力，吸引有经济实力的投资人到自己所在的乡镇发展养老产业，兴办养老院，为老人服务。

2. 社会影响实力

社会影响实力，是指个人或某个社会机构在一定范围内所产生的影响力量，这种力量既有精神的，也有物质的，物质的力量是更加具体的，精神的力量会转化为物质力量。因此，乡镇的领导者和养老的参与者要注意选择有社会影响力的人和事，帮助自己所在地区发展养老产业。另外，也要注意自己的形象，运用自己的社会影响实力，支持和帮助乡镇养老院、敬老院、福利院发展。

第三节　牢固树立微利思维

当前，整个世界，各国的产业结构、产业政策、产业形态发展都已经相对稳固，无论从法制法律的观念，还是市场规则的基本要求，都需要人们正确地认识自己所参与的产业的基本定位。

我国的养老产业处于起步阶段，其中的养老机构是微利低利的产业。

一、养老企业微利概述

（一）微利是兴办养老企业的特色

1. 国际惯例

在国际上经济发达的国家，他们的产业政策法规是十分严格的，特别是对于具有慈善公益方向的产业。如果你是微利企业，监督检查利润太高超过相关规定，会受到十分严厉的处罚。

在我国养老产业中的机构部分，必须是无利、微利、低利润三个层次，这是养老机构必须认真遵守的基本规则，同时也是兴办养老产业的特色。

2. 中国特色

在乡镇（村）兴办养老产业和养老机构，一定要牢固树立微利思想，这和市场经济发达国家不同，我国的养老机构是经过几十年的福利事业发展而来，整个社会的人们对养老机构还有理性的要求，任何企图通过兴办养老机构和养老产业获得暴利的思维都是极其错误的，也是不现实的。

另外，不能误认为乡镇（村）地处偏远地区，可以侥幸地获得某种非法的利润，这是每一个参与养老产业和养老机构的人必须高度重视的。

（二）微利企业与慈善机构的区别

1. 慈善机构也要盈利

第一，盈利率较低。在国际上，有大量的慈善基金发行，都通过法律规定一定的盈利率，慈善基金的管理机构要严格接受有关机关的监督，不能够违背法律规定的红线，一旦违背，将受到严厉的制裁。我国改革开放以来，各种基金大量出现，有关基金管理的法律法规还十分不健全，违规现象十分严重，这要引起高度重视，特别是在养老产业的起步阶段，各级领导和监管部门，要加强监督检查，严格防止违规犯法行为产生。

第二，盈利用途有规定。慈善机构盈利的用途也有明确的规定，首先是用于发展慈善机构，扩大慈善基金的规模，增加慈善基金供给的范围和项目。

我国的慈善基金对养老机构的赞助还不多，以后会逐步扩大，也会总结出各个方面的经验和教训。

特别严重的是，慈善基金的收益不能用于为了其他盈利的投入，必须不折不扣地用于慈善事业。

2. 微利企业规定

第一，低于同行业平均盈利。微利企业是一个比较模糊的概念，各行各业的利润是不相同的，微利、低利、高利、暴利都是在行业内部比较的。在市场经济条件下有一个平均利润率，这是检验各行业、企业的基本标准。微利就是指低于同行业的平均利润率。

行业的管理是极其严格的，各个国家不同的地区的标准也有所不同。西方经济发达国家行业管理的历史已经有几百年，他们的统计数据也是比较齐全的，行业的平均利润率有相应的客观标准，监管起来也比较容易。

但是在我国，行业管理的时间还比较短，管理水平也相对较低，尤其是养老产业长期处于计划经济的状态，以行政管理为主，现在正处于向市场机制转变的过程中，还需要探索和研究，制定一些相应行业的标准。

第二，章程规定。公司章程是相关企业和机构的最高法律，有关微利低利的规定，应该在设立养老机构的时候在章程中明确规定，在报请民政主管部门批准以后实施，同时报请工商管理部门、税务部门备案。乡镇（村）的养老机构特别要重视，每年应主动向税务部门上报年度报告，获得税务管理部门的认可，以免受到不必要的处罚。

（三）微利企业的盈利模式

乡镇（村）养老院、福利院、敬老院多数都已经实行市场化的管理模式，主要有以下四种情况：

第一，国有国营模式。即相当部分的乡镇养老院、福利院是由县财政投资，属于国有的范围，现在还有民政局派人直接进行经营管理。可以讲，这种管理模式没有从根本上考虑选择盈利模式，主要经费供给都是由财政局通过民政局直接拨付。如果产生经费的欠缺，就直接报告到上级部门，由上级给予补充。养老院的维修和设备的增加都是由县财政直接投入的。

第二，国有民营模式。这种模式实际上是传统的承包制管理模式，即养老院、福利院的资产是国有的，由民营资本承包经营管理，部分利润由经营管理者所得，如果出现一定的亏损，就向资产所有者打报告，申请得到适当的补偿，这是现在乡镇养老院的主要管理模式。要提醒各方参与者注意，资产所有部门要加强监督和管理，经营管理者也应该端正经营管理态度，提高服务质量，打消获得暴利的任何念头，坚持低利润运行。

第三，混合所有制民营投资者经营管理模式。在21世纪初，我国大部分地区的乡镇（村）的养老院、福利院，都和民营资本进行了合作。一般又有两种模式，第一种模式是，公有的养老机构以原有的土地和资产投入，民营资本投入一定的资金获得承包经营管理权，进行运作。第二种模式是，公有的养老机构，为了吸引民营投资者参与管理，用很低的价格把养老院的土地资产变卖给承包者，现在实际上成了名义上是公有、实际上是个体经营的养老机构。这类经营形式的乡镇养老院，盈利模式和管理水平参差不齐，总体上处于基本维持阶段，部分通过提高收费标准来解决经营中出现的经济困难。

第四，个体经营模式。还有部分地区由于当时我国养老产业没有对民间资本开放，个体经营者和私营企业老板，不可能获得开办养老院的权利，就和当地的乡镇、民政管理部门合作，以乡镇政府的名义，实际上是民营资本全额投资兴办的养老院。这种情况较为普遍的存在，即名义上是公有的，实际上是私有私营的。这类养老机构和上面讲的第三项有十分相似之处，经营管理水平、管理状况也相似。

上述乡镇（村）的现有养老机构的盈利模式，还需要加以引导、指导、管理和监督，总结经验加以推广。对于部分经营不善的甚至违规经营的，要加强监督管理，责令其及时纠正，提高经营管理质量。

应对老龄化的挑战最严重的就是人才缺乏，从中高层管理者到养老护理员、医务人员都十分不容易，行业状态又不良好，养老产业的人员，其社会地位认可度很低，经济收入也不高，人才队伍难以稳定，这是我国当前养老产业存在的主要问题。因此，有关行政管理部门要引起高度重视，一是加强人才培养，二是改变业态环境加强宣传、引导，让更多的人关注养老产业、投入养老产业，“为天下儿女尽孝，为天下父母分忧，为政府解难”。

二、加强管理和监督

（一）管　理

1. 外部管理

乡镇（村）养老院、福利院，绝大部分属于小型机构，还有一些属于微小型机构，甚至是个体户式的经营管理。因此，我们这里的管理和前面讲的大中型机构的管理是有区别的。

首先，养老院要和政府的各级有关部门协调关系，主动争取上级的引导、指导和管理。乡镇（村）的养老院虽然人数较少，人才的管理水平不高，也必须面对政府的各种机构的管理，一般会有十几个管理部门和乡镇的养老院有业务关系。这些管理者应该抓住主要的，那就是民政主管部门的管理，县民政局和乡镇民政助理员的管理是最直接管理，要取得经常性的工作联系，必须参加上级组织的各种会议，学习相关的文件资料，遵纪守法，规范管理，提高服务质量，办出有特色的养老院。

其次，是和乡镇政府的协调关系，要主动获得他们的领导和管理，得到他们的支持和帮助。必须明确，现在是法制的社会，也是信息流通、各种影响反应很快的社会状态。乡镇养老机构的领导者、管理者要注意，我们是做社会服务工作，我们的服务对象是饱经风霜的老年人，每天都会遇到各种各样新的问题，如果不取得乡镇政府领导的支持，一旦出现纠纷，是很难协调的。

同时，乡镇养老机构还要服从县级养老机关、工商、公安、消防、卫生计生委、药监局、安检局、税务局等部门的管理，基本的方法是每月都可以从政府和相关部门的网站上搜集信息、注意政策动向主动积极地服从领导和管理，特别要防止“平时不烧香，临时抱佛脚”。我们要清楚地知道，养老机构的最大风险是老年人的安全问题，如果我们的管理不规范，平时不和政府有关部门联系，一旦出现纠纷，得不到及时的处理，后果不堪设想，经济损失也是十分巨大的。

2. 内部管理

乡镇（村）养老院、福利院一般规模不大，工作人员从几人到几十人，内部的管理也非常重要。我们必须认识到，无论机构大小，必须建立内部的基本的规章制度，一方面要接受上级政府机关的检查，另一方面确实要对内部人员起作用，这才能把养老院管理好。

另一种情况是小型和微型养老院是家族式的管理方式，这也要引起特别注意。一般养老院的创立者还在直接参加管理的情况下，管理起来是比较顺利的，但是主要创立人员一旦变化，家庭式的管理方式就很难继续延伸。这里我们从管理学的角度提醒家族式的养老院的管理者要改变思维模式，对自己的子女和亲友，如果他不是十分热爱养老产业，最好不要让他从事这一行，从社会上招聘相关人员还有利于养老院的管理、发展和应对各种风险。

（二）监　督

1. 外部监督

乡镇（村）的养老院、福利院接收社会上的老人养老，所进行的日常业务，如工做指导、服务质量、工作态度、业务水平，首先要接受社会有关部门的监督、领导和管理。

外部监督还包括媒体监督，中国有句古话，“好事不出门，丑事传千里”。在现在信息网络十分发达的情况下，微信的传播渠道是非常强的，养老院内部的质量事故或者责任纠纷解决不好通过微信就会很快传播，协调处理不好会造成重大的社会影响，引起重大的经济损失，甚至会引来养老机构的破产，这是我们必须高度重视的。

入院养老者的家属和亲属监督也是十分重要的方面，我们平时要通过耐心细致的工作高质量地服务，加强和他们的沟通，得到他们的意见反馈，把矛盾协调处理在微小的状态。

2. 内部监督

养老院、福利院第一监督者就是老人本身，老人在院里面的24个小时体验和感受是实实在在的，他们对养老机构服务人员的服务态度、工作质量的监督是第一位的。我们要尊重他们的意见和建议，尽可能地改进工作，以满足他们正当的要求，有时候，也可以做出新的合理的解释，但特别要注意方式方法、语气和态度。

我们应该充分地注意到，老年人由于记忆力的衰退、思维的障碍，有时候反映的问题不是那么真实和全面，我们要认真地加以对待，避免发生不必要的误会，引起不必要的纠纷。

乡镇（村）养老院、福利院内部员工的监督也十分重要，投资者、领导者和员工是利益共同体，平时就应该协调好关系，共同应对困难，把养老院办得更好。

知识拓展

比尔和梅琳达·盖茨基金会成立于2000年1月，其创立者为微软公司创始人比尔·盖茨及其妻子梅林达·盖茨。该基金会属非营利性质，旨在促进全球卫生和教育领域的平等。

2000年10月，基金会捐赠2.1亿美元以帮助留学生就读英国牛津大学。每年约100名学生获得基金会的资助。

2005年1月25日，基金会给予全球疫苗与免疫联盟7.5亿美元的捐赠。

2014年9月10日，比尔和梅琳达·盖茨基金会承诺，将为帮助西非国家抗击埃博拉疫情捐款5000万美元。该基金会表示，这笔款项将交给联合国和其他致力于在西非国家控制该疫情的国际机构，以确保他们能够及时采购医疗用品，和提高受影响国家对突发事件的应急响应能力。基金会还表示，它将为积极研发埃博拉病毒疫苗、治疗方法和技术的公立医院和上市医疗公司提供资助。

基金会每年对在美国国外，利用创新的项目让大众免费使用资讯科技的公立图书馆或类似的机构给予最高100万美元的奖励。

2015年9月22日，比尔和梅琳达·盖茨基金会与中国互联网发展基金会在美国西雅图签署合作谅解备忘录，双方同意在平等互利、优势互补的基础上结成合作伙伴。

案例点评

简介：四川省乐山市安谷镇敬老院是一家公办养老院，是由一所乡村小学改建而成的。现有51位老人在院养老，有30位属于“三无”老人，另外21位是自费的养老者，多数为退休职工，还有几位是参加藏区工作的回乡退休干部和职工。

养老院管理比较规范，老年人反映良好。从整个硬件设施看，还属于普通的养老院。虽然许多服务人员没有经过培训，但服务态度较好，这类养老院在我国的乡镇具有相当的代表性。

点评：安谷镇养老院是县民政局投资的国有公办养老院，它担负着安谷镇、车子镇、官榜乡三个乡镇的城镇居民中的“三无”老人的养老任务，地处乐山市近郊，由于安谷等三个乡镇传统的城镇居民人口已非常少，属于国家管的“三无”老人也非常少，2013年的时候只有30人。

养老院采取的经营管理模式是国有民办承包经营，年利润收益为6%～8%。

第三十章 乡镇（村）养老院有关法律法规及政策

中国是法治化的国家，依法管理国家和社会的各个部分是中国的基本政策和必然要求。同时，中国又是经济市场化的国家，全体人民认真学习法律法规，执行法律法规，是社会和谐发展的重要保证。乡镇和村的养老院、护理院的领导者和工作人员，一定要增强法治观念，遵纪守法，依法治院，提高管理水平。

第一节 我国养老产业法律法规概述

在我国法律法规的庞大体系中，关于养老产业方面的法律法规已经形成了庞大的分支体系。据不完全统计，我国关于国家层面及其政府部门制定的关于养老产业方面的方针、法规、政策就有两百多万字；各省、自治区、直辖市政府，以及地级市，自治州；可制定法规的自治县和县政府，制定的政策、规范，是一个极其浩繁的文件体系。在这里，我们只是选择紧密结合乡镇养老院、护理院具体的重要的法律予以介绍。

一、养老机构申报与经营的相关法律

（一）关于养老机构的设立申报

乡镇（村）的养老院、福利院的申报应该遵守的法律主要有三种。

1.《中华人民共和国老年人权益保障法》（以下简称《老年人权益保障法》）

（1）关于设立的程序，《老年人权益保障法》第四十三条规定，设立为老年人提供住宿照料服务的养老机构，应当符合下列条件：有自己的名称、住所和章程；有与服务内容和规模相适应的资金；有符合相关资格条件的管理人员、专业技术人员和服务人员；有基本的生活用房、实施设备和活动场地；法律法规规定的其他条件。

（2）关于登记机关《老年人权益保障法》第四十三条规定，县级以上的人民政府设立的民政机关。

（3）关于宜居环境《老年人权益保障法》第六十条规定，国家采取措施，推进宜居环境建设，为老年人日常生活、参与社会活动提供安全、便利和舒适的环境。

第六十一条规定，各级人民政府，在制订城乡规划时，应当根据人口老龄化发展的趋势、老年人口分布和老年人的特点，统筹考虑适合老年人的公共基础设施、生活服务设施、医疗卫生设施和文化体育设施建设。

关于惩罚管理，《老年人权益保障法》第八十条、八十一条、八十二条规定，对养老机构，管理者和工作人员，上级管理机关工作人员，如果有违规违法行为，要进行处罚，要承担民事责任，甚至追究刑事责任。

2. 《中华人民共和国公司法》（以下简称《公司法》）

学习《公司法》的主要好处在于：一是对养老院的投资者有一个参考，知道举办公司和其他机构应该懂得相关规定；二是民政部门的办事大厅，会提供一个章程样本，《公司法》的相关规定也可以提供参考。特别是股东会、董事会的管理可以参考。

3. 《中华人民共和国合同法》（以下简称《合同法》）

要筹办养老院、福利院，会有一系列的合同，其中最主要的就是和政府的土地使用合同、股东和合伙人的出资合同、房屋租赁合同等都必须严格参照《合同法》的规定制定。

（二）关于养老机构的经营

乡镇养老院、福利院经营管理是一个复杂的过程。相关的法律是比较多的，主要有下列五类法律。

1. 《老年人权益保障法》

《老年人权益保障法》第三条规定，禁止歧视、侮辱、虐待或者遗弃老年人。这是养老机构的工作人员，必须严格遵守的四条基本原则，也是基本的职业道德、职业操守的要求。

第四十六条规定，国家建立、健全养老服务人才，培养使用，评价和激励制度，依法规范用工，促进从业人员的劳动报酬合理增长，发展专职、兼职志愿者相结合的养老服务队伍。

第四十七条规定，养老机构及其工作人员，不得以任何方式侵害老年人的权益。

2. 《合同法》

养老机构要与老年人及其赡养人或者委托人签订规范的合同，确保双方的合法权益。

养老机构要和受聘的工作人员签订合同，确保双方权益。

养老机构要和自己的合作单位签订合同，确保各方权益。

3. 《劳动法》

养老机构要保护劳动者的合法权益。

4. 医疗卫生方面的法律

养老机构要确保老年人在医疗方面得到合法的保护。

5. 《中华人民共和国消防法》（以下简称《消防法》）。

养老机构在申报建立登记的时候，一定要取得消防管理部门相应的证明材料，同时要认真处理好消防设施、消防学习和训练，配备有专职和兼职的消防员，等等。

二、养老机构申报与经营的相关法规介绍

（一）申 报

乡镇（村）的养老院、福利院申报的法规很多，下面就是从主要的方面介绍。

1.《养老机构设立许可办法》

（1）第四条，国务院民政部门负责全国养老机构新的许可工作。县以上地方人民政府民政部门负责本行政区域内养老机构设立许可工作。

（2）第六条设立养老机构应当符合下列条件：

①有名称、住所、机构章程和管理制度；

②有符合养老机构相关规范和技术标准，符合国家环境保护，消防安全、卫生防疫等要求的基本生活用房、设施设备和活动场地；

③有与开展服务相适应的管理人员、专业技术人员和服务人员；

④有与服务内容和规模相适应的资金；

⑤床位数在十张以上；

⑥法律法规规定的其他条件。

（3）第七条，依法成立的组织和具有完全民事行为能力的自然人，可以向养老机构所在地县级以上人民政府民政部门申请设立养老机构。

（4）第十条，外国的组织、个人独资或者与中国的组织、个人合资合作设立养老机构的，香港、澳门、台湾地区的组织、个人以及华侨独资的或者与内地（大陆）的组织、个人合资、合作设立养老机构的，由所在地省级人民政府民政部门，或者委托其设区的市人民政府民政部门实施许可，法律法规对投资者另有规定的，从其规定。

（5）第十二条，申请设立养老机构应当向许可机关提交下列文件资料：

①设立申请书；

②申请人拟任法定代表人和主要负责人的资格证明文件；

③符合登记规定的机构名称章程和管理制度；

④建设单位竣工验收合格证明，卫生防疫、环境保护部门的验收报告和审核意见，以及公安消防部门出具的建设工程消防设计审核、消防合格意见或者消防备案凭证；

⑤服务场所的自有资产证明或者房屋租赁合同；

⑥管理人员、专业技术人员、服务人员的名单、身份证明文件和健康状况证明；

⑦资金来源证明、验资证明和资产评估报告；

⑧依照法律、法规、章程规定需要提供的其他材料。

（6）还有其他条款，分别简述如下：受理机关在30日内作出决定，并书面通知申请人；设立许可证有效期5年，并于届满之前30日到原发证机关换取新证，或者听其通知。养老机构因合并、改建、扩建等原因暂停服务的，或者因解散等原因终止服务的，应当向原许可机关提出申请，并提交养老落实方案经批准后实施。

（7）关于监督检查，有相关的严格的规定，关键在于两点：一是主管机关人员应该秉公执法；二是养老机构的管理者要诚信经营，依法管理。任何养老机构的管理机

关人员和养老机构的人员，如果违背管理办法的规定会受到严格的惩处。

2.《农村五保供养服务机构管理办法》

《农村五保供养服务机构管理办法》第三条规定，县级以上人民政府民政部门负责本行政区内农村五保供养服务机构，乡、民族乡、镇人民政府管理其创办的农村五保供养服务机构，并接受县级人民政府民政部门的业务领导。

（二）经　营

1.《养老机构设立许可办法》

第七条，民政部门应当会同有关部门采取措施，鼓励、支持企业事业单位、社会组织或者个人兴办养老机构，鼓励公民、法人或者其他组织为养老机构提供捐赠和志愿服务。

第九条，养老机构按照服务协议为收住的老年人提供生活照料、康复护理、精神慰藉、文化娱乐等服务。

第十一条，养老机构为老年人提供服务，应当与接受服务的老年人或者其代理人签订服务协议。服务协议应当载明下列事项：

（1）养老机构的名称、住所、法定代表人或者主要负责人联系方式；

（2）老年人及其代理人和老年人指定的经常联系人的姓名、住址、身份证明、联系方式；

（3）服务内容和服务方式；

（4）收费标准以及费用支付方式；

（5）服务期限和地点；

（6）当事人的权利和义务；

（7）协议变更解除与终止的条件；

（8）违约责任；

（9）意外伤害责任认定和争议解决方式；

（10）当事人协商一致的其他内容。

2.《农村五保供养服务机构管理办法》

按《农村五保供养服务机构管理办法》规定，公民发生下列行为的，需要负赔偿责任：歧视虐待农村五保供养对象的；未尽到管理和服务义务致使农村五保供养对象合法权益遭受侵害的；侵占农村五保供养对象财产的。

公民发生下列行为的，需要负刑事责任：私分、挪用、截留农村五保供养款物的；私分、挪用农副业生产经营收入的；辱骂、殴打、虐待农村五保供养对象的；打架、斗殴，造成他人身体伤害的。

在不同的地区、不同的养老机构、不同的负责人，在经营管理上各有各的特点。管理的最高理念是创办出自己的独有特色，树立品牌意识，创造出精品。因此，我们要充分学好相关的法律法规，把养老机构经营管理得更好。

三、重点解读有关法律法规

（一）关于税收

（1）关于认定。一般的乡镇（村）的养老机构，可以说是不向纳税机关纳税的，但是必须经过地方税务部门的认定，有几种情况还是要纳税的。①申报的时候就决定为低利微利的养老机构；②和外资企业合办的养老机构；③和政府认为应当纳税的机构合办的养老机构。总之，民办的或者是公民合办的养老机构是否纳税、纳多少税，都必须经过当地税务机关的认证并取得正式的书面批准文件才能合法有效。

（2）关于申报。一般有三种情况：第一种情况是养老机构开业的第一年，都应该注意主动向税务机关申报，即使是零申报也要申报；第二种情况是需要纳税的养老机构也要按时申报；第三种情况是养老机构和其他企业事业单位合作经营的，需要纳税的部分必须严格的申报，如有纳税，必须依法纳税。

当然，养老机构还可以主动申请减税和免税，但要获得书面的认可。

（二）安　全

（1）安全检查合格才能开业，乡镇（村）的养老机构，建筑条件和经济条件相对较差，但是安全是人命关天的头等大事，必须引起各方面的高度重视。首先，要得到建设部门的检查合格；其次，要得到消防部门的检验证书，合格后才能开业。

（2）安全问题要经常培训和检查，养老机构的安全主要是消防安全，除了按规定经过培训的消防安全员外，定期对全体员工和老人进行消防安全培训，并且要进行实战训练，确保一旦发现火情能够正确地应对和防护，减少各种损失。安全设施和设备要按规定摆放在指定的位置，养老机构的负责人应该经常检查消防设备是否完好，是否能够及时地使用。

第二节　相关省、自治区、直辖市养老产业法规

乡镇（村）的养老机构的设立和管理，除了按国家法律法规的规定执行外，还应该特别重视自己所在的省、自治区和直辖市发布的相关文件和法规，并认真地按其执行。

一、主要程序

（一）申　报

关于养老机构设立的法律法规，全国基本上按国家发布的《老年人权益保障法》《宪法》《公司法》等相关规定执行。除了全国五个民族自治区以及相关的民族自治州规定有相应的法律外，其他行政区域一般没有发布相关的法律，各民族区域所在的乡镇（村）养老机构，应该在所在的县民政局办事大厅索取相关的法律规定，或者从网上查找本省、本自治区及其民族自治州公布的相关法律，依法申报设立

养老机构。

（二）经　营

经营和管理工作主要是养老机构内部的事情，国家的法律和规定是很多的，不同的部门和专业都有一些具体的规定。作为法律条文，省人民政府发布的不多，自治区发布的稍微多一些，但是由于养老机构的管理在我国长期处于事业单位和国家管理状态，相应的法律也不多。从2013年我国养老市场开放以来，乡镇（村）的养老机构经营的时间也很短，实际问题也不多，所以相应的法律规范也较少，各养老机构要在经营中探索，为国家制定相关的法律法规提供参照依据。

二、法规简介

（一）申　报

关于申报的法规，养老机构的最高管理机关是省、自治区和直辖市，有两个事情要特别引起注意。一是和外资合作设立养老机构，要由省级民政部门批准，有些省、自治区、直辖市委托其地市、州代理审批；二是1000个床位以上的大型特大型养老机构，要由省级民政部门批准，同样也由省级民政部门委托其地市州民政部门代为审批。在“互联网+”管理程序现代化的情况下，养老机构的申报包括乡镇（村）养老机构遵照的基本法规都是全国新的法规。省和自治区虽然也制定一些相关的法规，但是相比过去还是很少的。

（二）经　营

各省、自治区、直辖市在养老机构的经营管理上，都要根据《养老机构管理办法》制定相应的实施意见和管理办法。主要是在关于立项、土地建设规划、财政税收、人事管理方面更加具体化的规定，各省份也各有自己的特色。乡镇（村）的养老机构地方特色更为明显，在经营管理上应该根据自己的管理条件，探索出一条有自己经营管理特色的管理办法。特别是有些乡镇或者是风景名胜区、少数民族村旅游景点，应结合办好自己的养老机构，创造出名牌，推动养老产业的发展。

三、关于重点监督

（一）管　理

乡镇（村）的养老机构，是属于最小规模的养老机构密集区，管理是极其重要的事情，应该消除两个错误认识：一是人员不多，很多人认为管理无所谓，管理缺乏相应的层次，平时工作都是老板说了算，因此无所谓管理；二是很多养老机构是家族式的，或者合伙人经营，管理无所谓重要不重要。在养老机构的内部管理方面，一是要建立相应的规章制度，二是要严格地执行规章制度。

在外部，有关民政管理部门，要重点监督乡镇（村）的养老机构的管理问题，要督促他们建立相应的、规范的管理制度，也便于检查时参照标准。乡镇的民政管理机构应该加强日常的管理检查，从管理上保证服务质量，保证入住老年人的权益。

（二）安　全

安全问题是养老机构的头等大事，相关的省、自治区、直辖市都制定有相应的安全法规，乡镇和村的养老机构是当前及以后相当长一段时间内安全检查的重点单位。老年人的走失问题是一个极其严重的问题，老年人的突然死亡也是十分重要的问题，要引起各地的高度重视，并且严格按照省、自治区、直辖市相关法规办事，因为省、自治区、直辖市的相关法规更具有针对性和地方性，因此更具有可操作性。

第三节　县（自治县）相关法规政策

在我国，县（自治县）是最为基层和主要的政府机关，是能够制定相关法规政策的一级政府。少数民族自治县可以制定相关的法律，乡镇（村）的养老机构一定要认真学习和严格执行县（自治县）的相关法律法规政策。

一、少数民族自治县的法律

（一）法　律

1. 相关经营法律

少数民族自治县是我国唯一能制定法律的最基层政府，法律的严肃性和强制性是养老机构的负责人和工作人员必须认真对待的。少数民族自治县关于经营管理的法律一般还是较少的，乡镇（村）的养老机构应该从有关部门查询相关养老的法律，结合自己的实际情况，融入平时的经营管理之中，做到遵纪守法，依法经营。

2. 相关养老法律法规

我国各省、自治区、直辖市以及地级市、自治州根据国家法律法规制定一些与本地有关的养老法律法规。各地的少数民族自治县也遵守这些法律，制定独有的关于本县养老相关法律。

（二）法　规

1. 相关经营法规

少数民族自治县制定的关于经营管理的法规主要是具有地方特色，如关于民族贸易问题、民族的医院卫生问题、风俗习惯问题等，养老机构对这些方面都会涉及。首先是民族风俗习惯问题，如果违背相关法律法规是会受到严肃惩处的，在养老机构中少数民族的生活习惯、宗教信仰、医院卫生的特殊习惯都应该得到高度的重视，使少数民族老人，真正提高养老质量。关于少数民族老人的精神慰藉问题、丧葬安排问题也要得到高度的重视，这是经营管理中应该遵守的基本法规。

2. 相关养老法规

少数民族地区具有人口稀少、居住分散、居家养老为主的基本特点。除五保户外，到乡镇（村）养老机构养老的少数民族老人还不多，问题还不是很突出。但是，随着我国精准脱贫的进程向前推进，少数民族地区的养老问题会越来越突出地摆在我们面前，有条件的地方，应该抓住大好时机，建立好乡镇（村）的养老机构，改建和扩建原有的养老机构，满足少数民族老人的养老需要。

相关地区的少数民族自治县，应该抓紧时间制定相关的养老法规，使老年人的生命质量和生活质量得到法律法规的保证。这也体现我们党和国家对少数民族地区和边疆地区老人的关怀。

二、县的法规

（一）县的特殊地位

1. 行政地位

在我国的行政区划中，县级行政区是最规范最有代表性的行政区域单位。县政府所制定的法规能联系基层实际情况，具有可操作性，因此各地养老的机构必须认真学习和严格执行。

2. 特　点

县级行政区具有以下特点：

第一，相关法规具有严肃性，法规的修改和制定既要遵从中央政府的相关规定，又要符合省市政府的相关规定，更要符合本县的实际情况。

第二，管辖范围适合。县管辖的范围一般在几百平方千米至几千平方千米，西部地区也有几万平方千米的县，但这是极其特殊的情况。东中部地区的县经济规模、人口规模、产业发展都相当成熟，很多县的财政力量也相当稳定，有利于各种产业的发展。

第三，经济文化发展成熟。县域经济是我国经济发展的基本形式，其特点也比较明显，我国还有百强县的评选。这些县的经济实力相当雄厚，社会文化发展也很先进，代表了我国发展的基本潮流和趋势。

（二）有关法规

1. 相关经营管理法规

县政府所制定的地方法规，也是一个相当庞大的法规系统，可以说涉及整个社会经济管理所有法规的，都会有相应的实施意见和细则。由于区域的限制，很多县的少数民族比较少，县的法规除少数民族执行外，很多法规和国家的法规基本相似，十分健全。因此需要将县的法规和国家的法规结合起来理解和执行。

2. 养老机构法规

国家法律法规规定，县民政管理部门是我国各种养老机构的登记失业的最基层部门，也是最基层的政府管理机关，乡镇（村）的养老机构领导部门就是县政府及其民政部门，他们制定的法规契合当地实际，可操作性强。如关于土地的使用，县政府就有直接的管理权、行政划拨权、商业交易权。当前土地使用非常紧缺，可以说是设立养老机构的瓶颈所在，乡镇（村）的养老机构要新建、改建和扩建，需要土地都必须经县政府同意，采取适当的形式获得，同时在立项、建设、规划、消防、交通、人事等重要方面，都必须取得县政府及其有关部门的批准，这样才能办好相关的事宜。

县级区在土地使用方面没有直接批准权，养老机构在县级区要使用土地必须要获得上一级政府的土地部门批准才行。

乡镇（村）的养老机构直接的领导部门是乡镇政府，它是乡镇（村）的养老机构的直接管理者、监督者。

知识拓展

关于进一步做好养老服务业发展有关工作的通知

《国务院关于加快发展养老服务业的若干意见》(以下简称《意见》) 实施以来，养老服务业发展态势良好，发展环境得到明显改善，社会资本投入积极性显著提高，政策效果逐步显现。为进一步加快发展养老服务业，抓好近期重点工作，现就有关事项通知如下：

一、督促落实养老服务业发展政策。各地要进一步落实好《意见》要求和中央部门出台的配套政策，并加强对实施情况的监督检查。要认真跟踪和分析养老服务业发展形势，及时总结重要政策创新、产业发展模式创新、规模以上企业发展、养老与相关产业融合等方面的进展和经验，分析存在问题，并提出下一步工作建议和计划，请于4月30日前向国家发展改革委、民政部和全国老龄办报送养老服务业政策落实和发展形势报告。有关情况与数据统计截止到2015年3月底。

二、切实加大养老服务体系投入力度。各地要优化投资结构，进一步加大政府投入支持养老服务体系建设。要确保将政府用于社会福利事业的彩票公益金50%以上用于养老服务业。同时发挥好政府投资引导作用，积极支持社会资本进入。发展改革部门要会同民政部门做好2015年度中央预算内投资计划有关工作，以老年养护院等专业养老服务设施和社区老年人日间照料中心等社区养老设施为建设重点，加强组织协调，确保项目建设进度和质量，并做好养老服务项目储备。

三、积极谋划“十三五”养老服务体系建设。各地要适时开展“十二五”养老服务体系建设规划实施情况评估，针对养老服务体系存在的困难和问题，研究提出“十三五”养老服务体系建设思路，根据人口变化趋势和当地实际，科学分析发展需求，合理确定发展目标，确保建设思路的可操作性、针对性和创新性，进一步健全完善以居家为基础、社区为依托、机构为支撑的养老服务体系。

四、统筹推进养老服务业综合改革试点。各地要深入贯彻落实《意见》政策措施，养老服务业综合改革试点地区要率先按照深化体制改革、坚持保障基本、注重统筹发展和完善市场机制的思路，以综合改革试点为抓手，在已确定的八项试点任务基础上，大胆创新，不断深化综合改革试点方案。要对照试点主要目标、具体任务、重大项目、保障措施、时间安排等落实进度，总结形成一批可持续、可复制的示范经验和创新政策，及时上报，三部门将适时在全国范围宣传推广。

五、扎实推进健康与养老服务重大工程。省级发展改革部门要会同民政、卫计、国土、住建、银监、老龄等部门，推动社区老年人日间照料中心、老年养护院等专业养老服务设施、养老院和医养结合设施，以及农村养老服务设施等建设，加强重大工程建设工作的统筹协调，健全工作联动机制，按时调度上报项目数据，及时协调解决重大问题。要进一步落实工作责任，安排专人负责项目统计和上报工作，建立健全重大建设项目综合统计制度。

六、积极推动养老服务业创新发展。各地要结合养老服务业综合改革试点和“健康与养老服务”重大工程，培育一批产业链长、覆盖领域广、经济社会效益显著的养老示范企业。要在养老领域推进“互联网+”行动，将信息技术、人工智能和互联网思维与居家养老服务机制建设相融合，对传统业态养老服务进行改造升级，通过搭建信息开放平台、开发适宜老年人的可穿戴设备等，不断发现和满足老年人需求，强化供需衔接，扩大服务范围，提供个性、高效的智能养老服务。要以长效合作机制建设为重点，建立医疗机构与养老机构之间的医疗服务绿色通道，积极推动医养融合发展。要在居家社区服务方面推动养老企业连锁化经营，实施品牌战略，大力加强社区养老服务设施建设，开展社区无障碍设施改造等工作，并要鼓励养老领域的大众创业，培育小微型家庭式养老服务机构，对普通住宅用于开设社区养老服务机构在变更设施用途、消防审批等方面提供便利条件。

七、探索建立多元化投融资模式。积极开展养老产业专项债券品种创新，对于具有稳定偿债资金来源的养老产业项目，按照融资—投资建设—回收资金封闭运行的模式，将企业项目收益债券推广到养老服务领域。各地在实施“健康与养老服务”重大工程中，要积极利用新政策工具，鼓励政府和社会资本合作等方式发展多层次、多样化的养老服务。要切实推广政府购买养老服务，逐步扩大购买范围，充分考虑小微企业发展现状，为其参与购买服务创造条件。鼓励各地结合实际，按照政府引导、市场化运作的原则，探索以基金管理方式运用政府投资，采取创业投资引导基金、产业投资基金等模式，逐步与金融资本相结合，发挥撬动社会资本的杠杆作用。

八、有力维护养老服务业发展环境。各地要依法履行职责，坚持放管结合，切实加强对养老服务业发展的事前调研、事中督查和事后监管，形成整体监管合力。要完善守信激励、失信惩戒机制，依法纠正和查处违法违规特别是对侵犯老年人合法权益的行为。要切实营造公平竞争环境，坚持依法行政、简政放权，最大限度支持养老服务市场主体创新发展，有效激发市场活力。发展改革部门、民政部门、老龄工作部门将适时组织专项督查，促进养老服务业健康发展。

案例点评

简介：关于社区养老驿站，最近北京市区根据近几年社区养老的实践大量出现社区养老驿站之类养老机构。已经较为普通扩广。

点评：实际上就是过去日间照料中心，或者夜间照料中心。这也是一种好的探索。

第三十一章　乡镇（村）养老机构基本养老任务和社会养老关系

乡镇（村）的养老机构，是国家投资或者集体投资的，或者合作投资而有协定规定的，都必须首先完成社会规定的基本养老任务。即优先完全解决城市“三无”老人和农村“五保户”入住，然后才接收社会老人养老。社会老人养老的收费标准由养老机构和老人协商解决。

第一节　确保乡镇（村）“三无”老人优先入住

根据我国养老管理的传统体制和现在国务院规定的养老管理办法，凡是国有投入和集体投入的养老机构都必须确保乡村“三无”老人优先入住。

一、坚持“三无”老人优先入住原则

（一）坚持办养老院的宗旨

1. 宗　旨

我国养老及其办养老院的宗旨是，国家和社会应当采取措施，健全保障老年人权益的各项制度，逐步改善保障老年人生活、健康、安全以及参与社会发展的条件，实现“老有所养、老有所依、老有所为、老有所学、老有所乐”。重点是办好公办保障性养老机构。各地公办养老机构要充分发挥托底作用，重点为“三无”老人、低收入老人、经济困难的失能半失能老人提供无偿或低收费的供养、护理服务。养老机构要实用适用，避免铺张豪华。

开办公办养老机构改制试点。有条件的地方可以积极稳妥地把专门面对社会提供经营性服务的公办养老机构转制成为企业，完善法人治理结构。政府投资兴办的养老床位应逐步通过公建民营等方式管理运营，积极鼓励民间资本通过委托管理等方式，运营公有产权的养老服务设施。要开展服务项目和设施安全标准化建设，不断提高服务水平。

2. 简　析

我们国家和各地区公办和民办的养老机构，都必须坚持我国养老的基本宗旨，现主要分析如下：

第一，我国养老的基本目标是“老有所养、老有所依、老有所为、老有所学、老有所乐”。要实现这个目标要求，是我国养老产业的所有参与者，包括从领导干部到基

层工作人员，都必须坚持的办养老机构的基本宗旨。

第二，我国公办的养老机构和有协议的民办养老机构，在接收老人入住方面必须保障城镇“三无”老人和农村五保户优先入住的原则。在收费方面要和当地民政管理部门协商解决，这就是我们讲的养老产业的社会慈善性、公益性的体现。

第三，所有养老机构要在解决“三无”老人和五保户的基础上，为所有的社会老人服务，实现为天下儿女尽孝、为父母分忧、为社会解难的办养老产业的宗旨。

第四，我国养老产业坚持改革发展的原则。一方面已经开展公办养老机构的民营试点，落实承包责任制；另一方面，现有国有新建的养老机构，基本上要采取公办民营的管理模式，同时采取公有制和社会资本共同建立所有公有养老机构的混合所有制模式。

（二）切实防止急于求成的原则

1. 承　诺

所有参加养老产业的社会成员都应该坚守我国养老产业宗旨和承诺。国有投资的养老机构、国有和社会资本合办的养老机构、村的公办养老机构必须毫不动摇地坚守我国养老事业的承诺和宗旨。

同时，民办的养老机构也必须承诺，实现全社会的养老的基本目标，即让所有老人“老有所养、老有所依、老有所为、老有所学、老有所乐”。同时，外资和社会办的养老机构，地方政府可以通过协议的方式规定，要求其必须承担优先接收“三无”老人和五保户的任务和责任。即使没有协议的规定，所有在国内的养老机构都必须考虑到我国所有老人中困难群体的优先入住，坚持鳏寡孤独、残疾人，得到社会机构重点照顾的基本原则。

2. 模　式

第一，在经营管理模式上要克服和防止两个片面倾向。一是认为养老产业长期亏损和无利的产业；二是认为养老产业是夕阳式的朝阳产业，发展空间十分巨大，企图获得高利润甚至暴利的想法也是十分错误的。

第二，养老机构要设计自己的盈利模式，在保证养老老人生命质量和生活质量的前提下，要通过精心的经营，反对铺张浪费，采取适用的方式尽可能地获取一定的利润。利润的一部分回馈给老人，改善养老院的设备设施，一部分回报给投资者，让热爱养老产业的人士得到实际的回报。

第三，通过多种经营获得利润。养老产业本身是低利的产业，但是它可以带动上游和下游产业的发展，通过这些产业的发展获得较大的利润。比如，有些乡镇养老机构处在风景名胜区，可以通过旅游方式，一方面可以获得一定的利润；另一方面引入部分游客进入养老区域，解决了老年人惧怕寂寞的问题，对养老院很有好处。

二、尽可能接收外地养老人员

（一）发挥社会效应

1. 坚持社会为先的原则

根据我国养老产业的发展宗旨，就是要为全社会的困难群体、“三无”老人、五保户和天下的老人服务，因此我们要坚持以为全社会服务为宗旨，无利、微利、低利三种模式都可以选择。尤其是部分民营企业是靠国家和社会的力量发展起来的，企业家的责任就在于要回馈社会。无论是公有的还是社会资本办的养老机构，都要坚持为全社会服务，提高老年人的生命质量和生活质量。

2. 为全社会老人服务是一种责任

不同的时代有不同的责任，国家现在面临着老龄化的巨大挑战，每一个有识之士都应该为国分忧，参加养老产业、建立养老机构是我们应尽的责任。

我国还面临着比较严重的“三农”问题，很多人还没有脱贫，“空巢”老人和没有子女的老人同时存在，整个社会的压力比较大，我们要承担起为社会分忧的责任，关注中国养老问题，尽己所能，搞好我们现在所承担的养老的职责。

（二）增加经济效应

1. 目　标

乡镇（村）的养老院也应该有自己的经济目标，经济目标可以分解为以下几个方面：

第一，在国家规定的经费开支范围内，充分发挥应有经济的效应，提高服务的质量，尽量减少政府部门的负担。

第二，尽量获得一定的利润。乡镇（村）养老院、敬老院绝大部分是低利、微利的企业，有少部分是无利的企业，但也应该有获得利润的目标，也就是养老院的经济效益，还可以树立良好的社会形象。

第三，所获利润用于为老人服务。乡镇（村）的养老院、敬老院应该努力经营管理，尽可能地获得一定的利润。这些利润用来干什么？一是提高老年人的生活质量，二是改造养老院的设备设施，三是增加养老院抗风险的能力。养老院是风险程度很高的事业，为了预防风险，必须在经济上留有一定的实力，这样才能增强抗风险能力。

2. 关于经济效益是事业发展的基础

第一，从总的方面来看，经济是一切事业的基础，社会的发展、文化的提升都离不开经济这个基础。养老事业是经济文化发展的一个总体的反映，我们应该清楚地看到，我国出现的未富先老、未备先老，根本的问题就在于经济基础的问题，我国还有很多贫困人口，所以我们的养老产业要发展，需要大量的投入，用于老年人的经费开支，也还需要大量的资金。所以在发展养老产业的时候一定要重视经济的基础作用。

第二，从地区的发展来看，经济的基础作用也是十分重要的。在我国东部经济发达地区，老年人的养老问题基本上得到了解决。但是在我国中西部地区，由于经济相对落后，在传统的城镇，老年人的退休金相对较低，部分老人养老还存在一定的经济困难。所以我们乡镇（村）的养老机构，一定要认识到这个区间经济上的差距，在机构建设、费用开支等方面都要考虑到政府的财政收入、老人的养老金水平，做出适合实际情况的处理，收费标准不要太高，尽可能提高服务质量。

第三，养老机构本身要十分重视经济效益。各类养老机构都存在一个普遍的经济效益问题。我国现有的养老机构，无论是公办的还是民办的，经济实力都还比较薄弱，公有的需要财政的补贴，民营的长期没有盈利，增加经济效益是养老机构本身必须十分重视的问题。乡镇村的养老机构，一方面规模小，经济能力比较弱，人才缺乏，要经营管理好是十分不容易的。经济是基础，乡镇（村）养老院首先要增加积累、减少开支，聚集相应的经济实力，发展和壮大自己，以增加抗风险的能力。

乡镇村的养老院（敬老院）的负责人要认识到，在社会商业保险还不是十分完善的情况下，养老院的风险是很大的，万一出现重大的事故，没有政府的全力支持是很难抗拒的。

第二节　乡镇（村）养老机构接收社会老人入住

根据我国宏观的基本的养老法律法规，公有的养老机构、公有合资的养老机构和社会资本办的养老机构都应该尽量接收社会老人，为我国全面应对老龄化发挥应有的作用。

一、充分利用社会资源

（一）利用乡镇有限资源

1. 必然性

乡镇村养老院敬老院充分利用社会资源的必然性，主要有以下几点：

第一，有效利用资源是全人类的共识。现代经济学的基本原理告诉我们，经济发展和管理的主要任务之一就是合理地利用资源，这是我们开发任何一种产业的必然要求。关于养老产业，发展的时间还很短，还没有为社会创造更多的资源，企业自身就是消费性、服务性为主体的产业。从劳动力的生产环节来看，它是人力资本生产的末端，人类是在最近30多年才开始遇到老龄化的巨大挑战。我国进入老龄化社会只有十几年的时间，我们必须认真研究如何充分利用有限的资源发展老龄产业、提高养老质量这一重大课题。

第二，中国特色的养老事业的要求。中国养老产业最大的特色就是人口众多，老年人占世界老年人口的一半左右，农村人口占大多数，而且居住分散，东部和西部地区的经济实力差距较大，人口面临着养老的巨大挑战。整体社会资源非常有限，当然，全国的城镇人口的基本养老金发放是根本没有问题的。在我国这个统一的养老金市场，城市人口的养老金肯定能保证基本的发放。但是养老金资源还是十分有限的，我们还必须扩大养老金的缴费人数的比例，让这些城镇养老金有缺口的城市，逐步达到自给有余。

第三，乡镇（村）的资源特色。我国各地区的经济差异性很大，东部经济发达地区的乡镇经济实力虽然很强，但是也不能说就非常富裕，与经济发达的欧美国家相比还有相当大的差距。在中部地区的乡镇，除中心城市的郊区外，总体经济和可利用资源还有很大的缺陷。在西部地区的乡镇，除少数中心城市郊区外，80%以上的乡镇经济还很落后，财政实力很弱，有些乡镇还没有脱贫。在全国的66万多个村当中，真正富裕的也为数不多，资源缺乏、经济实力不强，这就是我国养老的基本现状。

综上所述，我国乡镇的有限资源必须得到充分的利用，才能够应对老龄化带来的挑战。

2. 原　则

乡镇（村）是最基本的行政组织，要充分利用这些资源，必须坚持以下原则：

第一，充分发挥优势，争取快速发展。东部地区有部分乡镇有一定的资源优势，需要得到充分的发挥。在养老产业方面应该抓住机遇，建立规模优势的养老机构，发展老年用品的生产，提高老年用品的质量，适当降低老年用品的价格，并对中部和西部地区树立示范样板，起到带头作用。

第二，积极进取，稳固发展。中部和西部相对落后、资源中等的乡镇，要积极进取，找出自己的特色和优势，特别是一些风景旅游景区所在的乡镇，要结合旅游产业，发展养老产业，使整个经济得到更大的发展，创造相应的经济效益，支持养老院（敬老院）的工作。

第三，增加信心，赶超先进。西部地区、山区、老区、边防地区的乡镇要充分利用自己的特色优势，在发展其他产业的同时，发展养老产业，“特色就是优势”。比如，我国中部地区的江西省山区比较多，经济比较落后，但是“红色旅游”在全国处于领先地位，使整个江西的经济发展有了很大的进步。中西部的乡镇大部分有自己的特色，只要加以认真的分析研究，敢于引进人才，使有限的资源得到充分的利用，经济的发展也会有相应的进步，养老事业也会得到帮助，养老院（敬老院）也会有相应的收入来源。

第四，保证重点的原则。在我国还有少数经济十分落后的乡镇（村），资源也十分有限，我们必须采用保证重点的原则，让城镇的“三无”老人、农村的“五保户”、残疾人的养老得到重点的保证，让他们享有基本的养老生活水平。在社会经济发展的今天，这是我们必须坚持的关于贫困地区养老的基本原则。

（二）远期规划和近期目标结合

1. 关于远期规划

社会经济要发展，必须建立远期的规划，防止重复建设、盲目发展、浪费和破坏资源。远期规划包括“五年规划”和“十年规划”，还有叫作中长远发展规划的，即15年、20年、30年发展规划，只有把这些规划做好了，才能保证乡镇十分有限的资源得到合理的、有序的开发利用，才能防止破坏资源。特别是在一些风景名胜区、湿地资源保护区、森林公园、江河源头地区、湖泊、水库等稀有资源保护区都可以用于养老产业的开发，各地应该做好远期的规划，分期分批地开发利用，服务于老人。

2. 近期目标

乡镇（村）的养老机构是最基层的养老机构，规模较小，经济实力也相对较弱必须实实在在地确定好近期的经济目标。在完成老人基本入住的情况下，可以适当接收其他乡镇（村）老人入住，以增加机构近期的经济收入，保证机构正常的运转。在机构近期的经济目标完成的基础上有所盈余，才能更好地发展机构。严格说来，如果养老机构连近期的经营都十分困难，就根本谈不上长远的发展计划的实现。所以，吸引自费老人入住，是渡过创业前期经营难关的重要选择，也是对机构经营管理能力的检验。

二、创造品牌提高服务质量

（一）发挥品牌效应

1. 创造经济效益

各类各级养老机构都应该创造经济效益，这可以从很多方面来考虑。

国家在发展养老产业的宗旨中明确提出，国有的养老机构要进一步改革开放，逐步变为企业进行市场化运作。所以我们认为，在创造经济效益的前提下，可以做以下几方面的分析研究：

第一，大型的优质的养老机构，也要创造经济效益。这些经济效益用来干什么？根本的目的就在于发展养老产业，服务于我国的老年人。他们所创造的经济效益主要用于两个方面。一是可以开连锁经营合作企业，扩大服务范围，增加服务的区域，推动产业的发展；二是支持中西部地区的养老产业的发展，在养老产业和养老机构内部已经有部分少数大型养老机构，开始取得成功。

第二，中型的养老机构发展经济效益的直接目的就是要扩大自己的规模，并提高自己的服务质量，在养老产业中取得一席之地，获得相当的经济效益，再回馈社会，服务于老年人。

第三，小型的养老机构创造经济效益的目的就是要发展壮大。同时，最根本的目的在于增强自己的经济实力，在不增加老年人经费负担的情况下提高服务质量。如果小型的养老机构发展得好，也会成为中型的养老机构，也可以开连锁分支机构，扩大经营规模，增强防范风险的能力。

第四，创造经济效益，防范经营风险。对于大型养老机构来说，大有大的难处，对于小型、中型养老机构来说，小也有小的优势。

2. 吸引人才是创造品牌的关键

在所有发展经济社会文化的因素中，人才的因素是决定性的。有了优秀的人才才能创造品牌效益，获得良好的经济效益；有了良好的经济效益，才能够聘请优秀的人才，才能创造更好的品牌效应，这就形成了良性循环的机制。在这三个环节当中，人才是起决定作用的。而我国的乡镇和村的养老院（敬老院）正是人才最缺乏的地方，因此各方面应高度重视，千方百计吸引人才到乡镇（村）的养老院工作，从而创造经济效益。但问题的另一方面是，乡镇（村）的养老院（敬老院）又没有多少吸引人才的优势，所以在聘用优秀人才的问题上存在一定的困难。正是因为有困难，我们才要特别提醒，县民政局有关领导、乡镇的主要负责人要因地制宜，发挥自己相对的优势，吸引和留住人才，以便取得良性循环的效果。

3. 开拓发展前景

我国区域广大，大部分乡镇（村）还处于相对落后的状态。但是我们要和中华人民共和国成立前比较，就是天壤之别了，如果和改革开放前比较，也发生了根本性的变化，主要是经济实力增强了，人们的生活水平提高了。这些乡镇（村）有各自的优势，据不完全统计，我国现在开办有优秀特色乡村游的景点已有18000多个，占我国88000多个乡镇的20%。这些乡镇大部分还没有开发养老产业，没有建设新型的养老机构，其发展前景还是很大的。在另外一些条件较差的乡镇，已建有养老机构的，也应该根据实际情况认真分析研究，发挥自己的优势和长处，增强发展养老产业的信心，取得更好的未来发展。

根据我们的调查研究，现在很多乡镇的养老机构选址很不合理，一是远离商业中心和居民集中居住区，这就使老人购物很不方便，相对增加了其孤独感。因此，各地的乡镇在新建、改建、扩建养老机构的时候一定要注意选择周围设施健全的地址；二是现在的乡村游和新兴旅游景点，还没有充分注意为养老机构的建立规划出优良的地址，适合于老人宜居养老。

（二）提高服务质量

一个企业，特别是服务型的养老机构，服务质量好了，会起到很好的作用，这表现在以下几个方面：

第一，无形的品牌。养老机构属于服务业的范围，而优质的服务可以发挥优势，形成无形的品牌力量。

第二，信誉的保证。信誉好的企业和机构，一定会得到好的经济效益和社会的赞誉。

第三，无穷的力量。商业服务业养老机构有了良好的品牌，美好的信誉，对机构工作会产生无穷的力量。

一家服务质量优秀的养老机构在经济和声誉上会产生良性循环，主要有以下优势：

第一，优势互补。

第二，节约成本。

第三，减轻工作压力。

第四，惯性优势。

第三节　依法依规制定收费标准

养老机构的信誉和安全是第一位的，服务质量医疗条件也非常重要，在安全、医疗、服务都好的情况下，收费标准就显得非常重要。因此，养老机构要依法依规，制定符合国家管理相关规定和适应当地生活水平的收费标准，特别是乡镇（村）的养老机构，一定要认真研究这个标准，制定符合实际的富有吸引力的收费标准。

一、依法建立收费标准

（一）法律简介

1. 简　介

《中华人民共和国老年人权益保障法》（以下简称《老年人权益保障法》），第一条就明确指出，为了保障老年人的合法权益，发展老龄产业，弘扬中华民族敬老、养老、助老的美德，根据《中华人民共和国宪法》，制定本法。

本法其他规定如下：

第五条，倡导全社会优待老年人。

第七条，提倡、鼓励义务为老年人服务。

第四十条，国务院有关部门要负责制订养老服务设施建设、养老服务质量和养老服务职业等标准，建立健全养老机构分类管理和养老服务评估制度，各级人民政府应当规范养老服务收费项目和标准，加强监督管理。

第五十五条，老年人因其合法权益受侵害提起诉讼，缴纳诉讼费确有困难的，可以缓交、减交或者免交；需要获得律师帮助但无力支付律师费的，可以获得律师援助，鼓励律师事务所、公证处、基层法律事务所和其他法律服务机构为经济困难的老年人提供免费或优惠服务。

第五十六条，医疗机构应当为老年人就医提供方便，如免费体检等业务。

第五十七条，提倡老年人日常生活密切相关的服务行业为老年人提供优先、优惠服务，城市公共交通、公路、铁路、水路、航空客运，应当为老年人提供优待和照顾。

第五十八条，博物馆、美术馆、科技馆、纪念馆、公共图书馆、文化馆、影剧院、体育场馆、公园、旅游景点，应当为老年人免费或者优惠开放。

2. 点　评

国家相关法律，从根本上和总体上保护老年人的经济权益，具体关于收费的标准应由有关部门或者省、自治区、直辖市，甚至县级政府部门来制定。

《老年人权益保障法》是保证老年人基本权利的主要法律，除了很多原则规定，现说明如下：

“总则”第一句就讲是为了保护老年人的权益，这里的权益包括的内容很广，但是收费标准是最具体的权益之一。

第五条讲倡导全社会优待老年人。在总体上要求“社会各有关部门或单位在制定收费标准时，要注意优待老年人”的基本原则。

第七条，要求有些服务项目不收费，采取义务服务形式。

第四十条，是《老年人权益保障法》中最直接具体的关于制定收费标准的原则规定，要求各级政府要规范并加强监督管理。

第五十五条，主要是指法律援助和老龄人法律诉讼中的免费问题。

第五十六条，关于免费体检问题，各地医疗机构还应该加强这方面的工作。

对第五十七条的规定，公共交通部门做得最好，对老年人免费实行了全覆盖，这是需要表扬和提倡的。

第五十八条的规定，涉及文化体育旅游景点，这些部门对老年人门票执行免费或优惠政策。

（二）国家法规简介

1. 简 介

《养老机构设立许可办法》，第十四条规定，养老机构应当取得许可并依法登记，未获得许可或依法登记前，养老机构不得以任何名义收取费用、收住老年人。

《养老机构管理办法》，第十九条规定，养老机构应当依照其登记类型、经营性质、设施设备条件、管理水平、服务质量、护理等级等因素制定服务项目的收费标准。养老机构应当在醒目位置公示各类服务项目收费标准和收费依据，并遵守国家和地方政府价格管理有关规定。

《农村五保供养服务机构管理办法》，第十四条规定，农村五保供养机构在满足当地农村五保供养对象集中供养需要的基础上，可以开展社会养老服务。开展社会养老服务的农村五保供养服务机构应当与服务对象或者其赡养人签订协议，约定双方的权利和义务。农村五保养老机构不得因开展社会养老服务降低对农村五保供养对象的集中供养条件和服务水平。

2. 点 评

《养老机构设立许可办法》第十四条实际上是讲，养老机构在未正式获得设立许可以前不得提前收费。

《养老机构管理办法》规定表明，一是养老机构制定收费标准的依据是硬件设施服务质量和软件设施服务质量，二是要对收费的依据进行公示，三是要服从地方价格管理部门的监督和管理。

《农村五保供养服务机构管理办法》规定在完成五保供养的基础上，可以开展社会养老服务，收费标准双方协议确定。

总之，全国性的法规难以提出具体收费标准，只能提出原则性指导意见。尤其是乡镇的五保供养机构，全国各个地方的差异很大，应由各地的地方政府提出相应的指导意见。

（三）地方法规简介

1. 简 介

关于养老机构收费标准的制定，地方政府已担负起主要的责任，省、市、县政府都可以制定出相应的指导性的收费标准。现在简单介绍如下：

第一，《北京市民政局 北京市发展和改革委员会 北京市财政局关于印发〈北京市公办养老机构收费管理暂行办法〉的通知》，2015 年 7 月 22 日，京民福发〔2015〕270 号。

第二，《上海市物价局、上海市民政局关于印发〈上海市养老机构服务收费管理暂行办法〉的通知》，2014 年 5 月 16 日，沪价费〔2014〕13 号。

第三，《河北省物价局关于落实养老机构有关价格和收费标准的通知》，2011年6月8日，冀价管〔2011〕25号。

2. 点 评

各省、自治区、直辖市，由于经济社会文化发展水平相差较大，尤其是县和乡镇，价格水平相差更是很大，为此，我们举出上面三个省市的情况，简单给予说明，供大家参考。

北京市情况比较特殊，但是具有一定的代表性和指导意义。北京市在出台这个文件的时候，国务院2013年35号文件已经颁发，北京的国有公办养老机构和民办养老机构都是比较发达的，这个文件可供大部分地区参考。

上海市是全国老龄化程度最高的城市，政府和社会有关部门在养老服务方面做了大量的工作，总体上在全国处于领先地位，其对养老机构收费标准的管理也比较规范。上海市在对老人的经费补贴上项目很多，比较规范和具体，对中国的养老产业的发展具有积极的指导作用。

河北省对养老机构收费标准的管理是全国出台比较早的省份之一，文件也很有代表性，2011年的文件还是具有参考作用的。

（四）收费标准制定方法

养老机构收费标准制定的基本要求主要有两点：

第一，收费标准公开化。《养老机构管理办法》明确规定，收费标准要公开化，要选择养老机构醒目的位置公示，有关人员要向准备入住老人和家属亲友耐心地解释说明。

第二，收费成本明细化。养老机构为什么要这样收费？收取的费用用于什么地方？实实在在的成本是多少？都应该有明细的表示，以备入住老人和亲友以及主管部门的管理和监督。

1. 比较法

比较法是一个简单易行也比较容易操作的方法，具体的办法就是去走访几个和所在地养老机构的规模、硬件设施、软件设施、服务水平等相类似的养老机构，参照他们的收费标准，制定出自己的收费标准。

2. 成本分析法

这是一个测算收费参考标准的基本方法之一，财务人员详细地测算总投入，再设定一个基本的收费标准，进行反复地比较测算，确定一个相应的收费标准，再去进行市场调查，征求有关行政主管部门意见，最终确定一个试行收费标准。

二、杜绝违规收费或乱收费

（一）建立收费监督制度

1. 制度公开

首先，要建立收费管理监督制度，这个制度要比较详细和具体，要像收费标准一样，在养老机构十分醒目的位置公示。

其次，如果要调整收费标准，事前必须征求入院老人及其亲属的意见，并将调整的项目公示，在得到大部分人的同意并报请上级主管部门批准后方可实施。

2. 责任落实

养老机构内部监管人员要落实到位，要挂牌公示其照片、姓名、电话，还必须要注意的是全部电话要畅通。同时还要公布养老机构负责人的电话、值班人员的电话。做到有事能找到人。

（二）加强监督

1. 政府监督

政府是公信力最强的监管部门。政府有关部门的监管，是养老机构收费标准监管的主要力量，除行政主管部门民政局外，还有工商、税收、卫生计生委、物价局、食品药品监管局、消费者协会、行业协会等一系列政府部门及其派出机构，进行管理和监督。

2. 社会监督

首先，媒体的监管。媒体是无冕之王，能代表公众对政府进行全方位全天候的监督。媒体也是公信力很强的社会舆论监督方面。

其次，“互联网＋”的监督。在“互联网＋”十分普及的情况下，群众手里的微信，无处不在，无时不有，深入社会的每一个角落，传播时间快、覆盖面广，这是当前最为广泛的群众监督形式，养老机构的领导或工作人员要非常重视这种监督方式。

3. 老人监督

住在养老机构的老年人，亲身感受到养老机构的服务质量，设施设备的状况，是最有发言权的监督者。

4. 员工监督

养老机构的员工是主人，主要是提供服务的积极参加者，他们对养老机构的服务质量，管理水平都十分清楚和明白，他们也是最重要、最有效的监督者之一，各有关方面应该认真听取他们的意见。

知识拓展

天津启用养老服务用工补贴实施办法

目前，市户籍60岁以上的老年人口有200.85万人，占户籍人口总数的20.01%，人口老龄化程度位居全国第三，高龄化、空巢化特征明显。全市80岁以上高龄老人约25万，占老年人口13.48%；日常生活需要帮助或护理的老年人约有13万，占老年人口的7%；空巢老人占有老年人家庭比例超过40%。人口老龄化的快速发展，使得养老服务需求呈现出“井喷”增长趋势。

为了吸引更多企业参与养老服务业中，本市出台了养老服务用工补贴政策，凡在本市行政区域内注册登记、注册资本不少于人民币50万元的养老服务企业，招用员工并签订劳动合同，给予岗位补贴、社保补贴。凡养老服务企业招用养老护理人员，不论是本市户籍还是外来务工人员，只要签订 1 年以上劳动合同，均给予 2 年的岗位补贴和 3 年的社会保险补贴。

同时，对于开展养老服务技能培训给予培训补贴。针对养老服务企业用工的实际情况，将养老护理、病患陪护、家政服务、日间照料和社区配送等全部纳入培训补贴范围。目前，养老企业纳入培训补贴的目录共有 9 大职业工种，平均每人、每次培训补贴标准为 1162 元，其中，养老护理员、病患护理员等职业工种的补贴，最高可达每人、每次 1950 元。对养老企业组织职工脱产、半脱产参加培训，还给予 90% ~100% 的培训补贴。同时，对取得职业资格证书的人员，每人给予 1000 ~3000 元的培训津贴，津贴一半给个人，一半给企业。

对无收入的本市失业人员、农村劳动力、普通高校学生参加养老服务培训，凡取得职业资格证书，均给予培训成本 90% ~100% 的培训费补贴。同时，对参加培训的人员还给予生活费补贴。除此之外，对为养老服务企业输送人员的中介组织和职业院校，给予奖励。

案例点评

简介：北京某民办养老机构，建在远郊区，有床位 330 张，总投资 2300 万元人民币，现在有入住老人 150 多位，每位老人每月最低收费 4800 元，失能半失能老人每人每月最低收费 7800 元。根据这家养老机构的入住率和收费标准，还是应该有盈利的，根据初步测算，每年盈利 200 万元还是没问题的。

但是却一直处于亏损状态，原因主要有以下四个方面：

第一，总投资超出，根据专家分析，在这样的地理位置建设这家养老机构，如果高水平的运作 1800 万元就可以了，正常情况下 2000 万元没有问题，实际上他们前期投资就超出了 300 万元人民币，如果 15 年收回投资估算，加上利息收入，每年会增加开支将近 50 万元。

第二，投资者自有资本不充分。养老产业是利润低回收期长的产业之一，这家机构贷款 1300 万元，自有资金 1000 万元，投资其他行业是完全可以的，现在的情况是这家机构每年的利润，还银行的贷款利息还差一点，所以连年亏损。

第三，入住率低。如果他们的入住率再提高 10 个百分点，每年的经营可以基本持平，提高 15 个百分点，有盈利。

第四，由于地理位置相对偏远，人才缺乏，建设初期就管理不善，造成连续三年亏损的状态。又因为无后续资金投入，难以吸引高层次的人才，难以改变环境，短时期无法走出困境。

第五，解决的方法为：一是要提高服务质量，得到好声誉，吸引更多老人入住；二是要改善服务设施，比如再购买一辆救护车，方便老人的就医服务，增加人们出入方便的好感，这是非常必要的；三是适度加强宣传，扩大社会影响。

点评：养老机构的建设初期一定要做好充分准备，建设期十分重要，增加一年，利息就几百万元，收入减少几百万元，大家千万注意。

第三十二章　建立医养结合的基层养老机构

由于自然规律的原因，老年人的身体机能和功能都明显衰退，免疫功能和抵抗力都大大下降，容易引发各种疾病，医疗成为老年人养老的第一要素，医养结合也成为老年人最需要的养老方式之一。在中心城市建立医养结合机构是比较容易的，在基层乡镇和社区也有必要尽可能地建立医养结合的养老机构，保证老人在健康状态下养老。

第一节　养老机构和乡镇（社区）医院紧密合作

在乡镇（社区），由于人才的缺乏，特别是医生的缺少，养老人才已十分缺乏，这是建立医养结合的瓶颈所在。同时，基础设施、医疗器材也比较短缺，所以政府部门需要加强领导和帮助，各方共同努力，建立乡镇（社区）的医养结合机构。

一、乡镇（社区）医院直接在养老机构设立医疗点

（一）乡镇（社区）医院直接在养老院设立医疗点

1. 独立设立

这是最好的选择之一。养老机构为乡镇（社区）医院提供房间，由医院到养老机构去建立医疗点，派医生和护士常驻，中型医疗机构还可以设立几张病床，24 小时值班。医院也可以开设专门的老年病的医疗门诊，拓宽业务渠道，在满足养老院老人需要的情况下，为居家养老老人服务。

独立设立医疗机构的优势在于便于统一集中管理，明确各自的责任，由于经济上独立核算，能调动双方积极性。

2. 联合设立

医院和养老机构共同设立医疗工作室也是一种好方式。这里有两种情况：一是医院因为本身工作太多，医生和护士缺乏，对参与养老机构的医疗活动缺乏积极性；二是医院经济实力不强，没有力量到养老机构去开展医疗活动，没有经费购买必需的医疗器材。面对上述情况，养老机构的负责人要积极主动争取上级行政主管部门的支持和帮助，动员乡镇和社区医院共同建立医疗工作室，养老机构要提供部分资金、房屋建筑，主动积极地搞好管理。这非常有利于养老机构建立自己的品牌，开展业务，增加收益，服务于老人。

（二）关于夜间紧急救助

老年人夜间发病的情况是经常会发生的，必须高度重视一天值班医生制度，确保有效地救治老人。现在我国东部、中部地区的乡镇医院，一般都有救护车和值班医生24小时值班，但是往往供不应求，有时会耽误老人抢救时间。一方面医院要适当增加救护车，另一方面我们提倡养老机构都应该配置救护车，中心养老机构还应该配置两辆救护车，以满足抢救老人的需要。

紧急救助的形式也多种多样，主要有以下几种：

第一，120紧急救助形式，这是运用最为广泛的救助重病人的方式。

第二，市级医院救护车救助形式。

第三，县级各类医院的救助形式。

第四，部队和武警医院救助形式。

第五，友好养老机构的救助形式。

二、乡镇（社区）医院每天派医疗人员到养老院巡诊

（一）每天有专门医生定时医疗

乡镇（社区）的养老机构，一般床位不多，除了专门设立有医疗点外，乡镇（社区）医院可以采取灵活机动的方式为养老机构服务，有效的方式之一就是派医生到养老机构定时医疗。根据医院改变发展的方向，应该有一些全科医生为老年人服务是最好的，也可以根据预约方式和老人的情况，定时派出专科医生为老人服务。乡镇（社区）医院没有的科室，还可以和县城其他医院医生预约，到养老机构为老人治疗，满足老人医治各种病的需要。

乡镇（社区）医院派医务人员到养老机构治疗，医疗责任和经济责任都是非常明确的，不论是医院还是养老机构都不是个人的行为，要承担的责任很明确。医院和养老机构可以通过合同的形式确定双方的义务和权利，县民政部门和卫生计生委，应该加强管理和指导协调。

（二）建立定时体检制度

1. 日　检

每日为老年人进行体检是养老机构日常的工作任务之一。在我国香港，社区每天都会对居家养老的70岁以上的老人进行体检，掌握老年人每天身体变化状况，便于及时的治疗，防止因漏诊而延误老年人的病情医治。

2. 每周检查

这是比每日体检更为详细的体检，检查的科目要多一些，需要一些必要的仪器设备，也可以请一些高职称医生参加体检，防止老年人发生新的病变。

3. 每月检查

这是一种非常重要的检查活动，一个月的时间是比较长的，老人的身体可能发生各种变化，特别对于高龄老人、慢性病并发症的老人，要重视每月的身体检查。

4. 半年检查

半年内身体检查，是每个老年人必须进行的十分重要的检查，一般情况下应该去县级医院进行检查，如果养老机构的医疗设备较为先进，可以请县级医院派遣医疗队到养老机构来为老人进行体检，特殊项目做不了的再将老年人送到高一级医院体检。

同时，养老机构的工作人员也要进行半年体检：一是预防工作人员患病后将病菌传染给老人；二是保护员工的正当权益，让员工在健康情况下工作。

（三）专科医生定时医疗制度

老年人常见的病主要有：牙齿脱落引起的牙病、听力衰退引起的耳病、老年性白内障、健忘症、骨质疏松、前列腺病、胆结石、肾结石，等等，还有一些是因为老年人身体机能和功能衰退引发的疾病，乡镇（社区）养老机构要根据情况定时请来一些老年病专科医生对老人进行检查和治疗。

还有一些老年人病情特殊，养老机构应该根据老年人的要求请专科医生进行检查。

三、乡镇（社区）医院和养老院签订长期合作协定

（一）建立长期合作关系的作用

1. 对医疗机构的作用

乡镇（社区）医院和养老机构建立长期合作关系有如下作用：

第一，可以有固定的业务来源，提高医院的经济效益和收入。

第二，有利于培养和锻炼人才队伍，在未来几十年内老年人口会成倍增长，养老产业的 GDP 会占全国总量的 1/3 以上，有很广阔的发展前景。乡镇医院利用和养老机构合作的平台，培养一批治疗老年病、慢性病医疗人员，有利于医院的长远发展。

第三，有利于医务人员业务技术的提高，为将来开设老年病专科做准备，有些人还会成为老年病的专家，自己一生受益无穷，也能为社会做出更大的贡献。

2. 对养老院的作用

乡镇（社区）养老机构和医院合作有如下作用：

第一，有利于提高养老院的服务质量，满足广大老人医养结合的需求。

第二，有利于老年人的安全。对老年人突发疾病抢救及时，保证老年人得到及时救治，防止和减少老年人伤亡事故的产生。

第三，创建医养结合的品牌，吸引更多老年人入住，扩大业务范围和规模，充分利用养老机构的设施设备，获取更大的经济效益，增强机构自身防御风险的能力。

（二）通过合同形式确立关系

1. 明确各自权利和义务

改革开放 40 年来，我国制定了一系列法律体系，《民法》总则最近获得全国人民代表大会通过，这是具有重要意义的大事，当《民法》的分支法律通过以后，我国的现代法律体系就完全建立。一切事情都可以依据法律来处理，乡镇（社区）医院和养老院的关系也不例外，双方的权利和义务一经建立就会受到法律的保护。

2. 明确各自法律责任

法律责任是所有人承担责任中最为重要的一项，双方通过合同条文加以确定，经过律师指导和审查，还可以在公证处公证，双方应当承担的法律责任就非常清楚了。

我国商业保险体系正在建立之中，政府也鼓励养老机构购买保险，老年人的商业保险也正在发展之中，这将会为乡镇（社区）医院和养老院提供更多的防御风险的保障措施。这是我们现在期待的好事。

第二节 养老机构和县（市、区）医院紧密合作

由于我国是发展中国家，东部、中部、西部地区发展不平衡，特别是在少数民族地区、边疆地区、山区和革命老区的广大的乡镇和村的养老机构，交通条件十分落后，设施设备不是十分完善，医疗条件相对较差，养老机构只有和医院合作，才能取得理想的效果。

在我国行政区划中县（市、区）是最为重要的、最为基础的政权组织，医疗条件相对较好，养老机构必须和县（市、区）的医院紧密合作。

一、县级医院在养老院设立养老专科门诊部

（一）县级医院应该在养老院设立老年专科门诊

1. 专 家

所谓县级医院，包含好几家医院，几乎所有的县城都有县人民医院，大部分县城有中医院、红十字会医院、城关镇医院、妇幼保健院、卫生防疫站等。经过改革开放40年来的发展，副主任医师以上专家也有不少，按照国际惯例，主治医师也可以称得上专家，如果他在某些方面有专门的研究，那就是名副其实的专家。

当然，养老机构还可以从更高级别的医院聘请专家来开展医疗工作。

2. 专 用

所谓专用，是指老年病专用设备的意思。为了保证老年人治病需要，县医院可以申请购置一些老年病的专用设备，以保证检查的准确性、治疗的有效性。中西部地区县级医院的经济实力往往不强，但是可以想一些办法来解决，比如国家一些慈善基金，就在为一些基层的医院提供医疗器械和药物的帮助。公益基金也可以向基层医院提供医疗设备的支持。

（二）县级医院老年病医生每天轮流诊断

1. 专 人

所谓专人，是指有固定的医务人员为养老机构提供服务。专门的老年病医生，每天到养老院去诊断治疗，如果有几位老年病医生，也可以轮流去养老院为老年人治病。

2. 分 科

所谓分科，是指老年人疾病种类多，不同科室的老年病医生可以分别去养老院巡回诊断治疗，既考虑到县级医院本身门诊和住院的需要，又能满足老年人治病的需求。

二、县级医院各科医生每天在养老院进行诊断治疗

（一）定期医疗制度建立

1. 定　期

老年人的记忆力衰退，经常会忘记自己应该就医的时间，总体上看，县级医院还是处于业务十分繁忙的状态，为了确保老人的病得到及时医治，又便于医院安排医生工作，可以建立定期医疗制度，方便医患双方都有准备的时间，这是很好的方法之一。

2. 订　单

所谓订单，是指根据每个老年人具体情况，安排医疗的时间和计划，选择专门的医生，进行专门的治疗，也可以叫订单式医疗计划。

（二）专科医生循环医疗制度

1. 专科医生主动诊断

县医院本身的医疗救治任务就比较繁重，专科医生应该主动到养老院，诊断老年人的病情，提出治疗方案，医院和养老院应该主动提出安排专科医生到养老机构，便于老年人和医生都有所准备，节约时间，提高治疗效果。

2. 根据老年人需求的专家诊断

不同的老年人也有自己的特殊病状，老年人要求有关专家为自己诊断病情，医院和养老院都应该尽量满足老年人的要求。

三、老年病医疗机构和养老院合作

（一）老年病医院和养老院合作

1. 在养老院建立医疗门诊部

自从我国开始应对老龄化以来，不少地区纷纷建立老年病医院。据不完全统计，我国现在有老年病医院2000家左右。我国医疗市场对社会开放以后，还有一些社会资本或外国资本在创办老年病医院。各地主管部门应当鼓励老年病医院和养老院合作，采取必要措施支持老年病医院到养老院建立门诊部，以满足入住老年人看病的需要。养老院也应该主动地配合老年病医院，争取其在养老院设点开展门诊。

2. 定期派医生开展医疗

部分乡镇（社区）的养老院规模较小，没有为老年病医院提供开设门诊的条件。部分老年病医院由于医生相对较少，没有更多的人可以抽调到养老院去固定看病，采取定期派医生到养老院开展医疗活动是一个好办法。

大部分乡镇（社区）的养老院往往离老年病医院有相当长的距离，医院和养老院应该为医生提供交通条件，方便医生的工作。养老院的工作人员应该清楚认识到，请老年病医院的医生到养老院为老人看病，会比送几位、十几位老人到老年病医院去看病方便很多，一是会节约成本和时间，二是会减少对安全管理方面的繁重工作。

（二）多种形式合作

1. 义　诊

义诊是我国医疗系统的光荣传统，为养老院的老年人开展义诊活动有特别的重要意义。义诊是弘扬中华民族敬老爱老养老的光荣传统的表现之一，也是医务工作者为社会服务的一个重要形式，对提高新建老年病医院和医务工作者的形象很有帮助，会受到政府和社会的广泛赞誉和肯定。

2. 医疗保健合作

根据当前医疗卫生保健机构和妇幼保健院开展业务的状况，乡镇（社区）的养老院要积极主动地和医疗保健机构和妇幼保健院取得联系，争取得到其帮助，与其紧密合作，为老年人服务。

卫生保健机构有很多国家配备的先进医疗仪器和设备，在防治职业病、慢性病、地方病方面很有专长，与它们合作对老年人来说是一件好事。

妇幼保健院近几年也有很大的发展，在治病防病方面取得了很大的进步，有的部门还开设了老年病研究，专门研究老年妇科疾病，这要引起养老院有关人士注意，争取与其合作，得到支持。为老年妇女服务，建立有特色的养老机构。

3. 医学常识讲座

在养老院的老年人中，有很多人有相当高的文化水平、学术和知识素养，还有不少人在积极学习，“活到老，学到老”，所以养老院要利用老人有充裕时间的特点，开办老年大学，组织医学知识的讲座。一方面是满足老人求知的欲望和精神需求，另一方面老年人有了医学知识以后能更好地保养自己，增加自己的预防疾病能力，积极配合医生的治疗，会取得事半功倍的效果。

4. 医疗互助关系建立

养老院要满足老人的就医需求，和医疗机构紧密合作，通过会诊召开联谊会等方式，促成多种养老机构互助关系的增强，确保老年人各种疾病治疗和就医的需要，实现在需要紧急救助时医生随叫随到，确保老人平安。

同时，养老院在成立时应该争取获得民政部门、卫生计生委的帮助和支持，建立养老机构和医疗机构的互助合作关系，形成高效的医疗救助网。

四、养老机构和市（区）医疗机构紧密合作

（一）紧急救助

1. 抢　救

地级市和省会城市，以及其他中心城市设立的医疗机构，人才相对集中，医疗设备条件也相对较好。乡镇（社区）的养老机构，在老年人发生重大危险病情时，应该迅速求得医疗机构的帮助。现在我国大部分地区高速公路网已十分发达，“互联网＋”的通信设备也非常好，在保证老人安全的情况下，要尽快地将老人送到医疗条件好的医院，得到高质量的有效的救治，确保老人生命安全。

2. 手　术

老年人的身体机能和功能逐步减弱，抵抗能力大大降低，在有重大病情时是采取保守治疗还是动手术需要认真研究。如果需要动手术，必须选择医疗条件优秀的医院进行。在市级医院进行手术是比较好的选择之一。

（二）大病医疗

1. 住　院

乡镇（社区）的养老院，有少数在医养结合方面已经做得较好，但是老年人发生重大病情，养老院还是没法进行治疗。必须采取进入高一级医院住院的方式，为老年人全面诊断病情，使他们得到更有效的救治，这是养老机构必须采取的唯一正确的办法。

2. 转　院

在我国中西部地区偏远的乡镇（社区）养老院，老人遇到重大病情到县医院是第一选择。但是，发现老人的病情没有好转，或者县医院的医疗设备条件太差，就应该及时地转院治疗。由于报销程序管理的需要，从县医院转到市级医院是正常情况，但是还是可以去通过协调，求得县卫生计生委的同意，转送到省会更高等级的医院治疗，确保老人住院治病质量，使疾病得到有效的控制或治疗，取得满意的效果。这是我们追求的目标。

第三节　养老机构和省市级医院建立紧急抢救合作机制

省会城市的医院档次很高，一般可以满足人们治病的需求。现在社会进步很大，经济文化迅速发展，高速公路网交通也十分发达，老年人一旦遇到重大病情威胁，都可以申请到省会城市的有关医院治疗。现在互联网十分发达，乡镇（社区）的养老机构完全有可能和必要取得省会城市医院的帮助，满足老人的医疗需求。

一、养老机构和省级医疗机构紧密合作

（一）危险重症老年人抢救

1. 预　防

乡镇（社区）的养老院的老人，在入住体检时就会发现他们的基本病情状况，也可以根据老人的口述、相关检查的病历，掌握和了解老年人危险病情的情况，有针对性地治疗和加强观测，防止老年人病情突然暴发，为抢救留有充裕的时间。患有危险重症的老人，要争取创造条件，早日到省级医疗机构进行检查，以获得专家的指导和帮助，做好预防工作。

2. 抢　救

平时预防准备，为紧急抢救时打下了良好的基础，这是养老院的工作人员必须高度引起重视的。抢救的过程是比较复杂的，组织指挥者必须要保持清醒的头脑，关键在于平时加强紧急抢救训练和演习，防止层层转院延误抢救时间，造成不可预见的后果。如果交通条件允许，联系好了，最好是直接送到省级医疗机构抢救，成功的把握较大。

（二）疑难病情确定和会诊

1. 专家会诊

专家会诊是医治疑难病症的最佳方法之一。几位专家聚集在一起，各自发挥自己的长处，互相讨论研究，一般会取得良好的效果，因此我们必须采用经过实践长期检验证明有效的方法，得出科学的结论，对症下药，医治老年人的疾病。

2. 病症准确诊断证明

省级医疗机构不但人才济济，而且设备仪器高端先进，通过检查检验，老年人的病情可以得到准确结果，防止漏诊误诊，为老年人疾病医疗赢得宝贵时间。大量的事实证明，重大疑难病症，基层医院的检查往往会存在一些问题，最后还是要到上一级医院去确诊，条件许可的情况下，直接到省级医疗机构去治疗。

二、养老机构和省会城市医疗机构合作

（一）省会城市专门医疗科学研究机构

1. 医学院

我国已经形成了庞大的医学教学体系，在每个省会城市都有高等的医学专科学院或者大学，都是教学医疗研究为一体的，有很多顶级的专家和主任医师。他们有长期的临床经验，得到他们的帮助对老年人治疗疾病很有好处。乡镇和村的养老院要克服各种困难，和他们取得联系，服务于老年人，树立自己的品牌和形象。

2. 中医药大学

我国部分省会城市还设立有中医药大学或学院，这是赋予老年人的最好的机构之一，中医药是宝贵财富，治疗老年病、慢性病有特别的作用和效果。中医药医疗在乡镇医院也很有基础和市场，有条件的乡镇（社区）的养老院，都应该推广中医药为老人治疗，加强和中医药大学和学院的联系，得到其支持或帮助。

3. 研究院

在我国的各个省会城市有一些医学研究院，在北京、上海、天津、广州、成都等地，还设有一些国家级的医学研究院，这是我国医疗系统的高级研究机关，研究人才的水平很高，医学设备仪器也很完善精良，这为我国的养老提供了很好的条件，乡镇和村的养老院虽然是处于十分基层的位置，也要学会应月这些医疗机构的有效资源，为老人治疗各种疾病服务。

4. 职业病防治所

老年人曾经从事各种各样的职业，难免会患有职业病。乡镇（社区）的养老院要根据这些老人的情况，和省会城市的职业病防治院所取得工作联系，为有需求的老人服务。

5. 传染病研究机构

在省会城市，也有一些传染病研究院所，比如，结核病研究院、肝病研究所。乡镇（社区）养老机构要根据入住老人的需求，积极地和这些机构联系，治疗老年人所得的传染病，让他们早日康复。

（二）省会城市专门医疗机构

1. 专科医院

省会城市会有较多的专科医院，如癫痫病医院、骨科医院、肿瘤医院，可以为老年人提供服务。乡镇（社区）养老机构也应该想方设法与其取得联系，通过为老人有效地治疗疾病提高自己的服务质量，创立自己的品牌，增加经济效益。

2. 地方病医院

所谓地方病，是指我国不同的地区因为土地和水资源引起的某种区域性的疾病，省会城市一般有几家自己所属的地方病医院。乡镇（社区）的养老机构也应该与其加强联系，满足老人治疗的需求。

（三）行业医疗机构

1. 大学的医院

在我国，很多综合性的大学所办的医院有相当高的档次和水平，乡镇（社区）养老院要注意收集这些医院的信息动态，为有效地治疗老年人的疾病提供方便。

2. 石油医院

由于我国发展的历史原因，全国多数省份会有石油行业建立的医院。由于石油行业在我国国民经济中的特殊地位，中华人民共和国成立几十年来，我国各地的石油医院发展很快，业务水平也相当高。各地养老机构，在可能的情况下，要利用石油医院提供的方便为老年人服务。

3. 铁路医院

全国各地几乎都有铁路医院，其发展也处于比较先进的行列，但新的条件下，铁路医院有的转入地方，有的已经全面对社会开放。乡镇（社区）的养老机构，也可以根据需要和他们加强合作。

第四节　养老机构建立自有医疗机构

凡是有条件的养老机构，都应该建立自有医疗机构，特别是大中型养老机构，应该尽快建立医疗机构；边疆地区、山区的小中型养老机构，也应该建立自己的医疗点。

一、自有医疗救护机构

（一）养老院自己建立医院

1. 医　院

大中型的养老机构，都应该建立自己的老年病医院，首先为入住老年人服务，同时为社会的老年人服务。大型的养老机构，建立自己的医院是必然的，医养结合是我国当前养老的主要模式之一。中型的养老机构，有条件也应该建立自己的医院为老年人服务，特别是为社会老年人服务，一是扩大自己的影响；二是可以获得经济效益；

三是可以提升自己的品牌，把养老和医院都发展得更好。

2. 医疗点

中小型的养老院首先要建立自己的医疗点，有自己的医务人员，一是便于自己的养老护理服务；二是有利于抢救老人，确保老人在危险发生的情况下得到及时救助。对自己养老院的声誉和经济都有很大的帮助。

（二）建立专门病房

1. 日　托

中小型的养老机构自己建立的医疗点，要尽可能地设有病床，满足社会老年人日间就医的需要。这对扩大自己的社会影响、拓展业务都是非常重要的。

2. 全　托

中小型的养老机构要设立全托的病房，收治社会的老年人，特别对于一些慢性病、肿瘤病晚期的人都十分有好处，因为中小型的医疗点会产生入住养老人员数额不足的情况，设立全托的医疗服务，对于医疗人员力量的充分发挥、扩大经济收入、服务于社会都是很好的。

二、联合建立医疗机构

（一）以我为主

1. 养老机构自主建立医疗机构

中小型的养老机构要建立医疗机构，会有人才、设施设备上的困难，但是也可以千方百计，以我为主，建立医疗机构。一是为入住的老年人服务，二是为社会服务，这种医疗机构，医生不会很多，但要根据医生的特点，发挥其专长，提高医疗质量。比如在偏远山区，有的医生是以治疗蛇伤为主，也可以请他进入养老院建立医疗机构，增加老人的安全感。

2. 几家养老机构联合建立医疗机构

中小型养老院，由于经济实力不强，人才也相对缺乏，可以联合其他养老机构的力量，建立医疗机构为自我服务，同时为社会服务。特别是偏远地区交通不方便，入住老人养老有医疗机构的配合和保证，会增加更多的安全感。

（二）形式多样

1. 以房产入股

中小型的养老机构在建立医疗机构的时候，要分析自己的优势和专长，比如养老院建立的初期，老人入住率并不是很高，就会有相应的房产空置，为了发展养老的主要业务，可以选择用房产入股，和乡镇医院、个体医生联合建立养老机构，这会有利于中小养老机构的长远发展。

2. 引进人才为主

医疗机构的建立，人才是决定性的，在乡镇（社区），要寻找一个好的医生，也是比较难的。中小型养老院如果能够选择到合适的医务人员，就应该想方设法建立医疗机构，养老院打造医养结合的品牌，发展自我，能取得更好的经济效益和社会效益。

三、培养自己的医生

（一）培养养老院的医生

1. 专　职

中小型养老院也要培养自己的专职医生，特别是老年病医生，在偏远和经济相对落后的乡镇（社区），医疗技术是十分宝贵的。中小型养老院有自己的医生，将来一定会有好的发展前景。

2. 兼　职

中小型养老院要建立医疗点的医疗机构，刚开始缺乏专门的医务人员，也可聘请兼职的医务人员，使自己医养结合养老院的品牌逐步建立起来。在有条件的时候，再培养自己的专职医生。

（二）外聘用医生

1. 星期天医生

条件相对较差的中小型养老院，在专职医生和兼职医生都难聘请的情况下，可以采用星期天医生的方法。聘请乡镇医院乃至县医院的医生，利用双休日的时间，到养老院为老年人医治疾病，这也是一个很好的方法，也是我国卫生医疗改革以后，得到国家支持的重要措施之一。

2. 专科医生

中小型养老院，老人的病情状况十分复杂，在没有条件建立医疗机构的情况下，也可以想方设法聘请某些专科医生，让他们在养老机构开展专科医疗，以满足某些老人的特殊需求，这对提高养老机构的品牌和服务质量也是一个很好的方法。

知识拓展

2015 年 11 月 18 日，国务院办公厅转发《关于推进医疗卫生与养老服务相结合的指导意见》，全面部署进一步推进医疗卫生与养老服务相结合，满足人民群众多层次、多样化的健康养老服务需求。内容节选如下：

一、充分认识推进医疗卫生与养老服务相结合的重要性

我国是世界上老年人口最多的国家，老龄化速度较快，部分失能老年人口大量增加，老年人的医疗卫生服务需求和生活照料需求叠加趋势越来越显著，健康养老服务需求日益强劲，目前有效的医疗卫生和养老服务资源以及彼此相互独立的服务体系，远远不能满足老年人的需求，迫切需要为老年人提供医疗卫生与养老相结合的服务。医疗卫生与养老服务相结合，是社会各界普遍关心的重大民生问题，是积极应对人口老龄化的长久之计，是我国经济发展新常态下重要经济增长点。加快推进医疗卫生和养老服务相结合，有利于满足人民群众日益增长的多层次、多元化健康养老服务需求，有利于扩大内需，拉动消费，增加就业，有利于推动经济持续健康发展和社会和谐稳定，对稳增长、促改革、调结构、惠民生和全面建设小康社会具有重要意义。

二、基本原则和发展目标

（一）基本原则

保障基本，统筹发展。把保障老年人基本健康养老需求放在首位，对有需求的失能、部分失能老人，以机构为依托，做好康复护理服务，着力保障特殊困难老年人的健康养老服务需求；对多数老年人，以社区和居家养老为主，通过医养有机融合，确保人人享有基本健康养老服务。推动普遍性服务和个性化服务协同化发展，满足多层次、多样化的健康养老需求。

政府引导，市场驱动。发挥政府在制定规划、出台政策、引导投入、规范市场、营造环境等方面的引导作用，统筹各方资源，推动形成互利共赢的发展格局。充分发挥市场在资源配置中的决定性作用，营造平等参与、公平竞争的市场环境，充分调动社会力量的积极性和创造性。

……

（二）发展目标

到 2017 年，医养结合政策体系、标准规范和管理制度初步建立，符合需求的专业化医养结合人才培养制度基本形成，建成一批兼具医疗卫生和养老服务资质和能力的医疗卫生机构或养老机构（以下统称医养结合机构），逐步提升基层医疗卫生机构为居家老年人提供上门服务的能力，80% 以上的医疗机构开设为老年人提供挂号、就医等便利服务的绿色通道，50% 以上的医疗机构能够以不同形式为入住老年人提供医疗卫生服务，老年人健康养老服务可及性明显提升。

到 2020 年，符合国情的医养结合体制机制和政策法规体系基本建立。……所有医疗机构开设为老年人提供挂号、就医等便利服务的绿色通道，所有养老机构能够以不同形式为入住老年人提供医疗卫生服务，基本适应老年人健康养老服务需求。

三、重点任务

建立健全医疗卫生机构与养老机构合作机制；

支持养老机构开展医疗服务；

推动医疗卫生服务延伸至社区、家庭；

鼓励社会力量兴办医养结合机构；

鼓励医疗卫生机构与养老服务融合发展。

案例点评

简介：某镇有一家民营养老院，开业三年，入住率只有30%，一直处于亏损状态。后经专家指导，聘请一位专职医生和一位退休老中医建立了一个医疗点，设了五张全托病床，开展了医疗业务，只用了半年的时间，很快就扩大社会影响，提升了养老机构的品牌价值，不到一年，老人的入住率达到 80% 以上。这家养老机构很快地改变了经济状况，扭转了亏损状态，还略有盈余。

点评：医养结合对养老机构是最有吸引力的，一家处于亏损的养老院，医疗点设立很短的时间就改变了其社会形象，吸引大量老人入住，可见建立医疗点的重要性。

第三十三章　农村养老机构安全保障管理

安全是任何事业发展的保障，也是一切事业成功的基础。养老产业是直接为老人服务的行业，安全保障高于一切。古人讲，“人命关天”，我们认为，“安全是我们的生命线”，安全不只是为他人、为老人的事，也是我们每个人自己的重大事件，我们一定要树立安全最重要、责任大于天的基本观念。

第一节　建立安全管理制度和责任人制度

安全管理，对任何单位、任何人都是十分重要的责任之一。管理是离不开人的，但是依靠制度管理更公平合理有效，因此，我们首先要建立科学合理的安全管理制度，并将安全的规则和要求落实到每一个责任人，让每个人都能自觉地执行规章制度。

一、建立安全管理制度

（一）安全管理制度类型

1. 消防安全

消防安全是养老机构安全管理中最重要的方面之一，因为一旦发生火灾，老年人由于身体机能和功能的衰退，反应迟钝，会给人员疏散带来极大的困难，处理不当，就会造成难以想象的重大损失，因此我们要高度重视消防安全的重要性。

制定消防安全制度的依据是《中华人民共和国消防法》（以下简称《消防法》），这是消防管理最具体的法律规定，养老机构要依据《消防法》的要求，制定本单位简明扼要而又有效的消防管理制度，并在管理制度中明确地规定相关的责任人，确保制度的执行。

2. 食品安全

养老机构是公共食品安全场所，公共食品安全问题也是社会安全的一个重要方面，一旦发现问题就会影响到几十人的生命安全。养老机构的主要服务对象是老年人，他们的免疫能力和预防病菌的能力都很低，一旦出现食品的安全问题，给老人带来很大的危害，如果抢救不及时可能会发生死亡事故、重大事故。因此，养老机构的食品安全管理制度非常重要。

食品安全制度制定的依据是《中华人民共和国食品安全管理条例》（以下简称《食品安全管理条例》），各类养老机构要组织工作人员认真学习和贯彻执行。各类养老院、福利院和养老机构，都应该根据《食品安全管理条例》，制定符合本单位的食品安全管理制度，落实到相关责任人进行经常性的检查，并接受有关部门和全体员工的监督。

3. 财产安全

财产安全是养老机构的经济基础，首先是建筑设施和医疗设备的安全；其次是老年人的养老金的安全，这是老年人一辈子的养命钱，不能出半点事故；最后是养老机构运营资金的安全，这是养老机构得以生存和发展的重要保证。

关于财产安全管理制度，种类都较多。养老机构要根据国家颁布的法律法规分别建立财务管理制度、养老金保管和使用制度、保管和安全制度、固定资产管理制度等一系列关于财产安全的观章制度，并逐一落实到有关部门及其责任人，确保制度严格执行。

4. 人身安全

人的生命安全是安全的最高形式，因此，保证人的生命安全是安全管理的首要任务。

关于人身安全的法律法规也是很多的，各级养老机构要根据相关的法律法规，制定门卫管理制度、防止老人走失的管理制度、紧急救助制度、医药药品安全管理制度、24 小时值班制度等一系列关系到人身安全的规章制度，并认真落实和加以检查监督，保证人身安全万无一失。

人身安全制度包含的对象是多方面的，首先是养老机构入住的老年人的安全，其次是养老机构内部工作人员的安全，最后是外来人员的安全，每一个安全对象都非常重要，只有确保安全无误，养老机构的运营才能顺利进行，没有人身安全保证，一切努力和目标都是无效的、无用的。

（二）配套措施

1. 物品准备

在执行安全管理制度上来不得半点马虎和虚伪，必须认认真真地在物质上做好充分准备，在经济措施上逐一落实和保证。关于物品的准备涉及的范围很广，现在从以下几方面说明：

第一，关于消防安全的物资准备。首先，要严格按照消防管理部门的要求，设置消防栓，留有完全畅通的消防通道，在适当的位置摆放足够的灭火器；其次，按《消防法》要求，准备好消防所需要的基本配件，确实保证万一发生火灾能提前疏散和预警报警，有足够的准备疏散老人，进行救火和防灾。

第二，关于食品安全的物资准备。首先，要严格执行每餐食品留样制度，按规定保管一定的时间；其次，要根据卫生防疫部门的要求，准备充分的必备的消毒物品；最后，要准备必要的抢救药品，万一发生食品中毒事件，一方面是及时报告食品安全部门，另一方面是要有充分的准备进行救治。

第三，财产安全问题的物品准备，主要是财务部门的安全。首先，门窗要加上防盗设备；其次，保险柜要按要求设置；最后，整个养老机构的安全设施要符合规范要求，确保整个机构的安全。

第四，关于人身安全。首先，老年人的安全，防止走失是第一重要的安全设施，每个老人应该配备随身携带的紧急呼救器，有条件的养老机构要为老人配备定位器，确保老人的人身安全；其次，要为有慢性病、高发病的老人配备必要的急救药品箱和急救药品包，并且要督促老人将急救药品包随身携带，以备突然发病以后紧急抢救所需要；最后，养老机构的每位工作人员也必须配备安全设施，如执勤值班所使用的手电筒、紧急呼叫系统、对讲机等。

2. 安全教育

虽然各级制定了一系列的安全管理规章制度，但这些都需要在认真贯彻之前对全体职工加强安全教育落实，让他们在思想上提高警惕，引起重视，每时每刻都不离开安全管理的警戒线，安全教育是必不可少的实施过程，只有常抓不懈，才能够消除员工忽视安全的意识。

二、责任人制度

（一）第一责任人制度

所谓第一责任人制度，是指在事关重大的安全管理问题上，必须有一位相当职务的人负责总体的安全管理责任，或者是领导责任。

各级各类养老管理机构都有自己直接的上级领导，按我国的法律法规规定，养老机构实施分级管理制度，各个不同的单位上级领导也是不同的，现分别说明如下：

第一，外资企业独立兴办或港澳台企业和中国内地法人、个人合资兴办的养老机构，按规定上级的直接领导是各省、自治区、直辖市的民政厅（局）及由其委托的区和地级市的民政局管理。安全方便的第一责任人按规定要落实到相关的领导人。

第二，特大型的养老机构也属于省、自治区、直辖市的民政厅（局）管理，第一责任人也应该由相关部门的负责人担任。

第三，大中型的养老机构，由地级市或市县的区的民政局管理，安全方面的第一责任人也应该由相关部门的领导者担任。

第四，县民政局是我国养老机构管理的最基层部门，中小型的养老机构属于县民政局管理，安全上的第一责任人由县民政局的相关领导人员担任。

第五，乡镇（社区）的养老院、福利院，安全方面的第一责任人，应由乡镇（社区）主要领导担任。

（二）岗位责任制

1. 岗位责任制

所谓岗位责任制，是指不同人所处的工作岗位承担的相当的责任制度。一般情况下有领导岗位和一般工作岗位，领导岗位承担领导责任和教育管理责任，一般工作岗位承担具体责任和汇报请示的责任。

2. 值班组长

养老机构实行24小时值班制度，在机构内部又有分层次的值班。一是全院的值班制度，由相关的负责人担任值班组长；二是部门的值班制度，由部门负责人担任值班组长，必要时部门主管也可以担任值班组长。

值班组长的责任重大，要协调全院和部门内部各方面的安全管理工作，确保安全上万无一失。

3. 执勤人员

每个岗位的安全执勤人员的职责是由相应管理部门的安全管理规章制度所规定的。所有执勤人员，都应该爱岗敬业、忠于职守，确保自己所在岗位无安全事故发生。

第二节 保证安全设施设备完好

安全管理工作中，完好的设施设备是重要的物质基础。各级养老机构，必须按照我国相关的法律法规、城市建设、道路安全、消防设施等方面的设施设备，建设准备到位，并取得相应的合格证书，才能开业运行。

一、安全设施投入到位

（一）安全设施优良

1. 产品合格

在我国现在市场经济的条件下，国家质量检验部门对安全设施产品的合格和优良有极其严格的要求，这是正常的必要的。但是，有一些不法商贩生产和销售假冒伪劣产品。养老机构在建设过程中，必须高度重视所采购产品的合格率问题，特别是涉及安全方面的产品，一般应该是优秀率以上，严格禁止使用不合格的产品。要特别提醒养老机构的工作人员注意，使用不合格的产品作为安全设备设施，一旦出现问题，将受到法律法规的严厉制裁。

2. 安全设施必须摆放规范

在安全设备设施当中，最重要的就是消防安全设施，各养老机构要按消防管理部门的严格要求，确定规范的摆放位置，以备万一发生事故能有效地发挥作用。

养老机构内的危险品、易爆炸装置，如氧气瓶等，必须按照操作规范，摆放在适合的安全的位置，防止发生意外，给机构带来不安全因素和隐患。

（二）人人学会使用安全设备设施

1. 全员培训

安全设备设施不是为了美观才摆设的，而是关键时候要发挥作用的重要工具。根据各地的经验，采取全员培训制度是一个很好的办法，特别是消防设施、逃生避难设施和用具，人人都要学会使用，从领导者到每一位员工，顺利地掌握安全设施和设备是一个最基本的要求。

全员培训制度还包括另外一方面，就是对养老机构老年人也应该展开培训，包括有半自理能力的老人都应该参加培训，一旦发生火灾、水灾、地震等，首先要学会报警报告，其次要配合进行迅速的安全转移和避难，这也是非常重要的。

2. 专人负责

安全管理问题事关重大，除了前面已经强调的第一责任人和值班组长之外，养老机构内部还应该有专门人员负责安全管理，如副院长、技术总监、后勤部门负责人都可以成为养老机构的专门的安全负责人，协助第一责任人管好机构内部的安全，主持日常的安全管理事务。

二、建立日常安全制度

（一）安全责任制度

1. 书面公示

安全责任制度不是一纸空文，要落实到每一个人，具体的处理办法，就是对安全责任承担的所有人员要进行书面的公示，目的是在出现安全风险的时候，能够各就各位承担相应的责任。同时通过公示还有三个方面的好处：一是让责任人随时明确自己所承担的责任；二是一旦安全风险产生，机构内的人员可以找到有关责任人指导，迅速化解安全风险；三是便于上级领导、全体员工和入住老年人监督检查。

2. 公示标志要放置规范

关于安全方面的书面公示标志，是国际国内采取的共同方式，也是现代文明和科学管理的重要标志之一。具体要求公示的标志要放置规范，一是制作要标准，二是要摆放在明显的位置，便于所有的人识别。

（二）落实检查

1. 定期检查

安全管理制度的每一个环节必须全天候地落实，任何一点疏忽和马虎都会带来难以想象的严重的危害，甚至是灾难性的后果。所有规章制度，都必须定期检查落实，最基本的办法是，首先，单位每周的早会都应该强调安全问题；其次，每个班组的早会每天都要提醒人们注意安全；再次，每个月领导必须组织有关人员进行一次安全检查；最后，一年的安全大检查，这需要做出相当细致的准备，认真查找安全隐患，发现任何细小的安全事故的苗头，立即加以改变和消除。

2. 抽　查

虽然养老机构制定了一系列的规章制度，有了定期检查和责任人，但还要采取新的措施，抽查制度就是一个重要方面。所谓抽查就是不定期、不定部门和岗位，随时检查，抽查发现的问题和事故苗头要及时纠正，要教育相关责任人，实行相关的奖惩制度，在任何时候任何情况下都要确保安全。

第三节　抓好防灾和突发事件应对

自然界的发展在不断地演变过程中，经常会发生各种自然灾害，人为因素的突发事件，也给我们的安全带来很大的影响，因此，我们要抓好防灾和应对突发事件的工作，确保人人安全、健康愉快地生活。养老机构入住的老年人，面对自然灾害的自我防御能力差，特别需要加强此项工作。

一、防止各种灾害给人类带来的危害

（一）预防自然灾害的严重影响

1. 地　震

地震是对人类危害最为严重的自然灾害之一，我国是地震频繁发生地区之一。当代人所熟知的重大地震灾害，如我国 20 世纪 70 年代发生的唐山地震，据有关部门统计数据，导致 28 万多人或更多的人死亡。2008 年，“5·12”汶川大地震，至今让人们心有余悸，可以说，在我国几乎每年都有强烈的地震发生，给人们带来巨大的危害。

虽然地震不是经常发生，影响的区域也相对较少，但是它的破坏性是巨大的，甚至是不可抗拒的。因此，我们要抓好地震的预报、预防，养成全民的防震减灾意识。养老机构要进行全员的预防地震的训练，提高人们的防范能力。

2. 洪　水

中华人民共和国成立以来，通过根治黄河、淮河等一系列重大的防治洪水工程的建设，现在抵御洪水灾害的能力和中华人民共和国成立以前不可同日而语。但是，洪水灾害的危害还是十分巨大，现在人们对 1998 年的大洪灾还记忆犹新，它给人们带来的灾难是非常巨大的。我们现在面临的重要问题是，在 20 世纪六七十年代，所谓“农业学大寨”运动时期，全国建设有几十万座中小型水库，由于当时的历史条件的限制，建设质量是较低的，虽然经过近三四十年的加固和改造，仍然存在着相当大的隐患。特别是在我国一些县和乡镇的敬老院、福利院和养老机构，都在某种程度上受到水灾的威胁，各地一定要加强防范。

3. 台　风

我国也是台风的频发区，在沿海的相关省份，每年都会受到台风灾害的影响，各地的养老机构要在有关政府部门的领导下，加强预防台风灾害的工作。

4. 暴风雪

在我国北方和西部地区，暴风雪灾害的破坏也十分严重，因此养老机构要加强暴风雪灾害的预防。

5. 传染病

在我国，虽然环境保护和卫生条件都得到了重视，但是传染病的暴发还没有得到根本性的消除。最让人触目惊心的就是 21 世纪初，我国发生的“非典”事件，让人对传染病的危害记忆犹新，一提起来还有相当的恐怖感。直到今天，禽流感还在我国小部分地区存在。由于我国国际地位的提高，对外交流频繁，国外的传染病也时常对我国有所侵犯，所以我们还需要对传染性疾病加强预防。

（二）人为灾害的预防

1. 恐怖袭击

当前世界范围的局势有了新的变化，恐怖组织和恐怖主义者行动相当猖獗，恐怖袭击事件随时都有可能发生。虽然我国采取了严密的安保措施，但恐怖袭击事件还没有完全杜绝，因此我们也要提高警惕，防止恐怖袭击事件的发生。

2. 刑事案件

社会发展的进步和变化，人们生活节奏加快，生活压力有所加大，使刑事案件的发案率处于上升状态。在养老机构内部，老年精神病发病率也有所提高，老年人犯罪率也在增长，“医患纠纷”事件时有发生，也会发生突发性的刑事案件，所以养老机构的领导和工作人员不可掉以轻心，要加强防范刑事案件带来的灾害。

3. 经济案件

养老机构承担着管理老年人养命钱的责任。这个责任是非常重大的，但这也难以消除养老机构内部的工作人员法治意识淡漠，个人欲望膨胀，产生腐败案件，贪污和挪用养老机构的经费，给养老机构的运营带来严重的困难。因此，养老机构要加强对工作人员的教育、监督和管理，防止经济案件的发生。

（三）消　防

1. 加强日常预防

古人讲，“水火不留情”，说明火灾对人类的危害是客观的、巨大的。养老机构一旦发生火灾，由于老人的活动能力相当低，疏散和转移工作量十分巨大，所以养老机构必须严防火灾，做到万无一失。

2. 定期检查

消防管理是预防火灾最有效的手段，常态化的管理是非常重要的，所以我们要开展定期消防安全检查，这是用常态化的管理来应对经常突发的灾害性事故，安全管理是所有单位和个人最重要的任务之一，我们要从不同角度、不同方面加以强调，防止火灾的发生，即使发生也会把它消灭在萌芽状态，这就是我们安全管理的功效所在。

二、突发事件应对

（一）有可靠发现系统

1. “互联网＋”

“互联网＋”极其广泛地应用，使我们对突发事件有了可靠的发现系统，这是人类用法律来预防犯罪最有效的措施之一。除了大规模的犯罪行为以外，“互联网＋”的最大功效在于，一旦犯罪分子出现，可以通过网络系统跟踪调查他的犯罪轨迹，发现他的犯罪过程，将其缉拿归案，这是通过惩治犯罪来预防犯罪最有效的表现之一。运用“互联网＋”让犯罪分子无处藏身，很高的破案率有重大的威慑力。

2. 全面预警系统

首先，对于突发事件和犯罪的预防，已经有了全面的预警系统，最突出的表现在于通过手机获得定位，任何犯罪分子和突发事件在准备阶段只要使用手机，就可以被定位，这是运行系统这几年来最有效的成就之一；其次，监控设备的广泛运用，也为全面预警提供了极其有效的保证；最后，微信网络系统也能辅助公安部门预防突发事件提供系统性的预警。上述三个方面，对预防突发事件和犯罪活动起了极大的辅助作用。养老机构的管理人员也要合法地运用有关预警系统，提高警惕，预防犯罪和突发事件的发生。

（二）有效应对机制

1. 有力的领导指挥系统

预防突发事件需要强有力的领导指挥系统，全社会的预防犯罪领导机关是公安部门，但是社会的各个方面也是预防犯罪的有效力量。在养老机构中，无论是特大型、大型还是中型和小型的养老院、福利院、敬老院，都应该建立强有力的预防突发事件的领导指挥机构，才能够形成有效的应对犯罪分子的机制，保护所有人的人身安全和财产安全。

2. 岗位责任制

对全社会来说，每个人都有相应的岗位，对社会的安全都承担有相应的责任，所以岗位责任制是一个极其广泛的概念，不同的人有不同的岗位，不同岗位责任有大小，但只要每个人都认真担负起所在岗位的责任，整个社会就会向着良性、安全、美好的境界发展。

第四节　预防食物中毒和老人丢失

养老机构中的食物中毒事件和老人丢失事件，是最常见的危害安全的因素，对此我们要进行详细的分析和说明，提高大家的应对能力，引起大家高度重视。

一、预防食物中毒

（一）建立预防食物中毒的规章制度

养老机构中的食物管理是极其复杂的事情，因此需要建立规范的食物管理制度，主要是厨房的管理制度和食堂的管理制度，所确定的内容要明确规范、简明扼要、责任落实，确保食品安全、预防食物中毒是最根本的目标。

预防食物中毒的规章制度，一定是对食物操作过程的具体和规范性的要求，具有较强的可操作性，才能达到制定规章制度的目的。食堂工作人员要定期检查身体，防止传染病传播给老年人，产生不应有的危害；厨房工作人员要按规定穿戴工作衣帽，保持个人清洁卫生，防止疾病传染；厨房和食堂要按时定期消毒，保持清洁卫生，厨房食品的存放要严格实行生食熟食分开，厨房工具要时时消毒，防止细菌感染。

（二）把住食品采购关

1. 供应商管理

现在的食品安全，要从源头抓起，食品原材料的安全和卫生是防止食物中毒的关键所在。养老机构的食堂采购人员，要认真熟悉和了解食品原料的供应商、生产环境和产品收货程序，确保食品原材料无污染和无中毒情况，对有些半成品的供应商，养老机构的食品采购人员应该深入其加工场地，了解其基本制作过程、环境卫生和清洁状况，确保食品原材料、成品和半成品的安全。

为了分清责任，养老机构要和供应商签订食品供应安全保障协议，明确责任，确保原材料的安全。

2. 入库检验

养老机构的厨房管理人员，对采购人员所采购的食品、原材料、半成品，或者供应商直接送来的原材料，都要进行严格的入库检测检验，一旦发现疑问，必须送交有关食品质量安全部门，化验检验得出结论以后才能够食用。

3. 出库检查

养老机构的食品原材料，在库房保管一定时期以后要进入制作阶段之前，对出库的原材料要进行严格的检查，防止在库存期间有霉烂变质和可疑的现象。

（三）严格控制食品制作关

1. 防止变质

食品制作，是供人们消费之前的最后一道程序，厨房工作人员要增强食品质量观念，严防食品中毒事件发生。

第一，在使用产品原材料的时候，如食用油、作料、味精、鸡精等都应该查看它的食品保质期，一旦发现超过保质期就不准使用，即使在保质期内的食品也应该凭经验和感觉，发现有变质的嫌疑，就应向领导汇报，经过处理后才决定是否可以使用。

第二，对于生冷新鲜的肉、蛋、奶制品也要严格检查，防止变质的食品进入厨房。其中，动物的内脏是特别要关注的食品原材料，严防采购人员不经过严格的检查，直接送到厨房加工，弄不好，就会产生食品中毒事件。

2. 关于卫生管理

食品制作关的卫生管理主要有以下三个方面：

第一，工作人员的个人卫生管理是常态化的管理，也要引起高度重视，要严格预防传染病的发生。假如食堂工作人员患了传染性疾病，没有及时发现和治疗，影响到住院老人和其他人员，对养老机构的影响是十分巨大的，后果是不堪设想的。

第二，环境卫生。厨房和食堂的环境卫生是十分重要的，消灭老鼠、蟑螂和苍蝇尤为重要，防止这些动物和虫害带来的细菌对食品产生的污染。

第三，餐具和工具的卫生。由于老年人体弱多病，各种各样的病种都有可能产生，因此对老年人的餐具应该加强消毒。特别要提醒大家，现在很多养老机构采取公用托盘式的用餐制度，稍微处理不好，就会把个别老人的病菌传染给大家，所以我们提倡，老人实行单独使用自己餐具的基本管理方法，有效地控制老年人病菌的传染。厨房使用的工具也要严格消毒，生熟食使用的工具要严格分开。

3. 食品留存制度

所谓食品留存制度，就是要把每天供应老人的每一件食物成品，按规定留取一定分量、保管一定期限的预防食品中毒的规章制度。这也是当前的国际惯例，它的好处在于万一发生食品中毒事件就能够很快地找到食物样品，迅速地送食品监督机关检验检疫，很快地找出中毒的病菌，尽快地对症下药，抢救中毒人员，减少危害。

二、防止老人走失

（一）互联网监控

1. 定位仪

凡是有条件的养老机构都应该积极为每一位入住老人配备定位仪，条件相对欠缺的中小型养老机构应该报告上级民政管理部门，得到上级支持和帮助，力争为每一位老人配备定位仪，以防止老人走失，万一出现走失也能及早救助。

2. 紧急呼叫系统

紧急呼叫系统主要用于老年人突发疾病时向他人求助。现在紧急呼叫系统的种类很多，可以在一个中心城市，由市政府有关部门建立庞大的紧急呼叫系统，服务于每一位老人，也可以在县城和乡镇建立紧急呼叫系统，服务于所管辖范围的老人，也可以设置紧急呼叫系统的子系统，服务于养老机构内的入住老人，主要任务是连接养老机构内的工作人员、老人的主要亲属，便于及时救助。

（二）发现和救助

1. 发　现

老人出现走失、突发疾病或者其他特殊情况，需要养老机构和家庭亲人的救助，早发现是救助成功的第一要素，定位系统和紧急呼叫系统都有利于老人受到威胁时早发现。

老人受到威胁时要及早发现，可以动员社会的有关力量尽早发现需要救助的老人。现在最有效的方式之一是通过微信渠道向朋友圈发布求助信号，几十个朋友再分别向朋友圈发出求助信号，在很短的时间内，会有上千人收到微信的求助信号，实践证明，很有利于救助老人。

2. 救　助

对老人出现危险情况的救助主要有以下两个方面：

第一，专业化的救助。比如 120 急救系统、110 报警系统、有关医院的救护车系统、养老机构的救助系统都属于专业化的救助系统，各养老机构要予以充分的利用，确保老人救助成功。

第二，全社会的救助系统。如上所述，社会各种力量的运用，通过微信来救助老人是一个很好的方法。

3. 老人救助的善后系统

一旦发生老人走失的事故，养老机构要全面紧急对应，主要做以下三件事：

第一，做好与救助有关的事宜，做到善始善终。

第二，及时联系走失老人的直系亲属、委托人和主要朋友，求得他们的帮助、理解和支持。

第三，积极向上级主管部门汇报，得到上级的领导管理和监督，妥善处理善后事宜。

三、其他风险防范

（一）防止跌倒

1. 预　防

按照现在中央电视台的公益广告公布的数据，我国每年有4000多万老人意外跌倒，还有一个重要数据，我国每年因为跌倒而死亡的老人有60多万，这说明预防老人的跌倒十分重要。要预防老人跌倒，主要应注意以下方面的工作：

第一，在老人经常出现的地方，要注意地面的防滑，防止老人摔跤跌倒。

第二，在卫生间和有关通道要为老人设立相应的扶手，便于老人行动安全。

第三，要善于动员和说服老人，在一定的年纪要使用拐杖，辅助行走，防止跌倒。

2. 发　现

一旦发现老人跌倒，每一个人都有义务帮助老人，具体的做法如下：

第一，观察老人跌倒的环境和状况，再采取一定的救助方法。

第二，维持现场，拨打120求助电话。

第三，求得路人的帮助。

第四，寻找老人的呼叫系统，帮助其紧急呼救，得到养老机构和亲人的联系方式和帮助。

3. 救　助

救助老人跌倒的过程需要有相应的专业知识。如果在养老机构内跌倒，只要有紧急呼叫就会有专业人士前来帮助。最为困难的是在家和道路上跌倒，缺乏救助的专业人士，最好的办法还是迅速和120联系，求得他们的救助。其次，可以得到社会人士的帮助，比如借用他们的车辆，把老人送到就近的医院，这也是一个好方法。

（二）防止盗窃和遗失

1. 防　盗

老年人个人财物被不法分子盗窃的现象时有发生，这是由老年人的心理特征和其他人有一定的区别而决定的。老年人的生理特征表现为眼力迟钝、听力减弱、行动迟缓，所以对个人财物的保管比年轻人、中年人要困难一些，小偷往往会对老年人下手，盗窃老年人的财物。

老人个人财务被盗的情况，一是在养老机构内部被盗，这就需要养老机构相关负责人和工作人员帮忙查清事情真相，帮助老人解决；二是老人在机构以外的地方东西被盗，此时老人可以自己先选择报警，或寻求社会人士帮助。

2. 防遗失

老年人由于年老、体弱多病，记忆力逐步衰退，遗忘已经成为常事，所以容易丢失东西。人们常说，出门四件事“眼镜、手机、钱包、钥匙”，这都是针对老年人容易遗忘所编的段子，这是客观的自然现象。养老机构的工作人员应该尽可能地训练老人记忆力和防止丢失的良好习惯，减少财物遗失，这也是养老机构服务质量高的表现之一。

（三）防止意外伤害

1. 外　部

在社会上，意外伤害事件时有发生，由于老年人所处的社会地位和生活环境不同，有一少部分老人常常会在社会上主持正义，不顾自己年老体衰的身体状况，也可能引来一些意外伤害。另一种可能是在社会公众场合发生自然事故或者打架斗殴事件，老年人由于行动迟缓，来不及躲闪而受到意外伤害。养老机构工作人员，平时就应该提醒和培训老年人，防止意外伤害。

2. 内　部

在养老机构内部，意外伤害事件主要有三种可能：

第一，自然灾害引起的意外伤害，这也许是难以避免的。

第二，养老机构内部的老人及其亲友和某些人发生纠纷，甚至发生斗殴现象，给老年人带来的意外伤害。

第三，老年精神病的发病率越来越高，有可能会出现个别老人突发精神病的现象。如果我们防备不够，就会引来意外事故发生，这需要养老机构的工作人员提高服务质量，加强观察，及早发现可能产生精神病的老年人，以采取预防措施。一般说来，老年人发生精神病前还是有一定的预兆和表现，只要我们的工作人员和亲友长期仔细地进行观察，就不难发现并采取预防措施。

3. 救　助

发生意外伤害事件，救助行为分为两种情况：

第一，在养老机构外部发生意外事件，首先是向110报警系统紧急求助，并且在现场采取灵活机动的办法，保护老年人的生命安全，再采取相应的救助措施。

第二，在养老机构内部发生意外伤害事件，这就应该由管理人员全力进行处理和救助。

知识拓展

关于绿色食品的知识介绍

20世纪五六十年代，世界上工业发达国家都产生了严重的环境污染问题，到21世纪初，环境污染严重的国家对农业的污染越来越严重，食品安全成为人们关心的重大问题，所以世界各国对于农产品提出了新的概念，相对于过去的污染严重的农产品，产生了绿色食品的概念，所谓绿色食品，是一个形象化的说法，是指没有受过工业污染的产品。

对农产品的污染主要来自以下几个方面：

第一，农药的污染。由于病虫害的原因，大量施用农药，其残留物对农产品的污染严重。

第二，化肥的污染。现代化学工业的发展，为农业生产提供了大量的化学肥料，使农业产量大大地提高，满足了人口和工业生产的需要，但是造成了对农产品的严重污染。

第三，各种化学产品对土地的污染，带来了对农产品的严重污染。

第四，工业废水的污染。工业废水等对整个环境的污染带来了对农产品的严重污染。

第五，遗传基因技术带来的污染。这是还在争论中的科学的命题。主要基于两方面的原因：一是大部分西方经济发达国家，人们都不食用遗传基因技术带来的农产品，少数国家作为饲料使用，欧美等主要国家，连饲料都不使用，这是问题的根本所在；二是按照国际科学试验的惯例，“没有经过破坏性试验”的科学成果是不能用于人体的，转基因食品就是这样。

我们所推广的现代化的养老小镇，是集养老、医疗、居住、购物、娱乐、生产、学习、研究为一体的现代化综合养老机构，这里的生产主要就是指生产绿色食品，为老年人服务。

案例点评

简介：2015 年冬天，某小型养老机构在修围墙的过程中，安全措施不当，造成一位农民工从 2 米高的地方摔下来，造成半身瘫痪，又由于这位农民工没有和养老机构签订合同，为了医治农民工的伤残，医药费 10 多万元，为了照顾农民工后半生的生活，法院调解，一次性付给农民工 180 万元。但该养老机构总资产不过 100 万元左右，如果执行法院调解决定，养老机构的三位合伙人，只有选择破产。

后经有关部门的反复协调和帮助，法院判决一次性赔偿农民工 80 万元让这家养老机构渡过了难关。

点评：这家养老机构，当时只有三位合伙人，经营十分困难，安全事故给他们带来了惨痛的教训。

第三十四章　乡镇（村）中小型养老机构服务质量监控

“顾客至上”“服务至上”是第三产业关于服务质量的基本观念。“顾客就是上帝”“顾客总是有理的”也是人们对服务质量和服务态度一种新的诠释。本章将专门针对养老服务机构，主要是乡镇（村）的中小养老服务机构的质量问题展开讨论。

第一节　实施全员目标质量责任制

全员目标管理层质量责任制是现代管理企业中常采用的一种基本管理方法和制度。实践证明是一种行之有效的管理方法，在中外的大中型企业当中都有成功的案例，可供参考和借鉴。

一、规章制度的建立

（一）中小型企业的目标质量问题

有管理学基础的人都知道，我国较长一段时期在大中型企业试行目标管理责任制，并取得了良好的效果，这对于中小型养老机构是非常有用的。

经常有人误以为目标责任制是在大中型公司才能有效实施，其实不然，在乡镇（村）的养老院，员工多存在两种情况：一是员工和家属亲友关系密切，二是人才素质相对不高。如果运用现代管理制度有相当的难度，目标责任制的管理使人们之间的工作关系简单明确，容易消除一些误会和相互不理解，这是非常有用的管理方法。

乡镇（村）的养老院，尤其是微型和小型养老院，多以家族式的员工为主，管理相对具有较高的难度，为了提高服务质量，必须按规定建立相应的规章制度。建立健全规章制度有以下好处：

第一，能够明确各自承担的责任和工作内容；

第二，便于接受上级主管部门和群众的监督；

第三，充分表明小型养老机构管理的规范化，万一出现重大责任事故，能明确找到相关责任人；

第四，为小型养老机构发展壮大，提高经济效益，创立自己的品牌做出制度上的保证。

（二）目标责任制的内容

1. 工作责任

在日常管理过程中，在相对落后的地区和基层的工作机构，管理方式不太可能用更高级的如数学模型、大数据应用的管理，相对具体的目标责任制，可以把整个中小型养老机构的以及各个部门直至每个员工的工作责任数量化，也可以用简单的图表表示，这是对于员工工作责任明确的最有效的方法之一。

2. 目标责任

中小型养老机构实行目标管理责任制，可以很好地协调部门之间和员工之间的工作关系，最能够充分地调动他们的工作热情和积极性，也能很好地处理好分配制度和目标责任关系，把薪酬制度和目标责任很好地结合起来，体现公司内部的公开、公平、公正。

有效的管理工作必须和严格的奖惩制度结合起来，目标管理中对每个员工工作目标数量化，使人们很明显地看出谁该受奖励，谁该受到相应的处罚，真正体现奖惩分明的原则。

3. 法律责任

更为严重的情况是，养老机构在运营过程中，有可能发生某些严重的过失甚至错误，这就会引来相应的法律法规的处罚。由于有明确的目标责任制，在受到严肃的法律惩处的时候，互相推诿是毫无用处的，因为相关的责任已经落实到每个员工，并且通过数据化的表示十分明确，比如造成经济损失，是多少数额就是多少数额，国家规定的立案、入刑数额都是非常明确具体的。目标责任制实施以后，每个员工应该承担的法律责任，也都十分明确。

二、实施全员目标质量责任制的类型

（一）护理类

1. 优秀的护理质量是养老机构的基础工作

养老机构的主要工作人员是养老护理员，顾名思义，护理对于养老是多么重要，因此，我们把护理工作列为养老院最基础的工作。主要分为以下几个方面：

第一，生活照料。这是内容十分广泛又具体复杂的基础护理工作，又可以分为很多项目。一是饮食照料。正常老年人的饮食应该具有“荤、素、有营养”的基本要求，这是比较容易照料的；对于有进食困难的老年人，就要进行对症照料，选择流体或半流体饮食就十分重要；对于饮食有严重障碍的老人，应该采取“鼻饲”的方法，经过正规训练的养老护理，都应该具有这些饮食照料的基本能力。二是睡眠照料。绝大部分老年人有不同程度的睡眠障碍，养老机构首先要在老年人的寝室布置上有利于老人睡眠和休息，还可以根据每个老人睡眠的特点，单独制订睡眠方案。三是排泄照料。这也是多数高龄老人和病残老人存在的一个比较严重的生活照料方面的问题，从专业上来讲，主要是对于直肠癌和膀胱癌患者进行大小便的特殊护理，也应该根据每个老人的情况，制订具体的方案。四是洗浴照料。对于失能或半失能的老人，由于身体某些部位失去功能，或者患有老年痴呆或者脑部的病残，洗浴就是一个严重的问题，这需要养老护理员经过专业培训以后才能完成任务；另外还有部分老人，由于长时间的瘫痪，会产生“褥疮”，需要进行使用方面的特殊照护。

第二，药物照料。老年人服用药物也是一件重要的事情，大部分老人会产生遗忘药物服用的状况，因此需要养老护理员按严格规定，协助指导服用药物。关于药物的保管也要特别注意，药物保管最为重要的是两个方面，一是急救药物要有备份，万一需要的时候必须有相应的药物服用；二是对于安眠药之类的有毒药品要严格加以保管，防止老人错误服用。

第三，穿衣照料。老年人的衣着以适用、美观、轻捷、大方为基本要求。比如对于老人着装的选择，要尊重其爱好要求，上衣以保暖得体为主，内衣多选棉麻类用品，睡衣也应根据老年人的兴趣加以选择，袜子有多种选择，比如对糖尿病患者的就有特殊的袜子可供选择，鞋子，老年人以防滑、柔软、保暖为要求。

第四，特殊照料。对于不同老年人的生活需求，应有不同的特殊要求照料。比如对少数民族老人的照料，就应该根据其民族的风俗习惯，给予个性化的生活照料和护理。

2. 特　点

护理类的服务具有以下特点：

第一，人生活的基本要求。古人讲“吃、喝、拉、撒、睡”缺一不可，人要正常生存，必须有这些基本的生活过程。在基层养老院，生活照料，也是护理服务重要组成部分。

第二，老年人生活能力降低。因此，养老护理员要通过自己照料和护理服务来弥补老年人身体功能的缺陷，使他们在生活上和正常人一样。从生活能力上来分，一是自理；二是非自理。

第三，老年人所患疾病较多，因此对他们进行医疗和药物护理，也是重要的基础工作的一部分。非自理老人又分为介助老人和介护老人两类。

第四，老年人还需要进行康复护理。在我国养生保健的基础上，引进国外先进的康复护理理念和设施也是当前护理的一个新的项目，可以为提高老年人的生活和生命质量做出积极的帮助。

第五，护理具有很大的风险性。老年护理的一个重要方面，是医疗康复护理。由于我国历史上的原因形成了医疗卫生条件基础较差，人才奇缺，法律法规不健全的情况，因此存在相当大的风险性。

（二）服务类

1. 关于生活方面的服务

老年人生活方面的服务是指在保证护理质量的基础上为老年人扩大生活范围，走出养老院，比如到商业区购物、外出旅游、参加一些社会活动、探亲访友等方面的生活上的需求服务。其中，要引起高度重视的是老年人外出过程中的行走安全、交通安全，要确保老年人外出的安全。

2. 文化娱乐和精神服务

老年人走过自己漫长的人生，生活经历十分复杂丰富，因此他们会有更多的文化娱乐和精神方面的需求，现分析如下：

第一，关于文化娱乐方面。要根据老年人的不同需要在组织个性化的活动，在不同的地区，有许多地方传统文化娱乐项目、民族文化项目、非物质文化遗产等，养老院应该多组织一些活动，满足老人的要求。

第二，关于老年大学。乡镇（村）的养老机构，如果有几十位老人入住，也可以建立自己的老年大学的班级，组织老人参加老年大学。人数较少的养老院，可以参加当地县总工会和其他部门组织的老年大学。还可以利用“互联网＋”的形式，参加国家和省市组织的老年大学学习，以满足老人精神和文化的需求。

第三，精神慰藉。这又包括两个方面，一是养老护理员就要关心老人的精神生活，开展读书、读报活动等，有条件的养老院还可以组织演出和联欢活动；二是创造条件，开展临终关怀服务项目，当前国内此项目人才相对缺乏，养老机构可以到上一级的医院和心理咨询机构，聘请有关人员为老人服务。

（三）安全类

1. 关于公共安全

养老机构本身就是一个公共场所，养老机构围墙之外，是一个更大的公共场所，因此公共场所的安全问题也必须引起基层养老院的高度重视，在其他章节我们对安全问题已经讨论很多，养老机构的领导和工作人员，可以参照相关的叙述和说明组织管理好公共安全事务。关键在于所有工作人员必须提高公共安全意识，严加防范，以免出现公共安全事故。

2. 关于老人的安全

老人入住养老机构以后，生命、财产安全就由养老机构全权负责，由于老年人智力减退、行动迟缓，还有某种身体缺陷、功能障碍等因素的影响，很多老年人的安全问题比通常人要重要很多。乡镇（村）的养老机构必须高度重视他们的安全问题，每个工作人员必须清醒地认识到，在老人安全问题上如果出现严重的错误，会带来重大的经济损失，严重的会受到法律的严厉惩处。

乡镇（村）的养老机构，在安全管理上是比较重视的，但是多数养老院存在一些需要研讨的问题，如有的人认为“老人入住养老院是在住高级监狱”，这种说法有夸大的嫌疑，但也要提醒养老产业工作者深刻思考，不应该简单地把老年人关在养老院内生活，不能因为安全而降低老年人的生活质量，大家可以探讨新的方式方法，既可以确保老人的安全，又能尽可能扩大老人的生活范围，提高老人的生活质量和生命质量。

（四）医疗类

1. 关于治疗

小型养老机构按要求大部分没有建立自己的医疗机构，主要靠县级医院和乡镇医院派医生到养老机构建立医疗点，有条件的乡镇（村）部分养老机构，也可以通过联合建立的方式建立自己的医疗点或老年病医院，以满足老年人治疗疾病的需要。

国家和各级政府部门都特别提倡医养结合，绝大部分老年人也因为年老多病，希望在医养结合的养老机构养老，这是社会的一个必然需求。因此，有医疗点和老年病医院的乡镇（村）养老机构会受到老年人的青睐，会有更好的发展前途，也会提高自己的经济效益。

在小型风景区的乡镇（村）的养老机构，可以利用自己优美的环境，扩大医疗服务的范围，提高医疗服务的质量，以争取更多的外地的老年人到此养老，如果处理得好，会创造出自己优秀的品牌，甚至创造出名牌养老机构。

2. 关于康复治疗

康复治疗在我国小型养老机构中还是一个非常缺少的医疗项目，在我国大部分中型养老机构中，康复医疗服务开展也十分有限。所以，有条件的中小型养老机构，在发扬我国传统的养生保健的基础上，要努力开发康复医疗保健服务，引进人才，增添设施设备，让我国在乡村甚至偏远乡村的老人也能享受国际化的康复养老服务，这会给基层的中小型养老机构增加社会效益和经济效益。

3. 加强和上一级医疗机构的业务联系

乡镇（村）的中小型养老机构，由于人才和设备条件缺乏，医疗服务相对较差，除了与乡镇医院加强合作外，重要的方式就是和上一级医院加强联系，获得他们的帮助和支持，满足老人医疗的需求。

（五）财务类

1. 关于财务安全

乡镇（村）的养老机构，本来经济实力就不强，因此就特别需要加强财务管理，确保财务安全，绝不能让财物被盗抢或者被工作人员贪污。有关财务类的安全，其他章节也说明过，工作人员可以到其他章节去阅读查询，获得相关财物安全的咨询，确保财务安全。

2. 财物安全是养老院发展的保证

经济是一切事业发展的基础，即使在东部沿海城市，乡镇（村）的养老机构的资金投资也是相对缺乏，更不用说在中西部经济相对落后地区了。很多关心养老事业发展的人士，千方百计筹集到相对有限的资金，投资创办基层养老机构，这种精神是十分难能可贵的。因此我们从管理的角度，一定要有切实的措施保障，保证养老机构的财务安全，使有限的资金发挥更大的作用，发展基层的养老产业。

三、关于提高服务质量的实施

（一）规章制度条文通俗易懂

1. 文字简练

乡镇（村）的养老院，特别是微型和小型的养老院，一方面必须建立规章制度，但另一方面又必须考虑养老院的具体人才结构、文化水平和规模相对较小的特点。规章制度的要求是，文字应该简练，通俗易懂，可操作性较强，反对烦琐的文风。

2. 条文规范

乡镇和村的养老院，特别是中西部经济相对落后地区的乡镇和村的养老院，在建立规章制度的时候，不能够降低要求，而应该讲究规范操作，所有规章制度的条文都要符合国家法律法规的规定，精练明确，但不能造成错误的理解，为以后的执行带来麻烦。

（二）规章制度要求可操作性强

1. 责任明确

乡镇（村）的养老机构制定管理方面的规章制度，应该包含基本方面的管理内容和范围，根本一条就是，工作责任和岗位责任要十分明确，从院长到每一位员工，工作责任的目标要数字化，涉及处罚的条款，应当进行精确地表述，以防以后给操作上带来困难。

2. 奖罚分明

乡镇（村）的基层养老院，一定要采取激励政策和违反就要处罚的政策，实行奖罚分明的制度，将管理的基础落实在公开、公平、公正上，只有这样才能调动广大员工的工作积极性，才能保证养老机构安全运行，才能获得经济效益和社会效益。

第二节　生活照料养老服务

生活照料是任何养老服务机构必须要重视的基本工作。乡镇（村）的养老机构基础条件相对较差，而现在又主要接收生活不能自理的老人，生活照料工作就显得尤为重要，本节从横向方面分析梳理，以帮助大家提高认识，便于操作。

一、基础生活照料注意事项

（一）设备要求

1. 设备齐全

当前我国人民的生活水平得到了极大的提高，家用电器和厨房卫生间设备比较现代化、智能化。乡镇（村）的养老院，应该根据当地的社会经济文化生活水平，建立中等偏上水平的生活照料设施供老人使用。

2. 实　用

实用性是日常生活中应该考虑的第一要素，美观大方，经久耐用，经济实惠，是老年人选择生活用品最主要的标准。在中西部相对经济落后的乡镇（村），老年人不会使用和操作新潮的家用电器，有安全隐患，也是老年人的子女支持他们进入了养老机构的原因之一，因此，我们必须充分考虑生活用品的实用性原则，可以通过样品房参观和试验解决。

3. 便于操作

方便于老人操作，也是我们选择生活设施的重要要求之一。虽然现在多数老年人文化水平相对较低，但是他们对现代化的实用工具并不陌生，特别是手机和互联网的广泛应用，使老年人有更多的生活获得感。很多 70 岁以上的老人学会使用微信、支付宝以及滴滴出行等软件。可见，只要养老护理员耐心认真地教，老人使用这些也是不难的事，许多生活用品也可以采取个性化对待的原则，也可以根据生活用品的档次分级收费。

（二）选择安全性保证的生活设施

生活设施的安全性能要求主要有以下几个方面：

第一，购买生活设施的时候就要把安全性能放在第一位，在性价比等其他因素都同等的情况下，安全是首要因素。

第二，安装生活设施的场地要安全，一是地面要防滑；二是墙上要装有扶手；三是要方便于使用轮椅的老人操作方便；四是防火报警系统正常使用；五是根据个别的老人安装个性化的安全系统。

第三，安全管理制度的建立，通过学习和宣传生活用品设施的安全使用管理制度，形成人人讲安全、大家抓安全的良好氛围，确定具体的安全责任人。

在生活设施安装上，在安全制度管理都做了充分准备之后，难免还有安全事故发生，一旦发现就应该及时处理，化解危机，主要应该注意以下事项：

第一，首先组织全力抢救，确保养老机构所有人员的生命及财产安全。

第二，及时报告有关领导和部门，提出具体应对措施。

第三，找出具体的责任人，提出相关的处理意见，奖惩分明。

第四，进行一次安全检查和教育活动，提出具体的改进措施和补救方法，消除安全隐患，防止安全事故再次发生。

第五，坚持对住院老人的过失追究从轻原则，重在追查养老护理和管理人员责任。

（三）关于卫生方面的要求

1. 物品卫生

物品包含两层意思，通常的物是指工具，主要是指单纯的资料。因此，关于生活用具方面的卫生是十分重要的，因为它们要多次反复地使用，所以就会受到污染，对其经常消毒，要保持卫生是十分重要的。关于其他物质资料，严格说来是一次性消费，它们卫生的稳定性方面在制成食物之前是卫生的要求，在制成食物后，保鲜性和防止变质腐烂又是另外一个方面的要求，所以卫生的稳定性主要是指物品的卫生保持完好。

随着现代文化的高速发展和信息的广泛传播，人们在精神方面的需求和消费显得更为重要，因此精神卫生的问题就摆到了议事日程上来。精神卫生又包括众多方面：一是健康的人生观、价值观；二是精神健康，积极向上、和善友好是精神健康的重要表现之一，我们在护理老年人的时候，由于老年人经过一生的坎坷经历，再加上身体疾病的危害，往往在精神健康方面有某种缺陷，养老机构的工作人员要学习老年心理学等方面的知识，逐步学会心理健康照料工作；三是精神疾病，在最近一段时期，我国老年性精神疾病暴发率逐步增长，这需要引起我们的高度重视，重要方面在于仔细观察早日发现，以免造成不必要的危害。

2. 日常卫生清洁

第一，个人卫生。养老机构内部的个人卫生涉及以下几点：一是工作人员的卫生。乡镇（村）的养老院的工作人员特别要加强个人卫生的管理，尤其偏远地区，因为历史的原因有一些不良的卫生习惯。作为养老机构的工作人员，一定要改掉这些不良习惯，要做好卫生示范，必须穿戴工作衣帽。有些基层的养老院，只给工作人员配备一套工作服是极其错误的，基本的要求是必须配备三套工作服，特别是在有些地区气候潮湿，当天洗涤后的工作服不能晾干，所以两套工作服难以保证每天穿干净的工作服。除了极少数严寒地区外，养老院的工作人员应该每天洗澡、勤俭持家，防止男性工作人员留长头发，保持良好的个人卫生。二是入院老人的个人卫生。他们的卫生习惯和日常的清洁要求，要由养老护理员为他们制定、指导和保持，对极少数清洁卫生习惯太差的老人，应该实行隔离处理。三是外来人员的个人清洁卫生。外来人员主要包括老人的亲友和送货人员。养老护理员也要对他们的个人卫生做出相应的要求，如果发生区域性的传染病，对外来人员，要做适当的消毒处理方准许可进入养老院内。

第二，厨房卫生。人们常讲“百病从口入”，厨房是生产饮食用品的主要场所，食品如果处理不好就会影响食物和饮料的卫生，容易产生腐烂和变质，引起传染性疾病发生。厨房卫生中的餐具卫生和食品卫生同样重要，要定期消毒和清洗餐具，消灭苍蝇、蟑螂和老鼠等，保证食品安全。

第三，卫生间的卫生。老年人由于生活习惯和卫生习惯的原因，再加上行动不方便，容易不注意卫生间的卫生，这需要养老护理员加强管理，经常清扫、定时消毒，保持空气流通。

第四，寝室的卫生。首先要求是，衣物的摆放要分类整齐，保持整洁干燥，床上用品要定期清洗，按时更换；老年人的个人衣物也要定时清理，经常更换，保持清洁卫生；老人卧室要保持阳光充足，通风透气，在南方梅雨季节和潮湿的气候状况下，可以用红外线灯或烤炉定期为老人卧室进行消毒。

二、照护程序

（一）规范性

关于照护程序的标准提出以下说明，供乡镇（村）的养老院参考。

按照人们生活的时间程序，制定照护程序，基本方法是按早上 6 点为一天生活的起点，依序为 24 小时的需要制定照护程序。又分为以下过程：一是起床准备和起床；二是盥洗和晨练时间；三是早餐时间；四是上午体检时间；五是上午治疗时间；六是午餐时间；七是午休时间；八是下午文体活动时间；九是学习时间；十是晚餐时间；十一是晚间活动时间；十二是服药和睡前准备时间；十三是夜间睡眠时间；十四是期间插入老人的个别照料需求。

上述程序又可以分为五类：一是休息和休息准备；二是用餐时间；三是治疗时间；四是文体锻炼活动时间；五是其他特别需求的时间。

乡镇（村）的养老机构由于入住的老人比较少，工作人员也相对较少，但是也应该制定照护的程序性和规范性的要求，以检验和提高工作人员的业务质量，保证老年人的生活质量，有利于有关方面的对照检查。

（二）程序性

在生活照料的规范和程序中已经讲了基本的内容和要求，在按照上述照料程序的实施过程中，还要重点讨论两个方面内容。

1. 饮食照料

第一，饮食照料的基本原则包括三点：一是营养科学的配餐目标。按照科学配餐的一般要求，60～70岁的老年人每天消耗热量为1700～2000千卡；70岁以上的老年人每天消耗热量为1500～1800千卡，这类科学的规定只是一个理想化的要求，除了条件特别好的养老机构外，难以有条件测评这些规定，所以我们必须采用另外的办法来为老年人的需求服务。二是专业化的服务。对于乡镇（村）的养老院，难以找到相对高级的专业化人才，可以聘请专家来解决。三是个性化服务。老年人来自乡村和城镇，也可能长期在外地工作，在饮食方面有自己的兴趣和爱好，养老护理员要为每个老人制订专门的饮食照料规划。

第二，饮食照料的目标要求有以下三点：一是满足并维持个人生命的基本需要，合理搭配膳食，促进身体健康，满足老人营养。二是在心理上使老人得到进餐中的快乐。三是通过膳食，获得与他人交流的机会，解除某种孤独感。

第三，膳食用品的加工流程。主要有以下一些：一是食品原材料的采购要保证质量；二是物品的储存要保证新鲜；三是食品加工过程，保证食物煮熟，生冷食品和熟食要严格分开；四是配餐操作，工作人员必须穿戴工作衣帽和口罩，餐具严格消毒，每个老人的配餐标示必须清晰。

第四，饮食照料服务，也要注意几点：一是事前准备，严格分清饮食的种类，主要有正常饮食和疾病饮食，以及起居室饮食。疾病饮食要包括软质形态、半流质形态、流质形态，根据老人的病情和医生的嘱咐而决定。二是要根据老人的个性化要求，布置良好的就餐环境，增进老人的食欲。三是尽可能地扩大老人的饮食交往需求，根据老人可能的状态，准备个性化的饮食。

2. 药物照料

药物照料在程序方面主要注意以下几点：

第一，严格核对处方和药物，杜绝用错药物，防止不必要的危害。

第二，根据说明书的要求和医生的嘱咐，定时定量喂老人药物。

第三，提醒老人服药的注意事项，注意观察不良反应，如有身体不适，应及时报告和求医。

第四，加强药物的保管，特别是防止某些有毒或刺激性的药物保管不善而使老人误服，造成伤害。

三、生活照料的特色与作用

（一）生活照料的特色

第一，服务时间最长。生活照料贯穿于养老服务的始终，所需要的时间最多最长。

第二，涉及面最广。在养老机构对老人的整个照护过程中，除了医疗抢救服务外，一切为老人的服务都可以归结为生活照料。

第三，质量要求高。生活照料服务中的任何一个环节都不能出半点差错，像食物中毒、误服药品，弄不好就有生命危险，所以要引起人们的高度重视。

第四，关注度高。无论是老人自己还是其亲友，对食品质量、用餐服务、价格水平等方面都会给予较大的关注，因此，只有通过服务人员的不断努力，提高服务质量，才能得到老人和亲友的认可。

（二）生活照料的作用

1. 有利于老人安全

生活照料服务贯穿于老人生活活动过程的始终，每时每刻都关系到老人的安全问题。在常人看来，休息和文化娱乐活动期间，一般是比较安全的，但是对于高龄老人、患有高危重病的老人，在休息的时候照料不周也会发生生命危险，尤其是夜间值班的养老护理员，对于有脑血管疾病和呼吸系统疾病的老人，要特别加以照护，防止老人在睡眠时产生“呼吸骤停”等方面的突发情况，引起生命危险。

2. 有利于老人健康

生活照料服务，最重要的一个环节就是食物照料，这是为老人提供基本的营养品，保证其生命健康需要的基础条件。饮食照料的另外一个方面还可以满足老年人的心理需求，特别是现在的高龄老人，多数出生在中华人民共和国建立前的困难时期，饱受生活的煎熬和折磨，吃不饱穿不暖的日子时常存在。现在养老院给他们的健康的食物供给，会让他们在心理上得到极大的满足，有利于他们的身体健康。生活照料等许多方面，如药物照料、睡眠照料、排泄照料、文化娱乐活动等，都非常有利于老年人的身体健康。

3. 有利于明确责任

养老产业是风险度很高的行业，在基础生活照料过程中也会产生重大的风险，万一出现意想不到的事故，就会有一个承担责任的问题，这是不需要回避的现实。分清责任的依据主要有：

第一，国家的法律法规。国家已经有很多相关的法律法规，而且比较具体和详细，操作性也比较强。

第二，关于职业规范和行业标准。职业规范是对养老机构工作人员的最低要求，按规定必须经过专业的培训，获得上岗证以后才能担任某种岗位的职务。如果工作人员对于岗位职责不明确，发生失误给老人带来危害，首先就要承担相应的责任。

第三，养老机构内部制定的工作制度与岗位职责也是分清责任的重要依据之一。乡镇（村）的养老机构必须制定简明扼要和可操作性强的规章制度与岗位职责，一是为了保证和提高服务质量，二是为了在万一出现责任事故的时候，便于分清责任，这也是十分重要的一条。

上述是明确责任依据的三个方面，也是在万一出现责任事故以后，协调养老机构和老年人及其家属纠纷的依据。当然，协调的效果如何，关键在于养老机构平时的服务质量，以及和老人及其家属的沟通程度。

第三节　护理服务

护理服务和照料服务是养老机构服务的两大主要内容，前面已经涉及一些相关的知识和要求，而且主要是提纲性的，强调一些基本规范。

一、护理规范性

（一）严格操作规程

各类养老机构都应该制定书面的操作规范。每个养老机构都要根据自己的实际情况、服务等级制定出本院服务护理的操作规则，以备上级检查工作。

制定岗位责任制是现代管理的基本要求之一，有关护理岗位的责任制规定，每个养老机构都要加以制定，用书面和通知的形式，张贴在主要岗位的明显位置，以便经常对照检查。

（二）正确使用说明书

1. 阅读清楚有关说明书

在护理开始之前，养老护理员首先要阅读清楚护理项目的设备、仪器、药物等的说明书，严格按照其规定操作，对于较为复杂的护理仪器设备，应该和生产厂家取得联系，派养老护理员到厂家学习培训，使用过程中，有什么特殊反应都要及时与厂家联系，弄明白以后再继续使用。

2. 学会使用有关设备仪器

养老护理员在护理老年人之前，应该通过培训和练习，熟练地掌握有关仪器设备的使用方法，才能为老年人展开护理服务，严格禁止养老护理员在没有真正学会仪器设备使用的情况下为老人服务。

（三）遵照医生说明开展护理服务

1. 护士人员对入住老人的护理

有医护条件的养老机构会配备有护士人员，有些护理服务是由护士进行的，护士在进行护理服务的时候也要遵循医生的说明而进行。

2. 养老护理员对入住老人的护理

在乡镇（村）的养老机构，尤其是偏远地区的养老机构，现在还没有护士人才参与。护理服务主要由养老护理员承担，他们在开展护理服务的时候，必须听从医生的指导和说明，获得医生的帮助。

二、护理个性化

（一）服务质量个性化

在对老人的服务过程中特别要求具有个性化服务，因为老人群体和一般的青年、少年、中年群体不一样，他们的工作经历复杂曲折，工作地区也多变化，生活经验又丰富，因此，在他们年老体弱多病的时候，对服务质量的最高要求，就是满足他们需求的个性化。

社会大众化也是一个基本的表现形式之一。正常情况下，一般是实行大众化的护理，再实行个性化的护理。

（二）尊重老年人合理的个人需求

老年人最大的优势在于每天有充足的时间，所以护理过程也是相当长的过程。在为老人护理服务的过程中，要学会观察老人的反应，不断改进服务要求和质量。

现在人们对心理的要求越来越高，这是由于社会物质财富在相当高的程度上满足了人们的要求之后，人们对服务的必然选择。老年人由于经历丰富，通常的老年心理也会有充分反应，养老护理的服务质量要好，重要的一条就是满足老人的心理需求。

三、介助护理

（一）制订专门护理规划

1. 关于部门规划

在我国，专门的护理院还很少，多数是在养老机构内部成立监护护理部门，我们要根据相关的文件要求和专业化培训所取得的知识和能力，制订出适合本养老院实际情况的部门介助护理规划。

2. 关于个人规划

在大中型的养老机构，监护护理部门工作人员较多，每一个介助师都应该根据护理部门的规划制订出有用的个人护理规划，逐步加以实施。

（二）护理人员责任制

1. 部门责任制

介助护理是指半失能老人的护理，其工作相对复杂和细致，因为半失能老人产生的原因有多种，介助部门要统一管理总体情况，承担总体责任。

2. 个人责任制

介助师或者工作人员，也要承担起个人在护理过程中的相关责任，护理人员要和每位老人确定工作的目标、步骤和方法，提出需要的相关条件，确定自己的责任。

四、介护护理

（一）制订专门护理规划

1. 部门护理规划

在国外，很多专门的介护护理院，主要接收失能老人，为其提供护理服务。在我国，还在逐步探索介护师的护理制度，因此，在养老机构内部，主要是介护护理部门，所以制订相关的护理规划就显得十分重要。

2. 个人护理规划

个人护理规划是指护理师和工作人员针对每一位老人个人制订的护理规划，这是非常具体而细致的，主要应该有老人情况简介、护理目标方法和要求以及需要配合的相关部门的要求。

（二）建立专门护理小组

1. 小组长负责制

介护护理服务一般由小组承担，养老机构的规模大小不一，介护小组一般由 3 ~ 5 人组成，其中必须有一人为主，实行小组长负责制，协调小组工作。

2. 领导积极参与

在大中型养老机构，提倡领导深入一线工作，参与介护服务小组，这是很有积极意义的。在小型养老机构，工作人员本身就不多，领导参与介护小组应该是基本的要求和普遍的现象。

五、尊重医生嘱咐原则

（一）主动取得医生帮助

1. 根据需求而决定

护理工作和生活照料服务的区别在于，前者往往和医疗业务紧密联系，所以在护理服务的时候，护士和养老护理员要主动取得医生的帮助，展开更加有效的护理。

2. 会更加安全可靠

护理工作存在较大的风险，特别是介助护理和介护护理，因为护理对象是半失能和失能老人，有的人生命非常脆弱，搞不好就会出安全责任事故，积极主动取得医生的指导，使护理服务更加安全。

（二）严格执行医生意见

1. 工作职责要求

护士和养老护理员在执行护理工作的时候，严格执行医生的指导意见是履行工作职责的最基本要求。

2. 保护自己的需要

护士和养老护理员在护理工作中存在较大的风险，因此需要保护自己，必须按工作程序办事，执行医生的意见是保护自己的需要。

第四节　医疗服务

医疗卫生服务是养老机构重要的内容之一，老年人需要医疗服务与需要生活照料服务同等重要，这是老年人生命过程中身体发展的必然需要。因此现在养老机构最有吸引力的方式之一就是医养结合，也是国家提倡和支持的一种养老方式。

一、医生工作

（一）严格执行医院相关规定

养老机构的医疗工作、医生工作，与医院是有一定区别的。养老机构的医疗组织主要有以下几个层次：

第一，专门的医院。养老机构自己建立的医院，有一套周密的规章制度。

第二，养老机构或其他医院联合设立医疗工作站，也有相应的规章制度。

第三，医院派往养老机构巡回诊断的医生，须经过医院和养老机构共同设立规章制度。

第四，外聘的医生，或者是兼职，或者是退休医务工作者，也应建立一套相应的规章制度，才能便于管理和发挥其积极作用。

当代中国是法治社会，公开、公平、公正是一种基本的需要，医疗卫生的规章制度应该公示，规范放置明显位置，便于大家阅读和监督。

（二）坚持会诊制度

1. 经常会诊

老年人往往患有一些疑难病症，为了查清病情，找出病因，有效治疗，养老机构和医院应当经常组织相关医生会诊，并形成制度。

2. 执行会诊结论

会诊的结论是多位医生共同讨论的结果，应该得到执行，并按照方案展开医疗，救治过程中有新的情况，再进行第二次会诊。

二、尊重老年人医疗需求

大多数老年人过去生活艰苦，这使得他们养成了有病扛一扛、拖一拖的习惯。为了保证他们的身体健康，养老机构的工作人员和医生应该针对他们所患疾病，寻求医疗机构的帮助。

在考虑老年人医疗需求的时候，一定要坚持经济和节约的原则，除极少数人以外，人们的医疗费用都是相对短缺的，大部分人甚至远远不够用，治疗优先和节约原则要兼顾，才会有好的效果。

第五节　康复保健服务

康复保健的理念是西方文明国家传到中国来的，和西方文明有许多相似之处，中医也提倡养生和保养，其方式方法有所区别，现在的养老机构主要是采用西方的康复保健的设备或方法，这是正常的。我们也需要开展中西医结合的康复保健工作，对老年人也许更适合。

一、日常康复护理

（一）更新康复理念

康复护理是提高生命质量的重要条件之一。在我国，除了传统的养生保健之外，现在的康复护理主要是从2008年北京奥林匹克运动会之后，才全面推广，尤其在一些高档次的大型医院在普遍地进行推广。我们要更新观念，在养老机构中普遍推广，以大力提高老年人的生命质量。

在广大乡镇（村）的养老机构，由于经费和人才的条件制约，大量购买现代化的康复设施设备是不太可能的，只能适当有重点的选材使用。养老机构应该发挥当地的优势，运用中国的传统康复养生保健方式，达到康复养生的目的，如太极拳、针灸、推拿都是好办法。

（二）康复辅具应用

当前国内生产的康复辅具还相对较少，种类也不齐全，进口设备价格很高，乡镇和村的养老机构大部分难以承受经济压力，所以应该以使用中国式的康复辅具为主。2016年11月国务院下发了我国发展康复辅具的指导意见，估计在今后不长的时间内，我国的康复辅具产业就会有较快的发展，以满足老年人的需求。

和其他医疗项目一样，特别是适用于老年人的康复理疗项目，一定要坚持经济适用性的基本原则，才能真正让大部分老年人接受，才能服务于他们。

二、伤病后康复护理

（一）根据医生规定护理

现在多数省会城市的三甲医院，在治理伤病人以后，一般会转入专门的康复医院进行专门的康复护理，但是在大部分地级市的三甲医院，康复护理的专业化水平都还很低。所以，乡镇（村）的养老机构对老年人伤病的康复护理，必须根据医生的规定和要求进行。

康复护理人才还十分缺乏，在市和县的养老机构，专门的康复护理人才都是稀缺的，乡镇和村的养老机构就更不用说了，因此要对老年人的伤病进行护理必须遵照医生的规定进行。

（二）辅助护理

不同等级的康复护理机构，会规定相应的康复护理等级。乡镇（村）的养老机构的康复护理，由于缺乏专门的人才，很难进入规定的等级，因此将其称为辅助护理。

总体上，我国还需要大量的康复护理人才，这是一项很有发展前途的事业。乡镇（村）的养老机构，有条件的也要开始培养康复护理人才，以满足老年人的需要。

第六节　心理和善后服务

物质文明和精神文明的高度发展，必然涉及人们心理因素的变化，心理服务成了为老年人服务的重要内容也是必然的。

个性化发展的根本要求，是对每个人的一生都要珍重人格和尊严，临终关怀就是其中最重要的内容之一。

一、心理咨询服务

（一）日常心理健康服务

老年人走过了漫长人生的多数时光，记录了无数的艰难困苦，战胜了大大小小的各种困难，这是大部分老年人成功的一面；另外，老年人由于生理和心理功能的逐步衰退，面对新环境的时候，条件稍微不好就会产生各种心理疾病。所以我们要关心老人的身体健康和心理健康，缺一不可。

老年人基本身体素质的衰退，较大地影响了他们的心理健康，这是不以人们的意志为转移的客观存在。因此，老年性心理疾病发生率逐年提高，我们必须采取措施应对，基本方法是开展老年心理咨询活动，积极引导他们的心理向正常方面发展，注意观测、及时发现他们心理方面的疾病，并及早治疗。

（二）展开心理咨询服务

1. 内　部

养老机构为老年人开展心理咨询服务是基本要求之一。乡镇（村）的养老机构根据现实情况，应该逐步开展对老人的心理咨询服务。养老机构可以把有一定基础知识的养老护理员外派短期培训，逐步开展心理咨询服务，在地级市以上的城市很多地方在举办培训班，也可以让养老护理员参加远程教育学习，取得心理咨询师资格。

2. 外　聘

乡镇（村）的养老机构，还可以采取外聘心理咨询师的办法开展此项服务，至少可以请外聘的心理咨询师每周来开展半天心理咨询服务，以满足老年人的需要。

二、临终关怀

乡镇（村）的养老机构要敬畏生命、尊重生命，除此之外，还要培养临终关怀服务人才。

各养老机构的临终关怀人才十分缺乏。因此，养老机构只有逐步培养自己的临终关怀服务人才，才能适应社会发展和满足老人需求。

在当前临终关怀服务人才十分缺乏的情况下，可以采取对外聘用人才的办法，开展此项服务。乡镇（村）的养老机构，入住老人比较少，此类活动不是很多，聘用此类人才是个好办法。

三、善后服务

（一）制定规章制度

养老机构一是要制定善后服务的规章制度，规范善后处理服务的操作规程，保证服务质量，二是减少养老机构和老人家属之间的纠纷。

（二）联系老年人亲友

老年人一旦出现临终前的征兆，养老机构就应该即时通知他的亲人和朋友，尽可能地参加临终关怀活动，为良好的善后服务做好工作准备。

（三）联系老年人原单位

很多入住老人以前是有工作单位的，在老人病危的时候要尽可能通知他原工作单位，让单位派人参与善后工作。

（四）严格规范操作

参加过养老护理培训的合格者都有老人善后处理的基本能力，养老机构应建立规章制度，只要严格执行就会取得好的效果。

知识拓展

临终关怀基本方式大致如下：

第一，根据医生对老年人病情和生命状况特征，提前100天为老人准备一些关于人生和善后事项交流，让老人知道人的生命是由自然规律支配的。

第二，三个月以后，再和老人进行深入的交流。

第三，老人生命功能衰竭后期，一般是临终前3～5天，老人会有一个回光返照期，表现特点是精神突然好起来，很兴奋。根据病情的总体情况，这很可能就是回光返照，应该抓住时机进行临终关怀服务。

案例点评

简介：某高等医院，对临终的老人进行临终关怀服务。因为医院不能像养老机构一样，有半年前的一次服务或是三个月前的一次服务，仅集中进行最后一次临终服务。其中，有一些形式类似让很多人看了不理解，有人甚至认为，“怎么医院也恢复了封建迷信活动?”

点评：这说明我们需要对现代的临终关怀逐步推广。

第三十五章　人力资源和合同管理

乡镇（村）的养老机构由于规模较小，职工人数不多，中、小型养老机构和小型、微型养老机构区别也很大，从几个员工到一百多个员工不等，但是也要从事人力资源管理。合同管理同等重要，一定要引起高度的重视。

第一节　员工培训和持证上岗制度

员工培训是对现代各类型组织的基本要求，持证上岗也是当前对工作岗位的一个基本的管理方法，无论你的员工多少，都应该执行各级政府的有关规定。

一、制订人才发展计划

（一）认识人才的重要性

1. 关于人才的决定性作用

按照当代技术信息管理的要求，对人才的要求更高，注定事业成败的最基本的因素就是人才。乡镇（村）的养老机构虽然规模较小，员工人数不多，也必须认识到人才的决定性作用，只有这样才能应对各种各样的风险，才能克服各种各样的困难，才能获得更好的生存和发展。

2. 提高质量的基础

服务质量是养老机构生存的基础，乡镇（村）的养老机构也必须要提高服务质量，那么，依靠什么来提高质量呢？关键在人，人才是养老机构提高服务质量的基础保证。

3. 经济效益的源泉

乡镇（村）的养老机构经济基础较差，设备实施也并不先进，为了更好地发展，必须寻求获得更好的经济效益，历史经验证明，在同等的条件下，人才是一切因素中最重要的决定性的因素。

（二）培养自己机构的骨干员工

人才是相对的，有国家级的人才，省级的人才，市级的人才，乡镇也应该有自己的人才。乡镇（村）的养老机构要努力培养自己的员工，培养能独当一面和技术全面的品牌员工。这些员工在乡镇应该是技术带头人，在全县范围内，应该小有名气。有了这样的员工，养老院才能有广阔的前途和很好的发展。

（三）吸引人才规划

1. 吸引人才

乡镇（村）的养老机构，由于规模较小，或者相对条件不太理想，高档次的人才缺乏吸引力，但是任何事物都有自己的长处和短处。乡镇（村）的养老院，如果充分发挥自己的长处，也可以吸引到相当层次的人才，吸引力表现形式有多样，如“重赏之下必有勇夫”“美丽的田野风光”“新鲜的空气”都可以成为养老机构的优势。

2. 留住人才

第一，“感情留人”。乡镇（村）的养老机构的领导者管理者，对养老方面的人才要尊重、关心、理解、宽容，要知人善任，发挥其长处，与之成为朋友。

第二，“事业留人”。乡镇（村）的养老机构，虽然规模不大，但是要有长远规划，有广阔的发展空间，要有发展前景来留住人才。

第三，“股份留人”。这也是留住人才的重要方式，乡镇（村）的投资者，应该设定一定的技术股份，与人才和技术骨干分享，让他们也成为老板之一。

第四，“魅力留人”。乡镇（村）的养老机构的领导者，要注意树立自己的良好形象，依靠高尚的人格魅力留住人才。

二、坚持持证上岗

（一）岗位资格培训是现代文明要求

1. 有关国际惯例简要介绍

当代国际社会十分重视岗位资格培训，在经济发达的国家都十分重视对员工的技能培训、岗位培训、职业培训，持证上岗是劳动力市场一个基本的普遍的要求，持有相应工作岗位的资格证者，才能获得就业的机会。

国家已出台一系列养老服务资格培训的规定和要求，中国的国际地位不断提高，乡镇（村）的养老机构也要按照国际惯例开展岗位资格培训，才能满足养老机构老人的需求。

2. 我国有关要求

国务院以及卫生计生委、民政部、人力资源和社会保障部，对我国养老人才的培养十分重视，出台了相应的新的规范和行业标准，岗位培训已进行多年。据不完全统计，现在我国培训上岗的养老护理员已有50多万名，康复咨询师、心理咨询师、护士、养老机构管理人员，也培养了不少。经过培训拿到合格证书才从事相应岗位，也是现代文明的基本要求。

（二）正确认识当前状况

关于养老护理员持证上岗问题，国务院有关部门已经取消了养老护理员必须持证上岗的规定，这主要是根据养老护理员培训远远不能满足要求的情况而决定的，同时也是全面治理职业资格考试、评定等活动中的混乱的需要。目标是初步形成统一规划、规范设置、分类管理、有序实施、严格监管的职业资格管理制度，促进职业资格证书制度健康发展。现在的情况是毕业证书和资格证书双证制度，主要如下：

第一，高等职业院校、专科学校、中专和职业学校培养的养老管理人才。

第二，医学类的本科、专科学校，中专和职业学校培养的护士职业证书的人才。

第三，本科院校社会学系培养的养老管理专业人才。

第四，高等院校培养的社会工作专业人才。

第五，民政部培训中心等远程教育中心培养的养老护理人才。

第六，国外高等院校和机构培养的养老护理人才。这些资格证书，只有少部分得到国家承认，今后将会有更多的得到国家承认，关键是养老机构的认可。

在实际工作中，能力和证书同样重要，能力的判断需要一个工作过程，资格证书则说明你具有基本的工作能力。乡镇（村）的养老机构应该根据实际情况选择和使用人才。

三、重视员工培训

（一）制定规章制度

1. 国际规定

任何一个企业和机构都应该制定培训员工的规章制度，在20世纪七八十年代，西方发达国家提出了对员工终身培训的要求，这是保证产品或服务质量的根本需要。乡镇（村）的养老机构，也应该参照国家规范，制定员工培训的规章制度，这也是我国的国家地位所决定的。

2. 公司规定

每个公司都有自己相应的实际情况，员工培训制度也应该有公司的特点。公司培训主要包括以下几个方面：

第一，入职培训。是指新员工到公司来的时候进行的培训，主要由公司领导负责进行，培训内容主要有：公司基本情况介绍，主要规章制度学习，公司主要业务情况，公司团队和公司文化介绍。

第二，上岗前培训。主要由部门经理主持，进行工作和服务的操作培训。

第三，升职培训。员工职务的升迁的培训，主要由上级主管部门和专门的培训机构进行。

第四，定期培训。为了掌握新技术和新信息，员工必须定期到大专院校或者相应的机构进行培训。每次培训相距的时间有一年、两年、三年不等。每次培训的内容也不一定相同，除大型特大型养老机构外，一般都由培训机构决定，以10天左右为宜。

第五，国外培训。有条件的养老机构可以派骨干到国外参观学习培训，提高员工的素质或能力，也是十分必要的。

（二）用发展思维看待员工培训

1. 公司发展需要

养老机构要不断发展，主要靠人才素质的不断提高，员工培训是最基本的手段，对于员工管理方式通过制度来保证，也不必担心他们跳槽。乡镇（村）的养老机构，只要你把它办好了，员工就会忠于企业，这是无数事实所证明的。

2. 良性循环需要

公司员工的培训应该形成良性循环状态，即，加强培训—提高员工能力—提供优秀的服务—获得好的经济效益—再加强培训良性循环过程。反之，就会陷入缺乏培训—员工能力差—服务质量低—经济效益不好—没钱培训员工的恶性循环。大家会做出各自的选择，也会得到不同的效果。

第二节　工资管理和医疗养老保险

工资管理是所有企业、机构、社会组织管理的重要内容之一，是涉及整个社会分配公平的大事，也是事业是否兴旺发达的重要条件之一。职工医疗养老保险制度的形成也非常重要，关系到每个职工的切身利益问题，非认真对待不可。

一、工资管理

（一）有吸引力的工资制度

1. 行业平均水平之上

工资水平的高低是由行业决定的，行业之间相差很大，现在世界上工资最高的行业主要是金融业、电信行业、信息行业，等等，每年都有一些变化。我国养老产业，因为是新兴的产业，社会认可度还不高，因此工资水平还很低。不久的将来，养老产业在国民经济中所占的地位越来越高，员工的工资收入也会相对提高，这是不言而喻的。

有吸引力的工资标准，应该在行业的平均水平之上。乡镇（村）的养老机构要通过自己的努力创造更好的经济效益，提高职工工资水平。

2. 实际工资水平较高

员工的工资收入除了基本工资以外，还应该有相应的奖金制度，让员工得到实惠是调动员工积极性的重要因素。

（二）员工工资协商制度

1. 国际惯例

20 世纪六七十年代工业发达国家普遍实行了员工工资协商制度，绝大部分公司建立了工会，工会选出代表和老板谈判下一年的工资方案，这一制度收到了很好的效果。一般状况下，有六个员工的企业就有一个员工代表和老板商谈工资，这已经成为一个普遍的制度，如果违背，老板会受到严厉的处罚。

2. 我国的要求

改革开放以来，《中华人民共和国工会法》修改后执行，提倡员工工资协商制度，现在相当多的企业已经在实行中。现在全国的养老机构多数为民办或者国有民办形式，应该普遍实行员工工资协商制度，这个对调动广大员工的积极性是非常有作用的。也是法治社会实行公开、公平、公正法律制度的重要表现之一。

（三）相关福利制度研究

1. 好的福利制度应该在行业水平之上

企业福利制度是工资制度的重要补充。20 世纪中后期，西方很多国家都成了福利国家、福利社会，以福利企业为主体的社会形态、企业福利制度已经十分健全，受到员工支持。福利水平和工资水平一样，是由行业地位决定的，在行业内部，好的福利制度应该在行业平均水平之上，但是由于经营管理的水平的关系，许多养老机构的福利水平有很多不尽如人意的地方。

乡镇（村）的养老机构的投资者应明白，养老机构的社会地位或管理水平也要由福利制度来反映，“员工的称赞是最高的奖赏”。可见较好的福利制度，对公司是一个很好的宣传，也是留住人才、扩大业务的最好方法之一。

2. 关心员工，形成规章制度

关心员工，要形成规章制度，首先，对于员工人格上要尊重；其次，还有一系列的规定，比如，员工休假制度，高温补贴，防寒补贴，交通补贴，生日慰问规定，女工产假制度，等等，都应该有明文规定并得到认真贯彻执行。

二、严格执行国家的医疗保险制度

（一）按照国家和地方有关规定办理员工的医疗保险

1. 按照国家规定办理

城市职工的医疗保险制度在我国实施已经很好，除了异地报销还需要进行改进外，应该说是比较成功的。但是农村医疗保险制度还在试行当中，到 2020 年全国农村普遍实行，现在的缺陷是费用相对较低，造成这种状况的根本原因是长期以来广大农民没有交基本的医疗保险金，完全依靠国家财政支出。中西部部分落后地区地方财政有相当困难，所以要等全国普遍实行农村医疗保险以后，广大农民适当缴纳一些医疗保险金，国家对农村的医疗保险支付比例可能会提高。

因此，乡镇（村）的养老机构一定要为员工缴纳国家规定的医疗保险金，这样将来才能领到更多的费用，大家都是养老产业的参与者，必须带头执行国家的相关规定。

2. 按地方规定办理

由于我国区域辽阔，而且发展很不平衡，所以，各省、自治区、直辖市又有相关的规定，我们必须按地方规定办理。乡镇（村）的养老机构的医疗保险金的领取水平主要是由当地县政府规定。

（二）养老院的医疗保险及其报销规定

1. 不低于行业标准

乡镇（村）的养老院，在为职工缴纳医疗保险金的时候，一定要注意自己企业的形象，不要因为我们是微利企业、资金暂时困难，就降低缴费标准，而应该注意同行业缴费的平均水平，至少不低于这个标准。

2. 人性化管理

人性化管理是一个范围十分广泛的概念，包含的内容很多。乡镇（村）的养老机构要根据前面我们说明的工资制度、福利制度，关心职工的生活，对医疗保险已经在缴交方面做出统筹安排，让员工有真正的自豪感。这样我国最基层的养老机构一定会获得很大的成功。

在员工医药费报销管理中，也应该体现人性化管理的基本宗旨，在医疗赔付、交通费用、工时补贴等方面，都应该体现养老机构对员工的关心和体贴，让员工真正感受到大家庭的温暖。

三、认真执行国家养老保险制度

（一）国家和地方的有关养老规定

1. 关于国家规定

传统城镇职工的养老保险制度执行得比较成功，但是，农民养老保险制度还在试行当中。到2020年，全国实行统一的农村养老保险制度，现在的缺陷在于农民获得养老保险的费用太低，根本的原因在于广大农民没有上缴一分基本养老保险金。按有关政策规定，到2019年以后，每个农民都应该按规定上缴一定的基本养老保险金，60岁以后开始领取养老保险金。到那时，农民的养老保险金会成倍增长，彻底改变现在农民领取养老保险金太低的状态。一方面，乡镇（村）的养老机构服务对象大部分是农民，他们所获得的养老保险金额度的大幅提高，将极大地改善这些养老机构的基本收费标准，使经济效益大大提高。另一方面，乡镇（村）的养老院的职工大部分是农民，养老机构在为他们缴纳养老保险金的时候，一定要按国家规定缴纳。

2. 关于地方规定

我国的区域差异很大，东、中、西部地方财政的收入差异也很大，养老保险金的领取差额也很大。因此，乡镇（村）的养老机构在为职工缴纳养老保险金的时候一定要认真执行地方的规定，大部分地区是以县政府的规定为准。养老机构的投资者和领导者是养老产业的重要参与者之一，为职工缴足养老保险金是其责任和义务。

（二）养老院的有关规定

1. 缴费标准不低于相应规定

乡镇和村的养老院在为职工缴纳养老保险金的时候，一定要按照相应标准的较高部分缴纳，以保证职工将来养老的所需，同时也鼓励职工热爱养老产业，起到模范带头作用。

2. 人性化管理

乡镇（村）的养老院对职工应该进行人性化的管理，基本要求是在保证职工福利总水平的情况下，有关养老保险金的缴纳一定要按时足额地上缴。特别要提醒广大管理者的是不能只顾眼前利益，把应该缴纳的养老保险金直接发给职工个人，而实际上提前使用养老保险金，这是很不应该的，既不利于职工的长远利益，又有损养老院的形象。

四、激励机制

（一）建立激励员工的规章制度

1. 奖励标准要高于同行业平均水平

乡镇（村）的养老机构应该建立相应的规章制度。对于工资水平、福利标准、养老保险金和医疗保险金的缴纳，都应该属于同行业的较高水平，才能有很好的说服力和吸引力，树立养老院良好的社会形象，有利于发展业务和提高养老院的经济效益。

2. 奖励先进

在管理的方法和手段中，奖励先进是重要的一条。在制定关于工资和福利的制度方面，乡镇（村）养老机构应该有明确的奖励和处罚的规章制度，特别是中小型养老机构，职工人数不多，有些甚至是家族式的管理方式，也应该制定奖励先进的制度，这对调动职工的劳动积极性和工作热情是非常重要的。奖励先进就是对落后的批评和鞭策。

（二）关于坚持执行规章制度和大胆创新

1. 关于坚持执行规章制度

乡镇（村）的养老机构是我国最基本的养老机构，有规模小人员少的基本特点，但是一定要坚持执行相关的规章制度，一方面，是使养老机构的管理正规化程序化；另一方面，万一出现重大责任事故的时候，便于分清责任、辨明是非，让忠于职守、工作认真的员工得到奖励，让有过失和错误的员工受到应有的处罚，这表明养老机构管理规范的较高水平。

2. 重在创新

坚持和执行已经制定的规章制度是工作的基本方面，是相对容易办到的事情。但是，社会在不断的发展和前进中，只有不断创新，才能获得新的增长点，才能保证养老机构不断发展。

第三节　合同管理

任何企业、机构、社会组织工作，在日常工作和经济生活中，处理内部与外部的关系时都需要合同管理。合同是人与人、人与组织、组织与组织之间经济业务关系的主要法律文书，明确双方所承担的权利、义务以及如果违背以后各自该承担的责任，合同管理是企业管理的最重要内容之一。

一、养老院与入院老年人合同管理

（一）重要性

1. 重要的法律依据

养老机构接受老年人及其委托人的要求，担负起为老人养老服务的全部责任，确定这些关系的主要法律依据就是合同。对入院的老年人而言，合同规定的内容涉及他们的生命安全和服务质量以及应享有的权利；对养老院而言，是依法收取入院老人缴纳相关费用并承担老人的安全管理和服务的书面文书，是规定应尽义务和承担法律责任的依据。

2. 确定经济关系主要依据

养老机构和入住老人之间是通过一定的经济关系来确定双方的义务和责任的。经济关系是人们生活中最基本的关系之一，主要通过合同来加以确定。合同是双方维权的法律依据。

3. 企业经济之本

养老机构要正常的生产和发展，首先就要有一定的经济基础，养老机构与入住老人之间的合同是确保养老机构经济利益的法律文书。养老机构的主要经济收入来源于入院老人缴纳的费用，管理好合同及其基本的经济收入是企业生存和发展的根本保证。

（二）规范性

1. 关于国家规范要求

《经济合同法》是国家规范合同的主要法律依据，同时在《公司法》《会计法》等法律中对合同的规范还做了相应的规定。养老院和入住老年人的合同是条款相对简单的合同之一，但是老年人及其委托人有很多突然出现的不可预料的情况发生，这就给合同带来了相应的复杂性和风险性。因此，必须要严格执行国家的相关法律法规，以防止万一出现经济纠纷时在经济上受到损失。

2. 完善补充条款

养老院与入住老人的合同一般是经过民政部规范的格式合同，一方面主要的条款基本齐备，另一方面，由于合同是适用范围很广的格式合同，有许多涉及老人的条款难以写入其中。因此，在使用民政部门规定的标准的合同时，要详细地写入补充条款，以明确双方的权利和义务，以及违反合同后应承担的相应责任。

乡镇（村）的养老机构的管理者必须高度重视合同问题，需要注意以下几方面的问题：

第一，老年人由于记忆力衰退或者其他疾病的原因，过了几年以后可能会产生糊涂的精神状态，合同如果考虑不周全就会后患无穷。

第二，老年人还可能因为某种疾病突然死亡，必须考虑到这个随时可能发生的重大事件，把有可能发生的误解和纠纷早日说明，有利于三方分清责任，应该是谁负担的责任就由谁承担，避免不必要的麻烦和经济损失，以及声誉上的不良影响。

第三，要充分考虑到老年人的委托人的变化，比如，突然生病和突然死亡以及其他特殊的原因导致委托人不能承担相应的责任，在相应条款中都应该有补充说明。

第四，要充分考虑到老年人的委托人及其直系亲属的变化。如委托人的妻子或者丈夫的变化，直系亲属的妻子或者丈夫的变化，在合同条款中都应该有明确的应对措施，确保合同的合法性和完整性。

（三）建立健全合同档案管理制度

1. 合同档案的规范性管理

按照《合同管理法》，养老机构应该建立健全合同管理档案，国家也颁布了《档案法》，应该按照相关的规定严格进行管理，比如，合同的备份、保管、遗失、损坏都要有严格的管理细则和处罚的条款。

2. 确保合同保管的合法性

合同的合法性是由本身的条款决定的，合同管理的档案也应该具有真实性和合法性，合同档案管理中要严格规定合同的保管程序、借阅程序，应该严格规定借阅人不能把合同带出档案室阅读，在阅读的时候应由档案工作人员陪同，防止合同的破损和修改。

要实行严格的合同备份制度，养老机构至少要保存四份合同，特别是在办公室要有备份合同保管。

在万一发生火灾的情况下，要及时抢救和保护好合同原件，一旦发生合同被窃或丢失的情况，应及时报告公安机关，追查其相关责任。

二、关于养老机构与员工的合同管理

（一）重视养老机构和员工的合同

1. 关于合同的重要性

养老机构和员工签订规范的合同非常重要，主要表现如下：

第一，按照《劳动法》的规定，用人单位和员工必须签订正式的合同，这是保证双方正当权益的必要条件。

第二，养老机构必须和所聘用员工签订合同，如果有违法应受到处罚和经济制裁。

第三，养老机构和员工的聘用合同是员工利益的重要文书。

因此，养老机构和员工都要重视所签订的合同并加以保管。

2. 养老机构和员工经济关系依据

养老机构和员工的聘用关系由合同来加以确认，除了人身安全之外最重要的就是经济关系，不论对养老机构还是员工本人，都是十分重要的，如果处理不好，双方都有可能受到某种程度的经济损失。

同时，如果双方对合同有违反的地方，都可以依据合同规定的条款追究对方责任，保障自己的正当权益。

（二）关于合同管理的规范性和重要性

1. 规范性

养老机构和聘用员工签订的合同属于内部文书形式，但是也一定要具有严格的规范性。首先，双方要明确，养老机构和员工是互相平等的，合同是自愿签订的，并且要共同遵守合同的相关条款，在使用省、自治区、直辖市部门的格式合同的时候，要注意说明相关的特殊约定条款，以补充条文的形式在合同中明确写明。

在签订劳动合同的时候，同时要签订一份“岗位协议书”，和劳动合同同时生效。

根据《劳动合同法》的有关规定，养老机构在解除与员工聘用合同的时候，同时还应征得工会的同意。

2. 公司规范管理的需要

员工是养老机构的真正的生产要素，是创造产品和服务的主要源泉，养老机构的经济效益和工作任务都是全体员工的共同努力带来的。公司要规范化的管理，获得更好的经济效益，为公司的发展打下良好的基础，必须调动全体员工的劳动积极性。规范性的合同管理是重要的方式之一。

三、财务合同管理

（一）重要性

1. 法律依据

财务合同是养老机构和相关合作单位重要的法律依据，包括银行合同、供货合同、服务合同等，都明确地维系着双方的经济利益。养老机构的管理者必须认真签订、保管、使用合同，以维护自己的正当的合法权益。

财务合同签约各方面的情况变化也是很大的，我们必须通过科学规范的合同条文形式，明确合同签约各方的权利、义务和相关责任，以及违约后应当承担的责任。

2. 企业经济之本

财务合同直接关系到企业的经济利益、收入支出和经济效益的来源，财务人员和所有员工都应该认真对待，如果出现经济合同上的重大错误，会给养老机构带来重大的损失，甚至会影响其生存和发展，特别重大的经济过错会导致养老机构的破产，这是要引起每一位员工高度重视的。

（二）对外合同管理

1. 对外合同管理的规范性

在对外经济交往过程中，一定要和相关各方签订依据国家法律制定的规范性的合同，在合同签订之前，一定要征得法律顾问的审核并同意。乡镇（村）的养老机构一般没有经济条件聘请专门的法律顾问，但是应该聘请临时的兼职的法律工作者，为养老机构的对外合同把关，确保其合同的规范性和合法性，维护自己的正当权益。

2. 关于履行合同的监督

养老机构对外合同的签订必须受到相应的监督，第一是受到养老机构法人的监督，第二是应该有专门的监督财务的责任人，第三是养老机构的财务人员对所有的对外合同都应该负起监督的责任。

3. 关于合同的保管

合同一旦签订，就必须进入严格的保管程序，防止合同被盗和遗失。要特别提醒乡镇（村）的养老机构的管理者，签订合同的规范性很重要，认真保管合同也很重要。

（三）养老机构的内部合同

1. 内部合同的重要性

乡镇（村）的养老机构也有部分是属于中型养老机构，有些小型的养老机构也有相当的规模，在机构内部的部门之间，关系到经济利益和责任问题，都应该签订内部的合同，以表示事物的连续性和重要性，使合同双方都能够尽力尽责，保证完成任务。

2. 内部合同的保管

相关的养老机构的内部合同签订的时候要注重规范性，保管也要十分规范，如果出现混乱现象，就会失去签订内部合同的重要意义。养老机构的管理者必须高度重视。

知识拓展

《国务院关于建立统一的城乡居民基本养老保险制度的意见》（节选）

按照党的十八大精神和十八届三中全会关于整合城乡居民基本养老保险制度的要求，依据《中华人民共和国社会保险法》有关规定，在总结新型农村社会养老保险（以下简称新农保）和城镇居民社会养老保险（以下简称城居保）试点经验的基础上，国务院决定，将新农保和城居保两项制度合并实施，在全国范围内建立统一的城乡居民基本养老保险（以下简称城乡居民养老保险）制度。

任务目标。坚持和完善社会统筹与个人账户相结合的制度模式，巩固和拓宽个人缴费、集体补助、政府补贴相结合的资金筹集渠道，完善基础养老金和个人账户养老金相结合的待遇支付政策，强化长缴多得、多缴多得等制度的激励机制，建立基础养老金正常调整机制，健全服务网络，提高管理水平，为参保居民提供方便快捷的服务。"十二五"末，在全国基本实现新农保和城居保制度合并实施，并与职工基本养老保险制度相衔接。2020 年前，全面建成公平、统一、规范的城乡居民养老保险制度，与社会救助、社会福利等其他社会保障政策相配套，充分发挥家庭养老等传统保障方式的积极作用，更好保障参保城乡居民的老年基本生活。

参保范围。年满 16 周岁（不含在校学生），非国家机关和事业单位工作人员及不属于职工基本养老保险制度覆盖范围的城乡居民，可以在户籍地参加城乡居民养老保险。

基金筹集。城乡居民养老保险基金由个人缴费、集体补助、政府补贴构成。

（1）个人缴费。参加城乡居民养老保险的人员应当按规定缴纳养老保险费。缴费标准目前设为每年 100 元、200 元、300 元、400 元、500 元、600 元、700 元、800 元、900 元、1000 元、1500 元、2000 元 12 个档次，省（区、市）人民政府可以根据实际情况增设缴费档次，最高缴费档次标准原则上不超过当地灵活就业人员参加职工基本养老保险的年缴费额，并报人力资源和社会保障部备案。人力资源和社会保障部会同财政部依据城乡居民收入增长等情况适时调整缴费档次标准。参保人自主选择档次缴费，多缴多得。

（2）集体补助。有条件的村集体经济组织应当对参保人缴费给予补助，补助标准由村民委员会召开村民会议民主确定，鼓励有条件的社区将集体补助纳入社区公益事业资金筹集范围。鼓励其他社会经济组织、公益慈善组织、个人为参保人缴费提供资助。补助、资助金额不超过当地设定的最高缴费档次标准。

（3）政府补贴。政府对符合领取城乡居民养老保险待遇条件的参保人全额支付基础养老金，其中，中央财政对中西部地区按中央确定的基础养老金标准给予全额补助，对东部地区给予 50% 的补助。

地方人民政府应当对参保人缴费给予补贴，对选择最低档次标准缴费的，补贴标准不低于每人每年30元；对选择较高档次标准缴费的，适当增加补贴金额；对选择500元及以上档次标准缴费的，补贴标准不低于每人每年60元，具体标准和办法由省（区、市）人民政府确定。对重度残疾人等缴费困难群体，地方人民政府为其代缴部分或全部最低标准的养老保险费。

案例点评

简介：北京市郊区农村一家民办养老机构，有十几位老人入住。五年前，当时养老机构的管理还很不规范，养老机构的创办人是一位50多岁的妇女，因为生病突然病亡，无人去管养老院，她的年仅十几岁的儿子，接班成为这家养老院的管理者。

不久的一天，一位78岁的老人病逝，无法找到他的委托人或者亲人，因为当时没有规范化的合同，经过千方百计的努力，终于找到他唯一的亲人，他的儿媳妇，好像有了一些希望，其实不然，他的儿媳妇已经改嫁，无法也不愿意承担老人的身后事务，结果经多方调解也未达到目的。因为没有合法的法律文书作为有效证明，无奈之下，这位年仅十几岁的养老院的管理者，在没有病逝老人的任何亲人的帮助之下，将老人遗体送去火化，并在两位养老护理员的陪送下，把老人的骨灰盒背到山上埋葬。

这个案例经过媒体曝光以后，感动了无数的人们。尤其是那位仅仅十几岁的年轻小伙子继承母亲未完成的使命，接管养老院并坚持经营管理的事迹令人非常感动。

点评：上述案例给我们三点重要启发和思考：

第一，任何养老机构，不重视规范化的合同是不行的，因为缺乏重要的法律文书和依据，发生老人死亡的突然事件是非常难以处理的。当今社会是法治社会，有效的法律文书是处理各种纠纷的重要依据。各类养老机构必须高度重视这件事，否则，后果难以设想。

第二，老人入住养老机构养老的过程存在很多不确定性。事情的变化又是纷繁复杂、出人意料的，所以，养老机构在制定合同的时候，必须尽量全面地考虑可能出现的各种问题，防患于未然。

第三，案例中养老机构的年轻接班人，放弃自己的专业爱好和兴趣要求，继承母亲未完成的事业，通过不断的努力，把所在的养老机构办得比较出色，受到当地干部群众的赞扬。这是需要我们大家努力学习的。

第三十六章　乡镇（村）养老机构财务管理研究

在我国的广大农村，养老机构大多处于交通相对落后、人口较少、经济发展不平衡、医疗条件相对落后、规模较小、人才缺乏的状况。此种状况下，财务管理是一个十分突出的问题，需要加以研究。

第一节　制定健全财务制度

我国大部分乡镇（村）养老机构规模很小，入住老人普遍为10～99位之间。因为养老人才十分缺乏，小型和微型的乡镇（村）养老机构在管理上往往处于个体经营状态。为了保证这些经济相对落后地区老年人在机构养老的财务安全，制定健全的财务制度是十分必要的。

一、制定财务制度

（一）规范性

1. 规　范

由于我国历史发展的特殊性和阶段性，财务制度的规范性还有待加强。特别是在偏远山区和经济较为落后的地区，要认真建立规范的财务制度。

乡镇（村）的养老机构，承担着保管老人“养命钱”的重大责任，必须建立规范的财务制度，确保老人“养命钱”的安全。

2. 标　准

乡镇（村）的养老机构，从机制上来讲，属于三种情况：一是财政投资的，属于公办福利院或者敬老院；二是由村委会集体资金投入的养老机构；三是由社会资本投资建立的养老机构。财务制度的建立要执行《中华人民共和国会计法》及其相关的政策法规，这是唯一的标准。

（二）可操作性

规章制度不管多么健全，首先要具有较强的可操作性。文字表述上要简洁、明确，让人一看就明白，容易理解，便于执行。其次，规章制度要实用，这是最基本的原则之一。

二、健全财务制度

（一）实时修订财务制度

社会和经济在不断发展和进步，政府有关部门也会对社会管理的各项规章制度进行调整，乡镇（村）的养老机构也应该对财务制度做出相应调整。而财务制度的制定应遵循公开、公平、公正的原则，便于各方面进行监督。

（二）健全财务制度的原则

1. 调动员工积极性原则

财务制度关系到每个人的实际利益，首先是每个入住老人及其亲友的利益；其次是每个员工的利益，财务制度健全了，公平合理了，就会调动每个员工的工作热情，才能把工作做得更好。

2. 管理本质就是服务原则

每一位养老机构的管理者必须明白，管理的本质就是服务。不能错误地认为规章制度是针对别人的，只有领导带头执行规章制度才是正确的方法。

三、执行财务制度

（一）执行原则

1. 坚持公开原则

公开是公正、公平的前提。要认真执行财务制度，必须坚持公开的原则，“阳光是最好的消毒剂”，把制度放在阳光下，是执行的前提条件之一。

2. 坚持公正原则

在乡镇（村）的养老机构，由于地方观念、家族观念的影响，在财务制度的咨询过程中，往往会出现某些偏差，因此我们必须提倡坚持公正的原则，使大家在制度面前“人人平等”。

（二）防止腐败现象产生

1. 坚持规章制度

我国实行市场经济以来，一些不良的影响和落后习惯正在影响我们，违法乱纪、贪污腐败案件不断发生，这必须引起我们的高度重视。我们必须清醒地认识到，养老服务行业是具有社会公益性的行业，因此，对社会要有高度的责任感。

2. 克服家属亲友特殊利益关系

根据我国的文化传统，特别是在当前我国就业状况不充分的情况下，乡镇（村）的养老机构往往会是家属亲友聚集的地方，这样在执行规章制度的时候，要特别注意防止假公济私，侵占养老机构和老人财产的现象发生。

第二节 确保养老金安全使用

养老机构资金的安全使用，是我们十分关注的焦点问题之一。

一、制定养老金管理制度

（一）制定养老金管理制度的必要性

1. 防止老年人生命之“钱”流失

现在我国养老机构的财产管理制度基本上是实行“会员制”“保证金制”“入门费制”“多年结算制”，且已经试行多年，证明是行之有效的规章制度之一。这种制度最根本的问题在于：老年人要进入相应的养老机构，需要把一笔相当可观的费用交给这个机构保管，这对于多数大中型养老机构来说是没有问题的，资金也是比较安全的。一方面养老机构资本比较雄厚，承担风险能力较强；另一方面，养老机构有一定的管理人才，有较为完全的监督机制。

但是，在小型养老机构，特别是微小型养老机构，人才和经济实力相对不足，抵抗风险能力相对较低，一旦出现人为的或自然的因素，老人交给养老机构的资金发生风险，这个问题就非常严重了。因此我们必须研究相应的方法措施，保证入住老人“养命钱”的安全保管和使用。

2. 防止引起社会问题

各级地方政府，特别是县和乡镇两级政府的主要负责同志，民政部门和有关部门负责人要引起高度重视，在所领导和管理范围内的小型、微型养老机构一旦出现腐败案件和其他资产损失案件，入住养老机构的老年人的“养命钱”出现问题，必须要想办法迅速地予以解决，杜绝和防止社会不稳定因素和事件的发生。

3. 防止引起企业危机

乡镇（村）的养老机构的负责人要保持高度的重视和警惕，采取一切必要的措施防止所在的机构产生腐败分子，实施严格的第一责任人制度和岗位责任制，确保企业和老人财产的绝对安全。万一出现重大问题，养老机构就会出现破产倒闭的危险，机构负责人的心血就会毁于一旦。

（二）制定养老金安全使用制度

1. 科学的使用制度

所谓养老金安全的科学使用制度，首先，在养老机构创立初期就要研究和考虑好相关的规章制度，制度要适用有效；其次，所有的养老金保管制度都要符合国家的法律法规规定；最后，要有可靠的用人机制，规章制度是靠人去执行的，通过长期的培养，有道德、懂管理的人才是保证养老金安全使用的基础。

2. 健全的制度

所谓健全养老金保管和使用制度，首先，在于制度的合理性和可操作性；其次，制度和管理上不要出现漏洞，不让不法分子和腐败分子有空子可钻。

二、管理和监督

（一）管理是确保养老金安全的基础

1. 养老金管理是养老院的特别要求

根据国内外的惯例，老人要入住养老机构，需要老人及其亲友提前支付一部分资金供养老机构使用和保管，这是经过无数实践证明必须采取的手段和措施。但是，这笔费用所有权是入住的老人及其亲友，养老机构只有保管权，根据合同约定使用的权利。养老机构保管这部分资金的责任是非常重大的，不能出任何差错，否则当事人会付出沉重的代价。

2. 政府主管部门管理

我国养老服务业市场开放的时间还很短，这是我国基本国情决定的，各级政府主管部门要积极参与有关养老机构对入住老年人所缴资金的管理，保证这部分资金的安全，保证所在地区的养老持续稳定。

3. 养老机构管理

养老机构管理老人保证金和其他费用，要制定一整套严格的规章制度。根据我们的研究，在当前的情况下，在广大乡村，小型和微型的养老机构，主要的资金都应该由养老机构的法定代表人或者实际控制人直接保管，以及承担全部的责任。

（二）监督是防止腐败和失误的保证

1. 政府主管部门监督

所谓政府主管部门，主要是指民政、人社、工商、公安、银行监管部门等。这些部门的主要负责人和工作人员，对于相应地区的养老机构的资金使用要加强监督管理和指导。

2. 养老院有效监督机制

养老机构的有效监督主要是三部分：一是入住老人的监督，这是最有效的基本方法之一；还包括二是工作人员和部门之间的相互监督；三是领导的监督。

3. 广泛的监督机制

社会监督是极其广泛的监督机制之一；新闻媒体是重要监督部门之一；还包括其他各种形式的监督。

三、建立防范机制

（一）探索建立政府主导下的“养老风险基金”

1. 由民政、财政、人社牵头组建“养老风险基金”

我国在应对人口老龄化过程中，已经进行了各方面积极有益的探索，设立地方性的“养老风险基金”是一种十分有效的积极的方法，这也是被国内外的许多实践经验所证明的行之有效的方法之一，在我国的深圳、上海、北京、南京等地都有成功的经验可供学习与借鉴。

2. 由红十字会牵头组建“养老风险基金”

红十字会、慈善基金会都可以带头设立“养老风险基金”，为化解我国养老机构的风险做工作。

3. 由企业牵头组建“养老风险基金”

这里的企业也是一个广泛的概念和范围，既包括所有的企业，也包括养老机构自己，都可以牵头组建“养老风险基金”。既体现了企业和企业家对社会的责任，又为化解养老机构风险做了积极有益的工作。

（二）养老机构自我建立风险防范机制

1. 探索设立养老机构资产保证制度

养老机构资产保证制度是指养老机构中部分资产的保全制度，主要是指入住养老机构老人交给养老机构的有关费用专门设立账户，专款专用，与养老机构的经营风险脱钩。确保老人资产的安全。

2. 探索建立养老机构保证金制度

有条件的地方，养老应该设立一定的保证金，由有关专门机构监督管理，以便养老机构出现风险时使用。

第三节　严格控制资金

养老机构大部分是市场化运作，因此就必然存在一定的风险，资金链断裂是主要风险之一，危害很大。

一、制定控制现金制度

（一）制定养老院现金控制制度

1. 建立相关制度

这些制度都是比较容易确定的，一般的财务规范就可以解决。

2. 确保制度执行

这才是问题的关键所在，在乡镇（村）的微小型养老机构中，个体经营者的管理方式普遍存在，个人行为往往超过规章制度的管理功能，所以要高度重视。

（二）规定控制额度

1. 养老院要明确现金控制额度

现金控制额度管理是最常用的方法之一。

2. 应该有保证措施

正常的保证措施有很多，关键在于要制定出来，要体现公开、公平、公正的基本原则，要有有效的应对机制。资产保证制度是重要的方法之一。

二、严格防止现金流断裂

（一）建立风险预警机制

1. 一般预警

为了抵御养老机构的风险，特别是小型养老机构会出现的风险，采取预警制度是比较重要的方法。

2. 紧急预警

和一般预警相对而言，紧急预警说明出现问题的程度比较严重，必须采取果断的措施和引起各方面的高度重视。

（二）预防机制

1. 内部预防

养老机构内部要建立预防风险的制度，全体员工都要高度重视，确保养老机构的安全运行。

2. 银行预防

银行在社会生活中是无时不在，无处不有。银行对养老机构风险的预防具有积极的重要作用。

第四节　保证共有资产保值增值

老年人入住养老机构之前，会将大量的资产交给养老机构保管，因此，资产安全与资产保值增值的问题需要认真研究和加以解决。

一、确立共有资产观念

（一）养老机构是新时代的产物

1. 明确养老院资产和老年人缴费是企业共有资产

在现实生活中，养老机构对老年人所缴的费用是没有使用权和监督权的。因此我们提出了“共有资产”的概念进行探索讨论。因为这部分资产根本不属于养老机构所有，但养老机构具有保管权和使用权。

2. 确立“共有资产”新观念

这是一个新的观念。随着我国养老事业养老产业的发展，会有新的研究成果产生，正在我们的期待之中，这里只不过是抛砖引玉。

（二）建立“共有资产”共同管理新观念

不言而喻，有了“共有资产”的理念，必然要建立共同管理的制度。新的理念也在逐步形成，新的制度必然随之产生，人类文明要求我们必须执行有关的法律制度。

二、保值增值

（一）保　值

资产的保值增值是人们的共同要求，也是社会大多数人的共同愿望。

人们在不断地探索，养老机构共同财产保值增值的制度一定会逐步建立起来。

（二）增　值

1. 制定资产增值措施

由于我国养老机构确定的时间还比较短，特别是进入市场化、社会化管理的时间更是无法计算，或者说，目前已经进入开始阶段，还需要不断的探索。

2. 明确资产增值奖励办法

人类总是积极向上的。设定共有财产增值奖励办法是重要的方式之一，这将调动人们的积极性，取得更大的成果和进展。

知识拓展

荷兰代芬特尔市“博爱”老年社区，由于环境优美，人们已把它称为“养老小镇”。这个小镇的豪华程度不亚于五星级宾馆，这里居住有很多老人，其中，年龄超过80岁的老人就有160多位。该社区突出特点在于：吸引了5名大学生在此免费居住。这5人每人都居住着一间带独立浴室和厨房的套房。对免费居住的要求是，每人每月要在这里陪伴老人，至少30小时。

案例点评

简介：哈佛大学精神病专家罗伯特·瓦尔丁格任马萨诸塞州总医院成人发展实验室主任。他对美国数百名男子进行了长达75年跟踪调查，得到结论：形成和巩固良好的人际关系，尤其是家庭关系，有助于人们更健康和长寿。他本人寿命为116岁。

点评：无数事实证明，遗传基因、生活环境、良好的心态是人们健康长寿的主要因素。

第三十七章　乡镇（村）养老机构综合管理探索

乡镇（村）的养老机构由于规模小，员工人数也不多，不可能设立更多的管理部门和工作岗位，也不可能进行层次分明的管理，只能设立综合管理部门进行管理，才是符合实际的有效的管理方法。

第一节　行政管理

乡镇（村）的养老机构的行政管理部门是一个综合的管理部门，可以承担养老机构的一切管理职能，承担管理的主要工作和责任。

一、建立精干有效的行政管理机制

（一）防止“贪大求洋”倾向

1. 依据实际情况设计部门

乡镇（村）的养老机构规模基本上存在两种情况：一是入住老年人10～30人的微型养老机构：二是入住老年人30～100人的小型养老机构。与此相对应，这些养老院的员工人数应该是4～35人。下面分别来讨论他们该如何设计管理部门。

第一，微型养老机构。假设微型养老机构老年人入住率为80%左右，则经常入住老年人为24人左右，以1∶3来安排，工作人员则为9人左右。这种微型养老机构部门设计应该是这种模式：院长1人；办公室主任兼助理1人；辅助工1～2人；厨师1人；保安1人；护理部5人，其中部长和副部长1人。这里的办公室主任对外也可以称为院长助理兼办公室主任，统一管理整个养老院的对内对外事务，还有我们日常的人事和财务部门也属于他管理。关于会计应该有专门的人员担任，在现在的情况下，会计可以聘请专门的会计师事务所派人担任，出纳可以由护理部的人员兼任，也可由其他办公室或院长认可的人兼任。

第二，小型养老机构的部门设计。假设小型养老机构的入住率为70%，则入住老人为70人，应该配备工作人员20人，这类小型养老机构的部门设计就要容易一些，分别如下：院长1人；副院长和院长助理各1人；办公室主任1人；文员1人；厨师2人；保安1人；辅助工2人；救护车司机1人；护理部13人，其中主任1人、副主任1人。另外，配置医务部2人，不计算在养老院的正式员工编制之内，一般是两种情况：一是由乡镇医院派医生坐诊或巡回诊治；二是从县级医疗部门聘请医生定期巡回诊治。

2. 坚持“有效为上”的原则

乡镇（村）的养老机构，在人员安排上一定要坚持精干有效的原则，一切以实用为基础。在微型和小型养老机构中，很多员工要肩负多重岗位的责任，才能保证运营管理的正常进行。

（二）参照行业标准

1. 关于行业标准

现在民政部的行业标准还不完善不健全，还在抓紧制定之中，比如入住老人和养老护理员之间的比例，是按1∶6计算，其实这是不切合实际的，按照国际标准是1∶3，但还需要研究，因为经济发达国家有专门的护理院把失能老人单独集中在一起照护，又有新的标准。根据我们的研究，如果完全是自理的老人，1∶4都还有一定的困难，因为24小时实行三班倒，实际上一个养老护理员要照顾12位老人，还要保证养老护理员的休假、出差等情况，执行这个标准人员配比量还是偏大。

特别是在我国，乡镇（村）的养老院是自主老人、半失能老人和失能老人交叉住在一个养老院内，如果半失能和失能老人比例较大，养老护理员和老人之比1∶3都有一定的困难。

2. 乡镇（村）养老院要抓住重点

在微型和小型养老院中，基础工作主要是三个方面，即安全、医疗、护理，其中医疗可以请专门的医疗机构承担，主要抓住安全和护理两方面的工作来进行，确保老人的养老生活质量。

二、集中行政权力

（一）小型养老机构注意事项

1. 要独立设计

微型和小型养老机构在行政管理方面，要坚持独立设计部门、集中行政权力的方式，各个养老机构要根据实际的情况设计自己的管理部门和业务部门，一般有两种情况：

第一，有个性化的设计就只有两个部门，一是行政部或叫办公室，二是医护部，把医疗和护理的主要业务部门合在一起，特别对于微型的养老机构是最为适用的。

第二，设立相对多的部门。如办公室、财务部、安全部、后勤部，牌子有很多，人员是一套人马，另外再设立治疗室、护理部、市场部三个机构，实际上还是一套人马。

这种设计方案有两个好处，首先从养老院的形象来看，体现着“麻雀虽小，五脏俱全”的基本原理，也可以对应相应的工作需要。事实上，这些工作一个人都可以承担，关键是要落实岗位责任。其次，也为养老院将来的发展设计好相关的组织框架结构。

2. 要有实用性

乡镇（村）的养老院在行政管理、组织实施、人员安排等方面要坚持一切从实际出发、实用第一的原则，每位员工都要承担多种岗位的工作。根据需要把养老院的整个主要任务完成好，以达到老人满意为主要目标。

（二）中型养老机构注意事项

1. 尊重行业标准

乡镇（村）的中型的养老机构还是有一部分的，在我国东部经济发达地区和中西部的中心城市郊区，许多养老机构属于中型的类型，即按传统的标准100个床位至300个床位的养老机构，按新的标准则为小型养老机构，这对于全国的城市和农村而言，城市的中型养老机构和农村的中型养老机构在规模上还是有很大区别的。

乡镇（村）的中型养老机构在行政管理上要尊重行业的标准，并且应创造出自己的品牌，向更高的目标发展。

2. 要坚持有效抑制的原则

所谓“有效抑制”，是针对盲目追求上档次上规模的趋向而言，防止“贪大求洋”，抑制某种盲目发展的倾向，以注重效果的抑制的方式就叫有效抑制。

根据国内外养老机构管理的基本经验，中型的养老院是比较便于安排员工和部门设置的。中型养老院入住老人一般在100~300人之间，以入住率60%估算，正常入住老人在180左右，以1∶4安排员工，会在50人左右，在部门设置上可以设立以下部门：行政部（或办公室）、财务部、医疗护理部、后勤部。办公室可设立1个主任、1个副主任，医护部可以设立1个部长、2个副部长，办公室可以监管安全和救护车管理，中型养老机构一般应有2辆救护车才能适应需要，财务部可以和后勤部在一起，应该有专职的会计、出纳和保管，部门设置的重点在医护部，医护部人员和入院老人的比例不能超过1∶6。

三、防止“小企业通病”产生

（一）“小企业通病”的管理误区

1. “小而全”管理

所谓“小企业通病”，是指一般规模小的公司会犯“贪大求洋”的弊病。产生这种弊病的主要原因是把行政管理的方式照抄照搬到企业管理中。

乡镇（村）的养老机构一般属于小型企业，要防止“小而全”的小企业的通病对养老机构的影响，目标是要建立精干、高效的管理团队。

2. “家庭式”管理

“小企业通病”的另外一种表现形式，是采用标准的“家庭式”管理模式，农村的微型养老机构有相当部分是“家庭式”管理模式，但是大家要注意到养老机构的特殊性，它不像加工企业那样生产过程相对简单，为老人的服务更为复杂得多。“家庭式”管理模式有它优势的一面，让老年人某种程度可以体会到家庭的温暖，但另一方面也有缺陷，每个不同的家庭文化习惯、家庭氛围差别是很大的，作为养老机构的管理者，应该注重引入现代化的养老院管理方法和要求，这既符合外聘员工的管理习惯，又能满足不同老人的需求。

(二) 防止“小企业通病”的基本方法

1. 创业者改变思维模式

管理模式的选择和应用，关键在于创业者的思维模式、经营理念，要防止管理模式和方法的僵化，根本点在于乡镇（村）养老机构的创立者，在运营过程中如何根据实际情况的变化，调整自己的思维方法，修订管理的基本制度，培养下属人员的管理方式方法。

2. 管理者加强学习

我国养老产业市场的开放只有短短几年的时间，乡镇（村）的养老机构承包管理的时间有 10 年左右，但从总体上来观察分析，我国养老机构的管理方法和模式还是粗放型的、不成熟的，还处于起步和探索阶段。所有管理者都应该加强学习：一是学习党和政府的方针政策；二是学习国家的法律法规；三是学习其他养老机构管理的经验。把所学习的知识和技术与养老机构的实际紧密结合起来，本着为老人服务第一的原则，是可以创造出好的管理方法和模式的。

第二节 客户管理

在现代社会化市场化的经济条件下，总体消费趋势是由客户决定的，供求关系决定市场的基本发展方向。现在我国乡镇（村）的养老机构总体上是供大于求，这虽然有许多“市场失灵”的体现，但是，乡镇（村）的养老机构学会客户管理是非常重要的，这也是现代管理理论和方式方法的基本要求。

一、客户管理的重要方法

(一) 保持现有客户不流失

1. 加强个性化服务

乡镇（村）的养老机构要保证现有的客户不至于流失，个性化服务非常重要，根据老年人入住时间的长短，掌握老年人的心理、生理需求及其生活习惯，尽可能满足每一位老人的个性化养老需要。其实，从服务管理的另外一个角度来分析，所谓“定制服务”也是个性化服务的一种形式，这是最关键的服务方法。

2. 多和老人亲属交流

决定现有客户是否流失的主要原因之一在于老年人的亲戚和朋友对于养老机构服务的理解，多和他们交流，可以取得他们的谅解和支持。他们不但不会提出转移到其他养老院，而且会动员老年人继续留在这个养老院。

(二) 服务好现有客户

1. 尽量满足老年人的合理要求

服务质量是没有止境的，人们的需求也是不断提高的，老年人有其特殊的心理需求，只要他们提出的服务要求是合理的、可信的，我们都应该尽量满足。

2. 在医养结合上下功夫

乡镇（村）的养老机构由于所受条件的限制，单独建立医疗机构的可能性不大，但是大家要在医养结合上做文章，通过各种方式与有关医疗机构紧密合作，尽量满足老年人治疗疾病的要求。

3. 开展更多文化娱乐活动

老年人最大的特点就在于有充裕的时间，最大的问题在于感到寂寞孤单，因此开展更多的文化娱乐活动可以使老年人得到满足。在老年人中不乏文艺积极分子，在条件允许的情况下让他们参加表演是最好的方式之一。

4. 开展各种形式的联谊活动

老年人的重要表现之一在于更多的怀旧情绪，养老机构应该尽可能地满足老年人的要求，和老年人深入交谈，尽可能掌握老年人对老亲人、老同学、老战友、老同事、老朋友的怀念之情，尽可能地为他们组织一些联谊活动，一定会达到老人的高兴和满足需求。

（三）吸引更多客户

1. 办出特色

我国养老服务机构众多，但是有特色的并不多，乡镇（村）的养老机构由于规模小、人才相对缺乏的特点，有特色的更少。因此，养老机构要分析和研究自己的优势条件，发挥专长，办出自己的特色，肯定会吸引更多的新的客户入住。

2. 以“新”和“巧”取胜

近年来，国家提出了“大众创业，万众创新”的口号。因此，乡镇（村）的养老机构要在“新”字上下功夫，创新环境，引进新人，改进旧方法，创造新理念，一定能吸引更多的老年人。同样，要在“巧”字上做文章，因为乡镇（村）的养老机构不能和经济发达地区和大中型城市的大中型养老机构比设备、比投入、比规模、比人才，我们只能根据自己的条件，发挥聪明才智，创造出巧妙的有特色的养老机构。

二、基本方法

（一）提高服务质量

1. 质量是第一说服力

养老机构的宗旨是提高服务质量，优质的养老机构要用质量说服人。让老客户继续留下来，让新客户入住进来，最有说服力的就是服务质量。

2. 寻求社会力量支撑

服务质量的高低，除了工作人员的努力外，设施设备也是重要的物质基础。乡镇（村）的养老院要利用所在区域的影响，积极寻求社会力量的支持和帮助，得到人力、物力上的支持，更新自己的设备条件，为老人提供更好的服务。

（二）宣传企业形象

1. 适当投入广告

广告是现代社会宣传自己的重要方式之一，但是广告的投入要量力而行、量入为出。乡镇（村）的养老机构本来利润收入就不多，广告投入要尽量限制，适可而止。

2. 积极参加社会活动

乡镇（村）的养老院在所在地区应该是重要的机构之一，管理者一定要注意积极参加政府和群众组织的社会活动，以争得一席之地，说明自己的存在，树立自己良好的形象，这一般不需要经济投入的，这也是一种变相的广告宣传。

（三）加强客户沟通

1. 多与老人沟通

老年人的心理变化是比较快的，尤其是他们有复杂的丰富的社会生活经验，他们观察事物有其固有的模式，所以养老护理员不要简单认为天天和老年人在一起，不需要加强和他们的沟通，这是一种偏见，只有通过和他们的沟通，才能够得到他们的意见和建议，改进自己的服务，得到他们的宽容和理解。

2. 和潜在客户沟通

乡镇（村）的养老院所处的区位优势是客观的，但是也不能够和潜在的客户缺乏沟通和交流，以至于缺乏相互了解，失去应有的客户资源。

（四）发挥自身优势，办特色养老机构

1. 做好特色定位

养老机构要办出自己的特色，首先要分析研究自己的优势、长处和特点以及自己的劣势和缺陷，发动全体员工经过充分的讨论，才能做好特色定位。

在有条件的情况下，可以聘请专家和专门的咨询机构，为养老机构进行评估和咨询，制定出有特色的发展规划和目标。

2. 扩大特色效果

乡镇（村）的养老机构在创立的时候就可能选择了一定的特色定位，比如，在风景旅游区的边缘，可以充分利用新区的优势，结合养老机构的要求，办出自己的特色，在经营管理过程中，应该不断地研究和思考，扩大已有的特色效果。

三、注意事项

（一）树立“客户就是上帝”“服务第一”的新理念

1. 领导带头

有句名言“思想决定行动”，新的科学的理念会引导人们产生新的行动。但是，我国虽然已经进入市场化社会，总体上人们的创新观念还十分淡薄，传统的等待客户上门的观念还根深蒂固，旧的封建的买卖关系的思维还存在，这些都不利于养老机构提高服务质量，吸引新的客户。要改变旧观念树立新观念，领导必须带头，以身作则，做出好的榜样。

2. 全员行动

新的服务理念必须在养老机构的每个成员中加以确立，才能变成具体的实际的行动，才会达到应有的效果。乡镇（村）的养老机构在确立企业文化的时候，一定要有

服务第一的相关内容。

（二）全力防止意外事故发生

1. 树立安全理念

“安全在我心中，设备在我手中”，全体工作人员必须牢固地树立安全的观念，随时防止意外事故的发生，一旦出现事故苗头，从领导到每一位员工，都能够应对突发情况，迅速安全地转移老人，杜绝伤亡事故发生，确保财产安全。

2. 加强演习和训练

安全和防止意外事故发生不只是靠学习文件就可以实现的，养老机构必须加强安全设施使用的训练，从院长到每位员工都要熟练地掌握有关安全设施设备，保证在突然发生事故时能熟练地应用。乡镇（村）的养老机构应该定期地进行防火防灾的演习，提高大家应对突发事故的能力。

3. 保证安全设施处于良好状态

养老机构的安全设施是否随时处于良好状态是防止意外事故发生的硬件要求，管理人员和领导要开展定期的和不定期的检查工作，确保万无一失。

（三）善于协调客户及家属亲友关系

1. 主动征求意见

要提高服务质量，就必须主动征求服务对象的意见，即使他们的意见有某些不准确的地方，有某种片面性，养老机构通过征求意见，可以消除他们的不良情绪，通过解释和宣传，获得他们的理解和支持，不要等到客户及家属亲友有很多意见，甚至带有某种情绪的情况下再进行交流，这样会出现很不理想的效果，就像“医患纠纷”一样，甚至可能产生护养纠纷，这是我们必须注意防止的。

2. 积极消除误会和不良影响

人们的感情是丰富复杂而经常变化的，尤其是老年人的情绪会经常变化，养老机构的领导和工作人员通过积极地交换意见，首先是消除误会，使老人和工作人员有深入的了解，才能获得谅解和包容。

在工作过程中，万一出现了客户关系的不良影响，养老机构的领导者、管理者和工作人员要千方百计地消除不良影响，首先要端正态度，学习先进的服务理念，问题就迎刃而解了。

第三节　后勤管理

后勤管理对乡镇（村）的养老机构起着重要的物质保障作用，对所有人员的人身安全、财产安全都关系重大。后勤管理工作是十分繁杂的日常性事务工作，有很多细微的表现，处理不当也会造成重大的危害和影响。

一、安全管理

（一）门卫管理

1. 人性化管理

人性化管理是现代管理的基本原则和根本要求之一。在养老机构的门卫管理中，一定要改变传统的观念，所谓的一把锁把老人关起来，使老年人失去了某种生活上的自由，这种做法与观念务必要加以转变，要彻底改变某些人认为养老院是“高级监狱”的门卫管理方式，而是既要保证老人的安全，又要满足老人充分的行动的自由。

2. 从“管”为主，转变为以“服务”为主

乡镇（村）的养老机构的门卫，一定要从思维上改变自己的观念，你的工作任务和责任不是站在被动的“管”的地位上来思考问题，你的岗位是为全体的老年人和工作人员服务的，思维方式和立场转变了，一定能搞好门卫服务。在执行门卫规章制度上，既要坚持原则，又要灵活机动，以达到安全管理为根本目标。

（二）控制中心管理

1. 建立控制中心

现在我国大部分乡镇（村）的养老机构还没有建立自己的控制中心，这种状况是必须要得到改变的，机构的领导者要特别注意，在现在的社会管理的基本状态下，应该积极主动地向当地的主管部门汇报和请示，获得他们的支持和帮助，建立自己的安全控制中心。

同时，利用“互联网 +”带来的便利条件，可以从社区和街道控制中心建立分中心，这样既可以节省更多的财力和人力，又达到了确保老人安全的目的。

2. 24 小时有效管理

我们要研究和讨论的是，现在有很多部门建立了安全控制中心，但是没有实施有效的管理，主要是为了节约人工成本，节约设备器材，真正到了关键的时候，控制中心起不到应有的作用，造成重大的危害。在养老机构中，预防火灾和预防老人走失是最为关键的两个方面，必须充分发挥控制中心管理安全的有效作用。

（三）老年人安全管理

1. 人人配备定位系统

在我国现在“互联网 +”广泛普遍应用的情况下，定位系统的功能发挥作用是比较优秀的，乡镇（村）的养老机构一定要千方百计为每一位入住的老年人配备定位系统，确保老年人不会走失以及在发病的情况下能够得到及时的救治。

2. 及时维修，保持畅通

互联网及其安全技术的发展，使定位系统也比较普及，监控系统也十分广泛的应用，但是现在的情况是很多监控设备上面是空置状态，我们要吸取相关的教训，及时维修老年人持有的定位设备，保持随时处于畅通状态，确实能起到维护老年人安全的作用。

（四）药品管理

1. 急救药品管理

很多老年人患有脑血管、心血管方面的疾病，常常会突然发病，需要使用急救药品才能挽救其生命，但由于老年人智力衰退，容易遗忘，所以养老护理员要特别为老年人准备随时急救物品，主要方法是采取备份的方式，即要为老人准备两份以上的急救药物，确保有一份随时携带在身边，以备万一发病时能服用。

2. 危险药品管理

老年人服用的药品中有一部分是带有危险性的药品，如果服用过多就会引起生命危险，如安眠药过量服用也会引起重大的危险，外用药也要注意保管，误将外用药吸入体内也会给身体带来重大的危害。有些老年人有精神方面的障碍，特别是间歇性的障碍，容易误用药品，所以养老院的管理人员和服务人员要特别注意老年人危险药品的管理，确保老年人用药方面的安全。

二、食堂管理

（一）食品采购管理

1. 价格管理

在我国广大农村或者相对落后地区的乡镇，老年人的退休费和养老保险金水平都不高，因此对老年人的食品供应方面要注意保持合理的价格水平，否则会给老年人带来生活质量的降低。在食堂管理当中，以及在食品的采购过程中，要特别加强价格管理，以防止不合理的价格因素，为养老机构采购食品，这必然影响老年人的生活质量。

2. 质量管理

在同等价格水平下，食品采购中的质量管理显得尤为重要，采购人员应该高度注意，一定的价格水平保持相对高的食品采购质量，这是我们追求的目标。

（二）食品加工过程的管理

1. 食品制作过程的质量管理

所谓食品制作过程是指采购的原材料在厨房加工为成品的过程，这是食品质量管理的主要环节。乡镇（村）的养老机构一般没有配备专职的营养师，但是厨师应该经过专门培训，具有相当的营养师的知识和操作经验，在为老年人制作食品的过程中，确保一般食品和病人食品的区别，并且考虑到充分的营养的合理安排，制作符合老年人某种疾病配合治疗需要的食品。在制作开始之前，首先要检验食品原料是否符合质量要求，对成品半成品原料要详细阅读说明书，在制作过程中加以注意。制作食品应该有专门的、生食熟食分开的工具。盛用食品的餐具要严格消毒，并且根据医护人员的嘱咐，采用智力障碍或特殊老人所特殊使用的餐具。

对于成品食物和原材料的保管要注意卫生条件和环境，防止老鼠、蟑螂、苍蝇对食品的污染，已经制成的食物更要加强保管，防止发生腐烂或霉变。

2. 食品加工的食品留样制度管理

食品加工过程中的食品留样制度是国内国外通用的防止食品中毒事件产生的管理制度，其主要的目的是，万一发生食品中毒事件能迅速地查明原因，及时采取相应的挽救措施，减少对中毒人员的伤害。

（三）预防食品中毒管理

1. 加强检查

食品中毒产生的原因主要有两个方面：一方面，由于人为的破坏，如投毒、放毒所致，应对的方法是加强安全保管，在食品使用之前加强检查，发现可疑现象，防止人为破坏；另一方面，食品原材料和产品的变质腐败，几乎将某种有毒的原材料作为良好的食品加以运用，通过认真严格的检查，防止一切可能产生食品中毒的危害发生，确保食品安全。

2. 注意观察

食品是否会造成中毒危害，可以通过初步的观察加以防止，对有可能变质的食品和受到破坏的食品，总会有一定的迹象，工作人员加强观察，一旦有某种异常情况，就应该停止食用，预防任何一种食物中毒的可能。

三、卫生管理

（一）环境卫生

1. 水源管理

乡镇（村）的养老机构，部分是使用的公共自来水公司提供的水源，部分是自己开发的地下水资源和自然水资源，或从自然水资源中获得水源，不管是哪一种水源，都应该加强管理，防止坏人破坏水资源而造成中毒事件。另外，养老机构自制的蓄水池要特别加强安全管理，防止坏人投毒以及其他形式的水资源中毒事件的产生。

2. 污染源的控制和管理

乡镇和村的机构要注意自己所处的环境，进行一定区域的环境调查，防止小区域范围内有化工厂、机械工厂对空气的污染和噪声污染，给老年人的身体带来危害。防止办法是将调查结果上报当地环境和民政主管部门，将有关污染源进行控制，在政府主管部门的协调下，确保养老机构的环境卫生，如果是中等程度的污染，可以申请搬离该区域，选择无污染的环境地区建设新的养老机构。

（二）室内卫生

1. 预防传染病措施

流行病、传染病的预防和治疗，乡镇（村）的养老院所在地区如果产生流行病和传染病，应该采取积极的预防和治疗措施，第一时间向地方卫生部门报告病情和病原，获得他们的指导和帮助，采取果断的预防和治疗措施，确保老人的安全。

2. 病原控制和隔离措施

乡镇（村）的养老机构，一旦发现个别老人患有传染性疾病，必须坚决控制病源，防止传染病的扩散，严重的情况应及时将老人送到医院治疗，一般的情况也应该采取临时的隔离措施，防止传染其他老人。

患有传染病的老人，经医治痊愈以后，要按卫生计生委的规定，将有关隔离的物品进行严格的销毁或消毒处理，严格防止二次污染。

四、救护车管理

（一）专人专车管理

1. 配备专用救护车

乡镇（村）的养老机构大部分处于相对偏远和交通不便的地区，为了推行医养结合的原则，保证老人在危重病情发生的情况下生命安全，要尽可能地配备专用救护车，这对树立养老机构良好的形象、提高服务质量都是非常重要的。

2. 确立专人管理制度

微型和小型养老机构平时救护车的利用率不太高，但是一定要有健全的管理制度，正所谓“养兵千日，用兵一时”，专人专车的救护车管理制度是确保老人在突然发病情况危急时发挥作用。有条件的中小型乡镇（村）的养老机构，应该配备两辆救护车，在确保自己使用的情况下，还可以为社会救助发挥作用，这对树立养老机构的良好形象、拓展市场发展空间都是很有作用的。

（二）保证24小时使用

1. 防止救护车挪做他用

这里有一个思想观念和职业观念问题，长期以来在医院的救护车基本上是能保证专车专用，养老机构是一个新生的产物，救护车的管理还在探索之中，总的原则是，小型养老机构要有救护车保证老人病情危机时发挥作用。

2. 加强协作单位联系制度

乡镇（村）的养老机构由于规模小经济实力不强的原因，部分养老机构还只有一辆救护车，为了确保老人发病时的紧急安全的使用，可以采取和协作单位建立联系制度的方式，取得他们长期、积极的支持和帮助，确保紧急情况时有救护车使用。

第四节　公共关系管理

乡镇（村）的养老机构的公共关系管理是一个相对广泛的概念，特别是微型和小型的养老机构不像大中型养老机构那样会设立公共关系部或者市场开发部专门进行公共关系管理，而是一种粗略的公共关系管理模式。

一、树立良好公众形象

(一) 有企业形象设计

1. 形象标识

在现代化和市场化的条件下，所有企业、社会组织、政府机构都有自己的形象标识，一是便于统一识别，二是为了宣传和树立自己的良好形象，三是防止别人假冒自己的名义破坏自己的声誉和形象。特别是微型和小型养老机构，不要因为自己规模小、经济实力不强，就放弃自己的形象标识的设计。

任何一个知名的企业和机构开始都是规模很小的，发展得好很快就会成为知名的公司。

2. 颜色设计

颜色标识是企业形象设计的主要元素之一，它能创造很好的视觉效果，增加社会的识别感和认同度，也是乡镇（村）养老机构无形资产的一个组成部分，因此，在设计颜色标识的时候，也要经过一番市场调查和研究，防止和别的企业和机构形象和标识雷同，产生某种侵权行为，会带来不良的社会影响和经济损失。

(二) 维护企业形象

1. 商标维护

市场经济的发展，商标成为无形资产的重要标识。知名的商标会给企业和机构带来直接的经济收益，我国养老产业市场面临着广阔的发展前景，会有更多的投资者和行业人士看好这块产业市场，不断地加入进来，以获得更大的利润。对于成立较早的养老企业，虽然规模较小，由于经营的时间相对较长，已经树立了自己良好的形象，有些不法分子会采用不法的手段，侵占经营管理优秀的养老机构的利益，为了防止这种非法企图得逞，我们必须采取积极的维护商标的措施。

2. 形象维护

在市场经济激烈的竞争中，总有一些不法分子企图损害竞争对手的形象而获得非法的利益，因此，乡镇（村）的养老机构要拿起法律的武器，进行积极的维权活动，防止自己良好的形象受到损坏。

二、遵纪守法，参与慈善

(一) 养老院要成为遵纪守法模范

1. 遵纪守法是基本要求

遵纪守法是对每一个社会组织和成员的基本要求，这也是人们生活的法律底线和道德底线。反之，违法乱纪将受到法律的制裁和纪律的处分，这对任何一个社会成员都是公平的、合理的、客观的，任何人都不可能例外。

2. 养老机构担负特殊使命

养老机构的宗旨是实现国家应对老龄化的“让每一个老人都老有所养、老有所依、老有所学、老有所教、老有所为、老有所乐”的基本目标，重点是救助和扶持社会的弱小群体、伤残孤独人员。养老机构的目标是“为天下儿女尽孝，为天下父母分忧，为政府解难”，要实现这些宗旨和目标，必须严格地遵纪守法。

（二）适当参与慈善活动

1. 学习有关慈善的知识和规定

据调查研究，现在我国多数乡镇（村）的养老机构的组织者和管理者，对我国有关慈善的知识、法律法规还不是真正地了解，因此提倡大家要补上这一课，积极参与慈善活动，一方面是完善自己的慈善理念，另一方面是规范自己的慈善行为，更好地为老年人服务。

2. 参与慈善活动，发展养老产业

养老产业是带有慈善性质的事业，一般来讲，无利的公益的养老机构本身就属于慈善事业的范围。微利的低利润的养老机构是具有慈善性质的养老企业。我们要充分利用我国的慈善事业的资源，得到应有的支持和帮助，发展我国的养老产业。

三、正确协调公共关系

（一）与政府相关部门关系

1. 积极主动服从管理和监督

乡镇和村的养老机构是在当地县级民政部门注册的专门的养老服务单位，首先要积极服从当地民政部门的管理和监督，同时要服从当地工商、卫生计生委、环保、消防、建设、税收等政府主管部门的管理和监督，得到他们业务上的指导和帮助，并按规定依法上报相关报表和资料。

2. 服从乡镇政府部门的领导和管理

乡镇和村的养老机构的直接领导部门是乡镇的政府部门，他们会在行政上、业务上给予领导和管理，也会协调各方面的事务和关系。

不可否认，养老机构在经营管理过程中会和有关社会组织和成员产生一些纠纷和矛盾，主要的调解就在乡镇政府组织，因此，管理者应平时多寻求他们的了解和关心，一旦发生突发事件，才能够积极有效的应对。

村的养老机构还应该服从村委的领导和管理，寻求他们的支持和理解。

（二）友邻关系

乡镇和村的养老机构不可能生活在真空里面，而所在地的周围有很多邻居，会有一些正当的交往，需和他们处理好友邻关系，加强友好合作。

在友邻当中，有一大部分是遵纪守法的社会成员，但是难免也有极少数素质较差、法律法纪观念不强的邻居，养老机构应当保护自己的正当权益，防止受到非法的侵害。

（三）合作单位关系

1. 增加信用和了解

乡镇（村）的养老机构会有很多合作单位，主要有如下单位：

第一，乡镇医院的合作关系。这是我们在贯彻医养结合过程中十分重要的关系，一定要在平等互利的基础上和他们很好地合作，增强信用和了解，提高服务质量和范围。

第二，和县级医疗机构及上级医疗机构的合作关系。他们主要有利于乡镇（村）的养老机构入住的老人治疗重大病症和紧急抢救需要，一定要和他们增强联系和保持良好的关系，以准备在抢救老人的情况下得到积极的有效的帮助和支持。

第三，供货商关系。乡镇（村）的养老机构在食品原材料、日常生活用品、医药用品等方面都和供应商有较多的业务关系，我们要通过深入细致的工作和他们建立友好关系，保证供货的质量和价格合理，及时得到供应。

2. 明确平等互利关系

养老机构和合作商、医疗机构等是一种平等互利的关系，要学会在交易活动中保护自己的合法权益不受侵害，使自己得到的服务质量更为优良，才能够提高总体的服务质量。

（四）客户关系

1. 建立良好信任关系

“顾客就是上帝”“服务第一”“顾客总是有理的”，如果养老机构的领导和工作人员能牢固树立优秀的服务理念，端正服务态度，明确每个人所担当的社会责任，就会通过各种形式和客户——入住老人及其亲友建立良好的信任关系。只有做到这些，养老机构才会越办越好。

2. 以服务为宗旨

以服务为导向，改善服务设施设备，引进优秀人才，培养忠实客户。这是乡镇（村）的养老机构搞好综合管理、提高服务质量、实现服务宗旨、达到重大目标应该注意的基本工作和要求。

管理就是质量，管理就是效益。乡镇（村）的养老机构的投资者、领导者、管理者和全体员工创立养老机构，积极参加我国养老产业的建设和发展，一定会取得重大的成绩和对社会做出贡献。

知识拓展

按照民政部2010年的有关规定，养老机构可分为小型养老机构（床位数为30～100人）、中型养老机构（床位数为100～300人）、大型养老机构（床位数为300～1000人），特大型养老机构（1000～3000人）。

当时民政部在做这个规模等级划分的时候，养老产业市场还没有对社会资本和外部资本开放，全部是国有公办的养老机构，在乡、镇和村也是国有和集体所有的养老机构。严格来讲，乡镇所办的养老机构都是国有的，只是在2007年前后，有少数的乡镇养老机构为民营企业承包经营管理，所以出现养老机构这样的规模等级的划分。

2013年10月，民政部出台《养老机构设立许可办法》和《养老机构管理办法》，对养老机构的规模等级做了相应的调整，设立和审批的权限也做了相应的调整，主要如下：

养老机构的最低床位数由30人降到10人，小型养老机构床位以10～300个为限，中型养老机构床位数以300～1000为限，大型养老机构床位数以1000～3000为限，特大型养老机构为3000张床位以上。

经调查和研究，以及国外的经验和教训，提倡将10～30个床位的养老机构称为微型养老机构，30～300个的为小型养老机构，在一般的表达和叙述之中，把10～1000个床位的养老机构统称为中小型养老机构。为了照顾我国传统的城乡区别、东中西部的区域差别，我们在考虑县和乡镇（村）的养老机构的时候，把10～300个床位的养老机构，称为中小型养老机构，300～1000个的称为中型养老机构。这些划分方法有待于国家行业标准制定以后再确定。

案例点评

简介：某郊区有一个民办的养老院，于2010年创立。该养老院采用在农村租用房屋的办法，建立了一个只有10个老人的养老院，在试办一两年以后，摸索了一些经营管理的经验和方法。2012年，开始利用自家的宅基地，大约一亩五分，建立了一个50人以下的民营养老院。到2013年年底，这家养老院实际上还没有获得政府部门的经营许可，所以也没有进行形象设计，没有明确的标识图案，也没有在政府部门注册。但因为该养老院有较好的服务质量，在2014年年初入住老人就有30多人，到2015年他们取得了民政部门的经营许可证，入住老人迅速增加，原有的50张床位供不应求，该养老院迅速联合民间资本投资了800多万元建立了有100多张床位的小型的民营养老机构，并于2017年国庆节投入正式运营。

点评：通过上述案例说明，乡镇（村）的民办养老机构只要诚信经营、遵纪守法、有较好的服务质量、收费合理，就能获得很快的发展，既能获得应有的经济效益，又能树立良好的社会形象。

附录一

当代养老产业研究院简介

当代养老产业研究院（Research Institute of Contemporary Pension Industry）成立于2015年，是中华人民共和国民政部批准成立并直管的社会服务机构。

宗旨：以党中央国务院有关养老文件为指导，为我国养老产业提供优质高效的服务。

任务：在民政部的领导下，进行养老产业理论研究、产品设计、评估认证、产业合作、技术咨询、学术交流、信息服务、教育培训等。

研究院成立以来，深入贯彻党的十八大、十九大精神，按照国务院《关于加快发展养老服务业的若干意见》和《国家老龄事业发展和养老体系建设规划》等重要政策性文件的部署和要求，紧紧围绕研究院章程和民政部批准的业务范围，改革创新、锐意进取、内练素质、外树形象、夯实基础、服务社会，推动了各项工作紧张有序地开展。

健全了领导班子，成立了“当代养老产业研究院党支部”，配备了高素质的工作人员，完善了内部管理制度，成立了由国务院参事室、世界环境健康组织、民政部、全国老龄办的著名养老专家和清华大学、北京大学、四川大学等教授组成的专家顾问委员会，设置了秘书处、研发部、项目部、联络部、培训认证部和评估认证中心、网络服务中心、机构养老中心、社区养老中心、居家养老中心、旅居养老中心、教育培训中心、养老企业服务中心等服务机构，建立了官方网站和“拐棍网”公益服务网站。

与中华慈善总会共同组织开展了“慈心暖万家，健康中国行”“畅想慈爱，共筑中国梦”等大型公益活动。

与中华慈善总会大众慈善促进委员会、中国医药卫生事业发展基金会、中民社会捐助发展中心、中社社会工作发展基金会、中民华林养老服务管理有限公司、安徽康华养老服务公司、北京中民纵横信息咨询有限公司、北京地海文化发展有限公司、泰安市泰山慈善基金会、中民鲜优（北京）科技发展有限公司、北京经研企业管理中心等单位建立战略合作伙伴关系。

有效地开展了养老护理员培训基地建设，公益养老示范培育基地建设，旅居养老示范培育基地建设和养老产业发展基金、养老机构服务评估认证中心筹备等工作，为推动我国养老产业稳步快速发展奠定了坚实的基础。

附录二

中華慈善總會
CHINA CHARITY FEDERATION

中华慈善总会大众慈善促进委员会

中华慈善总会大众慈善促进委员会是在民政部备案的中华慈善总会分支机构，其前身是中华慈善总会大众慈善。

中华慈善总会大众慈善促进委员会从其前身 2009 年成立以来，持续关注救灾扶贫、安老助孤、支教助学、扶残助医、慈善文化宣传等几大领域，开展了中慈爱心图书室、关爱女性健康、关爱青少年、关爱军人家庭、大众慈善医疗等多个慈善项目，并通过编印《大众慈善》杂志促进全国慈善经验交流，积极推动慈善文化传播。

管理规范、项目规模、社会影响力日益扩大，这些成绩得到了社会各界的普遍认可。执行会长张倩玉女士连续两届荣获中华慈善总会授予的“中华慈善突出贡献奖”；连续三届荣获民政部授予的“中华慈善奖”，并得到李克强总理等多位国家领导人的接见。

不忘初心，砥砺前行。中华慈善总会大众慈善促进委员会将秉承“让大众参与慈善，让慈善惠及大众”精神理念，不断加强自身管理，规范运作，踏实进取，广结善缘，努力帮助更多需要帮助的人，大力弘扬慈善理念，为促进慈善事业发展、共建和谐社会贡献力量！

中华慈善总会

2017 年 12 月 11 日

参考文献

[1] 贾素平. 养老服务管理实务 [M]. 天津：南开大学出版社，2015.

[2] 王春和，陈步峰. 服务力为王：卓越服务力理论与案例 [M]. 北京：中国经济出版社，2015：26.

[3] 许虹，李冬梅. 养老机构管理 [M]. 杭州：浙江大学出版社，2015：34.

[4] 乌丹星. 老年产业概论 [M]. 北京：中国纺织出版社，2015：70.

[5] 贾素平. 养老机构管理与运营实务 [M]. 天津：南开大学出版社，2013：233－237.

[6] 梁洪亮. 临床内科常见病诊疗精粹 [M]. 西安：西安交通大学出版社，2015：126.

[7] 李传福. 养老机构经营管理实用手册 [M]. 上海：上海世界图书出版公司，2015：182.

[8] 陶子荣，郭纪锋. 图说脑卒（中）[M]. 长沙：湖南科学技术出版社，2012：60.

[9] 上海市第一社会福利院. 养老机构创优服务手册 [M]. 上海：上海浦江教育出版社有限公司，2012：36.

[10] 桑德春，贾子善. 老年康复学 [M]. 北京：北京科学技术出版社，2016：306.

[11] 刘雪莲，晏圆婷，蒋立虹. 护理质量与安全全过程质量控制手册 [M]. 北京：军事医学科学出版社，2015：323.

[12] 张大生. 现代医院管理制度及相关法律法规全书（四卷）[M]. 北京：光明日报出版社，2012：1823.

[13] 王树卿. 综合医院管理规章制度汇编 [M]. 哈尔滨：黑龙江科学技术出版社，2008：191.

[14] 聂如琼，谢双伦. 心血管内科医师门诊决策 [M]. 北京：科学技术文献出版社，2010：168.

后 记

2016年5月27日，中共中央总书记习近平在政治局集体学习第三十二次会议上，对我国养老事业发展作出了极其重要的指示和深刻的阐述，明确指出了我国养老既是一个新的挑战，又是一个很好的机遇，这为我国养老产业发展指明了正确的方向。

当代养老产业研究院和中华慈善总会大众慈善促进委员会共同组织编写的《中国养老实务手册》基本体系是根据我国养老体系的核心构架，在编写结构上，套书采用“三册式”安排，第一册为《居家养老实务手册》，赡养老人是中华民族的光荣传统，必须作专门的研究，这是一个涉及面十分广泛的关系到我国养老的重大研究课题。第二册是《社区养老实务手册》，专门探讨新形势下的社区养老的服务和管理问题。第三册《机构养老实务手册》主要根据现有养老机构的现状和社会需求提出具体的指导和帮助。

《中国养老实务手册》分三册单行本出版，供不同类型养老机构的领导和管理人员阅读，为了有利于大、中型养老机构、政府和行政管理部门、高等院校和研究单位研究使用，也准备把全书作为“全卷本”出版。

《中国养老实务手册》编委会邀请和组织了全国50多位养老研究领域的专家、学者，政府管理部门的领导，高等学校的教授和养老机构经验丰富的高级管理人员参加本书的编写和指导工作，在此对他们表示崇高的敬意和感谢。

本册为《中国养老实务手册》第三册《机构养老实务手册》，直接参加本册编写人员分别为：第一章、第二章、第三章、第四章、第五章、第六章、第十章、第十一章、第三十章、第三十一章、第三十四章，由刘开海编写；第七章、第八章、第九章，由张志勤编写；第十二章、第十三章、第十四章，由张志勤、刘开海编写；第十五章、第十九章，由司明舒、刘开海编写；第十六章、第十七章、第十八章，由傅力编写；第二十章、第二十一章，由傅力、刘开海编写；第二十二章由刘开海、詹柯编写；第二十三章、第二十五章，由司纪雷、刘开海编写；第二十四章由袁治、司纪雷、刘开海编写；第二十六章、第三十五章、第三十六章，由刘露、刘开海编写；第二十七章由刘露、顾晓霞、刘开海编写；第二十八章由王华明、刘开海编写；第二十九章由刘开海、王华明、刘露编写；第三十二章由詹柯、刘开海编写；第三十三章由刘开海、王华明编写；第三十七章由刘开海、刘露、顾晓霞编写。徐林、陈剑青、谭小娅协助本书案例点评并做了大量的翻译工作。高环成教授参与了早期写作提纲的部分讨论工作。

由于我国养老产业规模巨大，我国养老事业的发展还处于起步和探索阶段，可以供我们学习的成功经验还不是太多，我们的水平有限，不当之处请大家批评指正。为了配合大家学习和使用本书，我们将在《中国养老实务手册》组织单位的网站上和大家探讨实际问题，共同为我国养老产业、养老事业、养老服务业的稳步发展作出积极的努力。

刘开海

2018 年 3 月 12 日于北京